学校应用创新型人才培养系列教材

／ 人力资源管理专业

人力资源战略与规划

李燕萍　陈建安　主　编

高等教育出版社·北京

内容简介

本书为高等学校应用创新型人才培养系列教材之一。

本书充分吸收了人力资源战略与规划领域的研究成果，在理论上具有前瞻性；融合了多年的企业人力资源管理咨询成果和当代中国知名公司的人力资源战略与规划案例，在实践上具有可操作性和借鉴性；从人力资源战略到人力资源规划，从传统人事规划、科学人力资源规划、战略人力资源规划到人力资本规划，系统阐述了人力资源战略与规划的发展历程和不同阶段规划的内容、方法、程序和实施，既体现理论体系的完整性又反映与时俱进的时代性。

本书包括人力资源战略和人力资源规划两大部分。其中，人力资源战略部分阐述了人力资源环境，人力资源战略的界定与原理，人力资源战略的制定、评价与实施，人力资源战略地图，雇主品牌与组织吸引力；人力资源规划部分包括人力资源规划的界定、演变与评价，传统人事规划，科学人力资源规划，战略人力资源规划，互联网时代的人力资本规划，以及人力资源审计。

为了体现本课程的教学规律和基本要求，本书每章由学习目标、关键术语、本章概览、情境实例、基本内容、本章小结、即测即评、思考题、实例经验与启发、讨论案例、本章实训、延伸阅读组成，并通过二维码关联在线教学资源，便于读者自学和教师讲授。

高等学校应用创新型人才培养系列教材／人力资源管理专业编委会

总　序

今天，说起人力资源几乎无人不知，人力资源是第一资源的观点也已深入人心，但是，追溯“人力资源开发”、“人力资源管理”等词汇在我国出现的历史，却仅有30余年。

根据笔者掌握的资料，在我国，是毛泽东首先使用了“人力资源”一词。1955年毛泽东在为《发动妇女投入生产，解决了劳动力不足的困难》一文所做的按语中指出“妇女是一支伟大的人力资源”[①]。

《江淮论坛》是我国最早刊载人力资源问题论文的杂志，1980年第5期发表了中国社科院于光远的论文《人力资源及其利用》，1981年4月又发表了北京经济学院（现首都经济贸易大学）王胜泉的《试论我国的人力资源问题》。

在管理学中，“人力资源”的首唱者是著名管理学家彼得·德鲁克，他于1954年在其《管理的实践》一书中引入了“人力资源”的概念。而“人力资源管理”的概念是怀特·巴克（E. Wight Bakke）于1958年出版的《人力资源功能》一书中提出的。

“人力资源管理”一词，在我国最早出自香港长河出版社出版的，黄明坚翻译的《日本的管理艺术》一书，该书由美国斯坦福大学教授理查·巴斯克（Richard T. Pascale）和哈佛大学教授安东尼·艾索思（Anthony G. Athos）合著。该书1982年9月第5版中的第94–95页写道：“人力资源管理的出现，很多人认为这比人事管理更重要（至少后者的功效不彰）。人力资源管理是要有条理地管理更多重要的人事流动事项——从雇用到退休”，“我们很容易指出，日本人比较擅于开发人力资源。”

① 毛泽东选集第五卷.北京：人民出版社，1977：252.

在内地，北京经济学院经济研究所的陈今淼等人于1984年翻译了同一本书。由于当时内地与香港的学术交流还比较少，加上两地用语上的差异，翻译的结果有一些不同，书名被译作《日本企业管理艺术》，著者被译为帕斯卡尔、阿索斯，由中国科学技术出版社出版。在该译本的第76–77页，有下述内容："其中之一就是人力资源管理制度。很多人认为这一制度所包括的范围不仅限于人事管理（至少与后者的职能相比是如此）"，"我们可以很容易地做出以下的断言，日本人比较擅长于开发人力资源，而且在职工管理方面则更有技能。"在上述译文中，出现了"人力资源管理"、"开发人力资源"等说法。以后，"人力资源管理"一词及其概念被相关学术界接受，并逐渐传播开来。

在我国大学中，人力资源管理专业出现之前，一些大学中设有人力资源管理专业的前身人事管理专业，以及劳动人事专业（大专性质）。计划经济时期，我国对劳动力的管理是以身份划分为基础的。那时，首先有把劳动者按户口决定的是否具有吃商品粮身份的划分，然后，吃商品粮的劳动者又划分为工人和干部的身份。工人和干部的工作岗位基本上分布于党政机关、国营企事业机构、集体企事业机构中。概括地说，对工人身份的劳动者的有关工作问题的各种管理被划归为劳动管理，对具有干部身份劳动者的同类管理属于干部管理的范畴。在干部管理的体系中，诸如工资、福利等，以及对非领导干部的录用、调配使用、考核等业务活动称为人事管理。

对人的这种管理状况，反映到大学的专业设置和教研活动中的是另一番景象。20世纪50年代初，在当时的时代背景下，社会学等学科在大学被取消，管理科学从来就没有真正发展过，这时更是奄奄一息，但经济科学相对还比较受重视。50年代中期兴起的劳动经济学科承担起了说明、探讨企业劳动管理和农村劳动力管理问题的任务，在本科和大专教学中开设有相关课程。但是，当时对干部管理、对人事管理人才的培养和科学研究并没有在大学展开。这样，劳动经济学科中的企业劳动管理的教研成为人力资源学科在我国大学中发展的源头。

改革开放以后，一方面，大学获得了空前的发展机会，一些学者开始关注过去长期被放置的对人的管理的相关领域，其中包括人事管理；另一方面，人们学知识、补学历的热情也空前高涨起来。党政机关与大学合作，通过举办各种培训班、专修班的方式来提高干部的素质、能力。在这样的背景下，人事管理专业、劳动人事管理干部专修科（大专）在大学中出现。以后，随着改革开放的深入，按工人、干部身份分类管理的体系其弊端和局限性日益明显、问题日渐突出。变革传统的劳动人事制度、管理中淡化身份色彩，乃至最终打破身份壁垒的要求逐渐强烈。恰逢此时，国外人力资源管理的理论、理念、体系、方法、技术等通过多种渠道被介绍到我国，并开始了逐渐替代传统的劳动人事管理的过程。在大学中，1993年人力资源管理专业的诞生成为这个过程中最有意义的标志之一。

20世纪90年代，国内院校刚刚开设人力资源管理专业时，有的考生家长误认为这是个搞计划生育的专业。20余年过去了，今天，人们对“人力资源管理”已经耳熟能详；书店里摆满了各种人力资源管理的专业书籍。在大学中，人力资源管理成为一门蓬勃发展、备受关注的专业，从90年代中期只有几所院校开设人力资源管理专业发展到2015年近500所本科院校、200余所高职院校开设的程度。可以说，几乎没有哪所综合大学、经管类专门性大学不开设人力资源管理专业或课程。在研究生培养方面，劳动经济学、企业管理学、心理学、行政学、教育学、人口学等学科中的人力资源管理也成为热门的方向，2011年以后，一些大学还建立了人力资源开发、人力资源管理的博士点、硕士点。在MBA、EMBA、MPA课程中，“人力资源管理”成为骨干课程。

在人力资源管理学科如此迅猛发展的20余年中，各类相关教材纷纷问世，在国内教材市场上，有外文原版，有中译本，有国内学者编写的；有偏重理论说明的，有偏重应用操作的；有适用于MBA的，有适用于普通研究生的，有适用于本科生的，还有适用于大专生、职高生的。总体来说，国内人力资源管理专业的教材种类已多达上百种，形成了百花齐放的局面，为我国相关人才的培养，为我国人力资源开发与管理学科的发展做出了积极的贡献。

在人力资源管理的教材中，有一类专门为人力资源管理专业以及相近专业量身打造的教材品种——人力资源管理系列教材，这类教材直接对接人力资源管理专业的专业课程，相关知识系统性强、范畴合宜、内容讲解详尽，各单部教材既可独立也可组合使用。我国第一套人力资源管理专业用系列教材“教育部面向21世纪人力资源管理系列教材”由中国人民大学出版社组织出版，于2001年问世。之后，又有多种人力资源管理系列教材面世。

高等教育出版社于2012年就开始请我邀集一批在国内人力资源管理学界有建树、有影响的学者出版一套新的人力资源管理系列教材。我深知此任务的分量，特别是有中国人民大学出版社出版的系列教材成功在先，再组织出版同类教材，我怀疑其价值。但是，在与高教社同仁的多次商讨中，我被他们对出版事业，特别是人力资源管理教材出版事业的孜孜追求、锲而不舍的敬业表现，被他们勇于担当、挑战新高的境界所折服，也被他们出版人力资源管理系列教材价值的解释所说服，再加上所邀教授们的支持和鼓励，最终打消了我的犹豫。2015年5月，高等教育出版社版人力资源管理专业应用创新型人才培养系列教材的编写工作正式启动。

本系列教材在选题方面对接于我国大学本科人力资源管理专业的主流课程与特色课程，各教材使用对象定位于大学本科人力资源管理专业的学生，在编写上，积极地吸收了国内外各类人力资源管理教材的优点，在保持体系和知识点相对稳定的基础上，突出体现我国人力资源管理领域的现实与近年的研究成果，同时注意反映国外已基本成熟的新理论、新观点。在理论说明所需资料的使用上，尽可能使用我国的有关材料、数据和案例。

时代在发展，科学在进步，人力资源管理的理论、教学、实践也在不断发展、进步。虽然本套教材的编写者都是我国著名大学人力资源管理教学与科研的领军学者、资深教授，他们抱着为中国人力资源管理的进步与发展、为中国高等教育相关人才的培养和课程建设贡献微薄之力的愿望，努力结合中国的实际，吸收世界成熟的新成果，力图奉献给读者一个既适合大学人力资源管理专业本科水平又能够比较好地反映人力资源管理学新发展的教科书。但是，人力资源管理的主体与客体同为人，表现出同类性、互动性、能动性、交往性、多变性、差异性、矛盾性等其他管理类型所没有的特征，因此，人力资源管理不仅是科学、是技术，还是一门艺术，是一种文化。这决定了达到高水平的人力资源管理状态是相当不易的，也决定了高水平人力资源管理教材的编写是十分困难的。

本套教材一定会存在缺陷，望读者批评、指正。在本套教材的编写过程中，编写者们参考了大量的文献，谨向这些文献的作者表示衷心的感谢。另外，高等教育出版社文科出版事业部的相关领导和编辑为本套教材的问世倾注了许多心血，在此，谨致谢意。

杨河清
2016年1月于京南花乡

前　言

从农业时代到工业时代再到互联网时代，世界变化越来越快。蒸汽机把人们从农业时代带入工业时代，劳动者的工作、学习、知识、技能、观念、思维模式发生了彻底的改变，社会政治、经济、文化进入崭新的局面；互联网正把人们从工业时代带入信息时代（或者称为互联网时代），跨时代意味着新时代对旧时代的彻底改变，人们的思维模式、价值理念、行为方式和职业诉求呈现前所未有的新特征。随着时代的变迁，组织对人的认识和管理相应经历了人事管理阶段、科学人力资源管理阶段、战略人力资源管理阶段，现在正迈入人力资本管理阶段。常言道：凡事预则立，不预则废。人力资源战略与规划在人力资源管理中具有统领与协调作用，是人力资源管理活动的起点和依据，从而重要性不容置疑。尤其是随着从人事管理到科学人力资源管理、战略人力资源管理，再到人力资本管理，人力资源战略与规划的重要性也越来越强。今天，我们正处在工业时代和信息时代交替的时期，人力资源战略与规划面临前所未有的冲击和挑战。人力资源战略与规划在理念和思路上必须有所突破，结构和内容上有所创新，技术方法和工具需要不断迭代创新，才能更好地适应互联网时代企业人力资源管理的需要。

本书包括人力资源战略和人力资源规划两大部分。其中，人力资源战略部分阐述了人力资源环境，人力资源战略的界定与原理，人力资源战略的制定、评价与实施，人力资源战略地图，雇主品牌与组织吸引力；人力资源规划部分包括人力资源规划的界定、演变与评价，传统人事规划，科学人力资源规划，战略人力资源规划，互联网时代的人力资本规划，以及人力资源审计。本书充分吸收了人力资源战略与规划领域的研究成果，在理论上具有前瞻性；融合了多年的企业人力资源管理咨询成果和当代中国知名公司的人力资源战略与规划案例，在实践上具有可操作性和借鉴性；从人力资源战略到人力资源规划，从传统人事规划、科学人力资源规划、战略人力资源规划到人力资本规划，系统阐述了人力资源战略与规划的发展历程和不同阶段规划的内容、方法、程序和实施，既体现理论体系的完整性又反映与时俱进的时代性。为了体现本课程的教学规律和基本要求，全书每章由学习目标、关键术语、本章概览、情境实例、基本内容、本章小结、即测即评、思考题、实例经验与启发、讨论案例、本章实训、延伸阅读十二大部分组成并通过二维码关联在线教学资源。

本书由李燕萍教授和陈建安副教授主编，由李燕萍负责总体框架设计、审定和写作的组织协调工作，陈建安负责编写的统稿、修改和校对工作。参加编写的人员有李绍龙、刘宗华、刘蕴、沈夏珏、陶雅、李正海、郑馨怡、曹冬梅、毛雁滨、史瑶、齐伶圆和秦书凝。其中，第一章绪论由陈建安撰写；第二章人力资源环境由李正海撰写；第三章人力资源战略的界定与原理由史瑶撰写；第四章人力资源战略的制定、评价与实施由曹冬梅撰写；第五章人力资源战略地图由毛雁滨撰写；第六章雇主品牌与组织吸引力由陈建安和齐伶圆撰写；第七章人力资源规划的界定、演变与评价由陈建安和郑馨怡撰写；第八章传统人事规划由刘宗华撰写；第九章科学人力资源规划由陈建安、沈夏珏和秦书凝撰写；第十章战略人力资源规划由陶雅撰写；第十一章互联网时代的人力资本规划由李绍龙撰写；第十二章人力资源审计由陈建安和刘蕴撰写。每章的关键术语、本章概览、实例经验与启发、本章小结、本章实训、延伸阅读、即测即评由李燕萍、陈建安、秦书凝、李绍龙和曹冬梅撰写。

本书的出版得到了高等教育出版社和奚玮编辑的大力支持、帮助，在此表示衷心的感谢。本书编写中，我们参考和引用了众多前辈和同行的研究成果，并进行了相应的注解，难免存在疏漏，在此一并表示感谢和歉意。由于时代变化日益快速及编者的能力有限，本书融合了互联网时代人力资本管理的一些探索和畅想，可能存在不妥之处，恳请读者提出批评与指正。

李燕萍　陈建安

2016年6月20日于武汉大学珞珈山

目　录

第一章 绪论

学习目标

1. 说明人力资源管理模式的类型及其特征
2. 掌握人力资源管理角色与人力资源管理演变规律
3. 阐述人力资源战略、人力资源规划与人力资源计划的区别与联系
4. 了解互联网时代雇佣关系的特征
5. 了解当前中国企业在制定人力资源战略与规划方面存在的挑战

关键术语

人力资源管理模式　人力资源管理角色类型　人事管理　人力资源管理战略　人力资源管理　人力资本管理　人力资源战略　人力资源规划　人力资源计划　互联网时代　雇佣关系

本章概览

请扫描右侧的二维码图标，您可以查看本章的知识结构概览图。

情境实例

百万机器人计划：富士康开启从“手工时代”跨入“机器人时代”[①]

富士康科技集团（简称富士康）自1974年在中国台湾创建（在中国台湾地区被称为鸿海科技集团），尤其是1988年在中国深圳地区建厂以来，迅速发展壮大，是全球最大的电子产业制造商。目前，富士康在全球拥有200多家子公司及派驻机构、120多万员工。2014年，进出口总额占中国进出口总额的3.5%，位居美国《财富》全球500强中的第32位。

① 本案例由笔者根据相关报告资料和富士康官网宣传资料整理而成。

长期以来，富士康作为中国制造的标杆企业之一，一直在思考如何通过配备机器人来提高资金和劳动力的组合配置比例。早在2006年，富士康就启动自动化机器人的研发和使用，董事长郭台铭提出发展机器人的规划，聘请一批麻省理工学院的自动化技术专家，研发适合富士康生产线的机器人。2007年，富士康在深圳正式成立自动化机器人事业处，专职研发工业机器人。2008年，富士康机器人开始投入生产。2009年，15款名为Foxbot的富士康机器人开发完成，并被应用于喷涂、装配、搬运等工序。2010年，在山西晋城富士康工业园开始批量生产Foxbot机器人。2011年，董事长郭台铭表示富士康将在三年内引入100万个机器人，吹响富士康“百万机器人计划”的号角，其中百万机器人计划为：“到2012年年底装配30万台机械臂，到2014年装配100万台，要在5到10年内看到首批完全自动化的工厂，并在数年内通过自动化消除简单重复性的工序。”在当年，富士康就启动机器人计划，机器人达到1万台。2012年，富士康启动包括机器人计划在内的一系列转型。截至2013年，富士康在生产线共装配了2万台，并且富士康宣称在2013年将花4 000万美元研发和生产机器人。

目前，富士康有台北、深圳和晋城三个机器人研产基地，其中山西晋城在2010年开始生产，不到一年的时间，晋城厂区便生产了上万台机器人。除了自产，富士康既有的机器人很多是从外部引进的，大多采购于世界四大工业机器人生产商：日本的发那科、安川电机，瑞典的ABB，以及德国的库卡。

自从富士康于2006年开始推进“机器人代替人”计划以来，生产线自动化程度不断提高，成效显著。其中，2008年，富士康国际控股有限集团（在香港上市，2013年更名为“富智康集团有限公司”）员工为10.8万人，2009年达到最高峰，为11.8万人，两年后减员幅度逐步加大，2011年减约1.4万人，2012年减约2.89万人，减幅达29.2%；富士康昆山厂区工人已经从2013年的11万人，锐减到现在的不足6万人。

但是，机器人计划的梦想是美满的，现实却是非常残酷的。富士康原本计划在2012年年底完成30万台机器人的部署，但是当年机器人实际上只增加到1.5万台；2013年，部署在生产线的机器人才2万多台。并且，2014年富士康部署一批机器人来帮助苹果iPhone和其他苹果产品的生产，但并没有达到预期的效果。

由于拥有速度更快、产能更高，可以24小时不间断工作等优势，机器人逐步代替人工是富士康转型的重要阶段之一。虽然迄今机器人仅完成重复性高而对工艺要求低的工序，如抛光、打磨、激情打标、焊接、喷涂等工序，但是这是中国制造业向世界发出的一个信号——机器代替人工是制造业转型的大趋势。例如，西门子公司、博世集团在全球有样板工厂。尽管机器人的引入使生产线的自动化程度大大提高，但是机器人的高效运转依然离不开人的配合。智能工厂（smart factory）对人力资源的需求是崭新的。因此，只有规划合适的人力资源，创新人力资源管理理念和管理技术，有效配置人力资源和智能系统，才能真正驱动工厂智能化的实现，以适应互联网时代的管理特征和管理要求。

第一节　多元视角下的人力资源管理模式

“人力资源”概念是由彼得·德鲁克（Peter F. Drucker）在其1954年出版的《管理的实践》一书中提出的，在实践中应用起源于20世纪六七十年代的美国，并且折射了美国社会的价值观。人力资源管理模式的提出对改变人类在工作地的生活具有划时代的意义。在汉语中，“模式”指某类事物的标准形式或能够让人参照的标准形态。[①]具体到人力资源管理领域来说：第一种观点，人力资源管理模式就是人力资源管理系统。其中谢晋宇（2001）认为，人力资源管理模式是人力资源管理理论模型，是一种人力资源管理系统[②]。第二种观点，人力资源管理模式是人力资源管理实践政策体系存在差异的一种分类。其中，张一弛（2004）认为，人力资源管理模式是含有8种人力资源管理功能变量的体系[③]；程德俊等（2004）认为，人力资源管理模式是人力资源管理实践（如绩效考核等）的集合体[④]。第三种观点，人力资源管理模式是基于管理理念的人力资源管理实践系统，包含战略目标、人力资源管理实践与实践效果。其中，赵曙明等（2002）认为，人力资源管理模式是包含企业内外部关系、人力资源管理职能以及规范在内的统一体[⑤]；肖鸣政（2006）提出，人力资源管理模式是对人力资源管理实践活动和行为系统的归纳分析与高度概括。总体来说，上述学者将人力资源管理模式视为

① 中国社会科学院语言研究所词典编辑室. 现代汉语词典. 5版. 北京：商务印书馆，2007：961.

② 谢晋宇. 人力资源管理模式：工作生活管理的革命. 中国社会科学，2001（2）：27-37.

③ 张一弛. 我国企业人力资源管理模式与所有制类型之间的关系研究. 中国工业经济，2004(9)：87-94.

④ 程德俊，赵曙明，唐翌. 企业信息结构、人力资本专用性与人力资源管理模式的选择. 中国工业经济，2004(1)：63-69.

⑤ 赵曙明，武博. 美、日、德、韩人力资源管理发展与模式比较研究. 外国经济与管理，2002，24(11)：31-36.

完整系统，而不是孤立的人力资源管理活动。

一、管理系统论视角下的人力资源管理模式

（一）哈佛模式

“哈佛模式”（Harvard model）由美国哈佛商学院的迈克尔·比尔（Beer M.）、伯特·斯佩克特（Spextor B.）、保罗·劳伦斯（Lawrence P.）、奎因·米尔斯（Mills D. Q.）和理查德·沃尔顿（Walton R.）构建，1981年首次在哈佛商学院开设人力资源管理课程，并在1984年合著的《人本管理》（Managing Human Assets）书中首次提出人力资源管理模式，如图1-1所示。

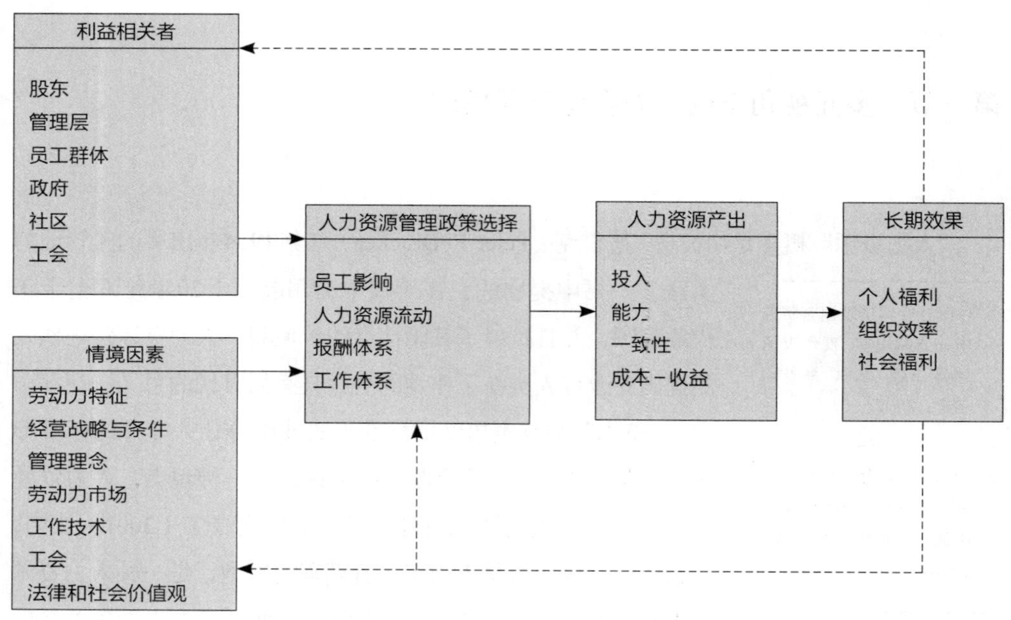

图1-1 人力资源管理哈佛模式的范围

资料来源：Beer M，Spextor B，Lawrence P，et al. Managing Human Assets. New York：Fress Press，1984.

哈佛模式包含情境因素、利益相关者、人力资源产出、长期效果、人力资源管理政策选择，以及反馈圈等因素[①②]，强调人力资源管理要根据企业生存与发展的各种制约因素进行科学的决策，即利益相关者和环境因素都会影响人力资源战略。其中，利益相关者主要包含股东、管理层、员工群体、政府、社区与工会。鉴于不同利益相关者所关注的利益存在差异，在人力资源管理的政策制定与实施中，需要充分认识到不同利益相

① Beer M，Spextor B，Lawrence P，et al. Managing Human Assets. New York：Fress Press，1984.

② 谢晋宇. 人力资源管理模式：工作生活管理的革命. 中国社会科学，2001(2)：27-37.

关者关注利益的差异性，平衡并协调各利益相关者的利益。情境因素主要包括外部环境要素和内部环境要素。外部环境要素包括法律和社会价值观、劳动力市场、工作技术及工会，内部环境要素包括经营战略与条件、劳动力特征和管理理念。利益相关者与情境因素影响人力资源管理政策的选择，即影响员工影响、人力资源流动、报酬体系与工作体系。人力资源管理政策将带来相应人力资源结果，如投入、能力、一致性与成本－收益等短期结果，以及个人福利、组织效率与社会福利的长期效果。

哈佛模式是循环的人力资源管理系统，利益相关者与情境因素影响人力资源管理战略与政策选择，人力资源管理政策在短期内形成直接的人力资源产出，在长期内对个人、组织与社会三个层面产生影响。长期效果反过来作用于利益相关者与情境因素的考虑，以及人力资源管理政策的选择，直至协同统一。因此，哈佛模式为人力资源管理提供系统框架和分析思路，体现雇员与雇主关系中的经济利益与社会责任。[①]

（二）盖斯特模式

盖斯特模式（Guest model）由英国学者戴维·E.盖斯特（David E. Guest）在1987年发表的《人力资源管理和工业关系》（Human Resource Management and Industrial Relations）一文中提出。[②]盖斯特模式为人力资源管理政策与产出框架模型，由人力资源管理政策、人力资源管理结果、组织结果整合构成，如表1-1所示。

盖斯特认为，人力资源管理需要达成整合、承诺、灵活性

① Bratton J, Gold J. Human Resource Management: Theory and Practice. Basingstoke, Palgrave Macmillan, 1994.

② Guest D. Human Resource Management and Industrial Relations. Journal of Management Studies, 1987, 25(5): 503-521.

表1-1 盖斯特人力资源管理政策框架

人力资源管理政策	人力资源管理结果	组织结果
组织设计与工作设计		高工作绩效
变革的政策制定/执行/管理	战略规划/执行（整合）	高问题解决
招聘、筛选与社会化	承诺	成功变革
绩效评估与培训开发	灵活性/适应性	低员工流失
人员流动——横向调动、晋升、离职		低出勤率
激励体系	品质	低抱怨
沟通体系		高成本－收益（如人力资源的充分利用）

资料来源：Guest D . Human Resource Management and Industrial Relations. Journal of Management Studies, 1987, 25(5) : 503-521.

/适应性与品质四个方面的目标。战略是人力资源管理分析的起点。[1]其中，整合主要指人力资源管理与战略的整合，同时意味着直线管理层理念与行为的统一，以及员工与经营的整合。为实现整合，人力资源管理需要发展员工个体对组织的承诺。成功的人力资源管理需要具备灵活性，能迅速改变以响应组织面临的各种压力，适应组织变化。品质指的是组织能获取、开发及留任具备高能力与适应性的员工，能维持高质量绩效，并且能够创造和维护正面的组织形象。为实现上述人力资源管理目标，戴维·E. 盖斯特认为需要将七个方面的人力资源管理政策纳入人力资源管理，包括组织设计与工作设计、变革管理、招聘与社会化、绩效评估与培训开发、人员流动、激励与沟通体系（见表1-1）。其中，对变革的管理政策有助于保持政策的灵活性与适应性，员工招聘及培训有助于提高员工品质，有效的人力资源管理政策能够有效达成人力资源管理目标，带来积极的组织结果。

盖斯特模式关注人力资源管理政策、达成目标与效果，强调人力资源管理与战略的结合，关注人力资源价值，体现战略人力资源管理思维。与哈佛模式相比，盖斯特模式的表述与理论构建更为细致与清晰，有效定义人力资源管理，显示其与人事管理的区别。然而，盖斯特模式忽视环境因素对人力资源管理的影响，并且停留在理论层面，实践性较差。

（三）斯托瑞模式

斯托瑞模式（Storey model）由英国管理主义学派的代表人物斯托瑞（Storey J.）在1992年发表的《人力资源管理的发展》（Development in the Management of Human Resources）一文中提出。斯托瑞模式的构建基础与盖斯特模式相似，力求通过对传统人事管理与人力资源管理在不同维度的差异，以阐明人力资源管理的特点，构建人力资源管理模式，如表1-2所示。斯托瑞模式包括信念和假设、战略方面、直线管理与关键杠杆。[2][3]其中：① 信念和假设——强调通过提高员工的忠诚度和信任度来达到“超越契约”的目标；② 战略方面——战略计划的中心是人力资源管理；③ 直线管理——促使人力资源管理者承担组织变革领导者的角色；④ 关键杠杆——关注人力资源管理中核心的问题和技术。

与哈佛模式、盖斯特模式相比，斯托瑞模式更注重实践性，主要表现在：① 斯托瑞模式对人力资源管理模式不同维度特点的阐述非常具体、细致，对管理实践具有指导性与操作性，有助于在企业管理中应用；② 斯托瑞总结了25个关键人力资源管理变量（见表1-2），可以合理评判企业从人事管理转向人力资源管理的程度；③ 斯托瑞模式强调人力资源管理是战略计划的中心。但是，斯托瑞模式描述的人力资源管理范

① Tichy N, Fombrun C, Devanna M A. Strategic Human Resource Management. Sloan Management Review, 1982, 23(2): 47-61.

② Storey J. Development in the Management of Human Resources. Oxford: Basil Blackwell, 1992.

③ Storey J. New Perspective on Human Resource Management. London: Routledge, 1989.

表1-2 斯托瑞模式：传统人事管理与人力资源管理的差异

维度	人事与产业关系管理	人力资源管理
信念和假设		
合同	详细的书面合同	以超越合同为目标
规则	重视设计清晰的规则	主要看“能做什么”、不容忍规则
管理行动指南	程序性/一致性/控制	商业需要/灵活性/忠诚价值/任务
行为参考	规范、习惯	价值、任务
管理任务	监管	培育
关系性质	多元化	一元化
冲突	制度化	淡化
标准化	高	低
战略方面		
关键关系	劳动者－管理者	经营者－消费者
决策速度	慢	快
公司计划	对计划无重大影响	处于计划核心
动议	一件一件的	整体协调的
直线管理		
管理原则	事务型领导	变革型领导
关键管理者	人事/产业关系专家	总经理/经营管理/直线经理
鼓励的管理技巧	协商	协助
关键杠杆		
工作的关注点	人事程序	广泛文化的结构化人事战略
选拔	单独，不受重视的工作	整合，关键工作
薪酬	职位分析，多级固定评分	与绩效挂钩，评分等级少
劳资关系	集体谈判协议	个体协议
沟通	受限制的信息流，间接	增加的信息流，直接
职位设计	劳动分工	团队工作
冲突处理	达成短暂休战状态	通过管理文化和控制氛围来结束冲突
培训开发	限制培训	学习型组织
与管理者信任关系	通过培训与技巧进行规定	边缘化
雇佣条件	单独协调	一致

资料来源：Storey J. Development in the Management of Human Resources. Oxford: Basil Blackwell, 1992.

式[①]是理想的。

（四）诊断模式

受到医生看病原理的启发，西方学者在20世纪80年代将人力资源管理与治病过程类比，以诊断视角看待人力资源管理，认为它是一个从收集资料、诊断问题、实施方案到产生效果的循环过程，逐渐形成并发展诊断式人力资源管理模式。诊断式人力资源管理模式由迈尔科维奇（Mikovich G.）和威廉·格鲁克（Glueck W.）于1985年在《人事、人力资源管理：诊断方法》（Personnel，Human Resource Management：A Diagnostic Approach）中提出，由外部环境、组织条件、人力资源管理活动与人力资源管理目标构成。[②]休斯敦大学鲍尔商学院教授约翰·M. 伊万切维奇（John M. Ivancevich，1998）进一步提出人力资源诊断过程包括四个步骤：① 管理层通过企业的内外部环境因素对人力资源管理中的问题进行诊断；② 根据问题提出相应的人力资源管理措施；③ 实施相应政策与措施；④ 评估实施效果是否达成预期结果。[③]诊断式人力资源管理模式是全面及深入地对人力资源管理问题对症下药的体系，对达成期望目标具有实践意义。

① 《现代汉语词典》对模式（model，或mode、pattern）的定义为：某种事物的标准形式或使人可以照着做的标准样式。范式（paradigm），意为“按既定的用法，范式就是一种公认的模型或模式”（库恩，1962）。

② Milkovieh G，Gluck W. Pesronnel，Human Resource Management: A Dignostic Approach. Business Publications，1985: 11.

③ 约翰·M. 伊万切维奇. 人力资源管理. 11版. 赵曙明，程德俊，译. 北京：机械工业出版社，2011.

二、管理实践论视角下的人力资源管理模式

（一）控制导向型、承诺导向型和合作导向型

控制导向型与承诺导向型人力资源管理模式，被管理学者与实务界人士广泛认可和应用，两者的区别如表1-3所示。基于人性假设的视角，沃尔顿（Walton，1985）首次将人力资源管理模式划分为传统的控制模式、现代的承诺模式与过渡模式。[④]后来，美国的亚瑟（Arthur，1992，1994）基于对美国的30家小型钢铁公司的调查数据，根据人力资源实践活动的特征采用聚类分析法将人力资源管理模式分为控制型与承诺型。其中，控制型使员工严格遵守组织规章制度，降低组织成本；承诺型通过增强员工与组织的情感以提高员工对组织的承诺，以员工自主性达成组织目标。[⑤]至此，亚瑟发展了沃尔顿的观点，开创了承诺型人力资源管理的先河。与此类似，特拉斯（Truss）等在1997年基于人的本性和管理控制策略的相对观点，将人力资源管理模式划

④ Walton R E. From Control to Commitment in the Workplace. Harvard Business Review，1985, 63（2）: 77–84.

⑤ Arthur J B. The Link Between Business Strategy and Industrial Relations System in American Steel Minimills. Industrial and Labor Relations Review，1992，45(3): 488–506.

分为硬性模式和软性模式（分别对应控制型与承诺型人力资源管理）。其中，人力资源管理硬性模式是根据X理论对人的严格控制和经济人假设的理念；软性模式是根据承诺控制和Y理论。①然而，现实中并不存在纯硬性模式或纯软性模式，公司宣称实施的人力资源管理经常是软性的承诺模式原则，然而员工经历的现实更是与硬性模式类似的严格控制。

① Truss C, Gratton L, Hope-Hailey V, et al. Soft and Hard Models of Human Resource Management: A reappraisal. Journal of Management Studies, 1997, 34(1): 53-73.

表1-3　控制导向型与承诺导向型人力资源管理模式的区别

维度	控制导向型人力资源管理	承诺导向型人力资源管理
招聘	强调技能	强调应聘者的个人特点和发展潜能
培训	应用范围有限的知识和技巧	应用范围广泛的知识和技巧
绩效评估	结果导向，强调对员工的控制	行为与结果导向，关注员工发展
薪酬	对外公平、固定，强调以工作或年资为基础	对内公平、权变，强调以绩效为基础
晋升	外部劳动市场，狭窄、不易转换	内部劳动市场，广泛、灵活
工作保障	低保障	高保障
工作组织	狭窄工作定义，个人工作，低参与	宽广工作定义，自我管理团队，高参与

资料来源：刘善仕，刘辉健，翁赛珠．西方最佳人力资源管理模式研究．外国经济与管理，2005(3)：33-39.

总体来说，控制导向型人力资源管理模式通过明确的制度与政策控制员工行为，以降低成本，并未将员工视为具有主动性及价值性的资源。承诺导向型人力资源管理模式重视员工的自我发展，通过激励与开发等手段，使员工在工作中自主发挥能力，提高员工积极性与忠诚度，以实现个体与组织目标。尤其是承诺导向型人力资源管理模式强调高投入/绩效理念，以形成内在特质知识和技能，培育员工动机和授权员工利用辨别力完成工作。该模式主要通过选拔性雇佣、广泛培训、绩效评估、绩效薪酬、工作丰富化、团队工作、内部职业机会、信息共享、就业安全和工作轮换等系列实践来实现。过去20多年，面向承诺的劳动力管理相关概念包括高承诺、高参与、高绩效、基于知识的工作实践被广泛使用，并且有15个项目被用来测量承诺型人力资源管理，如多元化导向的选拔性招聘、工作丰富化、自我管理团队、平等参与、广泛培训、工作轮换、信息共享、结果导向评估、发展导向的反馈、技能工资、高酬劳、内部晋升、雇佣安全、员工建议机制、首要目标设置。

承诺导向型人力资源管理尤其适合以下两种情境：一是员工习惯于信任雇主；二是较少的规章制度约束，给予管理层更多的人力资源决策自主权。②在这些情境下，员工更倾向把高承诺工作系统视为雇主真心关心员工的表现，从而更可能以高

② Kim S, Wright P M. Putting Strategic Human Resource Management in Context: A Contextualized Model of High Commitment Work Systems and Its Implications in China. Management and Organization Review, 2011, 7(1): 153-174.

承诺来加以回报。采用控制导向型人力资源管理模式的企业，经营绩效明显劣于承诺导向型人力资源管理模式的企业。[①]其中，员工嵌入和退出率在承诺导向型人力资源管理与企业绩效（收入增长和绩效）之间发挥中介作用。[②]

从人力资源管理的观点来说，从内部培育承诺人才并非创新的唯一方法，组织也能利用与不同外部主体（利益相关者、咨询师、伙伴、侨民和其他机构）建立合作关系，视他们为非常重要的智力资本。合作导向型人力资源管理（collaboration-oriented HRM systems）就是强调与外部利益相关者和伙伴发展联系和高质量关系。该模式体现人力资源的广义定义，不仅包括内部人力资本，而且包括对组织具有重大价值的外部人力资本。合作导向型人力资源管理的定义是基于联盟雇佣模式、伙伴雇佣关系和合作人力资源配置，区别于与组织正式雇佣关系的个体管理。区分合作导向型人力资源管理和承诺导向型人力资源管理，旨在利用外部人力资本服务于内部创新。如果承诺型环境有助于管理内部精炼知识（即不含噪声、可靠和可以立即使用的知识）运用到创新，那么合作导向型环境有助于为创新寻求外部知识的输入。但是，承诺导向型人力资源管理和合作导向型人力资源管理在预测企业创新方面存在减弱的交互效应，实施两种人力资源管理系统来促进创新的组织面临双元性挑战（即两类相互冲突活动的组合和共存，两难境地）。[③]

合作导向型人力资源管理被期望促进企业和外部人才的互惠伙伴雇佣关系，例如，与外部商业伙伴的广泛学习计划、提供新观点和专业解决方案的自主顾问、和外部知识社区的合作项目（如大学、科研机构和专业协会），被认为有利于培养企业外部知识交换和社会资本，从而强化创新。合作导向型人力资源管理包括六个测量项目：与商业伙伴的正式外部学习计划、咨询服务投入、与外部独立专业人员的柔性伙伴关系、与外部学术机构的长期人事联盟、建立广泛的社会网络、专业人才外包。[④]

（二）利诱型、投资型与参与型

组织特征与员工特征作为人力资源管理模式构架基础的视角较为广泛。学者认为人力资源管理模式应以组织特征为依据，如所有制结构、经营结构、生产技术类型等，同时以组织特征对员工特征的要求为依据。据此，戴尔（Dyer，1988）根据人力资源管理的哲学视角，将人力资源管理模式分为利诱型

① Arthur J B. Effects of Human Resource Systems on Manufacturing Performance and Turnover. Academy of Management Journal, 1994, 37(3): 670–687.

② Allen M R, Ericksen J, Collins C J. Human Resource Management, Employee Exchange Relationships, and Performance in Small Businesses.Human Resource Management, 2013, 52(2): 153–173.

③ Zhou Y, Hong Y, Liu J. Internal Commitment or External Collaboration? The Impact of Human Resource Management Systems on Firm Innovation and Performance. Human Resource Management, 2013, 52(2): 263–288.

④ Kim S, Wright P M. Putting Strategic Human Resource Management in Context: A Contextualized Model of High Commitment Work Systems and Its Implications in China. Management and Organization Review, 2010, 7(1): 153–174.

（inducement）、投资型（investment）和参与型（involvement）。[①]其中，利诱型人力资源管理模式指通过利诱性工具激励员工，换取具体工作范围下的稳定工作表现，组织生产技术较为成熟，对员工稳定性要求高；投资型关注员工在组织内的长期发展，通过培训与开发激励员工，形成长期工作关系，而不仅是利益交换，组织的生产技术较为复杂，需要员工的创新能力；参与型强调员工能主动参与组织决策，并具有创新性，因为组织生产技术颇复杂。利诱型、投资型与参与型人力资源管理模式的区别如表1–4所示。总体来说，参与型与投资型人力资源管理模式关注通过培训及开发促进员工的长远发展，使员工对组织产生忠诚与承诺，进而在组织与员工间形成长期而稳定的关系，而利诱型模式倾向于关注短期利益交换。

① Dyer L. A Strategic Perspective Human Resource Management: Evolving Role and Responsibility. ASPA, BNA Series, 1988: 20–21.

表1–4　利诱型、投资型与参与型人力资源管理模式的区别

职能 / 类型	利诱型	投资型	参与型
招聘	强调技术胜任能力	关注特点和发展潜能	技能和发展潜能并重
培训	应用范围有限的技能	应用范围广泛的知识和技能	应用范围适中的知识和技巧
绩效评估	结果导向，强调对员工的控制	行为与结果导向，关注员工的发展	行为与结果导向，以团队为基础
薪酬	对外公平，固定，强调以工作或年资为基础	对内公平，权变，强调以绩效或技能为基础	对内公平，权变，以团队绩效为基础
晋升	外部劳动力市场，狭窄，不易转换	内部劳动力市场，广泛、灵活	内外部劳动力市场相结合
工作保障	低	高	高
工作组织	狭窄工作定义，个人工作，低度参与	宽广工作定义，自我管理团队，高度参与	灵活工作描述，团队工作，高度参与

资料来源：刘善仕，刘辉健，翁赛珠. 西方最佳人力资源管理模式研究. 外国经济与管理，2005(3)：33–39.

（三）累积型、效用型与协助型

基于人力资源效用的视角，舒勒（Schuler）和杰克逊（Jackson）在1989年提出人力资源管理模式包含累积型（accumulation）、效用型（utilization）与促进型（facilitation）。其中，累积型人力资源管理模式将人力资源视为长远资本，通常实行终身雇佣制，重视员工的培训与开发，在企业内晋升缓慢；效用型人力资源管理系统将人力资源视为短期资源，通常采用短期雇佣制，较少为员工提供培训，在企业内晋升迅速；

促进型为累积型与效用型人力资源管理模式的过渡，企业虽不直接提供培训，但具有协助员工学习与发展的理念。[①]

具体来说，日本人力资源管理模式与美国人力资源管理模式分别与累积型与效用型类似。其中，日本的就业政策稳定，实行终身雇佣制，采用年功序列，员工晋升缓慢但不缺少激励。[②]日本企业重视对员工的在职培训，促进员工发展以及忠诚度，鼓励全员参与企业决策，符合累积型模式特征。[③]美国以短期雇佣为主，高度依赖劳动力市场，员工晋升迅速，但流动性大，与企业为短期契约关系，缺乏忠诚感与信任感[④]，符合效用型模式特征，与之不同的是，美国同样重视员工培训。

（四）市场导向型与内部发展型

基于人力资源市场的视角，戴勒瑞（Delery）和多提（Doty）在1996年发表的论文《战略人力资源管理理论模式：普适观、权变观和配置观的检验》（Modes of Theorizing in Strategic Human Resource Management: Test of Universalistic, Contingency and Configurational Perspective）提出市场导向型与内部发展型人力资源管理模式[⑤]，得到学者的广泛认可与发展。其中，内部发展型人力资源管理模式指组织倾向于从内部发展员工，与投资型模式相似，通过对员工的长期培训与开发，提升员工对组织的承诺，建立长期雇佣关系；市场导向型则强调组织倾向于从外部获取员工，与利诱型模式相似，组织与员工维持以利益交易为导向的短期雇佣关系。两种人力资源管理模式的主要区别在于人力资源获取与开发的途径，以及所带来人力资源管理实践的差别（见表1-5）。两种模式看似对立，但是并不存在孰优孰劣，需要由企业内外部特征共同决定采纳何种模式。

① Schuler R S, Jackson S E. Determinants of Human Resource Management Priorities and Implications for Industrial Relation. Journal of Management, 1989, 5 (1): 89-99.

② 谢晋宇. 日本人力资源管理模式：挑战与回应. 南开管理评论，2000（4）：75-80.

③ 曹亚克，矫辉，马卓. 日美企业人力资源管理模式的比较. 统计与决策，2003（4）：24-25.

④ 马明华. 美国人力资源管理模式及其启示. 当代亚太，1999（8）：59-61.

⑤ Delery J E, Doty D H. Modes of Theorizing in Strategic Human Resource Management: Test of Universalistic, Contingency and Configurational Perspective. Academy of Management Journal, 1996, 39 (4): 802-805.

表1-5　市场导向型与内部发展型人力资源管理模式的区别

人力资源实践	市场导向型	内部发展型
内部职业发展	外部招聘，缺乏内部职业晋升阶梯	内部聘用，广泛使用内部晋升阶梯
培训体系	缺乏正式培训，组织社会化策略少	广泛的正式培训，组织社会化策略多
绩效评估	绩效以量化或结果导向测量，反馈是数字的/评断的	绩效以行为结果导向，反馈是为了发展
利润分享	经常使用利润分享	少用奖励工资制度，缺乏利润分享

续表

人力资源实践	市场导向型	内部发展型
工作保障	没有雇佣安全	试用期满后有高度雇佣安全，退休后公司有很多福利，正式的解雇政策
建言机制	员工几乎没有建言机会	申诉系统，参与决策
工作分析	工作界定不明确	工作界定严格

资料来源：Delery J E, Doty D H. Modes of Theorizing in Strategic Human Resource Management: Test of Universalistic, Contingency and Configurational Perspective.Academy of Management Journal, 1996, 39(4): 802-805.

人力资源管理活动的差异可以反映人力资本投资的水准高低，并体现人力资本投资类型的不同。美国马里兰州大学学者莱派克（D. Lepark）和康奈尔大学教授斯奈尔（S. A. Snell）在1999年发表的《人力资源框架：人力资本分配和开发的理论视角》(The Human Resource Architecture: Toward A Theory of Human Capital Allocation and Development）一文中，根据人力资本的价值性和稀缺性将员工划分为核心员工、独特员工、通用员工和辅助员工四种类型，提出内部开发式、获取式、契约式与联盟式四种人力资源管理模式。[①]其中，内部开发式类似于内部发展型，指组织为使员工产生高层次的持续承诺，而对个体关键技能进行长远投资；获取式与市场导向型类似，指直接从外部劳动力市场中获取人才，而非通过组织的培训与开发发展员工；契约式强调人力资源活动着重确保员工对合同要求和条件的遵从，通过具体的规章制度与合同，约束员工的工作行为；联盟式强调协作式的松散雇佣关系，员工在组织需要时为组织提供服务，员工与组织间为短期雇佣关系，从而人力资源管理活动以保持良好的合作关系为基础。

上述对人力资源管理模式的创建与划分视角截然不同，然而其内在原则相一致，期望发挥高绩效人力资源管理实践的优势，以获取企业绩效。[②]例如，承诺导向型、内部发展型和投资型人力资源管理模式均强调组织与员工之间的相互责任和长期雇佣关系，从而融合这三种模式的人力资源管理实质上就是高绩效工作系统。高绩效工作系统就是通过提高员工的能力、态度和动机，提升组织绩效的人力资源管理实践动态组合，这种组合能够对组织的各类绩效结果产生相互协同的促进作用[③]。

① Lepak D P, Snell S A. The Human Resource Architecture: Toward A Theory of Human Capital Allocation and Development. Academy of Management Review, 1999, 24(1): 31-48.

② 施杨，李南. 国外高绩效人力资源实践：理论回顾、分析与展望. 管理评论，2011，23(10)：83-90.

③ 陈笃升. 高绩效工作系统研究述评与展望：整合内容和过程范式. 外国经济与管理，2014，36(5): 50-60.

三、管理理念论视角下的人力资源管理模式

人力资源管理的逻辑起点是为了解决该领域问题而采取的各项人力资源管理措施背后的基本动因。美国学者罗纳德·舒勒（R. S. Schuler）构建战略性人力资源管理的5P模型，即人力资源管理理念（philosophy）、政策（policy）、计划（plan）、实践（practice）和过程（process）。[①]由此，如图1-2所示，人力资源管理政策的形成过程包括人力资源管理理念、政策方案、政策选择、政策执行阶段。

① Schuler R S. Strategic Human Resource Management: Linking People With the Needs of The Business. Organizational Dynamics, 1992, 21(1): 18-32.

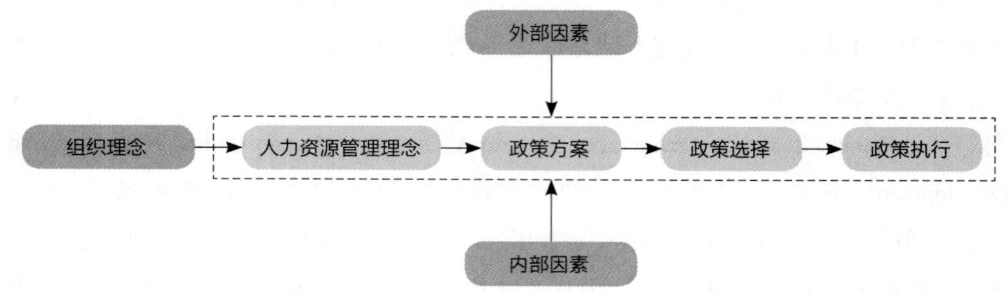

图1-2　人力资源管理政策形成过程

资料来源：Shani D N, Divyapriya P, Logeshwari K. Human Resource Philosophy. International Journal of Management, 2011, 2(1): 61-68.

逻辑起点（即人力资源管理理念）是人力资源管理创新必须面对的重要问题。逻辑起点选择的正确与否，直接决定人力资源管理实践的内在严密性。尤其是人力资源管理理念的创新占据相当重要的位置，往往带来人力资源管理系统的重大突破。理念起源于两个前提——事实前提和价值前提。其中事实前提表示对世界描述性的看法；价值前提表示对某些目标和行为的愿望性看法。[②]组织管理背景下，理念由一系列集成的假设和信念构成。创建组织的那些人（所有者）、管理组织的那些人（管理者，尤其是关键决策者）的假设与信念成为定义组织远景的基础，这些假设和信念有时可能是决策者意向的外化，有时可能是决策者意向的内化。具体到人力资源管理领域来说，人力资源理念围绕管理者对人的信念和假设，涉及人的本质、需要、价值观和工作方法。这些信念和假设决定应该怎样对待人。纵观中西方人力资源管理理论，关于人力资源管理逻辑的观点主要有企业主导逻辑论、员工主导逻辑论和利益相关者主导逻辑论，即以企业为中心、以员工为中心和以利益相关者为中心的三种人力资源管理理念，体现人力资源管理领域的重大创新突破。

② Shani D N, Divyapriya P, Logeshwari K. Human Resource Philosophy. International Journal of Management, 2011, 2(1): 61-68.

（一）企业主导逻辑人力资源管理

根据企业资源观，企业可以被视为独有并难以模仿的资源和能力的集合体，由此，

如果企业拥有这些与众不同的关键资源，就有可能赚取超额收益。鉴于人力资源是企业的核心资源之一，企业的资源观会进一步影响人力资源管理领域。对待人有三种方法：商品法、机器法和人性化方法。其中，在商品法中，人被当作商品一样能够以某个价格进行买卖，正如旧奴隶制度；在机器法中，人被视为机器的零部件，能够像其他部件一样被装备。这两种方法是以“经济人”人性假设为前提，形成以企业为中心的人力资源管理理念。岗位职责的完成或组织目标的实现是以企业为中心的人力资源管理创新的逻辑出发点和归宿点。因此，以企业为中心的人力资源管理政策往往只体现企业单方面的意图，系统地对人力资源各种部署和活动进行计划和管理，强调让员工遵循企业规章制度并完成工作任务，体现为控制型人力资源管理。其中，具体实践形式或工具有绩效工资、高绩效工作系统、最佳人力资源管理实践、人力资源外包和电子化人力资源管理等。

从科学管理到战略人力资源管理，人力资源管理的关注点相应地从内部效率转移至企业战略，但是均是基于以企业为中心的人力资源管理理念。战略人力资源管理开始重视人力资本的价值，强调人力资本在人力资源实践与企业绩效之间发挥中介作用[①]。在支持企业战略上，以企业为中心的人力资源管理能够被动或主动为战略价值做出贡献。其中，运营被动响应式人力资源管理关注实施人力资源的基本活动，包括管理福利、维持基于市场的薪酬水平、雇佣初级员工、提供基本技能培训；运营主动响应式人力资源管理关注人力资源基本活动的设计和传递的改善，包括人力资源流程再造、运用TQM原理（total quality management，全面质量管理）到人力资源管理，营造工作场所中积极道德氛围。战略被动响应式人力资源管理关注企业战略的实施，也就是说，在既定企业战略下，人力资源管理如何才能帮助和支持战略的成功实施，包括与企业战略要求相一致的技术知识的识别和开发、技巧性技能培育、企业文化，以及促进组织变革和把人力资源重组为服务中心；战略主动响应式人力资源管理则关注创造未来战略方案，包括塑造创新文化、识别并购机会、创造持续追踪和比对产品市场的内部能力。当然，战略与人力资源管理整合程度对企业绩效的影响受到企业发展阶段的调节影响，具体来说，与成熟型企业相比，快速成长型企业很少重视人力资源活动，并且经历比较低的战略与人力资源管理整合。[②]

① Wright P M, McMahan G C. Exploring Human Capital: Putting ‘Human’ Back into Strategic Human Resource Management. Human Resource Management Journal, 2011, 21 (2): 93–104.

（二）员工主导逻辑人力资源管理

“企业至上”逻辑受到愈益强烈的挑战，开始在人力资源管理中引入员工主导逻辑分析方法和理论。员工在企业中角色和地位的变化促使企业重新审视企业与员工的关系，重新认知和界定企业和员工的各自角色，并相应调整人力资源管理以适应这种变化。具体来说，雇主和雇员的界线越来越模糊，员工

② Buller P F, Napier N K. Strategy and Human Resource Management Integration in Fast Growth Versus Other Mid-sized Firms. British Journal of Management, 1993, 4 (2): 77–90.

从人力资源管理政策的被动接受者转变为人力资源管理政策的共同制定者。随着人力资本的重要地位凸显，人被视为有生理需求的社会人，即对待人的人性化方法。因此，人力资源理念应该更加具体地考虑人的这些天赋。

人力资本已经超越货币资本，成为企业的核心竞争力。由于人作为资源被管理，那么我们作为人意味着什么？在人性化方法中，人力资源理念基于以下信念：人是组织中最重要的资产；因为人拥有创造能力，这些创造力仅部分得到利用，从而在某种程度上人能够被开发；如果人形成组织归属感，那么他们就会对组织中的工作产生承诺；如果组织关心人并满足他们的需要，则他们可能形成归属感；如果人有机会充分发掘潜力并发挥这些潜力，则人就会做出最大贡献。由此，人性化方法是以“社会人”、“自我实现人”的人性假设为前提的，所隐含的理念是员工导向，形成以员工为中心的人力资源管理。满足员工需求是以员工为中心的人力资源管理的出发点，塑造健康、激励的工作环境（如开放、激情、信任、互惠和合作），挖掘员工潜力。因此，以员工为中心的人力资源管理模式关注员工和组织之间的情感承诺，升华为承诺型人力资源管理。其中，具体实践形式或工具有员工持股计划、指导人计划、内部营销和家庭响应型人力资源政策等。

（三）利益相关者主导逻辑人力资源管理

组织被理解为利益相关者政治经济系统的组成部分，从而在员工－组织关系中存在其他利益相关者。尤其是全球化、工作本质变化和使利益相关者满意都对人力资源管理系统的有效性产生越来越大的影响，甚至有观点认为组织环境可以主导人力资源管理的制定。因此，人力资源管理应该放在利益相关者网络中来加以考虑。另外，员工与雇主间的关系应该建立在社会契约之上，双方认可各自的权利和义务。然而，由于工作的变化本质、雇主偏好对员工不利的柔性就业、公共政策和制度体制变得不再保护员工权益，雇主的自愿行为并不能确保员工的权益，需要公共政策通过促进雇主与雇员形成伙伴关系以确保雇佣关系中的员工公平。久而久之，员工几乎没有任何权利，企业给予的一切并非由雇主提供，而是由政府法律法规确保的。例如，病假、性骚扰和员工薪酬等都是遵照法律法规来处理，而不是基于伦理视角来考虑如何处理。因此，现代经济环境的竞争需要创造了人力资源专业人员对他们组织应负的隐性伦理责任。

如果人力资源专业人员接受伦理管家（即对许多利益相关者负责和最大化长期组织财富创造的治理模式），他们将更注意自己对组织的伦理职责和更有效地帮助组织创造更多的财富、实现可观的组织结果，建立使员工更满意的工作环境。因此，伦理法则是以利益相关者为中心的人力资源管理及其创新的逻辑起点，形成社会责任型人力资源管理，甚至绿色人力资源管理①。社会责任型人力资源管理和绿色人力资源管理代表一种超越战略性人力资源管理的可持续发展管理理念，这也是人力资源管理的发展趋势。其中，具体实践形式或工具有平衡计分卡、绩效棱柱模型②、带薪公益假、雇主品牌等。表1-6为不同主导逻辑的人力资源管理理念比较。

表1-6 不同主导逻辑的人力资源管理理念比较

项目＼理念	企业主导逻辑	员工主导逻辑	利益相关者主导逻辑
理论基础	资源观、人性假设	人性假设、需求层次论	社会契约论
管理模式	控制导向型人力资源管理 利诱型人力资源管理 市场导向型人力资源管理	承诺导向型人力资源管理 投资型人力资源管理 参与型人力资源管理 内部发展型人力资源管理	社会责任型人力资源管理 绿色人力资源管理 合作导向型人力资源管理
管理起点	工作岗位、组织战略	员工需求	社会伦理
管理实践具体形式	绩效工资 高绩效工作系统 最佳人力资源管理实践 人力资源外包 电子人力资源管理系统	员工持股计划 指导人计划 内部营销 家庭响应型人力资源政策	平衡计分卡 绩效棱柱模型 带薪公益假 雇主品牌

资料来源：陈建安. 员工-组织关系修复与管理创新：社会契约理论的视角. 北京：人民出版社，2015.

综上所述，随着人力资源管理领域的不断创新，人力资源管理的核心理念在不断变化，经历从以企业为中心的管理向以员工为中心的管理，再到以利益相关者为中心的管理演变，体现了微观契约主导逻辑到宏观契约主导逻辑的发展思路。不同主导逻辑的人力资源管理理念对员工的态度和行为产生不同的影响，其中以企业为中心的人力资源管理对员工的组织承诺没有显著的影响；以利益相关者为中心的人力资源管理（包括劳动法律合规型人力资源管理和社会责任型人力资源管理）对肯定承诺、持续承诺和规范承诺有显著的积极影响；以员工为中心的人力资源管理对肯定承诺和规范承诺有积极影响，但对持续承诺没有任何影响。这也侧面说明了从以企业为中心、以员工为中心到以利益相关者为中心的人力资源管理理念的演变不是扬弃而是继承，即后续理念是以前阶

① Wagner（2013）将人力资源与可持续发展、环境管理相联系，将绿色人力资源管理（green human resource management）理解为以可持续发展为导向的人力资源管理；李中斌（2014）则将绿色人力资源管理界定为：在人力资源管理中融入可持续发展、关爱包容与和谐共赢等理念，使人力资源战略管理、招聘管理、培训管理、绩效管理、薪酬管理、劳动关系管理等各环节形成绿色管理生态链和关爱管理价值链；刘俊振、张亚君和刘诗悦（2014）则认为，绿色人力资源管理是指在"绿色"和"绿色管理"理念下，影响工作场所中员工绿色意识、绿色行为/能力和绿色绩效的政策、制度与活动，并包括由此形成的与雇佣和人力资源管理相关的绿色文化氛围以及内外部绿色关系。

② 绩效棱柱模型（Performance Prism）由克兰菲尔德学院教授安迪·尼利（Andy Neely）与安达信咨询公司在2000年联合开发，用棱柱的五个方面分别代表组织绩效存在内在因果关系的关键要素：利益相关者满意、利益相关者贡献、组织战略、业务流程和组织能力。与平衡计分卡相比，绩效棱柱模型逐步关心所有重要的利益相关主体，并且不但关注从利益相关主体那里得到贡献，而且关注利益相关主体的满意。

段理念为基础，每个向后阶段涌现出新的理念都是把前一个阶段的理念作为默认条件，为促进人力资源管理实践创新提供理念前提。

第二节 人力资源管理角色与阶段演变

一、人力资源管理角色的拓展

人力资源管理角色看作对社会学领域的“角色”概念在人力资源管理领域的延伸，是指人们对人力资源部门及人员寄予的一种期望。与人力资源管理实践相比，人力资源管理角色的变化更加具有规律性。[①] 不同的学者对人力资源角色有不同的说法，出现很多人力资源角色分类，如表1-7所示。随着人力资源管理部门的性质和功能发生重大转变，人力资源管理角色经历三次转变，如表1-8所示。

① 吴春波，高中华，洪如玲. 民营高科技企业成长过程中人力资源管理角色演化模式研究：基于H公司的案例研究. 管理世界。2010 (2)：127-140.

表1-7 人力资源角色的分类

角色提出者	角色种类	划分依据
Foulkes & Morgan（1972）	政策参与制定者、政策实施者、审计与控制人员、创新者	事务性活动的比例
Tsui（1987）	各级客户（高层、直线经理、员工）需求的满足者、为相关群体提供传统行政服务的行政服务人员以及履行顾问角色	对各层客户的关注
Schuler（1990）	业务人员、变革塑造者、代理人、组织顾问/直线部门伙伴、战略规划师、人才管理者、资产管理者、成本控制者	
Wiley（1992）	战略层面：顾问、评价者、诊断者、变革代理、战略促进者、业务伙伴、成本管理者 法律层面：顾问、审计师、法律推动者、调解人 运营层面：顾问、变革代理者、消防员、员工支持者、政策制定者	对战略、业务的关注
Walker（1994）	战略性角色、运营性角色；实践中这些角色是一个连续体，包括支持者、服务者、顾问和领导者	
Kesler（1995）	伙伴角色和交易角色	
Ulrich（1996）	战略伙伴、行政专家、员工支持者、变革推动者	
Beatty & Schneier（1997）	业务伙伴、业务实践者	

续表

角色提出者	角色种类	划分依据
Ulrich & Beatty（2001）	教练、设计师、建筑师、推动者、领导者、伦理道德监督者	对战略能力的关注
Wright，McMahan，Snell & Gerhart（2001）	战略伙伴、细化实践、提供人力资源服务、提供变革咨询、开发组织技能与能力	
Lawle Ⅲ & Mohrman（2003）	文书记录、审核/控制、人力资源服务提供者、人力资源体系开发者、战略伙伴	
Ulrich & Brockbank（2005）	人力资本开发者、员工鼓舞者、职能专家、战略伙伴、领导者	
美国公共管理学会（NAPA）	业务伙伴、变革代理、领导者、人力资源管理专家、支持者	人力资源管理人员应具备的胜任素质
国际人事管理协会（IPMA）	人力资源管理专家、业务伙伴、变革推动者、领导者	
美国联邦人事局（OPM）	战略伙伴、领导者、员工支持者、技术专家和变革咨询者	

资料来源：吴春波，高中华，洪如玲．民营高科技企业成长过程中人力资源管理角色演化模式研究：基于 H 公司的案例研究．管理世界，2010(2)：127-14C.

表1-8 人力资源管理角色的三次重大转变

研究者	主要角色内涵	角色基本特征
Tsui（1987）	顾客需求的满足者、行政服务人员、顾问	从行政管理角色向服务传递角色转变
Schuler（1990）	业务人员、变革塑造者、组织咨询师/直线部门伙伴、战略规划师与实施者、人才管理者、资产管理者、成本控制者	从服务传递角色向战略伙伴角色转变
Ulrich等（1996，2001）	战略伙伴、变革代理人、员工代言人、行政管理专家；教练、设计师、建筑师、服务者、领导者、道德监督者	从战略伙伴角色向战略参与者角色转变

资料来源：李隽，李新建，王玉姣．人力资源管理角色研究述评．外国经济与管理，2011，33(4)：43-50.

（一）徐淑英的顾客导向角色论

香港科技大学的徐淑英（Tsui A. S.）教授倡导人力资源部门及人员要以客户为导向，设计相应的人力资源管理实践体系。徐淑英在1987年率先从多重利益相关者视角论述组织环境变化对组织人力资源管理部门提出的多样化要求，以及人力资源管理部门如何通过扮演不同角色来证明价值。这些角色概括为：满足各级“顾客”（高层管理者、直线经理、员工）需求的角色、为相关群体提供行政服务的角色、顾问角色。[①]以顾

① Tsui A S. Defining the Activities and Effectiveness of the Human Resource Department: A Multiple Constituency Approach. Human Resource Management, 1987, 26 (1): 35-69.

客为导向的人力资源管理体现从传统的行政管理角色向服务传递角色转变，但是服务传递角色体现的人力资源管理仍然是一种被动的反应行为。

（二）舒勒的管理团队角色论

美国学者罗纳德·舒勒（Schuler，1987）提出人力资源管理人员欲达成组织目的，需要担负以下角色：政策制定协助者、提供服务和代表者、审核或控制者、创新者。后来，他意识到人力源管理者从传统人事事务型专家到管理团队成员的角色改变，于是在1990年提出人力资源管理应该扮演业务人员、变革塑造者、组织顾问、战略规划师、人才管理者、资产管理者和成本控制者。[①]并且，这些角色越来越重要，体现从服务传递角色向战略伙伴角色转变。但是，舒勒的人力资源管理角色内涵仍然停留在人力资源管理与组织战略的简单衔接上。人力资源战略伙伴角色的主要职责是：与业务领导建立战略合作关系；与业务领导共同识别战略性合作机会；给业务工作增加价值。[②]因此，人力资源部门需要实施由传统工作方式向战略性工作方式的转变。其中，人力资源管理作为战略伙伴的角色在于为集中和分散战略角色提供支持，体现在两个方面：① 为战略决策和倡议提供目标（offer aspiration），包括引导战略意图、为管理层即兴发挥和尝试创造空间；② 为战略讨论提供灵感（serve as inspiration），包括给高层带来自主倡议、寻找分散个体观点的收集和加工方法，如图1-3所示。

① Schuler R S. Repositioning the Human Resource Function: Transformation or Demise? The Executive, 1990, 4 (3): 12.

② 达娜·盖恩斯·罗宾逊，詹姆斯·C. 罗宾逊. 人力资源成为战略性业务伙伴. 孙贺影，姚兰，周宇，译. 北京：机械工业出版社，2011.

（三）尤里奇的四角色模型

美国密歇根州立大学（Michigan State University）商学院教授戴维·尤里奇（D. Ulrich）在1996年提出人力资源管理者和部门的四种角色：战略伙伴、行政专家、员工支持者、变革推动者，如图1-4所示。其中，战略伙伴强调将人力资源战略与企业经营战略结合起来，充当企业长期发展的伙伴，如战略人力资源规划、人力资源作为业务伙伴、文化和行政；行政专家强调充当业务部门的人事专家顾问，设计提供有效的人力资源管理流程、工具和解决方案，如薪酬、福利、人力资源信息系统、法律合规；变革推动者强调作为组织变革的推动者，具有帮助人们转变思维观念、打破利益关系、改变行为习惯等职责，如员工配置和人才管理、组织设计、调查行动计划、绩效管理和培训开发；员工支持者强调专注员工需求，提供员工所需资源和服务，为员工提供支持，如员工关系、劳动关系、安全和工人薪酬、多样化和均等就业机会。

戴维·尤里奇在1995年构建了人力资源管理战略角色的评价标准，即从知晓外部商业现状、服务内外利益相关者、构建人力资源管理实践、建设人力资源以及人力资源的专业化四个方面来评判人力资源管理者或部门是否承担了战略角色。[③]尤其是自戴维·尤里奇于1997年在《人力资源冠军》（Human Resource Champion）一书

③ 李隽，李新建，王玉姣. 人力资源管理角色研究述评. 外国经济与管理，2011，33(4)：43-50.

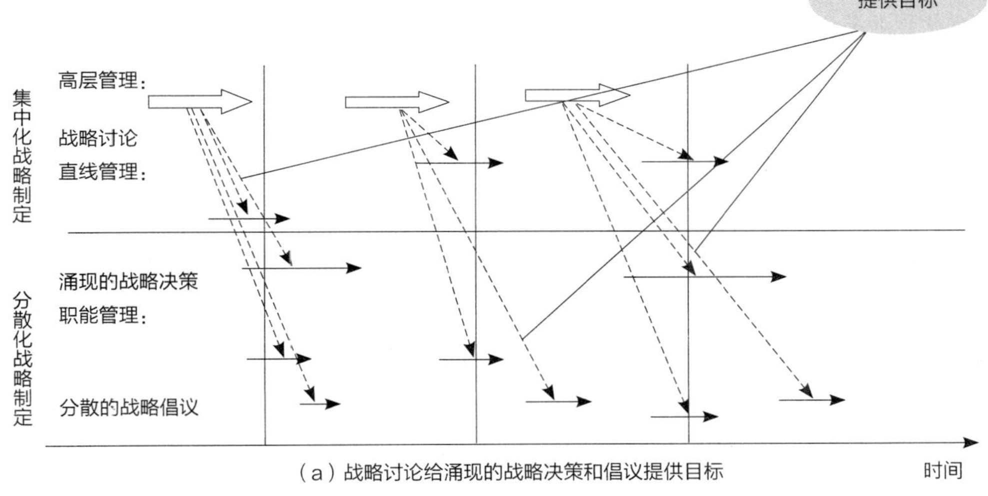

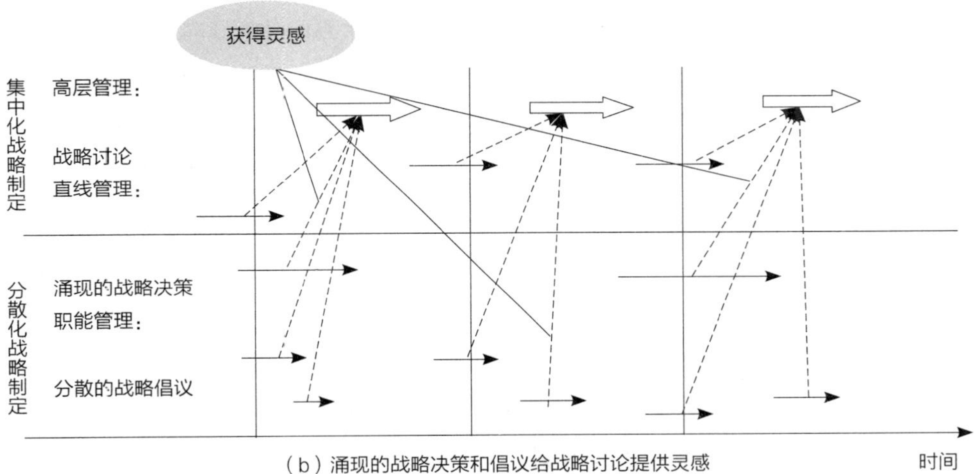

图1-3 人力资源管理的战略伙伴角色的具体体现

资料来源：Juul A T，Minbaeva D. The Role of Human Resource Management in Strategy Making. Human Resource Management，2013，52(5)：809-827.

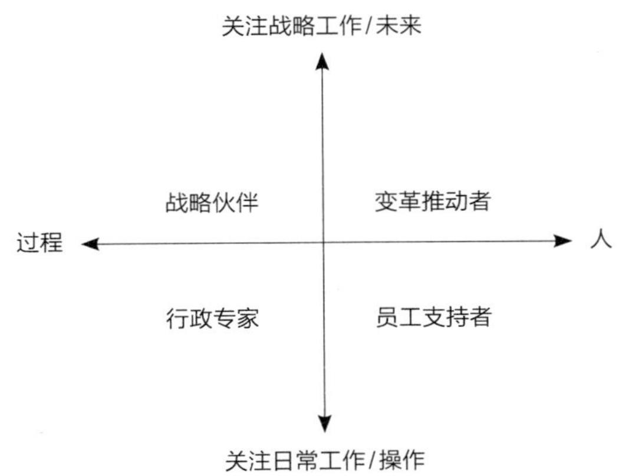

图1-4 人力资源管理的四角色模型

资料来源：Ulrich D. Human Resource Champion. Boston. MA：Harvard Business School Press，1997.

中提出“人力资源业务合作伙伴”（human resource business partner，HRBP）的概念至今，如何构建业务合作伙伴备受企业人力资源管理者或部门的关注。人力资源业务合作伙伴就是派驻业务单元的人力资源管理者，协助业务单元负责人完成员工发展、人才发掘、能力培养等方面的工作。人力资源业务合作伙伴、人力资源共享服务中心（HR shared service center，HRSSC）和人力资源专家（human resources specialist，HRS）构成人力资源系统的三支柱模型。其中，人力资源专家由组织内部员工安置、员工发展、员工薪酬、组织绩效、员工关系和组织关系等方面的专家组成，提出人力资源管理变革方面的专业性建议和设计有效的解决方案；人力资源共享服务中心则负责在员工招聘、薪酬福利、差旅费用报销、工资发放等基础性工作方面提供全方位的统一服务。从组织实施人力资源业务合作伙伴的发展阶段、职能是否完善的角度，将HRBP划分为初级HRBP和高级HRBP。其中，初级HRBP是指缺少人力资源共享服务中心、人力资源专家支持的业务伙伴阶段；高级HRBP则是指业务伙伴的成熟阶段，包括人力资源共享服务中心、人力资源专家支持的合作伙伴。根据人力资源业务伙伴关系的功能导向、管理作用的不同，将HRBP划分为业务型HRBP和文化型HRBP。其中，业务型关注HRBP对经营需求的快速响应与支撑，更强调“事”的逻辑；文化型关注HRBP对团队凝聚力的建设，更强调“人与组织”的逻辑。阿里巴巴集团、华为公司等对人力资源业务合作伙伴进行了探索与创新，其中阿里巴巴集团将人力资源体系视为政委体系，不但维护公司整体文化的共性，而且帮助所在业务部门形成自己的个性，从而阿里巴巴集团的人力资源业务合作伙伴属于文化型HRBP。

人力资源管理者或部门所扮演角色的转变来自于组织需求的改变。后来，为满足组织越来越高的期望，人力资源管理人员扮演的角色必须从“战略伙伴（strategic partner）”转变为“战略玩家（strategic player）”，以提升对组织的贡献度。戴维·尤里奇和迪克·比蒂（Beatty D.）在2001年发表的论文《从伙伴到玩家：扩展人力资源的应用领域》（From Partners to Players: Extending the HR Playing Field）提出，人力资源管理人员扮演的“玩家”角色可以进一步分解为：

（1）教练——观察并记录员工行为，及时反馈和指导，鼓励创造。

（2）建筑师——勾画企业发展蓝图。

（3）实施者——设计有效方案，实施企业蓝图。

（4）促进者——通过考虑参与者、所需信息、决策制定为组织行为提供方向，或者通过监管团队质量，让合适的员工加入团队以完成目标。

（5）领导者——为高层领导提出决策建议，协调与其他部门之间的关系。

（6）关怀者——关注员工的需求，提出解决方案。①

由此，这些角色体现从战略伙伴角色向战略参与者角色转变。戴维·尤里奇教授的主要贡献正是在于将人力资源管理真

① Ulrich D, Beatty D. From Partners to Players: Extending the HR Playing Field. Human Resource Management, 2001, 40(4): 293-307.

正提升到战略高度，拓展人力资源管理者在商业价值创造过程中发挥的重大作用。

二、人力资源管理阶段的演变

关于人力资源管理的演变历程，典型的观点包括六阶段论、五阶段论、四阶段论和三阶段论。其中，美国华盛顿大学的弗伦奇（French，1998）依据人力资源管理观点和技术发展提出六阶段论，包括科学管理运动、工业福利运动、早期工业心理学、人际关系运动时代、劳工运动、行为科学与组织理论时代；罗兰（K. M. Rowland）和费里斯（G. R. Ferris）在1982年从人力资源管理功能视角提出五阶段论，包括工业革命时代、科学管理时代、工业心理时代、人际关系时代和工作生活质量时代；卡肖（Cascio W. F.，1995）也依据人力资源管理功能提出四阶段论，包括档案保管阶段、政府职责阶段、组织职责阶段和战略伙伴阶段；福姆布龙、蒂奇和德兰纳（Fombrun，Tichy & Devanna，1984）则依据人力资源管理所扮演的角色提出三阶段论，包括操作性角色时代、管理性角色时代、战略性角色时代。尤里奇（2001）也依据人力资源管理所扮演的角色，将人力资源管理的演变历程划分为四个阶段，即从人事行政管理和人力资源职能管理，到战略性人力资源管理，再到由外而内的人力资源管理。其中，前三阶段对应福姆布龙、蒂奇和德兰纳的操作性角色时代、管理性角色时代、战略性角色时代三个阶段；由外而内的人力资源管理阶段主要是利用人力资源管理的政策流程等实践活动来促成某些外部经营条件的变化，及时回应外部变化。具体到中国实践来说，人力资源管理经过人事管理阶段、人力资源管理阶段（即科学人力资源管理）、战略人力资源管理阶段，现在正迈入人力资本管理阶段。[①]不同阶段的特征如表1–9所示。

① 彭剑锋. 战略人力资源管理：理论、实践与前沿. 北京：中国人民大学出版社，2014.

表1–9　人力资源管理四阶段的特征

工业时代			互联网时代
人事管理	人力资源管理	战略人力资源管理	人力资本管理
事务处理	重要资源管理	战略资源管理	利益相关者管理
交易关系	交易关系	合作关系	投资关系
能力使用	潜能开发		利润回报
视员工为成本	视员工为财富		二元观，双赢理论
辅助职能	主要职能，参与战略执行	关键职能，全方位参与战略制定与执行	引领战略制定与执行

资料来源：王国颖. 人事管理、人力资源管理、人力资本管理. 商场现代化，2006(7)：242–243；作者补充。

（一）人事管理阶段

19世纪末到20世纪初，人事管理作为一种管理活动，正式进入企业的管理活动范畴。1912年，雇佣经理联合会成立大会在美国波士顿召开，首次提出“雇员管理”。这是人事管理思想的萌芽。[①]早期的人事管理强调行政事务工作，关注劳动协议的条款与条件，提供人事服务以及保证法规遵从性，从而确保员工按企业规定的生产程序进行工作。尤其是20世纪20年代，谋求高效率的泰勒（F. W. Taylor，1911）科学管理理论被广泛地采用，对人事管理产生重大的影响，导致人事管理理论和实践出现一场心理革命（即倡导雇主与雇员的合作）。1924—1932年哈佛大学心理学教授梅奥（G. E. Mayo）开展霍桑实验，由此提出人际关系理论[②]，并在1933年出版《工业文明中的人类问题》（The Human Problems of An Industrial Civilization），促使人事管理从科学管理转向对人际关系的关注。后来，培训主管、关心和支持员工、增强员工和管理人员沟通等方法逐渐被企业的人事管理采用，极大地丰富了人事管理的职能。总体来说，人事管理以“事”为中心，将人视为一种“成本”，在使用时以节约为目标，强调管理和控制，从而使员工与企业的关系属于单纯的雇佣交易关系，相互之间没有归属感和信任感。

① 赵曙明，刘洪，李乾文. CEO人力资源管理与开发. 北京：北京大学出版社，2011.

② 梅奥提出人际关系理论的主要观点：工人是社会人，企业中存在非正式组织，领导重心是提高工人的满意度。

（二）人力资源管理阶段

“人力资源”最早在1954年由彼得·德鲁克（P. F. Drucker）在其著作《管理的实践》（The Practice of Management）提出并加以明确界定，强调人力资源是“特殊资产”。在20世纪50 年代初至60年代，员工的地位开始上升，雇主和雇员由对立关系逐渐向利益共同体转变。企业对人的认识从“生产成本”上升为“企业资源”，开始重视人的发展和价值的提升，于是人事管理开始向人力资源管理转变，并且成立或将人事部更名为“人力资源部”。人力资源管理职能范畴从传统的行政事务，拓展了人力资源规划、人力资源开发、职业生涯管理、工作分析、企业文化等，尤其是人力资源部门开始参与企业战略规划的制定与实施。总体来说，人力资源管理阶段的雇主与员工之间仍然是交易关系，并且强调人岗匹配，就像一条纽带，贯穿于从职位分析、职位评价、人员招聘、人员配置到报酬系统、激励系统、考核系统、培训系统、职业发展的全过程。

（三）战略人力资源管理阶段

进入20世纪80年代，人力资源管理理论和实践不断得到丰富和深化。战略人力资源管理思想起源于美国，其中德兰纳（Devanna）、福姆布龙（Fombru）和蒂奇（Tichy）在1981年合著的论文《人力资源：一个战略观》（Human Resources Management: A Strategic Perspective）[③]被认为是战略性人力资

③ Devanna M A，Fombrun C，Tichy N. Human Resources Management: A Strategic Perspective. Organizational Dynamics，1981，9(3)：51–67.

源管理研究诞生的标志。

进入20世纪90年代，战略人力资源管理理念逐渐被欧、美、日企业所采纳并实践。战略人力资源管理将人力资源管理提升到企业战略的高度，人力资源管理已由行政支持角色转变为战略伙伴角色，全方位参与发展战略的制定和实践。由此，战略人力资源管理关注战略与人力资源管理的整合，核心职能是参与战略决策，倡导并推动变革，实施整体的人力资源规划和实践活动。管理层必须高度关注劳动力市场、员工态度和需要、公司内职位简介、在岗人员培训和技能、影响企业战略管理的关键因素。[①]雇主与员工之间是超越雇佣的一种相互依存、相互信任、相互忠诚的合作关系，从而员工持股和股票期权成为普遍采用的长期激励手段。虽然人的价值首次和物的价值并驾齐驱，但是战略人力资源管理仍然是立足于人的现有状况来挖掘潜力，偏重于激励手段的创新。

（四）人力资本管理阶段

过去，人力资源管理仅仅是企业组织内部的一项管理活动，存在独立的工作范畴。进入21世纪，不管是企业经营环境还是人力资源管理环境都变得高度不确定。未来考验的不是企业单打独斗的能力，而是与整个生态的协同能力——联合打群架的组织能力。[②]例如，阿里巴巴构建从用户购物平台向生活一体化的生态系统，腾讯构建从用户社交平台向生活一体化的生态系统，小米公司构建从系统级别整合“硬件+软件+云存储”向用户生活一体化的生态系统。随着业务外包、战略联盟、虚拟企业和商业生态系统的出现，工作活动趋向跨越组织边界，经常以项目形式或在网络中实施。其中网络工作是产品和服务的共同创造，这种创造能够为利益相关者带来经济价值，并且超越单一组织边界[③]。具体来说，主要存在互动、交织和集成三种网络工作类型，三种类型网络的边界特性、工作活动关注和突出认同如表1-10所示。这种跨边界工作对当前人力资源管理模式（更适合假定单一雇主和工作在明确界定的边界之内实施的产业经济）带来冲击。人力资源的管理边界日益模糊，甚至跨越组织的边界，出现三种网络人力资源管理模式（见表1-11）。

尤其是在互联网时代，员工不再仅仅是组织利润的分享者，而是以资本的形式前所未有地主动参与组织经营、决策和发展，因此人力资本的价值得到前所未有的体现（人的价值不只是他们所能提供的劳动力，而在于拥有的创造力）。互联网时代的“人力资本主导”带给传统人力资源管理的是一场关于人的革命、创新能力和价值创造方式的革命，更是人性与基本价值的回归。例如，海尔集团创建投资驱动平台和用户付薪平台，从原来制造产品的加速器变成孵化创客的加速器。为成为孵化创

① Mirvis P H. Formulating and Implementing Human Resource Strategy: A Model of How to Do It, Two Examples of How It's Done. Human Resource Management, 1985, 24(4): 385-412.

② 王吉斌，彭盾. 互联网+：传统企业的自我颠覆、组织重构、管理进化与互联网转型. 北京：机械工业出版社，2015：32.

③ Swart J, Kinnie N. Reconsidering Boundaries: Human Resource Management in A Networked World. Human Resource Management, 2014, 53(2): 291-310.

表1-10 三种网络工作的网络特性

网络集成程度	类型＼项目	边界特征	工作活动关注	突出认同
↓	互动（interaction）：管理关系距离的组织高层互动	内部渗透 组织管理外部边界，然而保持内部边界不固定	内部客户项目 个体在跨内部项目团队的工作，然而需要与网络方频繁联系	清晰价值观认同的雇佣组织
↓	交织（interwoven）：组织间网络（例如集成项目团队）的密集互动	半渗透的 网络双方旨在促进未雇佣人员形成承诺	跨边界项目团队成为活动的焦点	个体认同可能并不直接雇佣他们的网络组织，如集成项目团队
↓	集成（integration）：存在网络层面的独立组织	渗透的 所有参与方促成网络层面的团队	网络和单个公司成为工作活动的焦点	雇佣身份的双重性——组织和网络团队

资料来源：Swart J，Kinnie N. Reconsidering Boundaries: Human Resource Management in A Networked World. Human Resource Management, 2014, 53(2): 291–310.

表1-11 网络人力资源管理模式

项目＼模式	网络缓冲（人力资本敏捷性）	网络借用（利用互补）	网络平衡（多维敏捷性）
内外部资源化	价值驱动 文化匹配 流动性	随着专家在网络环境中共同工作，专业知识和产业专用知识成为焦点	人力资本和社会资本作为网络开发和管理能力成为焦点
开发	组织专有但对网络重要的易变内部边界，开发柔性技能	开发有利于实现网络目标的人力资本	促成网络化知识的开发合作模式 网络和公司层面的开发过程
绩效管理	文化与战略目标（如产量和行为）	建立网络各方一致认可的目标 目标双重性，但公司特定绩效管理系统	跨网络绩效目标设置，关注合作行为 认可网络层面和公司层面绩效管理系统的双重性
奖励	公司层面和网络层面的价值观和行为 关注核心技能的保持	奖励网络和公司层面目标的达成	奖励网络内和公司内的合作效果
参与	强化内部边界渗透性 满足内部嵌入空间，规避时空间隔的形成	建立组织承诺和网络承诺，以促成产业专用知识的学习	开发人力资本，以促成知识共享和从最佳实践学习；与连续竞争的对冲

资料来源：Swart J，Kinnie N. Reconsidering Boundaries: Human Resource Management in A Networked World. Human Resource Management, 2014, 53(2): 291–310.

客的加速器，海尔实施自主经营体管理体系，没有层级，只有三种人——平台主、小微主、创客，都围着用户转。①

人力资本管理逐渐成为人力资源管理发展的新阶段，即站在员工的角度，视员工为投资者。随着人力资本分享权和决策权的不断增长，人力资本与货币资本的关系发生颠覆性的变化，过去人才为资本服务，现今资本为人才服务，资本为人才创造平台。与战略人力资源管理相比，人力资本管理更偏重关注人的价值创造，使每个员工成为价值创造者。由此，在人力资本管理时代，企业与员工之间并非雇佣和被雇佣的关系，而是基于雇佣联盟②的投资关系。

甚至部分学者提出将消费观融入雇佣关系的内核：人力资源管理实践逐渐采用消费的价值观，把员工视为自助式福利（cafeteria style benefit）和发展机会的消费者；然而，员工同时被期望作为公司菜单中的被消费商品而不断地营销自己。关于这种同时作为消费者和被消费品的地位，员工被期望积极从事自我商品化，表现出成为成功员工必备的恰当组织身份。③人力资本管理实践出现了人才众筹④、人才合伙制等具有前瞻性的人力资源管理理念，人力资本有更多的利益分享、更大的话语空间。许多企业都在引进人力资本合伙制度（如美国微软公司的合伙人计划、万科的事业合伙人制、阿里巴巴的人力资本合伙人制），甚至将人力管理部门更名为人力资本运营部（如谷歌公司将人力资源部门称为人员运营中心，即people operations），通过人力资本管理系统为企业的员工或外部利益相关者提供相应的管理服务。并且，在人力资本管理阶段，企业需要管理并不直接雇佣的人员和雇佣不需要管理的人员，如小米公司的粉丝人力资源（小米的粉丝军团已经成为小米公司的产品技术创新与品牌传播的生力军）。

人力资源管理致力于提升员工的价值体验，打造有助于提升员工价值体验的各类平台，让员工借助平台参与人力资源管理政策的制定、人力资源产品的研发、设计和体验。例如，海尔集团的倒三角管理模式就是粉丝效应的经典应用，让员工成为人力资源部的“粉丝”，时刻为人力资源管理建言献策，与人力资源部一起“工作”。甚至客户也可以参与企业的人力资源管理实践，如建立聘用标准、评估候选人和给出最终决策。

过去，人力资源部门是躲在背后的行政机构，仅限于执行层面，相当于行政工作的执行者；当前，人力资源部门逐步向业务合作伙伴迈进，其战略角色逐渐受到重视。尤其是进入互联网时代，人力资本管理不再仅仅是业务战略的支撑角色，更是业务战略的

① 张瑞敏. 创客的海尔. 中国企业家，2015-1-23. http://www.iceo.com.cn/renwu2013/2015/0123298730.shtml.

② 联盟雇佣：雇佣关系被看作一个联盟——一份由独立的双方达成的，有明确条款的互惠协议。在雇佣联盟中，雇主与员工建立的关系基于他们为对方增加价值的能力。

③ Dale K. The Employee as “Dish of the Day”: The Ethics of the Consuming/Consumed Self in Human Resource Management. Journal of Business Ethics, 2012, 111(1): 13-24.

④ 1898咖啡馆董事长杨勇将“人才众筹”界定为：把人当作一个标的，将个人视为一家成长性企业，拿出其一部分未来虚拟收入来进行估值，进行众筹。实现众筹的人才有两种：专业人士和学生群体，前者如医生、运动员、歌手、教授、导演、画家、律师和名厨。

引领者。例如，海尔集团之前在游戏行业是零，后来正是由于海尔员工李宁是一名游戏达人，联合对上游环境熟悉的“85后”李艳兵和善于跟同龄人零距离沟通的“90后”李欣，组建海尔内部全新的小微创客品牌——“雷神”。他们在电商网站中搜集3万余条差评，总结出游戏用户最恨的13条问题，如散热慢、易死机、蓝屏等，根据这些痛点针对性地“智造”笔记本。现在“雷神”已经推出第4代，做到行业第二。①

总之，在互联网时代，人力资源管理变化的核心正是在于人的变化，如需求个性化、流动频率加速化、组织黏度弱化、价值创造能力放大化。这些变化要求组织重新审视人，真正从人力资本至上角度重构管理理念和模式。以前，战略决定组织，组织跟随战略，人力资源适配组织；现在，需要组织适应人才——雇员或许在未来仅仅是企业人力资源管理对象的一小部分，更多的是平台上的股东制、合伙人制，才能让组织更适合移动互联网时代的人才。②

① 汪静，屈丽丽. 海尔“转基因”“雷神”引发新创客运动. 中国经营报，2014-05-03.

② 王吉斌，彭盾. 互联网+：传统企业的自我颠覆、组织重构、管理进化与互联网转型. 北京：机械工业出版社，2015：32.

第三节　人力资源战略与规划的职能地位

一、人力资源战略、人力资源规划与人力资源计划的关系

人力资源战略、人力资源规划与人力资源计划都是对未来人力资源发展的筹划与部署，具有相似性。但是，人力资源战略、人力资源规划与人力资源计划存在很大的区别。在人力资源管理实践中，相关人员由于分不清计划、规划和战略的内在逻辑关系，往往把人力资源规划写成人力资源计划，或把人力资源规划写成人力资源战略，或把人力资源战略写成人力资源规划甚至人力资源计划。

（一）人力资源战略与人力资源规划的关系

区分人力资源战略与人力资源规划，重在理解战略与规划的内涵。其中，战略最初起源于军事领域，是指交战双方在战争中依据军事、经济、政治、地理、外交等因素及态势的分析、判断，对战争全局做出的根本性决策。③对于规划来说，规者，有法度也；划者，戈也，分开之意，从而规划是个人或组织制定的比较全面长远的发展计划，针对未来整体性、长期性、基本性问题进行思考和评价，设计未来整套行动的方案。根据战略与规划的内涵，可以推断人力资源战略与人力资源规划存在以下相同点和差异之处。

③ 朱传耿. 战略、规划与计划的辩证比较. 经济师，2002(6)：22-23.

1. 相同点

（1）对象相同。人力资源战略与人力资源规划均不但针对一个组织人力资源的全局问题，而且涉及一个组织人力资源的未来长期发展问题。因此，人力资源战略与规划既涉及组织整个人力资源管理系统的发展战略与规划，又涉及某种人力资源管理职能（如薪酬、培训等）的发展战略与规划。

（2）特性相似。人力资源战略与人力资源规划均具有全局性、长远性、前瞻性的特点，也希望具有可操作性的要求。

由于人力资源战略与人力资源规划具有相同的客体对象和类似的性质与要求，因此两者是互相联系、密不可分的。

2. 差异之处

人力资源战略与人力资源规划并不能混为一谈，二者之间存在较大的区别。

（1）概念层次：战略高于规划。人力资源战略强调思想，涉及人力资源管理的思路，是制定人力资源规划的指导思想。任何组织的人力资源规划都是在既定的人力资源战略指导下形成的。

（2）形成时序：战略先于规划。如果一个企业没有形成既定的人力资源战略思路，就难以制定人力资源规划。因此，企业希望制定发展规划，就必须先着手研究人力资源战略，在人力资源战略的指导下，再编制人力资源规划。

（3）内容表述：战略软于规划。人力资源战略是人力资源规划的纲要；人力资源规划是人力资源战略的具体体现及实现蓝图。人力资源战略的研究思维过程是一个从具体到抽象、从个别到一般的过程。人力资源规划和计划的编制则是在人力资源战略的指导和约束下进行的，思维过程是从抽象向具体的返回，是人力资源战略的延续、深化和细化。因此，人力资源战略在内容表述上应该是轮廓性的或粗线条的，要简练、明了、易记；人力资源规划应该是比较具体、实际，具有更大的可操作性。

（二）人力资源规划与人力资源计划的关系

区分人力资源规划和人力资源计划的关键在于明确规划和计划的概念。其中，规划由“规”（法则、章程、标准、谋划，即战略层面）和“划”（合算、刻画，即战术层面）组成，“规”是起，“划”是落；计划的基本意义为合算、刻画。因此，计划是规划的延伸与展开，规划包含若干个计划。但是，人力资源规划和人力资源计划存在以下区别：

（1）内容侧重不同。人力资源规划侧重（规）战略层面，重指导性或原则性。人力资源计划侧重（划）战术层面，包括所拟订的具体内容、步骤和方法，重执行性和操作性。

（2）时间尺度不同。人力资源规划侧重于长远；人力资源计划侧重于短期。

（3）控制方法不同。人力资源规划与人力资源计划制定后，要通过科学管理来控制其实施。对人力资源规划的控制是定性与定量并重，对适宜进行定量控制的，要尽可能地进行定量控制。对人力资源计划的控制则是以定量为主，对人力资源的数量、质量、成本等都要进行严格的定量控制。

综上所述，人力资源战略、人力资源规划与人力资源计划的基本内涵是不同的。人力资源战略主要回答“是什么”和“为什么”，人力资源计划主要回答“怎么样”。一般说来，应当先有人力资源战略，后有人力资源规划，再制定人力资源计划，其之间的关系是指导与被指导的关系。[①]从人力资源战略到人力资源规划，再到人力资源计划，内容不断地由务虚走向务实。具体来说，人力资源战略指导人力资源规划编制，人力资源规划是人力资源计划的基础，人力资源计划是人力资源战略从思路变为行动的基础，人力资源规划则是人力资源战略变为人力资源计划的桥梁。因此，没有好的人力资源战略，不可能编制出好的人力资源规划；没有好的人力资源规划，谈不上能够制定出好的人力资源计划。

① 朱传耿. 战略、规划与计划的辩证比较. 经济师，2002(6)：22-23.

二、人力资源战略与规划在人力资源管理职能中的地位

人力资源管理的功能是通过它所承担的各项活动来实现的，即人力资源管理职能。商业模式、战略的变化等倒逼组织和人力资源管理的变革，从而随着从人事管理到人力资源管理、战略人力资源管理，再到人力资本价值管理，人力资源管理活动越来越丰富，人力资源战略与规划的地位也越来越高。

（一）人事管理职能

早期的人事管理职能就是行政事务性工作，主要包括：建立并贯彻执行人事管理规章制度、人事考核（主要是考勤）、计发工资、管理人事档案、传达企业领导的有关指示等。在20世纪50—60年代，人事管理职能逐步完善，拓宽了确定劳动力的需求、人员招聘和挑选、储备、提升、考评、报酬以及人员的培训和培养等内容。因此，人事管理几乎没有人力资源战略与规划，仅仅是劳动力的需求计划。

（二）人力资源管理职能

进入人力资源管理阶段，人力资源管理越来越科学化、规范化、系统化。徐淑英（1987）以德尔菲法调查专家意见找出17个重要的人力资源管理活动，后来将73个人力资源活动以调查法再经过因素分析提炼出：招聘及人力资源规划、组织及雇用、薪酬及劳资关系、员工支持、遵守法律、劳工及工会关系、政策配合、行政服务。尤里奇（Ulrich）、布罗克班克（Brockbank）和杨（Yeung）在1989年将人力资源管理实务分为招募、发展、评核、薪酬、组织设计及沟通。尼德尔（Needle，1994）将人力资源管理的职能概括为人力资源规划、人员招聘、人员选拔、绩效评估、员工培训、报酬与奖惩、劳动关系、员工沟通与参与、人事档案记录。普费弗（Pfeffer）在1996年提出较为全面的人力资源管理实践活动：工作保障、严格甄选、员工权利、具有竞争力的薪酬、

信息共享、团队工作设计、培训开发、内部公平、职业发展和自主权。赵曙明、刘洪和李乾文（2011）将人力资源管理职能归纳为六大方面：人力资源规划、招募与选拔、人力资源开发、报酬与福利、安全与健康、员工和劳动关系。[①]

综合这些研究，人力资源管理职能包括人力资源规划、招聘与选拔、培训开发、绩效考核、组织设计、薪酬管理、工作保障与劳动关系、员工沟通与参与、人事行政服务。由此，人力资源规划开始成为人力资源管理的重要职能之一。

① 赵曙明，刘洪，李乾文. CEO人力资源管理与开发. 北京：北京大学出版社，2001：14.

（三）战略人力资源管理职能

战略人力资源管理考虑整个企业的发展态势，各项职能也紧紧围绕目标的实现，因此更具有前瞻性和全局性。美国学者罗纳德·舒勒（Schuler，1992）把战略人力资源管理分成人力资源管理的哲学、政策、项目、实践和过程。其实，战略人力资源管理是一个有机系统，由战略人力资源管理理念、战略人力资源规划、战略人力资源管理核心职能构成。其中，理念是灵魂，指导战略人力资源管理体系的建设；规划是航标，指明人力资源管理体系构建的方向；核心职能是手段，确保理念和规划在人力资源管理实践中得以实现。

关于核心职能，戴勒瑞和多提（Delery & Doty，1996）将战略性人力资源管理实务分为内部职业发展、培训体系、绩效评估、利润分享、工作保障、建言机制、工作分析。莱特（Wright）、麦克马汉（McMahan）、斯奈尔（Snell）和格哈特（Gerhart）在1997年将战略人力资源管理活动划分为变革活动（知识管理、战略调整与战略更新、文化变革、管理技能开发）、传统活动（招聘与选拔、培训、绩效管理、薪酬管理、员工关系）、事务活动（福利管理、人事记录和员工服务）。总体来说，战略人力资源管理的职能活动包括知识管理、战略参与、文化变革、内部职业发展、培训与开发、绩效管理、薪酬管理、员工关系、福利管理及人事行政服务等（见表1-12）。

由此可见，人力资源规划在人事管理阶段并没有纳入主要职能活动范围，只有在人力资源管理阶段才成为主要职能活动之一，并成为人力资源管理的基础。人力资源规划是落实组织战略的工具，是组织战略→人力资源战略→人力资源规划→人力资源计划传导链的关键环节，因此人力资源规划必须源于组织战略并与战略相匹配，支撑组织战略的落地实施。尤其是进入战略人力资源管理阶段，人力资源规划逐渐被人力资源战略或人力资源战略规划[②]所取代。其中，人力资源战略是在总体战略指导下制定的人力资源发展的战略，包括人力资源的使命和价值观，以及目标、方向、方针与政策等。人力资源的战略与战略规划具有战略性和应变性，是人力资源管理活动的起点和依据。在人力资本管理阶段，人力资本管理包括合作关系管理、文化管理、人的潜力管理，人力资源战略逐渐被人力资本战略所取代。

② 人力资源战略规划：根据组织的发展战略、目标及组织内外环境的变化，预测未来的组织任务和环境对组织的要求，以及为完成这些任务、满足这些要求而提供人力资源的过程。

表1-12 人力资源管理活动的范围

人力资源管理				战略人力资源管理	
Tsui (1987)	Ulrich等 (1989)	Needle (1994)	Pfeffer (1996)	Delery & Doty (1996)①	Wright，McMahan，Snell & Gerhart (1997)②
招聘及人力资源规划	招聘	人力资源规划	工作保障	内部职业发展	知识管理
组织及雇用	发展	人员招聘	甄选	培训体系	战略调整与战略更新
薪酬及劳资关系	评核	人员选拔	员工权利	绩效评估	文化变革
员工支持	薪酬	绩效评估	薪酬	利润分享	管理技能开发
遵守法律	组织设计	员工培训	信息共享	工作保障	招聘与选拔
劳工及工会关系	沟通	报酬与奖惩	团队工作设计	建言机制	培训
政策配合		劳动关系	培训开发	工作分析	绩效管理
行政服务		员工沟通与参与	内部公平		薪酬管理
		人事档案记录	职业发展		员工关系
			自主权		福利管理
					人事记录
					员工服务

第四节 人力资源战略与规划面临的挑战

在移动互联和全球化时代，人力资源比以往任何时代更具有流动性、更加稀缺、更加关注体验。尤其是伴随互联网成长的“90后”新生代员工涌入职场，新的思维模式、价值理念、行为方式和职业诉求给人力资源战略与规划带来前所未有的冲击，无论是规划理念、规划方法还是规划流程都迫切需要创新、变革，甚至需要颠覆。

① Delery J E,Doty D H. Modes of Theorizing in Strategic Human Resource Management: Tests of Universalistic, Contingency and Configurational Performance Predictions. Academy of Management Journal, 1996, 39(4): 802–835.

② Wright P M, McMahan G C, Snell S A ,et al. Strategic Human Resource Management: Building Human Capital and Organizational Capability. Technical Report. Ithaca, NY: Ccrnell University, 1997.

一、互联网时代的雇佣关系

自工业革命以来，人类经历了五次波澜壮阔的创新浪潮，从磨粉机和蒸汽动力到钢铁和电力，从大规模生产到信息和通信技术（见表1–13）。其中，第二次创新浪潮发生在18世纪中叶，以蒸汽机的发明和使用为核心，机器运作代替手工操作，大规模工厂取代传统家庭手工作坊，出现劳动专业化分工和协作。第三次创新浪潮发生在19世纪60—70年代，以电力的广泛应用为核心，企业规模不断壮大，劳动专业化程度越来越高；出现所有权与经营权分离的股份公司；人事管理工作从直线管理人员附属职能中分离出来。第四次浪潮发生在20世纪50年代，以原子能、电子信息技术、航空航天技术、生命科学技术的开发与应用为核心，生产规模越来越大，人力资源越来越重要。当今，全球正经历第五次革命——网络革命，其背后推手则是网络连接技术，信息技术广泛运用于组织的生产、管理活动中。世界各国纷纷提出新一代制造理念，如德国“工业4.0”、美国“第三次工业革命”、中国“制造业2025”。人才依然是驱动“工业4.0”向前推进的动力。因此，与之相对应的人力资源和管理结构也要进行调整。

表1–13　创新浪潮演变及特征

创新浪潮	通用技术	增长载体	产业创新期间	持续周期（年）
第一次	水能	纺织/棉花	1785—1845	60
第二次	蒸汽和钢铁	铁路 重机械工程	1845—1900	55
第三次	电力工程 化学	电力 合成工业 农业化学 照相	1900—1950	50
第四次	石油化工	汽车 航空	1950—1990	40
第五次	数字经济 软件 互联网 宽带 微电子 计算机	新媒介 知识密集服务 制造服务	1990—2020	30
第六次	健康经济 生命科学 低碳经济	医药 健康服务 风能、太阳能 纳米技术 机器人和人工智能	2020—2040	20

资料来源：刘林青．英国创新政策的经济生态系统法．产学研合作简报（武汉大学中国产学研合作问题研究中心内刊），2012(2)：15–20.

雇佣关系是指雇主和雇员以及相关组织为实现劳动过程所构成的社会经济关系。[①]在不同的社会或国家，雇佣关系有不同的称谓，如劳动关系、劳工关系等。为了更好地理解互联网时代的人力资源管理，有必要深入理解互联网时代的雇佣关系。为了深入理解互联网时代的雇佣关系，需要首先对“互联网+”时代有一个基本的了解。

① 常凯. 劳动关系学. 北京：中国劳动社会保障出版社，2005.

（一）“互联网+”时代的定义、核心要素和特点

1.“互联网+”是什么

根据中国政府的定义，“互联网+”代表一种新的经济形态，即充分发挥互联网在生产要素配置中的优化和集成作用，将互联网的创新成果深度融合于经济社会各领域之中，提升实体经济的创新力和生产力，形成更广泛的以互联网为基础设施和实现工具的经济发展新形态。[②]在“互联网+”时代，互联网已经成为我们的生活和生命不可分割的一部分。我们购物，不再需要步入传统的百货商场，运用“淘宝网”等电商平台购物即可坐等收货；我们出行，不需要在烈日或寒风中久久等候，运用“滴滴打车”等出行服务平台便可随时出发；我们理财，不再局限于传统的银行或基金公司，把钱交给“理财通”等在线金融服务平台打理就可以每天关注获得的收益。以上列举的只是“互联网+”在我们生活中渗透的一些实例，而随着时间的推移，“互联网+”正在冲击着几乎所有的传统行业。

② 微信公众号“中国政府网”. 2015年《政府工作报告》缩略词注释，2015.

2.“互联网+”时代的核心要素

（1）“互联网+”时代的基础是信息通信技术的蓬勃发展。没有信息通信技术的跨越式发展，就没有“互联网+”时代的硬件基础。信息通信技术不仅增加了信息传播的距离，同时还跃升了信息传播的质量。从以往只能近距离地进行点对点的连接，到现在不限距离、无限节点的广泛连接；从以往只能传播模拟信号，到现在能够清晰传播数字音频和视频，信息通信技术为“互联网+”时代的终极目标“连接一切”提供了可能。

（2）“云计算”是“互联网+”时代的催化剂。信息通信技术为“互联网+”时代提供了数据传输的硬件基础，类似于“互联网+”时代的血管。而“云计算”则类似于“互联网+”时代的大脑，其基于大量计算机（类似于大脑神经元细胞）构建的资源池中，可以为用户提供快速、廉价的存储和计算服务。“互联网+”时代提供了体量巨大的信息，由于信息大爆炸带来的信息指数级增长已经远远超过了人脑及单台服务器的处理能力，而“云计算”为廉价且迅捷地存储和处理海量信息提供了可能。

（3）“大数据”与“云计算”共生，共同构筑“互联网+”时代的信息基础。“互联网+”时代之所以能够让信息产生巨大的价值，在于其数据的海量。基于“云计算”的“大数据”可以成为具有更强决策力、洞察发现力和流程优化能力的信息资产，为“互联网+”时代的各种决策服务。而脱离了“云计算”，“大数据”会由于计算能力的不足

而失去其本身的价值，正如一座座金山因为没有高效的采掘机械而废置。

3.“互联网+”时代的特点

“互联网+”时代有别于以往的任何时代，具有六大特点（见图1-5）。

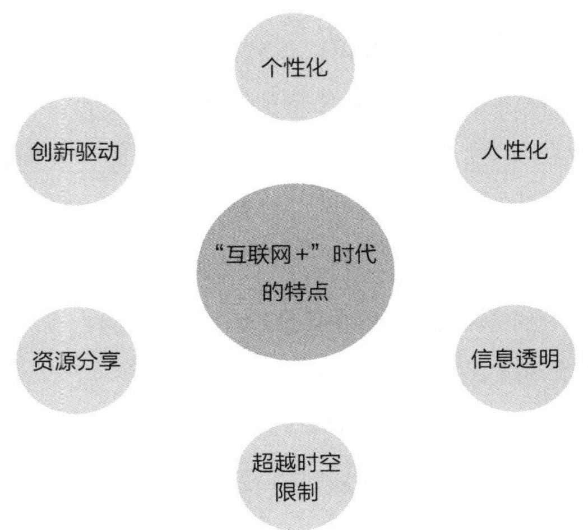

图1-5 “互联网+”时代的特点

（1）个性化。个性化在本质上就是要尊重“用户个体特征和诉求存在差异”这一客观事实，要有针对性地满足不同用户的不同需求。消费经济开始步入过剩时代，从以往的供不应求转变为供过于求。福特汽车发起的产品标准化时代已然行将就木，产品和服务定制化正成为一种趋势。比如海尔集团基于互联网打造的产品设计平台，正在不间断地接收顾客的个性化需求信息，以此生产出更符合顾客个性化需求的家电产品。

（2）人性化。“互联网+”时代的第一思维就是用户思维，满足用户的根本诉求是“互联网+”时代企业取得成功的制胜法门。“余额宝”、“理财通”等“互联网+金融”产品为什么这么火爆，对传统金融行业形成了巨大冲击？正是因为“互联网+金融”产品满足了顾客对便捷的基本诉求。足不出户，用户便可以在线选择相应的理财产品，不仅节省了出行的时间和成本，同时还能够实时关注所获得的收益。

（3）信息透明。以往横亘在雇主和雇员、商家和顾客等关系之间的信息鸿沟无法逾越，造成了上述关系之间存在权力的不对等，雇主或商家等具有超脱于雇员或顾客的优势。然而“互联网+”连接一切，将信息公开化、透明化，只要能够上网的用户都可以在互联网中获得所想知道的海量信息。比如，当前正在兴起的“互联网+汽车保养”，正在让汽车保养的价格、服务和流程更加透明化，获得了用户的青睐。

（4）超越时空限制。“烽火戏诸侯”的闹剧在“互联网+”时代已不可能重演。人与人之间可以进行24小时不间断的实时通信和互动，只要有互联网，连接就能建立。基于网络连接的终端，可以发送清晰、失真较少的图像、文字和声音。微信等移动应用软件部分实现了“互联网+”连接一切的终极目标，同时也成为现在以及未来人们不可或缺的工具。

（5）资源分享。过去，受限于传播媒介和连接工具的匮乏、低效，让人与人、人与物、物与物形成了包含丰富资源却各自隔离的孤岛，资源的利用效率十分低下。但是基于“互联网+”的基础设施建设和理念传播，资源广泛而深入地分享开始盛行，“分享经济”成为这个时代的旋律之一。“维基百科”、“知乎”是分享经济的代表，每个人都能够参与知识的分享和传播，让智力资源可以得到充分的利用。

（6）创新驱动。以往资本或资源密集型的产业地位被进一步削弱，基于“智力资本”发动创新的“马车”正逐步牵引经济迈入下一段高速发展时期。当然“互联网+”时代的创新并非没有限制的“脱缰的野马”，其紧密地呼应着“互联网+”时代的个性化和人性化的特点，把用户价值至上作为行动的最高指南。在各大软件应用市场上，每天都有创新的产品上架，从而解决某一项或某几项用户的“痛点”。

（二）互联网时代雇佣关系的内涵和特征

1. 互联网时代联盟型雇佣关系的内涵

传统雇佣关系被定义为一种雇主和雇员以及相关组织为实现劳动过程所构成的社会经济关系。传统雇佣关系具有客观存在的边界，即雇员与雇主签订相应的雇佣契约，雇佣关系方为成立。因此，传统的雇佣关系是建立在契约的基础上形成的社会交换关系，其交换的主要内容是经济要素，如薪金，而包含较少社会情感内容的交换。契约对雇佣关系的建立和延续存在一定的约束作用。然而，由于传统经济社会中，信息不对称等问题导致了雇员和雇主权力不对等，雇主随时可能打破契约，而导致雇佣关系破裂。因此，传统较为静态的雇佣关系看似稳固，实则非常容易由于雇佣双方的不信任而破裂。在互联网时代，附着于人力资源中的“智力资本”成为最为重要和核心的要素。因此，传统的雇佣关系已经很难适应这个时代对知识型员工的管理与约束。其原因主要有以下几点：

（1）“智力资本”迅速崛起，成为支撑经济发展的核心力量。创新并非无源之水、无本之木，其必须要附着于人力资源之上。企业的雇员正是创新的源泉，同时也是推动创新落地的根本力量。因此，在传统雇佣关系中，雇主基于资本等优势建立的非均势关系会被打破，雇员凭借其“智力资本”可以建立与雇主的均势，甚至于占据一定的优势。比较典型的案例就是：在“互联网+”社会中，越来越多的雇员凭借其创意在公司中占据较大的股权份额和话语权。

（2）企业边界模糊，雇佣关系防护网支离破碎。互联网时代是一个信息透明、资源共享的时代。以往通过企业边界来进行信息阻滞、通过契约关系来进行雇佣关系维护的模式正逐渐受到强烈地冲击。通过广泛的信息传播渠道，以及人与人之间的信息和资源交流，企业的雇员可以轻松获得外部其他企业的招聘需求信息。雇员在雇佣关系中具有更多的选择权，并进而具有更强的话语权。比如，互联网行业或者金融行业的员工如果早上在招聘网站修改自己的工作状态为“求职”，则其下午便会收到数份工作邀约。

（3）人力资源具有更强的个性化需求，同时对人性化管理模式更为渴望。随着经济社会的发展和教育文化的提升，新生代雇员已经不同于传统的雇员，他们渴望被差异化地对待，渴望雇主能够采用更具有人文关怀的方式来对待他们。越来越多的企业正在构建更具有人文关怀的企业文化，甚至于有些企业提倡“玩出点子”的文化。个别协议（ideals）等差异化的协议正广泛地被运用于工作场所中。

基于此，互联网时代需要建构联盟型的雇佣关系[①]。以往建立在权力、地位不对等基础上建立起来的雇佣关系，并不能保证雇主和雇员之间的相互信任和长期承诺。在雇主方面，20世纪80年代，世界大型企业联合会（Conference Board）的一项调查发现，56%的高管认为“忠于公司，进而忠于其商业目标的员工理应获得持续受雇保证”，然而仅仅10年之后，这个数字就暴跌至6%。[②]在雇员方面，《韬睿惠悦2012年全球劳动力研究》发现，尽管约一半员工希望留在现公司，但多数人认为自己将会去其他公司工作以谋求职业发展。[③]鉴于雇员智力资本的高附加值，应该在雇佣关系中予以承认和认可，从而提高雇佣双方的满意度和雇佣关系的质量。同时，既然预期雇佣关系不可能是永恒不变的，终身雇佣制这种传统模式已经不能适应快速变化的时代需求，那么何妨建立一个雇佣双方彼此承诺可以真正保持的关系框架？基于此，“互联网+”时代的雇佣关系是一种联盟关系，即雇佣双方独立达成的、有明确条款的互惠关系，雇主和雇员在这种框架内建立实质性的信任，并相互投资。

① Hoffman R, Casnocha B, Yeh C. The Alliance: Managing Talent in The Networked Age.Harvard Business Review Press, 2014.

② Harold Meyerson. The Forty-year Slump: The State of Work in The Age of Anxiety .The American Prospect, November 12, 2013.

③ Towers Watson 2012 Global Workforce Study. Engagement at Risk: Driving Strong Performance in A Volatile Global Environment, July 2012.

2. 互联网时代联盟型雇佣关系的特征

（1）联盟型雇佣关系的雇主和雇员是平等的关系，而不是不对等甚至敌对的关系。这主要表现在雇员的智力资本也能够和物质资本一样，获得收益分享权和决策参与权。比较典型的案例是陌陌科技的首席执行官唐岩，其原持股比例为30%左右，在董事会的话语权同样为30%左右。但是陌陌科技在纽交所上市以后，唐岩的持股比例缩小为20%左右，但是在董事会的话语权却提高到70%左右。这反映了附着于人力资源中的智力资本越来越受到重视和认可。

（2）这种联盟型雇佣关系是宽松的，雇员与雇主之间的雇佣关系并不是一成不变的，可以允许一段雇佣关系的结束，同时也欢迎离职的雇员回到本企业开启另一段雇佣关系。以往的企业往往不愿意接受曾经离职的员工，原雇员也认为“好马不吃回头草”。但是在互联网时代，这种思维应该被打破。只要是能够引领企业发展、为用户创造价值的离职雇员，都欢迎回到本企业中来。同时，原雇员如果认可原企业的组织文化，认为其有利于自身的职业发展和创意的落地，也可以“昂首挺胸”地与原企业开启另一段雇佣关系。

（3）这种联盟型雇佣关系是动态的。互联网时代唯一不变的是变化，顾客的价值诉求不断改变，外部经济环境不断变化，科学技术不断更新换代。为了适应外部环境的变化，满足顾客的价值诉求，企业组织结构也需要适时更新。相应地，雇佣关系也需要进行不断地变更。凡是有利于满足顾客的价值诉求的，相应的雇佣关系可以获得持续和强化；凡是无助于满足顾客的价值诉求的，相应的雇佣关系可以结束，雇佣双方可以寻找和开始新一段的雇佣关系。例如，海尔的自主经营体就是针对特定的顾客价值需求而设计的基本组织结构。如果相应的自主经营体能够为顾客创造第一等的价值感受，那么该自主经营体可以获得强化，雇员可以得到持续工作保证。但是如果相应的自主经营体不能为顾客创造价值，那么该自主经营体就会被削弱甚至裁撤，雇员也相应地被调离。

（4）这种联盟型雇佣关系是差异化的。针对雇员的个性化和人性化需求，在每一段雇佣关系中都应该考虑适切性问题。雇佣关系应该结合不同雇员的不同职业发展目标和个性特点进行差异化的建构。在雇佣关系中，不应该仅考虑雇主的发展，同时还要有针对性地融入雇员的个人发展计划。比如，雇员希望将来能够成为首席执行官，那么在联盟型的雇佣关系中可以为雇员设置多个任期，在每一个任期完成一到数项任务，且这项任务的完成不仅可以提升企业的价值，同时能够增强雇员某一个模块的能力，以使雇员在未来能够具备首席执行官的各种必备技能。

二、新型职业生涯观对人力资源战略与规划的挑战

进入21世纪以来，现在的工作和50年前相比大不相同，和未来的情况也将大相径庭，如表1–14所示。传统的职业生涯观念由于经济全球化和社会的变革、职场的变化也发生了转变。在这一转变过程中，西方学者提出了新型职业生涯的概念，即易变性职业生涯和无边界职业生涯。其中，易变性职业生涯指人们会根据个人兴趣爱好、能力以及企业政策和外部环境的变化改变自己的职业[①]；无边界职业生涯则指员工独立自行承担职业生涯管理的责任，并且倾向于在组织内部横向流动或者在组织外部自由流动。[②]已有研究表明，中国新生代员工和知识型员工已拥有新型职业生涯的倾向。[③] 布里斯科（Briscoe）等学者认为，新型职业生涯具有多变性、依赖性、流动性、刚性等特点。[④]新型职业生涯的出现从表面上看是员工个人职业生涯观念以及行为的变化，事实上它的出现不仅影响员工的发展，也对企业人力资源规划提出新的挑战。

---

① Hall D T. The Protean Career: A Quarter–century Journey .Journal of Vocational Behavior, 2004, 65 (1): 1–13.

② Arthur M B, Rousseau D M. The Boundaryless Career: A New Employment Principle for A New Organizational Era .New York: Oxford University Press, 1996.

③ 郭文臣，段艳楠. 基于挑战与变革视角的新型职业生涯与人力资源管理实践研究. 管理学报，2013，10 (12): 1785–1791.

④ Briscoe J P, Hall D T, Frautschy D R L. Protean and Boundaryless Careers: An Empirical Exploration.Journal of Vocational Behavior, 2006, 69 (1): 30–47.

表1-14 职场的过去、现在和未来：变化中的职场

1960年	2013年	2020年
在本地工作	任何地方都可以工作	超高速链接：在全球范围内工作
终生职业	38岁前做10 ~ 14份工作	在线的、不间断的搜索—发现模式
朝九晚五	全天候（如果你愿意）	合作式
单一收入	双份收入	多份收入
工作地和居住地分开	居家办公	实时的、按需接单

资料来源：梅纳德·韦布，卡莉·阿德勒．用互联网思维工作．冯艳，译．北京：中信出版社，2014：77.

（一）新型职业生涯导致雇佣关系的变化

新型职业生涯导致雇佣理念和关系发生变化，短期雇佣关系逐渐取代长期雇佣关系。在新型职业生涯下，雇佣关系更加关注员工与组织的工作关系，员工与组织间成为一种交换关系，员工只要提高工作绩效和个人能力就能换得较高的可就业能力。企业更多是创业型公司，而非家长式公司，二者的区别如表1-15所示。尤其是，过去衡量企业竞争力，关注企业拥有多少人才，现在的衡量标准是有多少人才能够为企业所用。因此，对企业人力资源盘点不再是所谓的人才拥有量，而是人才的使用量。

新型职业生涯的产生，一方面对员工提出了提高自身能力的要求，员工需要具备较强的学习能力，掌握核心技能，才能增强自身的流动性；另一方面，员工的短期雇佣倾

表1-15 家长式公司与创业型公司的比较

项目＼类型	家长式公司	创业型公司
在一个岗位上工作时间	25年甚至一辈子	1.5年
对公司的忠诚度维持时间	5年多	不到5年
公司保持领先优势的时间	IBM作为信息技术业巨头有20多年的时间	脸谱网公司用5年取代谷歌成为信息技术巨头
雇主对雇员的看法	劳动者为企业工作并属于企业，他们离职时意味着企业被挖墙脚	人才是最具有价值的资产，每天都有人辞职。雇员具有决定权，不属于任何一家公司
缺陷	较少裁员	企业和雇员都没有保障，真正的保障是发展技能和做出贡献，企业寿命和员工任期在缩短
福利	退休金、医疗保险	自我实现、自我导向、自由

资料来源：梅纳德·韦布，卡莉·阿德勒．用互联网思维工作．冯艳，译．北京：中信出版社，2014：135.

向、员工与组织的关系由情感主导型到工作主导型的转变、员工自身流动性偏好等都将引起人力资源供求关系的失衡。在这种情况下，人力资源规划要有的放矢，就必须在人力资源供给和需求预测做出相应的调整，在选人、育人和用人等环节中采用柔性的雇佣管理模式，以此来应对员工离职率增加和工作岗位虚位以待的常态。

（二）从组织承诺到职业承诺转变

在传统职业生涯时代，基于长期雇佣以及员工终身就业的观点使得员工更加注重对组织的承诺和忠诚，以获得组织的重视和晋升的机会。在新型职业生涯时代，组织不再提供员工终身就业的保障，取而代之的是竞争上岗的交易型契约关系；同时就业的不安全性和流动性导致员工的组织承诺大大降低，忠诚指向发生转变，即从组织承诺转变为职业承诺。职业承诺是个体对其从事的职业所持有的情感，属于职业的意识范畴。[①]在新型职业生涯时代，如何构建员工与组织之间的心理契约，平衡组织承诺与职业承诺的关系将成为人力资源规划面临的新挑战。

（三）职业成功标准的变化

职业生涯观念的改变不仅带来雇佣关系和员工承诺的转变，同时对于职业成功的衡量标准也发生了变化。在传统职业生涯时代，人们对职业生涯成功的评价标准通常是外在的客观标准，如薪资多少、职位和社会地位高低。然而，在新型职业生涯时代，由于职业呈现易变性、无边界性、雇佣短期性等特征，人们更加注重职业成功的主观标准，即重视自己的内心感受。职业成功标准的变化会进而影响员工的价值观和行为。对组织而言，如何通过实施人力资源价值链管理和员工个性化管理来应对职业成功标准的变化带来的问题，成为人力资源规划面临的新挑战。

① Blau G J. The Measurement and Prediction of Career Commitment. Journal of Occupation and Organizational Psychology, 1985, 58 (4): 277-288.

三、中国经济新常态对人力资源战略与规划的挑战

目前，中国经济社会正处于重要的战略机遇期，经济发展开始步入“新常态”，经济结构正在进行调整和再平衡，经济增长趋势稳步放缓，经济发展由投资驱动、要素驱动转变为创新驱动。“新常态”不仅意味着中国经济发展方式开始转型，同时也意味着企业人力资源规划在新的形势下必将面临新的挑战。

（一）从成本优势到人力资本优势

随着劳动力供给减少、人工成本上升，企业要从过去追求低廉劳动力的成本优势转变为追求高素质人才的人力资本优势。企业之间的竞争越来越依赖各自所拥有或动态获取人力资本的竞争力，从而使人力资本真正成为价值创造主导要素，尤其是知识创新者和企业家。因此，人力资本从被动依附于货币资本，转变为主动与货币资本共创、共享、共治的价值。进入经济新常态，人力资源管理的内外部环境发生重大变化，人力资

源规划的理念、思路和具体措施等方面需要随之做出新的调整和创新。

（二）智能机器人与人并存

进入21世纪以来，互联网、大数据、云计算等推动人工智能的研发、应用进入新的春天。人工智能和人类智能各有利弊，“人+机器”的混合智能将在未来的生产制造、服务传递等方面具有广阔的应用前景。目前，中国“机器人密度”仅为德国、日本等国家的10%。但是，“中国制造2025”、“互联网+”行动等对人工智能提出重大需求。随着智能机器人成本越来越低，智能机器人替代劳动者成为最廉价的劳动力是中国企业正在尝试的重点工程之一，体现在：一是以技术创新替代人力；二是以智能机器人节约、替代人力。由智能机器人进行劳动替代，势必带来劳动组织模式和人力资源管理模式的变革。例如，操作员工需要从过去的劳动效率高、生产事故少的生产能手向智能化、信息化、集成化的计算机操控人才转变。

（三）人才跨界共享

在移动互联和全球化时代，随着选择日益多元化，中国人才比以往任何时代更有流动性，跨界式的多重职业转向将成为职业发展趋势之一。许多职场人才的流动已不再仅仅是简单地换工作，跨界转投入其他新兴陌生的行业、领域或职业，寻求全新的发展机会。与之相对应的是，企业吸引和留住人才的政策和工具有效性发挥越来越有限。一方面，由于低成本和高收益效应，人才共享模式越来越受欢迎。一个人才可以同时受雇于两家及以上单位，以扩充成就事业的阵地，这些单位也可以共享他的才能。另一方面，员工跟客户之间的界限逐渐模糊，即员工是客户，客户是员工，两者之间角色可能互换。例如，小米集团的粉丝军团就是小米的产品技术创新与品牌传播的生力军。此外，随着自由职业者、创客等群体的出现，企业可以整合的外部智力资源更加丰富和便捷，从而使人才管理更加虚拟。因此，企业对于人才的诉求，不再是“人才为我所有”，而是“人才为我所用”。

四、大数据时代对人力资源战略与规划的挑战

随着移动通信技术、物联网技术以及云计算的兴起，数据的累积和使用已经达到前所未有的程度。大数据的本质就在于挖掘数据间的相关性，为人力资源管理者提供了人力资源管理的新思维和新工具。在大数据的支持下，人力资源战略与规划会更加精准和有效，与此同时，大数据时代也给人力资源规划工作带来了挑战。

（一）大数据时代人力资源规划角色的变革

对于企业的人力资源规划而言，无论是人力资源的供求状况分析，还是人力资源规划政策的制定，无不被大量的数据所覆盖。员工与人力资源部门的信息越来越对称，这就要求管理者在制定人力资源规划时应当更加注重员工的需求和体验。大数据时代为企

业的经营管理带来了更大的不确定性，人力资源规划的角色定位要全面转型，应当着眼于企业整体战略层面，从人力资源部门的内部活动上升到到企业全局的高度；要从传统的事务性角色向战略合作型职能转变，在企业的战略发展中发挥更加积极的作用。

（二）大数据时代对数据处理能力的挑战

进入大数据时代，人力资源规划的进行将更多地依赖数据而不是经验，基于数据并依靠数据说话。例如，管理者要从大数据中分析职位系统与能力系统的最佳匹配关系，以提升人岗匹配的科学性；从大数据中分析劳动力市场供给与需求的状况，为薪酬制定提供依据等。这就要求管理者必须具备相应的数据分析、挖掘、建模、验证等数据处理能力。但是，大数据的意义在于能够从庞大的信息中寻找出有价值和有意义的数据资源，而目前很多企业存在人力资源信息的建设不够完善、基础信息缺失以及人力资源管理者对数据的处理能力薄弱等问题。只有妥善解决这些问题，人力资源规划的作用和地位才能得到加强，人力资源规划工作的水平才会真正得到提高。

总之，进入互联网时代，人力资源战略与规划必须在思路和方向上有所突破，在结构和内容上有所创新，技术工具需要不断迭代创新，才能适应动态环境下企业竞争力的需要。

本章小结

（1）人力资源管理模式的类型及不同模式的特征。从管理系统论视角，人力资源管理模式包括哈佛模式、盖斯特模式、斯托瑞模式和诊断模式，其中哈佛模式为人力资源管理提供系统框架和分析思路，盖斯特模式关注人力资源价值，斯托瑞模式可以用来合理评判企业从人事管理转向人力资源管理的程度，诊断模式是全面深入地对人力资源管理问题对症下药的体系；从管理实践论视角，人力资源管理模式包括控制导向型、承诺导向型和合作导向型（基于人性假设的划分标准），利诱型、投资型和参与型（基于人力资源管理哲学的划分标准），累积型、效用型和协助型（基于人力资源效用的划分标准），市场导向型和内部发展型（基于人力资源市场的划分标准）；从管理理念论视角，人力资源管理模式包括企业主导逻辑、员工主导逻辑和利益相关者主导逻辑。

（2）人力资源管理角色的演变。人力资源管理角色经历三次大转变，依次是顾客导向角色论促进行政管理角色向服务传递者角色转变，管理团队角色论促进服务传递者角色向战略伙伴角色转变，尤里奇四角色论促进战略伙伴角色向战略参与者角色转变。

（3）人力资源管理阶段的演变。人力资源管理经历人事管理、人力资源管理（即科学人力资源管理）、战略人力资源管理，正进入人力资本管理阶段。随着人力资源管理的演变历程，人力资源管理逐渐从封闭式走向开放式，关注重点从事务转向人力资本，职能角色从次要地位走向主导地位。

（4）人力资源战略、人力资源规划与人力资源计划的区别与联系。人力资源战略、人力资源规划与人力资源计划都是对未来人力资源发展的筹划和部署，存在共性特征，但是各自侧重点不同，内容由务虚走向务实，遵循人力资源战略→人力资源规划→人力资源计划的传导链。

（5）互联网时代人力资源规划面临的挑战。互联网时代的雇佣关系和新型职业生涯观、中国经济新常态、大数据时代对人力资源战略与规划的理念、思路、方法和工具、措施等都提出了挑战，从而必须创新人力资源战略与规划的理论，以指导规划实践。

即测即评

请扫描右侧的二维码（内含若干判断题、单选题和多选题），您可在线自测并查看答案。

思考题

1. 控制导向型与承诺导向型人力资源管理模式有何区别？各自适合什么情境？
2. 人力资源管理角色有哪三次重大转变？为什么说是重大转变？
3. 人力资源管理的发展经历了哪些阶段？各阶段的主要特征是什么？
4. 人力资源战略、人力资源规划与人力资源计划之间的联系与区别是什么？
5. 互联网时代雇佣关系有何特征？
6. 当前中国企业在制定人力资源战略与规划方面存在哪些挑战？

实例经验与启发

回顾开篇的情境实例，经过理论学习和案例剖析，得到以下启发：

（1）智能工厂的出现，对人力资源管理既带来挑战又带来机遇。随着人口红利的消失，人力资源是中国制造转型过程中必须认真思考和解决的问题。“机器换人”能够降低劳动强度，改善生产环节，也能够更好地保护员工的健康，解决一线生产工人的短缺问题。但是，人力资源管理的职能地位并非越来越弱，而是越来越重要，与之相对应的人力资源和管理结构也要进行调整。当然，机器人的导入能够使运营核心自动化，可以把官僚式的行政管理结构转化成有机结构，能够解决官僚结构的非人性化问题，促进人力资源管理从控制型向承诺型人力资源管理模式，或者从利诱型向投资型和参与型人力资源管理模式转变。

（2）企业变革仅依靠引进硬性的先进技术并不能确保成功，关键在于软性的管理变革。智能制造的导入可以帮助工人保持优势，以集成系统的方式让员工与机器人并肩工作，但是机器人并非能够完全取代人。在机器人与工人之间取得动态平衡，是企业制造智能化转型的要点和关键。

（3）随着企业发展和变革的推进，人力资源管理的角色也要相应进行调整，从行政专家、服务传递者向变革推动者和战略伙伴转变，从而提升自身的价值。

讨论案例

人力资源如何引领GE公司可持续发展前行①

通用电气公司（GE公司）的历史可追溯到托马斯·爱迪生，于1878年创立爱迪生电灯公司。1892年，爱迪生电灯公司和汤姆森-休斯顿电气公司合并，成立通用电气公司，总部位于美国康涅狄格州费尔菲尔德市。目前，通用电气公司是世界上最大的多元化服务性公司，业务从飞机发动机、发电设备到金融服务，从医疗造影、电视节目到塑料，拥有员工近300 000人。GE公司致力于不断创新、发明和再创造，将创意转化为领先的产品和服务。因此，长期以来，GE公司都是行业领军者，是卓越技术和智能管理方面的典范。

① 安德鲁·W. 萨维茨，卡尔·韦伯. 人才、变革和三重底线. 张艳，译. 北京：中国电力出版社，2015：2-16. 经过作者删减、整理和改编而成。

一、战略性可持续发展倡议：绿色创想和健康创新倡议的提出

1981年，韦尔奇接替雷吉·琼斯就任GE公司第8任总裁，直至2001年。杰克·韦尔奇领导GE公司创造了收入和收益的一个又一个奇迹，公司收益由260亿美元增至近1 300亿美元，员工则从40万人削减至30万人。尽管韦尔奇管理有方，但也有疏漏之处，其中最明显的就是他无视公司的社会责任和公司对环境的影响。这是由于他的成长经历所造成的。他在大萧条时期和战争年代成长起来，没有经历过民权运动、反越战运动、世界地球日等（它们塑造婴儿潮一代的世界观）。他成长的年代还没有出现从月球看地球升起这一标志性景象——这一景象向无数人传达这样一个现实：地球资源并非取之不尽，地球只是运行在无际太空之中的一颗环境恶劣的小行星。韦尔奇的成长经历可以解释他为何像许多其他同辈的公司领导者一样，拒绝为某些环境问题负责。他强烈的价值底线取向也可以说明：当公司治理造成的环境污染提上议程时，韦尔奇只看到它增加了公司的成本，却没有看到治理污染为公司潜在收益所带来的机遇。因此，韦尔奇和他的团队率领公司抵制清理哈德逊河。不可否认，位于纽约州的两家GE工厂在这里倾倒了超过130万吨的PCB（印刷电路板，一种致癌物质）。同样，他们还抵制清理位于马萨诸塞州西部皮次菲尔德的GE工厂倾倒在休斯敦尼克河的PCB。尽管1979年美国国会已经取缔了PCB的生产，2001年的《关于持久性有机污染物的斯德哥尔摩公约》也明令禁止，而且倾倒这些有毒物会带来风险。2000年11月，他们力图让法院宣告环保署“超级基金”清

除污染法律中的一项重要强制性条款违宪，声称该条款使联邦机构不加约束地滥用职权，下令开展多项修复工程，其规模、范围及持续时间不受限制，严重干扰公司运行。《纽约时报》称韦尔奇为环境问题的“死硬逆行派”，连保守的《经济学人》也承认韦尔奇拒绝在哈德逊河清理问题妥协是“傲慢自大的”。

GE公司董事长兼首席执行官杰克·韦尔奇于2001年9月6日正式宣布退休，将这个世界上最大的工业集团交给现任总裁、45岁的杰夫·伊梅尔特。2001年，公司董事会内外的领导逐渐明白，对环境问题和社会问题采用激进的、不妥协的姿态已不能再站住脚了。21世纪已经成为可持续发展的世纪。像大多数成功领导者一样，韦尔奇身上折射出他所经历的时代特征，伊梅尔特的行为也是他所在时代的反映。2001年，伊梅尔特在第一节克罗顿韦尔课程上被问道：“杰夫，什么使你有别于杰克·韦尔奇？”他回答道：“最大的不同就是我比他年轻20多岁。”大家都乐了。他补充道：“不，我是认真的，我比他年轻20岁，所以早年的那些时间塑造了我。譬如越战、民权游行、水门事件、地球日。由于那些事件，我看待世界的角度不同。”

伊梅尔特认为，极速变化的世界对公司提出复杂的要求，变革是必不可少的。伊梅尔特在升职后不久就开始推行变革，提出两个战略性可持续性发展倡议——绿色创想和健康创想。其中绿色创想倡议包括4个基本要素：

（1）GE公司将扩大清洁能源的研发投资，即对环境危害极小、对自然资源需求极少的能源。

（2）GE公司将开发绿色产品及服务，旨在满足环保的更高、更新的，由第三方认证机构检测通过的标准。

（3）GE公司将做出自己对于可持续性发展的承诺，改变其内部政策、流程和程序，以尽量减少其对环境的影响。从减少温室气体排放量入手，逐渐迈向使用更少的水和其他自然资源。

（4）GE公司的决策过程将变得更加透明，坚持多与广大利益相关者公开对话，包括社区组织、非政府组织和专门设立的咨询委员会，帮助GE公司了解客户需求、兴趣和价值观。

健康创想倡议包括：

（1）医疗保健消费化给个人提供负担得起的个人医保解决方案，抑制失控的医保成本，赋予个人更多责任和权力掌控自己的健康。

（2）运用科技解决各个层面重大的医保问题，从患者个人、专业医生到各个组织乃至国家。

（3）医保政策改革通过可承受的技术支持及高效率的医疗服务，使得更多人能够享用高质量的医保服务。这样也可以降低公司、纳税人、社会的整体财政负担，同时改善患者护理。

二、可持续发展倡议的实施效果

GE公司成为福布斯2010年评选出全球100家最具持续性发展公司的首位。绿色创想远非出于虚饰公共关系目的，对公司发展至关重要。公司已经超额完成了它的宏伟目标——

2005—2010年使清洁技术产品和解决方案收益翻倍。绿色创新产品组合比2012年中期收益超出1 050亿美元，超过了公司的增长计划。绿色创想扎根于GE帝国最擅长的能源和交通领域等。公司目前拥有世界上最大的风能源企业之一。GE公司的内部流程也被绿色创想改变。例如，2010年年末，GE车队服务承诺从不同生产商处购买2.5万辆电动汽车，有些租给外部机构，其余的由GE推销员和在美国的其他员工作为公司用车。

GE公司的自我保健倡议始于新的公司员工福利计划方案。健康我先行的新方案包括增加自费支付让员工负担更多的个人医保费用。方案一开始遭到员工的质疑，甚至使员工产生敌意。许多员工简单地将这个方案视为公司转嫁医保费用的手段之一。尽管如此，当员工们意识到自我保健并非仅仅降低公司费用，还可以提供医疗信息服务、帮助自己做出医疗决策、减少费用之后，对于这个项目的负面反应渐渐减少。

健康教练项目实施的第一年（2010年），非紧急性急诊就诊数量下降20%，公司及员工医疗成本节约300万美元。其他鼓励员工做出明智选择的健康我先行项目也开始获得巨大收益，如GE及其员工仅2010年从品牌转向非专利药物就节约700万美元。

现在，健康我先行方案正在扩大范围，包括一系列自我保健服务，旨在为GE公司员工及其家庭提供更加健康的生活方式的选择。服务涵盖戒烟计划、改进员工食堂伙食、提供多种营养搭配的选择，同时还有伙食补贴，并现场开展健身、锻炼等低成本活动（如瑜伽课程）。GE公司还开发了移动应用程序，让员工可以监测并改善睡眠、心情和膳食结构。最终，GE公司可能会免费或通过产品和服务为客户提供健康我先行项目信息。

很难判断GE公司健康创想和绿色创想倡议所带来的总体财务影响。公司的一些传统业务（如塑料、电气设备、金融服务），在伊梅尔特任期内已经严重影响了公司的发展。但是，2011年，它位居全球十大最有价值公司之列，是二十大最受赞赏公司之一、三十大最受欢迎雇主之一。尽管股价停滞，GE公司还是在伊梅尔特任期头10年发放了870亿美元的分红，在所有公司中居第三位。

三、人员变革推动者——人力资源如何引领前行

GE公司的可持续发展，很大程度要归功于其高瞻远瞩且持之以恒的人才战略。在变革过程中，GE公司人力资源领导者发挥了至关重要的作用。他们为推进绿色创想和健康创想所做的工作，以及他们对GE公司可持续性发展的支持，都强调这样一个事实：公司变革是思想、情感的变革，最终会导致人们行为的变革。由此可见，帮助构建劳动力体系的人力资源领导者在很大程度上决定任何一项重要变革创想的成败。

人力资源在推进GE公司可持续性发展中的重要作用之一就是重塑公司文化，从而改造日常商业行为。GE公司的人力资源自觉地接受了这一挑战。GE公司人力资源高级副总裁约翰·林奇说：GE公司人力资源的角色就是培养人才、构建文化和训练能力以实现全球发展，这其中每种角色都可以分开来看，但对于可持续性发展最重要的还是构建文化。

GE公司的法律总顾问布兰克特·丹尼斯顿说：在GE公司，文化就是技术。即GE公司文

化激发并引导了公司多达30万员工人才的知识、技术、能力和行为。

在追求可持续性发展变革中，GE公司人力资源部门作为人员变革推动者（people mover）拥有一大优势：公司文化已经因接受变革的开放态度闻名。GE公司作为大型公司，尤其擅长内部变革管理，这来自杰克·韦尔奇时期，他推出备受好评的群策群力计划和六西格玛标准，为人们津津乐道。

人力资源训练教导GE公司员工用可持续性发展新思维思考。比如，GE公司销售人员再次受训，他们被要求与客户谈论重新设计公司系统的经济收益，因为这可以最大限度地减少浪费，提高效率。新的GE公司能够帮助客户，为他们提供解决方案，并帮助实现这些目标。

通过这些，人力资源正在颠覆一个基本的GE公司文化设想，这一设想是韦尔奇时代遗留下来，但现在阻碍公司的发展和赢利——韦尔奇时代认为：保护环境对GE公司来说是一种负担，会增加成本。如今，如何说服员工，使他们相信GE公司自身和客户的环保职责可以转变成重要的商机，对于创造赢利的共赢点是至关重要的。

人力资源将可持续发展思维融入GE公司著名的教育中心——纽约克罗顿维尔领导力发展中心的每一个培训计划之中。新的GE公司管理者以往惯常讨论的现实案例，如今无论是谈及自身决策时面对的环境影响、社会影响，还是对较为传统的财务因素加以深思熟虑，都已经成了例行公事。他们的目标就是培养出新一代领导者，不再是只着眼于短期赢利的领导者，而是放远眼光，聚焦于公司可持续的长期成功及为之服务的社区成功。

总之，人力资源部门领导者在GE公司转型为全球最大可持续性发展公司之一的过程中扮演了重要角色。反之，可持续性发展帮助人力资源部门领导者解决了传统遗留问题，同时也扩展了人力资源在公司中的角色，从而确保了人力资源部门领导者在探讨可持续性发展议题时当之无愧拥有一席之地。

思考题：

1. 在GE公司可持续发展战略实施中，人力资源管理扮演什么角色？如何帮助公司达到可持续发展和成功的新标准？

2. 可持续发展战略如何强化人力资源职能并协助人力资源管理人员完成传统职责？

本章实训

人力资源管理的四角色模型应用

一、实训目的

1. 掌握尤里奇提出的人力资源管理角色模型。

2. 了解人力资源管理角色类型的辨别及各角色承担的职责。

二、实训内容

1. 要求学生以某企业的人力资源管理为例，帮助分析该企业人力资源管理部门所扮演的角色。

2. 就该企业人力资源部门的工作提出改进建议。

三、实训组织

1. 根据教学班级规模，对学生进行分组，每组4 ～ 5人，组员之间协商产生小组组长。

2. 每组联系一家企业的人力资源部门和高层管理者，开展访谈。

3. 结合本章所学内容和工具，辨别企业人力资源部门实际扮演的角色和企业高层期望扮演的角色。

4. 每组推荐一人上讲台展示访谈视频和实训PPT。

5. 教师对各组发言做出点评并给予小组成绩。

四、实训步骤

1. 教师说明实训内容和实训要求。

2. 每组分别联系一家企业的人力资源部门和高层管理者，协商访谈事宜，拟订访谈计划。

3. 每组在课后分别实施访谈，并将访谈过程拍摄视频。

4. 每组对访谈企业的人力资源管理部门实际角色和期望角色进行研讨，并提出改进建议。

5. 各组代表展示所拍摄的视频，并汇报小组讨论的成果。

6. 教师根据各小组汇报的成果，依次引导学生思考人力资源管理角色的演变及背后的深层次原因。

7. 教师总结点评，并向学生介绍企业实际人力资源管理角色转变的难点、重点及实施要点。

延伸阅读

[1] Vosburgh R M. The Evolution of HR:Developing HR as An Internal Consulting Organization. Human Resource Planning, 2007, 30(3): 11-23.

[2] 李隽，李新建，王玉姣. 人力资源管理角色研究述评. 外国经济与管理，2011，33(4)：43-50.

[3] 安德鲁·W.萨维茨，卡尔·韦伯. 人才、变革和三重底线. 张艳，译. 北京：中国电力出版社，2015：2-16.

[4] 里德·霍夫曼，本·卡斯诺查，克里斯·叶. 联盟：互联网时代的人才变革. 路蒙佳，译. 北京：中信出版社，2015.

[5] Ulrich D, Beatty D. From Partners to Players: Extending the HR Playing Field. Human Resource Management, 2001, 40 (4): 293-307.

[6] 戴维·尤里奇. 人力资源转型：为组织创造价值和达成成果. 李祖滨，孙晓平，译. 北京：电子工业出版社，2015.

[7] 罗宾逊，孙贺影，姚兰，等. 人力资源成为战略性业务伙伴. 北京：机械工业出版社，2011.

第二章
人力资源环境

学习目标

1. 理解人力资源环境的类型及其特征
2. 掌握人力资源环境分析的原则、步骤和方法
3. 了解人力资源战略与利益相关者的关系
4. 了解人力资源战略与新生代员工的关系
5. 了解人力资源战略与创新创业战略的关系

关键术语

人力资源环境　PEST 分析法　波特五力分析法　SWOT 分析法　PIMS 定量分析法　脚本分析法　环境不确定性分析框架　利益相关者　新生代员工　创新战略

本章概览

请扫描右侧的二维码图标，您可以查看本章的知识结构概览图。

情境实例

上海大众赴宁波建厂决策中的人力资源环境评估[①]

上海大众汽车有限公司（以下简称上海大众）成立于1985年，是一家中德合资企业，中德双方投资比例各为50%。目前，除上海安亭总部之外，拥有江苏南京基地、江苏（仪征）基地、浙江（宁波）基地、新疆（乌鲁木齐）基地。上海大众宁波项目于2012年1月6日正式签约，次日即奠基开工建设。项目新建冲压、车身、油漆、总装四大车间，以及技术中心、办公生活楼、零部件配送中心和冷冻站、空压站、“三废”处理站、消防水泵房等配套设施。一期建设用地185万平方米，总建筑面积48.9万平方米。浙江宁波基地预计实现投产达纲后将形成30万辆的年生产能力，在上海大众发展规划中具有突出的战略地位。

① 根据文献整理改编而成：王维华. 跨区域建厂人力资源环境评估体系的构建及其应用：以某汽车制造企业为例. 武汉理工大学学报：社会科学版，2014，27(5)：838-843.

在正式投资之前，上海大众汽车人事部对宁波当地的人力资源特点与人力资源获取进行了相应评估。宁波因在地理位置上与上海大众所在地临近，两地人员在传统上有悠久的交往和融合历史，因此在文化传统、风俗习惯、宗教信仰方面，两地人力资源相差无几。但是在人口、劳动力的分析评估中，人事部发现当地劳动力严重不足，难以满足宁波项目的人力资源需求。另外，宁波当地的人力资源特点还在于本地人普遍有自己做老板的人生理想，且地处沿海地区，经济发达，打工的本地人不多。因而，劳动力来源主要为周边省市。以接待投资谈判代表团的杭州湾开发区管委会的司机为例，司机自驾C级车奥迪到管委会上班，而为领导开的政务车为B级车广本雅阁。其家族主要经商，有家族企业，本人以在政府工作为荣。通过继续对宁波当地的就业分布和专才供给量、教育机构与职业院校进行分析评估后发现，当地第二产业比较发达，尤其是汽车零配件行业特别发达。但是在进一步对专业人才供给量的分析中发现，由于当地汽车零配件企业主要以私营小型企业为主，因此当地的中高级管理人才和专业技术管理人才的社会储备量严重不足，不能成为宁波项目社会招聘的人力资源获取来源。在对当地教育机构与职业院校进行调研后发现，其院校数量、培养的学生质量、专业设置和学生毕业人数基本能够满足建厂所需求的工人数量。可在对学生进行劳动力来源的分析后，又面临非本地户籍的问题。

基于上述分析评估结果，上海大众人力资源团队为宁波项目的人力资源管理制定了建厂初期的人力资源发展战略。其招聘来源主要通过校园招聘的方式进行，而以少量社会招聘技术管理人员和技术工人为辅。中高层管理人员和有经验的技术管理人员从上海大众本部外派，在经过三到五年的时间完成培养校园招聘人员的目标后，外派人员逐步回撤。在人力资源谈判中，要求当地政府基于本地劳动力缺乏的现状，从吸引和保留非本地户籍人员的目的出发，以“安居乐业”为目标，提供住房优惠政策和廉价租赁房源。经过数轮谈判，最终根据企业详尽的人力资源环境评估体系分析，当地政府承诺提供数千万元的住房优惠政策，并专门投资建造人才公寓和集体宿舍，租赁给上海大众。此项承诺以投资协议附件的形式，被双方正式签署，成为具有约束力的法律文件。

从上海大众在宁波投资建厂项目决策来看，人力资源环境评估是投资决策中的重要内容之一，具有独特的战略价值。人力资源环境分析是企业制定人力资源战略及其规划的基础，能够帮助企业识别面临的人力资源挑战，为企业发展提供人力资源保障。本章主要介绍人力资源环境的内涵、要素，分析工具及环境评价。

第一节　人力资源环境的界定

一、人力资源环境的定义

所谓环境，“是指一些相互依存、互相制约、不断变化的各种因素组成的一个系统，是影响企业管理决策和生产经营活动的现实各因素的集合”[①]。企业生存和发展所依赖的稀缺和有价值的资源通过环境获得。相比于别的影响因素，环境在企业的组织结构设置、内部过程及管理决策中的影响作用或许更大。一个企业之所以能够在激烈的竞争中获得成功，重要原因之一就在于比竞争者占有更优越的环境信息，从而获得更多的资源。

就人力资源管理领域来说，环境包含对人力资源管理活动产生影响的各种因素。这些因素既包括来自企业内部的因素，也包括来自企业外部的因素。人力资源管理环境是一个多维的、不断变化的开放系统。从广义上来说，环境尤其是外部环境的外延是无限的。但是，我们所说的环境主要是指对组织人力资源管理的决策和运作起到较为深远影响的因素和外力。它们可能会影响组织的运行，进而对人力资源管理的战略、政策的形成以及实施起到重要作用。[②]

① 赵锡斌. 国有企业要重视发展环境研究. 经济日报，2004-06-27.

② 约翰·布里顿，杰弗里·高德. 人力资源管理：理论与实践. 徐芬丽，等，译. 3版. 北京：经济管理出版社，2011.

二、人力资源环境的类型

与企业环境一样，人力资源环境分为外部环境和内部环境。

（一）人力资源外部环境

外部环境是指“组织在决策过程中必须考虑的，在组织边界之外的物质及社会因素”，包括企业外所有的因素和事件。[①]外部环境并非如人们一开始想象的那样，是一个单一整体，而是一个由多个部分组成的开放系统。在这个系统中的每一个组成部分，都可以对组织的政策和行为起到影响作用。[②]

人力资源外部环境主要包括政治法律环境、经济环境、劳动力市场、社会文化环境、自然环境、科学技术环境、产业结构和政策、产业生命周期、产业市场状况、产业竞争环境、股东、供应商、顾客等因素。[③]

1. 政治法律环境

政治法律环境是指政治团体及其活动以及国家制定的相关法律法规等因素。这些因素对企业具有直接或者潜在的约束力，通过规定什么可以做和什么不可以做影响企业的投资行为。

企业应当时刻关注国家的政治制度与体制，特别是与自己经营业务关联紧密的法律、法规。因为这些法律法规对企业的经营活动具有直接的约束力。比如，国家的税法规定企业缴纳税务的义务，反不正当竞争法反对企业垄断行为，环境保护法对那些严重破坏环境的生产行为进行严厉处罚，知识产权法规让不道德的剽窃侵权行为受到处罚，劳动保护和社会保障法规通过制裁企业的违法违规行为来保护处于弱势地位的企业员工，甚至处于国家层面的某些生产、销售管制也会让企业的正常经营活动受到影响。这些相关的法律和政策能够影响企业的运作和利润。另外，全球化背景下，对外贸易成为很多企业的业务范围之一。因此，了解贸易出口国的相关法律法规，可以有效帮助企业免受法律体系的差异特别是贸易保护主义政策带来的损失。具体到人力资源领域来说，政治法律环境包括当地政府对投资的支持度、当地政府的服务意识和行政效率、与人力资源相关的政策法规（如人才引进、户口落户、职业培训等及地方性劳动法规）。

随着社会的不断发展，中国在不断完善相关的法律法规来保护劳动者和环境，比如《中华人民共和国劳动合同法》、《中华人民共和国就业促进法》、《中华人民共和国妇女权益保障法》、《中华人民共和国工会法》等。企业在开展人力资源管理活动时，必须遵守这些法律法规。从国际方面来看，国际方面的政治法律因素主要涉及各国的政体、

① Duncan R L. Characteristics of Organizational Environments and Perceived Environmental Uncertainty. Administrative Science Quarterly, 1972, 17 (2): 313-327.

② Hambrick D C. Specialization of Environmental Scanning Actives Among Upper Level Executives. Journal of Management Studies, 1981 (18): 299-320.

③ 王维华. 跨区域建厂人力资源环境评估体系的构建及其应用：以某汽车制造企业为例. 武汉理工大学学报：社会科学版，2014，27(5)：838-843.

关税政策、贸易规则及国内法和国际公约的有关规定等。在经济全球化背景下，中国企业到他国进行投资、兴办企业或进行贸易，必须事先了解该国的政治和法律。比如，不同于我国人力资源管理及有关法规特点和细则，在欧美发达国家，有关法律法规对劳动者个体就业保护比较严格，要求给予解雇职工很高的补偿，对种族歧视、性别歧视也给予严厉处罚。再如，巴西企业的人力资源管理更加注重人员的专业性而非人才的全面素质，上级要更加尊重下级，员工罢工现象经常发生，并且员工每年享有一个月的带薪假期。

2. 经济环境

经济环境是指一个国家的经济制度、经济结构、产业布局、资源状况、经济发展水平以及未来的经济走势等。构成经济环境的关键要素包括利率水平、通货膨胀程度及趋势、失业率、消费者收入与支出、居民储蓄、消费信贷、能源供给成本、市场供求状况和机制完善程度等。这些因素直接决定企业目前及未来的市场大小、社会的劳动力供需、企业员工知识储备和技能发展等，是影响人力资源管理的主要外部环境因素。

比如，国家经济结构转型带来产业结构、技术结构、市场结构、供求结构、区域布局结构巨大变化，必然带动企业进行相应的产品结构和组织结构调整。这将会使企业对受教育程度较高的劳动者的需求更加迫切。许多岗位要求的知识、技能与员工或求职者所拥有的知识、技能之间的差距将进一步拉大。许多产业中的企业对那些受过足够教育和培训的劳动力的需求越来越难以得到满足。因此，职工的继续教育和培训显得尤为紧要。企业的人力资源管理部门必须充分认识和捕捉到市场信息，提前做出劳动力转型预案，对现有员工及其职业技能情况进行精确的评估，对市场人力资源供需情况准确把握，对求职者技能进行有效甄选，重视员工补习教育和职业培训。经济环境还决定人力资源的成本，例如经济发达地区的最低工资、职工社会平均工资处于较高水平，福利水平也会水涨船高。

3. 劳动力市场

劳动力市场是社会人力资源供求的存储库。企业的人力资源随着企业规模扩大、新业务范围扩展、员工离职或退休等，会出现人力资源短缺。此时，劳动力市场便是企业满足人力资源需求的最重要途径。能否在劳动力市场上招聘到企业需要的人才，关乎企业能否顺利完成自己的目标。因此，劳动力市场是企业人力资源管理应该时刻关注的一个重要的外部环境因素。劳动力市场总是处于不断变化之中。社会人口平均寿命、经济结构调整、产业政策转变、国家教育发展水平等都会影响到市场中劳动力供求总量。企业制定人力资源战略时，必须对劳动力市场进行深入分析，掌握一定时期内劳动力的存量，了解社会劳动力的市场需求及其供给，判断劳动力供给价格，才能有的放矢，掌握主动。企业所需劳动力的市场存量可以从劳动力市场中的人才数量、人才质量和人才结构等方面进行分析。行业不同，企业面临的劳动力存量也不同。发展缓慢、研发投入少的产业或新兴产业在市场中的人才存量偏少，企业将很难从市场上招聘到合适人才。市场中劳动力存量少而企业对人才需求迫切时，劳动力价格会不断上升，直到需求趋于饱和。同时，劳动力价格也受到行业发展状况、国家经济发展速度、通货膨胀等的影响。国家总体经济发展运行良好、行业快速发展时，人才需求就会随之增加，劳动力市场往往出现人才供不应求情况。比如，尽管我国劳动力市场庞大，人力资源总量大，但随着经济转型，我国劳动力市场中技术等级岗位空缺与求职人数不断拉大，高层次人才严重短缺，技术员工缺口巨大，有的区域、行业甚至出现严重的技工荒。

人口老龄化是指总人口中因年轻人口数量减少、年长人口数量增加而导致的老年人口比例相应增长的动态。国际上通常把60岁以上的人口占总人口比例达到10%，或65岁以上人口占总人口的比重达到7%作为国家或地区进入老龄化社会的标准。老龄人口比重越来越大以后，就业人口在下降，所以对人力资源管理的影响也是比较大的。

4. 社会文化环境

文化是指在某个地理区域内持同一语言的群体中的个体在其知觉、信仰、评价、沟通和行为过程中表现出来的共同特征。每一个社会都有其核心文化价值观。这些核心价值观和文化传统都是经过一代又一代相传而来。它们往往间接、潜在而又持久地制约和影响人们的观念和思维，进而改变或影响人们的行为。因此企业人力资源管理必须要重视社会文化环境对员工的影响，采取针对性措施，趋利避害。不同的社会群体之间的社会文化差异是显著的。比如，中国文化讲究集体意识，个人应当服务于集体，甚至为了集体利益可以牺牲个人利益；美国文化强调个人主义，追求个体个性的张扬。全球化给人力资源管理实践带来的重大变化就是不同文化背景下的员工需要在同一个办公场所或者通过虚拟团队的方式进行工作，所涉及的沟通、协调和冲突已成为人力资源管理需要面对的重要问题。企业在跨国经营时，尤其要注意缓解不同社会文化差异带来的矛盾。例如，美国人喜欢突出个人价值，于是海尔在美国工厂的布告栏上贴了很多激励员工的照片，并贴上他们全家的照片。

5. 自然环境

自然环境是指企业业务涉及地区市场的地理、气候、资源、生态等环境。自然环境与人类生存活动密切相关。自然资源具有稀缺、难以再生等特点。因此，随着人类社会为了生存和发展不断加强对自然资源的开发，也带来自然资源日益短缺、生态环境污染日益严重、全球气温不断上升等一系列发展问题。这些问题已经成为全球关注的焦点。人们保护自然环境的意识不断加强，不注重保护自然环境的企业，会受到媒体、公众的谴责，从而对企业造成不利的影响。政府也在不断加大保护自然资源和环境的力度，不断提高排污标准，造成企业能源成本不断提高。所有这些都直接或间接地给企业带来威胁或机会。企业在自身发展的过程中，除了关注利润指标外，还应尽到自己的社会责任，自发保护自然环境。

6. 科学技术环境

人类社会发展得以日新月异，完全归功于科学技术的飞速发展。在过去的半个世纪里，最迅速的变化就发生在技术领域，像微软、谷歌、苹果等高技术公司的崛起改变了世界和人类的生活方式。随着科学技术的不断发展，大量的新技术、新工艺、新材料被应用到设计和生产环节。企业的新技术变革对经营能产生深刻影响，技术优势已成为现代企业在激烈竞争中的主要优势所在。对企业的人力资源管理来说，新技术的飞速发展，既是机会也是挑战。随着新技术不断产生，企业产品开发与制造的周期越来越短，导致企业的岗位不断发生变化，很多旧岗位因技术的革新而消失，而新岗位要求员工必须具备更高的能力才能适应岗位需求，特别是掌握新知识、新技术、新技能的能力。在新技术不断更新的现代社会，要想单纯依靠在劳动力市场中招聘到符合要求的员工是不现实的。因此，今后人力资源管理面临的一个重大挑战就是要密切关注科技发展动向，发现和判断已经发生和将要发生的技术变革，预测本企业业务及岗位对工作技能需求的变化，制定和实施有效的人力资源战略开发计划，并对现有劳动力进行再培训，使之跟上迅速发展的技术要求。

7. 产业结构和政策

企业在进行产业分析时，应尽可能收集掌握所投资的国家和地区的产业结构和产业政策。一个国家或地区经济产业中，第一产业、第二产业、第三产业的比例是不断调整变化的。随着经济向新的广度和深度发展，第一产业、第二产业在国民经济中的比重会呈下降趋势，而第三产业的比重则不断提高。伴随着产业结构调整需要，产业政策往往也会做出改变。产业政策对产业做出的扶持或抑制的改变，会直接作用于产业劳动力市场的供求关系。一般来说，得到国家产业政策支持的产业，劳动力需求会增大，反之则下降。例如，自从2009年以来，湖北省第一产业的就业弹性均为负值（见表2-1），说明第一产业经济增长对就业是一种“挤出”效应。尤其是随着农村剩余劳动力向城市转移，说明第一产业就业人员绝对量减少而其创造的产值并未减少，标志农业劳动力的饱和。第二产业的就业弹性总体上呈缓慢上升趋势。其中，2008年由于经济危机的爆发等多种原因，造成就业弹性出现负值，但之后随着经济恢复，就业弹性急速上升，说明第二产业就业吸纳能力逐渐增强。第三产业就业弹性在2003—2012年总体呈上升趋势，且其平均弹性高于第一、第二产业。这说明湖北省第三产业对劳动力的“吸纳”能力很强，就业增加主要靠第三产业来拉动。

表2-1 湖北省近十年各产业的就业弹性

单位：%

年份	2013	2012	2011	2010	2009	2008	2007	2006	2005	2004	2003
第一产业	−22.11	−49.79	−17.50	−14.78	−6.35	10.67	2.98	13.33	21.50	10.62	10.80
第二产业	9.86	10.30	12.18	11.66	5.31	−0.84	6.07	6.42	4.74	7.71	11.86
第三产业	18.26	33.15	16.42	13.47	10.00	15.32	5.79	9.82	8.31	10.80	14.85

鉴于中央一号文件的重要性，从历次中央一号文件的涉农问题中可以看出，中央在农村改革和发展方面的政策轨迹。从2009年起，改革开放以来中央关于“三农”问题的“一号文件”，其中2009年把保持农业农村经济平稳较快发展作为首要任务，强调全力解决农民工就业；2010年把加大统筹城乡发展作为首要任务，强调促进农民就业创业，建立覆盖城乡的公共就业服务体系；2011年把农田水利作为农村基础设施建设的首要任务；2012年把加快推进农业科技创新作为首要任务，强调加大各类农村人才培养计划实施力度；2013年把加快发展现代农业作为首要任务，强调有序推进农业转移人口市民化；2014年和2015年把全面深化农村改革作为首要任务，强调加快推动农业转移人口市民化，加快农业现代化建设。

8. 产业生命周期

产业生命周期理论认为，任何一个产业都必然会经历一个时间演变过程，即从出现到完全退出的过程。这个过程因为产业的不同而在时间上有所不同，但通常都划分为起步、成长、成熟、衰退四个阶段。产业的产生取决于社会对它所提供的产品和劳务有需求。比如服装产业的产生，是因为人类为了生存而必须购买衣服。产业的衰退甚至整体消失则是因为社会对这些产品或劳务的需求不断下降乃至消失。比如，白炽灯因为不够节能而不受市场欢迎，已逐渐退出了照明产业，被更加环保的节能灯所替代。企业在进入某个产业前，应当深入开展调查，准确判断该产业当前是处于哪个阶段，并以此为依据开展人力资源战略和规划。

9. 产业市场状况

产业的市场状况包括供求态势、需求分布以及需求变动三个方面内容。产业的供求态势是指产业所生产产品的供求状况和变化趋势。根据买卖双方各自的力量对比情况，供求状况有供不应求、供求平衡和供过于求。市场供求受商品经济规律、竞争规律、需求规律等各种经济规律的共同作用。一般说来，新型产业的市场需求呈梯度式推进。首先在经济发展和技术水平高的地区出现，逐步向经济发展和技术水平不高的地区推进。需求变动包括所需产品品种的变动和数量的变动。需求变动的频繁性可分内平稳性（如家具）、渐变型（如服装）、速变型（如计算机）三种类型。由于产业产品的需求变动类型不同，因此对企业的创新要求也有所不同。

10. 产业竞争环境

产业竞争环境的分析对于制定企业的战略非常重要。企业的利润很大程度上受行业竞争程度所左右。产业处于垄断竞争，则利润率最高；处于规模竞争其次；处于完全竞争利润率最低。这是因为影响企业的产业竞争环境的五种因素包括：行业现有的竞争状态、潜在入侵者、替代品、买方讨价还价能力、卖方讨价还价能力。一个完全竞争的市场，企业进入或退出的障碍阻力较小，市场上替代品很多，因此买方选择性很多，并利用这个特点来压低商品价格，从而影响企业利润。规模竞争特别是垄断竞争的产业市场，会迫使新加入者也必须以大生产规模进入，否则会因不是规模生产导致单位生产成本过高，不得不长期承受自身产品价格劣势的压力，导致利润空间变小。企业利润的大小，必然会影响企业对人力资源的投入。从这个意义上说，产业竞争环境对企业人力资源战略和规划也具有影响作用。

此外，人力资源管理外部微观环境还包括股东、供应商、顾客、竞争者等。由于这些因素的非独立性，它们也与企业存在着切实的利益相关，而被统称为利益相关者。我们将在本章第三节着重论述利益相关者与人力资源战略的关系。

（二）人力资源内部环境

企业内部环境由存在于组织内部并影响组织运行的因素构成，主要包括企业的现有人力资源状况、企业总体发展战略、企业组织结构、企业资本实力与经营状况、企业文化、非正式组织、工会等。[①]与外部环境不同，人力资源内部环境的各种因素处于企业的范围之内，因此企业能够直接影响它们。

1. 现有人力资源状况

现有人力资源是企业开展人力资源战略和规划的起点。只有弄清楚企业现有人力资源的数量、质量、结构分布等，才能科学开展下一步的预测、规划、招聘、培训等人力资源管理实践工作。人力资源数量分析的重点是通过测量各种业务所包含的工作量以及工作实践与人员需求，判断现有人员数量是否与企业业务量相符合。人力资源质量分析主要是分析现有员工队伍的受教育程度以及所受的职业培训状况。人力资源结构分布分析用于分析员工各个年龄段构成情况和从事业务、技术、生产、管理工作人员分布情况。一般情况下，企业现有人力资源状况可以借助人力资源档案中对每个员工的基本信息资料进行分析评估。

2. 企业总体发展战略

企业总体发展战略是企业为了提升竞争优势而制定的长远目标。为获取竞争优势，不同的组织会在强调创新、提高质量、降低成本、提高速度等竞争战略方法上有所不同。[②]组织为了实现战略，根据需要设置各个部门，并将战略的长远目标分解为各个部门的具体目标任务。因此，部门目标都是和企业的总体发展战略目标保持一致。人力资源管理目标也一样。从这个意义上来说，企业战略是制定人力资源战略的基本出发点。不同的企业战略要求设置与其相匹配的人力资源战略，如成本领先战略追求的是产品成本的优势，其人力资源需要一般性的人才就能满足生产需要；追求创新的企业战略目标则需要企业人力资源部门必须招聘一流的研发人才，关注员工的职业培训，以促进技术发展。因此，企业必须首先明确企业的愿景、使命、经营宗旨及战略目标，才能确定一定时期内人力资源开发利用的目标、政策、实施步骤，制定相应的人力资源战略。

① 王维华. 跨区域建厂人力资源环境评估体系的构建及其应用：以某汽车制造企业为例. 武汉理工大学学报：社会科学版，2014，27(5)：838-843.

② 韦恩·F. 卡肖. 人力资源管理. 王重鸣，译. 6版. 北京：机械工业出版社，2006.

3. 企业组织结构

组织结构是组织的全体成员为实现组织目标，在管理工作中进行分工协作，在职务范围、责任、权力方面所形成的结构体系。它是企业的流程运转、部门设置、职能规划、职位数量和岗位职责的最基本结构依据。按照复杂性、正规化和集权化三个组织结构维度的差异，组织可以划分为机械式组织和有机式组织。机械式组织又可以称为管理行政组织，它的组织结构特征是高复杂性、正规化和集权化。这种组织严格保持着一条职权层级链，管理跨度十分窄，特别强调规则、条例和正规化的功能，在管理上不够人性化。有机式组织又称扁平式组织，它的组织结构特征是低复杂性、低正规化和分权化。扁平式组织通常设置较宽的管理跨度，以减少管理层次，提高组织处理问题的反应速度。它关注的重点是人性化和团队合作，而非标准化的工作和规则条例。[①]不论是机械式组织还是有机式组织，只有采取与之匹配的人力资源管理活动，才可能获得高绩效。因此，企业管理者在决策过程中，应当注重管理协同化，追求组织结构和人力资源管理政策和实践之间的匹配，才能有利于企业形成竞争优势。

① 罗来武，刘玉平，王勇. 知识经济与企业组织结构扁平化. 经济管理，2004(5)：33-36.

4. 企业资本实力与经营状况

资本实力与经营状况影响企业选择人力资源运作模式和制定人力资源管理制度，进而关系到企业的战略定位。在资本雄厚与经营状况良好的情况下，企业能有更多的资金投资在人力资源方面，企业能够提供优厚的待遇和良好的职业发展前景来吸引人才，并可以对员工进行高水平的培训开发。企业在资金不足与经营状况不好时，会减少在人力资源方面的投资，只能按需用人，减少储备直至减薪裁员。

5. 企业文化

企业文化是指企业在一定价值体系指导下所选择的那些普通的、稳定的、一贯的行为方式的总和。价值观，尤其是价值目标，是企业文化的核心构成。[②]企业文化包含企业制度文化和企业外显文化两个层面。企业制度文化主要体现在生产、经营和管理的制度方面。企业外显文化通过日常工作行为来体现。企业文化是企业的灵魂，是企业在生产经营实践中逐步形成的精神和价值观。企业文化在人力资源管理实践中作用巨大，起着激励员工自豪感和主人翁责任感并内化为发展动力、凝聚员工共同认知并内化为向心力、规范群体价值观念评判标准并内化为共同行为准则等作用。在人力资源管理中，留住核心劳动力的关键在于把企业文化的核心内容灌输到员工思想之中，让员工认同和接受企业文化。

② 陈春花. 企业文化的改造与创新. 北京大学学报：哲学社会科学版，1999(3)：53-57.

6. 非正式组织

非正式组织是在正式组织之内，没有经过正式的任命或相关程序，由于情感因素自发形成的一种非正式的群体和体系。[③]自发性和情感性决定了非正式组织不可能具有严密的结构，处

③ 崔佳颖. 浅议非正式组织. 中国人力资源开发，2007(2)：94-99.

于一种比较松散和隐秘的状态。每一个组织内部都会存在非正式组织。从对正式组织的影响来说，非正式组织可以分为消极、中性、积极三个等级。从非正式组织自身的凝聚力来说，可以分为高、中、低三个等级。根据影响程度和凝聚力程度的不同组合，非正式组织又可以分为九种类型，具体类型和特征如表2-2所示。因为形成原因、条件、目标等的差异性，不同的非正式组织在特征、作用和发展倾向方面也会表现出明显的差异。因此，组织在协调非正式组织时，应根据非正式组织的类型特征，采取不同的办法。[①]在一个组织内，正式组织与非正式组织是协作中相互作用、相互依存的两个方面。总的来说，非正式组织对正式组织具有积极和消极两个方面的作用。积极方面是促进信息的沟通、满足成员不同需要、增强凝聚力、提高正式组织的弹性和应变能力等。消极方面是对正式组织滋生谣言、泄露机密、控制内部成员行为、影响效率、抵制变革等。

① 胡宇辰，曹鑫林. 论企业非正式组织的管理协调. 管理世界，2007(7)：166-167.

表2-2 非正式组织类型及其特征

类型	安全性	紧密性
团队型非正式组织	积极性影响	高凝聚力
积极型非正式组织	积极性影响	中凝聚力
兴趣型非正式组织	中性影响	中等凝聚力
社交Ⅰ型非正式组织	积极性影响	低凝聚力
社交Ⅱ型非正式组织	中性影响	低凝聚力
监控型非正式组织	中性影响	高凝聚力
消极型非正式组织	消极性影响	低凝聚力
危险型非正式组织	消极性影响	中凝聚力
破坏型非正式组织	消极性影响	高凝聚力

资料来源：胡宇辰，曹鑫林. 论企业非正式组织的管理协调. 管理世界，2007(7)：166-167.

7. 工会

工会是一个非营利组织，同时也是一个带有强制性特征的经济组织。它是工人阶级的共同体，也是强大的特殊利益集团。在显示权利的同时，也与一些个人自由不兼容。[②]工会成立时的基本职能是为了保证职工的合法权益不受侵害，并作为劳方（员工）代表，与资方（企业）进行谈判。随着社会的发展，工会的职能也在不断延伸。具体到人力资源管理方面，主要是根据工会章程和法律法规的发展和现实的劳动关系，参与到岗位设计、工作分析、员工招聘管理、员工薪酬管理和员工培训等方面。

② 阿米·古特曼，等. 工会的合法性：结社理论与实践. 北京：生活·读书·新知三联书店，2006:320.

第二节 人力资源环境分析步骤、原则和方法

企业在编制人力资源战略与规划之前，必须准确评估企业内外部环境，并对其变化带来的挑战和机会做出合理预测，才能适应环境的变化，科学开展招聘、选拔、开发、培训、薪酬、福利等人力资源实践。

一、分析步骤

（一）识别环境因素

对企业进行外部环境分析，首先要明确环境因素包括哪些要素。有的因素在短期内就能对企业的决策和活动产生影响，而有的因素则需要通过长期的发酵才能发挥影响作用。因此，在收集信息时，尽量收集全面。第一，细分需要收集的内容，可以更明确区分企业机会和威胁。从宏观环境到微观环境因素列出清单，比如，在内部环境要素上，可以列出股东、职工、工会、政府、顾客、供应商、债权人、投资者、所在社区、竞争者、贸易和行业协会、特殊利益集团等。第二，在收集途径上，综合利用互联网、广播、电视、政府公报等渠道，进行多重比较，确保信息真实、可靠。第三，在收集主体上，企业应当充分参与。欧美发达国家有着较为专业的信息统计和发布公司，相比之下，我国的信息发布仍有较大的差距。因此，在收集信息时，企业应当确立以我为主的原则。

（二）确认关键因素

明确企业外部环境由哪些因素组成后，接着就要确认什么是企业发展过程中的关键因素。这就要和企业所处行业背景、规模等联系起来。比如，对于准备实施成本领先战略的企业来说，主要从竞争因素入手，包括竞争对手分析和行业竞争状况分析。其中前者是要弄清楚谁是主要竞争对手，然后收集其资料，了解其产品、价格、销售渠道、销售策略、技术、生产状况等，找到竞争对手的长处和短处，然后对症下药，以战胜竞争对手。

（三）预测关键因素的变化趋势

根据确定的关键因素和收集的有关信息，预测这些因素可能发生的变化。预测方法可分为定量方法和定性方法。其中，定量预测技术适用于历史数据完整、各变量之间的关系又不会发生重大变化的情况；定性预测技术适用于历史数据不全或各种变量变化较大的情况。

（四）描绘关系图

环境分析的最后一步就是把各种关键因素制成关系图，利用模型综合分析关键环境因素对企业的影响。通过对每一因素进行可能性分析和可行性分析，甄别这些因素给人

力资源活动带来影响的程度大小，从而掌握人力资源实践面临的机遇和挑战。

二、分析原则

环境分析的对象是企业赖以生存和发展的客观环境，如果第一步在取得信息的过程中产生了失真，基于此信息的分析就很难制定恰当的人力资源规划。但是，在实践中，不同的人面对相同的环境，采用相同的分析方法和步骤也可能会得出相差比较大的结果。因此，在进行人力资源环境分析时要把握一系列原则，才能保证分析信息的客观真实。

（一）客观性

环境因素是客观存在的，但因为采集途径、采集方法、个人偏好等原因，经过采集人员处理的信息并非真实的反映。因此，环境分析的客观性取决于收集信息的客观性。这就需要信息采集人员本着认真负责的态度，严谨开展信息的整理和分析工作。特别是针对关键因素，仔细核实信息源，尽量避免使用二手甚至是三手资料。同时，人力资源环境分析人员要改善自己的心智模式，保持客观的心态看待各类情况，切忌带着先入为主的假设或者成见去收集和分析已经发生的特定情况。

（二）全局性和重点性

人力资源战略和规划受政治、法律、经济、社会、自然等宏观环境和企业内部战略、利益相关者等微观环境的影响。因此，作为其基础的环境分析就必须考虑多方面的因素。一方面，要从全局的角度出发，找出所有可能影响的环境因素，为下一步分析重点影响因素打好基础。另一方面，各个因素之间的影响力大小不同。有的环境因素是不变的、独立的，产生影响作用不受其他因素干扰；有的环境因素是可变的、非独立的，产生影响作用需要某一些环境作为中介。如果不能正确区分主要影响因素，将难以为决策提供有效的帮助。企业要找出对人力资源管理实践影响力大的重点因素，并对它们进行仔细分析。

（三）系统性

人力资源管理的许多外部因素之间、内部因素之间、内外部因素之间是相互影响的。同时，人力资源环境分析服务的对象即人力资源战略和人力资源规划也具有系统性的特征。因此，在进行人力资源环境分析时要注意各方面的联系和相互作用。

（四）前瞻性

人力资源环境分析是通过分析历史信息，科学预测情势发展，从而为企业的下一步决策提供依据。其着眼点是企业明天的生存和发展。没有真实、可靠的历史信息，便无从寻找规律进而预测接下来的变化，企业将难以确定发展方向。同样，有了真实信息，但不对可能的变化情况进行分析把握，企业的生存和发展决策也终将是缘木求鱼。因此，企业在进行人力资源环境分析时，应力求全面分析各个方面的影响因素，既要着眼解决当前问题，也要着眼将来可能影响企业人力资源管理的各种因素。

三、环境分析的常用工具

人力资源环境的分析方法有很多种，主要介绍常用的几种分析法。

（一）PEST分析法

PEST分析法是外部环境分析的基本工具，从政治（politics）、经济（economics）、社会（society）和技术（technology）宏观因素对企业战略的影响进行分析（见图2-1）。一般来说，企业在判断自身所处背景时，主要就是从这四个方面进行分析。其中，政治因素包括政治制度与体制、政局、政府的态度、政府制定的法律、法规；经济因素包括国民生产总值（GDP）、利率水平、财政货币政策、通货膨胀率、失业率水平、居民购买力水平、汇率、能源供给成本、市场化程度等；社会因素包括人口环境和文化背景，人口环境涉及人口规模、年龄结构、人口分布、种族结构以及收入分布等；技术因素包括那些引起革命性变化的新技术、新工艺、新材料的出现，以及发展趋势和应用背景。

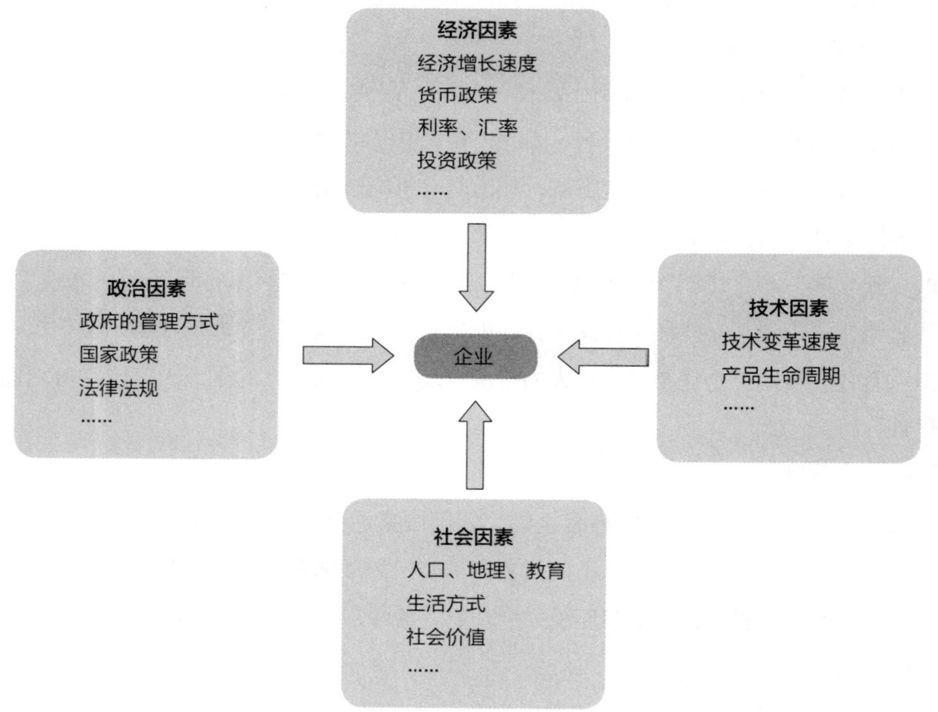

图2-1 PEST分析框架

资料来源：张斌，陈岩. 集团化企业创新的约束条件分析. 外国经济与管理，2015(3)：76-86.

此外，存在PEST分析的扩展变形形式。20世纪90年代以来，随着经济全球化不断发展，全球化已成为影响企业经营的一个重要环境因素，因此在该方法中又添加了全球化（G）这一因素。STEEPLE是社会（social）、技术（technological）、经济（economic）、环境（environmental）、政治（political）、法律（legal）、道德（ethical）的缩写。

PEST分析法以扫描的环境因素足够宽泛而为很多企业所青睐。但是，因为太过追求全面而导致扫描的环境因素缺少针对性，没能对环境做进一步系统分类，导致企业在战略决策时无法抓住重点。另外，超量信息不仅增加企业的成本，而且对企业制定战略来说反而成了负担，使企业决策缺乏果断性，贻误企业对战略机会的把握。另外，PEST法在扫描环境时，以相对静态的环境为主要分析对象，没有考虑企业的动态竞争（包括企业对其竞争对手的选择）。[①]

PEST分析法在人力资源战略制定方面主要有以下四个方面的作用：第一，它是一种使企业能够系统认识环境的分析方法；第二，它有助于企业能够顺利识别关键影响因素，这些因素尽管是个别现象或者与某些特定场合相关，却又与企业战略制定密切相关；第三，有利于企业准确找到产业长期存在的主要驱动力；第四，作为一种研究框架，PEST分析法能通过研究历史性、前瞻性的外部因素，帮助企业识别各种影响。总之，通过分析外部环境，可以帮助企业找到对自身有影响的因素，从而对未来进行预测，并在情况发生变化时更好判断应该采取什么样的应对措施。其中的一些因素预测起来有相对较大的把握[②]，如出生率可以预测15年以后劳动力的潜在规模；而某些因素预测起来则比较困难。

（二）波特五力分析法

五力分析法由美国学者迈克尔·波特（Michael Porter）于20世纪80年代提出。波特教授采用潜在进入威胁、替代威胁、买方砍价能力、供方砍价能力和行业内的竞争强度作为分析行业竞争结构的五种要素。五要素模型的组成、关系如图2-2所示。这五种竞争力影响产品的价格、成本与必要的投资。一个新企业进入某个产业的威胁的大小，关键在于进入壁垒和已有企业的反击。其中，进入壁垒由许多因素共同作用而形成，这些因素主要包括规模经济、产品差异、资本需求、转换成本、获得分销渠道、与规模无关的成本劣势、政府政策等。对于企业来说，买方的砍价能力之所以形成竞争力，乃是因为买方往往善于利用产业中的企业互相竞争乃至对立这种状态，要求企业降低产品价格、提高产品质量或者提供更多服务项目等手段，从而从中获利。而更低的产品价格、更高的产品质量和更多的服务，则意味着企业必须增加产品投入，使利润受损。替代品是指与企业生产产品同种功能的其他产品。市场中替代品供应越多，价格越低，就会形成更加具有吸引力的性价比。对顾客而言，可选择的余地就越大。对于企业而言，则是竞争越大，利润空间进一步缩

① Okudera A. Consistency with the Human Resources Strategy of Female Employees and Field. Chiba University of Commerce Review, 2015（52）: 277–305.

② Rechsteiner M, Rogers S W. PEST Sequences and Regulation by Proteolysis.Trends in Biochemical Sciences, 1996, 21(7): 267–271.

小。供货商对企业的影响力主要体现在两个方面：提高所提供产品的价格或降低所售产品（服务）的质量，从而对企业利润形成威胁。竞争对手对企业的威胁主要来自于打价格战和广告战、引进新产品、提高售后服务质量等方式，从而争夺顾客。

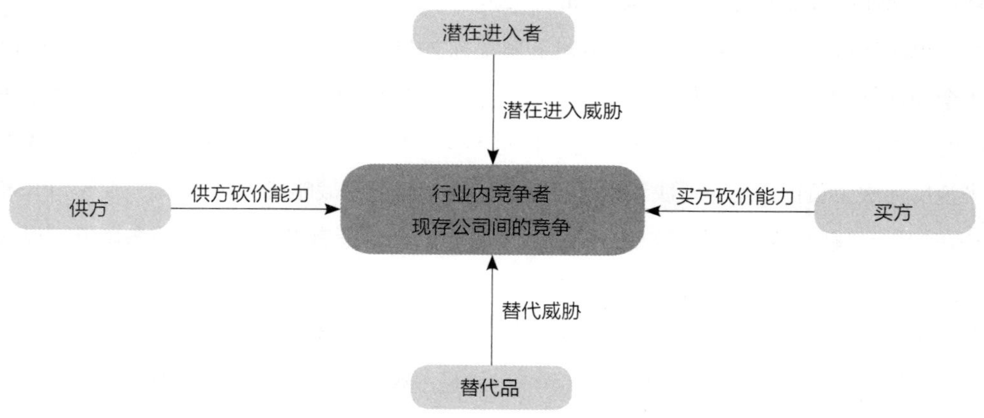

图2-2 波特的行业竞争五要素模型

资料来源：迈克尔·波特. 竞争战略. 陈小悦，译. 北京：华夏出版社，1997.

五要素模型为评价产业的吸引力和便于竞争分析提供了一种有用的分析工具。[①]后来经过众多学者的本土化改造，波特的理论有了新的诠释。康孚咨询在多年的战略咨询实践中，开发出具有本土特色的战略五要素分析法（简称ECSRE）。[②]具体包括以下因素：企业的性质（enterprise）、企业（家）个性（characteristics）、企业的发展阶段（stage）、企业的资源（resource）、外部环境（environment）。

PEST分析法和"五力模型"尽管在人力资源战略制定中运用较多，但是存在战略环境分析针对性不强、环境因素分类不明确、局限于环境静态分析和分析成本太大等缺点。[③]

（三）SWOT分析法

SWOT分析法又称态势分析法或优劣势分析法，最早由学者安德鲁斯（Andrews）提出。SWOT是优势（strength）、劣势（weakness）、机会（opportunity）和威胁（threat）英文名称的缩写。这种分析框架认为，在企业战略过程中，内部因素和外部因素具有同等重要的影响力。基于这个框架的分析，企业可以对组织的内部和外部环境进行综合和概括，从而确定面临的竞争优势、竞争劣势、机会和威胁。这种分析方法可以实现组织战略与内部资源、外部环境的有机结合，使组织有效利用有利条件和机遇，控制或化解不利因素和威胁，形成独特的能力，获取竞争优势。[④]

① 张永杰，柴博. 对企业几种战略分析工具应用的比较研究. 新疆职业大学学报，2005(4)：25–28.

② 许亚湖. 企业战略成本管理理论框架研究. 中南财经政法大学学报，2005(5)：97–101.

③ Peng G C, Nunes M. Using PEST Analysis as A Tool for Refining and Focusing Contexts for Information Systems Research. Social Science Electronic Publishing, 2009 (34): 229–236.

④ 何辉. 组织战略与人力资源战略的关联性研究——基于战略人力资源管理权变观和资源观的比较分析. 科技管理研究，2010 (14)：166–171.

该分析框架从层次上可以分为两个部分：第一部分是用来分析内部条件的竞争优势（strength）和竞争劣势（weakness），简称SW；第二部分是用来分析外部环境的机会（opportunity）和威胁（threat），简称OT。通过这种方法，企业可以找出哪些是有利的、值得提倡的因素，哪些是不利的、必须避免的事情，从而明确企业将来的发展战略。基于SWOT分析，企业就可以进一步明确什么问题是急迫的，必须马上解决；什么问题可以缓一缓；什么问题涉及整体战略，必须重视；什么问题只是战术层面的。在此基础上，再一一罗列这些研究对象。然后，排列成矩阵形式，并利用系统分析方法，对各种因素进行配对分析，从而获得一系列的结论。运用这种方法，可以对企业人力资源所处的情势进行全面、系统、准确的分析，从而根据分析结果制定相应的人力资源战略、规划及对策等。通过SWOT分析，可以组合出四种可选的战略方案，如图2-3所示。

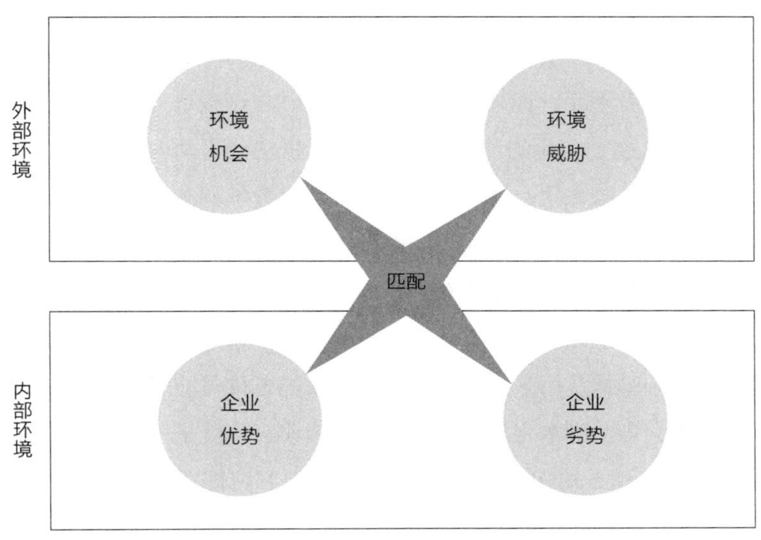

图2-3　SWOT分析法

资料来源：龚小军. 作为战略研究一般分析方法的SWOT分析. 西安电子科技大学学报：社会科学版，2003 (1)：49-52.

通过调查，运用SWOT分析法将与企业人力资源有关的优势、劣势、机会和威胁等一一列举出来，并依据矩阵形式排列，然后运用系统的思想，把各种因素相互匹配起来加以分析，从中得出一系列相应的结论。这些结论往往包含有一定的决策性。SWOT分析法在人力资源中的运用分为两部分：一是通过分析企业的优势和劣势、机会和威胁来决定企业的人力资源战略；二是通过分析企业内外的人力资源优势和劣势、机会和威胁来制定人力资源战略的实施路径和办法。

（四）PIMS定量分析法

PIMS（profit impact of market strategy）分析，又称战略与绩效分析或者PIMS数据库分析方法，是数据库技术在竞争分析中的运用，是竞争对手分析的重要构成部分。PIMS是一个进行战略环境分析的详细的行业数据库，学术界通常将PIMS定量分析法称为PIMS原则。PIMS研究最早于1960年在美国通用电气公司内部开展，旨在找出市场占有率的高低对一个经营单位的业绩到底有何影响。它的出现开启了企业战略环境定量分析的新纪元。它通过对战略业务单位所处市场条件（分销渠道、业务规模、市场增长率等）、财务和经营绩效以及在市场中的竞争地位（市场份额、相对质量、价格和成本以及垂直一体化程度）等战略环境维度的详细描述，揭示战略性因素（产品、服务质量、研发等）及市场环境对企业赢利性和增长的影响。[①]PIMS数据库采集非常庞大的信息量，这些数据囊括2 000多家经营单位4 ～ 8年的信息。正如彼得斯（Thomas Peters）在《追求卓越》中所说，PIMS是世界上最广泛的战略信息数据库。源于数据库异常庞大的信息数据，PIMS分析法也就具备很强的环境分析功能。

（五）脚本分析法

考特尼（Courtney，1997）等提出的脚本分析法是一种定量分析和定性分析相结合的战略环境分析方法。[②]它寻求扩大环境因素分析范围的可能性，以此来提醒决策者不要忽视某些环境因素，同时将这些可能性整合到组织易掌握和应用的情景中。[③]脚本分析法分为两类：定量脚本法和定性脚本法。其中，定量脚本法以数学预测为基础，对每个脚本在环境中发生的可能性做出概率估计，评价变量之间的关系以及一个变量变化对另一个变量的影响；定性脚本法是根据环境中已知的趋势对未来变化的明确主题进行直觉性的猜测。一个脚本是用来描述一个方案未来的各种可能性，在一个程序中，多个脚本将帮助决策者避免错误，也就是说，针对不确定的环境，决策者将选择不同的脚本方案即采取不同战略以应对不同环境。PIMS原则侧重于在竞争战略层面上对企业的SBU进行实证经验的分析，进而确定影响企业赢利性和增长的主要战略性因素。[④]这为企业战略环境分析提供了极大的量化支持。但是，其所列信息过于细致、繁杂，对于不同行业的数据的初期收集存在困难，面对快速变化的、不确定的环境，企业往往会被如此细致的数据捆住手脚，丧失转瞬即逝的战略机会。[⑤]脚本分析法是在假定环境已知的情况下进行企业战略及其结果的预期，一定程度上对环境的动态性进行了预测，用脚本法得到的预测结果是生动形象的。虽然它不能消除环境不确定性的挑战，但脚本法对指导企业面对未来的实践活动仍然具有很好的参考价值。

（六）环境不确定性分析框架

外部环境具有不确定性的特性，这种不确定性程度的差异，造成具体环境的差异。环境的不确定性使企业想准确评

① 葛清俊，肖洪钧. 基于环境的竞争战略理论研究述评. 管理评论，2008 (7)：42–49，64.

② Courtney H，Kirkland J. Strategy under Uncertainty.Harvard Business Review，1997，75 (6)：67–80.

③ Sirigu A，Zalla T，Pillon B，et al. Planning and Script Analysis Following Prefrontal Lobe Lesions. Annals of the New York Academy of Sciences，1996，76 (9)：277–288.

④ Courtney H. Decision-driven Scenarios for Assessing Four Levels of Uncertainty. Strategy & Leadership，2003，31 (1)：14–22.

⑤ Courtney H，Dan L. Bringing Rigor and Reality to Early-stage R&D Decisions. Research-Technology Management，2004 (5)：40–45.

估外部环境并抓住其变化规律变得相当困难。从这个意义上来说，环境的不确定性增大了企业面临的风险。影响企业经营的外部环境因素很多，而这些环境因素又是不确定的。因此，企业必须找到分析这些不确定因素的办法，才能有效减少这些环境带来的不利影响。比较直观的办法就是对环境的不确定性进行分类。比较常用的分类办法是汤姆森（Thompson）的分类办法。该办法用不同等级来衡量环境的不确定性。而等级的考量维度；是外部环境的变化程度和复杂程度。其中，变化程度分为稳定和动荡维度；复杂程度分为简单和复杂维度。复杂程度测量的是外部环境因素的多寡。影响企业经营的环境因素种类越多，环境就越复杂，反之就越简单。变化程度测量的是环境变化的速度。变化速度越快的环境，动荡维度越高，变化速度较慢的环境则相对稳定。就社会组织来说，处在技术含量高的产业中的企业组织，因为科技的飞速发展，其环境相对不稳定，而政府部门等公共组织的环境变化则比较缓慢。

对人力资源管理环境的分析和评价主要考虑环境的复杂性和稳定性。环境的简单或复杂程度以及稳定或不稳定程度组成了四种环境状况：相对稳定和复杂的环境、动荡和复杂的环境、相对稳定和简单的环境（确定性环境）、动荡而又简单的环境（见图2-4）。在简单、稳定的条件下，不确定程度很低。企业可以借助对过去环境的分析来对当前面临的环境现状进行比照和预测。在复杂与稳定的情况下，不确定性有所增加。因为复杂程度高，所以在分析时需要考虑到很多的外部因素。而因为处在一个相对稳定的状态下，环境的变化较为缓慢，因此对环境的趋势还是可以预测的。对于外部因素较少，却又处于快速变化的环境来说，其不确定性程度因为环境自身的不断变化而进一步增加。尽管构成因素少，但想准确预测时刻处于变化中的这些因素却是困难的。不确定程度最高的环境当属既复杂又不稳定的环境。在这类环境中，环境因素多且变化频繁。特别是当几种因素同时变化时，环境会发生激烈动荡。

	稳定	动态
简单	稳定、简单的环境： 稳定的和可测的环境 环境要素少 要素有某些相似并基本上保持不变 对要素的复杂知识的要求低	动荡、简单的环境： 动态的和不可预测的环境 环境要素少 要素有某些相似但处于连续的变化过程中 对要素的复杂知识的要求低
复杂	稳定复杂环境： 稳定的和可预测的环境 环境要素多 要素间彼此不相似但单个要素基本保持不变 对要素的复杂知识的要求高	动荡复杂环境： 动态的和不可预测的环境 环境要素多 要素间彼此不相似并且处于连续变化中 对要素的复杂知识的要求高

图2-4　环境不确定性矩阵

资料来源：斯蒂芬·P. 罗宾斯，玛丽·库特. 管理学. 孙健敏，等，译. 9版. 北京：中国人民大学出版社，2008.

应对环境不确定的常见战略主要有外部战略和内部战略。内部战略的做法是调整或改变企业自身的行动以改变环境，如图2-5所示；外部战略的做法是努力尝试改变环境以适应企业的需要[①]，如图2-6所示。企业在掌握环境的不确定程度之后，便可以根据风险程度高低，采取相匹配的战略，比如单独选择外部战略或者内部战略，或者选择两者综合的混合战略等，以减少环境不确定性程度。

① 赵曙明. 人力资源战略与规划. 3版. 北京：中国人民大学出版社，2012.

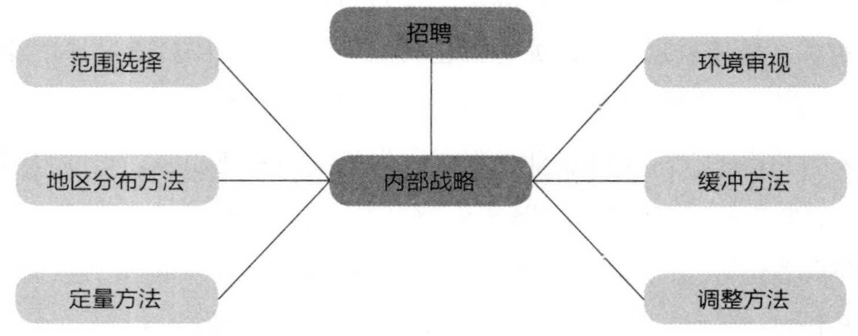

图2-5 内部战略选择

资料来源：赵曙明. 人力资源战略与规划. 3版. 北京：中国人民大学出版社，2012.

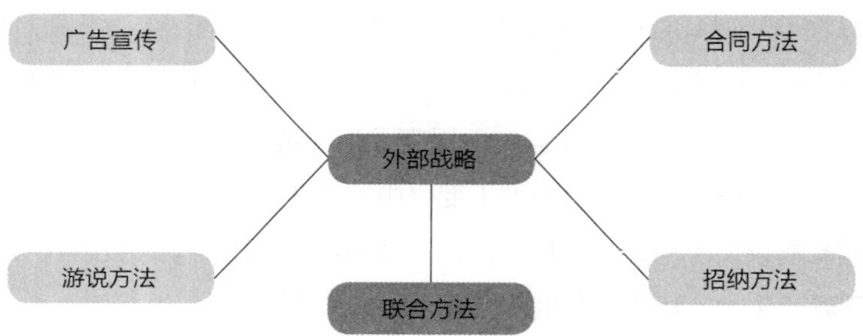

图2-6 外部战略选择

资料来源：赵曙明. 人力资源战略与规划. 3版. 北京：中国人民大学出版社，2012.

人力资源环境分析方法中，PEST分析法涉及政治法律、经济、社会文化以及技术环境，其中前三者与人力资源关联度较大，但是该方法对人力资源环境分析缺乏系统性和针对性。SWOT分析法能够评估组织内外的人力资源环境，但是过于笼统，难以细分人力资源环境的关键因素和非关键要素。波特五力分析法主要对行业的人力资源竞争环境进行评估。环境不确定性分析法侧重定性分析，缺乏细致的定量分析。这些方法各有利弊，在评估人力资源环境中是相辅相成的，需要综合应用。

第三节 特殊的人力资源环境因素

企业所处环境一直在不断变化之中。随着这种变化，当代的人力资源环境中，出现了一些比较特殊的环境因素。比如，随着社会、经济、技术、政治的不断发展，企业间的竞争更加激烈，创新成为最重要的制胜法宝之一，股东、雇员等利益相关者日益关注并影响企业经营活动，而老龄人口的增加已使新生代员工成为企业最重要的人口资源。这些特殊因素在人力资源管理活动中的影响力日益增大，应当引起企业的关注。本节主要关注这些因素中的利益相关者、新生代员工、企业创新战略。

一、利益相关者

利益相关者存在广义和狭义之分。其中，狭义的利益相关者是指对企业的续存和成功起至关重要作用的团体；广义的利益相关者则包括任何影响企业或受到企业影响的团体或个人。①一般来说，狭义的利益相关者主要包括雇员、顾客、供应商、股东、工会、社区、政府。当然，具体到每一个企业，因经营业务和范围等的差异，其包含的利益相关者也会有所差异。比如，儿童食品公司的利益相关者主要有股东、雇员、供应商、零售商、消费者、政府机构、消费者组织、妇女儿童组织等。而化学工厂除了对股东、雇员和其他有经济利益关系的团体和个人负责外，还需要考虑到因为废弃排放对厂区周围居民的影响并接受环保组织、环境监测部门等组织的监督。即使同一家企业，在不同的发展阶段，其利益相关者也处于不断变化之中。

① R.爱德华·弗里曼.战略管理：利益相关者方法.王彦华，梁豪，译.上海：上海译文出版社，2006.

（一）利益相关者的类型

自利益相关者理论提出以来，众多学者就不断基于多个研究角度和层面对其进行分类。本书主要介绍其中较为主流的多维细分法和米切尔评分法。

1. 多维细分法

多维细分法曾经是20世纪90年代中期常用来分析利益相关者的主要分类法。其中，尤以克拉克逊（Clarkson）、查克汉姆（Charkham）、威勒（Wheeler）三人利用该办法界定利益相关者最为典型（见表2-3）。

表2-3 多维细分法下的利益相关者分类

提出人	分类标准	类型	主要特征	主要对象
Charkham	交易性合同关系	契约型利益相关者	与企业存在交易性合同关系	股东、雇员、顾客、分销商、供应商、贷款人
		公众型利益相关者	与企业不存在交易性合同关系	消费者、监管者、政府部门、压力集团、媒体、当地社区
Clarkson	承担的风险种类	自愿利益相关者	主动投资，自愿承担风险	
		非自愿利益相关者	被动承担风险	
	与企业联系的紧密性	首要利益相关者	关乎公司持续生存	股东、投资者、雇员、顾客、供应商等
		次要利益相关者	仅具有间接影响作用	媒体、众多的特定利益集团等
Wheeler	社会性	首要社会性利益相关者	与企业有直接的关系，有人参加	顾客、投资者、雇员、社区、供应商、其他商业合伙人等
		次要社会性利益相关者	利用社会活动来间接影响企业	居民团体、相关企业、众多的利益集团等
		首要非社会利益相关者	直接影响企业，但与人没有直接联系	自然环境、人类后代等
		次要非社会性利益相关者	间接影响企业，与人没有联系	非人物种等

资料来源：贾生华，陈宏辉．利益相关者的界定方法述评．外国经济与管理，2012(5)：13-18.

2. 米切尔评分法

美国学者米切尔在归纳27种代表性利益相关者定义的基础上，提出一种界定利益相关者的评分法。这种界定方法力图通过合法性、权力性、紧急性三个属性的组合，来回答谁是利益相关者以及区分不同利益相关者的特征，以此来建立企业关注特定群体的依据。其中，合法性用来区分是否被赋有法律、道义或者特定的组织索取权；权力性用来区分是否拥有影响企业决策的地位、能力和相应的手段；紧急性用来区分是否应该马上引起企业管理层的注意。要想成为企业的利益相关者，至少具备这些评判标准中任意一条指标属性，否则不能成为企业的利益相关者。根据上述三个特性，组织的利益相关者分为确定型利益相关者、预期型利益相关者、潜在利益相关者三种类型，如表2-4所示。个人或群体企业利益相关者身份并非永久不变，其利益相关者类型随着权利诉求的变化而不断变化。当某种权利诉求得到满足而其他权利诉求没有得到满足时，利益相关者的属性状态就会随着权利诉求的转移，从一种状态转化为另一种状态。比如，预期型利益相关者对应拥有的权利是合法性和权力性，但如果与企业的联系进一步紧密，则会更多想关注企业的生存和发展，并要求满足自身愿望。相比于原来的属性，此时利益相关者的属性特征就会多了紧急性属性，转化成为确定型利益相关者。

表2-4 米切尔评分法下的利益相关者分类

基本类型	具体分类	主要特征	典型代表
确定型利益相关者	确定型利益相关者	合法性、权力性、紧急性	股东、雇员和顾客
预期型利益相关者	主要利益相关者	合法性和权力性	投资者、雇员和政府部门
	引起危险的利益相关者	紧急性和权力性	债权人、消费者
	依靠的利益相关者	合法性和紧急性	罢工的员工、采取示威游行等抗议的环境主义者
潜在利益相关者	蛰伏的利益相关者	权力性和蛰伏状态	特殊团体、社区、供应商和分销商
	自由裁量的利益相关者	合法性和部分索取权	
	高要求的利益相关者	紧急性	

资料来源：罗小燕，谭丽. 户外拓展企业利益相关者管理战略探析. 企业经济，2011(2)：43-46.

（二）利益相关者对人力资源管理的影响

利益相关者理论强调企业的成功和可持续发展在很大程度上取决于利益相关者的需求和目标。这是因为不管符不符合企业愿望和需要，与企业存在种种利害关系的利益相关者都会参与到企业决策和计划实施的过程中。如购买商品的顾客期望得到更好的售后服务，供应商希望供应的商品价格可以进一步降低，雇员希望工作的环境得到进一步改善等，这些利益诉求都在一定程度上受到企业经营业绩的影响，也会反过来制约企业的经营活动。基于这种利害关系，它们必然会卷入企业的经营行为中，其支持与否对于企业的成败至关重要。

利益相关者主要通过三种法定的利益或权力要求对企业拥有不可忽视的各种影响。这三种类型权力分别是投票权、经济权和政治权。投票权是指利益相关者有参与投票的法定权力，比如股东在合并、收购或其他重大事项的决策时，有机会参与投票。经济权是指利益相关者对企业的行为有经济方面的约束能力。例如供应商会通过拒绝供货来制约企业的违约行为；顾客会通过抵制企业产品来制约企业商品质量低下和价格高昂行为。政治权是指政府通过立法、行政干预和法律诉讼对企业进行规制。对于没有立法和行政执法权力的其他利益相关者来说，行使政治权力的方式主要是通过向政府施压（如示威、游行、抗议等），迫使政府出台新的制度法律，对企业相关行为进行约束。

尽管都对企业有着利益诉求，但也并不意味着所有的利益相关者都是命运共同体。换句话说，对企业而言，利益相关者的需求有时是相互冲突的。另外，受制于资源的有限性等原因，企业不可能同时、同等程度满足所有相互冲突的需求。在这种情况下，企业必须对利益相关者相互矛盾的利益需求进行平衡。这种平衡主要是通过利益相关者管理来实现。所谓利益相关者管理，主要是指企业的经济管理者为综合平衡各个利益相关者的利益要求而进行的管理活动。[①]

在企业的利益相关者管理活动中，首要的任务是区分利益相关者的类型。对于企业的生存和发展来说，不同类型的利益相关者，其作用和影响力是不同的。在企业的利益相关者中，有的利益相关者会通过对企业进行投资、提供劳动力、提供贷款、购买产品、出售原材料等活动主动施加影响，从而也往往主动承担企业经营的风险。有的利益相关者并没有太多的意愿和影响力主动参与到企业的经营活动中，仅仅是企业经营行为和经营风险的被动承担者。对企业的存在和活动举足轻重的利益相关者称为首要利益相关者，包括顾客、供应商、员工和投资者。受企业的基本行为和重要决定直接或间接影响的个人及团体称为次要利益相关者，包括普通公众、各级政府、社会活动团体及其他人群。首要和次要之间并不总是泾渭分明，大多数情况下是有交叉的。[②]

在区分利益相关者类型之后，企业要做的事情就是如何满足利益相关者的利益需求。如前所述，不同的利益相关者作用和影响不尽相同，而企业资源又稀缺有限，不能同时满足所有利益相关者的利益诉求。因此，企业应针对不同的利益相关者，采取有区分的管理策略。一般而言，主要利益相关者与企业有更为直接的经济利益关系，属于企业的一个自然伙伴，更容易选择支持企业。在经营活动中，企业应该尽量满足他们参与管理的需求，广泛听取和吸取他们的意见和建议。次要利益相关者与企业的关系则比较复杂。有些次要利益相关者有时甚至是非合作或者对立的，如新闻媒体的负面报道、社会团体的抗议示威等。因此，在处理与这些利益相关者的关系时，企业应当谨慎小心，既不能牺牲企业利益，又要引起足够重视，将这些利益相关者的负面影响减少到最少。有些次要利益相关者对企业来说，有时是支持合作关系，有时又是反对限制关系。例如，政府部门在产业扶持政策下会支持企业生产经营，在环境保护要求下会约束企业的生产行为；公众在企业承担更多社会责任时会更加关注企业，在企业违反社会道德时会谴责企业。

从人力资源管理角度看，管理者和员工都是企业的首要利益相关者。他们将自己的人力资本投资于企业，并参与到企业的经营活动，与经营绩效有直接关系，在某种程度上还共同承担企业的经营风险。因此，关注他们的利益诉求，及时给予应答和解决，事关企业的生存和发展。特别是员工，一方面与企业关系紧密，是企业生存和发展不可或缺的资源，对企业具有直接而强烈的影响力。另一方面，员工的个人利益（如就业与失业、薪酬水平等）也直接受到企业成功与失败的影响。一种观点认为，在企业经营管理活动中，让员工有更多的参与权，能够使员工与企业间实质性利益关系在治理结构中得到真实反映，有利于发挥员工在工作中的主动性、积极性和创造性。[③]

① 陈建煊. 利益相关者管理. 经济管理，2000(4)：58.

② 詹姆斯 · E.波切特，安妮 · T. 劳伦斯，詹姆斯 · 韦伯. 企业与社会：公司战略、公共政策与伦理. 张志强，等，译. 10版. 北京：中国人民大学出版社，2005.

③ 贾学军，彭纪生. 人力资源管理伦理分析——基于利益相关者理论. 华东经济管理，2013(6)：138–142.

二、新生代员工

新生代员工的定义是多元的。国外的称谓是“Y一代”，特指20世纪80年代以后出生的群体。这部分群体往往伴随着计算机和互联网成长。[①]在国内，“新千年一代”、“网络一代”、“新世代”、“新新人类”、“新生代”等被用来指代20世纪80—90年代后出生的工作者。[②]结合国内外的定义，本书认为新生代员工即指1980年以后出生并进入职场的人群。[③]

（一）新生代员工的主要特点

新生代员工成长于一个经济正在迈向全球化，政治、文化多元化，各种思潮大量涌入的社会中。由于所处经济、社会文化背景差异巨大，新生代员工在能力、需求特征和主动性人格等方面与前面几代员工也有着明显不同，其主要特点是自我意识强而团队意识弱、思想观念不保守且拥有较好的现代技术知识。

1. 价值观由“理想型”向“现实型”转变

新生代员工出生的同时，正是中国改革开放启动的重要时期。随着经济转轨和市场的进一步开放，人们的物质生活水平不断提高，而一些传统的社会观念也因为西方科学技术和思想文化的大量涌入而遭受冲击。特别是在价值观层面，新生代员工不再像前几代员工那样偏于注重追求精神导向，而是逐渐转为物质导向，更加看重眼前利益，追求物质享受，即由理想型价值观转变为现实型价值观。[④]

2. 强调以自我为中心，对个人期望高

新生代员工的出生时期也是国家深入实施计划生育基本国策的时候。随着法律对生育二胎的约束和政府鼓励少生优生，大多数家庭普遍只生育一个孩子。因此，新生代员工大多是独生子女。家庭万千宠爱集于一身的过度呵护，使得他们的自我意识非常强烈，凡事都以自我为中心。同时，他们对成功有着独特的理解，自我成就感更强，而又期望得到社会的认可。因此，他们更渴望有一个具有挑战性的工作，克服困难，把这作为一种乐趣、一种反映自我价值的方式。反映到工作中，他们期望自己投入的时间和精力立即见效的同时，又期望工作时间更加弹性，学习机会更多，企业能公平对待。

3. 价值取向多元化

一方面，随着改革开放不断深入，中国的城乡差异、地区差异和贫富差距也在不断拉大，形成了多元化的社会环境，这种多元化在很大程度上导致了新生代员工的价值取向呈现多元化的特点。另一方面，随着中国经济的飞速发展，电信、网络、通信得到了长足进步，信息膨胀和传播速度不断加快，伴随着计算机和互联网成长而来的新生代员

---

① 李琳.“80后”员工压力管理分析.人才资源开发，2007(4)：55-56.

② 李燕萍，侯烜方.新生代员工工作价值观结构及其对工作行为的影响机理.经济管理，2012(5)：77-86.

③ Borges N J, Manuel R S, Elam C L, et al. Differences in Motives Between Millennial and Generation X Medical Students.Medical Education,2010, 44 (6): 570-576.

④ 周青.新生代：管理因你而变.中国人力资源开发，2007 (4)：26-29.

工更加容易受到世界各地的新文化、新思想的影响，进一步促进了价值取向多元化。

4. 文化层次高，学习能力强

随着改革开放的深入开展，中国家庭不断走向富裕，新生代员工有一个相对稳定、良好的学习环境，文化水平普遍较高。同时，生活的富裕也使他们能够有条件很早就拥有计算机，利用计算机学习和工作，因而比前几代员工拥有更高的计算机水平。随着全球经济发展，世界已步入知识爆炸时代，知识更新速度加快，信息传播速度加快，“生活离不开网络”已得到大多数新生代员工的认可。在此环境下，他们更加善于将高科技带来的便利应用到工作中，并且往往对自己的工作表现和技能充满自信。可以说，网络平台为新生代员工能力的培养和表现提供了良好的条件。

（二）新生代员工的管理策略

由于成长环境与前几代人存在显著差异，导致新生代员工在个性特征、价值观念等方面与前辈有着明显的不同。这些不同之处使得他们在工作中给传统人力资源管理带来了一些挑战。企业应当充分认识新生代员工的优势，了解他们的价值观和特点，采取合适的人力资源管理方式，以发挥他们独特的人力资源优势。比如，针对新生代员工公平感知较强的特点，实施参与式管理，提高新生代员工对组织的主人翁意识，降低离职率；针对新生代员工重视自我感受，难以接受命令式的领导方式的特点，采取包容性领导方式[①]；以新生代员工较高的成就期望为出发点，实施有效的组织社会化策略：使工作内容更加丰富和更具挑战、满足岗位轮换需求、采用导师制、选择秉承人性化管理方式的领导者等。[②]

① 李燕萍，杨婷，潘亚娟，徐嘉. 包容性领导的构建与实施——基于新生代员工管理视角. 中国人力资源开发，2012（2）：31-35.

② 李燕萍，徐嘉. 新生代员工——心理和行为特征对组织社会化的影响. 经济管理，2013（4）：61-70.

三、创新创业战略

2012年，党的十八大明确提出“科技创新是提高社会生产力和综合国力的战略支撑，必须摆在国家发展全局的核心位置”。2015年，中共中央国务院《关于深化体制机制改革加快实施创新驱动发展战略的若干意见》明确坚持人才为先，注重培养、用好、吸引各类人才，促进人才合理流动、优化配置；注重强化激励机制，给予科技人员更多利益回报和精神鼓励；注重发挥企业家和技术技能人才队伍创新作用，充分激发全社会的创新活力。从某种意义上来说，创新能力已经成为组织战胜竞争对手的主要手段，关乎企业的生产和发展。在此背景下，在企业战略选择方面，现代企业都非常注重选择创新战略。所谓创新战略，是指组织通过实施创新驱动来增加竞争能力的一种策略。这种战略的核心就在于创新，包括不断更新新技术、使用新材料、开发新产品、提供新服务等。

创新战略要求员工以创新的方式工作。因此，员工必须对自己和其他人所掌握的不同技能进行重新组合，从而创造出新的技能组合。创新战略对人力资源管理的要求是多方面的：培养技能娴熟的技术员工；在工作中尽可能让员工发挥自主性，尽量减少对员工的控制；增加人力资源投入；为创新实验项目提供足够多的资源；创造宽松的追责环境，允许创新过程中的偶然失败；不追求眼前利益，以着眼长远的眼光来评估员工绩效。①所以，企业管理者所面对的问题就是，如何创造良好工作环境，使员工的工作目标与企业的创新战略相符合，并尽量让员工了解企业对创新活动的激励政策，减少员工对承担创新失败责任的担心，从而使更多员工愿意参与到创新活动中来，充分发挥自身的创新能力。

① 韦恩. F. 肖恩. 人力资源管理. 王重鸣，译. 6版. 北京：机械工业出版社，2006.

围绕创新战略所面临的这些问题，人力资源管理重点在于从岗位规划与设计、招募与筛选、培训与开发、薪金与报酬、领导风格等方面进行革新（见表2–5），通过明确员工任务、招募具有创新精神的人、积极培训来帮助员工发掘自己的潜力和拓展自己的技能，赋予他们充分发挥创造力的空间，实施积极的薪酬激励和富于团结的团队领导风格，提高员工技能和保留高技能的员工，促进个人创新和团队创新。

表2–5　与创新战略匹配的人力资源管理策略

人力资源管理职能	鼓励创新的策略
岗位规划与设计	长期的岗位与任务设计，含蓄的工作分析，职责范围较广，员工参与度高，注重结果的岗位设计
招募与筛选	宽广的职业发展路径，多层次职级，不太正式的概括性筛选标准，岗位社会化，公开的招募和筛选程序
培训与开发	长期的职业方向，用途广泛、持续不断的个性化培训，重视管理技能
绩效评估	平衡的个人、团队目标，注重结果（而非过程），注重长期绩效，允许失败，根据项目的生命周期进行评估
薪金与报酬	注重长期绩效，权力下放到部门层面，量身定制，强调个人绩效与团队努力挂钩等
领导风格	高道德标准，自信面对创新失败，鼓励信息、知识、情感共享

资料来源：Morris M H，Kuratko D F. Corporate Entrepreneurship: Entrepreneurial Development within Organization. Orlando, FL: Harcourt College Publishers, 2002.

1. 岗位规划与设计

采取多元化的职业发展路径来设计、筛选和安置员工，多样化的工作设计、工作网络和支持环境来促进创意的产生与实施，减少创新方案的执行阻力。强调内外部沟通，从而增强对创新战略目标和内容的理解和支持，促进跨部门甚至跨领域协作，解决企业在产品与技术创新以及开创新业务的过程中在资金、技术和行政管理等方面遇到的复杂问题。

2. 招募与筛选

创新过程主要依赖员工个体的创造力。因此，企业应当结合战略目标来实施长期雇佣计划，注重招募具有高创造力的员工，并结合他们的专长，匹配到有着高创新能力要求的工作岗位上。例如，索尼公司实施了“永远争第一，永远不模仿他人”的创新战略，并在招聘时注重从好奇心、恒心、灵活性、良好的心理素质、乐观五个方面来考核员工是否具有创新素质潜力。

3. 培训与开发

企业实施创新战略，意味着人力资源管理必须为员工创新提供全面支持，比如弹性的工作时间、足够大的实验场所、充足的资源、持续的培训机会等，使员工能感受到发挥自己才能、实现自己价值的机会。特别是提供培训机会，让员工组成各种创新团队参加系统的、有计划的连续培训，有助于增强员工的知识基础或者提高他们与创新相关的技能，从而使他们在工作中更具创造力，激发企业层面的创新。例如索尼公司每两年让员工调换一次工作的内部轮岗，极大地激发了员工的积极性。

4. 绩效评估

创新型企业在评估员工绩效时，应从长远来考核，依据最终结果进行评估，并注重参与创新流程、明确个人绩效标准等方面，明确鼓励创新和有风险的活动。①同时，在管理方面给员工更大的自主权，实行弹性时间工作制，让员工自主管理，以调动员工的积极性，便于他们进行创新工作。

5. 薪金与报酬

如前所述，企业创新主要依赖员工个体专长和创造能力。从这个方面来说，拥有高技能和高创造力的员工几乎是不可替代的，他们的流失将会给企业创新带来极大的损失。留住这类人才的重点，除了给予充分的激励外，重要的是同时提供让员工满意的福利计划。另外，要想在市场上招聘到符合创新战略需求的员工，企业的薪酬政策也必须具有竞争力。从结果导向来看，只有企业把创新作为薪酬奖励的重点，员工才会重视创新活动。相关的薪酬和奖励方式可以包括采用激励工资，灵活部分的奖金比重较高；根据长期业绩支付报酬，采取收益分享计划；重视工作保障，让个人承担更大的责任等。

6. 领导风格

虽然团队创新源于员工的个体创新，但团队创新成果与员工创新成果并不是简单的加总关系，这在很大程度上取决于团队成员之间的相互作用。②因此，团队领导者如何创造良好的团队氛围，是团队成员相互协作、共同创新能否取得成功的关键。普遍观点认为，领导者应时刻以高道德标准要求自己，自信地面对创新过程中可能出现的失败，向全体成员传达领导者鼓励下属创新的“公开、公平、公正”的创新文化。同时，鼓励和提倡团队内部信息、知

① 李乾文，赵曙明. 企业创新战略、人力资源管理与绩效关系探析. 外国经济与管理，2008 (4)：17-24.

② Drazin R, Glynn M, Kazanjian R. Multilevel Theorizing about Creativity in Organizations: A Sensemaking Perspective. Academy of Management Review, 1999, 24 (2): 286-307.

识、情感的共享，并形成彼此信任、相互真诚的团队文化，让员工感知到领导对下属创新的上级支持。[①]

① 郭玮，李燕萍，杜旌，等. 多层次导向的真实型领导对员工与团队创新的影响机制研究. 南开管理评论，2012(3)：51-60.

本章小结

（1）人力资源环境的类型。人力资源环境包括外部环境和内部环境。外部环境包括政治法律环境、经济环境、劳动力市场、社会文化环境、自然环境、科学技术环境、产业结构和政策、产业生命周期、产业市场状况、产业竞争环境；内部环境包括现有人力资源状况、企业总体发展战略、企业组织结构、企业资本实力与经营状况、企业文化、非正式组织、工会。

（2）人力资源环境分析的步骤和方法。分析步骤包括识别环境因素、确认关键因素、预测关键因素的变化趋势和描绘关系图。人力资源环境分析需要遵循客观性、全局性、重点性、系统性、前瞻性等原则。分析工具包括PEST分析法、波特五力分析法、SWOT分析法、PIMS定量分析法、脚本分析法和环境不确定性分析框架。其中，PEST分析法对人力资源环境分析缺乏系统性和针对性；SWOT分析法难以细分人力资源环境的关键因素和非关键因素；波特五力分析法主要评估行业的人力资源竞争环境；PIMS定量分析法源于数据库异常庞大的信息数据；脚本分析法侧重定量分析和定性分析相结合；环境不确定性分析法侧重定性分析。

（3）特殊的人力资源环境因素包括利益相关者、新生代员工、创新创业战略等。这些因素逐渐对人力资源管理产生越来越大的影响，是人力资源战略制定要考虑的重要环境要素。

即测即评

请扫描右侧的二维码（内含若干判断题、单选题和多选题），您可在线自测并查看答案。

思考题

1. 人力资源环境的内外部环境分别包括哪些因素？
2. 环境分析的主要方法有哪些？它们的基本思路是什么？
3. 人力资源管理的利益相关者有哪些？如何区别？
4. 新生代员工的基本特点是什么？应该采取什么样的策略进行管理？

5. 创新战略对人力资源管理提出什么样的要求?

实例经验与启发

回顾开篇的情境实例，经过理论学习和案例剖析，得到以下启发：

（1）人力资源环境评估在投资决策中具有其独特的战略价值。人力资源战略在企业战略制定中起着决定作用。人力资源环境分析是企业在人力资源战略制定中应考虑并分析的首要因素，能够帮助企业识别所面临的人力资源方面的挑战。

（2）人力资源外部环境分析的实施主要包括信息搜集和分析评估两个阶段。信息搜集主要通过政府提供的信息和企业自行调研结果；分析评估结果为投资谈判和人力资源管理提供依据。

（3）人力资源外部环境要素包括地区的政治和法律环境、经济环境、劳动力市场、科学技术、社会文化、自然环境、产业结构和产业政策、产业生命周期、产业市场状况等。这些因素不但能够对投资决策产生综合影响，而且对投资建厂后的人力资源管理实践产生影响。

讨论案例

A公司的人力资源管理环境之困[①]

随着全球环境污染日益严重，使用更加节能、环保的新材料和新能源已成全球共识。这间接推动了很多高新技术产业得以迅速发展，比如LED行业。

① 李欢. A公司“订单式”人才培养现状及优化研究. 广州：华南理工大学，2013. 经过作者删减、整理和改编而成。

一、LED产业迎来“发展春天”

2003年6月，国家启动“中国半导体照明工程”项目并成立“国家半导体照明工程协调领导小组”，标志着我国LED产业迎来了发展的春天。据不完全统计，2004年、2005年两年，国家就先后划拨8 000万元专款，用作解决产业化中关键技术的引导经费。“十一五”期间，国家科技部则将半导体照明工程列为“863”计划重大专项工程。国家层面的强势引导，极大带动了地方政策扶持的积极性。以广东省为例。2010年5月广东省评定的战略性新产业项目有103个，总投资2 893亿元。其中，半导体照明项目共有15个，总投资额高达93.13亿元。在技术环境不断得到改善的同时，LED也迎来了另一个利好——创业法律环境进一步宽松。2007年3月16日，经第十届全国人民代表大会第五次会议通过，我国正式颁布了《中华人民共和国企业所得税法》。按照该法规定，第一批高新技术企业，2008—2010年享受15%的所得税优惠税率。这有效吸引了广大企业投资到LED产业中。一时间，众多企业“蜂拥而入”，LED行业掀起了投资狂潮。

二、LED产业的“阿喀琉斯之踵”

俗话说，旦夕祸福。随着LED产业的高速发展，一些问题很快也浮出了水面，甚至成为制约LED产业进一步发展的“阿喀琉斯之踵”。第一，产业发展缺乏合理有序引导。一方面，LED产品市场还不成熟，销售渗透率和份额不高，大众消费群体的观念有待普及，因而还处于引导式消费阶段。另一方面，随着太多企业涌入市场，国内LED企业产能远远大于当前的市场购买量，行业竞争激烈。事实上，产业中真正赢利的企业并不多。直到2011年，有不少企业因资金断链继而倒闭后，这股投资狂潮才逐渐平息。第二，技术水平较低，体制机制跟不上。在全球LED产业链中，国内企业普遍集中于中下游。这是因为国内LED企业未掌握太多的核心专利和技术，设备、工艺水平相对比较落后。而研发工作又多集中在大学和科研院所，在科技成果转换机制尚不成熟的情况下，相关研发成果得到企业利用并投产的转化速度较慢。第三，市场缺乏产业人才。与LED产业蓬勃发展不相适应的是，“五类人才”远远不能满足市场需求：技术和销售型人才缺少；LED企业要求传统型照明与LED照明都较精通的技术型专家严重缺乏；掌握核心发明专利、LED上游产业的技术型人才极其稀缺；用于抢占更高的市场份额的新型营销模式开发人才难以寻觅；大工程项目管理人才“一将难求”。第四，企业难以留住人才。为了减少昂贵机器的折旧费，普遍的做法是实现二班制，24小时不停机运转。然而，高负荷工作也带来了高人才流失率。据统计，产业中每月人才流失率高达10%。而因行业技术要求高，员工上岗前培训周期长，普通的临时工、暑期学生工都不适合在这个行业短期就业。

三、LED产业重装上阵之路

伴随产业发展困难而来的，往往是有序的整顿和有效的改革。有人预计，随着LED发光率的提升及成本的下降，未来LED的普及率将大幅提升。作为行业秩序整顿的主要引导方，政府预计会继续出台相关“节能减排”政策，从而推动LED取代传统照明。而随着政府不断加大路灯改造项目等公共基础设施建设力度，LED市场需求也将进一步加大。同时，LED人才市场的供不应求，也已催生了一批专业人才服务机构和人才培养专业。照明专业人才网、中国光电人才网等一批专业人才网站应运而生，为企业提供人才搜寻平台，有效降低了企业招聘成本。包括很多重点大学在内的各类高校纷纷设立了与之相关的电子、光电、信息工程等专业，必将有效缓解人才之渴。与此乐观估计不同的是，市场竞争趋势将会愈演愈烈。尽管经过前期的投资狂潮导致恶性竞争，迫使一部分企业退出了市场，但随着产业深入发展，企业间的竞争已转入核心技术的竞争，竞争成本将会加大。同时，伴随市场的进一步开放，全球LED产业不断向中国大陆转移，国外行业龙头陆续开始在大陆设厂，国内企业将面临更为激烈的市场竞争。特别是原材料主要依赖台湾地区和美国、日本等供应的封装企业，不得不面临过于依赖进口原料带来的高额成本风险和产品出口带来的专利风险。

四、A公司的发展之困

A公司是一家主营LED器件及其相关应用产品的研发、生产与销售的高新技术企业。经过多年的奋力拼搏，已跻身成为国内LED封装行业的领先者。其产品已成功应用于北京奥运会开幕式、亚运会、上海世博会、广州地铁LED示范工程等重大工程。先后承担了省节能减排重大科技专项、省平板显示产业专项、市重大科技专项等重大项目，打造了良好品牌形象。

随着行业竞争进一步激烈，公司的规模发展也受到较大冲击。首先，经营成本不断提高。随着国内通货膨胀和物价水平不断提高，公司的管理成本和生产成本也不断提高，导致产品利润空间越来越小，很难腾出足够资本继续扩大生产规模和优化产品结构，以进一步提高市场竞争力。其次，LED行业高端芯片技术和人才被国外垄断，公司缺少核心人才，业务扩张会带来管理风险和产品质量控制风险。

企业竞争乏力引起人才与发展的恶性循环。随着公司生产规模的扩大，缺少相应的人才资源支撑，已成为制约公司发展的瓶颈。在人才战略上，公司采取保守型战略，人力资源投入并不多。而随着公司成功上市，现有人才容易遭到其他企业的挖角，不少中高层核心骨干出现了离职现象。为了留住人才，公司想通过规范的企业文化、较好的福利及薪资吸引员工，但在行业利润率下行压力下，公司无法提供足够优越的福利条件。在无法保证优越的福利条件下，人才的流失是必然的。为此，公司推行了员工持股计划，通过让主要管理人员和核心技术人员以直接或间接方式持有公司股份，来激励他们与公司共同进退。

在人才引进与培养方面，公司的很多尝试与探索也收效甚微：

（1）因为国内高校还没有开设LED专业，校园招聘难以招到专业对口的管理和技术人才。而招聘的相近专业学生入职后，适应期和培训周期很长，难以缓解短时间内的用人之需。

（2）外部人才市场招聘成本高。外部市场中的专业人才，都是行业内跳槽人员。公司提供的薪资水平、公司地理位置、车间工作环境等往往难以达到这部分人员的心理预期。

（3）内部培养人才工程效果不佳。尽管公司为培养内部人才做出了很多努力，包括制定培养方案、组建合作小组、聘请资深专家授课、实行师徒制、奖励晋级考核等一系列措施，但由于员工专业和素质参差不齐，造成培养周期很长，实施效果也不佳。

有出难进，造成了公司的人才缺口不断扩大。据估计，每年公司人才需求量至少在200人左右。一旦公司的核心人才流失，或在扩大生产后不能及时吸纳和培养发展所需人才，都将给企业的经营与发展带来较大的损失。

思考题：

1. 请运用SWOT分析法，列出A公司人力资源环境面临的优势、弱势、机会和威胁矩阵。
2. 您认为A公司如何改进人力资源管理以留住和吸引人才？

本章实训

人力资源环境分析常用工具的应用

一、实训目的

1. 掌握PEST分析法、波特五力分析法、SWOT分析法的原理和操作。
2. 了解人力资源环境分析的要素和步骤。
3. 提高资料搜集整理能力和归纳分析能力。

二、实训内容

假设某知名电子制造公司拟到你们所在城市投资建厂，你们作为该公司人力资源管理团队，准备着手开展人力资源环境调查，形成人力资源环境分析报告，为公司投资建厂决策提出建议。

三、实训组织

1. 根据教学班级规模，对学生进行分组，每组4 ~ 5人，组员之间协商产生小组组长。
2. 每组独立搜集整理所在城市的资料。
3. 结合本章所学内容和工具，辨别人力资源环境。
4. 每组推荐一人上讲台展示人力资源环境分析报告。
5. 教师对各组发言做出点评并给予小组成绩。

四、实训步骤

1. 教师说明实训内容和实训要求。
2. 每组分别拟订收集的资料清单和计划。
3. 每组在课后分别搜集整理资料。
4. 每组对搜集整理的资料进行研讨，并形成人力资源环境分析报告。
5. 各组代表以PPT形式汇报小组分析的成果。
6. 教师根据各小组汇报的成果提问，并依次引导学生思考人力资源环境分析工具的各自优劣。
7. 教师总结点评，并向学生介绍人力资源环境分析的思路和注意事项。

延伸阅读

[1] 王维华. 跨区域建厂人力资源环境评估体系的构建及其应用：以某汽车制造企业为例. 武汉理工大学学报：社会科学版，2014,27(5)：838-843.

[2] 周国红，陆立军. 高新技术企业成长与人力资源环境塑造. 经济管理，2001(24)：40-44.

[3] 颜爱民. 人力资源生态系统导论：系统的初步构建与应用研究. 北京：经济管理出版社，2011.

[4] 杨伟国，代懋. 中国人力资源法律审计报告（2012—2013）：了解就业管制环境. 北京：中国人民大学出版社，2013.

[5] Susan E. Jackson，Deniz S. Ones，Stephan Dilchert. Managing Human Resources for Environmental Sustainability. Wiley, 2012.

第三章
人力资源战略的界定与原理

学习目标

1. 阐述人力资源战略的内涵、类型及内容
2. 理解人力资源战略与企业战略、战略人力资源管理的关联
3. 掌握企业生命周期不同阶段的人力资源战略特征
4. 熟悉人力资源准备度在人力资源战略中扮演的角色

关键术语

人力资源战略　决策论　活动论　过程论　企业战略　竞争战略　组织战略　企业文化　战略人力资源管理　企业生命周期　人力资源准备度

本章概览

请扫描右侧的二维码图标，您可以查看本章的知识结构概览图。

情境实例

京东集团的人力资源战略[①]

2014年5月，京东集团（以下简称“京东”）在美国纳斯达克证券交易所正式挂牌上市。京东是中国第一个成功赴美上市的大型综合型电商平台，与腾讯、百度等中国互联网巨头共同跻身全球前十大互联网公司排行榜。2014年，京东市场交易额达到2 602亿元，净收入达到1 150亿元。伴随着企业的迅速发展，人力资源工作发挥着越来越重要的作用。

① 本案例由作者根据相关报告资料和京东官网宣传资料整理而成。

从公司成立到2007年7月的很长一段时间，京东甚至没有人力资源部门，只有2名员工兼职负责招聘、面试、晋升、加薪等基础工作，刘强东本人则亲自负责高管面试。然而，随着业务的迅速扩张，从订单处理、接听电话、出库、财务收钱到售后服务、网站设计等，公司各方面开始暴露问题，也让刘强东意识到公司规模的扩张需要更专业化的人才管理模式。从2009年开始，京东的人力资源部门开始快速发展，时至今日，京东人力资源管理中心及分散各地的人力资源管理人员无论从数量还是专业化、系统化程度上都发生了巨大的变化，人力资源的工作为公司有条不紊的发展提供着巨大的支持。

京东的员工规模发展迅速，全国员工总规模超过3万人，且快递、仓库和客服等基层员工占比约80%，程序员等技术员工仅占10%左右，与如百度、腾讯等纯粹的互联网公司以工程师为主有所差异，京东需要在管理中平衡基层员工和技术员工两类人群的管理工作。业务的快速发展，还给企业带来巨大的招聘压力。员工既要熟悉电子商务公司运营的整个业务流程，具有行业经验和背景，又要具备一定的特质，因此人员的招聘与培训尤为重要。在招聘方面，京东主要通过四种渠道进行：在社会媒体上，利用平面媒体、网络媒体和猎头公司招聘基层管理人员，通过拉手网和58同城等面向基层员工进行招聘；通过校企合作、校园宣讲，招聘应届毕业生；通过内部培训活动培养管理人员；鼓励内部员工推荐优秀人才。在人才发展与培训方面，京东提出了“搭建完善的人才发展体系、建设京东大学”作为人力资源五年战略规划目标的一部分，同时利用“九宫格”人才考评体系（即按照业绩和潜能高低，将人才分为九个类别，放入对应的格子中；对不同格子中人才的管理和使用采取不同的方式，例如1格人才——尽快提拔使用，9格人才——转岗使用）进行开放式人才盘点，选拔高潜能的人才，针对性制定培养计划。通过这些战略，京东希望未来10年能够实现70%管理人员来自内部提拔。在考核、企业文化建设等方面，京东进行了相应的战略调整：由之前的全员每季度的考核改为对不同类型员工分别考核，高管每季度考核，中层管理者半年一次，基层员工一年一次；考核的指标包括价值观和关键业绩指标两种方式，企业提炼“以客户为中心，以诚信、团队、创新、激情为四个基本点”的价值观，将员工对企业价值观点认同纳入考核体系。

从京东集团的情况可以看到：人力资源战略为京东集团的快速发展提供着人才支持。人力资源战略是人力资源管理的基础。尤其是企业经营环境的日益不稳定，导致人力资源战略在人力资源管理中日益凸显出特殊的重要性。当然，人力资源战略只有与企业生命周期的发展阶段相适应，与企业整体战略相契合，才能真正发挥人力资源的关键作用。

第一节 人力资源战略的定义与类型

一、人力资源战略的定义

进入20世纪80年代，受资源基础理论（resource-based view，RBV）[①] 的影响，人力资源管理领域的学者们逐渐从企业整体的系统角度来考虑人力资源管理实践，并开始研究如何综合协调各种人力资源措施以形成合力，支撑企业战略实现，由此提出了人力资源战略。蒂奇、弗莫伯恩和德瓦娜（Tichy，Fomburn & Devanna，1981）对企业战略与人力资源管理之间关系的分析，标志着战略人力资源管理的产生。[②]伴随着人力资源管理理论和实践的发展，学者们从不同的角度对人力资源战略进行了界定。

（一）决策论

戴尔（Dyer，1984）认为，人力资源战略是“与人力资源管理的主要目标和实现途径相关的重要决策模式”[③]。这表明人力资源战略的制定与管理实践密切关联，具有动态性，人力资源战略被看作一种制定决策的模式。[④]国内学者张德（2004）也认为人力资源战略是有关人力资源系统和措施的决策模式。[⑤]

① 资源论的基本思想：把企业看成资源的集合体，将目标集中在资源的特性和战略要素市场，并以此解释企业的可持续优势和相互间的差异。

② Tichy N，Fomburn C，Devanna M A. Human Resource Management：A Strategic Approach.Organizational Dynamics，1981，9(3)：51-68.

③ Dyer L. Studying Human Resource Strategy：An Approach and An Agenda. Industrial Relations：A Journal of Economy and Society，1984，23(2)：156-169.

④ Boxall P F. Strategic Human Resource Management：Beginings of A New Theoretical Sophistication?. Human Resource Management Journal. 1992，2(3)：60-79.

⑤ 张德，潘文君. 中国企业人力资源管理变革的方向. 中国人才，2004(11)：74-76.

（二）活动论

怀特和麦克马汉（Wright & McManhan，1992）指出："人力资源战略是将组织与员工相联系、统一性与适应性相结合的系统化人力资源管理，是组织为了达成战略目标所采取的一系列有计划的战略性人力资源部署和管理行为。"[①]舒勒和沃克（Schuler & Walker，1990）则将人力资源战略定义为程序和活动的集合，认为：人力资源战略通过人力资源部门和直线管理部门的管理活动，实现企业的整体战略目标，进而提高企业绩效，赢得竞争优势。[②]

（三）过程论

泰森（Tyson，1995）认为，人力资源战略是组织通过组织哲学、组织政策和组织实践等形式表达，在员工管理方面的明确或模糊意图。[③]泰森的定义强调人力资源战略不再是一种战略方法，而是一个逐步增值和累积的过程，并且这个过程受到政治因素和员工学习的影响。[④]科迈斯－麦吉阿、鲍尔金和卡迪（Comez-Mejia，Balkin & Cardy，1998）将人力资源战略定义为：企业为获取和维持竞争优势，对人力资源的使用进行了精心规划，并通过有效的员工实践来实现组织目标的活动。[⑤]方振邦和徐东华（2010）认为，人力资源战略是组织为适应外部环境的变化和内部管理的需要，根据组织的战略目标，制定人力资源管理目标，然后通过各种职能活动实现组织和人力资源目标的过程，强调人力资源对组织目标的支持性战略角色，从战略层面考虑人力资源的内容和功能。[⑥]

综合上述定义，人力资源战略的内涵主要包含：① 基于战略目标，制定人力资源战略目标以指导人力资源实践活动，突出人力资源战略的导向性；② 关注人力资源管理活动，着眼人力资源的配置、协调与整合，突出人力资源战略的行动性。

本书将人力资源战略定义为：企业为适应外部环境的迅速变化和内部人力资源管理的不断发展，制定对其人力资源管理活动具有重要指导意义的纲领性长远规划。[⑦]它既是企业战略中不可或缺的部分，也是高效规划和实现企业战略的有效保障。

人力资源战略具有以下特征：① 匹配性。包括垂直匹配与水平匹配。垂直匹配是指人力资源战略与企业战略的匹配，强调人力资源战略对企业战略的支撑作用；水平匹配是指人力

① Wright P M，McMahan G C. Theoretical Perspectives for Strategic Human Resource Management. Journal of management，1992，18(2)：295–320.

② Schuler R S，Walker J W. Human Resources Strategy：Focusing on Issues and Actions. Organizational Dynamics，1990，19(1)：5–19.

③ Tyson S. Human Resource Strategy：Towards A General Theory of Human Resource Management. London：Pitman，1995.

④ 何辉. 组织战略与人力资源战略的关联性研究——基于战略人力资源管理权变观和资源观的比较分析. 科技管理研究，2010，30(14)：166–171.

⑤ Gomez-Mejia L R，Balkin D B et al. Managing Human Resources. Boston：Pearson，2012.

⑥ 方振邦，徐东华. 战略性人力资源管理. 北京：中国人民大学出版社，2010.

⑦ 李燕萍，李锡元. 人力资源管理. 武汉：武汉大学出版社，2013.

资源战略在实践过程中的匹配，强调人力资源战略内部的协同化、系统化。② 动态性。强调人力资源战略对外部市场环境和组织内部环境变化的快速、灵活、高效应对，能够充分激发人力资源的活力。③ 战略性。以战略的眼光看待人力资源管理，着眼未来，关注影响组织长期发展的战略性因素。

二、人力资源战略的类型

人力资源战略是企业整体战略在职能层面的分解，指导并协调人力资源实践活动，使之协同发挥作用，为企业赢得持续竞争优势，支撑企业目标的实现。[①]部分学者采用两分法对人力资源战略进行分类。例如，亚瑟（Arthur，1992）的承诺型和控制型[②]，莱格（Legge，1995）的硬模式与软模式[③]，徐淑英（Tsui，2005）的组织中心型与工作中心型[④]，德勒瑞和都狄（Delery & Doty，1996）的内部型和市场型[⑤]。由于两分法难以解释目前出现的混合型人力资源战略，部分学者提出了多类型划分方法，例如程德俊等（2006）以内部化与外部化程度为依据，区分了内部型、市场型、联盟型和模糊型的人力资源战略。[⑥]下面主要介绍四种视角下的人力资源战略类型。

（一）战略重点视角的人力资源战略类型

戴尔和霍尔德（Dyer & Holder，1988）根据人力资源战略重点的不同，将人力资源战略分为吸引战略、投资战略和参与战略。[⑦]

1. 吸引战略

人力资源吸引战略与企业实施的成本领先战略相适应。其主要特征是：企业不培养员工，而是以丰厚的报酬、全面的福利等物质条件吸引人才。常见的薪酬制度有利润分享计划、奖励、绩效工资、福利等，强调以员工努力的程度为依据决定薪酬。较高的薪酬虽然给企业带来较高的成本，但确实能够为企业吸引高素质的专业人才，并降低培训等方面的成本支出。在该战略模式下，企业重视前端投入，因而重视员工进入企业后做

---

① 方振邦，徐东华. 战略性人力资源管理. 北京：中国人民大学出版社，2010.

② Arthur J. Effects of Human Resource Systems on Manufacturing Performance and Turnover. The Academy of Management Journal, 1994, 37(3): 670–687.

③ Legge K. Human Resource Management: Rhetorics and Realities (Anniversary Edition).Basingstoke: Palgrave Macmillan, 2005.

④ Tsui A S, Pearce J L, et al. Alternative Approaches to The Employee-Organization Relationship: Does Investment in Employees Pay Off?. Academy of Management Journal, 1997, 40(5): 1089–1121.

⑤ Delery J, Doty D. Modes of Theorizing in Strategic Human Resource Management: Tests of Universalistic, Contingency, and Configurational Performance Predictions.The Academy of Management Journal, 1996, 39(4): 802–835.

⑥ 程德俊，蒋春燕，戴万稳. 所有制特征、人力资源战略与企业绩效：战略柔性的视角. 南大商学评论，2006(1): 61–74.

⑦ Dyer L, Holder G W. A Strategic Perspective Human Resource Management: Evolving Role and Responsibility .Aspa, BnaSeries, 1988(20): 211.

出的贡献，比较关注回报率。

2. 投资战略

人力资源投资战略与企业实施的差异化竞争战略相适应。实施差异化战略的企业拥有一定的适应性和灵活性，强调通过人力资源储备和培养，形成适应企业发展的特色人才库。人力资源投资战略就是从人力资源的数量和质量上进行投资，不但实施多样化、专业性的人才储备，保证人才供给，而且注重对培训与开发活动的投资，提升员工质量。人力资源投资使员工感受到企业对员工的重视，员工的归属感较高；同时，为员工提供支持的人力资源管理活动，有利于营造和谐文化和良好的劳资关系。因此，该战略模式下，员工的归属感较高，流动率相对较低。

3. 参与战略

人力资源参与战略与企业实施的集中化竞争战略相适应。采用参与战略的企业组织结构呈扁平化趋势，重视分权，能够快速响应竞争者和生产者的需求，而且能够有效降低成本。参与战略意在让员工有更多的参与机会和更大的权力，使员工有更多的自主权；企业中大多数员工是高技术水准的专业人员，管理人员更像导师一样为员工提供必要的咨询和帮助，鼓励员工创新。采取这种战略的企业不但注重团队建设、自我管理和授权管理，而且比较重视员工的沟通技巧、解决问题的方法、团队合作技巧等方面的培训。

（二）企业变革程度视角的人力资源战略类型

史戴斯和顿菲（Stace & Dunphy，1994）基于企业变革程度，将人力资源战略分为家长式战略、发展式战略、任务式战略和转型式战略。①

1. 家长式战略

家长式人力资源管理主要适用于避免变革、追求稳定的企业。该战略的主要特点如下：① 集中控制人事；② 管理活动强调程序、先例和一致性；③ 重视操作和监督；④ 有硬性的内部任免制度；⑤ 注重规范的组织架构和方法；⑥ 人力资源管理的基础是奖惩与协议。在家长式人力资源战略下，管理方式以指令式为主，企业保持基本稳定，只有微小的变革调整。

① Stace D，Dunphy D C. Beyond The Boundaries：Leading and Recreating The Successful Enterprise. New York：McGraw-Hill，2001.

2. 发展式战略

当经营环境不断变化或企业处于不断发展的阶段时，企业采取发展式人力资源管理战略，以适应内外部环境的变化和发展。该战略的主要特点如下：① 注重发展个人和团队；② 优先从内部选拔人才，构建员工发展与培训体系；③ 重视内在激励方法的应用；④ 以组织的整体发展为首要任务；⑤ 强调组织文化的整体性；⑥ 高度重视绩效管理。在人力资源发展式战略下，企业强调循序渐进地开展变革，管理风格以咨询式管理为主，指令式管理为辅。

3. 任务式战略

当企业面临某一具体情况的重大变化时，需要进行局部变革，因而采取任务式人力资源管理战略，战略的制定采取自上而下的指令方式。这种战略的推行以有效的企业管理制度为基础，给予企业部门较大的自主权，同时本部门要对效益负责。任务式人力资源战略的特点如下：① 注重绩效管理和业绩的达成；② 强调人力资源规划、工作再设计和定期检查；③ 以物质激励为主要手段；④ 人员选拔内外部渠道并重；⑤ 有定期的技能培训计划；⑥ 有正规的处理劳动关系的流程；⑦ 强调战略业务单位的组织文化。

4. 转型式战略

当外部经营环境或组织内部经营状况发生重大变化而企业完全不能适应以至于陷入危机时，企业需要进行整体的变革。在这种情况下，企业处于紧急状态，员工对公司未来的发展感到迷茫和不信任，此时的变革需要由领导层主导，进行果断的决策。人力资源管理重点以改变企业当前状况为主，对员工的考虑相对较少，甚至会触及部分员工的利益。因此，人力资源战略的重点在于：① 变革组织结构，调整员工队伍的数量、结构，全面缩减开支；② 实施组织文化变革，结合当前发展状况，创建新的企业理念；③ 建立适应新经营环境的人力资源管理体系。

（三）员工管理理念视角的人力资源战略类型

舒勒（Schuler，1989）以组织管理员工的理念为依据，将人力资源战略分为三种类型：累积型战略、效用型战略和协助型战略。当将员工视为资产时，企业通常采取累积型战略，加大投入对员工进行培养；当将员工视为成本时，企业倾向采用效用型战略，虽然重视人才的利用，但是提供较少的培训以节约成本。[①]

1. 累积型战略

累积型战略强调用长远目光看待人力资源管理，注重人力资源的长期化。累积型战略提倡终身雇佣制度，以公平为原则对待员工，以职务和年功作为薪酬依据，员工之间的薪酬差别较小，晋升速度比较慢。该战略重视员工参与和培训，充分开发员工的能力、技能、知识，发挥员工的最大潜能。

2. 效用型战略

效用型战略是从短期的观点来开展人力资源管理，强调人力资源的快速和高效。企业职位一有空缺就随时进行填补，录用具有岗位所需技能且可以立即上岗的员工，特别强调员工的能力、技能和知识与岗位的匹配。员工为非终身雇佣制，薪酬方案针对个人具体制定，员工的晋升速度快。该战略具有短期性特征，看重对员工高技能的充分利用，而较少关注员工的个人发展。

3. 协助型战略

协助型战略是累积型战略和效用型战略的综合。该战略下，员工不但需要具备技术

① Schuler R S. Strategic Human Resource Management and Industrial Relations. Human Relations, 1989, 42 (2): 157-184.

性的能力，而且需要具备沟通能力、人际关系能力等基本技能。同时，员工还需要对自我能力进行持续学习与开发，当然企业会对员工的自我提升提供一定的协助。

（四）人力资源管理环节视角的人力资源战略类型

侯光明、王月辉和刘存福（2009）根据人力资源管理实践的各个环节，对人力资源获取、使用和培养、保留三个阶段的人力资源战略进行分析，提出人力资源的获取战略、使用和培养战略、保留战略。①

① 侯光明，王月辉，刘存福．人力资源战略与规划．北京：科学出版社，2009.

1. 获取战略

从人力资源获取的途径，可以将获取战略分为完全外部获取战略、完全内部获取战略和混合获取战略。完全外部获取人力资源战略适用于企业所在地外部劳动力市场相对发达的情况，也要求企业各类活动的标准化程度较高、对员工的依赖性较低。外部获取人力资源能够为企业带来创造力，降低培训费用，但人员对企业认同感、归属感较低，流动率较高。完全内部获取人力资源战略要求企业对内部员工进行大量的培训投入，采用有竞争力的薪酬福利进行吸引；内部获取的员工归属感、认同感较高，流动率较低，但能为企业带来的创新有限。混合获取战略则综合外部获取人力资源和内部培养两种方式的优缺点，针对不同类型的人员采用不同的获取方式，进而达到人力资源获取的最优。例如，对企业的中高层管理者采用内部培养，保证对企业的认同感；对从事基本工作（如研发设计）的人员则采用外部获取战略，保持队伍的创造力。

2. 使用和培养战略

依据企业对人力资源使用和培养的投入多少，人力资源战略可分为低成本战略、高投入战略和混合战略。低成本战略的目标在于降低企业使用人员的成本，以企业利益最大化为目标对员工进行管理，员工的忠诚度较低。实施这一战略的企业往往所在地劳动力市场健全，人员流失不会影响企业正常活动；企业产品更新速度慢，生产活动高度标准化；组织结构机械化。高投入战略则重视对员工的投入，重视员工在企业内的成长，因而能够吸纳或培养大量的优秀员工，以满足企业在产品更新、企业发展过程中对高素质人才和独特创造力的需求。高投入战略能够提升企业的整体竞争力，也会提高企业的成本。混合战略则认为应对不同的员工使用低成本战略和高投入战略，例如对技术研发人员采取高投入战略，对生产线工人则实施低成本战略。混合战略结合两种战略的优势能够使人力资源整体最优化，但是需要较强的人力资源管理能力，以免造成管理的混乱。

3. 保留战略

从保留人才的角度，可以将人力资源保留战略分为培养留人战略和薪酬留人战略。培养留人战略通过为员工提供量身定制的培训及锻炼机会来吸引员工，既能提高企业的工作效率，又能留住优秀的员工。该战略适用于处于成长期的企业、具有特色培训的企业、知识更新快速的企业。薪酬留人战略则通过高于市场水平的薪酬留住企业优秀的员工，让其为企业创造更高的价值，保持企业的竞争力。薪酬留人战略虽然见效快，但是却为企业带来较重的负担。

综合上述分析，不同的学者基于不同的研究视角对人力资源战略进行不同的分类，各类人力资源战略在人才获取渠道、薪酬政策和管理方式等方面都有自己的独特性，这需要企业依据管理实践活动的具体情况，选择恰当的人力资源战略或战略组合。

第二节 企业战略与人力资源战略的关系

一、企业战略与人力资源战略的联系

按照战略层次将企业战略划分为公司层战略、事业层战略和职能层战略。人力资源战略是企业职能层战略的构成部分，为事业层战略提供人力资源的支撑，以最终实现企业整体战略。因此，学者认为企业战略与人力资源战略的联系主要表现为事业层单位、经营单位的竞争战略与人力资源战略的关系。[①]

（一）人力资源战略是企业战略体系的构成部分

人力资源战略是整个企业战略体系的一部分。整体企业战略体系不仅包括公司层的方向性战略，具体事业单位、产品或市场的竞争战略，而且包括职能层的市场营销战略、财务管理战略、人力资源战略等。人力资源战略作为战略体系的构成部分，专注于对人力资源的规划与使用，既为企业整体战略体系提供充分、精确的人力资源支撑，也加强人力资源队伍建设，实现人力资源战略目标。例如，企业在实行成本领先战略时，人力资源战略就需要关注人力资源成本，可以通过工作再设计减少人员冗余。适当裁员既满足组织的战略需求，也使人力资源配置更具科学性，从而实现人力资源的战略目标。

人力资源战略作为一种职能战略，与公司总体战略的互动性更强。在企业发展的过程中尤其是在特殊时期，人力资源战略往往被提升到更为重要的战略地位，甚至成为企业战略的核心。

（二）企业战略决定人力资源战略

有学者认为企业战略和人力资源战略之间是一种单向的决定关系，即人力资源战略建立在企业战略的基础之上，能够反映企业今后的需求。舒勒（Schuler，1992）认为较高层次的组织战略是人力资源战略的决定因素，战略通过组织架构（职能型或直线型）和工作程序（规模生产或柔弱性生产）对人力资源战略产生影响。[②]

① 何辉. 组织战略与人力资源战略的关联性研究——基于战略人力资源管理权变观和资源观的比较分析. 科技管理研究，2010，30(14)：166-171.

② Schuler R S. Strategic Human Resources Management: Linking The People with The Strategic Needs of The Business.Organizational Dynamics, 1992, 21 (1): 18-32.

面对不同的企业战略要求，需要制定与之相匹配的人力资源职能战略，人力资源战略制定过程中需要考虑的首要内部因素就是企业战略目标。在明确经营宗旨和战略目标后，根据企业总体战略要求，确定未来一定时期的人力资源开发与管理目标、实施步骤及相关的安排，制定一套完整的业务计划以落实。人力资源战略的制定过程也体现了企业战略对人力资源战略的决定作用。在管理实践当中，企业战略确实发挥着对人力资源战略的决定作用。例如，通用汽车公司所实施的收缩战略，在实践中表现为解雇、减薪、提高生产率、工作再设计、协商劳动协议等具体措施；肯德基公司在集中战略下实施的人力资源战略，包括采取专业化的职位创造、削减其他工作、专业化的培训和发展等措施。

戴维·尤里奇（Ulrich，1992）指出基于企业战略的人力资源战略能够为企业带来三个优势：公司的执行能力增强；公司适应变化的能力增强；由于“战略一致性”使公司更能满足顾客需求，并接受挑战。[①]

（三）人力资源战略影响和支撑企业战略

莱恩尼克－霍尔和莱恩尼克－霍尔（Lengnick-Hall C A & Lengnick-Hall M L，1988）在人力资源形成的“相互依赖”模型中，指出企业战略与人力资源战略是双向互相影响的：一方面，人力资源战略受组织战略的影响，同时也受组织对未来挑战和困难的准备情况的影响；另一方面，人力资源战略对全面企业战略的形成和执行有着自己的贡献。他们认为，人力资源战略是实现组织愿景的基础，如果组织已经有明确的组织战略而人力资源战略尚不成熟，那么组织可以从以下几个方面采取行动：第一，进行人力资本投资以提高人力资源的执行能力；第二，根据当前不足组织目标进行适当调整；第三，以现有的人力资源配置优势为基础改变战略目标。在这三种行动中，人力资源战略与组织战略是相互影响的。[②]

人力资源战略影响并支撑企业战略的实现，尤其是在依靠人来获取竞争优势的企业更加明显。例如，对依靠智力成果盈利的公司来说，主要依靠员工的贡献，充分发挥员工的潜力无疑是企业任何战略目标实现的决定因素。因此，在依靠人力资源来获取竞争优势的企业中，人力资源战略被放在首要位置，会影响甚至主导企业战略。

（四）人力资源战略与企业战略相互协调

越来越多的研究人员呼吁将组织的人力资源管理系统与组织战略相结合，注意发挥多种人力资源措施的协同作用，以确保符合组织的总体战略需求。莱恩尼克－霍尔和莱恩尼克－霍尔（Lengnick-Hall C A & Lengnick-Hall M L，1988）在人力资源战略形成的“相互依赖”模型中也认为，在组织战略的形成过程中，如果能充分将人力资源战略和组织战略进行综合考量，其组织绩效将远远高于将两者对立起

① Ulrich, Dave. Strategic and Human Resource Planning: Linking Customers and Employees. Human Resource Planning, 1992, 15 (2): 47.

② Lengnick-Hall C A, Lengnick-Hall M L. Strategic Human Resources Management: A Review of The Literature and A Proposed Typology. Academy of management Review, 1988, 13 (3): 454-470.

来，或仅把人力资源战略当作组织竞争优势来源的组织。[①]佛布伦、提奇和迪安娜（Fombrun，Tichy & Devanna，1984）认为企业发展战略对人力资源战略有很大影响，只有将人力资源管理的各个模块与组织的发展战略相结合，才能实现组织的战略目标，在此基础上提出了组织发展战略与人力资源战略相匹配的关系。[②]

① Lengnick-Hall C A, Lengnick-Hall M L. Strategic Human Resources Management: A Review of The Literature and A Proposed Typology.Academy of management Review, 1988, 13(3): 454-470.

② Fombrun C J, Tichy N M, Devanna M A. Strategic Human Resource Management. New York: Wiley, 1984.

当组织采取集中式单一产品发展战略时，通常具有规范的职能型组织架构和运行机制，高度集中控制和严格的分级指挥系统，都有严格的部门和人员分工。这类组织常常采用家长式人力资源战略，员工的招聘、绩效评估等更多地依赖于直接领导者的主观判断。在薪酬管理中，往往单纯依据当前岗位的职能作用，缺乏对整个系统的综合考虑。

当组织采用纵向整合式发展战略时，通常会实行规范的职能型组织架构和运作机制，组织的控制和指挥体系较为集中，组织对各部门的实际效率和效益比较重视。与这一组织发展战略相协调，人力资源战略往往是任务式的，即建立客观的评价标准，依据客观标准进行招聘、绩效评估等活动，依据实际工作业绩和效率进行奖惩活动，在培养人才方面着重对专业化人才的培养，并通过工作轮换等方式来培养通用型人才。

当组织采用多元化发展战略时，由于经营不同的产品系列，大多企业采用事业部制，且各事业部单位有较为独立的经营权。这类组织的发展变化较为频繁，因而多采用发展式的人力资源战略。具体来说，招聘和选拔采用系统化的标准；以员工对组织的贡献为基础，依据主客观标准对员工进行绩效评估；根据对组织的贡献和组织的整体绩效对员工进行奖励；对员工的发展则是系统化的跨职能、跨部门甚至跨事业部的培训开发活动。

越来越多的企业在组织战略的形成过程中融入人力资源战略。相关研究表明，将人力资源战略与组织战略进行整合的大中型企业的比例已经从20%上升到45%。[③]米切尔（Mitchell，1995）的研究指出：将人力资源战略与组织战略相协调，有利于组织把握和利用市场机会，提升组织竞争优势，帮助企业实现战略目标。[④]

③ 方振邦，徐东华. 战略性人力资源管理. 北京：中国人民大学出版社，2010.

④ Mitchell D J B. Human Resource Management: An Economic Approach.Boston: PWS-Kent Publishing Company, 1989.

企业战略与人力资源战略的关系可以分为四类，即行政关系、单向关系、双向关系和一体化关系。四种关系类型下的人力资源管理具有不同的特点，人力资源对企业战略的影响也不同，如表3-1所示。

表3-1 四种关系下人力资源管理的特点及对企业战略的影响

四种关系	人力资源管理活动	人力资源管理部门的地位	人力资源管理部门对企业战略的参与	结果
行政关系	孤立的人事日常事务处理	较低层次的服从	无机会，不参与企业战略的形成和实施	停留在人事管理的水平，企业战略难以有效实施
单向关系	人力资源部门根据企业战略制定和实施人力资源战略	中高层次的服从	参与战略实施，没参与战略形成	由于没有参与企业的战略制定，导致企业战略难以成功实现
双向关系	在形成企业战略的过程中提出建议，将人力资源问题一并考虑，进而实施企业战略	较高层次服从和建议	既参与战略形成，也参与战略实施	彼此相互依赖，较好地保证战略制定，能成功实施
一体化关系	人力资源管理活动完全融入企业战略的制定、实施之中	决策层决策、执行	持续地、全面地参与企业战略的制定、实施	保证企业在竞争中处于有利地位，以及企业战略的成功实现

资料来源：侯光明，王月辉，刘存福．人力资源战略与规划．北京：科学出版社，2009.

二、企业战略与人力资源战略的整合

（一）波特竞争战略与人力资源战略匹配

1980年，波特（Porter）在《竞争战略》（Competitive Strategy）一书中提出，竞争战略是企业战略的一种，是企业在竞争中采取进攻或防守的长期行为。[①]根据波特理论，企业竞争战略分为成本领先战略、差异化战略和聚焦战略（见表3-2）。其中，成本领先战略强调降低产品或服务的单位成本、严格控制管理费用，从而获得较高的边际利润；差异化战略主要为对价格不敏感的顾客提供产品，通过独特、差异性的产品或服务来为组织赢得独特的竞争优势；聚焦战略指主攻某类细分市场，通过聚焦提高产品或服务的效率和效果。企业在选择竞争战略时，需要对产业类型、公司规模、竞争类型等因素进行综合考虑。通常，大中型企业资源较为充足，往往会采取成本领先战略或差异化战略来竞争；小型企业则较多采用聚焦战略。

① Porter M E. Competitive Strategy：Techniques for Analyzing Industries and Competition.New York：Free Press，1980：300.

表3-2 波特基本竞争战略的特征与竞争优势

竞争战略	战略特征	竞争优势
成本领先战略	• 控制成本和管理费用 • 适用于成熟的市场和技术稳定的产业	• 生产经营成本低，对技术不成熟、缺乏规模化的企业形成进入障碍 • 增强企业讨价还价的能力 • 降低替代品的威胁 • 保持领先的竞争地位
差异化战略	• 产品或服务的独特性 • 不易被竞争者迅速模仿 • 顾客忠诚度较高 • 需要企业有特殊类型的管理技能和组织架构	• 形成进入障碍 • 降低顾客对价格的敏感程度 • 增强讨价还价的能力 • 防止替代品的威胁
聚焦战略	• 围绕特定的目标市场进行密集的生产经营活动 • 聚焦市场后，可采取成本领先战略、差异化战略	• 更好了解顾客和市场，提供更好的产品或服务 • 管理便利：战略目标集中，经济效果易于评价，管理过程容易控制

资料来源：Porter M E. Competitive Strategy: Techniques for Analyzing Industries and Competition.New York : Free Press, 1980: 300.

基于波特的基本竞争战略理论，戈梅斯－梅西亚、鲍尔金和卡迪（Gomez-Mejia，Balkin & Cardy，2004）提出与之相匹配的三种人力资源战略[①]（见表3-3）。

① Gomez-Mejia L R, Balkin D B, Cardy R L. Managing Human Resources.Boston: Pearscn, 2012.

表3-3 基本竞争战略的组织特点和人力资源战略

竞争战略	组织的一般特点	人力资源战略
成本领先战略	• 持续的资本投资 • 严密地监督员工 • 严格控制成本，要求经常、详细的控制报告 • 低成本的配置系统 • 结构化的组织和责任 • 以制造便利为原则设计产品	• 有效率的生产 • 明确的工作说明书 • 详细的工作规则 • 强调技术资格与技能 • 强调与工作有关的特定培训 • 强调以工作为基础的薪酬
差异化战略	• 营销能力强 • 产品的策划与设计 • 基础研究能力强 • 公司以质量或科技领先著称 • 构建良好的环境吸引高技能、高素质的科研人员或创新型人才	• 强调创新和弹性 • 工作类别广 • 松散的工作规则 • 外部招聘 • 团队基础的培训 • 强调以个人为基础的薪酬
聚焦战略	• 结合成本领先战略和差异化战略组织的特点	• 结合上述人力资源战略的特点

资料来源：方振邦，徐东华. 战略性人力资源管理. 北京：中国人民大学出版社，2010.

当企业采用成本领先战略时，管理过程中更加重视成本控制和预算管理，以达到降低成本来获取竞争优势的目的。针对这一企业竞争战略，人力资源需要以有效性、低成本生产来配合，因而人力资源管理更加强调高度结构化、程序化来减少不确定性，并且采用结果导向的评价方法、以绩效评价作为控制手段，提高效率、降低成本。

当企业采用差异化的竞争战略时，以产品或服务的独特性、高品质作为其核心竞争优势，重视产品设计、开发和营销。在这一竞争战略下，为获得差异化的产品或服务，人力资源战略强调管理弹性，重视创造性企业氛围的建设；在培训、薪酬中均以差异化为基础，以提高员工的创造力和积极性；在绩效评价中采用行为导向的评价方法，并把绩效评价作为员工发展的手段。

当企业采用聚焦战略时，企业战略特点是在某一具体市场实施成本领先和差异化的综合战略，因而人力资源战略综合了以上两种人力资源战略的特点。

舒勒和杰克逊（Schuler & Jackson，1987）则对波特提出的三种竞争战略所要求的员工反应或所需要的角色行为以及可能产生的独特行为模式进行分析，依此提供人力资源战略选择（见表3–4）。他们认为人力资源战略的实践过程需要与竞争战略相匹配，并促使员工以不同的角色行为去适应不同的竞争战略。①

① Schuler R S, Jackson S E. Linking Competitive Strategies with Human Resource Management Practices. The Academy of Management Executive, 1987, 1(3): 207–219.

表3–4　竞争战略、员工角色行为和人力资源战略选择

竞争战略	员工角色行为	人力资源战略选择
成本领先战略	• 较为重复且可预测 • 相当短期的行为导向 • 员工自主行为或个人行为 • 中等关心质量 • 高度关心产量 • 主要关心结果；采取低风险的行为 • 追求稳定	• 有相对固定且明确的工作描述 • 工作设计和职业路径设计均很狭窄，鼓励专业化和高效率 • 短期、结果导向的绩效评价 • 制定薪酬政策时密切关注市场工资水平 • 极低水平的员工培训与开发活动
差异化战略	• 高度的创造性行为 • 较长期的行为导向 • 相对较高的合作与相互依赖行为 • 中度关心质量 • 中度关心产量 • 中度关心过程和结果	• 工作设计要求紧密合作 • 以长期业绩和群体业绩作为绩效评价的基础 • 要求员工掌握多种技能以便能在组织中的其他职位上使用 • 报酬系统更强调内部公平 • 工资水平不高，但鼓励员工持股，允许员工对工资组成有更多的自由选择权 • 职业路径宽泛，关注员工多种技能的开发

续表

竞争战略	员工角色行为	人力资源战略选择
聚焦战略	• 较为重复且可预测的员工行为 • 长期或中期的行为导向 • 中等水平的合作与相互依赖行为 • 高度关心质量 • 中度关心产量 • 高度关心过程；采取低风险的行为 • 对组织目标的实现有承诺	• 相对固定且明确的工作描述 • 在中等的工作环境下员工参与决策的水平高 • 绩效评价以短期和结果导向为主，个人绩效与群体绩效标准并重 • 平等对待员工，员工安全有保障 • 为员工提供密集、连续的培训与开发

资料来源：何辉．组织战略与人力资源战略的关联性研究——基于战略人力资源管理权变观和资源观的比较分析．科技管理研究，2010，30(14)：166-171.

（二）迈尔斯和斯诺组织战略与人力资源战略匹配

迈尔斯（Miles，1978）等在《组织战略、结构和方法》（Organization Strategy, Structure, and Process）一书中将企业战略分为：防御型战略、探索型战略和分析型战略[①]。伯德和比柴尔（Bird & Beechler，1995）提出与企业的防御型战略、探索型战略和分析型战略相匹配的人力资源战略（见表3–5）。[②]具体来说，当企业采用防御型战略时，人力资源战略采用累积型战略，通过加大员工投入，培养员工能力、技能和知识，提升员工的整体素质水平，最大化发挥员工的潜能，从而使企业更加严密、稳定，使竞争者难以渗透；当企业采用探索型战略时，人力资源战略采用效用型战略，通过利用较少的能力、技能和知识综合和水平较高的员工，迅速、高效地发现和发掘新的产品或市场机会，实现对市场的创新性探索；当企业采用分析型战略时，人力资源战略采用协助型战略，鼓励员工自我发展，从而进行知识和技能创造，在维持现有市场的同时，对新的市场进行跟进。

① Miles R E, Snow, et al. Organizational Strategy, Structure, and Process. Academy of Management Review, 1978, 3(3): 546–562.

② Bird A, Beechler S. Links between Business Strategy and Human Resource Management Strategy in US-based Japanese Subsidiaries: An Empirical Investigation Journal of International Business Studies, 1995, 26 (1): 23–46.

表3–5　企业战略、组织要求和人力资源战略

企业战略	组织要求	人力资源战略
防御型战略 • 产品市场狭窄 • 效率导向	• 维持内部稳定性 • 有限的环境分析 • 集中化的控制系统 • 标准化运作程序	累积型战略：最大化的员工投入和技能培养 • 获取员工的最大潜能 • 开发员工的能力、技能和知识 • 关注内部公平

续表

企业战略	组织要求	人力资源战略
探索型战略 • 持续地寻求新市场 • 外部导向 • 产品/市场的创新者	• 不断地寻求改变 • 广泛的环境分析 • 分权的控制系统 • 组织结构正式化程度较低 • 资源配置快	效用型战略：基于极少的员工承诺和高技能的利用 • 雇用具有目前所需的技能且可以立即上岗的员工 • 使员工的能力、技能与知识能够配合特定的工作 • 关注外部公平
分析型战略 • 追求新市场 • 维持目前存在的市场	• 弹性 • 严密和全盘的规划 • 提供低成本的独特产品	协助型战略：基于新知识和新技能的创造 • 聘用自我激励的员工，鼓励和支持能力、技能和知识的自我发展 • 在正确人员配置及弹性结构化团体之间的协调 • 关注内部和外部公平

资料来源：侯光明，王月辉，刘存福. 人力资源战略与规划. 北京：科学出版社，2009.

（三）奎因企业文化与人力资源战略匹配

企业文化是企业在长期的生存和发展中所形成的，为本企业所特有的，且被企业内多数成员共同遵守的最高目标、价值标准、基本信念和行为的全面反映。[①]基于企业文化对企业活动潜移默化的影响，创造支持组织目标的企业文化是人力资源战略需要解决的重要问题之一。奎因（Quinn，1978）认为企业文化可以根据两个轴向分为四大类[②]，如图3-1所示。

① 张德. 组织行为学. 北京：高等教育出版社，1999：162.

② Quinn J B. Strategic Change: Logical Incrementalism. Sloan Management Review，1978，20 (1)：7-19.

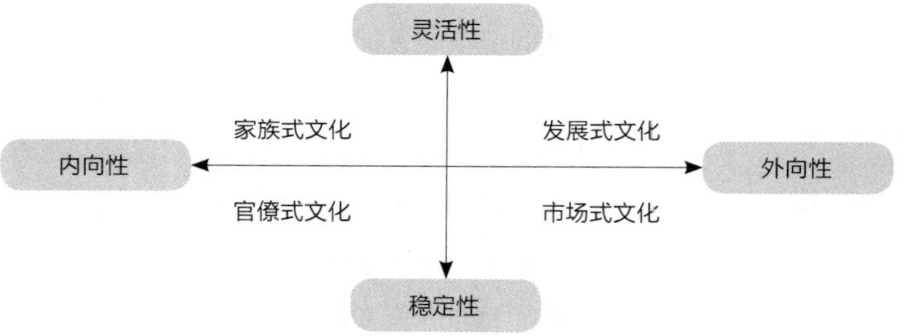

图3-1　奎因的企业文化分类

资料来源：Quinn R E. Beyond Rational Management: Mastering The Paradoxes and Competing Demands of High Performance.San Francisco：Jossey-Bass，1988.

其中，发展式文化强调创新和增长，组织结构松散，运作非正规化；市场式文化强调工作导向，重视各项生产管理目标的完成；家庭式文化强调企业内部关系，组织和成员间如同在家庭中一样，彼此间相互帮助、相互关心，看重忠诚和传统；官僚式文化强调组织内部的规章制度，按照规定办事，重视组织的结构、层次和权威，追求组织的稳定性和持久性。[③]

③ 丁敏. 人力资源战略与企业战略、企业文化的匹配初探. 经济问题探索，2006(3)：129-133.

奎因根据企业文化的类型特点，提出企业基本经营战略、企业文化和人力资源战略匹配形式（见表3–6）。

表3–6 企业基本经营战略、文化与人力资源战略的匹配

基本经营战略	企业文化	人力资源战略
低成本、低价格经营战略	官僚式企业文化	吸引战略
独创性产品经营战略	发展式企业文化	投资战略
高品质产品经营战略	家族式企业文化	参与战略

资料来源：Quinn R E. Beyond Rational Management: Mastering The Paradoxes and Competing Demands of High Performance.San Francisco: Jossey–Bass, 1988.

其中，实施低成本、低价格经营战略的企业所在市场、行业技术较为稳定，工作专业化程度较高，因而多采用集权化管理。追求员工的稳定性和可靠性，从而避免缺勤等情况的出现，减少对生产过程和成本的影响。

采用独创性产品经营战略的企业的竞争优势主要在于产品或服务或生产经营活动的创新性和独创性。技术一般较为复杂，员工工作内容灵活度较高，往往需要发挥员工的创新能力。因而，企业注重对员工独立思考和创新能力的培养，并努力营造创新的企业氛围，鼓励员工发挥其独创性。

采用高品质产品经营战略的企业，更多地将决策权下放给员工，让员工更多地参与管理，以发挥员工的积极主动性，使员工的归属感较高。管理人员在工作中为员工提供必要的咨询和帮助。

第三节 人力资源战略与战略人力资源管理的关系

一、人力资源战略与战略人力资源管理的联系

人力资源战略与战略人力资源管理两个概念的基本范畴是一致的：① 关注如何将企业战略与人力资源管理的相关方面进行联系；② 关注发挥人力资源（管理）的战略性功能，体现人力资源（管理）的战略性价值；③ 具有随着环境变化与组织发展而进行调整的开放性与动态性的特点；④ 按照“人力资源管理实践—以员工为中心的结果—以组织为中心的结果—竞争优势”的路径，直接或间接地为企业获取高收益。共同的战略前提、指向基础和动态协调，使得这两个概念的内涵和本质并没有分歧。[①]

① 彭剑锋. 战略人力资源管理——理论、实践与前沿. 北京：中国人民大学出版社，2014.

虽然人力资源战略与战略人力资源管理这两个概念的界定方式有差别，但它们之间有密切的逻辑关系。具体来说：① 前者强调“人力资源战略”这一术语中的“战略”的含义，指导人力资源管理战略的具体制定与动态调整；后者强调“人力资源管理”内容的构建，侧重人力资源管理活动的具体安排与做法。② 前者主要解决以下问题：人力资源管理的战略性命题如何提取，人力资源目标如何确定，如何进行人力资源规划；后者则主要解决决策或规划等具体内容。③ 前者主要给出制定人力资源战略的设计、思路和方法；后者更强调人力资源战略的执行，以及如何实现它们之间的逻辑联系。

二、人力资源战略与战略人力资源管理的区别

人力资源战略（HRMS）与战略人力资源管理（SHRM）的区别并不是很明显，在实践中往往混用。从字面上来看，这两个概念的落脚点一个在于战略，另一个在于管理活动，两个概念既有联系又有区别。

（一）内涵界定不同

人力资源战略是组织整体战略的一部分[①]，是企业在对当前组织内外部环境及相关影响因素进行综合分析的基础上，从组织全局利益和发展目标出发，对企业人力资源开发与管理所做出的整体性、长期性、系统性的策划。战略人力资源管理是基于战略视野的人力资源管理[②]，战略人力资源管理必须围绕企业经营战略的制定和实施，注重提升人力资源活动的内部一致性及其与组织战略的一致性，通过一系列的人力资源管理和开发活动，积极获取和维持可持续的竞争优势。

（二）内容侧重不同

战略人力资源管理关注的焦点与核心是人力资源管理实践活动与企业战略的匹配与结合，目的是由上而下地将企业战略目标及其业务战略目标落地于人力资源管理实践中，通过组织能力建设和人力资源管理的日常运作，将企业战略目标与业务战略目标与人力资源管理实践相对接。人力资源战略则为上述目标指导实践的转化过程，提供在资源分配、管理重点、时间安排等方面的战略性指导。

（三）管理层次不同

人力资源战略的落脚点是“战略”二字，是各级管理人员与人力资源职能人员一起确定和解决企业与人相关的问题的过程。通过这个过程，帮助各级管理人员确定活动的重点次序及确定人员管理的愿景。战略人力资源管理落脚于“管理”二字，尽管需要高

① 张沉珏. 人力资源战略的发展及其与战略性人力资源的关系. 上海轻工业，2009(4)：58-59.

② Devanna M，Fombrun A C，Tichy N. Human Resources Management：A Strategic Perspective.Organizational Dynamics，1981,9(3)：51-67.

层管理人员的战略性思想，然而更重要的是人力资源战略的落实过程中，人力资源部门人员对战略的执行活动。

（四）控制体系不同

战略性人力资源管理的控制以定量为主，更注重战略管理中各相关变量之间的相互作用及互相影响。战略性人力资源管理使整个人力资源管理体系主动适应组织内外部环境，同时又对这一适应过程的路径和状态进行塑造和影响。人力资源战略的控制强调以定性为主，关键是要考察人力资源发展是否符合战略思想，是否按照战略方针办事。

当然，无论是战略人力资源管理还是人力资源战略，最终目的都是充分发挥人力资源管理在企业中的战略性作用，降低人力成本，调动人员积极性，协调公司整体业务等，帮助企业在人力资源方面获得竞争优势，为企业战略目标的实现提供支持。

第四节　企业生命周期与人力资源战略

一、企业生命周期的阶段划分与阶段特征

（一）企业生命周期的阶段划分

1959年，海尔瑞（Haire）最早提出能够从生物学中的生命周期的视角来理解企业的发展历程，与生物学中的成长曲线相似，企业也会经历幼年、青年、中年、老年等成长和发展阶段，从而最终出现衰退、消失的现象。同时，海尔瑞指出企业在管理上的不足或局限性会阻碍组织的发展，甚至导致企业的衰退和消失。①

邱吉尔和路易斯（Churchill & Lewis，1983）从组织规模和管理因素两个视角出发对企业各发展阶段的特征进行了描述，并提出了“小企业成长阶段模型”，该模型将企业划分为创立阶段、生存阶段、发展阶段、起飞阶段和成熟阶段五个阶段。依据这一模型，企业的发展过程中可能先后出现“暂时或永久维持现状”、“持续增长”、“战略性转变”和“出售或破产歇业”等典型状态或特征。②

格雷纳（Greiner，1985）认为企业的发展是通过不断的演变和变革实现的，相比于外部因素，组织自身的发展历程更能决定企业的未来。基于销售收入和雇员人数两个指标，格雷纳构建了五阶段成长模型，并在模型中指出了企业的创建者或领导者的决策方式和管理机制是如何随着企业发展而变化的。格

① Haire M，Helson H E. Psychological Problems Relevant to Business and Industry. Psychological Bulletin，1959，56(3)：169–194.

② Haire M，Helson H E. Psychological Problems Relevant to Business and Industry. Psychological Bulletin. 1959，56 (3)：169–194.

雷纳认为企业的每个发展阶段都是由历史的演进和后期的变革或危机所构成的，企业是否能顺利完成变革或度过危机与企业的持续成长密切相关。[①]

爱迪思（Adizes，1989）对企业生命周期的各个阶段的本质和特征进行了分析，通过企业生命周期与人的成长与老化过程的类比，将企业的生命周期分为十个时期：孕育期、婴儿期、学步期、青春期、盛年期、稳定期、贵族期、官僚化早期（内耗期）、官僚期和死亡期（见图3-2）。[②]爱迪思认为企业在生命周期的各个阶段都具有鲜明的特色和问题，并提出相应的对策。

① 黎伟. 组织发展中的企业文化和人力资源战略配合. 经济体制改革，2003(4)：61-64.

② 伊查克·爱迪思. 追求鼎盛. 北京：华夏出版社，2004.

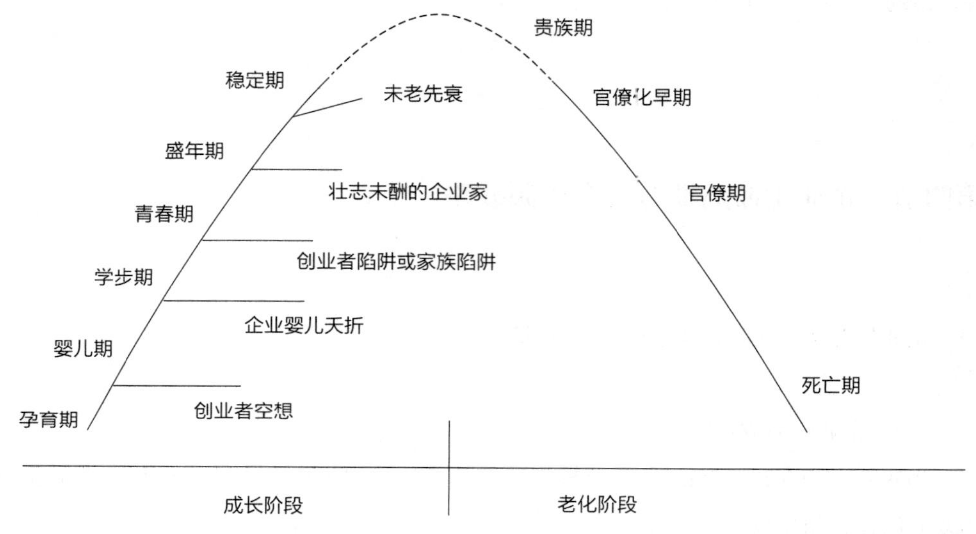

图3-2 企业生命周期变化情况

资料来源：伊查克·爱迪思. 追求鼎盛. 北京：华夏出版社，2004.

中国学者陈佳贵在1988年和1995年发表的企业的生命周期的相关研究成果，将企业生命周期划分为：孕育期、求生存期、高速发展期、成熟期、衰退期和蜕变期。[③]与过去的研究中将衰退期作为企业生命周期的终结的研究不同，陈佳贵在衰退期后还加入企业的蜕变期，认为企业通过变革、发展、外部支持等活动进行蜕变，进而能够避免衰亡。这一阶段对企业的可持续发展具有关键意义。

③ 陈佳贵. 关于企业生命周期与企业蜕变的探讨. 中国工业经济，1995(11)：5-13.

综合研究者们的观点，企业的生命周期是指企业像生物有机体一样经历的从生到死、由盛而衰的过程。目前学术界比较认可的企业生命周期包括四个阶段：创业期、成长期、成熟期和衰退期（见图3-3）。[④]企业在不同的发展阶段，均具有不同的特点，对相应的企业战略和人力资源战略也提出不同的要求。

④ 吴晓荣，王少东，贾虎. 基于生命周期视角下的企业战略人力资源管理. 企业经济，2011(4)：78-82.

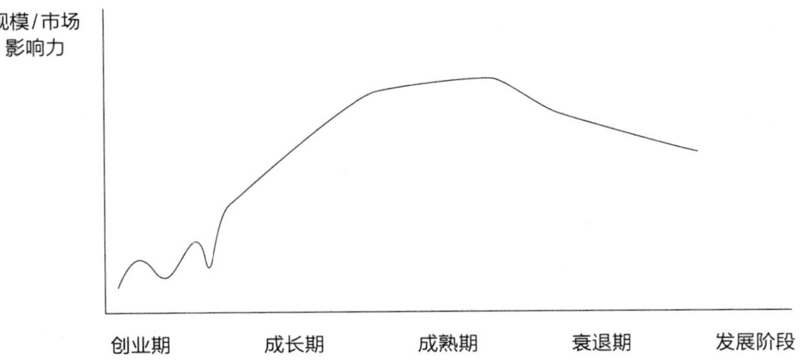

图3-3 修正后的企业生命周期曲线

资料来源：吴晓荣，王少东，贾虎. 基于生命周期视角下的企业战略人力资源管理. 企业经济，2011(4)：78-82.

（二）企业生命周期的阶段特征

1. 创业期

创业期是指企业最初的创立阶段，由于企业刚刚创立，具有的生存能力较强。在这一阶段，尽管企业还没有得到社会承认，实力较弱，但企业具有很高的灵活性和成长性；企业中的各类组织结构、规章制度和经营管理理念尚处于形成阶段，缺少企业文化，管理上主要依靠人治；创业者本人往往是企业的核心领导者和管理者，个人能力突出，企业中各类工作的开展以领导者为核心；企业的产品线较不稳定，创新性较强。

2. 成长期

如果企业在初创期能发展下来，便会很快转入成长期。这时企业规模扩大，经济实力增强，竞争能力增大，市场份额提高。企业迅速成长，核心业务实现快速增长和发展；企业组织形态走向正规化，结构相对完善，企业规章制度不断建立和健全，企业文化逐渐形成；企业创立者的个人作用逐步弱化，职业经理人进入企业并开始发挥关键作用。

3. 成熟期

组织进入成熟期之后，各类业务、流程成熟稳定，技术、资金、人才等都处于行业领先水平。企业的整体规模、销量和利润等达到企业发展的最高点；企业中的规章制度、组织结构完善并能发挥对组织的支持作用。企业的灵活性和控制性达到平衡，资金充盈，决策得到有效实施，是企业真正的黄金阶段。

4. 衰退期

在成熟期阶段的后期，企业往往出现增长钝化、效益下降、成本上升的问题，如果不能摆脱这些问题，企业则不可避免地走向衰退期。企业经营的业务缺少增长点，竞争优势和获利能力明显下降，资金紧张。企业的组织结构臃肿、人浮于事，缺乏执行力，存在互相推诿责任的情况；员工做事缺乏活力，被惯例、形式等约束。

二、人力资源战略与企业生命周期的匹配

由于各阶段企业的战略、组织、文化等存在较大的差异，因而各阶段的人力资源战略也应当根据不同阶段的特点，制定配套的人力资源战略，使不同时期的企业特征、企业战略目标重点及人力资源管理达到高度融合，以支撑企业各阶段目标的实现，并期望最终实现其管理能力的整体提升，促进企业的持续稳步发展（见表3-7）。

表3-7 不同阶段人力资源战略的特征

企业生命周期	人力资源战略特征
创业期	吸引和保留关键人才；发现和培养核心人才；建立初步的人力资源管理体系
成长期	完善组织结构、管理体系；储备人才，培养管理人员；规范人力资源管理系统
成熟期	建设学习型组织，保持人力资源竞争优势；依靠考核与薪酬体系，约束和激励员工，增强凝聚力；注重满足员工个人发展的需要
衰退期	控制人工成本，积极寻求转型，为企业延长寿命，寻找变革机会

资料来源：马璐，胡江娴．企业成长各阶段人力资源管理战略研究．科技进步与对策，2004(2): 66-68.

（一）创业期的人力资源战略

企业在创立初期关键在于为其有限的产品打开市场，因而人力资源管理的目标就是吸引和留住关键人才。在创立初期，企业尚没有构建人力资源管理体系，缺乏培训机制；企业没有知名度，对人力资源的吸引力有限。基于此，企业吸引员工的策略主要来自于薪酬激励及创业激情，因而人力资源战略需要特别注重员工薪酬的竞争力及精神激励：通过提供具有外部竞争力的薪酬，吸纳优秀人才；同时明确加强内部沟通及创业团队的情感建设，用情感留人。

在创业时期，企业对人力资源的需求表现为数量少，但质量要求很高。创业期企业内部各种制度、流程、部门等尚不存在或不成熟，各种工作和活动流程还未建立，工作难度较大，员工往往需要独当一面，甚至支撑一个部门；创业期的员工大多会成为公司未来的骨干员工或管理人员，因而企业的员工需要具有过硬的专业水平和较高的个人素质，不仅要能够胜任当前的工作，也要有一定的长远目光和领导才能。

为使企业稳步度过创业期，保证人力资源在数量和质量上的供给，人力资源战略应当以吸引和保留核心人才为重点，具体措施可以采用：制定旨在激励关键人才的措施和办法；大胆使用核心人才，发挥人才价值，加速企业发展；积极发现和培养核心人才，为企业未来的发展奠定丰厚的人才基础；结合企业当前特征，建立初步的人力资源管理体系。

（二）成长期的人力资源战略

在成长期，企业目标是不断扩大市场规模和营业额，使企业发展壮大。但此时企业内部的管理方式和流程尚不规范，管理组织不完善，管理基础薄弱，业务流程不规范，

企业的程序化、制度化水平较低，存在着管理职责不明确、工作凭经验、考核无依据等现象，管理亟待规范化。同时由于企业的快速成长，企业对人力资源数量的需求也不断增长，迫切需要扩充员工队伍。对此，公司人力资源战略需要以四个方面为工作重点[①]：

（1）完善组织结构、管理体系，建设企业文化。公司组织规模扩张，原有的创业团队的凝聚力下降，领导者的影响力有限，因而需要通过管理制度和管理模式的建设，使组织成员紧密联系起来；同时，建设共同的企业文化和价值观，凝聚人心，从精神层面加强组织成员之间的联系。

（2）发现和留住关键人才，着手储备人才。优秀的人才是企业顺利成长的关键，为解决员工素质参差不齐、优秀人才短缺的情况，此阶段的人力资源战略重点在于发挥关键人才能力、建立人才基础。因而可采用以下措施：对关键人才放权，关键人才持股计划，提供有竞争力的待遇；通过招聘、培训、内部晋升等方式，有预见性地招聘和培养人才，进行战略性人才储备。

（3）管理层的过渡。成长期的企业面临管理层新老人员的交替，一方面是创业团队中的管理人员，另一方面是企业成长过程中优秀的新兴管理者。对此企业要秉承“任人唯贤”、“能上能下”的原则，打破新老管理者的无形界限，同时，注意解决因管理层变动可能引发的公司内部混乱，通过提供多种发展通道、员工福利等方法为老员工提供保障。

（4）人力资源管理系统规范化。为确保企业快速发展对人力资源的众多要求，企业需要建立一支权责明确、能力较强、富有创新精神的人力资源管理与开发的队伍，建立规范的人力资源管理体系，促进企业人力资源管理工作的标准化进程。

（三）成熟期的人力资源战略

成熟期的企业整体实力较强，企业规范化程度较高。此时产品市场趋于饱和，企业面临的是战略方向的调整、战略方案的实施，以突破自身条件的束缚，不断进行创新变革，重新焕发活力，企业管理重点在于有效激励、控制成本、提高管理和运作效率。此时，企业的人力资源管理具有以下特点：工作标准化程度较高，员工个人作用弱化；岗位基本满员，趋于稳定，晋升机会较少，难以吸引有能力的员工。因而，构建激励约束机制是当前人力资源战略的重点，将员工个人利益与企业利益紧密结合起来，激发员工创新意识，推动组织变革，保持企业活力。

（1）薪酬激励体系与考核约束体系。依靠建立科学的薪酬体系，提供有竞争力的基本工资、短期激励和福利，有效激励经营者，维护所有者利益。通过绩效考核选拔优秀的员工，激发员工热情和创新潜能，依据考核结果采取多种激励措施，从而在公平的竞争和发展环境中提升员工表现，增强企业凝聚力。

（2）建设学习型组织，保持人力资源竞争优势。处于成熟阶段的企业，各种管理流程、制度相对成熟，员工在工作中有很多工作经验可以参考，但这也意味着企业缺乏创

① 马璐，胡江娴. 企业成长各阶段人力资源管理战略研究. 科技进步与对策，2004(2)：66-68.

新，因而通过构建学习型组织，强化在职辅导、加强部门学习和沟通、管理层轮换等，更新员工知识和技能，使企业核心能力得以保持甚至进一步提高。

（3）解决发展机会减少带来的员工激励不足的问题。成熟阶段的企业发展速度放缓，内部升迁机会减少，员工上升路径有限，因而人力资源战略需要通过为每位员工进行职业生涯规划，提供管理、技术等多渠道发展途径等方式，满足员工个人发展的需要。

（四）衰退期的人力资源战略

衰退期的企业面临的人力资源状况是：人心不稳、核心人才流失严重，一般人员严重过剩；员工士气低落，对个人职业生涯发展的期望降低；员工敬业度下降，组织的激励不足。因而人力资源战略、政策和贯彻实施的目的是大量降低劳动力成本。具体而言，包括以下策略：

（1）控制和降低人力成本：结合业务缩减程度适当裁员，降低人力成本，提高整体运作效率；除了裁员，还可以通过鼓励提前退休、出售或关闭一些运营不佳的单位，以及让员工承担一些福利费用（如医疗保险费用）等措施，以降低成本。

（2）调整人力资源政策：顺应企业当前形势，积极寻求人力资源战略转型：通过人力资源政策的调整，吸引并保留核心人才，为企业未来可能的重组、变革、重生等积累人才基础。

综合来说，处于生命周期不同阶段的企业面临着不同的特点和矛盾，根据这些特点和矛盾，积极采取相对应的人力资源管理措施，使人力资源战略与规划方案与企业发展阶段相适应，才能为企业赢得竞争优势、带来发展活力。

第五节　人力资源准备度的界定、评价与提升

一、人力资源准备度的内涵

人力资源准备度思想来源于战略准备度（strategic readiness）。卡普拉和诺顿（Kaplan & Norton，2004）指出三类对企业战略实施不可或缺的无形资产——人力资本、信息资本和组织资本，并依靠战略地图①，将三种无形资本与组织整体战略与绩效相联系。②战略准备度体系是从战略出发，通过对企业外部环境变化、竞争对手分析、组织自身地位情况分析，以组织的长远目标和利益最大化为着眼点，以组织竞争优势为主要

① 战略地图相关知识详见本书第五章内容。

② Kaplan R S, Norton D P. Measuring The Strategic Readiness of Intangible Assets. Harvard Business Review, 2004, 82(2): 52–63.

目的所构建的战略评价与管理体系。[①]战略准备度是从多方位、多角度对企业战略进行综合分析和研究的评价体系，有利于组织在更为广泛、深刻的层面上开展全方位分析、综合性研判，制定战略性决策。

人力资源准备度则是从人力资源的数量、质量角度分析企业人力资源现状与实现企业战略的人力资源需求之间的差距，是企业人力资源配置工作的评价指标。吴国锋（2014）指出，“人力资源准备度反映了一个企业的人力资源冗余度或组织柔性，描述的是企业为实现战略目标最关键的几个战略工作群组的战略能力要求和当前实际能力之间的差距”[②]，理想状况与现实情况的差距越小，表明企业当前的人力资源准备度越高。人力资源准备度反映了企业战略实施所需的组织内部人力资源技能、数量、特征和经验等的实用性和可获得性，以及人力资源在执行战略流程时的有效性[③]；强调员工知识、技能、经验等人力资本要素能够在现阶段业务扩张或未来发展过程中，通过完成企业战略实施程序，而创造有形的价值形式[④]，代表着企业人力资源满足当前战略需要的程度[⑤]，是战略实施的必要保障。

王艳辉和陈建安（2013）从人力资源数量和质量两个方面构建了人力资源量质准备度模型（见图3-4）。该模型认为人力资源量质准备度的内容涉及企业整体员工的数量水平、文化水平、技能水平以及员工关系。[⑥]黎金荣和毛盼盼（2013）从战略准备度与资源冗余理论出发，围绕人力资源准备度与企业绩效关系的内涵，构建了胜任力导向的人力资源准备度模型（见图3-5）。[⑦]该模型围绕组织战略、内外部环境、岗位能力评估、技能评价等方面构建了基于岗位胜任力的人力资源准备度模型，其目的在于将组织视野逐步从关注数量向关注能力过渡，围绕满足企业未来业务发展的高驱动素质，促进及时配置、契合配置、核心能力构建，并以此为关键竞争优势实现组织与员工的长远发展。

战略人力资源准备度是人力资源准备度发展的一个新阶段，以实现企业连续性、可持续性、可持续发展与人力资源的“松散型匹配”；如果说人力资源准备度是企业应对不确定性和复杂性的缩减机制，战略人力资源准备度则成为企业应对不确

① 王佳，郑立群. 战略准备度——公司战略评价的新视角. 科学技术与工程，2005，5(24)：1984-1988.

② 吴国锋. 企业人力资源准备度提升的思路与方法. 中外企业家，2014(16)：205.

③ Kaplan R S，Norton D P. Measuring The Strategic Readiness of Intangible Assets. Harvard Business Review，2004，82(2)：52-63.

④ 黎金荣、毛盼盼. 胜任力导向的人力资源准备度研究. 中国人力资源开发，2013(1)：17-21，27.

⑤ Lengnick-Hall C A，Lengnick-Hall M L. Strategic Human Resources Management：A Review of The Literature and A Proposed Typology. Academy of Management Review，1988，13(3)：454-470.

⑥ 王艳辉，陈建安. 以人力资源审计工具提升战略人力资源准备度. 中国人力资源开发，2013(1)：22-27.

⑦ 黎金荣，毛盼盼. 胜任力导向的人力资源准备度研究. 中国人力资源开发，2013(1)：17-21，27.

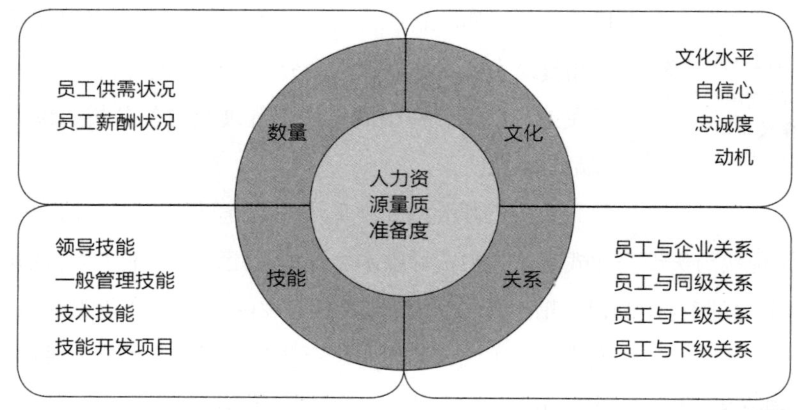

图3-4 人力资源量质准备度模型

资料来源：王艳辉，陈建安. 以人力资源审计工具提升战略人力资源准备度. 中国人力资源开发，2013(1)：22-27.

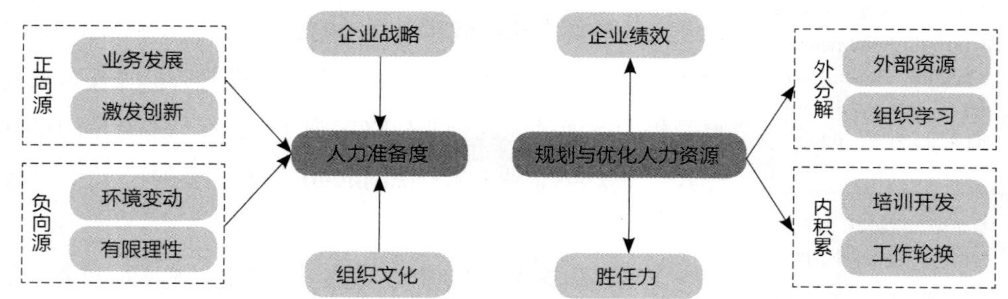

图3-5 胜任力导向的人力资源准备度模型

资料来源：黎金荣，毛盼盼. 胜任力导向的人力资源准备度研究. 中国人力资源开发，2013(1)：17-21，27.

定性和复杂性的增加机制。[①]战略人力资源准备度的目的在于保证人力资源对企业战略的支持作用，避免人力资源冗余、缺口、效率低下等问题的出现。在实践领域，企业各有对策：类似海底捞、苏宁这类店面快速发展的企业，它们采用的是“老人开新店，新人守老店”的方法；东软集团则以10% ~ 15%的人力资源冗余度，积蓄研发领域的人才。战略人力资源准备度作为一个战略人力资源管理的评价工具，既有管理功能也有战略功能：管理功能表现为提供战略实施所需的人力资源数量、质量和结构；战略功能表现为寻求更加支持组织战略的人力资源管理机制创新，以提升组织应对环境时的预期性和准备度。

① 王艳辉，陈建安. 以人力资源审计工具提升战略人力资源准备度. 中国人力资源开发，2013(1)：22-27.

二、人力资源准备度评价体系构建

人力资源通过影响企业的关键流程而影响组织绩效及组织战略的实施，是企业战略的基础部分。人力资源准备是判定员工是否拥有合适的技能来完成企业战略中的关键内部流程，以及其技能的高低的尺度，在战略实施前进行人力资源准备度的评估是必不可少的环节。根据罗伯特和戴维（Robert & David，2004）的经典方法，评估人力资源准备度主要有以下三步[①]：

① Kaplan R S, Norton D P. Measuring The Strategic Readiness of Intangible Assets. Harvard Business Review, 2004, 82(2): 52-63.

第一，确定战略性岗位。战略性岗位是公司整体工作流程的枢纽，对组织内其他工作的开展有一系列的影响，在这一岗位上，胜任力高的员工对增强组织内部的关键流程有最大的影响。

第二，构建胜任力模型。确定以上每一项战略性工作所必需的一套具体能力，以及完成企业战略目标所需的人力资源数量。

第三，评估人力资源准备度。在组织确定战略性岗位和相应的胜任力模型之后，需要对当前战略性岗位中的员工能力进行评估，通过比较胜任力要求和当前能力之间的差距，确定能力差距；同时，结合有效完成战略目标所需的有胜任能力的员工人数，对当前员工数量进行评估，确定数量差距。在综合能力和数量上，通过理想状况与现实状况的对比，确定企业的人力资源准备度。

下面以消费者银行为具体实例[②]，对人力资源准备度的评价体系的构建过程进行详细的说明。消费者银行在进行战略转型，目的是将原来的针对单个产品进行促销的传统战略，转变成为目标客户提供全面财务解决方案和一站式服务的战略。

② Kaplan R S, Norton D P. Measuring The Strategic Readiness of Intangible Assets. Harvard Business Review, 2004, 82(2): 52-63.

1. 确定战略性岗位

从企业所有的工作岗位中，发现对提高内部关键流程影响最大的战略性岗位。企业中有各层各类的岗位，如司机、销售员、生产管理者、研发设计员等，它们对组织来说都是必不可少的，然而它们所创造的价值、给企业带来的影响却是不同的，有些岗位对战略的影响远远大于其他岗位。管理者必须找到并专注于那些对成功实施战略能产生最大影响的少数关键岗位。

确定战略性岗位可以采用多种方法，如平衡计分卡、战略地图法[③]。平衡计分卡不仅可以使人力资源战略成为每个部门和相关人员的日常工作，而且使人力资源管理者有了全面统筹战略、人员、流程和执行四个关键因素的管理工具，能够帮助协调企业内部各个环节的关系，确保企业长远可持续发展。战略地图则提供了一个框架，其中学习和成长视角界定了对战略至关重要的无形资产，确定在价值创造的内部流程中必不可少的人力资本，使人力资本与价值创造相联系。

③ 平衡计分卡与战略地图的相关知识，详见本书第五章。

战略性岗位作为企业的关键岗位，往往具有工作内容复杂、岗位任职要求高、对组织的经营目标与战略目标的贡献率高等特点。[④]确定战略性岗位需要根据岗位职责、工作内容、

④ 聂罡. 企业核心人才和关键岗位的识别与匹配模型. 工程管理学报，2011(1): 115-119.

难易程度、工作权责等评估要素，识别对企业战略目标的达成影响更大的岗位。聚焦于战略性岗位进行人力资本投资，能够更好地达成企业战略目标。

在消费者银行的案例中，首先确定七个关键的组织内部流程，如“交叉销售产品”流程；之后，确定关键内部流程中的关键岗位，如“财务规划师”是“交叉销售产品”流程中最关键的岗位。确定战略性岗位的过程是由直接经理和人力资源管理者共同确定的。

2. 构建胜任力模型

对战略性岗位的工作要求、任职资格进行分析，即构建对应职位的素质模型。胜任力模型是指承担某一特定岗位角色所需要具备的员工胜任特征的总和，主要包括胜任特征名称、胜任特征描述和行为指标等级三个要素。[①]胜任特征的行为指标等级是后续对当前人员的胜任力评价工作的依据，因而需要具有操作意义，通过具体行为说明、实例说明、量化标准等方法增加可操作性。构建胜任力模型的方法包括岗位骨干员工访谈、行为事件访谈等。

① 尹德法. 基于胜任力模型的人力资源管理研究. 山东社会科学，2013 (6)：187-189.

消费者银行案例中，在确定战略性岗位之后，规划小组进一步确定战略性岗位的胜任力模型。例如，依据岗位说明、骨干员工访谈和行为事件访谈法，确定财务规划师所必需的四项技能：解决方案销售、关系管理、产品知识和专业资格证书。对组织战略地图上的各个内部流程，组织均需要按照相同的流程与方法，依此确定关键流程、战略性岗位、岗位胜任模型。

3. 评估人力资源准备度

对企业战略性岗位的现有人力资源年龄结构、知识结构、技能结构、学历结构、能力结构等状况进行调查。结合胜任力模型，对当前员工胜任能力进行评价，这一评价过程可以采用多种方法，如员工自评后与上级就评价结果进行讨论；或采用360度评价方法，综合员工的上级、同事和下属对其胜任能力的评价。然后，根据对未来业务的规模的预判，并参照经验数据，预测战略性岗位的人员数。最后，比较人员数量供需是否均衡，由此确定这一岗位的人力资源准备情况。在了解了战略性岗位的人力资源准备情况之后，还需要进一步对战略性岗位的战略价值进行权重分配，以进一步综合计算人力资源准备度。

消费者银行通过评估，认为公司需要100名能够胜任的财务规划师来达成交叉销售这一关键流程；公司当前仅有40名财务规划师符合胜任力要求，因此公司在这一关键岗位的人力资源准备度仅为40%。在采用同一方法对各类工作进行分析后，消费者银行对各个岗位准备度进行加权平均，得到人力资源的综合准备度。

人力资源准备度评价体系构建的整体流程范例如表3-8所示。

人力资源准备度是企业人力资源战略制定的影响因素之一，同时是企业战略在实践过程中的重要工具。通过构建人力资源准备体系，企业管理者可以在企业发展战略

表3-8 消费者银行的人力资源准备度评价流程

评价流程	运营管理		客户管理		创新		法规与社会
战略性流程	使问题最小化	做出快速反应	交叉销售产品	转向合适的渠道	了解客户细分市场	开发新产品	员工队伍的多元化
战略性岗位	质量经理	呼叫中心代表	注册财务规划师	电话销售人员	客户销售人员	合资企业经理	社区招聘人员
能力描述	六西格玛项目 问题管理系统	客户互动中心 问题管理系统 团队建设	解决方案销售关系管理 产品知识 专业资格证书	电话销售 产品知识 订单管理系统	市场调研 市场沟通 跨业务流程	关系管理谈判 电子商务知识	社区根基 公共关系 法律知识
所需人数	30	20	100	20	10	30	10
战略性岗位准备度	100%	90%	40%	50%	20%	70%	80%
岗位权重	20%	10%	10%	10%	20%	10%	20%
准备度总体评估	65%						

资料来源：Kaplan R S，Norton D P. Measuring The Strategic Readiness of Intangible Assets. Harvard Business Review, 2004, 82(2): 52-63.

指导下，全面核查和盘点组织现有人力资源，根据社会环境的变化形势，对组织内人力资源需求的时间、数量和质量等进行预判，找出差距并进行针对性的规划和管理，主要包括招聘规划、补充规划、晋升规划、培训开发规划、薪酬规划、调配规划等方面。

三、人力资源准备度提升策略

黎金荣和毛盼盼（2013）认为提高人力资源准备度的本质是企业的应对劳动力短缺、缩小人力资源供需时间差、提升组织应对环境变化的灵活性和准备度的问题，并提出人力资源准备度提升层次模型，从三个层次分析准备度提升的理念与操作方法（见图3-6）。根据组织理论，从组织和员工两个不同的视角出发，对人力资源准备度有两种不同认识：组织视角的人力资源准备度强调利益至上，要求组织内的人力资源或人力资本能够全面支持企业业务发展的需要；另一种视角则将组织与员工的利益相结合，强调围绕组织业务发展与员工成长开展人力资源准备度的管理与评估工作，从而提升员工胜任力，并为企业长期经营提供保障。[①]

① 黎金荣，毛盼盼. 胜任力导向的人力资源准备度研究. 中国人力资源开发，2013（1）：17-21，27.

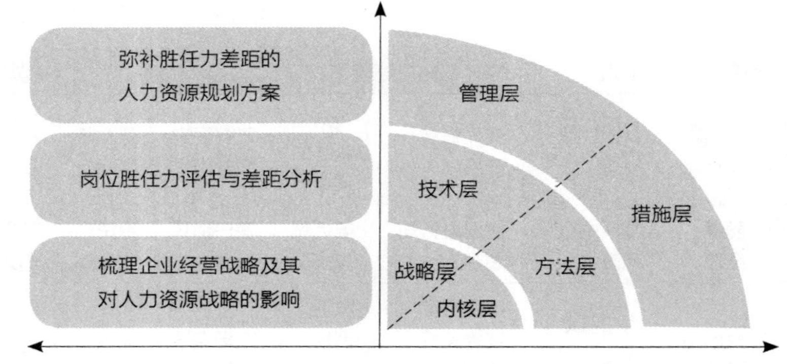

图3-6 胜任力导向的人力资源准备度提升层次模型

资料来源：黎金荣，毛盼盼. 胜任力导向的人力资源准备度研究. 中国人力资源开发，2013（1）：17-21，27.

下面介绍几种提升人力资源准备度的主要方法：

1. 人才储备法

人才储备法强调通过加大对后备人才的选拔与培养力度，强化员工胜任战略要求的能力和应对各种危机的能力，实现人力资源较高的准备度。在实践中，人才储备法在竞争激烈、对人才要求较高、知识更新快的企业和行业应用较广，不少企业甚至以一定的人员冗余率来储备人才，如东软集团、华为公司等。人才储备并不限于人力资源数量上的充足，更强调通过多种人力资源培训和开发手段发展员工，特别是对关键技术岗位、管理岗位等战略性岗位的人才开发与储备，如苏宁开展的“百名店长工程”、“中层管理梯队工程”等。人才储备法的操作与理念更容易理解与接受，因而在企业中的应用较为广泛。

2. 战略地图法

战略地图法的核心是通过分析财务、客户、内部流程、成长与学习四个层面的因果联系绘制的企业战略地图，运用人力资本，再造和创新内部流程，进而将价值带给客户，从而实现股东价值。在操作方面，首先根据企业价值主张确定战略工作群组；然后利用平衡计分卡评估人力资本准备度；接下来构建胜任能力图解，以确定人力资本提升流程，最后根据战略地图及相应的不同目标、指标和目标值，确定一系列人力资源规划行动方案，配备资源，形成预案，逐渐建立竞争优势。

3. 战略行动学习法[①]

战略行动学习法则强调在战略实施过程中的执行力和创新力。一是管理层将企业战略更好地传达给员工，利用平衡计分卡作为绩效衡量框架，逐步拓展和运用到战略执行和管理流程优化过程中。二是倡导参与式学习方式，让员工在实际操作中解决问题，思维和行动的焦点均集中于战略和核心业务，提升领导能力和管理技巧，构建参与型、学习型组织文化，推进战略执行的速度和力度。

① 王东强，田书芹，等. 社会转型期中小企业人力资源准备度评价体系与提升方法. 中国人力资源开发，2013（1）：28-31.

4. 人力资源审计工具

人力资源审计是指审计主体基于不同目的，对企业的人力资源管理系统进行的全面检查、分析、评估和鉴证等一系列活动，旨在改进人力资源管理的功能和技术，明确问题及其机理，并提供具体解决思路与方向，促进企业战略目标的顺利实现。[①]有学者提出依靠人力资源审计工具，从人力资源准备度和人力资源管理成熟度入手，进行制度、绩效和价值导向三个方面的审计，助力企业提升人力资源准备度。[②]例如，人才储备方法具有人力成本较高的特征，如何把握成本与准备度之间的平衡点，需要在进行人才储备工作前进行人力资源审计；人力资源审计发现的不只是人力资源数量和质量方面的问题，还能对组织的人力资源体系、执行效力、员工态度等进行判断，从而为人力资源准备度的综合提升提供有效参考。

① 宋培林. 基于逻辑关系视角对企业战略性人力资源审计内容结构的解析. 南开管理评论，2006（2）: 78-83.

② 王艳辉，陈建安. 以人力资源审计工具提升战略人力资源准备度. 中国人力资源开发，2013（1）: 22-27.

本章小结

（1）人力资源战略的内涵和类型。人力资源战略的定义主要存在决策论、活动论和过程论。其中，决策论把人力资源战略视为制定决策的模式；活动论把人力资源战略视为一系列有计划的人力资源部署和管理行为；过程论则强调人力资源战略是一个逐步增值和累积的过程。人力资源战略的类型则可以从战略重点、企业变革程度、员工管理理念和人力资源管理环节四个视角来划分。其中，战略重点视角的人力资源战略包括吸引战略、投资战略和参与战略；企业变革程度视角的人力资源战略包括家长式战略、发展式战略、任务式战略和转型式战略；员工管理理念视角的人力资源战略包括累积型战略、效用型战略、协助型战略；人力资源管理环节视角的人力资源战略包括获取战略、使用与培养战略、保留战略。

（2）人力资源战略与企业战略的匹配与整合。企业战略与人力资源战略之间存在相辅相成的关系，其中人力资源战略是企业战略体系的构成部分，企业战略决定人力资源战略，人力资源战略影响和支撑企业战略，人力资源战略和企业战略是相互协调的。波特竞争战略中的成本领先战略、差异化战略和聚焦战略分别匹配不同的人力资源战略。迈尔斯和斯诺组织战略中的防御型战略、探索型战略和分析型战略分别匹配累积型、效用型和协助型人力资源战略。官僚式文化、发展式文化和家族式文化分别对应与之相适应的吸引战略、投资战略和参与战略。

（3）人力资源战略与战略人力资源管理的逻辑联系和差异。人力资源战略与战略人力资源管理存在共同的战略前提、指向基础和动态协调，但是二者的内涵界定、内容侧重、管理层次和控制体系不同。

（4）生命周期各阶段的人力资源战略特征。创业期人力资源战略强调吸引和保留人才，发现和培养核心人才，建立初步的人力资源管理体系；成长期的人力资源战略强调完善组织结构、管理体系，储备人才和培养管理人员，规范人力资源管理系统；成熟期的人力资源战略强调建设学习型组织，依靠考核薪酬体系约束和激励员工，注重满足员工个人发展的需要；衰退期的人力资源战略强调控制人工成本，积极寻求转型。

（5）人力资源准备度的内涵及其在人力资源战略中的作用。人力资源准备度强调从人力资源数量、质量角度分析企业人力资源现状与实现企业战略的人力资源需求之间的差距。人力资源准备度评价体系包括确定战略性岗位、构建胜任力模型和评估人力资源准备度三个步骤。提升人力资源准备度的策略包括人才储备法、战略地图法、战略行动学习法、人力资源审计工具。

即测即评

请扫描右侧的二维码（内含若干判断题、单选题和多选题），您可在线自测并查看答案。

思考题

1. 人力资源战略的内涵是怎样的?
2. 人力资源战略与企业战略的关系如何?
3. 企业生命周期中不同阶段的人力资源战略有怎样的特征?
4. 如何评价和提升人力资源准备度?

实例经验与启发

回顾开篇的情境实例，经过理论学习和案例剖析，得到以下启发：

（1）人力资源战略为企业的发展战略提供人才支撑。人力资源战略是企业战略在人力资源管理领域的投射，为企业战略实现提供人力资源保障。

（2）人力资源战略是企业为实现战略目标而在招聘、培训、绩效、薪酬、激励、职业生涯管理等方面所做决策的总称。

（3）企业在生命周期不同阶段的人力资源战略存在较大差异。随着企业的逐步发展和壮大，企业战略在不断调整，从而需要制定与之相配套的人力资源战略，并且人力资源管理的内涵变得越来越丰富。

讨论案例

东软集团实施信息化为支撑的人力资源战略[①]

东软集团是中国最大的IT解决方案与服务供应商。东软提供的软件和服务无处不在，如中国13亿人口数据库的管理、二代身份证管理、社会保险信息化服务、医院医保卡客户端产品等都是东软提供的软件或服务。东软于1991年在东北大学成立，1996年实现上市，1999年至2012年为快速成长期。公司先后提出了数字圈地、规模化、全球化等一系列的发展战略和要求。与之相对应形成了以“规模”和“速度”为关键词的人力资源的战略核心，而“管理理念在工作场景中的落地”则是东软在人力资源工作的重点。

① 根据2014年中国人力资源管理年会“‘新常态’下的组织变革与管理创新”中东软集团人力资源总监宋清君的讲话及官网宣传资料整理。

一、人力资源工作的信息化支撑

东软集团作为一家以数据为核心业务载体、以数据分析为核心技术的科技软件企业，其人力资源管理模式天然地具备了“数据化”的典型特征。东软自身的EHR系统为其整合的人力资源管理体系提供了支撑，从招聘一直到领导力培训，基本上实现了人力资源活动的全覆盖，同时为两万多名员工提供日常的操作服务，使人力资源活动标准化、规范化、信息化。例如，利用人力资源的信息化数据，东软针对人才的招聘、培养成长等效果形成了精确评估和预测的数据模型；针对所谓“90后”等新生代员工群体的心理行为特征展开严谨的实证研究，基于实证结果来设计有高度针对性的管理机制；员工的自主学习和知识分享皆在自主开发的I-learning平台、移动端及社交网络平台上展开；不仅引入人力资源成熟度模型（People CMM）来评估改进人力资源体系，而且在定制开发应用企业自身的“人力资本管理系统”（HCMS）来适时测度人力资源对企业价值的贡献度，基于客观评估来实现持续改进；为了弥补员工在知识分享、持续学习、碎片化学习等方面的需求，东软技术部门开发了OhwYaa系统，即技术社区，汇聚了专家型的人才和粉丝，在社区内，可以管理公司所有项目的经验和面向行业的知识资产的积累，为公司的培训、工程化在岗实践以外的社会化学习提供了平台。

二、东软人力资源的两大特点

第一，体系化、逻辑化、严谨化，重视所有管理理念在整个工作场景中的落地。如很多公司都希望员工参与到企业创新和改善的活动中，东软也希望通过“合理化建议、面向管理者制度”来不断改进。但通过员工和职能部门的满意调查发现，好的创意并没有起到好的效果，主要原因在于受理周期。对此，人力资源部门通过一个定量改善项目缩短了所有员工建议受理的周期，最终实现了平均受理周期的缩短，除了对人力资源的改善建议，还包括了对整个公司管理的建议，实现了对各个部门、业务单元进行协同的效果。东软重视对人力资源流程效率的度量与反馈，确保管理理念的有效实施。

第二，不断尝试，主动管理。东软人力资源会持续关注自身部门的活动、执行、效率、效果。在规模化人才供给下，东软面临的话题是如何找到更快速的人员，同时保证能够动态预测招聘周期的达成率。对此采用水晶球仿真技术建立预测模型，在进行新业务拓展的时候更有效地来进行资源调配和准备，可以更好地协同资源。同时，基于逻辑斯蒂回归模型的应用，建立员工个人的离职概率预测模型，除了关注核心骨干的发展以外，还注重保留核心人才。通过大数据的分析，观察在哪些方面会对员工离职产生相关性，从而进行相关的预判，提前反馈给管理者以进行提前干预。东软的人力资源管理，利用员工数据，更好地服务于人力资源管理活动。

2012年，整个公司进行激烈的讨论，认为东软集团的核心竞争力来自23年各个行业的经验积累，未来的业务发展战略是聚焦、转型和专业化，这也是公司自身组织的核心战略。东软在2011年以前以四条主线——规模化人才供给、能力发展、绩效与激励、团队与文化——开展人力资源工作，随着转型战略的实施，东软集团希望能够不再划分人力资源职能模块，而是提供整合的人力资源能力。如何在企业现有的人力资源战略基础上，明确未来人力资源发展方向，进一步提升企业人力资源整体水平，做出新的突破，是东软集团当前人力资源战略面临的问题。

思考题：

1. 在东软集团的战略实施过程中，人力资源的主要战略是什么？如何与企业总体战略及业务、职能战略相匹配？

2. 东软集团在发展历程中对人力资源战略有了怎样的转变？

本章实训

企业在生命周期不同阶段的人力资源战略检核

一、实训目的

1. 辨别生命周期各阶段的企业特征。

2. 掌握企业生命周期各阶段的人力资源战略特征。

二、实训内容

1. 要求学生根据某企业发展历程划分生命周期阶段。

2. 要求学生纵向分析某企业在生命周期中各阶段的人力资源战略。

3. 就该企业目前的人力资源管理提出改进建议。

三、实训组织

1. 根据教学班级规模，对学生进行分组，每组4 ~ 5人，组员之间协商产生小组组长。

2. 每组联系一家企业的人力资源部门和高层管理者，开展访谈。

3. 结合本章所学内容，依据访谈内容，辨别企业的发展历程及各阶段的人力资源战略特征。

4. 每组推荐一人上讲台展示访谈视频和分析报告的PPT。

5. 教师对各组发言做出点评并给予小组成绩。

四、实训步骤

1. 教师说明实训内容和实训要求。

2. 每组分别联系一家企业的人力资源部门和高层管理者，协商访谈事宜，拟订访谈计划。

3. 每组在课后分别实施访谈，并将访谈过程拍摄成视频。

4. 每组对访谈企业的发展历程及各阶段的人力资源战略进行研讨，并对目前的人力资源战略提出改进建议。

5. 各组代表展示所拍摄的视频，并汇报小组讨论的成果。

6. 教师根据各小组汇报的成果，依次引导学生思考生命周期中企业各阶段面临的问题，及采取的人力资源战略能否解决这些问题和为什么能够或不能够解决这些问题。

7. 教师总结点评，并向学生介绍生命周期中各阶段企业的特征、人力资源管理的重要地位及应该采取的人力资源战略。

延伸阅读

[1] Kaplan R S, Norton D P. Measuring The Strategic Readiness of Intangible Assets. Harvard Business Review, 2004, 82(2): 52.

[2] 彭剑锋. 战略人力资源管理——理论、实践与前沿. 北京：中国人民大学出版社，2014.

[3] 侯光明. 人力资源战略与规划. 北京：科学出版社，2012.

[4] 黄卫伟. 以奋斗者为本：华为公司人力资源管理纲要. 北京：中信出版社，2014.

[5] 马克·A. 休斯理德，布赖恩·E. 贝克尔，理查德·W. 贝蒂. 员工记分卡：为执行战略而进行人力资本管理. 吴雯芳，译. 北京：商务印书馆，2005.

[6] 戴维·尤里奇，等. 变革的HR：从外到内的人力资源新模式. 陈丽芳，译. 北京：中国电力出版社，2014.

[7] 巴伦，克雷普斯. 战略人力资源：总经理的思考框架. 王垒，潘莹欣，等，译. 北京：清华大学出版社，2005.

[8] 李中斌，等. 人力资源战略管理. 北京：中国社会科学出版社，2008.

第四章 人力资源战略的制定、评价与实施

学习目标

1. 熟练运用人力资源战略制定的常用方法
2. 掌握人力资源战略制定的常用工具
3. 掌握人力资源战略的制定流程
4. 了解人力资源战略的评价和控制

关键术语

目标分解法　目标汇总法　战略地图　人力资源计分卡　数字仪表盘　战略制定模式　战略制定流程　实施步骤　保障条件评价内容　评价标准　评价流程　战略控制

本章概览

请扫描右侧的二维码图标，您可以查看本章的知识结构概览图。

情境实例

韩都衣舍：从代购走向“设计师孵化平台”①

韩都衣舍集团创立于2006年。赵迎光在创办韩都衣舍时，本来没想做品牌，只是想在淘宝上做一个韩国服装的代购网店。2011年，淘宝网上的个人网店转变为企业，注册成立山东韩都衣舍服饰有限公司。经过9年的发展，作为中国“引领韩风快时尚”的品牌，目前韩都衣舍旗下拥有27个子品牌，凭借“款式多，更新快，性价比高”的产品理念深得全国消费者的喜爱和信赖。截至2015年3月，公司有54个业务部门，员工人数超过2 600人。其中，600余人的时尚设计师团队，是韩都衣舍“产品小组制”的核心。赵迎光将韩都衣舍规划分为四个阶段：1.0时代，做品牌；2.0时代，做多品牌；3.0时代，做孵化平台；4.0时代，做生态系统。

第一次转型：缺钱、缺经验的代购

赵迎光原本在国有企业做中韩贸易，主要工作是韩语翻译。2001年到2007年，他把所有业余时间都放在开网店上。创业初期，韩都衣舍什么都缺：缺资金，启动资金不到18万元；缺经验，从赵迎光到员工没有一个做过服装；缺资源，济南没有服装产业，连一个正式的服装设计师都请不到。唯一的办法是做韩国服装代购。赵迎光到山东工艺美院等学校先后招了40名学生，一半是学服装设计的，一半是学韩语的。每人基本工资800元到1 000元。“我告诉他们，我们不是做代购的，我们是做服装品牌的。但我们现在没能力做品牌，一年后我们做品牌。这一年中间，你要学会下订单，要考虑好一年之后如何自己做品牌。”

具体的做法是：从韩国服装类网站找到3 000个品牌，然后筛出1 000个来，每个学生负责25个，每天从25个品牌里选8款商品放到淘宝上去卖，卖出去之后就到韩国网站下订单。这件事看起来简单，实则困难重重，至少需要买手学会挑选哪8款商品，还要翻译商品介绍、处理相关图片。“活儿全是他们自己干，我从一开始就是做服务的。”

为客户代购的单价非常高，一般可以加价100%售卖。韩都衣舍每天销售两三百款韩国服装，流量一下子就爆发了。事实上，韩都衣舍那一年充当的无疑是一个中间集合商的角色，业务内容也无非是筛选、优化。但是通过代购，韩都衣舍赚到了第一桶金，更重要的是，培养了一支业务熟练的团队。

---

① 根据相关资料整理而成：[1] 公司官方网站；[2] 韩都衣舍：用细胞分裂的方式复制成功. http://www.chinaz.com/biz/2015/0623/416334.shtml；[3] 赵迎光.韩都衣舍成为全球最有影响力的时尚品牌孵化平台. http://www.chinaz.com/news/2014/0924/368773.shtml；[4] 谢丹丹. 韩都衣舍：走向“设计师孵化平台”. 中外管理，2015 (4)：90–91.

第二次转型：自有品牌之路

2008年，韩都衣舍品牌创立，定位“韩风快时尚”。2009年，停止代购业务，转做自有品牌。开始做品牌现货时，当初的买手仍然是自己管理品牌、确定款式和价格、设计图片，所不同的是，相比此前的运营模式，加了一个库存管理职责。也就是说，下订单的时候，原来是从韩国厂家采购，现在成了在中国自己找工厂生产、发货、入库、出库。

变化随之而来。韩都衣舍最主要的变化是增加了商业谈判、资金和库存管理环节。于是，一个人忙不过来时，慢慢地就变成三人小组——阿米巴基因开始裂变。在韩都衣舍，有200个产品小组，每个小组由三人组成，包括一个设计师（选款师）、一个页面制作、一个订单维护。韩都衣舍的每一款单品，从设计到拍摄、到销售，都是由一个小组来完成的。因此，在目前的整个员工体系中，至少有200个员工是以老板的思维方式在运营产品。

在每个产品小组里，责、权、利完全统一，也高度自主。每个小组对于产品的款式、定价、生产量全由自己决定，但同时小组的KPI与销售额、毛利率、库存周转率相关。也就是说，小组业绩越好，组员的收入越高。因此，小组的组长必须以老板的思维方式去看数据，从而制定产品策略，并关注毛利率和库存指标。同时，小组还有非常大的财权，其资金额度完全可以自由支配。赵迎光表示，资金额度与销售额直接挂钩，本月的资金额度是上个月的70%。比如，一个小组上个月卖了100万元，下个月就会有70万元的资金额度，可用于下新的订单或用于产品推广。此外，小组还可以自由对接内部的摄影、生产等部门，而这些支持部门若能得到更多小组的“任务”，其也能获得更高的收入。当然，各小组也会被动态地考核，排名靠前的可获得奖励，而排在末位的小组，会被解散重组。

内部资源争夺战不可避免地爆发。阿米巴之间的共识也由此产生：公司需要设置服务、协调部门。“我所有的部门都是倒逼产生的，企划部就类似于发改委的角色，它会做一个全盘的协调，每年定一个大框架，然后再跟各个小组去沟通，但是最后决定权在小组，不在企划部。”赵迎光说。围绕小组制，韩都衣舍的整个管理架构分为三层：一是与品牌相关的企划、视觉、市场部门；二是IT、供应链、物流、客服等互联网支持部门；三是人力、行政、财务等行政支持部门。整个公司的核心是产品小组，而市场、企划、设计、客服、行政、财务等部门全是小组的支持部门。

2011年，韩都衣舍成功引进了国际知名风险投资机构IDG的投资，入驻京东、唯品会、当当网、麦考林等各大电子商务平台，确立了品牌的行业领先地位。2012年，推出子品牌，确立多品牌发展战略，年销售额从130万元飙升到3亿元。

第三次转型：互联网+品牌孵化平台

随着“互联网+”大潮到来，赵迎光提出自己的韩都衣舍+战略，韩都衣舍+子品牌、韩都衣舍+柔性供应链已基本完成，下一步的重点是韩都衣舍+代运营。2014年9月20日，韩都衣舍集团董事长兼CEO赵迎光重新明确了企业的愿景：“成为全球最有影响力的时尚品牌孵化平台”；使命：“成就有梦想的团队”，让越来越多的自有品牌在“韩都云时尚平台”上诞生。截至2014年9月，韩都衣舍旗下已经有17个自有品牌。韩都衣舍接下来的目标是通过自我孵化、合资并购以及时尚云平台的搭建等多种方式，战略布局各个细分定位的时尚品牌，将其打磨好的“以产品小组为核心的单品全程运营体系”复制到各个品牌，并在供应链系统、IT系统、仓储系统、客服系统四大方面提供支持，形成一个覆盖韩风系品牌群、欧美系品牌群、东方系品牌群的互联网时尚品牌集群，到2020年，至少孵化50个时尚品牌，实现100亿元以上的交易额。韩都衣舍的目标是成为一个中间层平台，成为一家同天猫、京东、唯品会等电商平台深度嵌入合作的互联网公司。

赵迎光提出一个概念“Handu inside”，即打造“韩都时尚云”，就是希望通过自主运营几十个自有品牌而整合好的供应链系统、IT系统、仓储系统和客服系统，向有志于做互联网时尚品牌创业的设计师或者设计师团队开放，让他们可以在这个基于行业的基础平台上，专心去做产品设计和品牌营销，成长为一个有特色鲜明的细分定位的时尚品牌。

在整个过程中，创业者只需要做两件事：款式的设计和对服装的定价。在生产环节，创业者直接登录系统，输入服装生产数量，生产工作由韩都线下合作工厂完成。样品出来之后，韩都衣舍会根据创业者的要求，拍摄专业的展销照片。到了销售环节，创业者可以自主选择天猫、当当、京东、韩都等销售平台，输入营销预算比例后，韩都的“产品小组为核心的单品全程运营体系”就会帮助创业者进行运营。创业者成为“甩手掌柜”，可随时查看每个店铺的运营情况。只要点击结算按钮，就会对相应的营销费用进行结算。韩都从各个环节中都会收取一定的服务费。同时，由于掌握了创业者们各种销售的大数据，韩都还能据此对优秀品牌进行投资。

韩都衣舍针对“设计师孵化平台”，完善了“产品小组为核心的单品全程运营体系”的内部管理体制。一方面，采取“过度竞争”，激励小组做好创业者的代理营运。比如说一个品牌，可能其市场容量只能容纳30个小组，但是韩都衣舍会发展到至少50个小组，因此必然会出现过度竞争的状态。这样的话，一些自主运营能力比较强的小组，在激烈的竞争压力下，会对营运做出创新性改造或者产生做一个新的细分品牌的强烈愿望。另一方面，员工的报酬在保健薪酬的基础上，和绩效高度相关。保证员工的薪资待遇不会因为做新品牌而下降，至少保持以前的水平。同时给小组成员品牌创始人的身份，并有机会获得负责品牌的一定比例分红的权利。对于KPI考核指标，根据具体情况降低标准，新团队比较容易超额完成目标，获得奖励。

韩都衣舍的成功是在适当的时机，能顺应时代潮流转型，部分归功于随着转型战略而调整的人力资源战略。那么，人力资源战略该如何制定？又该如何实施？虽然人力资源战略的制定是基于企业战略，与发展战略、经营战略、财务战略相似，但是人力资源战略的制定具有特定的内涵、方法与特征。本章主要阐述人力资源战略制定的工具、流程、评价和实施控制。

第一节　人力资源战略制定的常用工具

在人力资源战略的制定过程中，组织的领导者和管理者通常要运用一些工具将组织的整体战略目标一步一步分解为具体的人力资源管理政策和实践，然后通过直观的方式了解和判断组织的人力资源管理政策和实践在围绕组织战略目标的实现过程中所取得的进展。

一、人力资源战略目标的制定方法

根据出发点不同，人力资源战略的制定方法主要有目标分解法和目标汇总法。

（一）目标分解法

目标分解法是根据组织发展战略对人力资源开发与管理的要求，提出人力资源战略的总目标，然后将此目标层层分解到部门与个人，形成各部门与个人的目标与任务。这种方法的优点是：战略的系统性强，对重大事件与目标的把握比较准确、全面，对未来的预测性比较好。其缺点主要是：战略与实际相脱节，容易忽略员工的期望，而且过程烦琐，不易被一般管理人员所掌握。

（二）目标汇总法

目标汇总法是目标分解法的逆向过程。首先，部门与每个员工讨论、制定个人目标。在目标制定时充分考虑员工的期望与组织对员工的素质、技能、绩效要求，提出工作改进方案和方法，规定目标实施的方案与步骤。然后，由此形成部门的目标。最后，由部门目标形成组织的人力资源战略目标。部门与个人目标的确定往往采用经验估计、趋势估计的方法。这种方法的优点是：目标与行动方案非常具体，可操作性强，并充分考虑员工的个人期望。其缺点是：全局性较差，对重大事件与目标及未来的预见能力较弱。[①]

目标分解法与目标汇总法的比较，如表4-1所示。

① 付维宁. 人力资源管理. 北京：电子工业出版社，2014：87-88.

表4-1 两种人力资源战略制定方法的比较

项目	目标分解法	目标汇总法
目的	构建战略框架	设计行动规划
方法	由公司层分解目标并流向部门层	由部门层向上提交并经公司审议
时间	长期	短期
涉及范围	从全局到局部	从局部到全局
环境分析	为企业战略而进行的环境评价的一部分或者是独立工作	鉴别战略趋势与问题框架中的问题
含义分析	由高层管理人员和人力资源管理人员对计划的人力资源含义做出评价	由管理人员和人力资源职能人员对计划的人力资源含义做出评价
完整的规划	企业计划过程的一部分，或者阐明与人有关的问题的单独人力资源规划	对特殊问题或者有关主题的分析、预测和规划
评价与控制	跟踪、检查、监督和反馈	监测与报告解决问题的进展
评估者	人力资源管理部门	直线职能部门
信息要求	全面的信息	局部的信息
操作性	较差	较强

资料来源：李燕萍，李锡元. 人力资源管理.2版. 武汉：武汉大学出版社，2012: 103-104.

二、人力资源战略的描述工具

（一）战略地图

战略地图是由平衡计分卡的创始人罗伯特·卡普兰（Robert S. Kaplan）和大卫·诺顿（David P. Norton）提出的。两位大师在对实行平衡计分卡的企业进行长期的指导和研究的过程中，发现“平衡计分卡”只建立了一个战略框架，而缺乏对战略进行具体而系统、全面的描述，这导致管理者之间及管理者与员工之间无法沟通，对战略无法达成共识。罗伯特·卡普兰和大卫·诺顿在《战略地图——化无形资产为有形成果》中，提出了“战略地图”以弥补这一缺陷。与平衡计分卡相比，战略地图增加两个层次的内容：一是颗粒层，每一个层面下都可以分解为很多要素；二是增加动态的层面，也就是说战略地图是动态的，可以结合战略规划过程来绘制。它的有效性取决于指标的数量、分布比例以及性质比例，与价值链有着一定的可比性。[②]

② Kaplan R S，Norton D P. Strategy Maps.Boston: Harvard Business School Publishing，2004:23-30.

战略地图是以平衡计分卡的四个层面目标（财务层面、客户层面、内部层面、学习与成长层面）为核心，通过分析这四个层面目标的相互关系而绘制的企业战略因果关系图，形象地展示为确保公司战略得以成功实现而必须完成的各种关键活动及其相互之间的驱动关系（见图4-1）。这幅“蓝图”有助于组织中的各个部门以及全体员工理解组织的战略实现过程，同时了解自己的绩效是如何为公司总体战略目标的达成做出贡献的，从而清楚地知道自己应当怎样做才能有助于公司战略的实现。

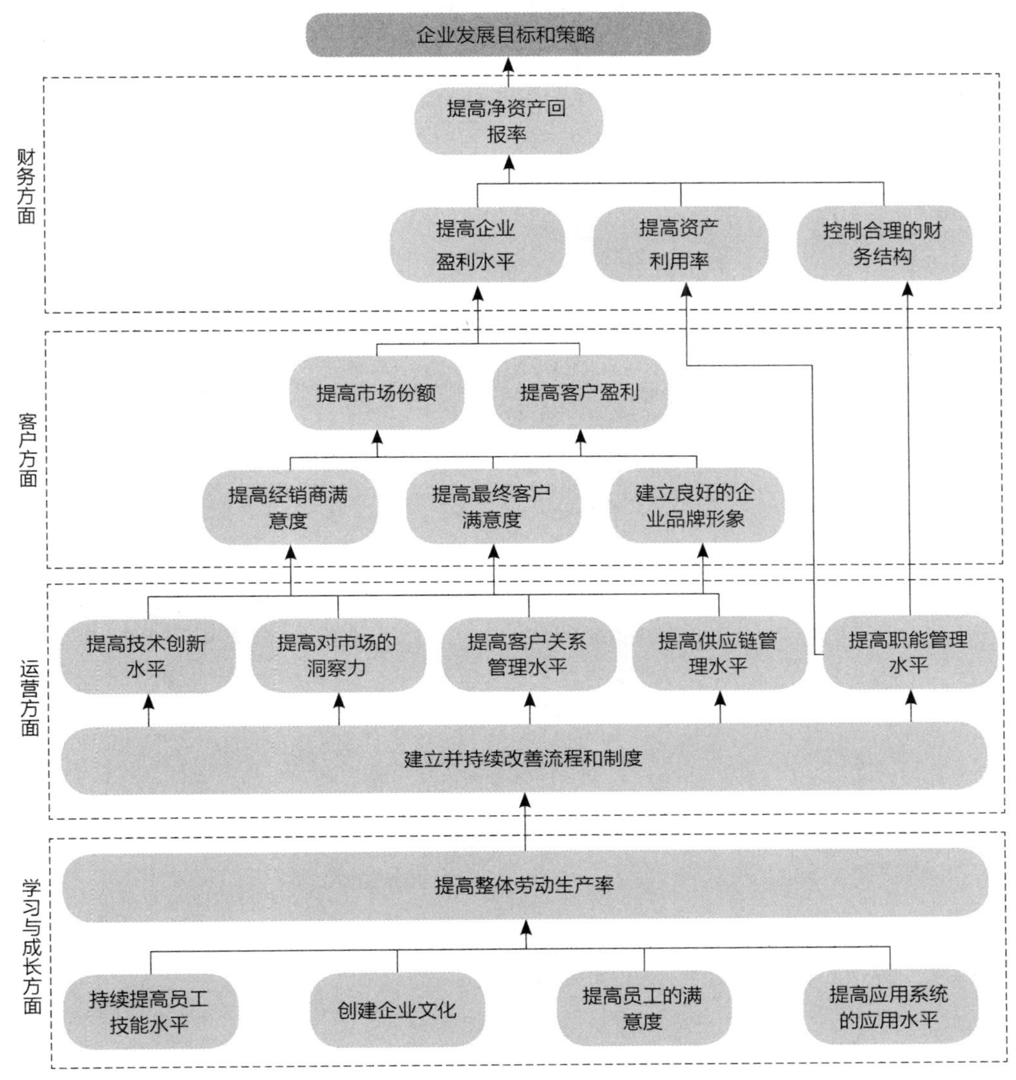

图4-1 战略地图示例

资料来源：Kaplan R S，Norton D P. Measuring The Strategic Readiness of Intangible Assets. Harvard Business Review，2004，82(2)：52-63.

企业持续发展是战略方向与组织能力的乘数。无论是战略还是组织能力，都与人或人力资源管理实践密不可分。人力资源部门应通过对人力资源战略地图各模块的深耕细作，将人力资源管理与开发的价值直接反映在企业的发展战略和战略目标中，最终为实现企业的发展战略提供支持。

图4-2是美国西南航空公司的一张战略地图。对于一家采取成本领先战略的航空公司来说，这张战略地图列出了该公司为取得成功而需要在各个层面上完成的主要活动。最顶层的主要活动是达成全公司范围内的战略性财务目标。下面的部分是有助于西南航空公司达成上述财务目标的一系列活动链。例如，为了增加收益和提高盈利水平，公司需要用更少的飞机来完成飞行（以降低成本），保持低价格，同时确保航班准点。接下来，航班准点和低票价要求飞机实现快速转场。而飞机快速转场又需要对工作充满激情的地勤人员和机组人员。这张战略地图帮助每一个部门（包括人力资源部）清楚地看到，为了实现西南航空公司的成本领先战略，自己应该做什么。

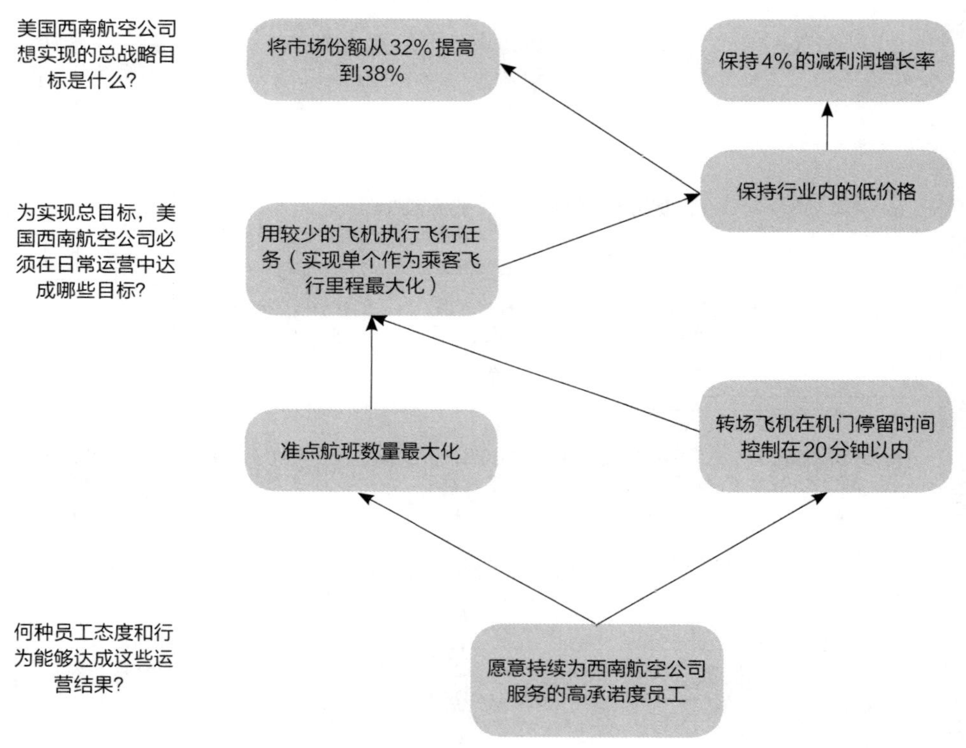

图4-2 美国西南航空公司的战略地图

资料来源：刘昕. 人力资源管理. 北京：中国人民大学出版社，2012：47-48.

（二）人力资源计分卡

1992年，美国学者罗伯特·卡普兰、大卫·诺顿设计出“平衡计分卡”。这是一套能使高层经理快速而全面地考察企业的测评指标，它摆脱了以往单纯关注财务指标的限制，主张从多维度、多视角把握企业的价值创造机制。这种新的绩效测评理念一经推出，就得到了业界广泛的认同和推崇。随后，布莱恩·贝克、马克·休斯理德、迪夫·乌里奇（Brian Becker, Mark Huselid, David Ulrich）根据对3 000家公司的研究，把平衡计分测评卡的管理理念和人力资源管理工作的实际特点结合在一起，提出人力资源计分卡。[①]人力资源管理计分卡（HR Scorecard）并不是用来积分的卡片，实际上是针对为实现组织战略目标所需完成的一系列人力资源活动链而设计的各种财务类和非财务类目标或衡量指标。[②]它既是一种管理工具，也是一种测量工具。具体说来，人力资源计分卡着眼于人力资源部门的客户、员工和管理人员，以平衡计分卡的整体绩效管理理念为基础，从客户维度、内部运营维度、创新和学习维度、财务维度对人力资源管理工作进行测量[③]（见图4-3）。

① Becker B E, Huselid M A, Ulrich D. The HR Scorecard. McGraw-Hill Professional, 2001.

② 布莱恩·贝克，马克·休斯理德，迪夫·乌里奇. 人力资源计分卡. 郑晓明，译. 北京：机械工业出版社，2003：3-5.

③ Becker B E, Huselid M A, Ulrich D. The HR Scorecard. McGraw-Hill Professional, 2001.

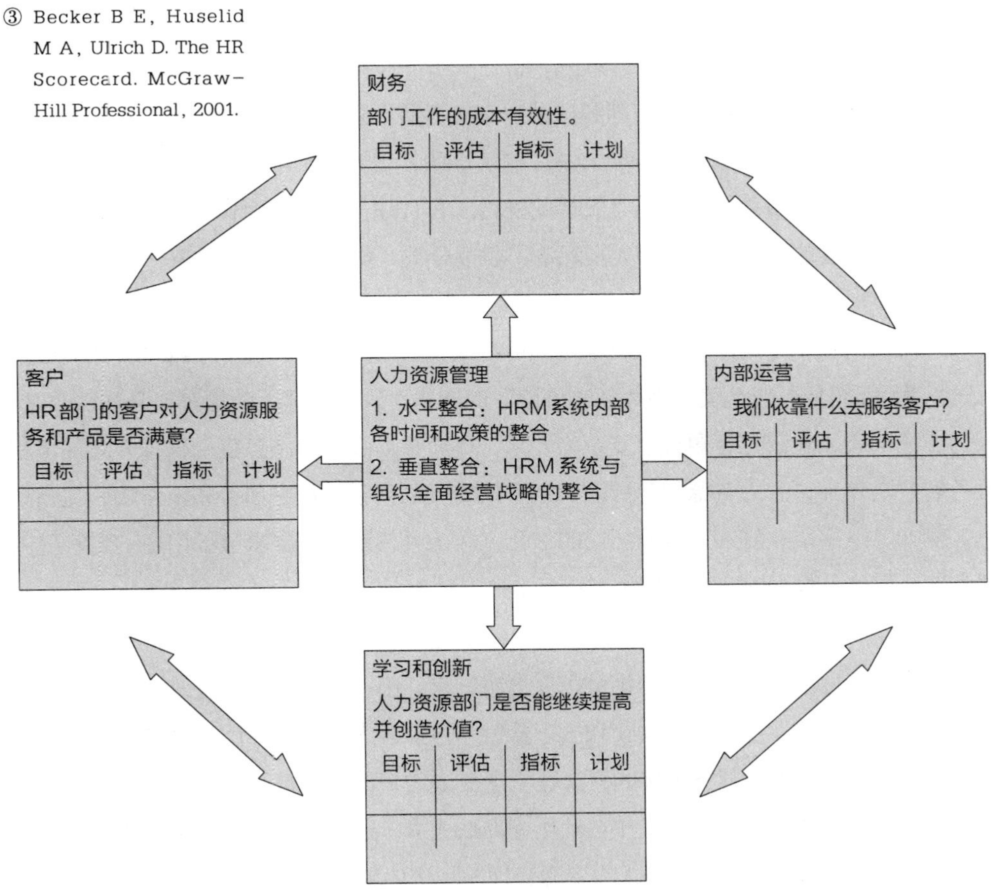

图4-3 人力资源计分卡原理示意图

资料来源：Becker B E, Huselid M A, Ulrich D. The HR Scorecard. McGraw-Hill Professional, 2001.

1. 客户维度

这一维度回答的是“客户对人力资源服务和产品是否满意”的问题。这里所说的客户含义比较宽泛，既可能指企业内部的其他部门，也可能指人力资源产品和服务的外部购买者，而前者的比重通常更大一些。事实上，在人力资源管理工作中强调客户导向是十分关键的，因为它是专门与人打交道的工作，客户感受理应成为全体工作人员的关注焦点。一般来说，客户关注的不外乎时间、质量、性能和服务，与之对应的人力资源管理具体指标就应该包括时效性、产品/服务质量、服务/合作关系、客户满意度指数、客户排名顺序等。举例来说，时效性是指产品/服务的提供速度，服务/合作关系回答的是“客户对人力资源部门的反应能力、团队工作、合作、沟通和资源丰富性是否满意”的问题。

2. 内部运营维度

内部运营维度着眼于人力资源部门的核心竞争力，回答的是“我们依靠什么去服务客户”的问题，即：人力资源部门是否拥有一支多元化、业务娴熟的工作队伍？是否能够合格履行人力资源管理的基本职能？在这个维度上，通常考察的指标有工作环境质量、工作队伍质量、领导能力和实际工作状况等。工作环境质量可以通过人力资源部门员工对自身发展机会、与管理层沟通情况、福利水平和工作安全性的满意程度加以测量。工作队伍质量是指部门在招聘和保留一支有素质、多元化、专业化、勇于创新的工作人员队伍方面做得如何。领导能力关注的是部门管理层是否培育出了有助于促进组织合作、团队建设、资源共享和员工发展的部门工作环境。而实际工作状况则考察人力资源部门基本职能的履行情况，如人员配备、职位分类、薪酬和绩效管理等。

3. 学习和创新维度

在激烈的竞争环境中，企业或部门的可持续发展潜力十分关键，本维度关注的就是“人力资源部门是否能继续提高并创造价值”的问题。只有持续不断地对自身加以改进，人力资源部门才能满足客户日益复杂的要求，巩固并提高客户满意度。根据外部环境和服务客户的差异，人力资源部门可以确定不同的产品创新、程序创新和工作效率提高指标。例如，一家企业对人力资源部门的信息化做出具体要求，要求该部门在一定时限内建立起人事信息数据库，并实现相当程度上的自动化。

4. 财务维度

对人力资源部门来说，财务维度主要考察的是“部门工作的成本有效性”问题。传统的财务指标通常涉及盈利、增长和股东价值等方面，人力资源部门在这些方面自然是空白的；平衡计分卡中财务指标的意义在于考察人力资源部门是否已经或正在通过流程改进、组织再造和劳动力密集工作自动化等降低成本，这一着眼点无疑是崭新和富有意义的，因此也能有效检查并增进人力资源管理的经济效率。

这里需要指出的是，与平衡计分卡以企业战略为中心相类似，人力资源计分卡也要以人力资源部门的具体战略和工作目标为中心。人力资源部门需要在明确自身战略的基础上把部门工作目标层层分解为各维度的具体指标，并要确保战略实施的一贯性。

当然，由于本身发展的不成熟和企业现有管理支持的局限，人力资源计分卡在使用过程中还面临若干瓶颈。一方面，它必须以完善的信息系统为基础，如果无法实现，就会出现业绩信息不及时、管理时效性差、上下级指标无法对接等问题；另一方面，设计人力资源计分卡、确认绩效驱动因素、在财务指标和非财务指标之间建立联系等都需要耗费大量时间，并增加员工的工作量，如果沟通不力，就会给企业带来沉重压力，甚至会把企业变革扼杀在摇篮中。[①]

① Huselid M A，Becker B E. An Interview with Mike Losey，Tony Rucci，and Dave Ulrich：Three Experts Respond to HRMJ's Special Issue on HR Strategy in Five Leading Firms. Human Resource Management，1999，38(4)：353-365.

（三）数字仪表盘

战略地图指明组织战略实现的路径和总体脉络，人力资源计分卡明确衡量实现组织战略所必须完成的各项管理活动需要达成的具体指标和目标。仅这两点还不足以监控组织战略目标的实现全过程，企业的管理者尤其是高层管理者还需要随时掌握组织的各项战略任务完成情况以及重要工作的进度。一种非常直观的管理工具——数字仪表盘（digital dashboard）就能够发挥重要作用。

数字仪表盘是近年产生的概念，还没有一个权威统一的定义。它是一种工具或者说技术，类似于驾驶员使用的仪表盘，提供企业运行过程中的关键数据，帮助管理人员进行决策和分析。能够消化大量的信息，并将这些信息直接转换为相应格式，这样就很容易鉴别并回复那些重要的、有时间限制的事件，同时，还能在不丢失大量数据资料或报告的前提下考察探究相关问题和趋势。简单地说，其运行机制就是从企业的业务系统中提取数据，并将数据进行整理和挖掘传递到数字仪表盘模型处理核心，最后再由各种直观、明确的形式提供给各级决策者（见图4-4）。

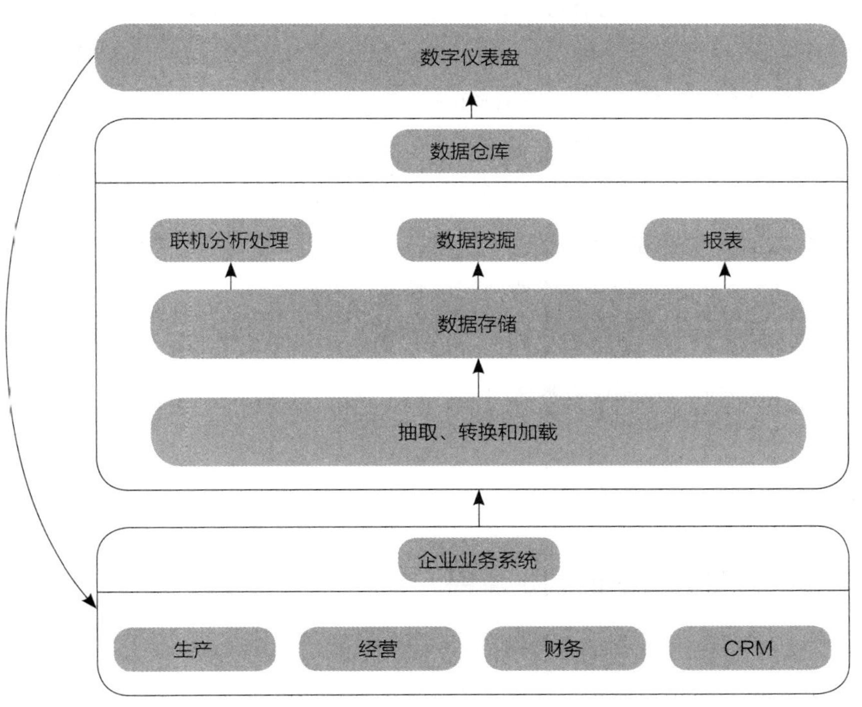

图4-4 数字仪表盘运行机制

资料来源：Surhone L M，Tennoe M T，Henssonow S F，et al. Web Services Distributed Management. Betascript Publishing，2010，17(4)：43-55.

思科公司（全球领先的网络解决方案供应商）首席信息官吉安卡洛·H.查尔斯表示，每位思科的业务员都拥有一个专属于自己的网页——数字仪表盘，该网页就像汽车的仪表盘一样，可以提供所有相关业务的信息。其中包括业务员的当周业绩、竞争对手新产品信息、现有客户的关系管理和出货状况。业务主管则能通过数字仪表盘系统，随时掌握整个团队的业绩表现。一旦业绩落后，系统会主动告知该业务主管。思科在全球的账目和营运表现，一天之内就可以完全计算出来。公司不但可以借此快速掌握每周营运成绩，而且能够通过整合一线业务员的反馈，更快速地把握市场的真实需求。

在微软公司，数字仪表盘是“随时随地”访问个人、团队、公司和外部信息的定制解决方案，可直接向用户的桌面交付个人的、小组的以及公司的信息。[①]数字仪表盘可以像在Microsoft Outlook邮件和协作客户端（显示每日的日历和收藏的链接）内运行的单一Web页那样简单，也可以像功能完善的知识管理解决方案（连接企业和外部来源的信息）那样复杂。

实际上，数字仪表盘是能够在计算机桌面上显示的各类图表，以桌面图形、表格以及计算机图片的形式，向领导者和管理者形象地展示公司战略地图上出现的各项活动——目前在公司中进展到了哪个地步以及正在朝哪个方向前进，即在人力资源计分卡中确定的各项指标上，公司目前进展到了什么程度。因此，数字仪表盘有助于组织判断当前的工作活动方向是否正确以及总体进度进展到了什么程度，有助于组织判断当前的工作活动方向是否正确以及总体进度是否合理。[②]这种数据展示为企业领导者和管理者提供了一个及时采取修正措施的机会。

目前，国外很多软件公司开发了将战略地图、人力资源计分卡以及数字仪表盘进行计算机化处理的应用软件。企业利用这些软件容易绘制本公司的战略地图，设计自己的人力资源计分卡，同时将相关的数据和任务完成情况以数字仪表盘的形式展现在领导者和管理者的计算机桌面上，甚至允许用户通过智能手机或者其他类似的移动设备来使用。

① Yigitbasioglu O M, Velcu O. A Review of Dashboards in Performance Management: Implications for Design and Research. International Journal of Accounting Information Systems, 2012, 13(1): 41–59.

② Lempinen H. Constructing A Design Framework for Performance Dashboards. Nordic Contributions in IS Research Springer Berlin Heidelberg, 2012:109–130.

第二节 人力资源战略的制定流程

一、人力资源战略的制定模式

关于人力资源战略的制定流程，存在三种模式：

（一）由内而外的制定模式

以博克萨尔和斯蒂妮苇德（Boxall & Steeneveld，1999）为代表的学者认为，人力资源战略是由内而外的制定模式（见图4-5）。[①]首先，评价企业人力资源的现状，然后确认企业人力资源的绩效，以及如何将这些人力资源的绩效转换成实际的企业绩效。不同的企业在由内而外制定人力资源战略时，所关注的最终外部目标的层次是有区别的。一是关注企业问题，即在制定人力资源战略时，企业所关注的是人力资源职能、企业中的人和企业宏观绩效之间的联系，最终目标是企业绩效。二是关注人力资源问题，即将人力资源活动与人力资源问题和人力资源绩效相匹配，但是并没有关注企业宏观问题和绩效。三是关注人力资源管理职能问题，即通过分析当前的人力资源管理职能状况而得出应该达到的人力资源绩效，而不是从理解那些重要的人力资源绩效能够获得更好的企业绩效的角度来分析应该获得什么样的人力资源绩效。

① Boxall P，Steeneveld M. Human Resource Strategy and Competitive Advantage: A Longitudinal Study of Engineering Consultancies. Journal of Management Studies, 1999, 36 (4): 443-463.

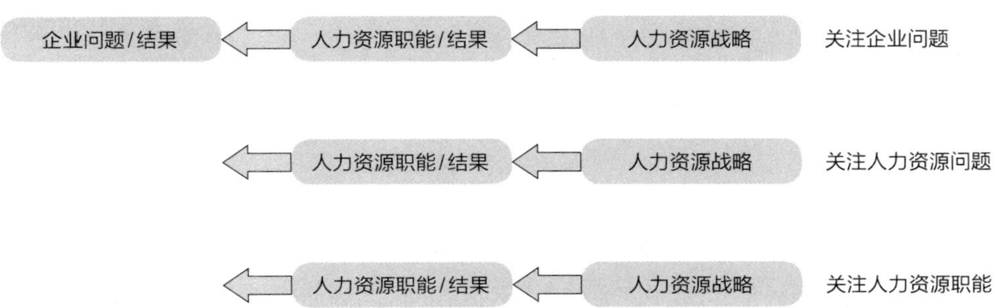

图4-5 由内而外的制定模式

资料来源：Wright P M，Snell S A，Jacobsen P H H. Current Approaches to HR Strategies：Inside-out Versus Outside-in. Human Resource Planning，2004，27(4)：36.

中国国有企业和传统行业的中小企业采用这种模式较多，完全从企业内部职能角度关注人力资源职能，如招聘、培训、考核、奖励等，将难以实现人力资源战略的优化和升级，企业效益难以得到有效提升。

（二）由外而内的制定模式

以戴尔（Dyer，1984）为代表的学者认为，人力资源战略的制定是由外而内的制定模式（见图4-6）。随着经济全球化、商业数据化、管理信息化的发展，企业所处的环境正在日益变化，商业模式和管理模式不断更迭。为了适应变化的社会环境，企业不断调整赢利模式和商业模式，因此企业战略也随着发生改变。人力资源战略作为企业战略的核心部分，也必须做出调整，以确保企业在竞争中享有独特的人力资源优势。休斯里德（Huselid，1995）将这种模式定义为“企业战略驱动”的人力资源管理模式，这种模式下建立的人力资源战略主要关注企业的宏观战略问题。[①]依照由外而内模式制定的人力资源战略在对企业所处环境和面临问题的深入了解基础上，将人力资源更好地组织起来满足企业需求，从而对企业的战略和运营起到重要的支持作用。

由外而内制定模式的步骤大致是：首先，识别并确认企业的主要需求和问题，根据这些需求和问题进一步考虑如何将人力资源组织起来，达到什么样的人力资源结果；然后，建立满足这些需求的人力资源系统。由此可见，这种方法建立的人力资源目标、政策、实践和行动既相互协调，又能与企业战略相匹配，因而能够带来更高的企业绩效。[②]

① Huselid M A. The Impact of Human Resource Management Practices on Turnover, Productivity and Corporate Financial Performance. Academy of Management Journal, 1995, 38(3): 635-672.

② 范秀成，英格玛·比约克曼. 外商投资企业人力资源管理与绩效关系研究. 管理科学学报，2003，6(2)：54-60.

图4-6 由外而内的制定模式

资料来源：Huselid M A. The Impact of Human Resource Management Practices on Turnover，Productivity and Corporate Financial Performance.Academy of Management Journal，1995，38(3)：635-672.

（三）交互过程的制定模式

以巴、陈和戴维（Bae，Chen & David，2003）等为代表的学者认为，人力资源战略的制定是企业内外部环境的交互过程，不是单向的由内而外或者由外而内。自上而下的规划可以提供战略框架，自下而上的规划则能提供具体行动方案。企业的运营本来就是一个复杂的过程，环境影响企业的商业模式、管理模式。同时，在新的环境中企业创造性的战略也影响行业中的其他企业。从社会关系视角来看，企业间的相互联系构成社会网络，形成新的社会环境。人力资源战略就是企业和环境交互的一个过程。具体来说，环境在不断变化，企业的战略也随之发生变化，并且影响环境，这是一个循环往复的过程。[③]

③ Catherine G L. The Threedimensional People Strategy: Putting Human Resources Policies Into action. Academy of Management Executive, 2003, 17 (3): 74-86.

二、人力资源战略制定的常规流程

人力资源战略的制定是一项系统的工程[④]。进入互联网时代，人力资源战略是企业外部环境和组织内部环境的交互作用而产生的。环境变化导致战略变化，如战略范围、资源使用、

④ 王养成，张俊杰. 企业不同发展阶段的人力资源战略与策略. 中国人力资源开发，2004(5)：15-19.

竞争优势和协同作用的变化，组织结构的变化，战略执行过程中的变化等。[①]企业战略变化又形成新的环境。认识不到环境变化的企业，往往盯着企业内部的合理化，对环境变化漠然置之，以致陷入环境变化引起的危机之中。在制定人力资源战略时，需要通过确定企业的外部环境、内部环境来决定人力资源战略方向，且整个过程是循环往复的（见图4-7）。然后，勾勒各种可能的战略选择，并比较和评价这些战略在实现组织目标方面的能力，不断调适战略以适应企业所处环境的变化[②]。

① Hofer C W, Schendel D. Strategy Formulation: Analytical Concept. St. Paul, MN: West, 1978.

② Snell S A, Shadur M A, Wright P M, et al. Human Resources Strategy: The Era of Our Ways. Blackwell Handbook of Strategic Management Blackwell Publishing, 2001.

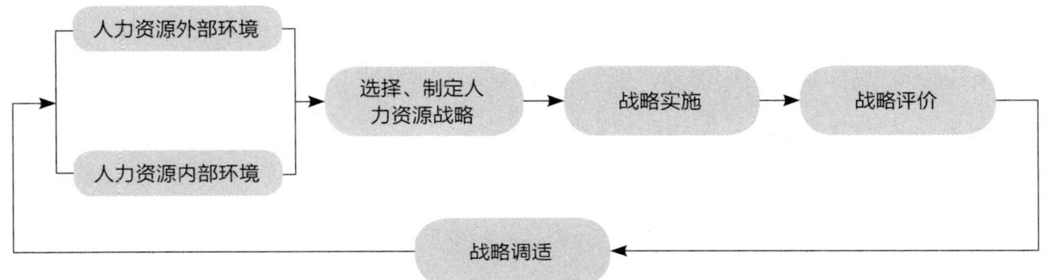

图4-7 人力资源战略制定的常规流程

（一）人力资源内外部环境评价

构建人力资源战略体系的第一步，是对企业内外部环境做出评价。内外部环境分析能够为有效制定和选择人力资源管理战略提供重要的信息和事实依据。

1. 分析外部环境

了解企业所处的外部宏观环境与行业环境，目的在于使企业能够快速适应外部环境的变化。外部环境分析的要素主要是：一般环境分析、行业影响要素、行业成功因素、企业外部联系、合作者、竞争者和顾客。前三个要素较为宏观，需要从高处俯视企业，后四个要素贴近企业，相对容易鉴别。敏锐地把握和预测这些变化对企业发展有哪些制约、挑战和机遇。其中竞争对手的分析十分重要，可以帮助了解对手的人才战略和用人制度。比如在中药行业，可以比较分析三九集团、同仁堂集团、上海复兴、天津天士力、广州医药等企业，对制定人力资源战略极为有益[③]。

③ 郭春梅，魏钧. 人力资源战略制定流程及要点. 中国人才，2003(3)：46-48.

2. 分析内部环境

调查企业内部的人力资源环境，并根据企业内部条件，包括组织使命、企业内部优劣势以及整体发展战略要求，从中识别、分析具有战略意义的人力资源问题，从而确定企业人力资源战略方向。

（二）人力资源战略选择与确定

在这一环节，企业选择人力资源发展的宗旨、观念、原则、指导思想、目标、重点业务单位和重点人力资源职能战略等。在选择人力资源战略时，应以企业总体的发展战略为指导，保持人力资源战略与企业战略的协调一致，获得协同效益。

例如，当企业总体战略所需要的外部机会与内部优势共存时，可采取进攻型战略，也就是努力发扬企业人力资源管理方面的优势，利用其坚实的资金、技术等优势，从劳动力市场吸引大量专业人才，从而在市场竞争中具有一定独占性。当企业的外部威胁与内部弱点并存时，可采用防御型战略，采取措施以维持现有劳动者与企业的关系，以便尽可能减少损失，维持生存，等待时机。

（三）人力资源战略的实施

人力资源战略的实施是由人力资源部为主要推动力、各部门共同配合才能完成的。具体来说，有些战略实施工作主要由人力资源部门负责落实，如人才招聘战略与规划、教育培训战略与规划；有些战略与规划的实施主体则是各业务部门，如职业生涯规划、薪酬战略，人力资源部仅是推动者和监督者的角色。[①]

（四）评价与控制

企业所处的内外部环境是不断变化的，企业战略目标也会随之动态调整，这就要求人力资源战略在实施一个阶段之后要对其进行反思与检讨，并根据评估结果反馈信息，以便随时调适人力资源战略[②]。

人力资源战略的实施效果是多方面的，包括绩效提升、企业战略实现。因此，评价人力资源战略优劣需要综合考虑，关键工作是找到关键成果域，通过人力资源战略实施所能达成的关键成果来评估战略达成率。比如，人力资源战略的关键成果域包括企业绩效、人才满足率、员工满意度等，并制定出相应量化目标，以便进行人力资源战略实施效果的跟踪与监控。在战略的反思与评估阶段，邀请行业内的专家共同参与，因为行业专家往往站得比较高、看得比较远。但是，外部专家往往对本企业的具体细节问题理解不够充分。因此，吸收企业内的主要负责人、各部门经理共同参与对人力资源战略的检讨与反思，才能更加贴近企业的战略重点，以便人力资源战略得到及时调整。

人力资源战略制定工作做得好坏的关键并非人力资源战略本身或者是制定技术的使用得当，而是对企业战略及不同阶段特征性要点的准确把握。[③]也就是说，做好人力资源战略的制定，需要高瞻远瞩的思维，不能局限于战略制定技术本身。没有高瞻远瞩的战略思维，再好的人力资源制定技术也是无济于事；反之，重视理论思维，重视从宏观角度并非是微观角度把握企业的战略问题，然后妥当地应用规划技术，将使企业的人力资源战略获得良好的效果。

① 黄亨煜. 基于战略的人力资源规划. 中国人力资源开发，2006 (7)：49–54.

② Buller P F. Successful Partnerships：HR and Strategic Planning at Eight Top Firms. Organizational Dynamics，1988，17 (2)：27–44.

③ Catherine G L. The Three-dimensional People Strategy：Putting Human Resources Policies Into Action.Academy of Management Executive，2003，17 (3)：74–86.

第三节 人力资源战略的实施

人力资源战略实施是将企业人力资源战略从计划转化为实际行动的过程。人力资源战略的实施是人力资源管理的重要环节，也是人力资源战略实现的重要保障。它对实现人力资源战略从指导思想、方针政策、管理模式、组织结构、部门职能、资源分配等方面提供必要的支持。

一、人力资源战略的实施步骤

人力资源战略的实施包括制定计划和执行战略流程。

（一）制定行动计划

人力资源战略的行动计划分为：时间和周期计划、流程计划。[①]行动计划示例如表4–2所示。

（二）执行战略流程

一般来说，执行人力资源战略分为以下三个阶段（见图4–8）。

① 寒武. 人力资源战略与规划. 北京：中国发展出版社，2007：81.

表4–2 行动计划示例

改进对一线员工培训水平项目计划							
主要步骤	责任	第一周	第二周	第三周	第四周	第五周	第六周
对项目计划达成一致意见		×××					
收集内部客户的反馈信息		×××	×××				
目前的结果和SWOT分析意见				×××			
经理对新服务目标的投入				×××			
完成第一个人力资源服务目标的拟订					×××		
收集高层管理团队的反馈					×××	×××	
确定最后目标和实施疾患						×××	
开发重新启动所需的培训材料							从这里开始
向一线管理人员宣传新的培训观念							×××
建立监督机制，评价质量/成本							在一个月内

资料来源：寒武. 人力资源战略与规划. 北京：中国发展出版社，2007: 81.

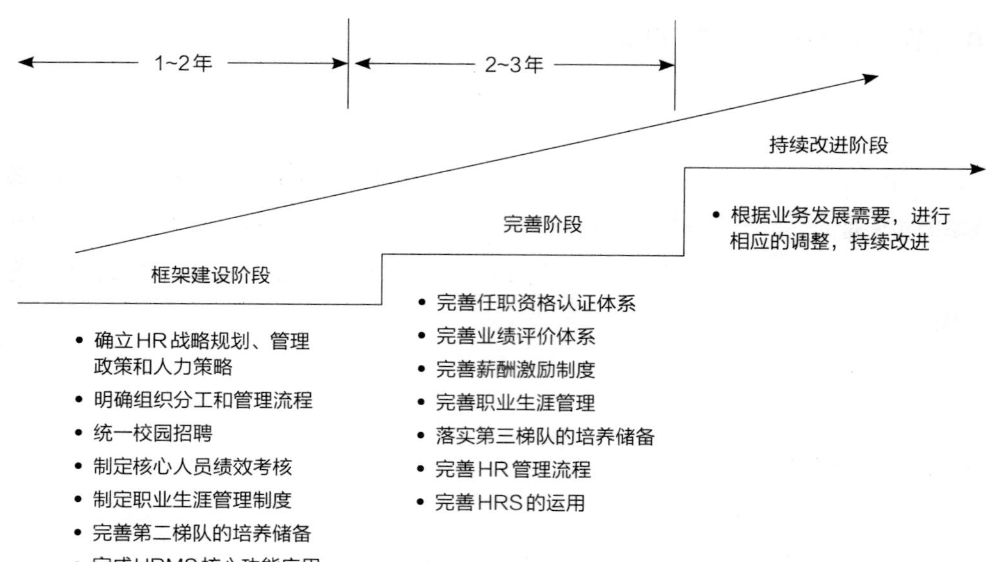

图4-8　执行人力资源战略流程的三个阶段

资料来源：寒武. 人力资源战略与规划. 北京：中国发展出版社，2007：82.

1. 框架建设阶段

搭建人力资源整体架构，夯实基础管理。构建人力资源管理整体政策及管理体系，夯实人力资源基础工作，初步将各项制度、机制融入人力资源管理体系中，引进现代人力资源管理制度和机制，逐步与现代人力资源管理接轨。集中现有资源，有针对性地开展当前紧迫的工作，解开瓶颈环节。

本阶段的人力资源工作重点是：建立综合统筹、分级管理的人力资源管理模式；建立健全人才的引进、考核评价、激励、培训等一系列制度及用人机制；落实现有各项制度；引进合适、有效的现代工具及方法，主要包括职位评价工具、人力资源信息管理系统；开展针对性的人力资源管理人员技能培训等。

2. 完善阶段

全面规划人力资源管理体系的运作，对企业的人力资源进行综合统筹、分级管理，引进各种方法和手段，推进人力资源体系中的各项制度、工作的开展、实施和完善，并落到实处，提升人力资源管理体系的整体运作效果图。

3. 持续改进阶段

全面夯实人力资源各项工作，根据内外环境变化对人力资源管理体系进行升级、维护。在此基础上，前瞻性地开展人力资源战略管理。将人力资源管理人员从日常烦琐的事务性工作中解脱出来，为人力资源战略、前瞻性工作的开展提供保障。[①]

① 寒武. 人力资源战略与规划. 北京：中国发展出版社，2007：82.

二、人力资源战略实施的保障条件

人力资源战略的实施是一个长期、系统、复杂的过程，需要企业文化、人力资源管理信息系统和人力资源平台中心的支持。

（一）企业文化

企业文化是企业在长期的生存和发展中所形成的，为本企业所特有的，且为企业内多数成员共同遵循的最高目标、价值标准、基本信念和行为规范等的总和及其在企业活动中的反映。[①]企业文化是企业组织创建者的经营理念与企业第一批成员从自己经验中领悟到的东西的相互作用的结果，可约束员工的行为（做事的方式），决定员工的看法及其对周围世界的反应。因为企业文化是促使战略顺利实施或变革的保证，所以企业战略与人力资源战略最大的挑战，就是要创造支持组织目标的文化类型。[②]

组织发展中企业文化和人力资源战略协同配合的五阶段模型（见表4–3）：

（1）创业阶段：采用参与式人力资源战略与家族式企业文化配合。

（2）指导阶段：采用诱引式人力资源战略与官僚式企业文化配合。

（3）授权阶段：采用投资式人力资源战略与官僚式企业文化配合。

（4）协调阶段：采用投资式人力资源战略与市场式企业文化配合。

（5）合作阶段：采用参与式人力资源战略与发展式企业文化配合。

表4–3　企业文化和人力资源战略协同配合的五阶段模型

阶段一：创业	阶段二：指导	阶段三：授权	阶段四：协调	阶段五：合作
参与式 人力资源战略	诱引式 人力资源战略	投资式 人力资源战略	投资式 人力资源战略	参与式 人力资源战略
家族式企业文化	官僚式企业文化	官僚式企业文化	市场式企业文化	发展式企业文化

资料来源：黎伟. 组织发展中的企业文化和人力资源战略配合. 经济体制改革，2003(4)：61–64.

企业在每一个阶段都有因内外部环境的压力而面临淘汰的危险，通过这五种协同模式，则能较顺利地渡过组织发展危机，进入高一级发展阶段。[③]

（二）人力资源管理信息系统

管理信息系统是用系统思想建立起来的以计算机为基础、为管理决策服务的信息系统，包括信息处理系统、决策支持系统、专家系统。它不仅能进行一般的事务处理，代替管理人员的繁杂劳动，而且能为管理人员提供辅助方案，为决策科学化提供应用技术和基本工具。[④]

① 丁敏. 人力资源战略与企业战略、企业文化的匹配初探. 经济问题探索，2006(3)：129–133.

② 琳达·霍尔比契. 转型与企业战略匹配的人力资源管理. 北京：中国财政经济出版社，2003：11.

③ 黎伟. 组织发展中的企业文化和人力资源战略配合. 经济体制改革，2003(4)：61–64.

④ 薛献华. 企业人力资源管理信息系统应用研究. 经济经纬，2005(1)：93–95.

对企业来说，建立人力资源管理信息系统，最终目的是要提高人力资源管理效率。人力资源管理信息系统的开发和使用可以通过建立一种信息平台，将信息技术与人力资源管理技术切合到组织的管理实践活动之中。组织能够凭借它方便迅速准确的特性优化人力资源管理活动的业务流程，使其朝着组织期望的行为模式和目标结果前进，而且通过这个管理信息系统可以在管理者和员工之间建设一个透明快捷、低成本的互动途径，真正实现管理零距离，以建立公平公正的组织氛围。此外，企业可以根据人力资源管理系统的大数据，对人力资源战略进行评估和优化，大大提高战略执行的效率。

（三）人力资源平台中心

传统的人力资源管理组织结构是以甄选招募、培训、薪酬、绩效评价以及劳动关系等诸如此类的分支职能为基础构造起来，并与行政事务合并在一起的。这样的组织结构既不适应企业的发展，也无法使战略人力资源管理体系在企业经营中发挥应有的作用，而新建立的战略人力资源管理部门的组织结构代之以专家中心、业务合作伙伴（现场人力资源管理群体）、共享服务中心等专业化组织为基础的服务平台。[①]其中，专家中心由传统的人力资源管理领域中的职能人员所组成，他们可以不受事务性工作的打扰而专门开发自己的职能性技能，主要任务是建立企业的人力资源管理体系和在管理实践中充当顾问；现场人力资源管理群体由一般性的人力资源管理者组成，他们被分派到各个业务部门，一方面帮助自己所在业务部门从战略高度确保人力资源管理体系能够得以贯彻执行，另一方面能够从第一线及时、准确地得到反馈信息，以便对整个体系做出正确的评估和修正；共享服务中心的人员则把主要精力放在为各个业务部门提供基本的人力资源管理服务，使得人力资源管理的整体效益得以提高[②]。

① Rubery Jill, Carroll Carilyn, Cooke Fang Lee, et al. Human Resource Management and the Permeable Organization: The Case of the Multi-Client Call Centre.Journal of Management Studies, 2004, 41 (7): 1199-1222.

② 李键. 战略人力资源管理体系构建路径探析. 商业时代，2009 (24)：57-58.

第四节　人力资源战略的评价与控制

人力资源战略评价不仅评价战略的实施情况，更重要的是时刻保持对企业内外部环境的监控，确认企业的战略基础是否发生变化，以保证企业对环境变化的感知和适应，增强企业抵御风险的能力。战略评价不同于战略方案选择，战略选择评价着重于选择合适的战略，而战略评价则立足于对战略管理绩效进行评价。需要明确的是，人力资源战略评价不仅仅是对战略执行状况的评估，而是对从战略分析到战略实施及战略创新全过程的评估，发现战略的不足之处，及时调整战略，使之更符合于组织战略和实际过程。

一、人力资源战略评价的内容

加利福尼亚大学安德森管理学院教授理查德·罗曼尔特（Rumelt，1980）指出，战略评价就是要回答以下问题：公司目标是否合适，制度与计划是否合适，是否在指定时间完成任务，以及是否违背战略所依赖的前提。[①]

战略评价的内容分为定量评价内容和定性评价内容。其中，企业的各种财务比率一般用于战略评价的定量内容，企业常用财务比率进行三种关键比较：将企业不同时期的业绩进行纵向比较；将企业业绩与竞争者业绩进行横向比较；将企业业绩与行业平均水平进行同期横向比较。采用的关键财务指标有投资收益率、股本收益率、盈利率及市场份额等。但是，定量指标仅仅反映企业的短期目标，不能反映企业的长期目标。在战略评价中，需要做出定性和直觉性判断。西摩·蒂尔斯（Tilles，1998）设计用于战略评价的六个定性问题：战略与企业内部条件是否相一致？战略与外部环境是否一致？战略所涉及的风险程度是否可以接受？战略与可利用的资源是否相匹配？战略实施的时间进度是否恰当？战略是否可行？[②]

环境监测和业务度量是战略评价的两个重点内容。业务度量是传统的评价内容，而在当今多变的环境下，环境监测显得更为重要。环境监测的目的是了解企业战略方案赖以生存的基础是否发生变化，所以环境分析的着眼点就应放在那些可能会使战略基础发生动摇的因素。监测环境的变化是评价的第一步。一方面需要对行业运作的特征非常熟悉，经常训练对环境变化的敏感性；另一方面也需要理论上的系统思维方式，帮助提高对环境变化的分析与把握。[③]

① Rumelt R P. Evaluation of Strategy: Theory and Models of Strategy Management and Business Policy. Mc-Graw-Hill, 1980.

② Tilles S. Segmentación Y Estrategia.Ideas Sobre Estrategia. Ediciones Deusto, 1998:163-164.

③ 任浩. 战略管理——现代的观点. 北京：清华大学出版社，2008.

二、人力资源战略评价的标准

人力资源战略是企业战略的一个组成部分，具有与企业战略相似的特征和属性，其评价标准也和企业战略的评价标准相似。目前，关于优秀人力资源战略的论述很多，下面我们介绍三种有代表性的战略评价标准[④]：

（一）伊丹敬之的战略评价标准

日本战略学家伊丹敬之（Hiroyuki Itami）强调：优秀的战

④ 张小林. 人力资源管理.2版. 杭州：浙江大学出版社，2005：71-73.

略是一种适应战略，要求战略适应外部环境因素，包括政治、经济、技术、竞争和顾客等；战略也要适应组织的内部资源，如组织的文化、资产和人才等；战略也要适应组织结构。因此，战略评价包括七个标准[①]：

（1）差别化，和竞争对手的战略不同。

（2）集中化，资源分配要集中，确保战略目标的实现。

（3）把握时机，选择适当的时机推出自己的战略，时机要由自己积极创造。

（4）能够利用波及效果，即利用自己的已有成果，发动更大的优势，扩大影响，以便增强企业的信心。

（5）能够激发员工士气。

（6）不平衡性，即企业不能长期稳定，要有一定的不平衡，造成一定的紧迫感。

（7）巧妙组合，即战略能把各种要素巧妙地组合起来，使各要素产生协同效果。

（二）斯坦纳和麦纳的战略评价标准

美国战略学家斯坦纳和麦纳（Steiner & Miner）提出评价战略需要考虑六个标准[②]。

（1）环境适应性，即所选战略和外部环境及其发展趋势相适应。

（2）目标一致性，即战略必须能保证战略目标的实现。

（3）竞争优势地位，即所选的战略方案能够充分发挥企业的优势，保证企业在竞争中赢得优势地位。

（4）预期收益性，即选择能够获得最大利润的战略方案，战略利润是长期利润而不是短期利润。

（5）资源配套性，即战略实现必须有一系列战略资源做保证，这些资源不仅要具备，而且要配套。

（6）风险性，即未来具有不确定性，导致战略具有风险性，应适当对待风险。

（三）罗曼尔特的战略评价标准

英国战略学家查德·罗曼尔特提出战略评价的四个标准：一致性、协调性、优越性和可行性。其中，协调性与优越性主要用于对组织的外部评估，一致性与可行性则主要用于组织的内部评价。[③]

（1）一致性。帮助确定组织内部是否出现战略不一致的三条准则包括：一是尽管更换人员，管理问题仍持续不断；二是组织内一个部门的成功意味着另一个部门的失败；三是问题发生后只能通过最高领导层解决。

（2）协调性。在评价时，既要考察单个趋势，又要考察组合趋势。

（3）可行性。对战略的主要检验标准是其可行性，即依靠自身的物力、人力以及财

① 伊丹敬之. 经营战略的内在逻辑——看不见资产的动力论. 北京：中国审计出版社，1992.

② 李文明. 战略评价的正确解读及其目的与原则研究. 甘肃社会科学，2009(5)：205–209.

③ Rumelt R. Good Strategy/Bad Strategy: The Difference and Why It Matters. Profile Books Ltd, 2012.

力资源能否实施战略。

（4）优越性。竞争优势来自资源、技能、地位的优越性。良好的地位优势使企业从某种策略中获得优势，而不处于该地位的企业则不适宜于同样的策略。

三、人力资源战略评价的流程

（一）建立评估体系

人力资源战略比较倾向于结果评估，而更易于量化的指标，便是员工绩效。为了评估绩效表现，需要建立一整套聚焦于战略规划预期效果的参量，用于监督组织如何更好地实现目标。在人力资源战略背景下，度量体系可以分为：人力资本度量体系和人力资源度量体系。人力资本度量体系评估劳动力的各个方面，而人力资源度量体系评价人力资源功能本身的绩效表现。萨拉托加机构（普华永道的分支机构）出版的年度《人力资本标杆管理报告》包括900多家公司的标杆管理信息，表4–4所示为该公司公布的人力资本的10个测量因素。这个机构的客户使用诸如薪酬支付结构、每个员工的投资回报、人员的流动率、每个人的雇佣成本和雇用关键员工所花费的时间等信息。这些信息清晰展示了竞争优势的潜在基础，为开发人力资源战略指明了方向。当然，每个公司的竞争优势都不相同，它是人力资本、战略和核心能力的独特结合体。这意味着不能简单地照搬其他公司的标杆管理和人力资源战略。①

① 斯科特·斯内尔，乔治·伯兰德. 人力资源管理. 张广宁，等，译. 15版. 大连：东北财经大学出版社，2011：59–60.

表4–4 人力资本的10个测量因素

测量因素	因素的解释
1. 你最重要的问题	这是所有低级测量因素的目标，聚焦最重要的问题并确保度量体系与其直接相连
2. 人力资本价值的增加	为了自身和公司的发展，雇员如何完善自己？这是个人对组织利润贡献的主要测量
3. 人力资本的投资回报率	组织向员工指出薪酬和福利与调整后利润数据的比较
4. 离职成本	有多少员工离开？是哪些部门的？组织损失多少？各个员工平均的离职成本至少等于每个员工的前6个月的收益
5. 自愿离职率	统计失去员工的机会、收益和填补空缺的劳动力成本。减少离职率可以节省雇佣成本和保持服务的高质量
6. 总劳动成本/收益比例	整个薪酬和福利成本占组织收益的百分比，可以帮助追踪劳动力的变化。把它和企业的收益因素、薪酬、福利和临时工隐性成本相比较，如果指标提高，就需要确定是薪酬或福利的成本上升还是收益下降，并采取相应行动
7. 总薪酬/收益百分比	总公司收益分配给劳动成本的比率。把这个指标与薪酬收益因素、薪酬成本和福利成本相比较，分析员工身上发生了什么
8. 培训投资因素	基本技能重要。不能读写，只能做简单计算，或无法满足顾客的需要，对在这些技能方面有缺陷的员工需要进行培训

续表

测量因素	因素的解释
9. 启动资金	招聘将继续是一个挑战。需要花费大量的时间——从员工认可工作要求到为公司创造效益
10. 收益因素	管理者需要理解的基本测量因素

资料来源：Jac Fitz-enz. The Top 10 Measures: Human Capital Management. HR Focus, 2001, 78(5).

（二）测量人力资源战略的匹配性

1. 平衡计分卡

平衡计分卡弥补了以杜邦财务体系为代表的传统绩效测评方法的不足，在保留财务指标的同时，增加了顾客维、流程维、学习与成长维指标，将企业整体战略转化为一组目标、指标及行动集，并在组成要素间达到平衡。运用平衡计分卡可以对人力资源战略进行分析、制定、实施、控制和评价。其中，运用平衡计分卡主要是对战略执行效果进行评价，依据各部门和个人在平衡计分卡所设定的目标值，定期进行绩效考核。考核评价的目的是纠正与人力资源战略目标不一致的偏差。

2. 测量内部匹配性①

内部匹配是指围绕人力资源战略开展的人力资源活动彼此相互匹配，建立起相互加强的结构。表4–5所示为一个内部匹配性的例子。首先，管理者确定他们希望实现的关键劳动力目标，此类信息可以从平衡计分卡中人员/学习因素中找到，包括忠诚度、客户服务、生产效率和创造性等信息；其次，识别经常引起或加强这些劳动力目标的每项人力资源实践活动（工作设计、人员编制、培训、评估和薪酬劳动等）；最后，赋予每项人力资源活动从−5（不支持）到5（支持）范围的分数。管理者将这些分数加总，组织就可以获得人力资源实践活动是否相互配合以实现劳动力目标的清晰观点。对此进行分析后，管理者就对人力资源战略实施有了一个科学系统的综合评价。

① Delery J E. Issues of Fit in Strategic Human Resource Management: Implications for Research.Human Resource Management Review, 1998, 8 (3):289–309.

表4–5 评估内部匹配性

		销售效率	客户服务	商品信息	仓库维护	总计	
人力资源实践	结构/工作流程						能力内聚
	交叉功能团队	3	2	0	−1	4	
	工作轮换	3	3	−1	−1	4	
	全体员工						
	测试组合	2	2	1	1	6	
	经验选择	5	3	2	2	12	

续表

人力资源实践	销售效率	客户服务	商品信息	仓库维护	总计	能力内聚
培训						
零售销售技能	4	5	1	1	11	
报酬						
结果评估	5	−4	−2	−5	−6	
个人激励	5	−5	−3	−5	−8	
领导力						
公司	3	3	1	0	7	
核心管理者	4	2	2	2	10	
技术						
商品信息系统	5	2	5	1	13	
日常记录	4	−3	4	−1	4	
	43/55	10/55	10/55	−6/55	57/220	

注：5=强烈支持，0=中性，−5=强烈不支持。

资料来源：斯科特·斯内尔，乔治·伯兰德．人力资源管理．张广宁，等，译．15版．大连：东北财经大学出版社，2011：62.

需要注意的是，内部适合是必要的，但是不会成为战略匹配的充分条件。即使人力资源管理活动内部有着几乎完美的匹配性，但是它们可能依然无法与竞争战略相匹配。鉴于此，评估战略的内部适应和外部匹配是管理者的重中之重[①]。

四、人力资源战略的控制

控制是评价的延续，是评价的价值体现。对人力资源战略的控制就是针对人力资源战略制定和执行过程中出现的问题，或者为了适应人力资源系统外部环境和内部条件的重大变化，企业对人力资源战略的实际贯彻执行的过程进行动态调节，纠正偏差，确保战略的有效实施和适用的过程。[②]按照控制时间，人力资源战略的控制分为事前控制、事中控制和事后控制。按照控制部位，人力资源战略控制分为关键控制和全程控制。按参与控制人员的多寡，人力资源战略控制分为全员控制和专业控制。人力资源战略实施过程的控制通常包含：确定控制目标、制定控制标准、建立控制体系、衡量与评价实施成效，以及采取调整措施。[③]

① Delery J E. Issues of Fit in Strategic Human Resource Management: Implications for Research. Human Resource Management Review, 1998, 8 (3): 289−309.

② 丁敏．企业人力资源战略控制体系初探．经济问题探索，2008(4)：73−77.

③ Shonhiwa S O, Gilmore H L. Development of Human Resources: A Portfolio Strategy.SAM Advanced Management Journal, 1996, 61(1).

（一）确定控制目标

为了能对战略的实施进行有效控制，首先要确定控制的目标。一般情况下，战略实施的目标与人力资源战略的目标是一致的。但是，在设立控制目标时，需要注意：是选择与人力资源战略相关的控制目标，还是设置与企业总体发展战略有关的控制目标。显然，如果选择与人力资源发展战略有关的目标，则能够直接对人力资源战略的实施效果进行有效控制。但是仅选择这些控制目标往往并不能有效地反映企业人力资源战略的实际效果，因此最好的控制目标是能够反映人力资源战略支持的企业总体发展战略目标。在确定人力资源战略的控制目标时，应该注意控制目标是一个体系，通常由总目标、分目标和具体目标组成。

（二）制定控制标准

控制标准是依据控制目标制定的一个完整体系，包括定性控制标准和定量控制标准。其中，定性控制标准应该和战略目标相一致，并能够进行具体评价，如人力资源的工作条件、生活待遇、培训机会、配置组合、能力发挥效果、对企业战略发展的支持程度等。定量评价标准必须能够计量、对比，如人力资源的发展规模、结构、速度、创新成果等。[①]战略控制标准必须能够与本企业的历史状况相比较，与同行业的竞争对手相比较，或与国内外先进企业相比较。为保证对人力资源战略的有效控制，确定一些关键衡量比率使战略控制容易操作，如人员流动率、直接生产人员和非生产人员之比、人事费用率、劳动生产率等。

（三）建立控制体系

完成对人力资源战略的控制，必须要有一个完整的、及时反馈的、能够准确评价和及时纠正的体系。该体系能够从战略实施的具体部门和个人获得战略实施状况的信息，并迅速传递到战略控制部门。管理部门可以将战略实施现场反馈的实施结果与控制标准进行对比、评级，进而根据评价结果对实施中的问题予以必要的纠正。[②]

（四）衡量与评价实施成效

当控制系统收集并整理有关战略实施状况的信息后，就需要将处理结果与控制标准进行衡量和评价。衡量和评价的结果有三种：一是实施结果与控制标准一致。这是战略实施的正常状态，无须采取纠正措施。二是实施结果超过控制标准，提前完成人力资源战略的任务。由于人力资源规模、结构和素质的提高不仅带来人力资源的使用便利，而且造成人力资源成本的上升，因此战略实施的管理控制部门必须认真分析提前完成人力资源战略目标的人力资源是否和企业的经营状况相适应，是否出现人力资源浪费的现象。如果有此种情况发生，就必须采取适当的纠正措施。三是战略实施结果低于控制标

① Ferris G R, Russ G S, Albanese R, et al. Personnel/Human Resources Management, Unionization, and Strategy Determinants of Organizational Performance.Human Resource Planning, 1990, 13 (3): 215-227.

② Emerson P M, Cairncross S, Bailey R L, et al. Review of the Evidence Base for the ‘F’ and ‘E’ components of The SAFE Strategy for Trachoma Control. Tropical Medicine & International Health, 2000, 5 (8): 515-527.

准。通常这种情况是一种不理想的结果，需要及时采取适当措施进行纠正。当然，在确定纠正措施之前，必须对人力资源战略进行评价，考察战略所设定的环境以及企业战略发展需要是否继续存在，如果环境与战略需要已经不存在，对所采取的纠正措施就要慎之又慎。

（五）采取调整措施

通过对战略实施结果的衡量与评价，发现结果与控制标准存在偏差，就需要及时采取措施进行纠正。常用的调整方法有：纠偏战略分析法、战略刺激法、纠正活动法和应急计划法。在战略实施结果评价的过程中，可以发现引发战略实施问题的原因，包括实施工作不力、实施条件未能满足需要、对实施过程中的环境因素变化未能正确应对等。[①]因此，所采取的措施主要是对实施不力部门进行整改，提高工作效率；或对战略实施所需要的条件重新审核，对所需资源重新配置。若不能提供必需条件，则需要对战略进行调整。当环境因素发生变化时，如果是有利因素则要抓住利用，如果是不利因素则需要克服，如果是违宪因素则需要注意回避。如果环境因素变化太大，导致人力资源战略无法实现，就需要调整人力资源战略目标。[②]

① Rogers E W, Wright P M. Measuring Organizational Performance in Strategic Human Resource Management: Problems, Prospects, and Performance Information Markets. Human Resource Management Review, 1998, ε(3): 311–331.

② 侯光明. 人力资源战略与规划，北京：科学出版社，2009：222–239.

本章小结

（1）人力资源战略制定的常用工具。根据出发点不同，人力资源战略的制定方法有目标分解法和目标汇总法。在人力资源战略的制定过程中，主要采用战略地图、人力资源计分卡和数字仪表盘这三种工具来描述人力资源战略。

（2）人力资源战略的制定模式与流程。人力资源战略的制定流程主要存在三种模式：一是由内而外的制定模式；二是由外而内的制定模式；三是交互过程的制定模式。基于交互过程的制定模式，人力资源战略制定的常规流程包括：评价人力资源内外部环境；选择与确定人力资源战略；实施人力资源战略；评价与控制人力资源战略。

（3）人力资源战略的实施。在实施人力资源战略之前，要制定行动计划，包括时间和周期计划、流程计划。执行人力资源战略分为以下三个阶段：框架建设阶段、完善阶段、持续改进阶段。同时，人力资源战略的实施需要组织文化、企业信息系统和HR平台中心的支持。

（4）人力资源战略的评价与控制。人力资源战略评价的内容包括各种财务比率、环境监测和业务度量。目前有三种具有代表性的战略评价标准：伊丹敬之的优秀战略评价标准、斯坦纳和麦纳的战略评价标准、罗曼尔特的战略评价标准。人力资源战略的评价实施包括：第一步，确定评价问题，建立评估体系；第二步，测量人力资源战略的匹配性。人力资源战略的控制包括：确定控制目标，制定控制标准，建立控制体系，衡量与评价实施成效，以及采取调整措施。

即测即评

请扫描右侧的二维码（内含若干判断题、单选题和多选题），您可在线自测并查看答案。

思考题

1. 人力资源战略的制定流程包括哪些环节？
2. 人力资源战略与成本领先战略、差异化战略和集中化战略三种竞争战略如何匹配？
3. 人力资源战略和企业竞争战略不匹配会导致什么后果？
4. 如何评价人力资源战略？
5. 如何控制人力资源战略的实施？

实例经验与启发

回顾开篇的情境实例，经过理论学习和案例剖析，得到以下启发：

（1）随着生产经营活动的不断拓展，人力资源与其他资源一样，总是受到外部环境和内部条件的影响。因此，在制定企业人力资源战略方案时，必须充分地把握企业内外部各种影响因素，才能切实保证战略方案的科学性、合理性和可行性。

（2）不同的企业战略要求不同的人力资源战略与之匹配，而人力资源战略对企业绩效的影响取决于与其相适应的企业战略。当人力资源战略与企业战略相适应时，才能充分发挥人力资源管理在企业战略管理中的独特作用，从而最终达到提高组织绩效的目的。

（3）人力资源战略的制定是由内而外与由外而内的统一。所谓由内而外与由外而内的统一，就是在制定人力资源战略时，“眼睛盯在市场，工夫下在现场”，整个过程是同时进行且循环往复的。尤其是在互联网经济时代，更应该通过确定企业的外部环境、内部环境来决定人力资源战略方向。

讨论案例

按单聚散——适应海尔生态平台的人力资源战略[①]

海尔集团从1984年创业至今，经过了名牌战略阶段、多元化战略阶段、国际化战略阶段、全球化品牌战略阶段，目前正处于网络化战略阶段。每个战略阶段都是一脉相承、方向一致的，即都是创造用户需求，为用户提供满意的体验。张瑞敏提出海尔管理创新“三化”的目标：企业平台化、员工创客化、用户个性化。他说：“互联网时代的驱动力不再是传统经济时代的规模经济和范围经济，而是一个生态平台，一个快速配置资源的框架。”由此可见，为了快速适应互联网时代的颠覆式发展，海尔的战略目标是要从“规模型企业”到“平台型企业”转变，因此与战略相适应、相匹配的人力资源管理体系也发生了巨大的转变。

海尔集团在“人单合一”双赢管理模式的基础上，经过近年来的探索和尝试，形成了按单聚散的人力资源管理新模式。在这种模式下，组织开放度不断提高，组织沟通更加顺畅，小微组织的创新精神、进取意识和团队活力得到空前释放。2014年，人均效率、人均效益指标较三年前实现倍增，人力资源效率改善36%，员工收入平均增幅30%。截至2014年10月，在海尔的平台上已经孕育和孵化出一百多个创客小微，支持了组织向平台型企业的转型。海尔已经不再是一个传统意义上的大型集团公司，而逐步演化成一个可快速聚散、合理整合内外部资源的生态圈，一个创业孵化平台。

① 案例来源：[1] 海尔集团人力资源平台. 按单聚散——海尔生态平台上的人力资源管理新模式. 企业管理，2015(3)：6-13；[2] 王红，张俊玲，蔡元启. 海尔HR大数据增值服务系统构建. 中国人力资源开发，2015(10)：31-34；[3] 王筱楠，纪婷琪，张俊玲. 海尔按单聚散的新型人力资源管理模式. 中国人力资源开发，2015(10)：6-10，40。

一、什么是按单聚散模式?

按单聚散，前提是海尔强大的后台信息系统已经将客户的订单在信息平台上进行了整合和公布。员工公平、公正、公开地在系统里抢“单”，然后才能围绕“单”来聚人、聚资源一起做事，事情做完以后，才能依据“单”来散人、散资源。

（1）聚散的连接：按单聚散并不是孤立独行的，它与按单预酬、按单发展是有机结合的。汇聚过来的人才也追求自身价值的肯定、最大化挖掘自己的潜能，成为创业者，做自己的CEO。

（2）聚散的过程：按单聚散过程机会均等、机制公开透明。在按单聚散时，结合考虑按单预酬、按单发展这些方面，并且每个人都有机会参与。从抢单到PK等各个环节，都确保公平、公正。

（3）聚散的发展：按单聚散不是固化封闭的，也不是被动地等着安排，而是自驱动，不断挑战高目标，追求卓越和引领，也就是持续动态优化。

二、按单聚散模式的流程

按单聚散的目标是在开放的组织下，打破组织边界，让外部优秀的人和资源可以无障碍进入，相当于引入“负熵”，让组织保持持续活力。按单聚散的流程包括：

（1）明确人力资源需求来源于战略和市场目标。

（2）构建开放的人力资源交互平台，解决人力资源来源问题。这个交互平台可以快速挖掘和搜索各类社交网站、各类专业领域网站等，把上面的人和资源动态聚集在交互平台上。同时，可以把这些人和资源进行“画像”，然后匹配战略和目标的需要，进行优先级排序，显示在平台上，小微可以自主用人。另外，这个平台可以实现资源、人和小微组织之间的实时动态交互。

（3）解决人和资源如何进入到海尔平台的问题，主要通过自主申报、开放抢单、PK三预竞单上岗、签订契约四个小流程来实现。

（4）动态优化。人和资源进入平台以后，不是一劳永逸的，而是动态变化的，基本上可以分成三种情形：第一，发展趋势非常好，可以实现高单高酬；第二，抢了市场目标，单是周期性的项目工作，完成这个单之后可以去抢其他的单，也就是说，在企业内部，每个人都是节点，这个节点不是静态不动的，而是基于目标的需要聚散；第三，抢单之后，发展趋势和竞单上岗时的目标承诺有差异并且不能限期交差，这时会启动“官兵互选”的机制。

通过按单聚散平台，企业由原来的科层制部门转变为动态的小微公司，主要解决三个问题：第一，“官兵互选”让团队能够持续保持活力，并且让更优秀的人持续动态进入到海尔平台上；第二，竞单上岗的机制解决员工主动抢大目标和员工快速发展的问题；第三，通过开放接入一流的资源，解决现有人的能力和更大目标之间差距的问题。

三、按单聚散人力资源战略要点

（一）建立“对赌酬”激励机制

海尔实施了以“小微”为基本运作单元的平台型组织转型后，员工成为创客，可以在海尔平台上创新、孵化、成立小微公司，小微与企业不局限于原来的劳动雇佣关系，还包括市场化的资源对赌关系。小微与海尔平台事前确定对赌承诺，承诺目标价值及分享空间，在达成对赌目标后，按约定分享对赌价值，并在小微内自主分配到小微成员，资源对赌、自挣自花。

在对赌酬模式下，针对企业目前创业小微、转型小微和生态小微三类小微的差异化特点，实施差异化的对赌酬机制。

（1）创业小微对赌股权激励机制。海尔鼓励员工转型创客，聚焦新机会、新事业，孵化小微公司，通过出资持股、期权、跟投等股权激励机制，与创业小微绑定，驱动创客从“打工”转变为小微的“主人”，实现收益共享、风险共担。

（2）生态小微市场交易机制。生态小微加入海尔平台和生态圈，创造用户资源，在生态圈里交换价值创造超利。具体来讲，事前与用户确定对赌协议，约定对赌的目标及超利分享的空间。以智能制造小微为例，事前与用户对赌交货量、产品质量、单台成本、交货期等，二者是委托加工关系。事后小微按照实际交货量结算加工费用，形成小微收入，作为小微自主分配、自主经营的资源空间，自主兑现到小微成员。

（3）转型小微对赌价值分享机制。对赌价值分享的核心是资源对赌、自挣自花，二者分别通过小微整体按单预算、到小微成员按单预酬两个机制实现落地。按单预算的核心不是预算“人工成本额”而是预算“人工成本效率”，人工成本效率是指投入的人工成本占所创造价值的比例。小微按照人工成本效率自主分配、自主用人，自己的成本如何使用自己说了算。按单预酬机制的具体做法是每年基于年度单的目标竞争力，确定薪酬的项目和薪酬的竞争力，通过机制使承担高目标的员工，获得高竞争力的薪酬，激发员工的积极性与创造力；事后看事前约定的单（对什么负责）及目标（负责的目标值）是否达成，按实际创造价值兑现。

（二）支持创客“创新创业”的孵化机制

创业机制方面，为了让每个员工成为创新创业的主体，海尔对标行业股权类、现金类激励机制，分析短期激励性、长期激励性和风险共担程度，结合海尔战略层面的小微定位、分类，针对不同类的小微匹配个性化的激励模式，实现收益共享、风险共担，让每个员工变成企业的主人，站在股东的角度经营企业，激励每个员工创新创业，实现人人创客。

在创客培训方面，海尔大学拥有300多位内部讲师，来自于优秀的样板小微，不断提升和发展动态的内部讲师管理体系；80多位兼职教授与IMD商学院、沃顿商学院、中欧、清华、北大、人大等国内外高等院校建立师资合作关系；50余家全球一流战略合作伙伴，开放整合并接口全球一流的学习资源，资源互换，建立战略合作伙伴，目前有宝洁、思科、IBM、HP、卡内基等一流外部合作伙伴。通过对创客的能力进行分解，创客培育项目最终聚焦创客精神、创业方案、互联网思维三大类11小类能力（Maker创新、创意交互、众筹模式、投资模式、商业企划、创业团队组建、资金管理、粉丝力量、虚网零距离交互、行业趋势等）进行培养。内部形成常态化的“创客咖啡”、“微课堂”等。

（三）建设承接战略的HR大数据服务系统

海尔集团HR平台搭建了一个模块化、流程可以自由组合的、灵活的EHR信息化平台，该平台中包含平台型组织管理、人才的按单聚散、薪酬体系管理、共享服务（劳动合同、五险一金、年金）等。

同时，EHR信息化平台还为小微提供各种增值服务，如人才雷达，支持小微对人才需求的全网搜索、评估、分析等；HR大数据增值平台，通过对数据深度挖掘分析、可视化，为小微主决策提供数据支持，为员工提供各类自主服务（查看个人信息、绩效、薪酬数据显示，快捷的全方位信息化服务等），为HR提供全方位数据分析、解决方案。

思考题：

1. 海尔集团围绕“人单合一”战略提出了什么样的人力资源管理战略？该战略具有哪些特征？如何与人单合一战略相匹配？

2. 有效实施该新型人力资源战略需要具备哪些基础条件？

3. 请为海尔集团人力资源平台中心就如何开展人力资源战略实施效果评价提出建议。

本章实训

制定小米公司未来五年的人力资源战略

一、实训目的

1. 掌握人力资源战略的制定方法和流程。
2. 能借助战略地图、人力资源计分卡和数字仪表盘三种工具清晰地描述人力资源战略。

二、实训内容

小米公司成立于2010年4月，是一家专注于智能产品自主研发的移动互联网公司。“为发烧而生”是小米的产品概念。小米公司首创了用互联网模式开发手机操作系统、发烧友参与开发改进的模式，采用饥饿营销方式，打造粉丝经济，这使得小米公司很快在智能手机市场获得了大量市场份额。小米一直致力于扩大团队，涉足新领域，扩展产业链。2016年，小米的企业战略方向是云服务和大数据，即小米将通过“生态链”系统连接一切可以连接的智能设备，大量终端数据汇聚小米，最终建成一个数据采集、服务中心。小米未来将成为一家数据公司。但是，目前的市场竞争激烈，由于缺乏核心专利、核心配件、核心软件设计能力导致的核心竞争力不足、供应链控制力不足等问题愈演愈烈。如何根据内外部环境的挑战和机遇，制定小米公司未来五年的人力资源战略，是小米公司人力资源部的一项重大任务。

假设你们是小米公司人力资源部的员工，公司领导安排人力资源部制定小米公司未来五年的人力资源战略。作为人力资源部的成员，你们将怎样开展人力资源战略的制定工作，并提交一份小米公司人力资源战略报告。

三、实训步骤

1. 教师进行人力资源战略制定方法和流程的相关理论、方法的讲授和演示。
2. 将教学班级里的学生分成若干组，每组4 ~ 6人，组员之间协商产生小组组长。
3. 每组独立搜集整理小米公司的相关资料，并对内外部环境因素进行辨别。
4. 以小组为单位，以“讨论—分工—讨论—汇总”的流程形成人力资源战略报告。
5. 小组将报告初稿提交给一位或者多位本专业老师或者相关从业者进行审阅并提出修改意见，小组继续完善报告。
6. 分组展示报告。
7. 教师在每组展示过程中要引导大家提问和讨论。
8. 教师在每组展示后，对展示内容进行点评和指导。

延伸阅读

[1] 罗伯特·卡普兰，大卫·诺顿.战略地图——化无形资产为有形成果.刘俊勇，孙薇，译.广州：广东经济出版社，2005.

[2] 菲利普斯，等.人力资源计分卡：计量与评价 HR 投资回报率.黄晨，等，译.北京：人民邮电出版社，2006.

[3] 布莱恩·贝克，戴夫·尤瑞奇，马克·休斯李.人力资源计分卡：连结人力资源活动与组织策略的最佳工具.陈正沛，译.台北：脸谱出版社，2012.

[4] 罗德·内皮尔，克林特·赛德尔，帕特里克·沙南汉.战略规划的高效工具与方法.武魏巍，屈云波，译.2版.北京：企业管理出版社，2011.

[5] 曹仰锋.海尔转型：人人都是CEO.北京：中信出版社，2014.

[6] 比尔·费舍尔，翁贝托·拉戈，刘方.海尔再造：互联网时代的自我颠覆.曹仰锋，译.北京：中信出版社，2015.

第五章
人力资源战略地图

学习目标

1. 说明平衡计分卡和战略地图的内涵及特征
2. 掌握人力资源战略地图的内涵、意义及绘制程序
3. 明确如何有效实施人力资源战略地图
4. 理解人力资源管理价值

关键术语

平衡计分卡　战略地图　人力资源战略　人力资源战略地图　人力资源环境分析　人力资源管理价值链　人力资源管理价值评估

本章概览

请扫描右侧的二维码图标，您可以查看本章的知识结构概览图。

情境实例

中国A重建机集团的人力资源战略地图[①]

中国A重建机集团有限公司是中国最大的重型机械生产厂商之一，承载着中国重型机械行业事业壮大的使命。主营业务是工程机械、农业机械整机的研发、设计、制造和销售业务，其生产的产品在中国以及国际的重型机械市场上拥有较高的市场占有率，并且其经营范围和规模还在不断扩张。中国A重建机集团有限公司在2014年制定的发展规划是实现30 000台某重型机械的生产和销售目标。这个目标是2009年全年销售业绩的30多倍，意味着每年必须平均增长达100%才可能完成，在很多人眼里这根本就是一个不可能完成的任务，是一个“大跃进”的目标。在众人的一片质疑声中，中国A重建机集团有限公司在制定该规划的一年之后就全部完成了事先设定的主营业务收入任务目标，令人刮目相看，创造了重型机械生产史上的一个奇迹。随着发展规划的顺利完成，整个集团也快速进入事先预定的跨越式、超常规的发展阶段，为企业带来了巨大的经济效益。人们不禁要问：A集团能获得如此成功的秘诀是什么？

① 根据《中国×重建机集团有限公司职能战略地图》（秦杨勇. 战略规划平衡计分卡：案例·方法·工具. 北京：经济科学出版社，2013：135-137）改编。

中国A重建机集团有限公司除了拥有三个生产子公司、一个营销公司外，集团总部还设有人力资源部、财务部、质量部、企业管理部、总裁办、生产管理部、党群工作部、研发中心等部门。A集团为主要职能部门及子公司（生产与营销）建立了以平衡计分卡思想为核心的职能战略地图，来指导各职能部门的工作，使其为实现集团整体战略目标而服务。对于规模如此庞大的集团，生产工人、管理人员、技术人员、后勤人员等数以万计，如何有效管理这些员工，最大限度地提高人力资本效率也成为人力资源部所面临的一个难题。为此，A集团人力资源部在平衡计分卡——财务、客户、内部运营和学习与成长四个维度的基础上，根据企业实际情况构建起如图5-1所示的人力资源战略地图。这幅战略地图在六个关键问题上寻找答案，由此来演绎A集团人力资源战略规划所关注的重要内容。

第一，集团人力资源部的战略使命是什么（图5-1中部门使命）？

第二，集团人力资源职能在战略规划期所要实现的价值与目标是什么（图5-1中财务维度）？

第三，集团人力资源职能服务客户（内、外部）是谁？如何衡量成果（图5-1中客户维度）？

第四，集团人力资源服务的客户价值主张（内、外部）的诉求是什么（图5-1中客户维度）？

第五，集团人力资源管控流程如何运行才能满足集团内、外部客户价值主张，并满足股东价值实现（图5-1中内部运营维度）？

第六，集团人力资源专业人员如何培养？人力资源信息化建设如何协同？如何开展人力资源管理创新（图5-1中内部运营和学习与成长维度）？

围绕这六个问题，A集团人力资源部在企业总体战略的框架内针对四个维

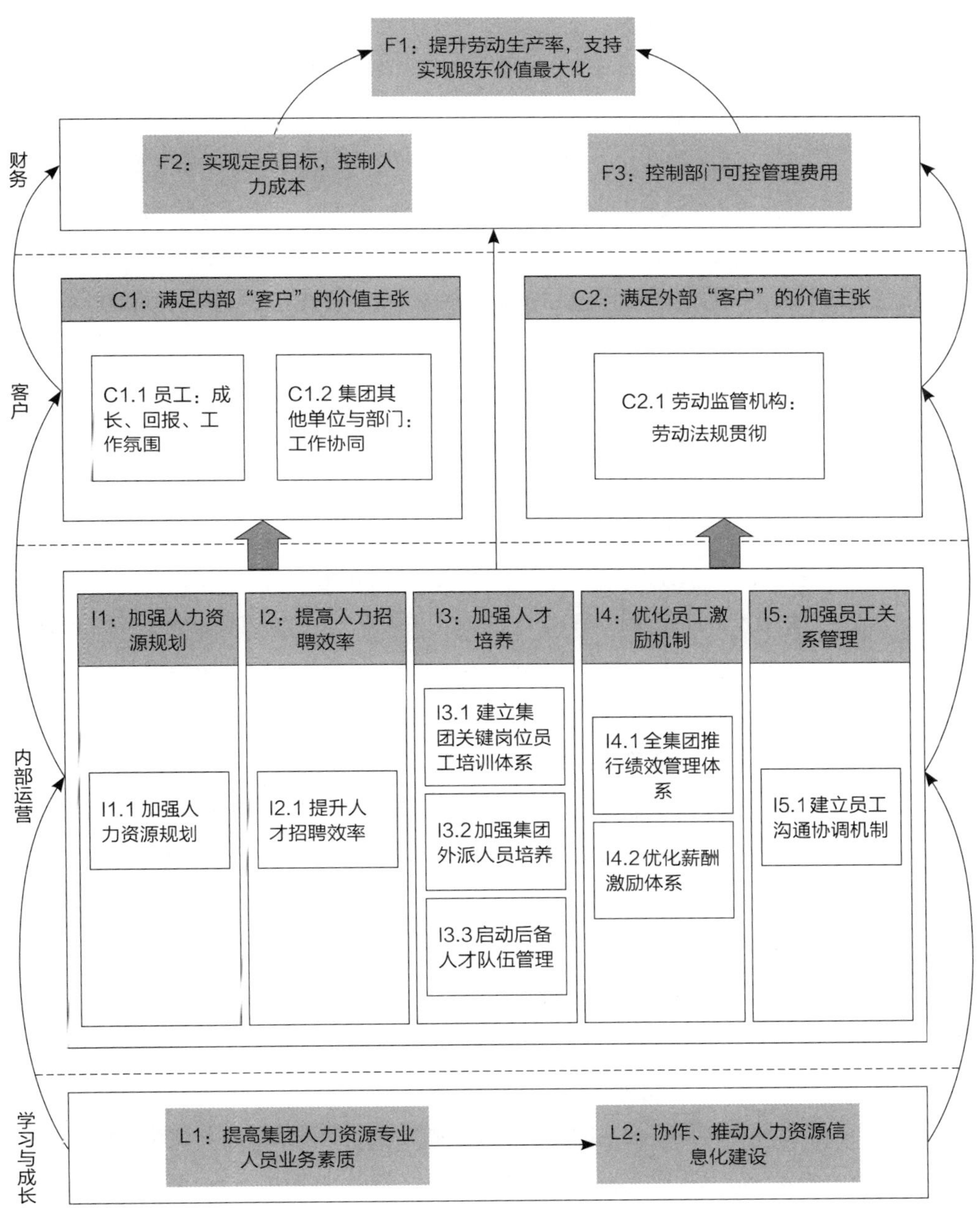

图5-1　中国A重建机集团有限公司人力资源战略地图

度分别设置了不同的细分目标。

首先，必须明确的是集团人力资源部门的使命与愿景是打造高效的人力资源管理体系，建立高素质的人才队伍支持集团快速发展。集团人力资源部门的一切活动都以此为落脚点。

财务维度：集团人力资源终极战略目标是确保集团劳动生产率提高，以支持实现股东价值最大化。这个终极目标又包含两个子目标：① 实现定员目标，有效降低人力成本；② 适度控制管理费用。

客户维度：集团人力资源战略目标需要在开发人力资源战略地图之前思考：人力资源管理如何满足内部“客户”——其他部门、子公司及员工的价值主张；如何满足外部“客户”——如政府劳动监管部门的价值主张。满足内部客户价值主张的子目标有两个，分别是：① 针对员工，为他们提供竞争力的薪酬和成长的机会，同时营造良好的工作氛围；② 针对集团其他单位和部门，强调一种工作协同，互相协作。外部客户的价值主张主要是针对劳动监管机构，在集团中要贯彻各项劳动法规，按劳动法规行事。

内部运营维度：上述战略目标的顺利达成都有赖于集团人力资源职能、流程的顺利运行，因此在集团人力资源战略地图内部运营维度，需要将上述两个方面的目标、内外部“客户”的价值主张与人力资源管理的职能流程对接起来，借此确定人力资源战略内部运营的战略主题。A集团设立的内部运营目标是：① 加强人力资源规划；② 提升人才的招聘效率；③ 加强人才的培养；④ 优化员工激励机制；⑤ 加强员工关系管理。每个目标设置了若干子目标，例如，“加强人才培养”设置“建立集团关键岗位员工培训体系”、“加强集团外派人员培养”和“启动后备人才队伍管理”三个子目标。

学习与成长维度：由于人力资源职能有效运行的基础是人力资源管理人员的专业知识与技能，因此A集团将提高集团人力资源专业人员业务素质和技能以及加强人力资源信息化建设（协同集团信息化战略）作为学习与成长维度重点关注的两大战略主题。

A集团构建的人力资源战略地图的显著特点在于清晰的系统设计和流程管理，是现代企业中指导人力资源管理实践的重要管理工具之一。A重建机集团有限公司所构建的人力资源战略地图无疑是人力资源管理实践的一次创新。人力资源管理与开发的价值可以通过对人力资源战略地图各模块的深耕细作反映在企业的发展战略和战略目标中，最终为实现企业的发展战略提供支持。由此可见，人力资源战略地图是一个非常重要的管理工具。本章介绍人力资源战略地图的基础——平衡计分卡和战略地图，对它们的内涵、组成维度、绘制原则、作用等进行简要的阐述；重点描述人力资源战略地图的内涵、构建程序、实施过程和人力资源管理价值评价等。

第一节 平衡计分卡和战略地图

一、平衡计分卡

（一）平衡计分卡的内涵

平衡计分卡（balanced scorecard，BSC）最早是由哈佛大学商学院教授罗伯特·卡普兰（Robert S. Kaplan）和诺朗诺顿研究所总裁大卫·诺顿（David P. Norton）于1992年提出的。平衡计分卡是他们在对美国12家绩效测评处于领先地位的企业进行为期一年的研究后所开创的企业绩效评价体系。1996年，两位大师共同撰写的《平衡计分卡——化战略为行动》的问世，标志着平衡计分卡理论的确立，将平衡计分卡由一个单纯的业绩衡量工具转变为战略实施工具。

平衡计分卡以公司战略目标为出发点，将传统的财务指标与非财务指标有机结合起来以评估企业的绩效。其核心思想是通过财务、客户、内部运营和学习成长四个指标之间相互驱动的因果关系来描绘组织的战略轨迹，实现绩效考核—绩效改进以及战略实施—战略修正的战略目标过程。[①]平衡计分卡不单单是一种评价的工具，更是一个管理系统，能对产品、经营过程、客户、市场开发等关键领域产生积极的作用。其基本构成关系如图5-2所示。

① Kaplan R S, Norton D P. The Balanced Scorecard: Translating Strategy Into Action. Harvard Business Review, 1996, 30(4): 712-736.

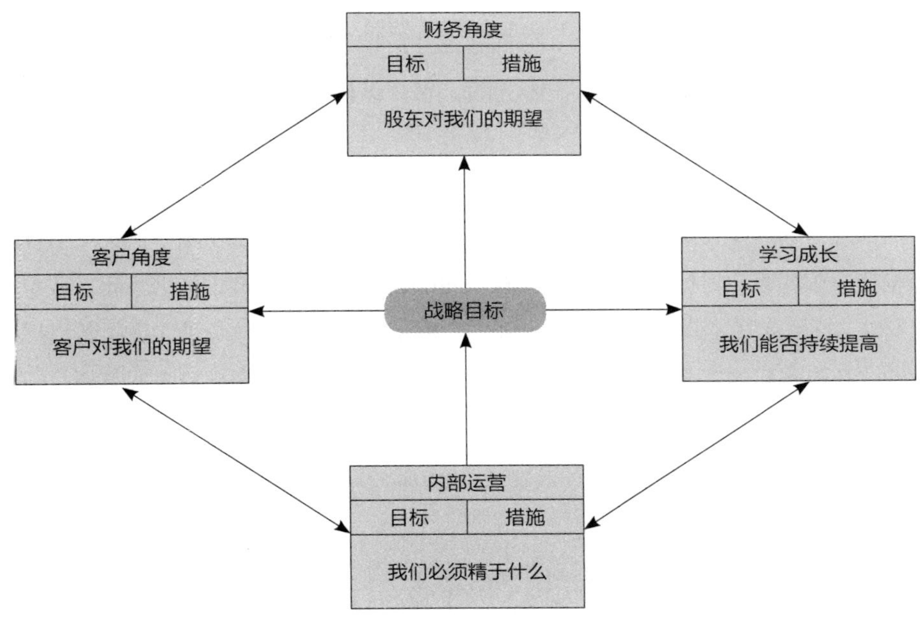

图5-2 平衡计分卡的基本构成关系

资料来源：裴利芳. 人力资源管理. 北京：清华大学出版社，2013：197-200.

平衡计分卡之所以被称为“平衡”，是因为其体现财务和非财务衡量（客户、内部运营和学习成长）的平衡，长期目标（内部运营和学习成长）与短期目标（财务和客户）的平衡，外部（财务和客户）和内部（内部运营和学习成长）的平衡，结果（财务和客户）和过程（内部运营和学习成长）的平衡，领先指标（客户、内部运营和学习成长）与滞后指标（财务指标）的平衡。所以，较之于其他的绩效评价工具，平衡计分卡能够全面反映组织的运营状况，使业绩评价趋于平衡和完善，有利于组织的可持续发展。①

（二）平衡计分卡的维度

平衡计分卡作为一个核心的战略执行与评价工具，由财务、客户、学习成长、内部运营四个基本维度构成。

1. 财务

财务指标是常被企业用来总结和评价过去业绩的传统指标，主要反映企业的财务状况、经营成果和现金流量。企业股东是财务指标的评价者，通过对财务指标的评估可以显示企业经营战略及其执行能否有利于最终经营成果的改善。财务指标衡量的主要内容包括：收入结构与增长、降低成本、市场占有率、销售额、经济增加值、资产利用和投资战略等。

2. 客户

客户指标主要评价为客户服务的质量，客户是该指标的评价者。企业必须从目标客户和目标市场出发，专注于能否满足核心客户的需要，并非追求满足所有客户的偏好。一般说来，客户最关心的五个方面分别是时间、性能、质量、服务和成本。企业必须紧紧围绕这五个方面树立明确的目标，然后将这些目标分解为具体的指标。客户指标衡量包括：市场份额、新客户获得、客户满意度、客户保持率、送货准时率、从客户获得的利润率等。

3. 内部运营

内部运营通常是在财务和客户指标之后才被制定的，这个顺序能够使企业更好地关注那些与股东和客户目标密切相关的流程。内部运营指标的评价者是供应商、客户和社区，反映一个组织所必须擅长的程序和能力。内部运营考核的核心是实现财务目标影响最大的业务流程和顾客满意度。短期的现有业务改善和长远的产品和服务革新共同构成内部运营指标体系。内部运营指标包括：生产周期、产量、产品质量、劳动生产率、新产品开发能力、工艺改造能力、经营过程、售后服务过程等。

4. 学习成长

学习成长反映组织能否持续提高并创造价值，为其他三个方面的目标提供坚实的基础。该指标的评价者是员工、股东和顾客。在全球竞争进入白热化阶段，企业目前掌握的技术和能力已无法保证其实现未来的业务目标，企业只有通过加大对学习和成长能力的投资才能弥补企业实际能力与实现突破性业绩所必需的能力之间的差距。学习成长衡

---

① 卢润德，严宗德，等. 管理学. 2版. 北京：机械工业出版社，2013：114-117.

量包括：员工满意度、员工流动率、员工士气、研发能力、培训投资、信息系统的能力与激励、管理水平等。

平衡计分卡的四个维度并非孤立存在，彼此之间有着紧密的内在联系。学习成长能为企业带来源源不断的生命力，是提升企业战略管理能力的基础，同时该项能力的提高又会为客户带来价值增值。企业永恒的目标是追求利润最大化和顾客满意度，顾客满意又是企业良好财务绩效的表现，是企业成长的标志。相反，要想获得良好的财务指标必须始终坚持顾客满意为前提，产品和服务必须以消费者需求为导向，努力提高顾客的满意程度。为了实现这些目标，企业只有通过不断创新和学习来增强企业的综合实力。

（三）平衡计分卡的评价

平衡计分卡对于企业而言不单单只是一套评估系统，更是一套管理系统，能把所有员工的精力、知识和能力平衡运用于实现企业的长远战略目标。企业将平衡计分卡运用于日常工作中，更加重视长远目标的实现，从而实现管理制度的一次变革。平衡计分卡的优点包括：

（1）保障企业整体战略的有效执行。战略管理是当代企业在越来越激烈的市场竞争中能够脱颖而出的关键武器。平衡计分卡的评价指标与企业战略目标密切相关，它所表现出来的全面管理思想可以服务于企业战略的实施。主要包括：① 促进整个组织能为实现战略目标而行动一致；② 有效地将组织整体战略分解为组织各层的绩效指标和行动；③ 加深各级员工对组织战略和目标的理解与认同。

（2）帮助企业规避短期行为，平衡短期目标和长期目标之间的关系。传统财务指标往往只关注企业过去的信息，却忽视其未来成长的潜力，这样可能导致企业为投机而采取短期行为。非财务指标则很好地弥补了这一缺陷，能够对企业未来财务业绩进行衡量。例如，对顾客满意度的投资能够增加收入，培养顾客对公司产品的忠诚度，发展新的顾客，降低交易成本，最终增加企业未来的经营业绩。平衡计分卡从战略目标和竞争需要的角度出发，实现企业长期战略与短期行动的有效结合。

（3）促进企业整体管理效率的提升。平衡计分卡包含的四项维度都是企业未来成功的关键要素。通过平衡计分卡所提供的管理报告，可以将看似孤立存在的要素纳入统一的分析框架，大大节省管理者的时间，提高企业管理的整体效率，为企业的未来成功提供强有力的支撑。

（4）有助于形成团结合作的氛围，避免企业管理机能失调。团队精神是企业文化的集中表现，平衡计分卡通过对企业各要素的组合，让管理者可以清楚地认识到企业各职能部门在企业整体中所发挥的作用和功能，使他们明确某一领域所获得的工作成功可能是以其他领域的失败为代价换来的，促使企业高层管理者在选择可行方案时能够全盘考虑、慎重决策。

（5）增强员工的参与意识。传统业绩评价体系都是以管理者希望下属采取什么行动为基础，然后通过评价来确认下属是否按照要求采取行动以及行动的结果如何，整个控制系统强调的是对行为结果的控制和考核。平衡计分卡体现的是目标管理的思想，鼓励下属创造性地完成目标。这一管理系统强调的是激励动力。因为中下层管理者在具体管理问题上比高层管理者拥有更丰富的经验和深刻的见解，所做出的决策往往更能一击而中。因此，下属的行为方式由企业高层管理者来强制约束是不恰当的。另外，当前企业业绩评价体系的设计和监督实施主要是由财务专业人士负责，由于专业知识的局限，他们对于企业经营管理、技术创新等领域的知识并不擅长，因而无法科学合理地计量和评价企业整体的经营业绩。

（6）降低企业信息负担。在信息时代，企业再也不必为信息匮乏而烦扰。随着全员管理的日益盛行，当企业员工或顾问向企业管理者建言时，新的信息指标又会不断增加。毫无疑问，这会大大加剧企业高层管理者处理信息的负担，甚至利用错误信息可能导致决策失误。然而，平衡计分卡可以使企业管理者紧紧抓住少数的关键指标，不仅能够满足企业管理的需要，而且能够最大限度地减少信息负担成本。

正如任何一个事物都有两面性，平衡计分卡也存在一些缺陷。比如，平衡计分卡有四个维度，每个维度又包括很多具体的指标，这些指标之间的因果关系难以做到真实、明确；平衡计分卡要求从财务、客户、内部运营和学习成长四个维度考虑战略目标的实施，并为每个维度制定详细而明确的目标和指标，然后再将其分解到部门，无疑增加了实施成本；平衡计分卡中的某些非财务指标难以量化，如客户指标中的顾客满意度、学习成长指标中员工对工作的满意度等，这也使得对企业业绩进行评价的时候，难以做到完全的客观公正。

二、战略地图

（一）战略地图的内涵

战略地图（strategy map）是由罗伯特·卡普兰和大卫·诺顿在平衡计分卡的基础上于2004年首次提出的。[①]战略地图是在企业战略的引导下，从财务、客户、内部运营、学习成长四个层面定义公司的目标，各个目标之间层层递进，并通过明确这四个层面目标之间的相互关系来描绘企业战略的因果关系图。[②]

战略地图的核心内容是企业通过运用人力资本、信息资本和组织资本、企业文化等无形资产（学习成长角度），创新和建立战略优势和高效的运营系统（内部运营角度），公司从而能够为市场（客户角度）带来特定的价值，同时也实现股东价值（财务角度），最终顺利达成企业整体的战略目标。通过这种价值传递能够将企业希望实现的整体战略目标与目标的驱动

① Kaplan R S, Norton D P. Strategy Maps: Converting Intangible Assets into Tangible Outcomes.Boston: Harvard Business School Press, 2004.

② 秦远建. 企业战略管理. 北京：清华大学出版社，2013.

因素结合起来。战略地图运用图形的逻辑形式将企业的价值传递和战略实现路径清晰地呈现在使用者面前，并且能够运用一种更为系统、连贯和完整的方式来考量企业所制定的战略。

简单地说，战略地图是一个企业战略的描述工具，将企业战略转化为由四个业务角度组成的紧密相连系统，如图5-3所示。

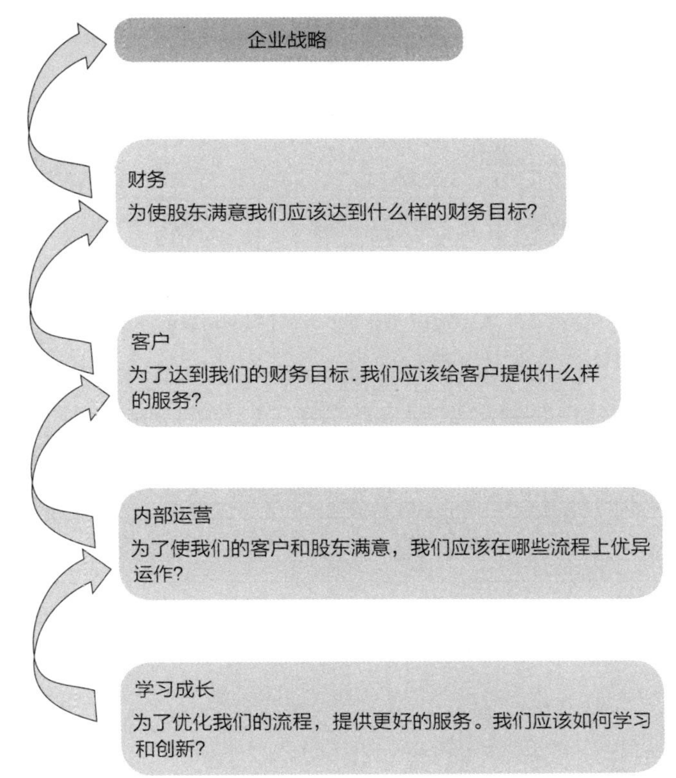

图5-3 战略描述示意

资料来源：秦远建. 企业战略管理. 北京：清华大学出版社，2013.

（二）战略地图的绘制

战略地图是从平衡计分卡的四层面模型发展而来的，并且在平衡计分卡的基础上进行了创新。战略地图增加了一个细节层，以说明战略的时间动态性；加入了颗粒层，以改善清晰性和重点。众所周知，战略制定的方法是比较多的，但是，无论选用何种方法，战略地图都能提供一个描述战略的统一方法，以致目标和指标可以被建立和管理。从战略制定到战略执行的系列过程都可以在战略地图的指导下有序地进行。[①]

图5-4所描述的战略地图模板也为战略的构成要素及其相互关系提供了一个标准化的检查清单。如果一项战略遗漏了其中的某项要素，那么这项战略的效果可能会大打折扣。例如，

① 罗伯特·卡普兰，大卫·诺顿. 战略地图——化无形资产为有形成果. 刘俊勇，孙薇，译. 广州：广东经济出版社，2005：8-11.

企业内部流程指标和客户价值主张之间缺乏联系，没有创新目标，员工技能、激励以及信息技术作用的目标模糊，诸如此类的遗漏往往会带来负面的影响。

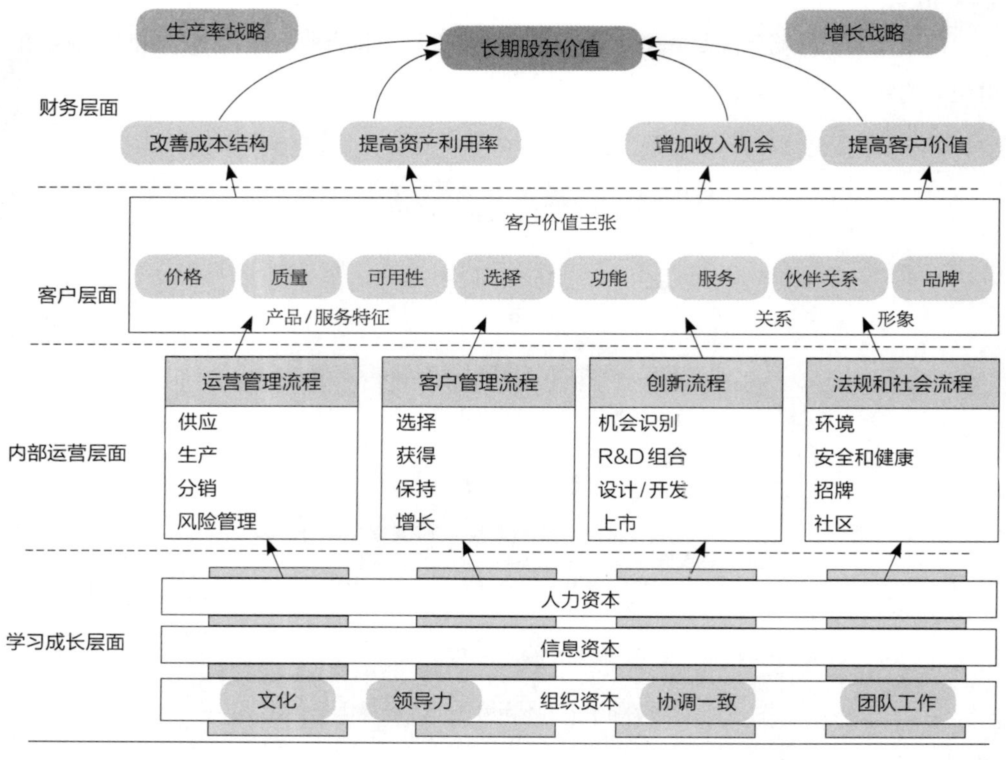

图5-4　战略地图模板

资料来源：罗伯特·卡普兰，大卫·诺顿. 战略地图——化无形资产为有形成果. 刘俊勇，孙薇，译. 广州：广东经济出版社，2005.

战略地图的绘制应遵循以下原则：

（1）平衡各种力量的矛盾。投资于无形资产虽然有助于长期的收入增长，但同时也会增加企业成本，影响短期财务业绩目标的实现，因此投资无形资产和削减成本之间往往是互相冲突的。创造持续增长的股东价值是一种长期承诺，但同时改善的短期业绩也是企业不可忽视的，而短期业绩的提升不得不通过牺牲长期投资为代价来实现。因此，平衡并连接短期财务目标（削减成本和生产率提高）和长期目标（盈利收入的增长）是描述战略的起点。

（2）以差异化的客户价值主张为基础。满意的客户可以为企业带来持续不断的价值创造。战略要求在目标细分客户和令他们愉快的价值主张之间建立起清晰的联系。清晰的价值主张是一个至关重要的战略维度。

（3）价值通过内部业务流程来创造。内部运营以及学习成长层面的流程是战略的重要驱动因素；企业如何执行既定的战略可以通过它们来进行描述。高效、协调的内部流程决定价值的创造和持续。企业必须高度关注少数几个关键内部流程（称为战略主题），因为这些流程不仅能够传达差异化的价值主张，而且对于维持企业的经营特许权和提高劳动生产率具有深远的意义。

（4）包括并存的、相互补充的主题。战略应该是平衡的，在四类内部流程（运营管理流程、客户管理流程、创新流程以及法规与社会流程）中，每类至少有一个战略主题被包含进来。这样四个内部流程都拥有各自的战略主题，它们的优势将渐渐被企业认知，即创造持续的股东价值增长。

（5）战略协调一致决定无形资产价值。平衡计分卡和战略地图的第四个维度，即学习与成长，主要反映企业拥有的无形资产在战略中所发挥的作用。无形资产可以被分成人力资本、信息资本和组织资本三类。这些无形资产的价值来源于它们帮助企业实施战略的能力，无法被独立衡量。

在坚持上述五项基本原则的基础上，卡普兰和诺顿以战略地图的因果关系为核心开发了战略地图绘制的六步骤流程，被称为“规划战役”，如图5-5所示。

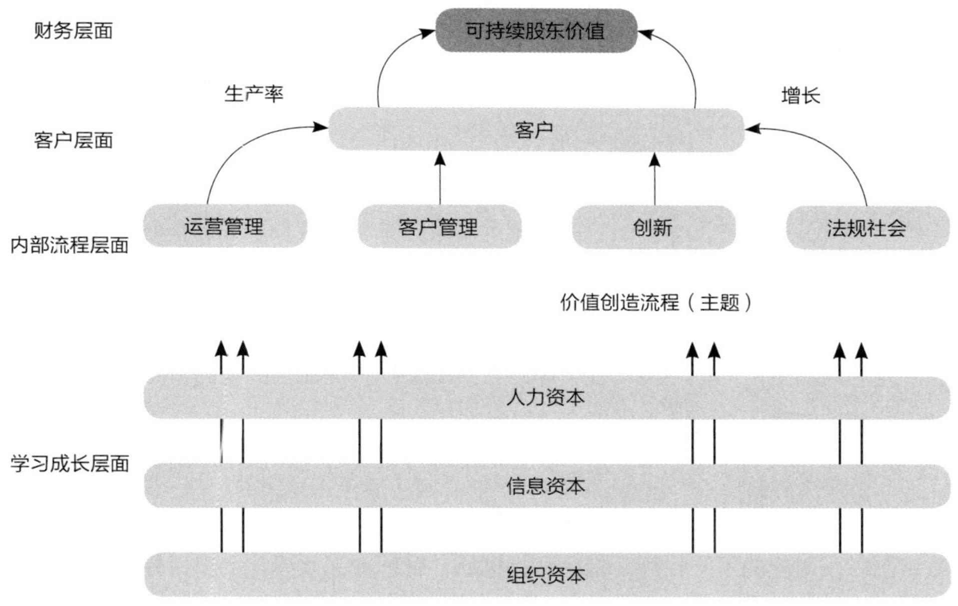

图5-5 利用战略地图规划战役

资料来源：罗伯特·卡普兰，大卫·诺顿. 战略地图——化无形资产为有形成果. 刘俊勇，孙薇，译. 广州：广东经济出版社，2005.

（1）确定股东/利益相关者的价值差距。这一步骤的关键是设定挑战性目标值和必须缩小的价值差距。首先，从长期收入增长和生产率提高获得的短期收入两个方面来确定高层的财务（或使命）目标和指标。其次，确定目标值和价值差距。值得注意的是，挑战性目标值要根据企业的实际情况来制定，如果挑战性目标值过高，不仅对员工无法起到激励作用，甚至会使员工失去动力。最后，把价值差距分配到不同的次级财务目标。

（2）调整客户价值主张。这一步骤其实就是为了确定能够提供客户价值新来源的目标客户群和价值主张。首先，明确目标细分客户是谁，并阐明这些客户的价值主张。然后，选择合适的指标（如顾客满意度、顾客保持率等）衡量客户价值主张，使客户目标与财务增长目标协调一致，如果不一致就需要调整客户价值主张。客户价值主张主要包括：① 最低的总成本；② 价值主张强调产品创新和领导；③ 价值主张强调提供全面的客户解决方案；④ 系统锁定。

（3）确定价值提升时间表。价值时间表是描述如何通过不同的内部流程在整个时期内创造价值。这一步骤由两个主要环节组成：确立实现成果的时间表；把价值差距分配给不同的主题。例如，企业设立五年实现三亿元股东价值差距的目标，就需要建立时间表规划：第一年提升多少，第二年、第三年提升多少。只有将总财务目标进行层层分解，分解成内部流程和战略主题的目标值，并与具体的时间框架相联系，企业中的每个人才会正确看待总目标值的可行性。

（4）确定战略主题。尽管大部分公司都必须认真对待所有流程，但是并非所有流程都对特定战略的成功具有决定性的意义。第四步就是找到这些有最大影响的关键流程，确定企业在短期、中期和长期分别应该做什么使得关键内部流程（驱动因素）与实现财务和客户目标（结果）的目标值保持一致。企业往往存在四个关键内部流程：运营管理流程、客户管理流程、创新流程以及法规与社会流程。

（5）提升战略资产准备度。这一步骤的着眼点是学习成长层面。企业设立的学习成长的目标要为人力资本、信息资本、组织资本和无形资产创造准备度并使其协调一致。首先，确定支持战略流程所要求的人力、信息和组织资本等无形资产。然后，全面地评估企业现有无形资产的战略准备度，即是否具备支撑关键流程的能力。如果不具备，就需要寻找相应的措施来提升无形资产的战略准备度。

（6）确定执行战略所要求的战略行动方案并安排预算。尽管已经根据企业的实际需求确立了目标和目标值，但是对于这些目标的实现仍然相距甚远。对于前面已经确定的战略地图以及对应的不同目标、指标和指标值，管理者必须确定实现目标值所需的具体战略行动方案。同时，必须为每个行动方案配备相应的资源——员工、资金和能力，合理安排预算，为企业战略目标的实现提供坚实的保障。

绘制战略地图的目的是明确战略目标是如何实现的，因此战略地图是以企业的战略选择为出发点。总而言之，绘制战略地图需要以企业战略选择为基础，沿着为股东创造价值—给客户创造价值—高效运转的内部运营系统—学习与成长这条反向的因果关系链，并且制定从财务角度的目标到学习与成长角度的目标，然后使之相互关联，战略地图最终绘制完成，能够为企业实施战略提供有益的指导。

（三）战略地图的作用

（1）战略地图提供可视化的架构，将企业财务、客户、内部运营和学习成长四个层面的目标集成在平衡计分卡之中。它清楚地说明财务和客户层面的期望目标与关键内部流程（运营管理、客户管理、创新、法规与社会流程）的优异表现之间的因果关系，并通过这四个层面来描述企业的整体战略。

（2）规避单纯追求传统财务目标的负面效应。单纯追求传统财务目标可能带来一系列负面影响，如无法显示如何产出、不能真正对员工起到激励作用、无法反映企业战略所追求的其他效果、忽视长期和整体的效果等。然而，战略地图的运用能够有效避免这些负面效应。因为战略地图真正实现财务和非财务测量的平衡、长期目标和短期目标的平衡、滞后指标和领先指标的平衡、外部和内部的平衡。

（3）明确无形资产的重要地位。战略地图确定人力资本、信息资本、组织资本等无形资产对于企业持续发展的关键作用，它们是关键内部流程产生卓越业绩所必需的。这也提醒广大管理者要加强对企业无形资产的投资。

（4）指明企业健康成长的方向。战略地图的四个层面清晰地阐述企业的财务目标，描述企业所面对的目标顾客和各类顾客的价值主张，制定哪些关键流程，并且还明确完成这一系列事情需要什么人、能力、信息系统和企业文化，同时也论证达成目标的一系列问题，为企业的健康成长指明方向。

第二节 人力资源战略地图的绘制

一、人力资源战略地图的内涵

战略地图是为企业整体战略而服务。如果将战略地图应用于企业的各个职能部门，同样也能形成各部门的战略地图，指导各部门高效率地开展相关工作，为企业整体经营业绩的改善做出努力。人力资源战略地图（HR strategy map）与战略地图的定义类似，是在企业战略和人力资源战略的引导下，从平衡计分卡的四个层面——财务、客户、内部运营和学习成长出发，确定人力资源部门的目标，各个目标之间层层递进。并且，明确这四个层面目标之间一系列因果关系，进而描述人力资源战略的图形。

人力资源战略地图的内在逻辑关系就是以组织整体发展战略为根本，以组织文化和用人理念为精髓，将组织经营目标和愿景、使命、价值观逐个分解并将其融入人力资源管理的方针、战略规划和人才发展蓝图之中，并落实到人力资源规划、招聘与配置、薪酬管理、绩效管理、培训与发展、员工关系、职业生涯规划、胜任力模型等各个可实际操作的基本功能模块之中。[①]人力资源战略地图提供一种可视化的框架，描绘从人力资源战略的制定到执行过程应该如何进行操作。

① 刘磊，张淑芳. 人力资源管理创新最佳实践. 上海：上海交通大学出版社，2012：80-82.

二、人力资源战略地图的作用

人力资源战略地图能为组织带来许多好处，主要表现在：

（1）突出人力资源管理对实现企业发展战略的价值贡献。人力资源战略地图可以清晰地描述人力资源管理具体行动和每个环节对企业经营目标实现的影响。基于人力资源战略地图的指导，人力资源管理活动能够紧紧围绕公司战略规划和经营目标，清晰、有序、高效地运转，最终实现人力资源战略与企业整体战略的统一。

（2）人力资源战略地图有利于管理沟通。人力资源战略地图将企业经营目标和人力资源战略分解到各个部门和各个员工身上，不仅能使他们更完整、有效地了解企业战略和使命，而且还能让他们明确自己在组织中所发挥的作用和工作目标，并且努力去达成工作目标。同时，人力资源战略地图还为员工描绘职业生涯的蓝图，使他们明白哪些知识和技能是企业所需要的，激励他们通过不断学习来提升自己的专业知识和技能，在为企业创造价值的同时实现自身的人生价值。

（3）人力资源战略地图有助于绩效评价。绩效评价作为人力资源管理的基础和核心，对于企业而言其重要性不言而喻。人力资源战略地图是以平衡计分卡四个层面之间的因果关系为基础建立起来的。平衡计分卡是在组织战略的基础上设计的系统的评价指标体系，是一套完整的企业绩效评价系统[①]。人力资源战略地图同样也承担着绩效评价的功能。一方面，它能克服传统绩效评价体系滞后性和片面性的缺陷；另一方面，它还能强化对战略目标的制定、企业行为的指导以及整体绩效的提升等方面的管理，最终为企业绩效目标的实现提供坚实的制度保障。

① 迟骏. 平衡计分卡在人力资源管理部门中的应用——以关键绩效指标设置为例. 贵州师范学院学报，201，27(4)：39-41.

（4）人力资源战略地图以战略为导向，有助于企业实现长期目标。在人力资源战略地图的指导下，企业能够对人力资源进行有效开发、合理配置和充分利用，提高人力资本的使用效率。并且，它将人力资源管理几大基本模块，包括人力资源规划、招聘与配置、培训与开发、绩效管理、薪酬福利管理、劳动关系管理等密切联系在一起，互为补充，促进管理效率的提高，以保证组织获得竞争优势和实现最优绩效。

三、人力资源战略地图的绘制程序

不同企业绘制人力资源战略地图的程序通常存在差异，但是关键环节基本一致，主要包括：

（一）人力资源环境分析

人力资源环境分析主要由外部人力资源环境分析、内部人力资源环境分析和SWOT综合分析三大块内容组成，如图5-6所示。[②]

② 秦杨勇，陈清民. 集团人力资源管控经典案例解析. 北京：中国经济出版社，2013：54-58.

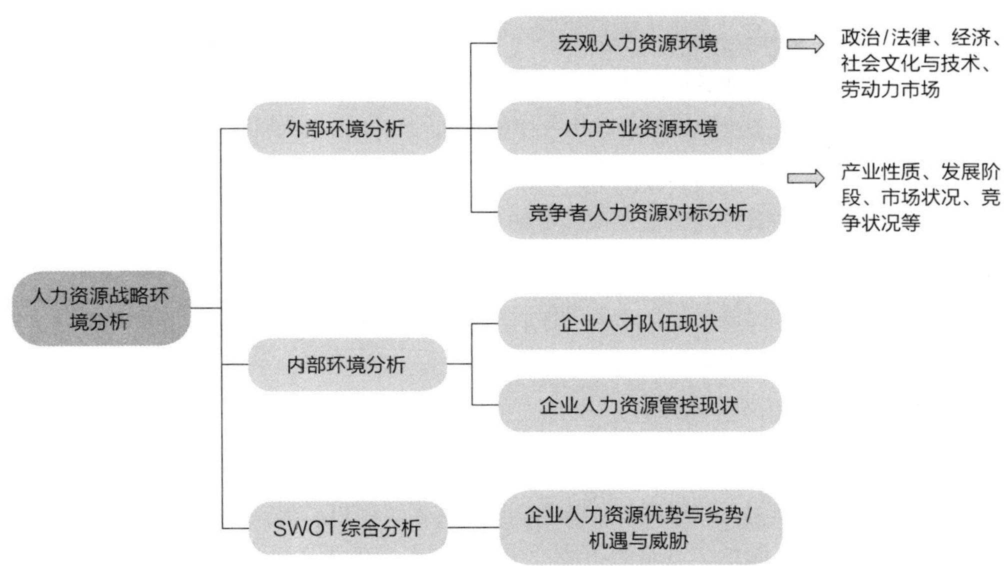

图5-6 企业人力资源战略环境分析的三大内容

资料来源：秦杨勇，陈清民. 集团人力资源管控经典案例解析. 北京：中国经济出版社，2013：54-58.

外部人力资源环境分析首先要从国家或地区的政治/法律、经济、社会文化与技术、劳动力市场等维度，考察一个企业及其业务单元所处的人力资源宏观环境；其次从产业性质、发展阶段、市场状况、竞争状况等几个维度来考察企业及其业务单位所处人力资源产业环境。同时，有条件的企业还可以进行竞争者人力资源对标分析，通过对标杆企业人力资源管理处于领先地位本质原因的分析并加以借鉴，能够优化提升本企业的管理有效性。

内部人力资源环境分析的主要目的是掌握企业现有人力资源情况以及管理现状，主要包括：一是企业人才队伍现状分析；二是企业人力资源管控现状分析。企业人才队伍现状主要是从人才梯队的数量、结构、素质与员工心态等几个维度来进行评价，以研究分析人才队伍现状与企业发展战略的适应性，以及可能相比于竞争对手存在的优势与劣势。企业人力资源管控现状主要是调查人力资源在企业战略决策中的参与程度、企业人力资源战略与规划、人力资源基础管理系统建设与运作履行状况方面的内容。

SWOT分析工具是目前被广泛应用于战略分析的一个比较成熟的分析工具，它不仅能用来分析企业战略和业务单元战略，还被运用于人力资源等职能战略的分析。SWOT分析操作的第一步是罗列出企业所面临的所有外部人力资源环境的机遇（O）和威胁（T），内部人力资源的优势（S）与劣势（W），这些信息可以通过上述对企业内外部人力资源环境分析的结果获得。第二步是对人力资源的SWOT组合并进行深入分析，根据不同的分析结果得出相应的人力资源SO、ST、WO、WT策略，这些策略也为人力资源战略地图的构建奠定基础。

（二）明确人力资源管理的战略使命与价值

正式进入人力资源战略地图的绘制过程，首先要进行财务层面的“顶层设计”。在人力资源环境分析之后，明确人力资源管理的战略使命与价值是什么，如可能是劳动生产率提高、为股东价值实现提供支持、建立高效的人力资源队伍、合理控制人均薪资成本等。本书选取“人力资源价值最大化”作为企业的战略使命来加以说明。

企业通过科学合理地使用人力资源管理的方法和工具能够使人力资源的价值实现最大化，进而通过人力资源的价值发挥来帮助企业实现整体战略目标。人力资源价值最大化的体现是人力资本投入产出最大化（人力资本投入产出=净利润/人工成本总额）。只有人力资本的投入产出最大化，才能确保股东价值最大化的实现。从人力资本投入产出的公式可以看出，实现人力资本投入产出最大化的途径有两条：一是利润最大化（即人均利润最大化，人均产出最大化）；二是人工成本最小化。在经济学中，利润最大化的原则是边际成本等于边际收益，主要和企业的经营策略相关。人工成本最小化本质上需要提升人力资源管理的生产效率，可以通过优化人力资源价值组合和优化人力资源转换成本来实现。值得注意的是，企业不能一味去削减员工的工资以达到节省成本的目的，这样会造成员工极大的不满，从而降低生产效率。因此，企业必须找到控制人工成本的适当方法。[①]人力资本投入产出的最大化是人力资源管理的终极目标。

① 吴成云. 照亮中国人力资源管理的十盏明灯. 人力资源，2007(24)：10–17.

（三）明确如何满足客户需求和为客户创造价值

客户是指人力资源管理服务的对象，主要有企业的管理层、内部的其他部门和员工。此环节需要考虑的关键问题是“如何与管理层建立一种战略伙伴关系，满足其他部门人力资源管理的需求和提高员工的满意度”。若要解决这个问题，首先就必须了解管理层、内部其他部门和员工的需求分别是什么。

（1）管理层的人力资源管理需求：人力资源部门作为管理层最重要的战略伙伴之一，必须在企业战略的指导下制定相应的人力资源战略，构建战略性人力资源管理体系。战略性人力资源管理体系包括：战略性人力资源规划；组织诊断，流程再造，实施战略性组织变革，企业文化塑造与重建；战略性职位体系设计与开发，构建战略性胜任力素质模型，寻找战略需要的候选人，培养接班人，实施战略性人才配置；建立战略性绩效管理体系、战略性人力资源开发与员工能力建设、战略性薪酬激励体系等。[②]

（2）其他部门在人力资源管理方面的需求：及时满足用人部门的用人需求，为其招聘到与岗位要求相符的人选；帮助用人部门进行员工绩效辅导、薪酬激励、培训开发、团队建设；构建和谐的员工关系等。

② 赵炜. 构建企业人力资源战略地图. 人力资源管理，2010 (1)：62–64.

（3）员工的需求：帮助员工进行技能提升与开发，辅导员工进行职业生涯规划，大力实施员工心理援助计划，无偿提供人力资源政策咨询与服务等。

总而言之，在客户层面对人力资源部门的要求是：提供数量充足、结构合理、质量高、工作意愿强的人力资源来保证企业战略目标的实现，选拔出来的人才通常将成为支撑企业发展壮大的核心人才。核心人才的评价指标是核心人才胜任度，主要是从数量满足和质量/结构合理这两个维度进行评价。核心人才对于财务层面的人工成本最小化和人均产出最大化这两个重要目标有促进作用。对于企业中的其他员工而言，采取措施提高他们的工作积极性和满意度，能显著提高人均产出。

一般说来，客户关注的主要是时间、质量和服务，与之相对应的人力资源管理指标则是时效性、服务质量和顾客满意度。在绘制人力资源战略地图时，企业应根据自身实际情况选择合适的客户指标，以最大限度地为客户创造价值。

（四）考虑如何建立高效的运营流程

人力资源部门的核心竞争力是高效的运营流程，服务客户的基础和保证则是多元化、业务娴熟、能够合格履行人力资源管理职能的工作团队。

为了满足客户的需求，人力资源部门必须重点关注如何建立起高效的内部运营流程。它包括：建立与企业战略相匹配的人力资源规划系统；在招聘甄选方面不但要拓宽现有的人力资源采购渠道，而且还要建立高效的甄别系统；同时要建立满足战略对人力资源需求的培训开发系统；构建以战略为核心的绩效管理系统、薪酬激励系统和员工关系管理系统、企业文化系统等。例如，通过建立高效的招聘系统和人力资源规划系统，能够方便快捷地招募到企业所需要数量的核心人才；同样，通过建立高效的培训开发系统、核心胜任力系统、领导力开发系统、职业生涯规划系统，能帮助企业建设一支高素质、结构合理的核心人才队伍。因此，顾客层面的核心人才胜任度就会得到提升。员工满意度的提升则可以通过建立起高效的薪酬福利系统、员工关系系统等来实现。这样，客户层面的所有目标就都能顺利完成。总之，通过这些高效系统的运行能为客户提供高质量的人力资源服务，最终实现股东价值最大化的终极目标。

（五）明确人力资源部门如何拥有高效运作的能力

人力资源战略地图的底层是“学习成长”，着眼于人力资源部门加强自身能力建设。人力资源部门如何才能持续提高并为企业创造价值呢？如何才能具有高效的运作能力呢？要解决这两个问题，人力资源部门只有持续不断地学习与创新，提升人力资源管理人员的专业知识与实践技能，加强人力资源团队建设和管控组织体系建设，才能满足客户日益复杂的需求，提高客户的满意度。

同时，企业整体人力资源管理水平的提升也是实现人力资源价值最大化的一个必要条件。通过培养直线经理的人力资源管理能力（HRM技能、员工管理能力以及团队建设能力等）、大力推进企业人力资源管理信息化的实施与应用、营造良好的人力资源管理环境，以及加强人力资源管理制度平台建设等措施，能够帮助人力资源部门获得高效运作的能力，为实现人力资源价值最大化而服务。

沿着前文所述的财务、客户、内部流程和学习成长四个层面之间的因果关系，绘制的人力资源战略地图模板如图5-7所示。该图清晰地展示了人力资源战略目标的达成是通过平衡计分卡最底层“学习成长”层面目标的实现，加强人力资源自身建设，不但能够提升人力资源管理能力和水平，而且能够加强人力资源基础管理建设，从而推动人力资源运营层面各项指标的实现。人力资源内部运营效率的提高和管理机制及流程的改善，可以帮助企业提高内外部顾客的满意度和忠诚度。通过客户层面各项指标的实现，使得人力资源效益不断提高，继而能够为人力资源战略目标和企业整体战略目标的达成提供强有力的保证。当然，需要明确围绕这四个层面设置的各相关指标之间的逻辑关系及相关性是人力资源战略地图在构建过程中的难点和重点。只有做到设置的各相关指标之间具有可靠的互动性，人力资源战略地图才能真实反映企业人力资源活动对于企业实现其整体战略目标的重要意义。由于企业自身性质，再加上所面临的内外部环境处于动态变化之中，企业根据实际情况随时调整人力资源战略地图的框架、指标设置等，与时俱进，以满足新形势的需要。

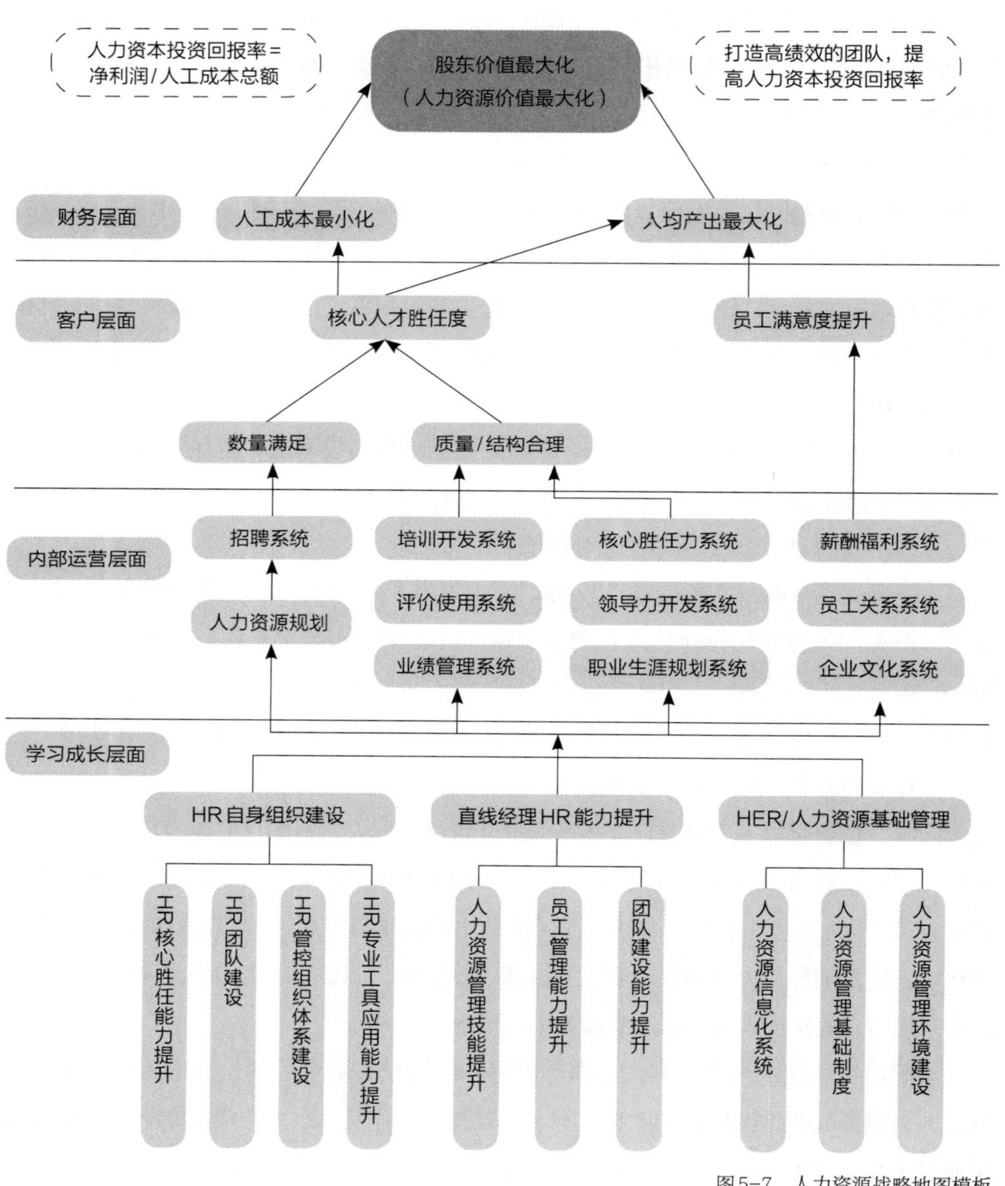

图5-7　人力资源战略地图模板

资料来源：赵炜. 构建企业人力资源战略地图. 人力资源管理，2010(1)：62-64.

四、人力资源战略地图的新发展

企业在构建自己的人力资源战略地图时，并不需要拘泥于传统的平衡计分卡的四个层面，完全可以根据自身的实际情况和所追求的战略目标选取新的维度，在此基础上建立适合于自身并且具有创新精神的人力资源战略地图。本书将利用冉斌（2012）在《再造人力资源九大系统》一书中所列举的某高科技创新型公司构建的人力资源战略地图（见图5-8）来予以说明。①

① 冉斌. 再造人力资源九大系统. 深圳：海天出版社，2012：39-41.

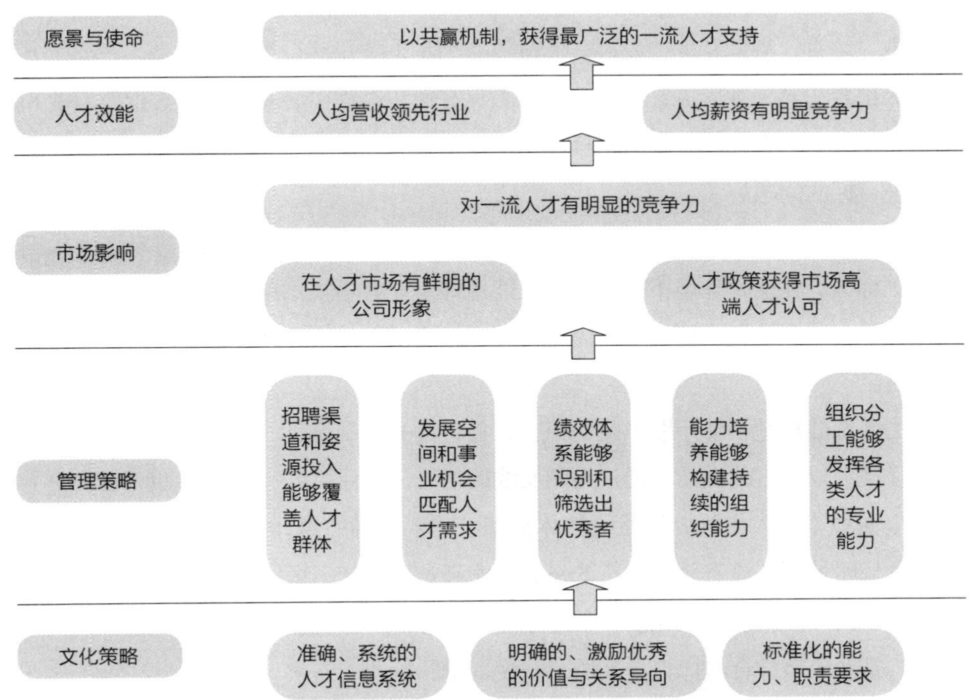

图5-8 某高科技创新型公司人力资源战略地图

资料来源：冉斌. 再造人力资源九大系统. 深圳：海天出版社，2012：39-41.

进入知识经济时代，具有创新精神和丰富专业知识的人才是企业在激烈的市场竞争中立于不败之地的关键战略要素。因此，如何吸引、保持和培养高素质人才就成为制定人力资源战略的重中之重。基于此，该高科技创新型公司借鉴平衡计分卡形式，构建人力资源战略地图，即：愿景与使命、人才效能、市场影响、管理策略和文化策略。

（1）愿景与使命。愿景与使命是人力资源战略地图的核心，也是人力资源战略为之奋斗的目标。相比于整个企业的愿景与使命是为客户市场而服务，人力资源战略的目标则必须更多地服务于企业内部的人才团队。不同类型企业的愿景与使命往往存在差异，对于智力和技术密集型企业而言，愿景与使命必须立足于能够利用最广泛的人才支持，以大力发展企业的核心技术竞争力；对于劳动密集型企业而言，愿景与使命则应立足于以低廉的成本获得稳定技能的员工支持。愿景与使命主要解决的是需要何种人才的问题。

（2）人才效能。人才效能是指人才发挥作用的程度，着眼于每个员工的业绩贡献，通常使用人均营收这一指标来进行衡量。与此对应，人均薪资将会成为支持人均营收的必要条件。人才效能主要解决的是获得何种贡献的问题。

（3）市场影响。市场影响是指企业的人才政策在市场中所树立起来的品牌形象。正面的品牌形象有助于更加方便、快捷地捕获人才资讯，并对优秀人才形成难以抗拒的吸引力。外在的品牌形象同样能让内部员工听到更多的肯定和羡慕的声音，提高他们的自豪感和组织承诺，大幅降低员工离职率。市场影响主要解决的是获得何种人才市场号召力的问题。

（4）管理策略。管理策略是为实现企业战略目标而制定的一揽子工作方案，重点是人才获取、培训、激励和能力发展。值得注意的是，要想获得最优的效果，一揽子方案必须作为组合工具一并实施；而且，组合工具在使用过程中必须综合考虑企业需要和人才需求，使其能为企业整体战略目标的实现提供强有力的保障。管理策略主要解决的是如何实现目标的问题。

（5）文化策略。文化策略旨在为员工营造良好的工作环境，涵盖信息条件、员工关怀和规则标准。在这种环境下，员工不仅能遵守企业各项规章制度，高效率地工作，而且在工作中会感到愉悦，提高工作满意度和忠诚度。文化策略主要解决的是构建何种环境的问题。

人力资源战略地图使用图形化的语言，将直接的控制信息形象地呈现在管理者的面前。通过地图反映的信息，企业可以直观、全面地掌握人力资源战略的整体框架。需要明确的是，人力资源战略地图并没有一个固定的格式，尤其是在“知识经济”、“互联网+”、“经济新常态”等新时代元素不断兴起的大环境下，企业应该综合考虑自身性质、规模、所属行业、追求的战略目标等因素构建真正属于自己的人力资源战略地图。在该地图的引导下，踏踏实实地完成每项工作，赢得人力资源战略的成功。①

① Wright P M, Mcmahan G C, Mccormick B, et al. Strategy, Core Competence and HR Involvement as Determinants of HR Effectiveness and Refinery Performance. Human Resource Management, 1998, 37 (1):17–29.

第三节 人力资源战略地图的实施

一、实施前的准备

为了确保人力资源战略地图的顺利实施，实施前的准备工作包括：

（1）建立一套科学的管理信息系统。大数据时代，管理信息系统被广泛运用于企业日常管理活动中。人力资源战略地图涉及多个职能部门、多个员工，需要处理的信息数量极为庞大。单纯靠人工不仅效率低下，而且容易出错。因此，企业必须建立一套高效率运转、高质量的管理信息系统，才能保证人力资源战略地图实施的客观性、有效性。

（2）实现组织内部资源的合理配置。人力资源战略地图的实施是一项浩大的工程，需要组织的技术、财力、物力、信息和人力资源合理配置与相互协调，才能保证人力资源战略地图的有效运作。管理者应根据人力资源战略规划的要求，建立职能部门项目规划和经费预算，根据重要程度将企业的主要资源集中在影响全局的重点上，以确保战略目标的实现。

（3）提高管理者及员工的职业素质和能力，强化他们对于战略地图的理解。人力资源战略地图能否达到预期效果，关键在于执行主体。因此，加大培训投入，鼓励管理者及员工积极参与专业技术的学习与培训，提高他们的职业素质和能力，并且通过各项活动形成和谐的员工关系。同时，还要加强战略沟通，将人力资源战略地图实施的目的、程序、意义等信息传递给员工，加强他们对于战略地图的理解和认同。

（4）确保考核主体的独立性。考核在人力资源战略地图的实施过程中占有很大的分量，考核结果公正与否与人力资源战略地图的实施效果密切相关。考核主体的参与者不能仅仅只有管理者，企业的股东、员工和客户等利益相关者都应当参与绩效考评。同时，企业需要单独为人力资源部门的绩效考核设置考核主体，并保证考核部门与人力资源部门最大程度的独立性，才能有效保证考核结果的公正、公平。

（5）充分发挥领导者的核心和导向作用。人力资源战略地图的构建与实施是领导者的神圣天职，而且领导者对于人力资源战略地图的成功实施同样有着非常重要的影响。在人力资源战略地图实施过程中，领导者必须要用战略家的眼光看待问题，审时度势，高瞻远瞩，善于抓住机会，保持正确的方向，最终实现人力资源战略目标。

（6）完善已有的战略管理支持系统。为了保证人力资源战略地图的顺利实施，必须全面检查原有的人力资源管理规章制度，并做出相应的修改和调整，以满足战略地图的新需求；同时，还需要建立畅通的信息传输、处理、存储和反馈的渠道，以利于人力资源战略地图实施过程中对每个环节进行监控并及时与相关责任人沟通，更好地推进战略地图的实施。

此外，准备工作还包括：规范人力资源部门的职责和分工，建立一支高效的工作团队，有效调动全体员工的积极因素等。总之，前期准备工作越充分，实施人力资源战略地图也会越顺利。

二、实施过程

人力资源战略地图的实施过程分为四个阶段，具体如下：

（一）第一阶段：夯实管理基础与目标分解

人力资源战略地图得以实施，首先要在企业中构建完整的人力资源管理政策和管理体系，将各项制度、机制有机融入人力资源管理体系之中，夯实人力资源的基础工作。同时，需要将人力资源战略目标层层分解，既要空间分解，也要时间分解。其中，空间分解是将人力资源战略目标分解给各个事业部门、业务部门，再逐层到岗位和个人；时间分解则是将人力资源战略的长期目标，从时间上分解为一个个短期目标，明确规定完成这些目标的程度与期限。当然，企业应该委派专人负责与员工就这些目标展开沟通，使员工能清楚地明白自己在目标中扮演什么角色、该如何实现这些目标等，从而增进员工对这些目标的理解和认同。

（二）第二阶段：重塑人力资源管理基本模块

人力资源战略地图四个层面的目标能否实现有赖于人力资源管理基本模块作用的发挥。因此，人力资源战略地图要想成功实施，关键在于优化企业现有的人力资源管理基本模块。

（1）人力资源规划。企业应在总体战略目标的指导下制定人力资源规划。人力资源规划由组织规划、制度规划、人员规划和费用规划组成。企业在组织规划上应充分考虑自身特点，设计组织管理的形态和管控模式。在组织规划和组织架构以及各职能部门的功能定位的基础上，按照三定（定编、定岗、定员）原则制定人员规划，确保满足企业人员需求。与此同时，制定人力资源规划还要在梳理整合现有制度基础上重新构建制度体系文件，使整个管理制度和流程体系更加完善，并且大力推动ERP实现E-HR信息化管理。人力资源规划还有一个重要的规划就是费用规划，即在企业整体财务预算体系中制定人力资源管理预算，如工资薪酬福利预算、培训与发展预算、招聘费用、人事费用等。费用规划同样也要秉持支持企业经营目标实现的原则，将每一分钱都花在刀刃上，控制不必要的开支费用，尽力降低成本。

（2）招聘与甄选。企业在招聘人才前，要先进行工作分析。根据企业整体发展战略和实际任务，分析每个岗位的工作目标、工作职责和工作任务是什么，完成这些目标、职责和任务所需要的素质、经验和专业要求是什么，制定岗位说明书。在岗位说明书的指导下，采用内部招聘或外部招聘的方式选拔素质、经验和价值观等与岗位和企业文化相匹配的人才，并且按照量才录用、用人所长的原则，对岗位和人员进行合理配置，达到人岗匹配的最佳状态。

（3）培训开发。企业应结合战略目标、岗位胜任模型对培训进行全面的计划，并结合培训需求分析结果最终确定培训人员、培训内容、培训方式等。同时建立培训激励机制，加强一线员工的理论与实操培训，加强管理人员的管理能力和领导力培训，并对培训进行全方位的评估。培训结束后，应对培训效果进行综合评估，并将结果及时反馈给个人。

（4）薪酬福利。要想在激烈的市场竞争中脱颖而出的关键在于拥有一支优秀的人才队伍，而合理的薪酬和福利正是留住和吸引人才的重要手段。企业应当建立起具有外部竞争力和内部公平性的薪酬福利体系，体现人才价值和岗位价值，并且在企业内部树立起以岗位付薪、以能力付薪、以业绩付薪的理念。同时需要注意的是，由于员工的需求是多层次、多类别的，在满足员工物质需求的同时，还应该对他们进行精神激励，以最大限度调动员工的积极性，提高企业经营业绩。

（5）绩效管理。绩效管理必须重点关注业绩提升、内部运营、市场和可持续发展之间的平衡。企业在原有绩效考评体系的基础上，引进平衡计分卡的理念，采用以战略目标分解时的财务指标、客户指标、内部运营指标、学习成长指标四个维度进行设计绩效考核指标，使得每个岗位的绩效指标都与企业经营目标、部门工作目标及个人的岗位职责相挂钩。科学的绩效考评体系能识别员工的绩效不足，从而对症下药，制定绩效改进方案，提高员工工作技能。此外，绩效评估的主管还应对绩效执行人员实施绩效辅导，通过绩效辅导不仅能增进主管和员工之间的相互了解和沟通，而且有利于人力资源部门了解公司对员工的工作要求和其个人的兴趣能力是否相符。

（6）员工关系管理。企业的员工关系通常包括劳动合同法律关系和心理契约关系。劳动合同法律关系主要体现在劳动合同关系和劳资关系；心理契约关系虽然摸不着、看不见，但却在企业中发挥着巨大的作用，这也是员工关系管理的核心。企业可以通过构建新的企业文化体系、举办丰富多彩的员工活动、提供优越的薪酬福利、实行员工心理援助计划等体现对员工的关爱，对员工未来成长的关注和持续的投入，从而强化双方的心理契约关系，使员工提高工作积极性，为企业利益付出额外的努力，促进企业总体战略目标的实现。

（7）职业生涯规划。职业生涯规划为员工提供一个职业发展平台。企业应安排专业人员帮助员工规划他们的职业生涯，并根据岗位胜任模型，结合领导力模型，设立各个层级人才的学习计划和评估标准，请专家为员工进行相关培训，从而提高员工的职业素养和工作能力。与此同时，企业还必须健全职业晋升通道，让每个员工都享有平等的晋升机会，并将企业的战略目标与员工职业发展目标相结合。

（三）第三阶段：企业文化重构

为了使人力资源战略地图可以在企业中顺利推行，管理人员必须改革那些阻碍改革的旧有价值观、信念以及行为准则。新旧文化的碰撞是一个必须面临的棘手问题，但是管理人员必须促成二者的融合。在保留原有优秀文化成分的同时，还应根据企业战略目标和时代发展需要加入新的成分，只有这样构建起来的企业文化才能保证人力资源战略地图作用的发挥。有关的变革包括：是强调风险创新还是认同沉稳扎实，是提倡合作还是鼓励竞争，是强调一致还是鼓励多元化等。无论企业文化的主旋律是什么，始终都要秉持文化符合战略方向的基本原则。要保持和大力发扬企业文化中对企业战略有支持作用的积极要素，改变那些与战略地图相冲突的方面。[①]

① 张惠琴，李璞. 人力资源管理案例教程. 北京：机械工业出版社，2013：16-18.

（四）第四阶段：持续改进阶段

持续改进阶段需要做的就是完善升级，实施前瞻性管理，发挥战略的牵引作用。并且，对人力资源管理各项工作进行全方位检查，若发现问题，应及时予以解决，全面夯实人力资源管理的基础，为人力资源战略地图顺利实施创造有利的条件。与此同时，企业必须根据内外环境的变化及时对现有的人力资源管理体系进行升级、维护，在此基础上前瞻性地开展人力资源战略地图的实施工作，提高企业人力资源管理工作的效率。在互联网时代，人力资源管理职能发生了变化，企业应将人力资源管理人员从日常烦琐的事务性工作中解放出来，鼓励他们积极参与到战略性的工作当中去，为人力资源战略地图的实施提供人员保障。

三、实施中可能遇到的问题

企业在实施人力资源战略地图时，可能会遇到以下问题：

（1）人力资源战略地图不能完全反映人力资源职能战略。理论上讲，人力资源战略地图基本上应与人力资源的职能战略相对应。但是，由于企业在部门设置上并不能完全做到与职能分工相匹配。因此，在实际操作中，人力资源战略地图并不能完全反映人力资源职能战略。由于人力资源战略地图起源于西方，是针对西方企业的部门设置情况而构建的，但很多中国企业部门设置并非按照西方的管理理论来操作，照搬西方的人力资源战略地图可能会使某些职能战略失灵。因此，中国企业在实施人力资源战略地图时可能会面临一个本土管理情境的适应性问题。

（2）指标分解增加落实的难度。战略的载体是指标，战略性绩效评价的核心内容是指标设计。同样，人力资源战略地图的指标设计也是一个非常重要和复杂的工作。在实际操作中，指标分解会使指标数量越来越多，增加了落实的难度，并且不易管理和监督；指标分解常常采用不同的指标对同一事物进行描述，指标设置存在重叠，对相同的内容进行重复考核，缺乏系统性。同时，由于难以考虑全面，在指标设计时，可能缺失关键指标或丢失部分信息，使得评价失真等①。这些都是在人力资源战略地图的指标设计和分解过程中经常出现的问题。

（3）难以寻求将无形资产转化为有形成果的路径。对于一个企业而言，通常有超过75%的资产是无形资产，无形资产无法直接创造有形的成果，因此常常会被管理者忽视。创造企业未来价值的无形资产只有与人力资源战略和企业战略协调一致时，才能发挥巨大的作用。否则，企业在无形资产上的投资不仅无法取得预期效果，还会造成资源极大的浪费。很多企业在绘制人力资源战略地图时，虽然会把企业文化、人才素质等无形资产纳入进来，但是没有找到将无形资产转化为有形成果的路径，无法从根本上提升整个人力

① 李延喜，张悦玫，李宁. 基于战略地图的战略性绩效评价体系研究. 科研管理，2005，26 (1)：145-152.

资源管理系统的有效性。[①]

① 秦远建. 企业战略管理. 北京：清华大学出版社，2013.

（4）人力资源战略地图流于形式。人力资源战略地图虽然建立了，但是企业没有出台相应的规章制度做保证，使其只能流于形式，实质上没有发挥应有的作用。制度建设落后，缺乏相应的奖惩机制，人力资源战略地图就不能有效地贯彻执行。员工不会调整个人目标使其与企业战略相一致，也就很难自觉地为实现企业长远目标而努力奋斗了。同样，由于对于管理者缺少相应的约束机制，他们在对员工的绩效评价中可能会滥用职权，根据个人主观偏好进行打分，寻租行为频发，严重破坏组织公平。在这种情况下，员工的工作积极性受到打击，离职率升高，企业整体战略的实现也就无从谈起。

此外，企业在实施人力资源战略地图时可能还会遇到：管理者思想受传统观念束缚，不愿改革；人力资源管理硬件设施建设落后，信息化程度较低；管理者的专业知识和技能相对匮乏，不足以支持战略变革等严峻挑战。因此，为了能使人力资源战略地图顺利实施并发挥应有的作用，必须找到阻碍人力资源战略地图成功实施的因素，并予以改进和解决。

第四节　人力资源管理价值的评价

一、人力资源管理价值的内涵

目前，关于人力资源管理价值的内涵学术界还没有达成共识，本书比较认可的是应秋月（2012）提出来的解释。她认为："企业人力资源管理价值，体现在能够为本企业创立具备选人、育人、用人、留人和淘汰人的职能管理系统，以及能够将企业经营目标要求转化为一组牵引、识别、评价、激励和淘汰的管理机制，并通过系统和机制对人力资源进行专业、有效、合理的管理，最终达成实现企业经营目标的结果。"[②]反过来说，无论规划多好、招聘多忙碌、绩效考核多平等、薪酬福利水平多高、员工关系多和谐……如果一支员工队伍不能帮助企业实现经营目标，这样的人力资源管理完全不具有价值。本书认为，人力资源管理价值的核心要义就是要有助于企业实现整体战略目标。

② 应秋月. 老HR手把手教你搞定HR管理：从有证书到会干活. 北京：北京大学出版社，2012：3-5.

二、人力资源管理价值评价体系

通过人力资源管理价值的评价，可以发现人力资源战略地图在实施过程中战略目标与现实情况的差异。战略目标过高或战略执行不到位、存在问题等都是导致差异出现的潜在原因。因此，在搞清楚真实原因之后，及时调整战略目标或者战略执行过程，使企业能顺利实现最终的整体战略目标。人力资源管理价值评价同时也是对人力资源战略地图实施的经济效益进行评估的过程。人力资源战略地图实施的经济效益评估主要是进行投入与产出（或节约的成本）的分析。在这里，本书还将借用人力资源价值链模型来对人力资源管理价值的评价进行阐述。

人力资源价值链管理思想最早是由研究战略人力资源管理的学者德尔和瑞维斯（Dyer & Reeves，1995）提出的。该思想的基础是波特在《竞争优势》一书中提出的价值链理论。人力资源价值链是指一个从良好的人力资源管理实践出发，导致较高组织绩效的一系列相关产出活动所组成的价值增值过程。[①]企业的人力资源价值链通常由价值创造、价值评价和价值分配三个环节组成，如图5–9所示。价值创造是从企业价值创造的主体和要素出发来建立企业的价值理念，即明确是哪些主体与要素创造了价值以及应该如何进行价值创造。价值分配就是对公司创造的所有价值进行公平合理的分配和再分配，即企业建立起来的利益分配体系。价值评价是分析的重点，就是在价值创造环节所确立的价值理念的基础上，明确这些价值创造的主体与要素都创造多少价值，从而为最后一个环节价值分配奠定基础[②]。这一环节落实到具体的制度其实就是企业的价值评价体系。因此，构建人力资源管理的价值评价体系是人力资源管理价值评价的重中之重。

① 袁卫家，兰玉杰. 人力资源价值链管理研究综述. 安徽工业大学学报（社会科学版），2013，30(3)：30–33.

② 彭剑锋. 人力资源管理概论. 北京：复旦大学出版社，2011：100–101.

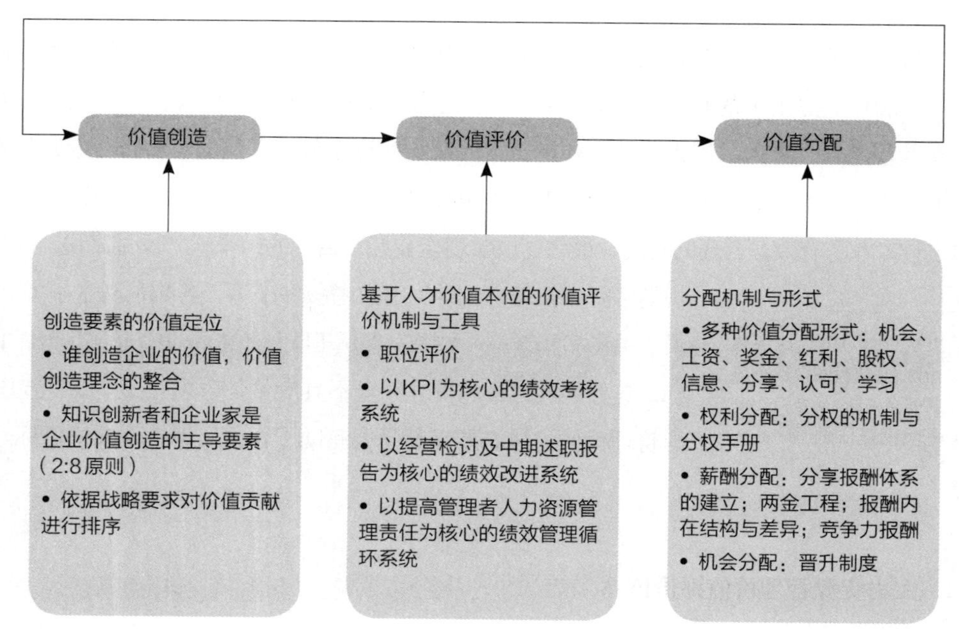

图5–9 企业的人力资源价值链

资料来源：彭剑锋. 人力资源管理概论. 上海：复旦大学出版社，2011：100–101.

人力资源管理价值评价体系主要由人力资源活动评价和员工的能力素质和行为评价两部分构成。该评价体系的建立不仅使人力资源部门了解企业人力资源活动和员工能力素质以及企业绩效之间的关系，而且对人力资源战略地图的实施情况进行综合评估。评价体系构建的关键在于指标的选取和设置，从而从人力资源战略地图的财务、客户、内部运营和学习成长四个层面出发，列举部分相关指标以供参考，如表5-1所示。

表5-1　人力资源管理价值评价体系的主要指标

评价维度	主要指标
财务层面	人力资源价值最大化（人力资本投资回报率＝企业净利润/人工成本总额）
客户层面	招聘及时率、核心人才胜任率、培训满意率、员工满意率等
内部运营层面	人力资源规划的执行率、人员招聘目标的完成率、人员招聘的有效性、培训计划的完成率、人工成本的控制、绩效管理的有效性
学习成长层面	人力资源管理岗位的胜任度、直线经理的人力资源管理能力提升、人力资源管理基础平台的有效性、E-HR的实施等
员工素质和行为	岗位胜任率、人均利润、人均劳动生产率等

资料来源：赵炜. 构建企业人力资源战略地图. 人力资源管理，2010(1)：62-64.

企业可以根据自身实际情况，选取合适的指标来构建人力资源管理价值评价体系，并且在评价过程中将定性价值考评与定量价值考评相结合。同时，企业内部和外部经营环境处在不断的变化之中，伴随着这种变化，人力资源管理价值评价体系的指标与其对应的绩效和战略目标的关系同样也会发生改变。因此，人力资源部门需要定期地评估和调整评价体系，确保各项指标评价的有效性，使得总体评价结果更能反映企业人力资源管理活动的真实情况。根据评价的结果，及时发现存在的不足并加以完善，以期能使企业整体战略目标得以完美实现。

本章小结

（1）平衡计分卡的四个维度及其相互之间的关系。平衡计分卡包括财务、客户、内部运营和学习成长四个维度，强调财务和非财务衡量的平衡、长期目标和短期目标的平衡、外部和内部的平衡、结果和过程的平衡及领先指标和之后指标的平衡。

（2）战略地图的内涵及其绘制过程。战略地图提供可视化的架构，将企业财务、客户、内部运营和学习成长四个层面的目标集成在平衡计分卡之中，属于战略描述工具。战略地图的描绘过程包括确定股东/利益相关者的价值差距、调整客户价值主张、确定价值提升时间表、确定战略主题、提升战略资产准备度、确定执行战略所要求的战略行动方案并安排预算。

（3）人力资源战略地图的绘制程序。人力资源战略地图的绘制程序包括人力资源环境分析、明确人力资源管理的战略使命与价值、明确如何满足客户需求和为客户创造价值、考虑如何建立高效的运营流程、明确人力资源部门如何拥有高效运作的能力。

（4）人力资源战略地图的实施准备及过程。人力资源战略地图实施前的准备工作包括建立一套科学的管理信息系统、实现组织内部资源的合理配置、提高管理者及员工的职业素质能力、确保考核主体的独立性、充分发挥领导者的核心和导向作用、完善已有的战略管理支持系统。实施过程包括夯实管理基础与目标分解、重塑人力资源管理基本模块、企业文化重构和持续改进阶段四个阶段。

（5）人力资源管理价值的评价。人力资源管理价值的核心是促进企业实现整体战略目标，评价体系包括人力资源活动评价、员工能力素质和行为评价两部分，具体指标包括财务层面、客户层面、内部运营层面、学习成长层面、员工素质和行为。

即测即评

请扫描右侧的二维码（内含若干判断题、单选题和多选题），您可在线自测并查看答案。

思考题

1. 平衡计分卡的四个维度分别是什么？相互之间的关系是什么？
2. 战略地图的核心内容是什么？与平衡计分卡存在什么关联？
3. 战略地图在绘制时遵循的基本原则是什么？如何绘制战略地图？
4. 人力资源战略地图对于企业而言的重要作用体现在哪些方面？
5. 如何有效绘制人力资源战略地图？
6. 人力资源战略地图的实施过程是什么？
7. 人力资源战略地图在实施过程中可能会遇到哪些问题？如何去解决？
8. 人力资源管理价值的具体评价指标有哪些？怎样正确评价人力资源管理价值？

实例经验与启发

回顾开篇的情境实例，经过理论学习和案例剖析，得到以下启发：

（1）人力资源战略地图是实现人力资源战略制定者与执行者、人力资源部门与其他职能部门有效沟通的载体。人力资源战略地图不但使抽象的人力资源战略目标和规划变得生动、形象，而且通过人力资源战略目标之间的因果连接，将各项人力资源管理业务和职能统一起来，从而弱化人力资源管理职能活动割裂对企业人力资源管理体系的负面影响。此外，人力资源战略地图能够帮助人力资源管理人员对人力资源战略达成共识，便于人力资源部门和其他职能部门建立共同的沟通语言，从而提高人力资源管理效率和价值。

（2）人力资源战略地图为构建人力资源管理系统提供全新的方法和视角。人力资源战略地图以可视化方式提供从战略到执行完整的人力资源管理解决方案，能够为人力资源管理以后发展指引方向，促进人力资源战略真正为企业战略服务，将人力资源这种特殊的无形资产转化为有形的成果。

讨论案例

九龙云天：人力资源战略地图的创新实践①

九龙云天实业发展有限公司（以下简称九龙云天）总部位于上海，经营范围涉及房地产开发、高档酒店经营、高效农业、商业百货管理、物业管理、咨询服务等，是一家跨区域发展、多元化经营的全国性集团公司。公司注册资本为3亿元，资产规模达30亿元。公司获得国家一级房地产开发资质，并拥有五家全资子公司。目前九龙云天拥有中高层管理人员300多名，员工2 000余人。经过十多年的成长，九龙云天已经从一家小型企业发展成为年销售额突破20亿元人民币的大型企业。公司依靠创始人的智慧与远识以及创业者们的共同努力，业务不仅遍及长江三角洲的上海、苏州、无锡、常州、镇江等地，而且还拓展到了海外的新加坡，是一家极具成长潜力的企业。

整个公司确立了以长江三角洲为主要经营业务的发展区域，开发和深耕创新地产业务，连锁发展文化酒店业务和百货零售的发展战略，并且根据行业特点和公司所处发展阶段构建弱矩阵、强职能管控模式的组织架构图，成立了以市场开拓、内部运营、风险管控、管理支持为职能条线的十大职能中心和以房地产、酒店、百货、物业四条业务条线的事业部。上海总部集中管控，整合资源，发挥母体优势，各事业部及子公司以战略执行、业务经营为中心开展经营活动。紧紧围绕这一指导原则，九龙云天引进了大批的有着国内大型知名房地产企业工作背景，国内著名高等学府EMBA、MBA、金融、工民建、建筑等专业背景的职业经理人来为公司发展提供强有力的人才支撑。如何使新加盟的职业经理人能尽快适应工作环境和工作氛围，并且与公司中的老员工密切配合？如何将公司人力资源发展规划一步一步落地实施？为了有效解决这个问题，九龙云天人力资源部门将人力资源战略地图引进了人力资源管理中，以大大提高管理效率。

九龙云天的人力资源战略地图逻辑关系是以公司发展战略为出发点，以企业文化和用人理

① 刘磊，张淑芳. 人力资源管理创新最佳实践. 上海：上海交通大学出版社，2012：80-92. 经过作者整理改编而成。

念为精髓，以岗位说明书为支点，并且将整个公司的经营目标和企业的使命、价值观、愿景逐步融入到公司人力资源管理的方针、战略规划之中，形成一幅独特的人才发展蓝图，并通过人力资源管理可实际操作的功能模块，如人力资源规划、招聘与甄选、薪酬管理、绩效管理、培训与发展、员工关系、职业生涯发展、胜任力模型等。沿着该逻辑，一幅将公司发展战略与人力资源管理各个职能模块相互关联的具有九龙云天特色的人力资源战略地图应运而生。

九龙云天的人力资源战略地图最主要的组成部分是七大区域，分别是A——人力资源规划区、B——薪酬管理区、C——招聘与配置区、D——绩效管理区、E——人才测评区、F——职业生涯发展区、G——员工关系区。据公司副总裁徐晓蓉介绍，每个区的功能发挥都与公司经营目标的实现密切相关，从人力资源战略地图中可以清晰地看到人力资源管理具体行动和每个环节对企业经营目标实现的影响，从而更好地体现出人力资源管理对于实现企业发展战略的价值贡献。

（1）人力资源规划（A区）是地图的行动纲领，九龙云天充分考虑自身多元化、跨区域经营的特点制定了人力资源规划。根据组织规划和组织架构以及各职能中心、各事业部的功能定位进行了人员规划和年度的人员编制计划，与此同时，公司还在整合梳理现有制度的基础上重新构建制度体系文件并通过ERP实行E-HR信息化管理。

（2）薪酬管理（B区）是管理核心，九龙云天的薪酬管理与公司发展战略及人力资源战略规划紧密相连，薪酬管理理念是以企业的愿景、使命和价值观为核心，体现了公司所坚持的以岗位付薪、以能力付薪、以业绩付薪的理念。

（3）招聘与配置（C区）是人力资源战略地图重要的第一关。九龙云天在进行招聘前会对各中心、各事业部的年度部门规划和绩效目标进行工作分析，以确定该岗位的工作目标、工作职责和工作任务以及该岗位所需要的员工素质、经验和专业要求，以此作为招聘的基础。在甄选过程中会综合考查候选人的专业素质、道德品质、个性特征和价值观是否与公司的企业文化相匹配。这种做法不仅可以增强所选拔人员对公司的认同感，而且也能使新进人员快速融入企业中。

（4）绩效管理（D区）用来检验执行力的强弱，处于转型期的九龙云天为了配合公司转型和规模发展战略的需求，绩效管理重点关注提升业绩、内部运营、市场和可持续发展的平衡。因此，九龙云天在原有KPI的基础上引入了平衡计分卡的理念，采用以战略目标分解的财务指标、客户指标、内部运营指标、学习成长指标四个维度来设计绩效考核指标，每个岗位的绩效指标都与公司经营目标、部门工作目标及个人的岗位职责相挂钩。绩效指标并非固定不变，而是会随着考核当期的工作重点进行调整，并由负责评估的主管对绩效执行人进行绩效辅导，通过绩效辅导增进主管与员工之间的相互了解和沟通。

（5）人才测评（E区）是整幅地图的人才盘点工具，是九龙云天人力发展规划中必不可少的一个里程碑节点。通过这个模块，公司每年度对主管以上人员进行盘点，对照岗位胜任力模型，同时借用国际上先进的人才、个性、行为风格等测评工具，如PDP、MBTI、16PF等，对业务主管级以上管理人员进行年度人力资源盘点，了解他们在现任岗位上的胜任能力和典型的行为风格及过去三年的绩效评估成绩，以确定他们是否仍适合岗位要求。

（6）职业生涯规划（F区）是员工职业发展的平台，该区域由九龙云天人才库和九龙云天商学院组成。九龙云天人才库是根据公司经营业态和所需不同的专业人才所建立的，如按不同专业类型划分成运营管理、建筑设计、工程造价、酒店管理、人力资源管理、财务管理等人才资料，一方面为公司培养并选择合适人才提供了保障，另一方面为员工的职业生涯发展提供了基础数据。九龙云天商学院是九龙云天管理干部的孵化器，公司每年都会投入数百万元用于企业员工的各类培训。九龙云天商学院从高到低设置了领导力培训、管理技能培训、专业技能培训和基础培训课程体系，通过走出去、请进来、自主开发课程等多样化的形式对员工进行系统性培训。

（7）员工关系区（G区）的目的在于与员工建立心理契约。九龙云天已经建立起新的企业文化体系，建立了无线空间，营造幸福生活的愿景，通过有计划、有系统的薪酬福利政策和员工活动，体现公司对员工的关爱，对员工未来成长的关注和持续的投入。公司还将大力推行员工心理援助计划，树立雇主品牌形象来进一步强化员工思维，使员工享受工作、享受生活，从而与企业建立起稳固的心理契约。

在这幅人力资源战略地图的指引下，九龙云天的人力资源管理活动围绕公司整体战略规划和经营目标，清晰、有序、高效地运转着。九龙云天人力资源战略地图描绘了九龙云天未来三年人力资源管理和开发的蓝图，为人力资源管理部门和各业务条线的直线部门主管在日常人力资源管理中提供了方向和指导，最终为实现企业整体战略目标奠定了坚实的基础。

思考题：

在九龙云天的发展过程中，人力资源战略地图发挥了什么作用？从中得到什么启示？

本章实训

人力资源战略地图的绘制

一、实训目的

1. 了解人力资源战略地图的模板。
2. 掌握人力资源战略地图的编制程序。

二、实训内容

1. 要求学生梳理所在学校的发展战略和人力资源战略。
2. 要求学生编制学校的人力资源战略地图。
3. 要求学生就学校人力资源战略地图的实施提出建议。

三、实训组织与步骤

1. 教师说明实训内容和实训要求。

2. 根据教学班级规模，对学生进行分组，每组4 ~ 5人，组员之间协商产生小组组长。

3. 每组收集和整理所在学校的报道资料，形成对学校发展战略和人力资源战略的初步认知。

4. 教师邀请本校人力资源部门人员到课堂，介绍学校发展战略和人力资源战略。

5. 每组结合本章所学内容，研讨绘制学校的人力资源战略地图，并提出实施建议。

6. 每组上讲台展示所编制的学校人力资源战略地图，并汇报小组讨论的成果。

7. 教师对各组编制的人力资源战略地图及其发言做出点评并给予小组成绩。

延伸阅读

[1] 罗伯特·S.卡普兰，大卫·P.诺顿.战略中心型组织.周大勇，等，译.北京：人民邮电出版社，2004.

[2] 罗伯特·卡普兰，大卫·诺顿.平衡计分卡：化战略为行动.刘俊勇，孙薇，译.广州：广东经济出版社，2013.

[3] 戴夫·乌尔里克，韦恩·布罗克班克.人力资源管理价值新主张.吴雯芳，译.北京：商务印书馆，2008.

[4] 约翰·布德鲁，瑞文·杰苏萨桑.变革创造价值：人力资源循证式管理.陈丽芳，译.北京：中国电力出版社，2012.

[5] 亚历山大·奥斯特瓦德，伊夫·皮尼厄，格雷格·贝尔纳达，等.价值主张设计：如何构建商业模式最重要的环节.曾建新，李芳芳，译.北京：机械工业出版社，2015.

第六章
雇主品牌与组织吸引力

学习目标

1. 理解雇主品牌的定义
2. 掌握雇主品牌的塑造过程
3. 阐述雇主品牌的评价模型
4. 了解雇主品牌如何形成组织的人才引力

关键术语

雇主品牌　承诺论　关系论　工具论　企业形象品牌　产品品牌　雇主品牌定位　雇主品牌塑造　雇佣价值主张　最佳雇主　组织吸引力

本章概览

请扫描右侧的二维码图标，您可以查看本章的知识结构概览图。

情境实例

雇主品牌：阿里巴巴赢得人力资源竞争优势的工具①

阿里巴巴集团由马云为首的18人于1999年在中国杭州创立，只用了短短的16年，就成为全球电子商务的领先者。2014年，阿里巴巴集团在纽约证券交易所正式挂牌上市，在大中华地区、印度、日本、韩国、英国及美国70多个城市共有24 000多名员工。2015年，阿里巴巴集团获得2014中国任仕达奖内资企业组最佳雇主金奖（注明：外资企业组的桂冠则由国际商务机器公司摘得）。

① 根据阿里巴巴集团官方网页和互联网宣传材料整理而成。

任仕达集团（Randstad Group，成立于1960年，是全球最大的综合性人力资源服务机构之一）在给阿里巴巴的评语中写道："如果要问哪一家公司真正将价值观、文化贯彻到日常工作，无疑当属阿里巴巴……通过相互促进与合作，去实现企业及个人的理想是坚守阿里文化价值的体现。"

阿里巴巴集团为员工提供行业富有竞争力的薪资。每年参加同行业的薪酬福利市场调研，以确保公司员工的薪酬在同行业内具备良好的竞争力。根据业绩导向，为不同的职能人员制定完善的绩效奖金计划或业务提成计划，对于特别优秀的员工，提供上不封顶的薪酬回报和独特的培养体系。

阿里巴巴集团拥有完备的培训系统，每一位员工都可以找到适合自己的成长方式。阿里巴巴集团有不少在创立之初加入的普通岗位员工，通过自己努力不断轮岗，现在已走上公司副总裁、高级总监等重要岗位。对于新员工，有"百年阿里"的入职培训，之后的培训课自主参与。针对技术、产品等不同岗位，有专门的新人培训。同时，设立"师兄导师制度"，一带一引导新员工融入整体，尽快成长。

阿里巴巴集团追求沟通的有效性。阿里巴巴集团开设公开的总裁热线、公开邮箱，员工可随时致电、写信给总裁，总裁会及时回复。同时，企业高管还会定期召开圆桌会议，员工可自由报名参加，高管现场解答员工问题；不能当场解决的，也会在一周内制定行动方案。这些问题及回复，也会及时在企业内网、内刊中公布。员工若有任何意见、建议，还可以在阿里巴巴的内网论坛中畅所欲言。

阿里巴巴提倡快乐工作，认真生活，将"成为员工幸福指数最高的企业"写进阿里巴巴愿景之中。阿里巴巴的十个员工俱乐部，分别有足球派、宠物派等，现在已发展到十六七个"派"。员工们各显神通，在内网上发展会员、组织活动。每年的5月10日，更被定为"阿里日"。所有的员工家属，这一天可以走进阿里巴巴，看看自己亲人的工作环境。一年一度的集体婚礼，是阿里的传统，由总裁（CEO）主婚，首席人才官（CPO）证婚，全阿里人观礼。阿里巴巴集团不但为阿里人提供一年一度的身体健康检查，而且还为员工家属提供阿里折扣价，共同关注阿里人家属的健康。

随着全球人才争夺日趋激烈，吸引、留住优秀人才成为阿里巴巴集团人力资源管理的战略目标。英国伦敦商学院管理学教授查尔斯·汉迪（Charles Handy）曾经说过：今后，我们将不再寻找工作，而是要寻找雇主。阿里巴巴集团以富有个性特色的雇主品牌战略作为新理念、新工具，在人才的激烈竞争中取胜。正是拥有最佳雇主的称号，阿里巴巴集团不但能够降低招聘成本和员工流失成本，而且能够增强组织吸引力。阿里巴巴集团在雇主品牌建设过程中，把人力资源管理、优秀的企业文化、以人为本的人才观等软性因素作为吸引和保留人才的独特法宝，这些是竞争对手难以在短期内仿效的。尤其是在人力资本时代，雇主品牌建设是人才相对于资本话语权提升背景下的必然趋势，彰显企业对人才的重视。因此，未来雇主品牌管理将成为很多企业人力资源战略变革的方向。本章将着重介绍什么是雇主品牌、如何塑造雇主品牌，以及雇主品牌如何形成组织吸引力。

第一节　雇主品牌的界定、特征与意义

一、雇主品牌的内涵

“雇主品牌”最早由巴洛（Barrow）和安博拉（Ambler）在1996年将营销学中的“产品品牌”和人力资源管理融合提出。雇主品牌的提出为思考人力资源管理工作提供了新的思路。后来，众多学者根据各自的研究目的，从不同视角对雇主品牌进行界定。归纳起来，存在以下三种视角：

（一）承诺论

雇主品牌是组织向在职员工和潜在员工传递雇佣价值的一种差异化承诺。雇佣价值的丰富性以及组织传递和履行承诺的效能决定其在在职员工和潜在员工心目中的身份和地位。例如，翰威特咨询公司（在2010年更名为怡安翰威特咨询公司，Aon Hewitt）在2000年从内部品牌角度对雇主品牌进行解释，强调雇主品牌是一种来自雇主的允诺，是员工加入公司后能体验到的工作环境、文化和晋升机会等。翰威特咨询公司进一步归纳了雇主品牌的26个相关特征：职业发展前景、自主权、社会责任、领导力、团队合作、变革、重视结果等。哈德森环球资源顾问公司（TMP/Hudson Global Resource）咨询专家莱弗科（Lefkou，2001）认为：雇主品牌是一种承诺，组织传递该承诺的能力决定其在

现有员工和潜在员工心中的身份。其中，潜在员工会因为对这种承诺的理解而决定是否加入该组织；现有员工则根据他们的期望是否达到而决定自己的去留。

（二）关系论

雇主品牌是组织与在职员工、潜在员工之间的一种情感关系。在职员工和潜在人员通过对雇佣价值信息的体验感知，在心目中形成差异化的雇主形象或个性。例如，巴洛和安博拉在1996年认为，雇主品牌体现为由雇主提供并与雇主联系在一起的功能、经济和心理利益的组合。[①]斯洛（Throne，2004）认为：雇主品牌建设应确保员工品牌和市场品牌的匹配，雇主品牌是由雇主为雇员提供的一系列伴随雇佣行为产生的心理、经济和功能性利益。[②]通过操纵这些利益来定位潜在雇员心目中适宜员工工作的公司形象是雇主品牌的重要作用。[③]鲁赫（Ruch，2001）认为：雇主品牌是企业在现有员工和潜在员工心中的形象或个性。正如消费者品牌能够使人产生信任、接受甚至购买意愿，雇主品牌既能使现有雇员产生自豪感和满意感，又能使求职者产生了解组织的欲望。[④]

（三）工具论

雇主品牌是组织吸引人才和留住人才的一种营销工具或新型战略。也就是说，从品牌的视角包装组织，提升组织形象，赢得人才竞争优势。例如，优兴咨询公司（Universum）认为，雇主品牌是将企业作为对现有员工和潜在员工具有吸引力的产品来开发，并进行市场营销的工具。在2001年召开的世界大型企业联合会（The Conference Board）上，一篇题为《雇主品牌的初步发现》（Engaging Employees Through Your Brand Preliminary Findings）的文章指出："雇主品牌赋予企业本身作为雇主的特征，包含企业吸引、激励和维持已有雇员和潜在雇员的价值体系、政策和行为。"[⑤]从事人力资源管理和精算的华信惠悦咨询公司（Watson Wyatt Worldwide）从外部和内部两个视角对雇主品牌进行定义，认为：雇主品牌是使雇主和企业品牌在人力资源市场上保持一致的一种定位。其中，在组织外部，企业在潜在员工中树立品牌形象，吸引他们到企业来应聘；在组织内部，企业在现有员工中树立品牌，是组织对员工做出承诺并兑现承诺的过程。例如，美国安利公司的人力资源战略之一就是通过建立独特的全球雇主品牌形象，为公司的业务发展吸引和保留优秀的人才。

本书认为，雇主品牌是一个将市场营销理念与人力资源管理理念相结合的综合性概念，以组织潜在员工和现有员工为对象，推行贯穿于人力资源管理活动始终的、持续的

① Ambler T, Barrow S. The Employer Brand. Journal of Brand Management, 1996 (4): 185-206.

② Thorne K. One-stop Guide: Employer Branding. UK Surrey Reed Business Information Ltd, 2004.

③ Branham L. Keeping The People Who Keep You in Business: 24 Ways to Hang On to Your Most Valuable Talent.New York: American Management Association, 2001.

④ Ruch W. How to Keep Your Best Talent From Walking Out the Door. Dynamic Business Magazine, 2001 (6).

⑤ The Conference Board. Engaging Employees Through Your Brand Preliminary Findings. www.conference-board.org/members only/members/, 2001.

人力资源管理改进举措和品牌形象宣传。从而，雇主品牌既是体现组织对现有员工和潜在员工的差别性雇佣承诺的象征和记号，又是能够提升组织形象的雇佣体验，更是能给组织增值的管理促进工具。雇主品牌表现为组织激励和保留现有员工以及吸引潜在员工的相关价值、政策和行为体系，是组织人力资源管理水平的综合体现。

区别于传统的品牌概念，雇主品牌拥有自身的独特内涵：

（1）雇主品牌是组织建立的一种符号，包括组织名称、图像标志、招聘标语等。

（2）对象包括组织的已任员工（由在职员工和离职员工组成）和潜在员工（由在校学生、劳动力市场上的求职者和其他组织的在职员工等组成）。

（3）可视性强。潜在员工和现有员工在什么组织中工作是父母、亲戚、朋友关注的焦点，从而雇主品牌的可视性很强。雇主品牌的外在视觉包括为员工提供的功能性特质（如薪酬福利、晋升发展、工作环境等），以及能体现员工一致性与社会地位的象征性特质。

（4）雇主品牌是员工对组织的雇主角色感知与评价的标的物。雇主品牌具有强大的品牌联想功能，员工会因此而获得组织作为雇主的各方面信息，并以此作为评价该组织及做出求职、离职决策的依据。

二、雇主品牌和企业形象品牌、产品品牌的区别

雇主品牌被称为与产品品牌、企业形象品牌等同的第三种品牌[①]，并与产品品牌和其他公众形象（如企业社会责任、企业公民形象等）构成企业品牌。虽然三者都是企业品牌的重要组成部分，但其目标群体各不相同（见表6–1）。产品品牌是基于产品或服务之上的品牌形象，针对目标消费群；企业形象品牌的核心是以企业为实体的社会公众形象，包括消费者、雇员、股东和社会公众；雇主品牌的核心基础是人才，针对组织的目标人才，包括组织内外部员工及潜在员工。因为消费者和员工关注的重点不同，所以产品品牌和雇主品牌并不能相互取代，“最佳雇主”和“最佳企业”不是同一个概念。正是因为雇主品牌和企业形象品牌、产品品牌存在差异，从而对于那些产品品牌、企业形象品牌不知名或是行业缺乏吸引力的企业来说，需要在雇主品牌建设上加大投入，才能在人才市场上赢得竞争优势。

① 孟跃. 第三种品牌：雇主品牌. 北京：清华大学出版社，2007：2.

表6–1　雇主品牌、产品品牌和企业形象品牌的比较

比较内容	企业形象品牌	产品品牌	雇主品牌
主体	企业形象	某种或某一系列的实体产品	某个企业实施雇佣行为的雇主形象
目标市场	全社会	产品市场	人力资源市场
目标对象	全社会	目标消费者	目标潜在员工和现有员工

续表

比较内容	企业形象品牌	产品品牌	雇主品牌
营销内容	树立良好的公众形象	企业提供给顾客的价值，包括产品、服务和购买经历	企业提供给员工的价值，包括薪酬福利、成长计划、工作环境、社会地位等
评价指标	企业知名度、美誉度	市场占有率、顾客满意度、营业额等	员工满意度、忠诚度、流动率等
作用	为企业发展创造良好的外部环境	提高产品的市场占有率和竞争力	建立牢固的或有吸引力的员工或潜在目标员工关系、信心和牢固的情感纽带，提升人力资源管理水平

资料来源：丁雪峰，等. 中国雇主品牌蓝皮书. 北京：中国文联出版社，2007.

三、雇主品牌的特征

对于雇主品牌而言，品牌形象通常划分为雇主的功能性特征和象征性特征。

（一）功能性特征

雇主品牌包含功能利益、经济利益和心理利益的功能性因素。其中，功能利益是雇主提供给员工的有利于职业发展的机会，经济利益是雇主向员工提供的工资报酬，心理利益则是指雇佣关系中的归属感。①

对于不同的目标对象，雇主品牌的功能性特征所包含的具体内容存在差异。例如，利芬斯（Lievens）和海伊豪斯（Highhouse）以大学生和银行雇员为样本，研究发现：员工和求职者看重雇主品牌的功能性特征包括工资、晋升机会、工作地点、稳定性、福利以及工作繁忙程度。②赫尔曼和吉欧拉（Herman & Giola）提出，知识员工选择企业作为雇主的七项因素分别是：有意义的工作、薪酬福利、职业成长机会、人性化的待遇、企业文化、声誉和开明的上司。苏世兰、托里策里和凯格（Sutherlan，Torricelli & Karg）发现，知识员工识别雇主的评价标准主要包括：与绩效挂钩的工资和利润分享、个人培训与发展机会、职业发展机会和富有挑战性的工作环境等11项因素。③

（二）象征性特征

雇主的象征性特质则是无形的，主要表现在雇主品牌具有人格，即有关企业性格方面的特征，包括真诚、创新、能力、声望、强壮和愉悦等。人们常常会采用具有人格范畴的词汇来形容企业，人为地为企业赋予某些特质，如描述企业是保守的、创新性的、有影响力的。

① Ambler T，Barrow S. The Employer Brand. Journal of Brand Management，1996(4)：185-206.

② Lievens F，Highhouse S. The Relation of Instrumental and Symbolic Attributes to A Company's Attractiveness as An Employer.Personnel Psychology，2003,56 (1)：75-102.

③ Sutherland M M，Torricelli D G，Karg F R. Employer-of-Choice Branding for Knowledge Workers.South African Journal of Business Management，2002，33(4)：13-20.

在求职初期，潜在的求职者会归纳不同组织的特征。[①] 通常求职者会通过组织的产品/服务、工作地点、广告、消费者、员工以及社会评价来归纳该组织的特征，而且这些特征会对组织吸引力产生影响。[②] 雇主品牌的象征性特征会激发求职者对于该特征方面的自我认知，求职者通过选择象征性特征会激发他们在该特征方面的自我认知。例如，求职者倾向于选择与自我形象匹配的雇主来保护或增强自我概念。[③] 当然，初步筛选意向雇主时，潜在的求职者对企业信息的了解是非常有限的，因而对雇主的第一印象将决定求职决策。[④]

与雇主品牌的功能性特征相比，企业借助象征性特征能够更有效地形成独特的雇主品牌。例如，艾维格（Ewig，2002）等将雇主品牌的价值定位归纳为：一是地位。这类企业往往把自己包装成规模大、稳定性好、国际化程度高且受人尊敬的形象。二是激动人心的新体验。这类企业往往分布在新兴行业，具有创新和冒险的特征。三是来源于对相似性的认同，重在给潜在员工营造一种真诚而平等的组织氛围。[⑤]

四、雇主品牌的意义

随着经济全球化及互联网的发展，全球人才争夺面临前所未有的挑战，雇主品牌是企业竞争优势的基石，得到日益广泛的认可和重视。雇主品牌的意义直接体现在：

（一）带来优厚财务回报

卓越的雇主形象能够为组织带来优厚的财务回报。一方面，最佳雇主拥有最敬业的员工，最敬业的员工能够为企业带来卓越的经营绩效。华信惠悦公司（Watson Wyatt Worldwide）在全球“卓越雇主调查”中发现：2000年，经济高速发展，卓越雇主的3年总体股东回报率是108%，普通雇主的回报率是66%，接近普通雇主的2倍；2002年，经济低迷，卓越雇主的股东回报率是24%，普通雇主的回报率是8%，卓越雇主的财务回报是普通雇主的3倍。另一方面，降低人力成本开支。雇主品牌能够提高组织对人才的吸引力，人才吸引力提升带来的直接效果就是应聘者数量和质量的提升，从而减少企业

① Tom V R. The Role of Personality and Organizational Images in The Recruiting Process.Organizational Behavior and Human Decision Processes，1971 (6)：573-592.

② Slaughter J E，Zickar M J，Highhouse S，et al. Personality Trait Inferences About Organizations：Development of A Measure and Assessment of Construct Validity. Journal of Applied Psychology，2004，89 (1)：85-103.

③ Lievens F，Highhouse S. The Relation of Instrumental and Symbolic Attributes to A Company's Attractiveness as An Employer.Personnel Psychology，2003，56 (1)：75-102.

④ Turban D B，Forre M L，Hendrickson C L. Applicant Attraction to Firms：Influences of Organization Reputation，Job and Organizational Attributes and Recruiter Behaviors.Journal of Vocational Behavior，1998，52(1)：24-44.

⑤ Ewing M T，Pitt L F，Bussy N M，et al. Employment Branding in The Knowledge Economy.International Journal of Advertising，2002，21(1)：3-22.

为吸引足够候选人才的宣传和推广成本。并且，由于人才队伍更加稳定，人员离职损失和重置成本比较低。此外，薪酬成本的压力减小。雇主品牌作为求职人才选择的标准之一，促使求职者在心理上更倾向于选择品牌雇主，即使品牌雇主的薪酬水平并不具备竞争力。

（二）提升人才吸引力

随着企业之间的竞争要素逐步从争资源、争市场、争技术转向争人才，如何吸引合适的人才，如何才能拥有高度敬业的员工，如何保留核心人才，已成为人力资源管理的战略性问题。雇主品牌对人才吸引的重要程度被提到空前的高度，丝毫不亚于产品品牌对于用户的重要性。尤其是在中国经济新常态下，企业的发展依靠创新驱动，从而企业将面临更激烈的高端人才争夺战。雇主品牌作为管理的前沿课题，将上升为企业主要战略，这一人力资源战略将成为企业在人才竞争中赢得持久性优势的重要手段。卓越的雇主通过雇主品牌向外界传递清晰的信号："从薪酬、文化、环境、职业生涯等方面来看，这里是最理想的工作场所"，从而雇主品牌正成为人力资源市场上的一面旗帜，不但能吸引同业优秀人才，也能让组织的关键人才不易被高薪挖角，使组织成为人才济济的蓄水池。例如，施耐德电气有限公司（Schneider Electric SA）将雇主品牌在当地优秀的大学中传播。例如，举办学生与企业的研讨会，设置"能源的有效利用"、"绿色建筑"等，并邀请企业相关高管、技术专家参加，既有利于学生了解先进的行业知识，又帮助公司物色合适的潜在员工。

（三）降低雇佣适配风险

组织价值观与个人价值观之间的一致性，会影响个人价值观、角色外行为及留职意愿，因此企业在招聘环节中采取多种测试方法来识别与组织价值观匹配的候选人。鉴于雇主品牌是建立在企业的价值观之上的，组织通过雇主品牌积极向潜在的应聘者传递组织关于价值观、组织文化、雇佣关系等全方位的信息，能够吸引更认同该组织文化的人才，减少双方不适配的风险。例如，德国拜耳公司（Bayer）在2014年推出全新的雇主品牌"Passion for Innovate, Power to Change"（敢想，勇为），高度概括了拜耳的工作文化。该雇主品牌阐释了"拜耳：科技创造美好生活"的使命，凝聚拜耳人的价值观，承载拜耳对于每一位员工或者潜在员工鼓舞人心的承诺。目前，拜耳公司正在全球推广自身雇主形象的活动，以此吸引和保留适合的贤才。

第二节　雇主品牌的塑造

雇主品牌塑造是一项时间跨度大、成本费用高的长效工程。斯洛（Throne，2004）

指出，塑造雇主品牌是一个综合性实践过程，涉及企业的愿景、价值观、行为准则以及所提供服务的综合实践过程。[①]企业若想在人才市场上赢得竞争优势，就必须和其他企业区分开来，明确自己能给在职员工和潜在员工提供多少附加值和利益；提出鲜明的雇佣价值主张，整合人力资源管理政策，并就此和员工进行长期、持续的沟通和推广。这是经过实践验证的雇主品牌构建的有效途径。

① Thorne K. One-stop Guide: Employer Bra-nding. UK Surrey: Reed Business Info-rmation Ltd, 2004.

总体来说，塑造雇主品牌的首要任务是：第一，雇主品牌定位要符合企业形象。针对不同受众可以分别建立子品牌，塑造企业区别于其他组织的形象；第二，制定详细的品牌推广和承诺实现计划，针对企业内外部群体进行有效推广、沟通和承诺兑现，并加以监控、反馈和不断调整。具体如图6-1所示。

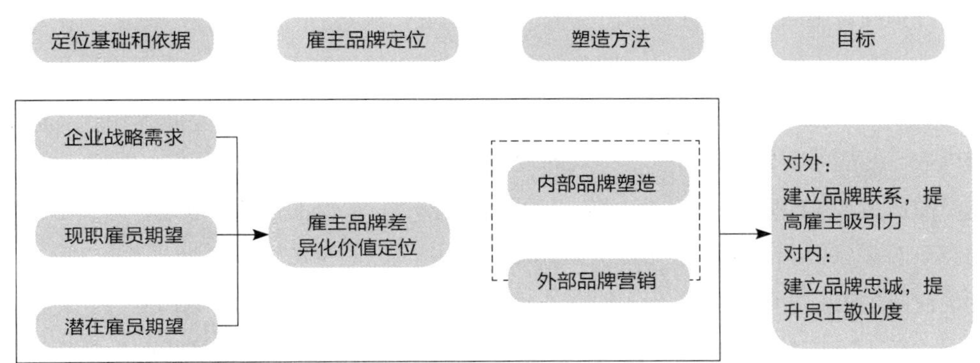

图6-1 雇主品牌塑造的框架

一、雇主品牌定位

雇主品牌定位就是要解决向哪类员工提供价值、提供什么样价值的问题。美国人力资本协会（Human Capital Institute）提出，塑造雇主品牌最重要的是个性和相应的承诺，其中个性体现组织的性质、愿景和价值观等；承诺反映组织对相应受众的独特雇佣主张。因此，雇主品牌定位需要回答以下两个问题：

（一）雇主品牌内核

雇主品牌内核是雇主品牌管理的出发点，旨在向现有员工（包括在职员工和离职员工）和潜在员工表明组织所重视的东西、组织使命以及价值观。只有那些高度认同组织使命与核心价值观的人，才能与组织建立紧密的心理契约。因此，雇主品牌内核就是组织文化与核心价值观，集中体现企业身份。例如，中航工业成都飞机工业（集团）有限责任公司的使命是："航空报国，和谐发展，以成为技术领先、管理卓越的世界一流航空制造企业为目标。"提倡"航空报国、和谐发展"就是把国家航空事业、企业的价值与员工的价值结合在一起，所以"航空报国、和谐发展"就是中航工业成都飞机工业

（集团）有限责任公司雇主品牌的内核。[①]

（二）雇佣价值主张

雇主品牌在本质上是要表达一种雇佣价值主张。雇佣价值主张是在雇主品牌内核基础上，组织承诺给员工提供哪些独特的工作体验。雇主品牌的价值主张必须精心设计，强调既要与众不同又要引人注目，才能彰显企业作为雇主的独特性。比如，美国西南航空公司对员工提出的雇佣价值主张是："欢迎登上你人生的航班，这里不只是职业，更是事业。"微软公司的雇佣价值主张是："天才实现影响世界梦想的自由天地。"麦肯锡咨询公司的雇佣价值主张是："为著名机构提供智慧的精英俱乐部。"明尼苏达矿务及制造业公司（3M公司）的雇佣价值主张是："创新者的天堂。"首创置业股份有限公司的雇佣价值主张是："让员工在组织中更愉快、平衡地工作，并且能得到个人的发展。"

如何提炼组织独特的雇佣价值主张？一般来说，从以下两个方面来提炼：一是现有员工或潜在员工的实际需求；二是组织现存的明显优势。前者可以通过员工调研和访谈实现，后者则可以通过人力资源市场的调查完成。信息收集之后，组织需要从中选出关键内容，并提炼雇佣价值主张。提炼的雇佣价值主张必须满足以下标准：真实、可信；与目前员工认知的基本一致；能够触动内部和外部目标受众的情感和联想；区别于直接的竞争对手。例如，通用电气公司于2012年在中国推出"GE & ME"（即GE与我）雇佣价值新主张，并以"同道，同行"（sharing a belief, making it real）为口号，开展系列主题活动。"GE & ME"新主张设立的目标是让员工对GE公司雇主品牌产生强烈的情感联系。"同道，同行"既是"GE & ME"的口号，也是GE公司对雇主品牌的价值诠释。"GE & ME"顾名思义表达的是以"我"为核心的雇主价值主张，让员工讲述自己的工作感受和体验，鼓励更多员工分享职业主张和诉求。在首批推出的"GE & ME"主题宣传片中，由30多位来自不同业务集团、不同专业背景、不同国籍的GE公司员工成为GE企业文化的"代言人"，向更多人讲述自己的成长故事。围绕"GE & ME"雇主价值新主张，GE中国继续推出一系列活动，包括针对全体员工的导师计划，让员工有机会在内网上随机选择导师，并就职业规划与工作、生活中遇到的问题和经验进行分享。

在对雇主品牌的定位明确之后，需要通过细分市场明确雇主品牌的目标市场及其需求。苏世兰、托里策里和凯格（Sutherland、Torricelli & Karg，2002）借用科特勒（Kotler，1997）对于战略营销过程的描述，从市场细分、目标市场和市场定位的角度讨论了雇主品牌营销。他们从种族、年龄和性别等方面对雇主的目标市场进行细分后发现：对于不同种族、不同年龄、不同性别的员工，绩效薪酬、工作多样化/岗位轮换和培训机会、文化多样性等十个因素的重要性均存在显著差异。[②]针对细分市场的雇佣价值主

① 白静恩，刘兴阳. 中航工业成飞的雇主品牌之路. http://hrm.chinahr. com/pdf/People_201210_07.pdf：21–24.

② Sutherland M M，Torricelli D G，Karg R F. Employer-of-choice Branding for Knowledge Workers.South African Journal of Business Management，2002，33 (4)：13–20.

张，美世咨询公司总结了六种常见的雇主品牌类型，包括：

（1）团队型——团队是第一位的，保证企业与员工和客户互动。

（2）个人型——如果员工遇到业务问题，企业支持员工的独创性。

（3）精英型——企业提供最好的条件，招募和保留最好的员工，并期望最好的结果。

（4）平衡型——员工是企业社区内有价值的一员，企业保障他们实现工作-生活平衡。

（5）目的型——企业以向客户和社区传递独特的价值观为目标导向。

（6）拥有型——员工共享收益、分担风险和经营责任[①]。

此外，雇主品牌类型还有：

（1）培训发展型——企业为员工提供大量的培训，确保员工获得良好的发展机会。

（2）科技创新型——企业以高科技和创新为导向。

（3）工作乐趣型——员工在企业的工作将充满乐趣。

（4）自由承诺型——企业为员工提供灵活的工作制度，包括弹性工作时间和在家办公等。

① 丁雪峰，矣勇国. 打造雇主品牌，获取人才溢价. 北大商业评论，2015，20(1)：44-55.

二、雇主品牌塑造流程

虽然每个组织塑造自己的雇主品牌都有独特的方法和途径，但是万变不离其宗，存在基本的流程或步骤。关于雇主品牌塑造的流程和步骤，一些知名的咨询公司根据咨询经验设计了流程模型。例如，怡安翰威特咨询公司提出企业塑造雇主品牌的步骤包括：① 全面了解企业；② 给出有吸引力的品牌承诺；③ 对品牌承诺履行情况设定度量标准；④ 将人力资源管理活动与雇主品牌建设全面结合起来，支持和加强品牌承诺；⑤ 执行和考评。沃森特公司提出的雇主品牌塑造步骤包括：① 评价——明确企业的品牌是如何确立的，它在现有员工中如何得到反映，哪些因素可以吸引潜在员工；② 构建——建立明确、恰当、可传递的独特雇主品牌，它应该可以对在职员工和潜在员工进行营销；③ 实施——对雇主品牌信息用策略性方法频繁地进行沟通；④ 考量——建立关键领域的品牌绩效衡量指标，如留住员工、劳动生产率、招聘活动等。华信惠悦公司提出“4P”（即people、product、position和promotion）策略发展和强化雇主品牌，包括研究目标人才的特征，识别驱动目标人才的关键因素，提炼雇主品牌的关键诉求，并进行内外沟通，以迎合目标人才的独特需求。

雇主品牌规划包含：对外建立企业在人力资源市场上的最佳雇主的形象，对内就是企业对员工生活、成长和发展做出的一种可靠的承诺。从而，雇主品牌塑造包括内部品牌塑造和外部品牌营销。下面以华信惠悦公司提出“**4P**”策略来说明雇主品牌的塑造过程和方法。

（一）识别核心人才及其驱动力

从理清战略开始考虑雇主品牌的定位，才能保证雇主品牌适应未来发展所需的核心职能与人才需求。因此，塑造雇主品牌首先需要理清组织的远景、长短期战略目标及达成目标的关键成功因素；其次，识别实现关键成功因素的要求，组织需要哪些核心人才；然后，分析组织目前的人才状况如何，存在哪些差距；最后，挖掘核心人才工作的驱动力，如薪资待遇、福利制度、发展与升迁的机会、工作丰富化、工作环境等哪些是核心人才最关心的？现状是否能够满足他们的这些需求？

例如，可口可乐公司人力资源部门在顾问公司的协助下构建雇主品牌模型，涵盖公司的品牌和美誉度、人文环境与企业文化、职业发展的机会以及报酬回报。可口可乐公司人力资源团队通过在线问卷，从雇主品牌模型的四个维度去了解员工对可口可乐公司的评价。比如：员工为什么要留在可口可乐公司？员工最注重的三项因素是什么？员工对公司培训发展有怎样的评价？与此同时，公司还参考了在校大学生对公司的看法、公司在学生心目中的排行状态，以及学生选择公司的关注点和决定性因素。之后，可口可乐公司组织员工进行小组讨论，以更进一步了解员工因为什么而加入公司或者离开公司，员工对现在工作状况的满意度如何，对工作与生活平衡的认知是怎样的。同时，公司通过第三方机构的帮助，选取人才市场中一些潜在目标聘用人才，围绕雇主品牌模型进行一对一的匿名访谈，了解他们对目前雇主的偏好情况、对可口可乐公司的认知情况等。

做完以上内外部的调研后，人力资源团队又在公司内部选取20多个比较有代表性的员工，举办一天的工作访谈，分享和分析这些内外部调研的发现，并让这些同事通过诸如选取形容可口可乐词汇等方式来一起确定代表可口可乐雇主的特征。确认公司的主要雇主特征之后，人力资源团队选择另一部分员工进行小型的员工小组讨论，以验证这些雇主特征是否被大家普遍看重，直到确认最后的版本。人力资源团队最终得到描述可口可乐公司的四个特征：“激情使你与众不同，增长推动你不断发展，挑战使你发挥潜能，回报体现你的成功”。

（二）提供工作体验

员工的工作体验反映员工对于工作和所在组织的感觉，是雇主品牌形成的最重要的阶段。识别目标人才的特征之后，兑现对人才的“承诺”，即为人才提供满足其需要的“产品”。例如，美国西南航空公司发现优秀雇员崇尚西南航空的“自由”理念后，制定了自由保健、自由建立财务保障制度、自由学习与成长、自由进行积极变革等“自由员工计划”。为优秀人才提供高品质的“产品”，应该从架构、文化、人才管理和流程等全方位提升“产品”的品质。如果方法缺乏系统性，容易被竞争对手模仿，雇主也无法长期保持吸引力。当然，工作体验是通过企业在人力资源方面的建设以及员工之间的互动来完成的。例如，无限极（中国）有限公司是李锦记健康产品集团的成员，从事中草药健康产品开发、生产及销售。无限极（中国）有限公司奉行“思利及人”的核心价值观（也就是说，只要想谋利，就一定要首先站在对方的立场为对方着想，这样才可能长久），“思利及人”已成为无限极员工和业务伙伴的共同行为准则。无限极（中国）有限公司持续举办以家庭为元素的活动，通过与员工家属的频繁互动，提高员工的工作体验。例如，2014年举办“无限极家庭同乐日”活动，参与员工家庭达到250个。因此，将雇主品牌与企业的人力资源战略管理体系结合起来，形成基于雇主品牌理念的战略人力资源管理，是雇主品牌塑造的关键。

（三）雇主品牌定位

雇主品牌的功能性内容包括薪酬、福利、工作地点和环境等，遵循“成本收益最大化”原则；象征内容即帮助员工塑造理想的自我形象，遵循“价值观认同”原则。根据赫茨伯格的双因素理论，功能性的诉求是保健因素，满足了该类需求只能让员工没有不满意，有效区隔品牌形象的内容是象征性因素。例如，美国强生公司的“尽享不同”、西南航空公司的“自由从我开始”、花旗银行的“一份没有不可能的事业”，都在宣传雇主的独特价值观和文化。

（四）雇主品牌推广

人力资源管理团队怎样才能通过人力资源政策实现雇主品牌落地，并进行有效传播？潜在和现有雇员对雇主品牌的认识遵循“意识—理解—偏好—选择—忠诚”的流程，因此企业进行雇主品牌的推广和传播时，既要内外兼顾，又要善用媒介。例如，在员工从求职到离职的整个职业生涯过程不断宣传雇主品牌，是荷兰皇家飞利浦电子公司的成功之道。皇家荷兰/壳牌公司集团、香港汇丰银行等选择让现有员工成为雇主品牌的代言人，让潜在员工认识到雇主带来的独特工作体验。英国渣打银行以领先的网络招聘系统宣传雇主品牌，吸引大量优秀人才的眼球。香港的大新银行集团有限公司综合运用聊天室、新闻简报、员工意见调查、实习计划、网络宣传等提升品牌在潜在和现有雇员心目中的价值。

可口可乐公司为了传播雇主品牌的成功特征，人力资源团队寻找一批可口可乐雇主品牌的代言人，通过员工的分享让这些成功特征表现得丰富多彩。例如，一位市场总监分享自己在可口可乐的工作不仅仅是在提供客户方案，更是赋予每一个产品以精神并提供给客户，这就是“激情使你与众不同”的最好体现之一。收集代言人的分享之后，人力资源团队将代言集做成宣传小册子和视频。这些小册子和视频被用于从面向学生的校园宣讲，到通过猎头向候选人介绍可口可乐，以及给来公司参观学习的MBA学员的介绍材料。

此外，雇主品牌推广也可以采用社会责任营销策略。例如，举办慈善机构捐款、保护环境、建立希望小学、扶贫等公益活动，借助新闻舆论影响和广告宣传雇主品牌。例如，腾讯公司推行员工公益假计划。“腾讯公益假”是腾讯公司为鼓励员工体验公益项目、当志愿者、用行动帮助他人而特定的一天带薪假期。

进入社会化媒体和移动互联网时代，雇主品牌塑造方法也要与时俱进，如采用“粉丝模式”。粉丝模式就是“裂变”，由一个粉丝增长为两个粉丝，甚至是一群粉丝。采用微博、微信等社交工具黏住现有员工，吸引潜在员工，把他们变成企业的粉丝（如小米公司的粉丝用户）。如果雇主品牌拥有庞大的粉丝群，那么企业在人才吸引和保留方面占据极大的竞争优势。

综合上述分析，雇主品牌塑造就是整体人力资源管理水平不断提升的过程。因此，塑造雇主品牌需要人力资源管理部门和相关专业人员从组织的后台走向前台，从战略的高度重视企业在现有员工和潜在员工心目中的印象和评价，并依照这些印象来调整人力资源的管理体系。

第三节　雇主品牌的评价

1984年，美国《财富》杂志首次举办“美国最佳雇主”排名活动，这是世界上首次与雇主品牌相关的活动。自1991年开始，一些专门最佳雇主评选机构孕育而出，对世界范围内的企业开始评选。中国最佳雇主评选机构中，优兴咨询（Unviersum）、翰威特、华信惠悦、联合调研机构（Corporate Research Foundation，简称CRF，更名为杰出雇主调研机构，Top Employers Institute）是国际机构；CCTV最佳雇主评选、智联招聘、中华英才网是国内机构。许多机构推出不同标准的“最佳雇主”评选，但无论采取什么样的参考指标，成为最佳雇主的关键是关注员工的满意度与敬业度。

一、《财富》杂志的评选标准

《财富》（Fortune）杂志每年与卓越工作场所研究院进行合作，对美国企业界的员工展开范围最为广泛的调查，并据此制定和发布最佳雇主百强榜单。2013年的最佳雇主评选主要是依据雇主为员工提供的津贴、福利、多元化和工资。入选的企业必须符合以下条件：至少五次入选“最佳工作场所评选机构”（Great Place to Work）的各类名单，在全球拥有至少5 000名员工，全体员工中至少有40%在公司母国之外工作。2015年，美国《财富》杂志发布新一年“美国100家最佳工作的公司”（100 Best Companies to Work For）排行榜。该调查结果来自250家公司的25万名员工，根据公司福利、老板、工作挑战等项目评分，选出100家最佳工作公司，入选的公司必须成立至少5年、员工达1 000人以上。上榜公司得分的2/3是根据该研究所的信任指数调查，即员工对管理层的信誉、工作满意度和同事关系的看法。另外1/3的分数依据文化审计调查得出，包括有关工资和福利的详细问卷以及一系列自主回答的问题，包括内部沟通方法、培训、奖励计划和多元化措施。

二、华信惠悦的评选标准

华信惠悦（Watson Wyatt）于2006年开始在全球范围内开展“卓越雇主调查”。评价维度共有10个：薪酬、福利、培训和发展、领导力、绩效管理、工作环境、工作满意度、创新、沟通、团队精神，共80个问题，整体得分前10%的归为最佳雇主。

三、怡安翰威特的评选标准

怡安翰威特中国最佳雇主调研始于2001年，是中国及亚太地区历史最长、调查范围最广，也是最具权威影响力的专业调研之一。翰威特的评选方法是：总裁意见调查问卷——收集首席执行官或总裁对人员管理战略方面的意见，包括如何将人员管理操作与企业的经营战略相匹配。

2015年，怡安翰威特首次与全球最大的职业社交网站领英合作，共同推出基于大数据的“2015年中国最佳雇主评选”，在调研内部员工意见的同时结合外部求职者对雇主的看法，最终由独立评审委员会根据匿名材料进行盲审评出20家最佳雇主。通过对最佳雇主的研究发现，它们共同具有如下特质：高敬业度、良好雇主品牌、高效领导力、高绩效文化和高品牌影响力。

翰威特最佳雇主模型认为：敬业度与匹配度能够很好地反映企业在人员管理方面的状况。敬业度的影响因素包括薪酬回报、机会、人员关系、生活质量、工作、规章程序；匹配度的因素相对多元化，大致来说，包括公司的人力资源实践是否能支持其战略、员工是否能很好地理解和分享公司高层领导制定的目标和战略方向。

根据其调查结果显示，最佳雇主企业的员工敬业度水平呈上升趋势（2013∶85% vs 2015∶88%），如表6−2所示。薪酬及认可、职业发展机会依然是驱动敬业度提升的最重要因素，雇主品牌因素对敬业度的影响日益增大。最佳雇主相信员工敬业是公司成功的重要因素，80%的最佳雇主企业将团队敬业度列入管理者的绩效考核当中，高于市场平均（51%）。领英大数据衡量企业雇主品牌在对外部人才两个方面的影响力：一是雇主品牌可触达的目标人才规模，即辐射力；二是外部人才与企业互动的质量、对企业表现出的感兴趣程度，即吸引力。在参评企业中，获奖企业的品牌辐射力比其他企业高114%，品牌吸引力比其他企业高135%。

表6–2 翰威特 & 领英2015年最佳雇主评选的结果数据

比较值	最佳雇主	市场水平
员工敬业度	88%	53%
员工敬业度与绩效挂钩	80%	51%
良好雇主品牌	87%	64%
员工承诺兑现度	83%	60%
职业发展培训	50%	24%
职业发展机会	88%	61%
职业发展目标与绩效结合	50%	29%

注：资料来自于翰威特＆领英2015年中国“最佳雇主”调查报告。

四、智联招聘最佳雇主评选

2015年智联招聘中国年度最佳雇主（China Best Employer Award）评选包括企业报名、初选、外部调查、外调分析、内部调查、内调分析等多个环节。2015年中国年度最佳雇主首提“新雇主经济主义”概念，以“让改变发生”为主题，从雇主形象、组织管理、雇主品牌战略、培训发展、薪酬福利、工作环境六个维度重新定义新时代雇佣关系，更强调雇员在雇佣关系中的重要性与主体性，倡导雇主更加关注雇员的诉求、情感与意识。新型雇佣关系鼓励企业更开放、更人性化地对待雇员，这种雇佣关系的改变是商业进程发展的结果。

五、中华英才网大学生最佳雇主模型

从2003年开始，中华英才网大学生最佳雇主评选已经连续举办了六届。2005年，中华英才网初步提出最佳雇主CBC模型，从全面薪酬、品牌实力、公司文化三个维度对雇主进行评价；2007年，根据对“选择最佳雇主第一名的原因”的分析，数据结果又有所不同，“培训发展机会”成为吸引大学生的最重要方面。结合前两年的数据累积和分析，中华英才网对CBC模型进行了补充和调整，提出了2007年的DBCC模型，增加了“职业发展”因素。

中华英才网最佳雇主DBCC模型（development-compensation-brand-culture model）（见表6–3）指标有：职业发展，从培训发展机会、晋升的空间、用人理念和国际化氛围四个维度考察企业对大学生职业发展和职业规划方面提供的承诺，体现企业的育人理念，以及对大学生的职业发展可能提供的支持以及资源，用development表示；品牌实力，从知名度与影响力、产品创新与市场前景、领导人魅力、企业在校园里的声誉四个维度考察企业的市场地位和持续发展潜力，用brand来表示；薪酬福利，从有竞争力的薪酬、工作条件与环境、弹性工作时间、解决户口四个维度考察企业对大学生的薪酬以及外围的保健因素等的承诺，用compensation表示；公司文化，从稳定的雇佣关系、只招募最优秀的人才、组织文化和和谐的员工关系四个维度考察企业的工作外围环境，用culture表示。

表6–3　中华英才网2007年最佳雇主调查的指标分类

职业发展	品牌实力	薪酬福利	公司文化
培训发展机会 晋升的空间 用人理念 国际化氛围	知名度与影响力 产品创新与市场前景 领导人魅力 企业在校园里的声誉	有竞争力的薪酬 解决户口 工作条件与环境 弹性工作时间	稳定的雇佣关系 组织文化 只招募最优秀的人才 和谐的员工关系

资料来源：中华英才网2007年大学生最佳雇主问卷调查报告。

据调查报告显示，中华英才网2005—2007年选择最佳雇主的首要因素对比分析如表6–4所示。

表6–4　2005—2007年选择最佳雇主的首要因素对比分析

因素	2007年		2006年		2005年	
	百分比	排名	百分比	排名	百分比	排名
培训发展机会	61.6%	1	63%	1	58.9%	2
知名度与影响力	55.1%	2	50.3%	3	58.1%	3
有竞争力的薪酬	53.8%	3	58.7%	2	59.1%	1
工作条件与环境	42.4%	4	49.7%	4	8.7%	10
用人理念	39.2%	5	36.6%	5	—	—
晋升的空间	31.5%	6	32.0%	7	19.7%	9
领导人魅力	28.1%	7	30.5%	8	27.2%	6
产品创新与市场前景	27.3%	8	35.8%	6	43.5%	5
和谐的员工关系	26.5%	9	—	—	—	—
组织文化	21.6%	10	22.4%	10	43.8%	4
国际化氛围	19.5%	11	23.3%	9	27.2%	6
稳定的雇佣关系	19.3%	12	17.6%	11	20.9%	8
解决户口	12.1%	13	10.1%	13	8.7%	10
企业在校园里的声誉	11.4%	14	11.3%	12	6.7%	14
只招募最优秀的人才	8.4%	15	7.8%	15	8.0%	12
弹性工作时间	7.8%	16	8.3%	14	7.0%	13

资料来源：中华英才网2005—2007年大学生最佳雇主问卷调查报告。

翰威特公司的模型适用于智力密集型企业；华信惠悦公司的模型加入领导力、绩效管理、工作满意度、创新、沟通与团队精神等因素，适用于创新型企业；中华英才网的模型适用于应届大学毕业生，结合应届大学毕业生的需求，加入品牌实力因子，结合中国国情融入稳定的雇佣关系、解决户口等因素。

第四节　雇主品牌吸引力的形成

随着人才争夺战争加剧和人口红利消退，越来越多的中国企业感到人才难求。为了在人才争夺战中占据主动地位，各企业苦炼内功，打造雇主品牌。雇主品牌究竟通过什么样的途径对潜在员工和内部员工产生吸引力呢？雇主品牌对组织吸引力的影响主要有：吸引外部潜在员工的能力和留住内部在职员工的能力。当然，潜在雇员和组织之间存在信息不对等，因此他们不可能像内部员工一样拥有雇佣体验，对雇主品牌的理解仅仅处于感知阶段。加贝勒和图尔班（Cable & Turban，2001）根据品牌知识提出了雇主知识（employer knowledge）的概念，即求职者对特定雇主组织的记忆和联想，并认为求职者的雇主知识将会影响其如何处理和反映关于组织的信息，从而进一步影响其求职意向和决策。[①]雇主知识分为雇主熟识度、雇主形象和雇主声誉三个维度，为雇主品牌吸引力的形成机理分析提供一个模板（见图6–2）。

① Cable D M，Turban D B. Establishing the Dimensions，Sources and Value of Jobseekers'Employer Knowledge During Recruitment.Research in Personnel and Human Resources Management，2001:115–163.

一、宣传雇主品牌定位

组织吸引力形成的基础是对雇主品牌进行清晰、准确的定位。这是企业在招聘市场上区别于其他竞争对手的标志。因此，企业必须谨慎选择这些构成雇主品牌的子品牌，确保它们和企业形象一致。定位的过程也就是建立企业独特价值主张的过程。例如，携程公司在2014年发布雇主价值主张“发现精彩旅程”，与企业愿景“携手成就精彩人生旅程”一脉相承，意在表达“在携程，一个正确的职业选择亦将开启一段精彩的职业旅程”；美国安利公司的雇主价值主张是“创造价值，成就自我”，为员工提供广阔的职业发展空间，每位员工都有机会实现自己的价值，并与杰出人才共事。

鉴于雇主品牌已经成为企业社会形象的直接展示，宣传雇主品牌对于增强外部求职者对公司的美誉度和熟悉度是至关重要的。雇主品牌和产品品牌是企业品牌建设中的重中之

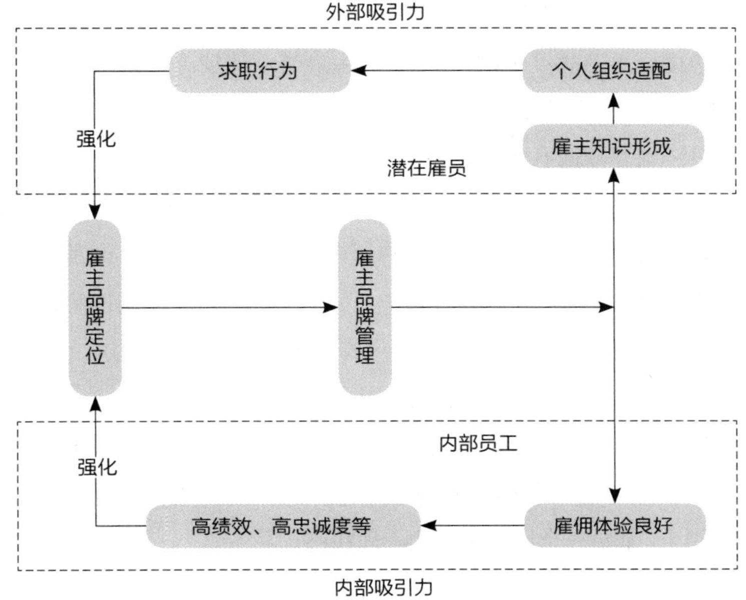

图6-2 雇主品牌吸引力的形成机理

资料来源：Cable D M，Turban D B. Establishing The Dimensions，Sources and Value of Jobseekers' Employer Knowledge During Recruitment. Research in Personnel and Human Resources Management,2001:115-163.

重，将两个品牌进行整合传播，不但有利于雇主品牌建设，而且可以巩固和加强产品品牌。

二、雇主品牌管理

在明确品牌定位之后，企业需要根据自己设计的品牌形象，制定品牌推广和品牌承诺兑现计划，以满足企业雇员和社会公众对它的期望值。克里斯汀和苏林德（Kristin & Surinder，2004）分别从基于资源观的企业论（RBV）、心理契约、品牌资产等角度对“雇主品牌”（employer brand）和“雇主品牌管理”（employer branding，或者翻译成“雇主品牌化”）进行分析。他们认为雇主品牌是用来将公司同其他企业区分开来的一个概念，而雇主品牌管理就是雇主为自身建立传播途径，品牌内部分工协作，企业保持持久竞争力的过程。[①]

① Kristin B，Surinder T. Conceptualizing and Researching Employer Branding. Career Development International，2004 (9)：501-517.

三、雇主知识形成

雇主知识又称为求职者对雇主的知识，即求职者对组织的印象以及相关的感知。这种雇主知识会影响他们对组织信息的处理和反馈，并进一步影响求职决策。雇主知识分为三个维度，包括雇主熟悉度（即意识）、雇主声誉（即情感评估）和雇主形象（即回忆归类）。其中，雇主熟悉度是雇主知识的基础。如果没有雇主意识，就不能产生储存和品牌相关的记忆点，也就不会有雇主知识。雇主形象代表雇主对消费者的意义，是品牌品质的基础。企业的雇主形象是由生产者产品和使用者共同构成的。求职者的最终决策受到其对于雇主信息、工作属性、员工特征等方面认识的影响。通常来说，雇主声誉是社会大众对该组织的评价。在求职过程中，它更多的是求职者的情感评价（好或者不好，强或弱）。不同于雇主形象的是，雇主声誉是由他人评价建立的，而非求职者本人。相应地，具有良好声誉的雇主对求职者更有吸引力。

例如，上海大众汽车有限公司通过“员工情绪晴雨表”来了解员工的雇主知识。员工情绪晴雨表是一套普通员工三分钟内就可以完成的调查问卷，经过统计分析能够勾勒出小部门、大部门、全员三个层面员工的心理状态。

四、组织吸引力形成和强化

雇主品牌是企业品牌的体现，具有高度社交化和完全公开化的特点。内部品牌主要针对现有员工，通过维持并提高员工的敬业度来获取更高的效率和更大的产出；外部品牌则旨在吸引潜在的目标员工，以达到招凰引凤、聘贤纳儒的目的。越来越多的人才在求职中的观念已经从“找好工作”转向“找好雇主”。

（一）雇主品牌对组织外部潜在雇员的吸引

打造雇主品牌是企业吸引人才的新突破口。拥有最佳雇主品牌的企业，无论是吸引人才的速度，还是对人才的影响度都是非常明显的。良好的雇主品牌可以提升组织的美誉度和知名度。本达鲁克（Bondarouk，2012）通过企业特征、工作特征、员工与组织文化、报酬与岗位晋升、雇主美誉五个维度研究雇主品牌对组织吸引力的影响。并且，选取美誉度和熟悉度来测量组织吸引力，其中美誉度是指求职者自身对组织声望（包括领导能力、产品服务和组织号召力）的感知。结果发现：雇主品牌与组织吸引力二者之间确实存在直接的正相关关系，尤其是熟悉度与雇主品牌的相关性更强。因此，雇主品牌确实能够提升组织对求职者的吸引力，品牌建设重点在于提高求职者对组织的熟悉度。[①]

（二）雇主品牌对组织内部在职员工的吸引

雇主品牌是一种新的激励模式，象征雇主对雇员的承诺。对员工的需求如能采取一系列有效的管理政策和行为，能够产生较好的雇佣体验。良好的雇佣体验可以带来较高的工作满意

① Bondarouk T. Employer Branding and Its Effects on Organizational Attractiveness Via the World Wide Web: Results of Quantitative and Qualitative Studies Combined. The 4th International E-HRM Conference Innovation, Creativity and E-HRM, 2012.

度，从而让员工获得满足，雇主品牌也就产生了内部吸引力。

员工忠诚度是对组织吸引力的如实反映，它的高低实际上代表了雇主品牌资产的大小。伦敦商学院的安博拉（Tim Ambler）对雇主品牌承诺的梯度进行了描述，由低到高分别是："员工会选择别的品牌，尤其出于对薪酬的考虑，品牌忠诚度为零"、"员工满意，没有理由要放弃当前品牌，但也没有要提高绩效的动机"、"员工满意，转投其他品牌会产生成本"、"员工信赖品牌，将其视为自己实现目标的伙伴"、"员工献身于品牌，希望监督品牌腐蚀，维护绩效标准"。这一员工品牌承诺梯度是组织内员工对品牌的信任度，也就是雇主品牌资产梯度。[①]

通过以上对组织吸引力形成过程的介绍可以看出，雇主品牌的建设和推广能够有效提升组织吸引力，帮助企业吸引到需要的人才。对雇主来说，需要不断促进品牌建设，提升吸引力。对于企业的求职者来说，组织通过提高其对雇主品牌的认识，影响其求职时对工作属性的判断，提高其对员工尊重感的期待，能够加强求职者的意愿。对组织内部员工来说，雇主品牌也影响他们对组织的认同感和归属感。例如，A. O. 史密斯在进入中国市场后，不仅"美国热水专家"的品牌形象深入人心，也成功夯实了优秀雇主品牌。2013年度A. O. 史密斯囊获四项人力资源大奖（包括前程无忧评选的"2013中国最佳人力资源典范企业"、"2013最佳企业社会责任典范"，智联招聘评选的"2013年度最佳雇主100强"、"最受大学生关注雇主"），印证了A. O. 史密斯注重不断完善人才培养机制，坚持以人为本的价值观，重视后备人才的培养与发展，并以此建立雇主与雇员间的良性互动，在吸引更多优秀人才的同时，也提升了雇员的满意度、责任感以及对企业文化的认同感。

① 殷志平. 雇主品牌研究综述. 外国经济与管理，2007，29（10）：32-38.

本章小结

（1）雇主品牌的内涵、特征和意义。雇主品牌的内涵可以从承诺论、关系论和工具论三个视角来解释。其中，承诺论强调雇主品牌是组织向在职员工和潜在员工传递雇佣价值的一种差异化承诺；关系论强调雇主品牌是组织与在职员工、潜在员工之间的一种情感关系；工具论强调雇主品牌是组织吸引人才和留住人才的一种营销工具或新型战略。雇主品牌包括功能性特征和象征性特征。其中功能性特征包括功能利益、经济利益和心理利益；象征性特征强调雇主品牌具有人格，是有效形成独特雇主品牌的切入口。雇主品牌的意义在于：带来优厚的财务回报；提升组织的人才吸引力；降低雇佣适配风险。

（2）雇主品牌的定位和塑造流程。雇主品牌定位包括雇主品牌内核和雇佣价值主张，其中雇主品牌内核旨在向员工表明组织所重视的内容、组织使命和价值观；

雇佣价值主张强调在雇主品牌内核基础上组织承诺给员工提供哪些独特的工作体验。雇主品牌塑造流程包括：识别核心人才及其驱动力，提供工作体验，雇主品牌定位，雇主品牌推广。

（3）雇主品牌的评价。雇主品牌评价机构比较多，各自的评价标准存在差异。比较典型的评价标准是《财富》杂志、华信惠悦、怡安翰威特和中华英才网的评选标准等。其中，怡安翰威特公司的评选模型适用于智力密集型企业，华信惠悦公司的评选模型适用于创新型企业，中华英才网的评选模型适用于应届大学毕业生求职的参考。

（4）雇主品牌吸引力的形成。雇主品牌对组织吸引力的影响主要有吸引外部潜在员工的能力和留住内部在职员工的能力。其中，组织吸引力形成的基础是对雇主品牌进行清晰、准确的定位，雇主知识是解释雇主品牌吸引力形成的重要要素，强调品牌建设重点在于提供求职者对组织的熟识度，员工忠诚度体现雇主品牌资产的大小。

即测即评

请扫描右侧的二维码（内含若干判断题、单选题和多选题），您可在线自测并查看答案。

思考题

1. 雇主品牌和企业形象品牌、产品品牌的主要区别表现在哪些方面？
2. 雇主品牌建设过程中的主要步骤有哪些？
3. 如何衡量一个雇主品牌是优秀的？
4. 企业应该如何通过雇主品牌来增强组织吸引力？

实例经验与启发

回顾开篇的情境实例，经过理论学习和案例剖析，得到以下启发：

（1）雇主品牌是企业赢得竞争优势的重要工具之一。赢得人才和赢得市场与客户同等重要，雇主品牌塑造与管理正得到越来越多企业的重视，从而雇主品牌逐渐成为企业引才和留才的新型营销工具之一。因此，创立并保持雇主品牌形象，是在人力资源市场赢得持久竞争优势的战略选择。

（2）雇主品牌的塑造涉及人力资源管理的方方面面。不但雇主品牌的载体是人力资源管理过程，而且雇主品牌本身肯定涉及一个组织能力方方面面的内容，从薪酬、培训、沟通到非正式组织。

（3）企业文化渗透于人力资源管理职能活动之中。一方面，人力资源管理职能的获取、激励、培训等各项功能受到企业文化直接或潜在的影响；另一方面，这些功能的实现促进企业文化的维持及发展。因此，只有企业文化的形成与人力资源管理相结合，才能将核心价值观通过具体的管理行为来实现，从而赢得员工的认同。

讨论案例

豪迈中国如何推进雇主品牌建设[①]

豪迈（Halma）的起源可以追溯到1894年的亚洲，当时的名称为Nahalma茶园有限公司，在锡兰（1972年改名为斯里兰卡）地区经营。公司后来转营进行橡胶生产，并于1937年改名为Nahalma橡胶园有限公司。20世纪50年代，斯里兰卡政府将岛内大部分行业都国有化，包括橡胶工业。1956年，Nahalma橡胶园有限公司变身成为豪迈（Halma）投资有限公司。公司停止了有关橡胶的业务，变为一家投资管理和工业控股公司。从1972年开始，公司进行了一系列的收购，包括机械工程公司、电机公司和电子工程公司。成功的管理使公司得以茁壮成长，这也奠定了豪迈今天能成为国际制造集团的基础。Halma投资公司于1981年登记为公共有限公司，成为豪迈公共有限公司。截至2015年，集团在全球拥有5 000多名员工，近50家子公司。英国豪迈旗下子公司的产品主要用于保护人们的生命安全并提升生活品质。通过持续不断的创新，这些产品在国际市场上始终处于领先地位。

英国豪迈的总部位于英国伦敦西北部的白金汉郡的阿默舍姆镇，其在中国的注册名称为英国豪迈国际有限公司，简称“豪迈中国”。英国豪迈正式进入中国市场始于2006年，在上海和北京开设了代表处，把更多先进的科技、技术、产品和解决方案引进中国，践行企业的使命“让生命更安全，让生活更美好”。

2013年，任命侯建华先生为中国区人力资源总监。侯先生履新之前是豪迈旗下子公司Avire上海公司的总经理，负责这家行业领先的电梯安全和通信系统制造商在中国的销售、市场推广、财务、营运和人力资源管理。侯先生拥有超过25年的国际公司工作经验，其中超过17年服务于Avire上海公司及其前身TL Jones上海部件公司。侯建华1988年毕业于上海交通大学，拥有机械工程学学士学位。 作为中国区人力资源总监，侯建华将向豪迈中国区董事张明先生汇报，负责提高并优化员工招聘和培养，以及员工关系活动。他还将与豪迈英国总部的人才培养总监Michael Hamilton紧密合作，为迅速壮大的中国团队提供充分的培训。 英国豪迈中国区董事张明先生表示：“侯建华先生来自豪迈子公司，熟悉豪迈的各个业务部门，了解豪迈的核心价值观，拥有包括人力资源管理等各方面丰富经验；有着卓越的管理和领导才能，这些对我们都是非常宝贵的财富。”人力资源是任何公司发展的根本，侯建华的加盟无疑将极大

① 根据豪迈中国的官方网站报道信息编写而成。

增强豪迈在众多领域的实力，促进公司稳健发展。

2015年6月，英国豪迈（Halma）的首席执行官安德鲁·威廉姆斯（Andrew Williams）先生任命李伟良先生为豪迈中国（Halma China）的高级市场部经理。李伟良先生将在豪迈中国的上海代表处工作，汇报给豪迈中国的人力资源和市场总监侯建华先生。

豪迈最宝贵的资产和核心竞争力是人才，随着行业竞争日渐白热化，加强雇主品牌建设，有效吸引和保留人才成为豪迈的关注焦点和人力资源战略规划的重点。豪迈的雇主品牌建设是由豪迈中国人力资源部和市场部发起，以及旗下子公司高度参与的过程。事实上，雇主品牌的建设将依赖于豪迈全体员工的积极参与和反馈，是一个循序渐进、持续推广的过程。在全球知名人力资源咨询公司怡安翰威特的协助下，豪迈的雇主品牌之旅于2014年9月1日正式拉开序幕，接下来在亚太区范围开展雇主品牌调研活动，并辅以一系列线上线下的活动进行市场推广。该调研结果将被作为重要依据来帮助定位豪迈特色的雇主品牌形象，同时也有助于豪迈旗下各子公司进一步诊断和提升人力资源内部管理流程。

豪迈雇主品牌建设将紧紧围绕创新为先、充分授权、成就卓越及客户满意的核心价值，相信在专业科学的方法指引下群策群力，豪迈的雇主品牌将会在内外部人才市场得到有效提升和推广。

英国豪迈提供的工作机会：我们负责公司运营的管理者将享有自主决策的权利，同时还可享受来自总公司的支持与合作机会；我们投入了大量时间以寻找理想人选，他们必须具备主动性，卓越才识和领导品质，可以创造积极的影响。

英国豪迈提供的回报：创造不同凡响的机会——我们的产品使得世界更加安全和健康；创业式的企业文化；针对个人和专业发展的内部培训机会；国际化的职业发展机会；绩效奖励；企业的创新文化氛围；成功孕育成功的环境——与我们一起创造成功。

思考题：

1. 豪迈中国为什么积极推进雇主品牌建设？

2. 如果你是怡安翰威特的咨询项目经理，你将如何推进豪迈中国的雇主品牌建设？

本章实训

中国国有企业和民营企业雇佣价值主张比较

一、实训目的

1. 掌握如何提炼组织独特的雇佣价值主张。

2. 了解中国国有企业和民营企业的雇佣价值主张差异。

3. 提高资料收集、整理和提炼能力。

二、实训内容

1. 归纳、比较某个行业中国国有企业和民营企业雇佣价值主张。

2. 分析雇佣价值主张存在差异的背后原因及其影响。

三、实训组织

1. 教师说明实训内容和实训要求。

2. 根据教学班级规模，对学生进行分组，每组4 ～ 5人，组员之间协商产生小组组长。

3. 每组收集和整理某个行业10家国有企业和10家民营企业的发展历程、人力资源管理政策、企业文化等，提炼这些企业的雇佣价值主张。

4. 每组比较这些企业的雇佣价值主张。

5. 每组结合本章所学内容，研讨雇佣价值主张背后的原因。

6. 每组逐人上讲台汇报小组讨论的成果。

7. 教师对各组的发言做出点评并给予小组成绩。

四、实训步骤

1. 教师说明实训内容和实训要求。

2. 每组分别确定行业及行业内的企业名单，拟订收集的资料清单和计划。

3. 每组在课后通过企业官网分别搜集整理资料。

4. 每组对搜集整理的资料进行研讨，并形成报告。

5. 各组代表以PPT形式汇报小组分析的成果。

6. 教师根据各小组汇报的成果提问，并依次引导学生思考这些企业雇佣价值主张的各自优劣及这些企业为什么要提出现有的雇佣价值主张。

7. 教师总结点评，并向学生介绍雇佣价值主张提炼的思路和注意事项。

延伸阅读

[1] 朱勇国，等. 雇主品牌评价与管理. 北京：中国劳动社会保障出版社，2008.

[2] 朱勇国，丁雪峰，冯文娟，等. 中国雇主品牌蓝皮书6：雇主品牌与企业转型. 北京：中国劳动社会保障出版社，2014.

[3] 朱勇国，丁雪峰，刘鹏，等. 雇主品牌与企业公民. 北京：企业管理出版社，2012.

[4] 詹末. 中国雇主品牌传播实录. 北京：人民邮电出版社，2006.

[5] 朱勇国，丁雪峰. 中国雇主品牌蓝皮书7——互联网时代的雇主品牌管理. 北京：中国劳动社会保障出版社，2015.

[6] Cable D M, Turban D B. Establishing The Dimensions, Sources and Value of Jobseekers' Employer Knowledge During Recruitment.Research in Personnel and Human Resources Management, 2001: 115-163.

第七章
人力资源规划的界定、演变与评价

学习目标

1. 掌握人力资源规划的内涵、作用和目标
2. 了解人力资源规划的有效性
3. 讨论人力资源规划与职业生涯规划的关系
4. 阐述人力资源规划的演进历程
5. 掌握人力资源规划的评价

关键术语

人力资源规划　过程导向论　战略导向论　组织战略规划　规划目标　职业生涯规划　传统人事规划　科学人力资源规划　战略人力资源规划　人力资本规划　规划评价　规划控制

本章概览

请扫描右侧的二维码图标，您可以查看本章的知识结构概览图。

情境实例

沈阳万科的人才梯队建设[①]

沈阳万科房地产开发有限公司是深圳万科集团在东北地区的核心机构，负责筹划万科集团在鞍山、长春及大连等地区的发展。十多年来，沈阳万科历经了起步、创业和发展三个阶段，变得越来越理性与成熟。公司从业绩和综合能力两个方面对员工做出评价，每年进行两次强制性人才盘点，将那些表现出色的员工纳入到一线经理层、二线接班人或三线潜力人员的培养梯队中。再根据矩阵式组织结构特点进行工作设计，使以能力发展为导向的“岗位复合”成为各梯队人才培养的关键环节。

① 李明斐，贝文海. 沈阳万科的人才梯队建设. 企业管理，2014(9)：80-82.

一、岗位轮换与复合，激发一线老经理的新动力

一线经理人员的培养包括对老经理的培养和对新经理的培养两个方面。对一线老经理，主要通过从项目到职能、职能到项目、在不同职能之间及大小项目之间的岗位轮换与复合，为他们提供不同的工作体验，帮助他们扩张视野，增长才干。例如助理总经理林涛，在经历了一系列项目与职能之间的轮岗与复合之后，沈阳万科又根据房地产企业的特点，为其量身设计了一个项目到项目间的轮岗机会——从魅力项目轮岗到万科城项目。万科城项目是一个综合程度更高、管理内容更丰富的项目，它在传统住宅小区管理的基础上，增加了商业区的开发管理、写字楼的开发与管理，对培养员工的管理能力、提高其业务素质，无疑存在巨大的挑战。经过这种培养和磨砺之后，林涛的工作能力得到显著提升，他由经理储备人员调任总经理助理，后升任助理总经理。

二、授权管理，下沉式辅导与矩阵式关注为一线新经理保驾护航

在沈阳万科，公司对员工的最大帮助不仅是为他们提供稳定的工作和有吸引力的薪酬，而且包括在职位空缺到来前，搞好员工的培养，提高员工的业务素质。对一线经理层中新经理的培养，公司主要采取了两个方面的措施。

首先是“下沉式”辅导。当企业中有人被任命为新经理或见习经理时，公司会指定一名老经理进行辅导。老经理不仅要与人力资源部门一道为新经理制定专门的培训计划，还必须经常亲临现场了解情况，与新经理直接沟通并提供相关建议。这种“下沉式”辅导不仅可以大大缩短新经理适应工作的时间，而且能较好地实现隐性知识和业务能力在新老经理之间的传承。

其次，公司对新经理的培养还通过“总经理矩阵式关注”来体现。对于那些因为原经理调动，项目助手提拔为负责人的新经理，更是如此。对于这种类型的新经理，公司总经理会给予特别关注，并参与评议新经理在见习期间的工

作表现，通过与人力资源部及其他有关部门经理的沟通和对话，对新经理留任或晋升后的职业发展做出预测。在这里，被评议员工的管理权限不直接隶属于总经理，总经理必须通过他的直接主管对其情况进行了解，故这种关注称为总经理矩阵式关注。

通过总经理矩阵式关注，使总经理亲自参与管理人才梯队的建设，不仅表明企业领导对人才培养工作的高度重视，而且对公司各项人才培养政策的贯彻落实极为有利。为了减少老经理在辅导新经理的过程中可能存在的“留一手”的现象，沈阳万科还特意在对老经理的绩效评价体系中，加入了对新经理培养质量等内容，并通过确保分配过程中的公正性，来消除在老经理中可能存在的对遭受利益受损的担忧。此外，基于团队的奖励机制的实施，也在很大程度上将员工个体的价值内化为团队的价值，确保了“以老带新”的顺利进行。不仅如此，公司还尽力为新经理的素质拓展开辟空间。例如担任项目客服助理经理的王鹏，在这方面曾经受益匪浅。首先，他通过跨专业复合被提拔为工程组负责人，然后通过全面的复合成长期，包括参加公共关系建设、参与整个项目的运营管理、扩大对其他专业模块知识的了解、接受项目经理培训班的定向培养，最后，才成为公司的项目经理。

三、定向培养，专业复合挖掘二、三线人员潜力

沈阳万科成功的经验之一在于，公司还将人才梯队的培养视为一个整体进行运作和管理。不仅对梯子顶端的人才开发给予充分关注，而且把二线接班人和三线潜力人员的培养视为重要的基础。他们认为，如果一线经理层是一颗颗闪亮的钻石的话，那么这里的每一颗钻石都必须经过由三线潜力人员到二线接班人，再到一线经理人的打磨。对二、三线梯队人才的培养，主要是采用有针对性的定向培养和专业范围内的局部复合。以徐威为例，2008年他在沈阳建筑大学取得硕士学位后曾留校任教两年，之后，他来到沈阳万科开始了他的职业生涯。而万科则对他进行了有计划、有步骤的培养和价值开发。一开始，万科公司根据他通过学校学习而具备的坚实理论基础，让他在工程管理部从事质量管理工作，同时负责公司技术文件标准化的编制。两个月后，公司又安排他担任金域国际项目的土建工程师，同时复合标段管理工作，以进一步发挥其专业优势；后来经过定向培养和土建岗位一系列工作的复合之后，他又被调任为春河里项目的土建工程师，具体负责项目工厂化施工管理工作。

沈阳万科采用的矩阵式项目管理模式，对于职能与项目的轮岗复合十分有利，一个岗位空缺往往能带来多个岗位复合的机会，从而能较好地促进员工的相互沟通和业务能力的提升。当然，事物的探索和发展都会遇到问题和挑战，万科公司正是在迎接这些挑战的过程中，总结出了实施岗位复合的一整套关键的成功要素。① 轮岗不是政治手段，不以削权降职为目的，以消除员工的后顾之忧；② 职能人员的轮岗复合必须具有专业的共通点，项目人员的培养必须通过复合的过程，要谨慎从事，要减少岗位变化的盲目性；③ 在职位调动上，要尊重员工的个人意愿，不要强制，不能打着轮岗或复合的旗号来处理不合要求的员工。这一点也深化成了“用心尊重人”的万科人才工作的核心理念。

四、知识传承，共建学习型组织

充分利用知识传承平台，狠抓学习型组织建设，这是沈阳万科强化人才培养的又一重要手段。万科集团的知识传承平台汇集了国内外知名公司的大量运作案例，员工需要了解某一方面的实践经验时可以到平台上查找，然后通过阅读案例来提升自己解决问题的能力，在实际工作中遇到类似情况时，员工也能够很快地找到问题的关键点，找到解决问题的方法和途径，从而能大大提高工作效率。利用知识传承平台，加强学习型组织建设，不仅能提高公司整体人力资本的价值，而且能有效突破人才建设的局限，让员工在学习的过程中感受到自身的成长。

此外，沈阳万科还采取将工作经验案例化的做法。通常，一个人的经验作用是十分有限的，但是一个人的经验被大家学习后，就能够迸发出巨大的能量，提高集体的工作效率，产生所谓员工素质的“业务扩张”。沈阳万科公司在每个部门都设立了学习委员，或称HR大使，以协助人力资源部在该部门进行案例收集工作。人力资源部会将收集到的案例上传到知识传承平台，使公司内部的案例库日益丰富，供员工共享的内容日益增多。同时，公司对每个员工每年参与培训的次数、每个部门每月收集和向平台上传的案例数、每个案例被人浏览学习的次数等，都会进行统计。例如在集团最新一期发布的知识传承积分排行榜中，沈阳万科在知识贡献一项中排行第2、在精品知识一项中排行第1、在知识评分一项中排行第1，从而以总分35分的成绩再次摘取了月度集团积分排行榜总成绩第1名的桂冠。

人才梯队建设是十分重要的，它不仅能激发人才的创造精神，还能为公司提供人才储备，为岗位空缺提供人员补充，从人才方面为实现公司的美好愿景和战略目标提供坚实的保障。然而人才梯队建设又是一个长期过程，是一项战略性的任务，是人力资源规划实施的一个重要方面，它必须与发展战略保持一致，必须与人力资源战略紧密结合。同时，从人才培养的总体来看，梯队建设应是整个人才培养的核心，而人才规划则是梯队建设的指引。本章着重介绍人力资源规划的内涵、内容、演变历程和评价。

第一节 人力资源规划的界定

一、人力资源规划的内涵

人力资源规划开始于20世纪40年代，主要被运用于在严重缺乏技术工人的情况下，进行人员调配和人事结构分析。然而，作为一项拥有深厚理论基础的学科，直到肯特大学的巴塞洛缪（Bartholomew，1967）、剑桥大学的摩根（Morgan，1970）和史密斯（Smith，1971）在英国公务员部门做出诸多贡献之后，人力资源规划的价值才得以充分体现。20世纪70年代，英国就业研究学院（Institute of Employment Studies, UK）采用了巴塞洛缪的大部分思想来发展人力资源规划的概念，以帮助公共和私人部门进行人力资源规划。与此同时，在英国行政部门（UK's Civil Service）人力资源规划的技术分析方法也得到了实质性的发展。这两个机构主要关注如何运用最新的软件技术来分析复杂的人事结构。20世纪70年代到80年代，公司人力资源规划的出现加强了人力资源规划概念的发展阶段。当时盛行的观点是人力资源规划是组织战略的补充，人力资源规划应服从于公司规划。但是，爱德华兹（Edwards，1983）等人认为人力资源规划会影响公司战略的发展。学者们对人力资源规划的概念进行了界定，大致分为过程导向论和战略导向论①。

① Idris A R B, Eldridge D. Reconceptualising Human Resource Planning in Response to Institutional Change. International Journal of Manpower, 1998, 19 (5): 343-357.

（一）过程导向论

过程导向论的学者将人力资源规划视为一种持续不断的过程。例如，沃克（Walker，1980）认为人力资源规划是一种在不断变化的环境下分析组织人力资源需求和发展相关活动以满足组织需要的管理过程。同样地，维特尔（Vetter，1967）、贝拉克和马蒂斯（Burack & Mathys，1980）以及贝拉克（Burack，1985）将人力资源规划定义为旨在帮助组织将现有人员安排到合适岗位的过程。贝尼森和卡森（Bennision & Casson，1984）对人力资源规划的定义则侧重于将其看作在环境不断变化的条件下，对人员配置不断调整的过程。史密斯（Smith，1970；1976）认为人力资源规划是在充分考虑现有政策和新政策引入后会产生的一系列影响的基础上，对组织人力资源变动做出预测的过程。该定义的核心是在获取关键信息的基础上做出人力资源规划预测。这些信息对于降低组织运营风险，避免组织出现人力资源短缺或过剩的情况至关重要。贝尼森和卡森还指出人力资源规划的过程包含三个步骤，即人力资源需求预测、供给分析以及未来人力资源数量和质量的估计，这三个步骤有助于组织获取最佳的人力资源配置，从而提高竞争优势。过程导向论侧重于将人力资源规划看作为组织提供准确人力资源信息，进行人力资源精准预测的过程。

（二）战略导向论

引用最为广泛的战略导向人力资源规划定义是由英国就业部门（Department of Employment, UK）于1970年提出的，即人力资源规划是关于企业人力资源获取、使用、改进和保留的战略。然而，斯坦纳（Stainer，1971）质疑该定义脱离了组织的整体目标，认为人力资源规划的目标是保持和改进组织实现目标的能力，并且通过战略发展在可以预见的未来提高人力资源效率。马贝斯（McBeath，1978）则从另一方面强调人力资源规划是衡量组织人力资源水平是否达到最优的一种控制战略。林奇（Lynch，1982）将人力资源规划的目标分为两类，确保现有人力资源的最大程度利用和为组织未来发展提供合适质量和数量的人员。此后，学者们对于人力资源规划概念的界定侧重于将组织政策与实践联系，强调人员培训、发展和招聘等方面的交互作用。例如，巴尔姆汉姆（Bramham，1988）认为人力资源规划是关注人力资源使用效率，满足组织未来人力资源需求的战略。

从上述众多学者对人力资源规划概念的表述中可以看出，人力资源规划这一概念说起来简单，但蕴含的内容却十分丰富。本书将人力资源规划区分为广义和狭义两种概念。广义的人力资源规划是企业所有关于人力资源计划的总称，包括企业的战略规划和战术计划；狭义的人力资源规划则是企业为了实现发展战略目标，根据环境变化对企业人力资源的供求进行分析和预测，并制定有效的政策措施，以达成人力资源供求的均衡，实现人力资源的合理配置。狭义的人力资源规划有三层含义：① 人力资源规划要有精准的预测。企业内外环境总是处于不断的变化之中，因而企业的经营目标也必须进行相应的调整。为此，人力资源规划就必须在环境和组织目标可能发生变化的情况下进行准确的分析和预测，满足组织的人力资源需求，使组织能迅速对环境变化做出反应，增强竞争优势。② 人力资源规划目标与组织战略目标具有一致性。人力资源规划是确保组织战略目标实现的重要手段，必须以组织战略目标为依据，当企业战略目标发生变化时，人力资源规划也必须做出相应调整。③ 人力资源规划是一种管理过程，为企业的活动、评价及控制提供目标和依据，也必须根据信息反馈进行调整和修正。

二、人力资源规划的作用

战略规划是组织决定如何生存和竞争的过程，而组织实施战略规划需要具有相应能力的人才来支撑，否则战略规划就无法达成。人力资源规划作为连接组织战略目标和人力资源计划和政策的方法也被广为关注。人力资源规划的作用如下：

（一）组织战略规划的重要组成部分

人力资源规划是组织整体战略规划的核心内容和有机组成部分，在人力资源管理体系中具有统领和协调的作用。人力资源规划是有关组织与员工长期的计划决策，是组织战略发展方向和人力资源战略指导思想的具体体现。组织根据自身的战略目标以及人力资源状况制定人力资源规划，可以为组织的发展和获取竞争优势打下坚实的基础，帮助组织识别未来战略目标，减少外部环境不确定性带来的威胁，降低经营风险，将外部资源和内部优势集中到与组织目标相一致的经营活动中，帮助组织实现战略目标。

（二）实现人力资源管理职能的重要保障

人力资源规划能使组织及时预测未来人力资源方面的潜在问题，为组织的各项人力资源活动提供确切的信息和依据，是人力资源管理实践活动各项职能实现的信息基础。人力资源规划可以保障组织人力资源管理在未来纷繁复杂的环境下有效运行。以员工招聘为例，人力资源规划规定了招聘和甄选的原则和方法，可以改善组织现有人力资源结构中不合理的现象，促使人力资源的有效配置和使用，降低用人成本。人力资源规划的成败直接关系到组织的生存发展。

（三）组织管理的重要依据

在组织管理中，人力资源规划为各项组织活动所需的人力资源数量、质量和结果提供了依据，如果缺乏有效的人力资源规划，组织就可能出现人力资源短缺或过失，使组织生产经营活动受到影响。此外，组织自身的人力资源管理政策以人力资源规划情况而定，人力资源规划也决定了组织内部人力资源发展的状况。

（四）确保组织对人力资源的需求

目前，人力资源已成为组织生存发展的首要资源，是组织在市场经济条件下决定成败的关键要素。组织为实现经营目标，就需要拥有与每个阶段性目标相适应的人力资源。人力资源规划的作用体现在当组织外部环境变化导致人力资源供求状况发生动态变化时，人力资源规划可以对这些动态的变化进行科学的预测和分析，并且通过招聘、甄选、晋升、培训等各项切实可行的措施满足组织近期、中期和长期的人力资源需求。

（五）节省组织人力成本

随着人们对人力资源价值的不断认识和重视，人力成本在组织经营成本中的比重不断增加，人力资源规划能有效地降低组织人力成本。例如，在组织人力成本中，比重较大的是工资，而影响工资总额的主要因素是人力资源的配置情况。一项科学的人力资源规划能有计划地对组织人力资源进行配置，满足人力资源的合理使用，把组织人力成本控制在合理的范围之内。

（六）充分调动员工的积极性

科学的人力资源规划可以极大地提高员工的积极性。人力资源规划能通过合理的人员招募和培训，使员工人尽其才，充分发挥自己的潜能，通过晋升和职业生涯规划，使员工对自身的发展保有动力，对企业的前景充满信心。

归纳起来，人力资源规划的重要作用体现在：① 定义企业人力资源工作的使命和价值标准；② 科学定位人力资源管理在组织中的地位；③ 提出人力资源发展的战略目标，避免人力资源建设顾此失彼；④ 对人力资源进行科学、系统、前瞻性的战略规划，防止满足战略对人才的需求却忽视人力资源自身建设需求的现象；⑤ 提升人力资源的战略价值，提高人力资源对战略的支撑能力和对业务前线的服务能力。[①]但是，管理实践中，将人力资源规划和组织整体战略加以整合的努力，只取得了有限的成功。企业制定战略或规划通常是基于财务资料和外界市场环境，却忽视战略成功实施所必需的人力资源要素。[②]

① 迪凯. 人才倍出：人力资源战略规划实战、策略、案例. 北京：经济管理出版社，2014：6-8.

② 威廉・罗斯维尔. 高效继任规划：如何建设卓越人才梯队. 李家强，陈致中. 南京：江苏人民出版社，2013：106.

三、人力资源规划的目标

人力资源规划是一个复杂的过程，需要量体裁衣。明确目标是人力资源规划的重要步骤。例如，一些企业的主要目标是利用新人力资源实践来降低成本，并不考虑未来适应问题；一些企业的目标是协调不同单元之间的人力资源实践；随着组织朝战略人力资源规划导向迈进，识别建立和维持核心竞争力的工具，塑造对战略的承诺，是人力资源规划的第一步。目标并不是随口说出的，而是在组织内外部环境的背景下设置的。具体来说，人力资源规划目标存在四种模式定位：战略影响、控制、协调和沟通（见表7-1）。

表7-1 人力资源规划目标的定位模式

模式定位	每种模式相关的目标	解释
战略影响	使人力资源实践与企业目标一致	关注人力资源战略与企业目标的一致 人力资源规划目标是支持企业战略的实施
	执行支持战略变革的开发计划	
	执行面向长期目标的工作分析	
	改善人力资源对变化环境的适应能力	
	增强劳动力能力和动机	
	沟通人力资源实践	
控制	明确预算和资源可用性	关注预算准备、程序评价和控制 人力资源规划的目标是确保效率和成本——有效的人力资源职能
	管理人事相关成本	
	改善人力资源预算控制	
	改善人力资源程序和控制	
	评价人力资源运营程序	
	改善人力资源项目管理	

续表

模式定位	每种模式相关的目标	解释
协调	改善不同人力资源职能之间的协调性	关注改善不同人力资源职能之间的协调性，创造人力资源项目的合理序列 人力资源规划的目标是强化协调和整合
	改善团队有效性	
	改善人力资源项目管理	
	开发薪酬福利计划	
	协调任何潜在的人力资源问题	
	整合多样化的人力资源职能和运营	
沟通	沟通人力资源政策	关注改善员工和高层管理者的理解和支持 人力资源规划的目标是强化员工和管理层之间的良好沟通和支持
	改善管理层对当前人力资源政策的接受程度	
	改善员工对人力资源管理的参与和理解	
	执行面向长期目标的工作分析	
	沟通公司外的人力资源政策	

资料来源：Lam S S K, Schaubroeck J. Integrating HR Planning and Organisational Strategy.Human Resource Management Journal, 1998, 8(3): 5-19.

四、人力资源规划的有效性

许多文献强调组织中规范的综合人力资源规划方法的应用是非常重要的，这是基于一个重要假设前提：人力资源规划应用能够在人事成本——有效性、员工生产率和管理资源开发方面带来积极的影响。越来越多的总经理也意识到人力资源战略与规划师在组织长期成功的重要因素。但是，恩科莫（Nkomo，1987）的研究发现：使用正式人力资源规划和没有正式人力资源规划的公司之间的绩效并没有显著差异。[①]许多因素都会影响人力资源管理，从而人力资源规划的范围将变得更宽泛，意味着人力资源规划不再是静态的，而是动态变化的。例如，日本管理风格至少包括终身雇佣制、年功序列和公司工会，这些风格与人力资源问题（尤其是人力资源规划）紧密相关。人力资源规划应该适应技术的发展。例如，当今，日本公司面临难以招聘到危险、脏、累工作的员工［在日本专业术语被称为3K，即kiken（危险）、kitanai（脏）和kitsui（累）］。机器人是提供问题解决的替代方案，将取代危险、脏、累工作的员工。[②]因此，人力资源规划的有效性取决于规划利用的背

① Nkomo S M. Human Resource Planning and Organization Performance: An Exploratory Analysis.Strategy Management Journal, 1987, 8 (3): 387-392.

② Purwadi D. The Role of Japanese Human Resource Planning Practices for Increasing Industrial Competitiveness. Procedia-Social and Behavioral Sciences, 2012, 65 (3): 253-259.

景，正式人力资源规划的不同方法只有在具体目标的情境下才是恰当的。

人力资源规划过程在复杂性和正式化方面是变化的。当比较不同规划过程的时候，最重要的差异之处主要在于正规化程度，而不是它的技术复杂度。在正式化程度上，一些组织依赖非常结构化的正式程度和文件，然而其他企业可能是非正式化的。当采用非常正式的方法时，每个规划步骤都是非常清晰描述的；如果采用非正式的方法，人力资源规划几乎没有书面的程序或指南。

人力资源规划的规范化和规划目标对人力资源规划的组织有用性影响如图7–1所示，其中横轴——规范化，代表人力资源规划过程的明确程度，并用高、中、低三个层面来评价；纵轴——规划目标，强调人力资源规划目标的清晰程度，并采用目标清晰、目标混合和目标不清晰三个层面来评价，其中人力资源规划目标存在战略影响、沟通、控制、协调四种类型（见表7–1），目标清晰就是规划目标是这四种类型目标中的一个，比较具体、清晰，目标混合则表示四种类型目标中的2或3个目标的组合，目标不清晰则表示没有规划目标或不具体。高、中等水平规范化规划流程和规划目标单一导向的企业更有可能感知人力资源规划的有用性；对于规划目标混合的企业来说，人力资源规划的有用性依赖于它们实施规范化规划流程的程度。不管它们的规划规范化程度如何，没有清晰目标的企业对人力资源规划的有用性感知最低。虽然人力资源规划者经常认为设置规划目标和运用先进技术是非常重要的，但是许多组织经常忽视规划目标或先进规划技术。清晰的目标对人力资源规划的有用性是必不可少的，明确和程序化规划流程随着规划目标范围的扩展变得至关重要。因此，人力资源规划者不仅需要具备良好的技能，而且他们必须清晰设计运用这些技能的目标①。

① Lam S S K, Schaubroeck J. Integrating HR Planning and Organisational Strategy. Human Resource Management Journal, 1998, 8 (3): 5–19.

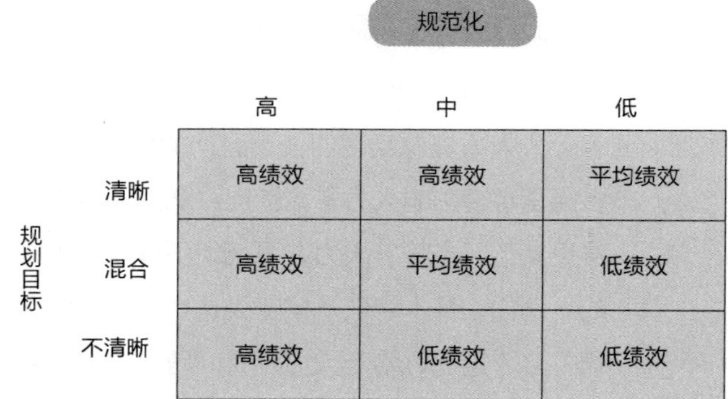

图7–1　人力资源规划目标与规范化的组合框架

资料来源：Lam S S K, Schaubroeck J. Integrating HR Planning and Organisational Strategy. Human Resource Management Journal, 1998, 8 (3): 5–19.

第二节 人力资源规划与职业生涯规划的关联

企业要想获得成功就必须获得优秀的人力资源，并且进行有效的配置。人力资源管理的一个基本前提就是组织最大限度地挖掘员工的潜能，并且不断为员工的成长提供良好的条件和机会，因此职业生涯规划成为人力资源管理的重要内容。所谓职业生涯规划，即企业从自身和员工发展的角度对员工进行的职业生涯设计。职业生涯规划是一个不断探索的过程，这一过程需要企业提供适当的机会和条件帮助员工评估其能力、人格特征、动机和需要，确认其职业生涯导向，形成与职业有关的自我概念，并且通过人力资源部门加以适当的辅导。职业生涯规划的目标在于通过对员工的职业生涯进行设计和管理，使员工潜能的发挥达到最大化，提高员工的工作满意度和对企业的忠诚度，以确保企业战略目标的实现。

一、人力资源规划与职业生涯规划的共同点

（一）基于内外环境的分析

当今，在纷繁复杂的动态环境中，企业要想应对这种不确定性，取得成功，就必须将各项管理活动置于规划的指导和约束下。人力资源规划的目的就是保证企业的人力资源在数量、质量、结构等方面都能适应企业的发展，以降低经营的风险，减少不确定性。人力资源规划通过对企业管理模式的改变、新兴技术的引进和开发等内部环境变化以及诸如政治、经济、文化等外部环境变化的分析，将企业未来发展涉及的人力资源的供求状况达到动态平衡的状态。

职业生涯规划既包括员工对自己设计的个体生涯规划，也包括组织对员工设计的职业规划管理体系。其中有组织的职业生涯规划以企业战略为导向，个体职业生涯规划则以个人成功为导向。前者旨在满足企业发展中的人力资源需要，后者则旨在通过在不同职业或企业之间的转换获得个人成功。有组织的职业生涯规划设计通常是在人力资源规划的指导下进行的。设计职业生涯规划的前提就是对企业内外部环境进行精准的分析，在此基础上结合员工个人能力、知识、人格特征等对其职业生涯发展做出科学的规划，让员工在动态的环境中得到更好的发展。

（二）基于目标管理的理念

人力资源规划是人力资源管理中的一项重要组成部分，是企业站在战略的高度对未来一段时期企业人力资源管理的总体构思和规定。人力资源规划涵盖人力资源发展的目标、宗旨、战略和措施，主要目的是使企业的人力资源发展与其战略目标一致，并且为企业达成战略目标提供有力支撑。职业生涯规划的核心也是将员工个人发展目标与企业的战略目标有效结合起来，并且服务于企业目标。可以说人力资源规划与职业生涯规

划都是在战略目标的统领下，通过对战略目标的层层分解，成为各部门、员工的发展目标，并且采取相应的措施实现目标。

（三）基于提高人力资源使用效率的要求

人力资源规划可以有效预测企业未来一段时间可能出现的人力资源短缺或过剩的情况，以便企业提前做好人事安排，降低用工成本和风险；通过人力资源规划，企业可以预见未来发展对员工知识、技能等方面的要求的变化，有针对性地进行员工招聘和培训；人力资源规划为企业的人力资源开发提供了方向和依据，有效地提高员工的使用效率。职业生涯规划将员工发展与企业目标相结合，为员工的全面成长提供了基石；对员工的职业生涯进行规划是企业关注员工成长的表现，能增强员工的组织承诺和归属感，最大限度地调动员工的积极性，让员工的才能达到充分的发挥。

（四）基于对组织未来发展的预测和判断

人力资源规划是基于企业战略、组织构架、岗位体系、技术革新以及外部政治经济发展、社会经济结构调整、科学技术进步、劳动力市场供求状况变化等的趋势，以及对企业未来发展的前瞻性预测和判断的基础上，对企业的人力资源进行规划。职业生涯规划的设计绝不是以单方面地解决员工发展问题或薪酬待遇问题为指向的，而是需要企业与员工的共同参与，员工的职业发展也必定依赖于企业的发展，因此职业生涯规划也是建立在对企业未来发展前景的认识和判断之上的，是组织与人、企业与员工基于企业战略的动态匹配过程。

二、职业生涯规划与人力资源规划的交互影响

（一）职业生涯规划有助于制定科学人力资源规划

职业生涯规划能够帮助企业获取人力资源信息，准确预测人力资源供给和需求，更好地规划人力资源。通过职业生涯规划，员工可以在企业的帮助下进行自我定位和评估，企业可以更好地了解员工的人格特征、专业技术、潜能和发展方向，可以有目的地实施人才选拔、培训和建立人才队伍，实现良好的人力资源规划。

（二）人力资源规划构成职业生涯规划的前提

职业生涯规划相对于人力资源规划更为微观和具体，往往落实为每位员工在一定时间段内的发展阶梯设置。只有基于对企业战略的分析，设计人力资源规划，职业生涯规划才有落脚点。人力资源规划的一项重要作用就是确保企业在发展过程中出现职位空缺时有合适的人才进行填补，这些职位空缺就是职业生涯规划的基础（见图7−2）。例如，针对管理人员供给预测的管理人员替换模型是连接职业生涯规划与人力资源规划的轴心之一，其中从企业角度看是管理人员替换，从员工角度看则是明确的成长路径，这让有组织的员工职业生涯规划具体化和可执行。并且，人力资源规划与职业生涯规划都是以组织目标为基础，与组织战略、岗位设置紧密相关的。其中，人力资源规划是根据组织发

展战略，确定企业未来所需人力资源在数量、质量、结构等方面的要求，这些要求可以作为员工职业生涯规划设计的重要参考依据。因此，职业生涯规划可以根据各岗位员工的不同工作性质进行有针对性的开发和培训，确保企业不会出现无人可用或人才流失的情况。

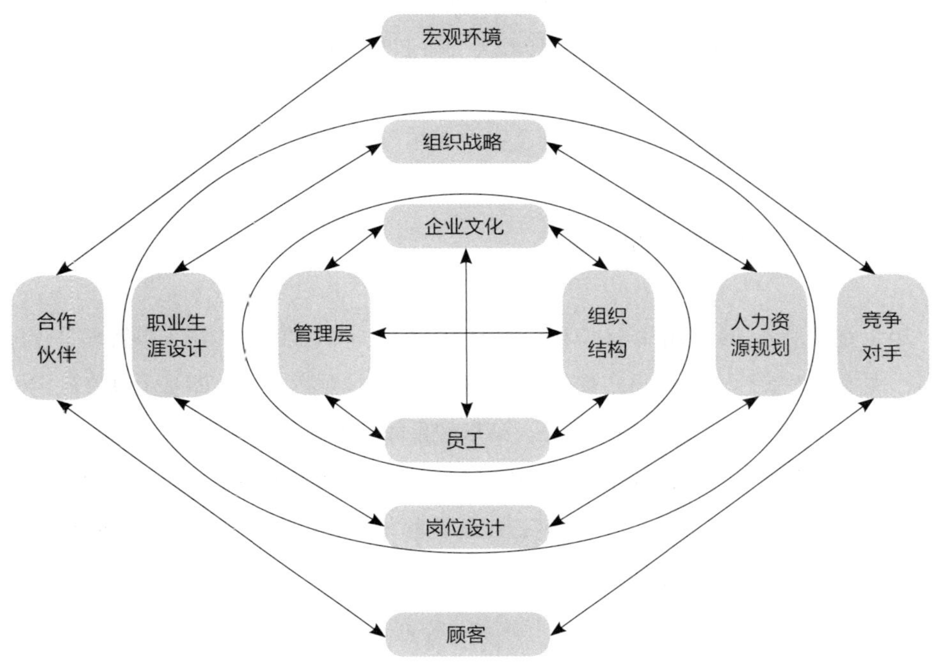

图7-2 人力资源规划与职业生涯规划结合

（三）职业生涯规划是人力资源规划的具体执行层面

针对性的职业生涯规划能够充分调动员工的工作主动性，提高人力资源使用效率，保障人力资源规划的实施。不同阶段和不同工作岗位的员工所需的职业生涯规划也不尽相同，企业需要综合考虑员工的工龄、岗位、学历、专长等因素，规划不同员工的发展方向。例如，对于一名新进员工，企业通常需要为其安排一位经验丰富的主管人员引导其工作，并根据其工作表现对其潜能进行测评，为其职业生涯规划进行辅导。对于中层管理人员，由于他们已进入职业生涯的确立阶段，他们的主要需求是在履行本职工作的基础上获得更上一层楼的机会。因此，对于中层管理者的职业生涯规划应侧重提供内部晋升机会，加强其组织承诺。

第三节 人力资源规划的演进历程

人力资源规划的产生和发展已有几十年的时间，从以前针对人员配置需求的狭义内容发展成广泛的与人有关的企业问题，即从20世纪初关注工人萌发的传统人事规划，至今意在提升竞争优势的战略人力资源规划，或旨在形成动态竞争能力的人力资本规划，发生了巨变[①]。从历史发展的角度，经历了产生、发展、成熟和提升四个阶段，分别体现在工业时代的人事管理、科学人力资源管理、战略人力资源管理和互联网时代的人力资本管理四个演变阶段之中。

① 朱勇国. 应对复杂的环境，通过人力资源获取竞争优势：浅谈人力资源战略规划的意义和范围. 人口与经济，2002 (10)：33-35.

一、人事管理阶段的传统人事规划

20世纪初，外部经营市场环境和劳动力市场环境是确定的，传统人事管理是管理人的事，注重事后管理，少许同期管理，主要管理原则是照章办事（即基于高度确定性的控制假设）。因此，在人事管理阶段，人事规划是非常次要的，甚至被许多企业所忽视。产业工人是重点规划对象，旨在凭借工作过程和工业心理学来提高产业工人的效率。规划理念是问题导向，强调“填平补齐”；规划流程是“一维”，即从现状、问题到对策；规划方法强调对死亡率、流失率和退休率等的历史趋势预测。

二、科学人力资源管理阶段的科学人力资源规划

20世纪60年代以后，企业经营市场环境和人力资源市场环境日益复杂化，人力资源规划的地位逐渐提升，成为人力资源管理领域的主要活动，引领人力资源管理其他活动以适应于企业其他职能活动（如生产、研发和销售）。以需求为导向的人力资源规划被描述为在动态的环境中分析组织人力资源需求，并且开发满足需求的人力资源实践活动。[②]其重点是强调人力资源供求状况的均衡，凭借广泛运用单一的预测技术，管理者将合适数量和质量的人在恰当的时间、地点安排到适合的岗位，从而使组织和个人利益都达到最大化。到20世纪70年代后期，美国人力资源规划的活动有所升温，人力资源规划开始广泛地成为大企业和政府组织的一种活动。美国人力资源战略与规划协会的成立标志着人力资源战略与规划已具备人力资源管理的职能。1978年人力资源战略与规划学会大会第一次在亚特兰大召开，会上关于人力资源规划的看法已经十分系统和成熟，人力资源规划不仅包含传统的人力资源供需预测，而且扩大了人力资源规划的范围，如人力资源环境分析、人力资源预测与规划、员工职业计划和发展、员工工作绩效、企业设计和其他方面。尤其是许多人力资源规划方法被开发。人力资源规划的核心内容是预测人力资源需求和供给，实现人力资源需求和供给的动态平衡。运营目

② Walker J W. Human Resource Planning.New York：McGraw-Hill, 1980：5.

标是寻求识别目前的能力，推断现有趋势，特别强调短期的工作需求。这些目标强调组织控制执行，利用历史和当前人力成本促进预算和其他控制机制的能力。传统人力资源规划的主要目标包括满足长期需要的员工类型和数量的预测，考虑不同计划（如职业发展、管理层培训、外部招聘、继任计划、员工评价和退休计划）。运营数据能够使人力资源规划者基于已知参数准确预测人力资源计划的成本和可行性。另外，人力资源规划者需要学习关于劳动力的准确运营知识，并理解特定设计的未来应用。例如，某种技能的短缺或盈余意味着需要知道，此种技能怎样促进资源转化过程，需要花费多少成本，其他技能或技术是否能够取代。

此阶段人力资源规划适应商业环境，基于过去的变化来看明天，来为明天规划管理人员、技术人员和技能人员等专业型人才的需求，专业型人才在相对固化的流程中发挥作用。人力资源规划非常关注规划的技术过程及满足需求的组织发展和变革，很少关注人的方面（即组织需求和个人需求的联系）[①]，人力资源规划的预测主要服务于几种人力资源管理职能，尤其是员工开发，很少与其他企业规划过程相整合。

① Lamond D. Humanizing The Human Resource Planning Process: HRD at Universitas Terbuka. Asia Pacific Journal of Human Resources, 1997, 35(1): 90–100.

三、战略人力资源管理阶段的战略人力资源规划

20世纪80年代以后，市场环境更加复杂化，人们开始关心职业生涯规划、弹性工作时间及工资绩效奖励等。企业也更加关注通过具备前瞻性的人力资源管理实践，实现人力资源与其他资源的最优配置，重视员工激励与开发。因此，人力资源规划重点强调人力精简、管理接班计划以及并购的执行和支持企业转型。企业开始在不同的环境中使用不同的规划工具与技术，将人力资源规划与企业战略规划相结合[②]，将员工职业生涯发展规划与企业人力资源规划联系起来。

20世纪90年代初，科学技术瞬息万变，而竞争环境也变化莫测，人力资源预测变得越来越困难。人力资源规划领域逐渐从过去关注技术问题转向关注规划的战略规划角色。[③]战略性人力资源规划不同于以往的人力资源规划，是指：① 以战略为导向，满足战略需求；② 制定企业人力资源发展战略；③ 以战略管理的方法论建设组织的人力资源服务能力和对业务前线绩效达成的支撑能力。[④]马丁·希尔伯（Hilb Martin）在《愿景与工具——整体性人力资源管理》一书中强调人力资源战略规划应以愿景为整体导向，应该追求在全局条件下的整体

② 万希. 人力资源战略规划的发展及编制. 中国人力资源开发，2008 (12): 33–35.

③ Greer C R, Jackson D L, Fiorito J. Adapting Human Resource Planning in A Changing Business Environment. Human Resource Management, 1989, 28 (1): 105–123.

④ 迪凯. 人才倍出：人力资源战略规划实战、策略、案例. 北京：经济管理出版社，2014.

模式（精简+快乐）。[①]这一阶段的人力资源战略与规划具有前瞻性，要基于未来导向而非仅仅依靠过去的预测。其中竞争战略提出企业所需要的员工数量、技能、能力等，要求人力资源战略与规划支持战略的实现；企业实际拥有或可获得的人力资源数量和质量决定企业能够采用的战略类型。规划对象的重点是战略性人才，其中战略性、创造性思维，前瞻性预测未来变化，设计战略方案，决策果断，高尚的人格是战略性人才应该具备的能力。尤其是战略性复合型人才在柔性的流程中能够黏合组织资源，发挥协同效应。并且，战略性人才难以通过人才市场在短期内大量获取，难以被替代；普通人员则容易获得，容易被替代。

① 肖月强，李大芳. 论“全天候”人力资源战略规划. 电子科技大学学报，2009,11(5)：24-29.

四、人力资本管理阶段的人力资本规划

20世纪90年代以后，一方面，基于人力资源规划实践与研究的积累，人力资源规划的技术更趋成熟；另一方面，由于经济结构的重大调整以及市场环境的变化，企业迫切需要更多关注人力资源战略的选择，以便能有效应对不确定外部环境的变化，有力支撑组织总体战略目标。尤其是进入互联网时代以来，真正的客户价值与人力资本价值至上成为时代特征，人力资本成了企业价值创造的主导要素，更倾向于将企业与员工的关系定义为伙伴，明确知道彼此存在的价值所在，并乐于相互帮助，扩大共同价值。人力资本规划仍然是人力资本管理的基础工作，甚至成为企业核心职能，引领其他职能战略的发展。例如，海尔集团对内部组织结构和管理方式进行了大幅度调整，实施去中心化、员工创客化，把每一个员工变成创业者。只要员工有创意并得到公司的认可，公司就提供资金鼓励他们组建队伍进行创业。最后，不但员工变成了老板，而且公司也拓展了业务范围。因此，进入互联网时代，需要赋予新的含义，需要创新规划的内容，创新规划的方法，以及创新在网络化、项目化组织之中规划运行基础。

在互联网时代，企业永远不知道下一步会有什么变化，下一步消费者和员工会有什么反应，即未来基本上是未知的。企业在人力资本规划上需要的思维则是站在后天看明天，强调价值导向。并且，不可能利用确定性的方法和流程去解决不确定性的问题，所以规划的流程是柔性的、动态的。以往一次制定成型的若干年人力资源规划并实施的时代已经过去，对人力资源规划进行实验迭代完善的方式会越来越多。战略联盟为企业提供获得更广更深的资源组合。人才生态系统代表人才开发的新形式，要求管理者培育战略伙伴，促进员工推进组织赢得更宽的发展机会。[②]所以，人力资本规划的重点对象是企业内外部的人力资本，通过内部

② DeRue D S. Talent Ecosystems: Building Talent Through Strategic Partnerships// Experience-driven Leader Development (eds C. D. McCauley, D. S. DeRue, P. R. Yost, S. Taylor). San Francisco: John Wiley & Sons, Inc., 2013.

战略人力资本整合外部利益相关者的人力资本。例如，国际商务机器公司（IBM）从全球的工程师、管理层等各种员工中吸取想法和创意；宝马汽车在德国开设客户创新实验室，为用户提供在线工具，帮助他们参与宝马汽车的设计。①

综上，不同阶段人力资源规划的特征如表7–2所示。

表7–2 不同阶段人力资源规划的特征

阶段 / 项目	工业时代			互联网时代
	产生阶段	成长阶段	成熟阶段	提升阶段
	人事管理	科学人力资源管理	战略人力资源管理	人力资本管理
	传统人事规划	科学人力资源规划	战略人力资源规划	人力资本规划
规划环境	高度确定	复杂环境		高度不确定
规划地位	次要，甚至被忽视	成为职能之一 服务其他职能	支持企业战略 与其他职能战略并列	核心职能 引领其他职能战略
规划理念	问题导向	需求导向	战略导向	价值导向
规划视角	填平补齐	站在昨天看明天	从明天看明天	从后天看明天
规划方法	流失率、退休率和死亡率的线性定量预测，经验定性法	以线性规划为主，规划方法丰富（定量和定性方法）	定量预测不太常用，规划工具灵活	大数据挖掘 情境假设法
规划流程	一维，从现状、问题到对策	二维，重点是供给与需求预测	三维，强调供给预测、需求预测、员工需求预测，将人力资源规划与员工职业规划融合	柔性的动态流程，预测企业内外人力资本
规划重点	产业工人、劳动力	所有员工（包括管理人员、技术人员、技能人员三支队伍）	战略性员工，强调人力资源战略准备度	内外部人力资本，重点培育人力资本整合能力

另外，企业发展的不同阶段所面临的外部环境不同，自然需要不同的人力资源规划与之相匹配。蒙牛集团总裁牛根生曾经提出“三级火箭定律”②：就像火箭在不同阶段使用不同燃料并抛弃前一阶段的废物一样，企业也应在不同阶段使用适合该阶段的人才，让已经发挥完该阶段能量的人退出该岗位③。因此，同一个企业在不同发展阶段，规划特征存在差异，规划制定的思路、方法也是不同的。

① 王吉斌，彭盾. 互联网+：传统企业的自我颠覆、组织重构、管理进化与互联网转型. 北京：机械工业出版社，2015.

② 飞船升天：首先点燃第一级火箭，烧完之后丢弃；接着点燃第二级火箭，烧完之后又丢弃；之后是第三级火箭。

③ 张海. 牛根生如是说：中国教父级CEO的商道智慧. 北京：中国经济出版社，2008.

第四节 人力资源规划评价与控制

一、人力资源规划的评价

评价是人力资源规划中非常重要的环节。人力资源规划评价是检查组织实施的人力资源规划的内在基础，比较、判断和分析人力资源规划预期效果和实施效果的管理活动。人力资源规划评价包括事前的结果预期及实施后的效果评价。其中，事前结果预期评价通常由专家及有关部门的主管人员组成评估组对人力资源规划的效果、成本效益、可行性、不足以及可改进的方面进行评价；实施后的效果评价包括对人力资源规划制定过程的评价和规划效果的评价。

这一阶段的工作旨在量化人力资源规划的价值，对人力资源规划实施的质量进行评价，并提供结果反馈。反馈对象不同，其作用也不同。其中，评价的结果反馈给高层或直线经理，帮助他们适应突发事件；反馈至人事经理或专家，帮助他们按目标行动；反馈至人力资源规划人员，为他们提供改进预测方案的数据。

有效的评价系统具备以下特征：① 一系列合理的控制与评价标准；② 将活动和结果与标准进行比较，确定引起偏差的原因；③ 有渠道交流偏差和实施正确的行动。

（一）规划评价的必要性

对于实施人力资源规划来说，控制与评价是非常重要的环节，也是整个人力资源规划的重要组成部分。许多企业认为人力资源规划实施之后就万事大吉，却不对人力资源规划的实施情况进行控制与评价，或者仅仅将控制与评价环节作为形式而不给予高度重视，最终可能导致整个人力资源规划的失败。尤其是在互联网时代，人力资源规划更需要进行控制和评价，除了人力资源规划本身具有不全面性和能动性之外，主要基于以下两项基本事实。

1. 互联网时代的多变性

互联网时代具有高度动态性，技术更新的速度远远超过以往任何一个时代。与此同时，全球化的趋势进一步加快，不同文化之间高度融合，现代文明达到了新的高度。现代文明发展的重要表现之一是人性的解放。只有尊重人性，满足顾客不断变化的价值需求，才能够使得企业在不断变化的商业环境中取得一定的竞争优势。为了快速响应和满足顾客的价值诉求，创新和变革成为企业生存的重要法门。企业如何进行快速的创新和变革呢？互联网时代的创新和变革主要基于员工的力量，不仅仅包括中高层管理者，更包括一线的员工。如何更好地利用附着于人力资源的智力资本成为企业的管理难题。而在动态环境中，只有不断变革人力资源的数量和结构，才可以充分利用企业员工，获得员工对工作的高度投入，从而快速响应和满足顾客不断变化的价值需求。基于企业对人力资本的高度动态需求，为了更好地调整人力资本的数量和结构，需要保持人力资源规划的动态适应性。为了保证人力资源规划的动态适应性，必须加强控制和评价。通过控制和评价，可以对企业的内外部环境和人力资本规划进行对比分析，剖析人力资源规划是否和高度动态的内外部环境相匹配。

2. 互联网时代的复杂性

互联网时代具有相当高的环境复杂性，信息的数量呈现指数级增长趋势，企业进行合理的人力资本规划具有很高的难度。全球化的浪潮席卷各国，就企业的外部宏观环境来说，政治、经济、社会文化和技术高度复杂，难以评估和预测。同时，就企业的外部微观环境来说，在互联网时代，已经从原来的企业主导的市场，即卖方市场，真正转变为顾客主导的市场，即买方市场。企业为了获取一定的竞争优势，必须要不断响应和满足顾客的价值需求。在互联网时代，人性得到极大的解放，人们追求个性化和差异化。对于顾客价值需求的分析和预测也具备很高的复杂性。基于上述原因，在互联网时代对内外部环境进行评估和预测是一项非常复杂、近乎于不可能完成的任务。人力资源规划主要基于对内外部环境的评估和预测，在高度复杂的内外部环境下，不对原有的人力资源规划进行控制和评价，很可能导致人力资源规划不切实际需求。因此，鉴于互联网时代企业的内外部环境的高度复杂性，必须对人力资源规划进行控制和评价。

（二）规划评价的方法

组织应该如何评估其人力资源规划的有效性？这些不同的工具和技术应如何使用？不能简单地说人力资源规划过程中哪一种评估工具是最好的，表7–3列举了人力资源规划的评估工具。

表7–3 人力资源规划的评价方法

第一阶段	第二阶段	第三阶段	第四阶段
• 主观评价政策、系统、计划和活动 • 凭直觉评估问题、优势以及从支出中获取的价值	• 检查和评价政策、系统、项目以及各项活动。可用的定量化数据、参与者的态度。为了评价更具有客观性，可以由第三方评价 • 评估和报告直接支出（用以获取和开发人力资源的支出） • 分析离职、生产效率变化、招聘结果和其他劳动力模式以识别问题	• 对已经实施的系统、项目和活动进行成本–收益分析；根据分析制定支出的预算 • 评估间接成本，并报告所有账户成本，供管理层参考 • 发展和应用与组织环境、技术、市场相适应的人力资源替换测量方法（如替代成本、增加成本或经济价值）	• 采用计算机模拟人力资源投资决策，关注人力资源投资的长期影响和摊销方法 • 评估组织的直接或间接投资，增加组织相关价值 • 评估包括会计、财务分析、管理和投资者信息的报告过程在内的信息

资料来源：Walker J W. Evaluating The Practical Effectiveness of Human Resource Planning Applications. Human Resource Management,1974, 13(1):19–27.

1. 关键指标评估法

关键指标评估法是采用一些测评企业绩效的关键量化指标来说明人力资源规划的工

作情况。这些关键指标包括：实际招聘人数与预测的人员需求量的比较；劳动生产效率的实际水平与预测水平的比较；实际的与预测的人员流动率的比较；实际执行的行动方案与规划的行动方案的比较；实施行动方案后的实际结果与预测结果的比较；劳动力和行动方案的成本与预算额的比较；行动方案的收益与成本的比较。

2. 成本评估法

成本评估法是通过测算人力资源成本，并将其与标准成本相比较，从而评估人力资源规划效果的方法。人力资源成本包括：每位员工的培训成本、福利成本占总薪资成本的比重，以及薪酬成本等。

3. 声誉评估法

声誉评估法是通过发放员工意见调查问卷，利用员工的主观感受来评价人力资源规划的效用。员工对人力资源规划的反馈可以用来诊断人力资源规划存在的问题，并促使企业了解员工的需要和偏好。

4. 标杆比较法

标杆比较法是将本企业的人力资源规划与效果同那些“表现最好”的企业进行比较，分析本企业的人力资源规划和效果是否与之存在差距，从而评价本企业的人力资源规划与实施的优势和不足。

（三）规划评价团队

为了较为系统、全面地对人力资本规划进行控制与评价，需要建立一支具备较强专业素质和沟通协调能力的专家团队。该专家团队的构成主要包括人力资本规划的参与人员、各职能部门和直线业务部门的主要负责人。人力资本规划的参与人员是规划的制定者，对初始规划的内在基础最为熟悉和了解，规划的控制与评价需要他们提供初始人力资本规划的详细信息。然而，仅将人力资本规划的参与人员作为控制与评价团队的主要成员是不够的，甚至是不太妥当的。初始规划的参与人员对人力资本规划可能存在思维定式，较难看到初始规划暴露的问题。因此，必须纳入人力资本规划的“顾客”，这些“顾客”就是企业的全体员工。将全体员工的代表，即职能部门及直线经营部门的负责人纳入控制与评价团队，可以请他们基于人力资源规划的执行情况和收益情况，对初始规划进行较为客观的控制与评价。在互联网时代，许多有条件的企业还拥有人力资源业务合作伙伴（HRBP）。人力资源业务伙伴分布于各职能部门、直线业务部门、项目团队中，不仅了解业务情况，同时也熟悉人力资源规划的专业知识，能够较为准确、全面地评估内外部情况，并与初始规划进行对比与分析，提出相应的缺陷与不足。因此，应该在控制与评价专家团队中纳入人力资源业务合作伙伴。

（四）规划评价标准

人力资源规划评价是一个重要的程序，不仅决定人力资源规划的有效性，而且体现人力资源规划和人力资源部门作为一个整体的重要性。在人事管理阶段，人力资源规划评价标准如表7–4所示。

表7-4 人力资源规划活动评价标准

活动	目标和标准
招聘	招聘大学毕业生，填补基于年度的配额
选拔	雇用优秀大学毕业生
配置	安排评价最高的经理到最重要的工作岗位
管理评价	识别最好和最差的经理，预测人力资源供给
开发	针对绩效评价中低于平均水平的经理
退休	编制各级和部门的年度退休数量模型
信息系统	更新总体劳动力信息，并提供给管理人员
薪酬	保证总体薪酬在预测范围内
组织计划	识别潜在的新职位和填补职位所需要的能力

资料来源：Vatter E W. Manpower Planning for High Talent Personnel. University of Michigan, Ann Arbor, Michigan,1967：181.

人力资源规划评价标准还应遵守法律。人事部门在指导遵守法律方面扮演着重要的角色。在人力资源规划中，法律规制最为苛刻的一个方面是消除歧视行为。因为消除歧视行为也对选拔过程有重要影响。

科学人力资源规划的常规效益标准有：求职率、员工流失率、员工结构比率、劳动市场人员供给、招聘成本、员工素质、劳动生产率等。上述评价标准在互联网时代仍不失为非常重要和客观的人力资本规划的效益指标，但是还不够全面。除上述传统的效益标准之外，互联网时代还应该包括顾客评价和雇主品牌等效益标准。虽然在常规人力资源管理中，顾客评价是较为远端的评价企业经营情况的效益指标，但是在互联网时代被提升到非常重要的高度。互联网时代的第一思维是“用户思维”，如果得不到顾客的满意，那么顾客就会“用脚投票”，摒弃企业开发的产品或服务。企业的人力资本的质量和数量直接关系着是否能够快速响应和满足顾客的价值诉求。鉴于此，可以将顾客评价作为人力资本规划合理与否的效益标准。此外，互联网时代中，员工被认可的价值远远超过以往任何一个时代。员工是否能够源源不断地提供其智力资本来为企业服务会直接影响企业的市场竞争力。企业是否能够招募到合适的人才取决于企业的雇主品牌。如果企业具有良好的雇主品牌，则能够招募到优质的人力资源，从而帮助企业快速响应和满足顾客的价值需求，提升企业的市场竞争力。鉴于此，在人力资本规划的效益标准中应该纳入雇主品牌。

（五）规划评价的步骤

人力资源规划评价的步骤包括：

（1）确定组织目标和规划的形式，从而确定人力资源规划目标。这一过程需要与公司的主要领导讨论、分析公司长期规划和检查组织特征、人才、任务、技术和组织环境。

（2）检查各种政策、系统、方案和人力资源规划的其他内容，如预测、计划、信息系统。

（3）将当前人力资源规划实践的现状与目标过程和组织的需要进行比较，决定在哪一个阶段或哪些阶段需要实施人力资源规划。

（4）运用评估工具和技术来评估为适应组织需要和目标而采用的各实践的效率。这种具体的评估方法与人力资源规划的阶段相一致。

二、人力资源规划的控制

控制是人力资源规划实施的重要环节之一。从狭义视角来看，控制主要是针对人力资源规划实施，监督规划实施的进程，及时纠正偏差，确保规划有效实施。从广义视角来看，控制针对人力资源规划的整个工作，包括人力资源规划的制定和实施，确保企业宗旨在人力资源规划中得以实现，并监督规划的有效贯彻实施。本书中的人力资源规划控制主要是从狭义视角来说的，即人力资源规划实施的控制。为了保证人力资源规划的正确实施，并及时解决规划实施过程中的偏差和意外情况，有必要对人力资源规划实施过程予以动态监控和调节。与人力资源战略的控制过程（见第四章第四节中的“人力资源战略的控制”）类似，人力资源规划实施的控制过程包括：确定控制目标；制定控制标准；建立控制体系；衡量评价实施结果；采取调整措施。

（一）人力资源规划控制方法

1. 事前控制、事中控制和事后控制

事前控制是指在人力资源规划实施之前，对规划的可靠性和可行性进行检查、验证，并设计适当、可行的计划，预计规划和计划执行过程中所需要的各种条件和资源。在规划的实施前就要为规划的进展方向、发展轨迹和发展速度进行事前估计，并准备好各种控制方案。这种控制方式是人力资源规划实施控制的最佳方式，但是这种控制在实际操作中较为困难，因为规划人员不可能预先了解规划实施过程中所有可能发生的情况，并且由于准备所有可能的控制方案，将会给规划的实施带来高额的控制成本。

事中控制是指在规划的实施过程中给予密切的关注并随时加以控制。这种方法控制成本得当，并且能够及时纠正规划实施偏差。

事后控制是指在规划的每一实施阶段后对实施结果和计划目标进行对比分析，如果发现偏差，就采取措施加以解决。这种方法控制成本一般较低。但是在规划实施发生较大偏差时，容易造成较大损失。

2. 关键控制和全程控制

关键控制是指在规划实施控制中，对规划实施关键的时机、环节、人员、岗位、部门和资源进行控制。全程控制是对规划实施过程中所有的环节、人员、岗位、部门和资源进行全部控制。显然前者的控制成本要低于后者。

3. 全员控制和专业控制

全员控制是指参与人力资源规划的所有有关人员均参与控制，并且对所有规划对象进行控制。专业控制则是指在规划实施过程中，只由人力资源管理部门中负责规划实施的人员从事控制工作。显然，前者的控制成本高，但是控制全面。后者的控制成本低，但是控制不全面、不及时，可能无法及时发现企业人力资源规划实施过程中的不利因素，而导致规划实施的困难甚至失败。

在对企业人力资源规划的实施控制中，常常以多种方式进行综合控制，以确定是否该继续实施规划，或是否需要采取某种措施对规划实施中的问题进行纠正。

（二）人力资源规划的修正

人力资源规划的修正环节并不是规划实施过程中必不可少的一个环节，当在人力资源规划的评价或控制环节中发现规划目标难以实现或企业环境的变化使规划目标的实现成为无意义的行动时，才有必要对人力资源规划进行修正。人力资源规划在修正之前，必须对所发生的问题进行全面的、深刻的分析，找出问题发生的原因，以及对规划实施所产生的影响程度，然后才能确定是否对人力资源规划进行修正。

1. 人力资源总体规划的修正

修正总体规划的原因可能是人力资源规划的编制不合实际，或规划在执行过程中企业的外部环境因素和内部条件发生重大变化，人力资源规划的实施出现明显失误。在总体规划的修正中，可能要摒弃原有的人力资源规划，重新制定人力资源规划；也有可能只对规划进行局部修正，即原规划的基本框架不变，只对有问题的规划内容进行修正。前者的修正，实质是进行新一轮人力资源规划，一切工作从头开始；后者的修正则不需要进行新一轮人力资源规划，只要能够解决所存在的局部问题即可。

在人力资源规划的实施和总体修正中，为了保证修正的及时性和灵活性，可以对规划进行滚动修正，如图7-3所示。所谓滚动修正，就是将人力资源规划分为几个执行期，当第一个执行期结束时，就按照执行的结果对以后执行期的规划进行修正，并将原先的第二个规划执行期作为第一个执行期予以实施，使得真正进入执行期的规划与企业人力资源内外部环境更加吻合；同时避免当规划出现严重问题时才进行修正时规划修正代价太大，甚至无法修正而被迫放弃的情况出现。在进行规划滚动修正时，执行期可长可短，长者5年，短至3个月，一般以1年为一个执行期。在滚动修正中，由于第一个执行期是规划实际执行部分，其翔实程度应该达到可以具体操作的程度，其他执行期则是规划的准备执行部分，可以相对粗糙。

2. 人力资源业务实施计划的修正

修正人力资源业务实施计划的原因则有可能是由于人力资源规划实施不力或实施中出现偏差。企业人力资源业务实施计划修正的可能性要比总体规划修正的可能性大，因

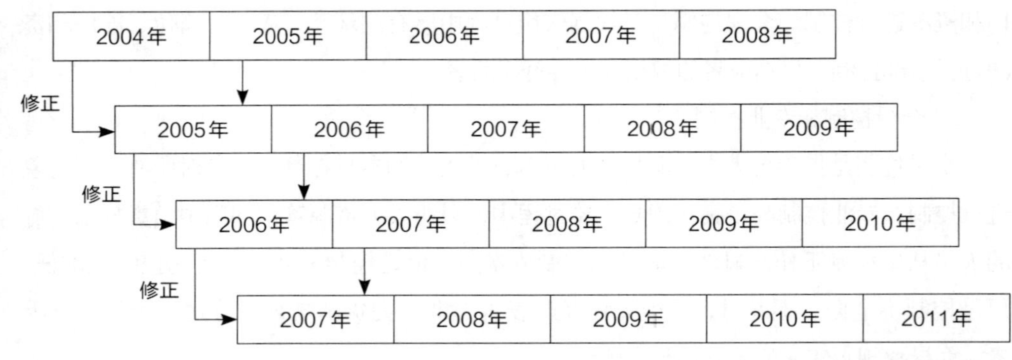

图7-3　人力资源规划滚动修正示意图

为在总体规划修正之时，必然要对业务实施计划进行修正。而在规划实施中，有时并不需要对总体规划进行修正，只需要对业务实施计划进行修正，就可以纠正规划实施中的问题。人力资源规划的修正方法主要包括：

（1）纠偏策略分析法。纠偏策略分析法采用二维坐标分析在内部条件和外部环境因素影响下人力资源规划实施的偏差。横坐标用于衡量影响因素的变化程度，纵坐标用于衡量规划实施的偏差，如图7-4所示。

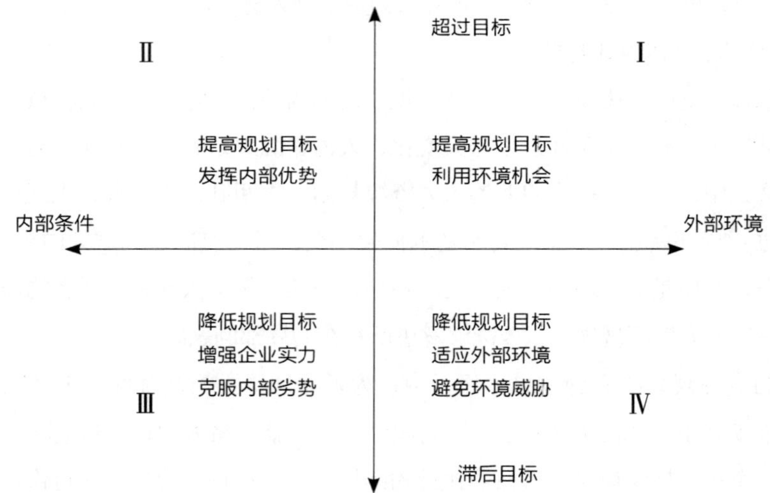

图7-4　人力资源规划纠偏策略

象限Ⅰ：能够超额完成预定规划目标，其主要原因是外部环境的有利因素。这些因素有的是规划制定时没有考虑的，有的则是由于外部有利因素突然出现。因此为了适应这种态势，需要重新制定规划目标。

象限Ⅱ：规划提前完成是由于企业内部条件优越所致。这些内部的优越条件可能在规划制定中没有仔细分析、考虑，或者在规划的执行中原有的一般条件形成优势条件。面对这种新的格局，应充分利用内部优势条件，加速企业人力资源的发展。

象限Ⅲ：在规划实施过程中未能达到预定目标，其根本原因是内部因素劣势所致，这些劣势因素在规划制定中被忽视，或非劣势因素在规划执行中转变成劣势因素。此时，必须要设法增强企业实力，克服劣势，使规划完成，如果劣势无法转变，需要适当降低规划目标。

象限Ⅳ：未能完成规划目标是受企业外部环境因素威胁所致。这些威胁因素可能在规划制定中没有充分考虑，或者在规划执行中外部环境因素突然恶化所致。在这种情况下，首先要设法增强企业实力，以应对外部因素的威胁。如果仅凭企业实力无法应对外界环境因素威胁，则要降低规划目标，适应环境的变化，以避免外部威胁。

（2）激励方法。人力资源规划的目标在实施过程中往往由于管理部门对日常事务的关注出现短期行为，使战略目标无法顺利实施。面对这种短期行为，需要采用激励方法加以克服，也就是制定人力资源规划实施成果的评价标准和奖励制度。评价标准不仅要和规划实施的阶段性成果相联系，而且要和长远发展挂钩，确保规划实施的整体效果。

（3）纠正活动方法。纠正活动方法在人力资源规划实施中往往表现为纠正偏差方法，分四个阶段进行：确定阶段目标、收集实施信息、分析原因和提出解决方法。

在规划实施前，将规划实施过程分为若干具体的实施阶段，确定每一阶段的目标，对于每一阶段发生的问题，必须在本阶段解决，不能遗留到下一阶段，以免造成更大的被动。

在规划实施中，保证实施信息及时、准确、完整，及时分析收集的信息，与阶段目标对比，发现规划实施中的问题。

分析问题产生的原因。在规划实施中发生偏差的原因可能有：实施管理中的问题、选择达到目标的途径和方法不适当、战略选择不当、目标太高或目标太低。

提出针对性的解决方法。解决问题的方法要可靠、有效，执行时要高效，尽量减少损失。

（4）应急计划法。由于外部环境的不可控，规划执行往往遇到一些难以预料的突发事件，对规划的有效实施产生各种威胁。此时，就需要启用应急替代计划。有了这些替代计划，就可以有条不紊地使人力资源规划继续正常实施。

本章小结

（1）人力资源规划的内涵和作用。人力资源规划的内涵可以从过程导向论和战略导向论两个视角来解释。其中，过程导向论将人力资源规划看作为组织提供准确人力资源信息和精准预测人力资源的过程；战略导向论强调人力资源规划关注人力资源使用效率和满足组织未来人力资源需求的战略。人力资源规划的作用包括：人力资源规划是组织战略规划的重要组成部分，是实现人力资源管理职能的重要保障，是组织管理的重要依据，能够确保组织对人力资源的需求，节省组织人力成本，充分调动员工的积极性。

（2）人力资源规划的目标和有效性。人力资源规划的目标包括战略影响、控制、协调和沟通四种模式定位。人力资源规划的有效性取决于规划目标和规划流程的规范程度，其中目标清晰和流程规范的人力资源规划是最有效的。

（3）人力资源规划和职业生涯规划是紧密关联的。人力资源规划和职业生涯规划的共同点包括：基于内外环境的分析、基于目标管理的理念、基于提高人力资源使用效率的要求和基于对组织未来发展的预测和判断。职业生涯规划和人力资源规划存在交互影响，具体包括：职业生涯规划有助于制定科学人力资源规划；人力资源规划构成职业生涯规划的前提；职业生涯规划是人力资源规划的具体执行层面。

（4）人力资源规划的演进历程。人力资源规划的演进包括人事管理阶段的传统人事规划、科学人力资源管理阶段的科学人力资源规划、战略人力资源管理阶段的战略人力资源规划和人力资本管理阶段的人力资本规划。

（5）人力资源规划的评价和控制。人力资源规划的评价方法包括关键指标评估法、成本评估法、声誉评估法和标杆比较法。人力资源规划控制方法包括事前控制、事中控制和事后控制，关键控制和全程控制，全员控制和专业控制。控制过程包括确定控制目标、制定控制标准、建立控制体系、衡量评价实施结果和采取调整措施。

即测即评

请扫描右侧的二维码（内含若干判断题、单选题和多选题），您可在线自测并查看答案。

复习题

1. 人力资源规划的作用与目标有哪些？
2. 员工职业生涯规划与组织人力资源规划之间的联系与区别是什么？
3. 人力资源规划的发展经历了哪些阶段？各阶段的主要特征是什么？
4. 如何评价人力资源规划？
5. 在人力资源规划实施过程中如何进行动态控制？

实例经验与启发

回顾开篇的情境实例，经过理论学习和案例剖析，得到以下启发：

（1）人才盘点是组织人才梯队建设的前提。人力资源规划是梯队建设工作的指引，然而人力资源规划是以战略发展规划和现有人才盘点为依据。因此，人才盘点是人才梯队建设的第一步。只有通过人才盘点明确企业人才现状并结合发展规划，才能明确企业究竟要培养哪些岗位的人才梯队。

（2）人才梯队建设并非孤立存在，需要配套机制和文化环境的支撑。人力资源规划是人才梯队建设追求的期望目标，培训开发则是人才梯队建设实现的核心路径。一方面，人才的培训开发依靠一套制度和高层发起与参与，直接关系着梯队建设的质量。另一方面，需要把投资于人的理念进行宣贯，营造学习型组织氛围，确保各级管理者和员工认同人才梯队建设的战略价值。

（3）人才培养是一个需要持续推进实施的长期过程。主动、系统的人才培养和自然成长的人才成长模式存在天壤之别，需要企业决策者具有战略思维和全局视角。一方面，人才梯队建设是一个长期过程，要求企业决策者持之以恒地推进；另一方面，人才梯队建设必须与企业发展战略和人才规划保持一致，需要体系健全、内容完整、层次分明的培训开发体系做重要保障。

讨论案例

HB省交通投资建设集团该如何编制人力资源规划？

国家发改委在《关于当前更好发挥交通运输支撑引领经济社会发展作用的意见》中提出，把长江经济带、京津冀一体化和一带一路作为下阶段交通建设投资的重点领域。如表7-5所示，各省大型交通投资集团一般为省属国有企业，下辖全资、参股、控股公司，人员规模从几千到上万人，资产规模动则上百亿元甚至上千亿元，肩负着国有资产保值增值的重要责任和巨大的社会责任。涉及的产业正由传统的高速公路运营、工程建设、物流运输向新能源、金融、土地开发、智能交通等新兴领域扩充。当前，交通投资行业处于分化期，从诸侯割据到相互渗透，再到同台竞技（招标竞争），各省交通投资集团在区域上正在由省内经营向全国乃至国际市场经营拓展。

表7-5　各省交通投资集团的基本情况

公司名称	成立时间	涉及产业领域	下辖公司	员工规模	资产总额	发展目标
浙江省交通投资集团	2001年	高速公路、海洋运输、交通工程、房产置业、金融证券	截至2013年年底，集团共有各级企业121家，其中全资及控股子（分）公司23家、参股公司4家，控股子公司浙江沪杭甬高速公路股份有限公司为香港上市公司	20 000人	1 504.01亿元（截至2013年）	

续表

公司名称	成立时间	涉及产业领域	下辖公司	员工规模	资产总额	发展目标
四川省交通投资集团公司	2010年	公路、港口、航道及以航道渠化为主的航电枢纽等重大交通基础设施的投融资、建设和管理	由集团公司本部和四川高速公路建设开发总公司、四川成渝高速公路股份有限公司、四川省港航开发有限责任公司、四川九寨黄龙机场有限责任公司及所属的71个子公司组成，其中成渝公司是中国西部唯一的基建类内地和香港上市的A+H股上市公司	17 000人	总资产2 053亿元（2012年）	
河南省交通投资集团公司	2009年	交通物流、房地产开发、高速公路、工程施工、机场航空、金融投资	河南高速公路发展有限责任公司、河南中原高速公路股份有限公司、河南省公路工程局集团有限公司、河南公路港务局集团有限公司、河南高速房地产开发有限公司、湖南岳常高速公路开发有限公司（省外）、河南省高速公路实业开发有限公司、河南省公路工程监理咨询有限公司	30 000人		打造成为全国一流的交通投资航母
安徽省交通投资集团有限责任公司	2001年	交通基础设施投资、建设与经营，交通综合运输服务业，投资与资产管理（保险、物流等）	24家子公司		630亿元（2013年）	建成省内一流，并在全国有重要影响力的交通企业
广东省交通集团有限公司	2000年	高速公路等交通基础设施投融资、建设、经营和管理，以及公路客货运输和现代物流	拥有全资、控股二级子公司14家，集团控股2家上市公司：广东省高速公路发展股份有限公司（证券简称：粤高速，000429）；广东粤运交通股份有限公司（证券简称：粤运交通，HK03399）		2 304亿元（2013年）	构建和谐交通，延伸美好生活

续表

公司名称	成立时间	涉及产业领域	下辖公司	员工规模	资产总额	发展目标
河北交通投资集团公司	2013年	以高速公路建设运营为核心，大力发展高速公路建设运营全过程中的勘察设计、工程施工、监理咨询、智能交通及交通建筑材料等主营业务，企业金融、现代物流、土地整理开发及绿色交通等业务	由河北省高速公路开发有限公司、河北省公路开发有限公司、河北省高速公路禄发实业总公司、河北省交通规划设计研究院、河北省交通监理公司、河北路桥集团、河北交投智能交通技术有限责任公司、河北交投土地开发整理有限公司组成			“立足河北、面向京津冀”，打造成为现代化、高效化的综合性大型交通运输产业集团
广西交通投资集团有限公司	2008年	以高速公路为核心的交通基础设施业务、高速公路衍生业务、房地产业务、金融业务、交通类科技开发业务、现代物流业务、资源开发业务	广西高速公路投资有限公司、广西交通实业有限公司、广西三祺投资有限公司等46家全资子公司；控股广西五洲交通股份有限公司等9家公司，参股6家公司	11 000人（2013年）	1 500亿元	具有交通和低碳绿色环保特色的国内一流、东盟知名的大型企业集团
陕西省交通建设集团公司	2006年	高速公路及非封闭式收费公路的项目建设、运营管理、公路相关产业的开发		14 000人		
山西省交通开发投资集团有限公司	2010年	投资经营性公路、交通运输客货站场的开发、建设；承揽交通建设工程；房地产开发；酒店餐饮管理；技术咨询及服务等	全资、参股、控股公司15个	3 000人	222亿元（2014年）	

续表

公司名称	成立时间	涉及产业领域	下辖公司	员工规模	资产总额	发展目标
江苏交通控股有限公司	2000年	以公路、铁路、港口、机场等交通基础设施投资经营为主，电力能源、物流运输、建设施工、金融租赁、创业投资、通用航空、酒店管理等	39家企事业单位，其中路桥企业18家、非路桥企业18家、事业单位3家		2 106亿元（2013年）	
上海交通投资（集团）有限公司	2001年		拥有全资子公司6家：上海现代交通建设发展有限公司、上海交通建设管理有限公司、上海四汽公共交通公司、上海宝山公共交通公司、上海交通投资信息科技有限公司、上海交投物业管理有限公司。分公司2家，分别为：上海交通投资（集团）有限公司漕宝停车场管理分公司、上海交通投资（集团）有限公司场站管理分公司		62.62亿元（2011年）	

HB省交通投资集团有限公司是由该省政府独家投资，于2010年9月30日注册成立的大型综合性交通投资企业，注册资本金100亿元，总资产2 911亿元。拥有子公司32家，其中全资22家、控股10家（包括1家上市公司），另参股6家公司。公司以交通基础设施投融资、建设和运营管理为主业，涉及物流、科技、路衍、交通地产、非银金融、流域开发等众多产业。

过去，HB省交通投资集团主要做的是“扎根养力”的工作，吸养分、吸水分，培育力量。明天，则需要“破关聚力”，即突破体制、机制、人才等瓶颈，把各方面的资源、能量挖掘出来，聚集起来。鉴于所处的内外部环境发生了重大变化，为明确未来奋斗目标，实现下一阶段跨越式发展，不断增强企业核心竞争力，HB省交通投资集团制定“两主体、四平台”的“十三五”战略定位（即平台战略），其中两主体是“区域综合交通战略实施主体和市场导向产业投资运营主体”，四平台是综合交通基础设施投资运营平台、区域商贸物流集成服务平台、新产业资源整合与创新发展平台和资本经营与金融服务平台。实施平台战略，企业必须利用参股、并购等多种方式来整合社会资源，形成自己的生态圈，以实现由生产经营公司向资本投资公司的转变。

在新形势下，HB省交通投资集团必须在资本、产业、人才、管理、资源等多方面培育形成优势。在产业方面，该集团提出将形成“1+6”的板块业务布局，即：综合交通业务，主要包括综合交通投资、交通运营、建设施工、交通管养业务；物流业务（含服务区业务），主要包括综合交通物流信息平台、大宗物资采购电商平台、综合交通联运服务平台；地产业务，主要包括土地资源经营、住宅地产（含养老）开发、商业地产（含旅游）开发、区域综合开发；能源业务，主要包括油品经营类业务、清洁能源业务、充电桩业务，长期将发展石油炼化、能源投资业务；金融业务，主要包括财务公司、基金公司、信托公司、融资租赁、投资公司等综合金融业务；科技业务，主要包括信息服务、科技业务、科技服务，长期将拓展高端制造业务；大健康业务，主要包括医院业务、特色健康/养老地产、特色休闲/健康旅游，长期将拓展健康管理连锁、大健康产业园、大健康综合体业务。

尤其是人才需求在未来不但数量越来越多，质量要求也越来越高。由此，集团提出实施人才强企战略，通过实施人才战略，优化人才队伍结构，提高人才队伍素质，激发人才队伍活力，为企业实现持续跨越式发展提供了强大的源动力，从组织、人才、智力等方面为更好地促进集团的科学发展提供了可靠保证。因此，基于集团的投资平台企业战略和人才强企战略，制定HB省交通投资集团的全面人才规划和人才开发战略，以提高人才工作的统领性、指导性与前瞻性，是当前面临的重大课题。

思考题：

如果您是该公司的咨询顾问，您将对该集团编制人力资源规划提出什么建议？

本章实训

人力资源规划与职业生涯规划融合的机制设计

一、实训目的

1. 掌握不同阶段人力资源规划的特征。
2. 理解人力资源规划和职业生涯规划的联系。

二、实训内容

仔细阅读实训材料，假设你们是该规划院的院领导，你们将如何着手开展人力资源规划的编制？

三、实训组织与步骤

1. 教师说明实训内容和实训要求。
2. 根据教学班级规模，对学生进行分组，每组4 ~ 5人，组员之间协商产生小组组长。
3. 每组结合本章所学内容，研讨实训材料，并编制省规划院人力资源规划，尤其是人力资源规划与职业生涯规划的融合机制。

4. 每组逐人上讲台以PPT形式汇报小组讨论的成果。

5. 教师根据各小组汇报的成果提问，并依次引导学生思考。

6. 教师对各组的发言做出总结点评，给予小组成绩，并向学生介绍人力资源规划与职业生涯规划融合的思路、注意事项。

四、实训材料

X省城市规划设计研究院（以下简称“省规划院”）于20世纪70年代末正式成立，已经拥有30多年的发展历史，恰好对应着改革开放、中国城市规划事业不断发展的30多年。现已拥有独立办公场所，办公楼面积达6 000多平方米。业务领域包括：区域规划、城镇体系规划、城市规划设计、交通规划设计、市政工程规划设计、园林景观、旅游规划设计、村镇规划、规划环境影响评价、工程咨询与投资策划等。截至目前，省规划院现有员工140人，其中高级职称41人（其中8名教授级高工），中级职称33人，有29名注册专业技术人员。拥有城市规划甲级、工程咨询甲级、市政公用工程设计乙级等多项资质。

自成立以来，X省规划院隶属于省建设厅（后更名为省住房和城乡建设厅）的事业单位，经历30多年的发展，完成了由政府依附型全额拨付事业单位向差额拨款事业单位的转变，实现事业单位的部分企业化管理。其中，院领导致力于内部改革，尝试精简机构，在规划所（室）实行项目承包，实行所长负责制，所长兼顾生产和技术，调动生产一线人员积极性，产值、员工收入和福利水平大幅增长。组建专门的经营部拓展市场，合同签订后，由各所室执行合同，两阶段团队各司其职，协同合作，共同服务市场，从而使市场开拓能力开始提升。

作为事业单位的省规划院，人员编制受到省人事厅的限制。从人员结构方面看，虽然省规划院各类注册及高级职称以上的技术骨干占设计人员总数的三成，但是硕博士高学历人才偏少。从职称来看，省规划院拥有正高职称的有8人，拥有高级规划师和高级工程师的有38人，高级技术人员占员工总数的32.39%。然而，由于职称评定中的一些问题以及有一些高级职称评定较早，近年来省规划院获得高级职称的人数较少，新老员工尤其是高层次人才部分出现了青黄不接的情况，难以适应日益激烈的竞争需要与新形势的发展。省规划院拥有硕士学位的有12人（8.45%），拥有大学学历的有75人（52.8%），拥有大专学历的有40人（28.1%）。比较2005年和2009年间的人员变动情况，省规划院新进入15人、退休14人、流出1人，人员的变动幅度很小。省规划院全体员工的年龄结构呈现圆柱形，即45岁以上、30—45岁、30岁以下的员工分别约占到1/3。但是，技术骨干后备人才不足，核心人才流失的承受力较低，无法支撑规划院的持续发展。另外，年老的员工无论是技能还是观念上都难以适应城市规划设计行业快速发展的需要。

通过与规划院领导、员工代表访谈，总结提炼，规划院在内部管理方面存在以下突出问题：

1. 市场开拓弱，传统优势逐渐丧失

总的来说，X省内拥有规划甲级资质的设计院逐渐增多，同时大批国外优秀的设计机构也融入到国内设计市场，现在省院的生存压力非常明显。面临“既无自己的根据地，又失去原有的政策扶持”的窘地，X省规划院必须与众多对手去争夺市场份额。但是，X省规划院的市场开拓能力弱，主要体现在以下方面：

（1）无人专责外省市场开拓。主要原因在于：一是人员观念问题；二是院里没有相关政策及市场开拓费用支持。

（2）应标能力弱。第一，规划市场的招标项目越来越多，省规划院的报价偏高，商务标的竞争弱。第二，市政室先天不足，建筑、结构等专业人才欠缺，道路、给排水、电力等专业人员从规划设计转入市政，在工程设计方面基础不扎实。第三，乙级资质对开拓市场不具有优势，市政项目单一。

（3）客户满意度下降。由于部分员工收集资料过程中没有责任心，不跟踪数据，不愿意去现场勘查，设计产品存在质量缺陷，或者出现项目延期，经常出现客户不满意现象，尤其表现在合同额与实际收费额差距越来越大。

2. 重经济效益，轻创新品牌

（1）设计任务重量不重质。院里的布局分散，紧盯经济效益不放，创新不足，存在重量不重质现象。设计团队浮躁，研究深度不够，只想满足基本要求即可。设计质量难以保证，从而甲方觉得深度不够，满意度下降。

（2）重设计轻研究。规划设计是富有挑战的行业，正由技术性工作向创新型工作转变。行业的竞争优势取决于技术实力。技术实力可以从甲方客户的满意度来评价，还能够从获奖、期刊论文等加以体现。近年来，能够展示实力的高端项目奇缺，省部级获奖项目少，在每年的规划行业年会上发表和交流的论文少。主要原因在于，一线人员以设计为主，创收压力大，很少涉及研究方面。另外，虽然院对所室有论文等研究方面的考核，但没有严格执行。

（3）品牌意识不强。以前，省院进入了研究领域，参与了规划的制定，形成传统强项，走出了X省，走向全国。但是，现在品牌意识不强，有代表性的作品很少。

3. 用人机制僵化，职工进取心不强

人员数量总体偏少，质量参差不齐。引进人才缓慢，人员成长慢，后续力量弱，出现人才断层现象。一线有1/3员工的能力不能满足现代规划设计的需求，并且缺乏敢于承担责任、敢于接受挑战的精神。

（1）事业编制僵化用人机制。目前，省规划院的职工基本都是事业编制，用人机制僵化，职工的竞争意识、岗位意识不强。此外，进人计划需上报省人事厅，由人事厅组织考试，通过后才能再选。

（2）职称与任职能力不匹配。现在评职称，尽管要求能力，但是更多的还是看重其所参与的项目和资历。所以，部分员工不愿意学习、钻研和创新，而是多参与各种项目。

（3）工资分配机制不合理。规划院的分配主要是工资加项目奖金。不同能力的员工工资没有差别，员工对工作的贡献也无法体现。工资的激励性比较低，员工的积极性难以发挥。项目奖金分配没有区分质量好坏，大家积极性不高。尤其是部分项目组内部，部分人根本不做事，也没有能力去做事情，但是仍然参与利益分配。并且，所长基金能够平衡所内规划专业之间的奖金分配，大锅饭现象依然存在。

（4）攀比思想突出。由于业务往往需要多个部门、多个专业配合来完成，各个部门或专业之间的业绩贡献难以完全清晰界定，从而使每个部门或专业的人员总觉得和别人相比自己吃了亏。同时，管理系列人员、技术系列人员、后勤系列人员之间也存在攀比现象。

4. 制度执行力度低，责任意识下降

（1）已有的制度实行不力，缺乏强有力的追究问责制度。规划院的管理制度很多，考核指标都有，但是在制度执行过程中，缺乏强有力的追究问责机制。尤其是某些所长在考核过程中对部分员工存在袒护现象，因为所长要为整个所的产值承担责任。某个人经常迟到会导致院扣发所的产值，因此有些所长就不愿意对员工进行批评教育而更愿意去打马虎眼，愿意去“护短”。

（2）院内各个所的积极性发挥不够。院所实行“大承包”管理办法，按照四六分成模式，即所里56%包干，院里拿44%。所室不但要包工资、奖金、水电费，还需要负责项目收费、任务分配、结算等，所里压力很大。院里的惩罚只针对所长，对其他人都没影响。但是，所里没有财务权、人事权，员工的引入和淘汰都不能执行。并且，人均20万元产值的考核指标，导致各所室不敢随便进人。所里没有项目选择权力，利用所成员关系谈回来的项目也不一定由自己所里做。

（3）项目负责制不明显。项目负责人主要负责一些汇总工作，与成员之间没有上下级的关系，指挥不了年轻职工。部分员工的责任意识不够，经常偷懒敷衍。院里对项目负责人的考核很严，对成员却没有考核，从而导致项目负责人抱怨多。

5. 专业人员交流欠缺，团队意识不强

（1）专业人员交流欠缺。规划院基本以所、办公室、项目组为单位，同事之间很少互动，学习氛围不浓。工作组内部各个专业交流减少，所与所之间的交流更少，同外院的交流也少。

（2）专业之间配合不默契。各专业之间相互配合的默契程度对于设计工作以及项目后续工作的开展影响很大。但是，随着给排水、电力等市政专业从规划专业分离后，由于项目奖金比例的降低（从45%下降到30%），市政专业和规划专业之间的配合度下降，影响规划项目的质量和进度。

6. 培训缺乏系统性，员工成长缓慢

（1）所内员工缺乏学习的动力。所里每年有专门经费用于考察学习，但员工积极性不高，学习效果不好。

（2）新员工无系统培训。新员工进入院后，没有参加系统培训，就直接分配进入所室。虽然有专人带着他们做项目，但是指导人没有深入指导他们怎么去做。以前，省规划院培养一个能够独当一面的人才只需要三四年，现在年轻人成才至少需要五年。

（3）年轻员工心理浮躁，缺乏工作激情。浮躁心理的主要原因来自于氛围的浮躁，来自于项目本身，领导分配的任务太多，没有办法把问题深入研究。没有激情主要是由于体制原因、领导原因和自身原因。

（4）指导人奖励机制不健全。指导人计划配套措施不完善，参与人员缺乏积极性。

走过30多年征途的省规划院，进入而立之年之后，在新的发展起点上，面对规划设计咨询行业的新情况、新问题，规划设计院如何壮业？该走向何方？尤其是进入我国新的五年规划新时期，该规划院的新任院长正在思考如何开展规划院未来的人力资源规划，促进院的组织发展和全体员工的个人发展。

延伸阅读

[1] 赵永乐，等. 人力资源规划. 2版. 北京：电子工业出版社，2014.

[2] 陈谏，黄树辉，陈晶晶. 理才布局：人力资源规划. 北京：电子工业出版社，2014.

[3] 李常仓，赵实. 人才盘点：创建人才驱动型组织. 北京：机械工业出版社，2012.

[4] 吴冬梅，李淑玲，金碚. 人力资源管理学学科前沿研究报告. 北京：经济管理出版社，2015.

第八章
传统人事规划

学习目标

1. 了解传统人事规划的内容
2. 掌握传统人事规划的人力资源需求预测方法
3. 掌握传统人事规划的人力资源供给预测方法
4. 掌握传统人事规划编制程序

关键术语

人事管理　人力资源预测　供给预测　需求预测　现状规划法　经济预测法　数据预测　计算机模拟　预测模型法　聚合分解法　人员替补图　马尔科夫模型

本章概览

请扫描右侧的二维码图标，您可以查看本章的知识结构概览图。

情境实例

“老干妈”式人力资源管理引发的思考[①]

贵阳南明老干妈风味食品有限责任公司（以下简称老干妈公司）位于贵阳市，成立于1996年。截至2015年，老干妈公司已拥有分布在贵州省内的三个生产厂区，总面积达750亩[②]，员工近5 000人。

① 基础资料来源：“老干妈：一个不懂品牌的人创建的大品牌”．中国人力资源开发网，http://www.chinahrd.net/article/2012/12-11/84886-1.html；老干妈的管理圣经：大道至简．伊春新闻网，http://yichun.dbw.cn/system/2014/10/09/056038014.shtml．经过作者整理改编而成。

② 注：1亩=666.67平方米。

一、创业初期的管理：亲力亲为

陶华碧，“老干妈”的创始人，1947年出生于贵州省湄潭县一个偏僻的山村。由于家里贫穷，陶华碧从小到大没读过一天书，至今只会写自己的名字“陶华碧”三个字。1996年7月，陶华碧在南明区云关村委会办起了食品加工厂，招聘了40名工人，专门生产“老干妈麻辣酱”。尽管陶华碧没有什么文化，也没有管理经验，但是她认准了一个“管理绝招”，那就是：凡是苦活累活她都亲自干，工人们就能跟着干，没有调动不了的工人们的积极性。陶华碧每天同工人们一起捣麻椒、切辣椒，深深地感染着工人们。但是陶华碧也付出了沉痛的代价，她患了肩周炎，10个手指全部钙化。在陶华碧身先士卒地带动下，“老干妈麻辣酱”很快就在贵阳市稳稳地站住了脚跟。1997年8月，陶华碧创办的食品加工厂规模扩大到200多人，“贵阳南明老干妈风味食品有限责任公司”正式挂牌。

二、成长期对内管理：亲情化管理

在对员工的管理上，陶华碧信奉自己的“绝招”，那就是实行亲情化管理。陶华碧认为自己对员工进行“感情投资”，讲真情，每个员工就会拼命干活，就会不背叛公司。

在公司里，员工不叫陶华碧董事长，大家都喊她“老干妈”。陶华碧喜欢到员工家串门，与员工拉家常，她能叫出60%员工的名字。公司有一个不成文的规矩：员工过生日，陶华碧要亲自送上一份礼物、一碗长寿面和两个荷包蛋。公司在制定福利待遇政策时，特别考虑到公司的地理位置、交通条件和食宿条件，陶华碧决定所有员工一律包吃包住。后来，当公司发展到1 300多人时，这项福利待遇仍然没有取消。尽管陶华碧没有文化，但她悟出这样一个道理：帮一个人，感动一群人；关心一群人，感动整个集体。陶华碧的真情浸透到了员工们的骨子里，已形成为一种感召力和使命感，使公司的员工们为“老干妈麻辣酱”的迅速发展自愿而快乐地努力拼搏起来。

三、管理圣经：大道至简

陶华碧不仅身体力行地剁辣椒，还身兼数职，除了审阅财务、人事各种报表，还要应对各类对外事务。陶华碧的长子李贵山在得知她的难处后，主动辞去206地质队汽车队的工作来帮助母亲，李贵山的工作是处理文件。“老干妈”的账目较为简单，陶华碧主要听财务人员报告的数字。不以规矩，不能成方圆。1998年公司制定了正式的规章制度，其内容非常简单，只规定了诸如做事不能偷懒、做任何事不能过夜等，这套制度连续使用了11年，从未出现任何问题。公司不仅有“干妈式”的特色管理，其结构上也有自己的特色。公司没有设立董事会、副董事长、副总经理，只设置了5个部门，除了陶华碧外就是两个副总，一个管业务，一个管行政。

四、奉行“三不”政策，“老干妈”走向世界

“老干妈”从成立时的40人发展到现在的近5 000人，一直奉行“三不政策”（不贷款、不融资、不上市），既不让别人入股，也不去参股、控股别人，如今已发展成为国内知名企业、国家级农业产业化经营重点龙头企业。截至2013年，“老干妈”年销售额达到37亿元，“老干妈辣椒酱”已销售到北美、欧洲、东南亚、日本、韩国、中国香港、中国台湾等全球多个国家和地区。

老干妈公司是一家“家族企业”，处处灌输着创始人陶华碧的观念与认知。老干妈公司并没有导入一套科学的人力资源管理系统，而是采用亲情式管理赢得员工的认同感和忠诚。并且，老干妈公司一直在为扩大规模做准备，长期大量招聘人才，在其官方网站和人才网上有长期招聘信息。当然，随着员工规模从200人壮大到近5 000人，老干妈公司人事处的管理工作越来越复杂。类似老干妈公司的中国传统家族企业比较多，基本上采用凭经验的人事管理（虽然设置了人力资源部，但是该部门的工作内容仍然属于人事管理范畴）。那么，这些传统家族企业如何制定劳动力规划，以满足生产规模扩大的需要？本章主要描述人事管理阶段的传统人事规划内容、方法和编制程序。

第一节　传统人事规划的目的与内容

一、传统人事规划的产生背景

直到第一次世界大战时，人事才开始被视为一个专业领域，但一些人事活动可以追溯到中世纪早期。这时期手工业行会兴起，即人事管理阶段的雇主协会（employer association）前身。由师傅组织起来的手工业行会主要促进他们各自工艺产品厂的利益。手工业行会负责制定工艺标准，并为那些渴望在行业领域成为熟练工人的手工业者提供培训基金。由于熟练工人建立自己厂房的机会十分有限，许多熟练工人被迫继续在其他师傅的厂房里工作，这种情况下工人们组织自耕农行会（yeomanry guilds），其职能在某些方面与现代的工会相似。在工业革命之前，绝大多数产品是在小作坊或工人的家中使用手工方法生产出来的，工业革命催生了工厂的兴起，工厂普遍采用机器设备，提高了生产技术。工业革命时期，劳动分工使工厂生产的产品比家庭和小作坊生产的产品更廉价成为可能，但是工厂生产体系中许多非技术性的、重复性的工作引发了人际关系领域的新问题，劳动专业化通常单调、缺乏挑战性，而且危害工人的健康。由于工人的工作很容易通过快速培训被他人所替代，他们普遍缺乏安全感。与此同时，工人们几乎没有议价能力来改善其处境。从人事管理的角度来看，工业革命是管理者面临诸多问题的开始，人事管理正式作为组织（尤其是企业）的一种管理活动，许多学者把这一时期视为现代人事管理的开端。但是，直到20世纪初人事管理作为一个专门领域才引起人们的重视，尤其是泰勒的影响和他对职能专门化的认识无疑推动人事管理发展为一个职能领域。人事管理成为一项专门职能大约经历了三个阶段。

（一）人事职能专门化阶段

大约在1900年之前，人事管理的职能还局限于招聘、辞退和计时，当时这些职能主要由监督人员负责完成。后来，随着生产方式变得日益复杂，监督工作日益繁重，企业安排一名职员承担监督人员的记录工时和工资发放的工作职责，该职员实际是第一个“人事专家”。后来，这些最初记录工作的范围被扩大至雇佣乃至人事部门等。例如，1818年美国福特汽车公司成立社会部，综合处理员工关系、医疗、福利、安全和法律等方面的问题。

（二）人事福利阶段

20世纪初，员工福利也是人们关注的一个主题。这时期一些公司内部设立了社会秘书或福利秘书岗位。福利秘书岗位的产生源于宗教和慈善的影响，在某种情况下也是管理过程中基于阻止工会力量的意愿。尽管福利秘书岗位的产生也存在一些其他潜在的动力，但这一职位的产生标志着关注文化、教育、娱乐设施，以及财务、医疗、住房和其他福利的人事部门的兴起。胜任福利秘书的人员一般都具有慈善或社会工作背景，人事管理中福利秘书岗位一直持续到20世纪30年代的大萧条时期。

（三）人事部门阶段

尽管人事部门在早期以雇佣部门或福利部门的形式出现，但直到1912年左右，具有现代意义的人事部门才正式建立。1915年达特茅斯学院（Dartmouth College）的塔克商学院（Amos Tuck School of Business Administration）开设了以雇佣经理为授课对象的培训课程，到1919年至少12所大学开设了人事管理培训课程。20世纪20年代早期，许多大型企业和政府组织成立了人事管理部门，人事管理便迅速发展起来。到第二次世界大战时期，人事管理基本成熟，在招募、甄选、培训、考核、劳动关系管理方面发挥越来越大的作用。然而，人事管理工作的特征是照章办事，属于事务性的工作。

人事管理阶段，企业的管理实践主要以事为中心，主要关注物质资本的价值，人只不过为完成“事”而存在。19世纪末是人事管理阶段的人力资源规划萌芽阶段和发展时期。随着生产规模和组织规模的扩大，劳动力分工和专业化的普及，企业对熟练工人的需求不断增加，获取熟练工人、提高生产效率成为企业管理中最重要的一项工作。由此，人事规划应运而生。这时期的人事规划只是个别企业的前瞻性管理活动，是零散的、临时的管理活动，技术简单而且没有形成一个正式的概念。

二、传统人事规划的目的

在人事管理阶段初期，人力资源规划的内容相对单一，人力资源规划主要关注人员招聘、培训、配置等。第二次世界大战时期及以后，人力资源规划侧重于如何获取有能力的管理人员。直到20世纪80年代后，人力资源规划才被广泛作为大型企业和政府组织的一种活动。

一般而言，在人事管理阶段，人力资源规划是管理人员的一项工作。人事管理阶段的人事规划还不能称为现代意义上的人力资源规划，即人力资源规划并不是基于人才的供需平衡或战略的考虑，人事规划基本上是短期的，以满足组织当前的人力资源需要为出发点。

人力资源规划的用途很多，对组织非常重要。在人事管理阶段，人事规划旨在减少离职、缺勤、低生产效率、无效的培训项目。人事规划的主要目的如下。

（1）通过预测人力资源短缺或过剩，控制人力资源供给和需求失衡，减少人力资源成本。

（2）改进公司整体规划流程。

（3）识别有助于形成特殊技能的开发项目或培训项目。

（4）在组织各层面强调有效人事管理的重要性。

（5）为备选的人事活动和项目提供评估工具。

（6）有助于形成理想的人际关系氛围。人事规划能够使员工更容易在工作岗位上做出最大贡献，并从工作中获得最大满意度。同时，人事规划能够提供更有序的流动和工作评价，有助于提升员工工作满意度。而且，人事规划可以预估和避免因人际关系问题引起的不满或纪律问题，或将人际关系问题控制在最低限度。

随着科技的迅速发展，计算机技术广泛应用于企业，使人事规划的目的更容易实现。计算机技术能够记录大量的工作信息，并储存每一个员工的信息。从本质上来看，计算机技术催生了人力资源信息系统。人力资源信息系统记录员工工作偏好、工作经验和绩效评价等信息。人力资源信息系统提供每个员工在组织中的工作经历、工作和职位等一套完整的信息，有助于组织达到人事规划目的。

三、传统人事规划的内容

从人力资源管理理论发展视角来看，人事管理阶段的人事规划经历了人事萌芽阶段、科学管理阶段、人际关系阶段和组织行为学阶段（见表8–1）。以第二次世界大战作为分界线，可划分为第二次世界大战前的人事规划和第二次世界大战至20世纪60年代的人事规划。无论以何种标准来划分，每个阶段的人事规划内容都在发生变化。

表8–1　人事规划的内容

人事管理发展阶段	规划主要内容	典型的部门
人事萌芽阶段	改善待遇计划、娱乐与教育活动计划、工作调动计划、膳食改进计划、照顾未婚女工的道德品质计划	福利工作部门
科学管理阶段	挑选工人计划、安置工作计划、培训计划、娱乐与福利计划	雇佣部门/福利部门/人事部
人际关系阶段	招聘计划、挑选工作人计划、培养计划、人员配置计划、激励计划、安全与健康计划、养老计划、劳资关系改进计划	人事部门/档案管理部门
组织行为学阶段	招聘计划、甄选计划、开发与培训计划、配置计划、激励计划、安全与健康计划、养老计划、薪酬计划、劳资关系改进计划、福利计划	人事部门

资料来源：丹尼尔·A.雷恩. 管理思想的演变. 李柱流，赵睿，肖聿，等，译. 北京：中国社会科学出版社，2002：138–442；寒武. 人力资源战略与规划. 北京：中国发展出版社，2009：1–30.

自人事管理兴起以来，人事部门如雨后春笋般发展起来。在人事管理阶段的不同时期，人事规划内容的侧重点也有所不同。第一世界大战期间，人事规划主要满足战时的紧急需要。经济萧条和繁荣时期人事规划的侧重点发生了变化，这些变化体现在劳动力市场和获得人力资源项目的资金支持方面。

（一）第二次世界大战前人事规划内容

1. 员工选拔

尽管员工选拔是早期人事规划的内容之一，但员工选拔的重要性直到第一次世界大战时期随着甄选工具的开发才引起重视。基于当时心理学领域取得的贡献被人们所认识，陆军甲种测验（Army Alpha Test）和陆军乙种测验（Army Beta Test）被用来挑选入伍士兵。智力测试的应用激发了诸如对行业知识、天赋、兴趣和人格进行测量的兴起，并且这类测验广泛应用于政府和工业行业。第二次世界大战期间，心理测试同样得到了广泛应用。

2. 培训与开发

在两次世界大战期间，政府和工业相当重视的另一项人事规划的内容就是培训。由于培训能够使员工获得经验和知识，使公司发现员工的潜在贡献，因此培训成为人事部门的一项重要内容。当时，培训与开发活动主要包括培训员工、管理开发、职业生涯发展。培训活动旨在提高员工的能力，从而提升员工绩效。培训与开发的第一项任务是确定、设计和实施员工培训与开发机会，提高员工能力和绩效。员工培训与开发计划被雇主视为在短时间内提高员工绩效的重要手段。其次是设计与提供管理职业生涯的机会，提高员工绩效和长期满意度。

3. 附加福利

在20世纪20年代，一些公司开始为员工提供特定的福利和服务作为人事规划的内容之一。当时，人事管理领域开始大量使用来自心理学和精神病学领域的知识，员工咨询也成为服务内容之一。福利计划主要涉及员工健康、娱乐、带薪休假、病假、人寿保险政策等。然而，许多冠以仁慈家长精神的福利制度在20世纪30年代被取消了。后来在员工和工会要求下，绝大多数福利内容在第二次世界大战后再次纳入福利计划之中。

4. 评价计划

20世纪20年代，人事管理开发了一个更有效的工作和工资管理系统，推动了工作评价的发展。1924年，马维尔 · R. 罗特（Merril R. Lott）基于工作特征开发了第一个工作评价计划。但是，起初工作评价并没有像人事规划中的其他特定内容那样引起人们的注意，直到20世纪20年代末对人的行为了解主要依据客观事实而非主观判断，这时人事调研才受到重视。

到第二次世界大战结束时，人事管理作为一个专门领域蓬勃发展起来，人事管理对生产效率的贡献被广泛接受。人事管理的职责不再由工资专员或福利秘书负责，而是由公司副总经理负责人事管理的协调工作。人事规划的职能、福利、服务不再被认为是形同虚设或施舍的善行和家长主义（paternalism）；相反，它们被视为公司努力提高员工工作效率、士气以及同工会集体谈判的结果。由于经济高度繁荣、人事研究的重视以及组织劳动力的快速增长，人事管理一直保持相当快的发展速度。第二次世界大战后，由于劳资矛盾日益突出，人事规划除了第二次世界大战之前的一些内容，劳动关系计划逐渐成为人事规划的重要内容之一。

（二）第二次世界大战至20世纪60年代人事规划内容

1. 劳资纠纷

人事职能受到重视的首要表现是管理人员开发，即公司重建第二次世界大战期间已经颓废无效的管理系统。许多公司中劳动纠纷的出现，以及低士气和低效率促使公司寻求提高劳资合作和促进双方的理解，导致人事规划特别关注员工沟通和参与计划，以及普遍存在的人际关系问题。为了缓和紧张的劳资关系，公司开展培训项目帮助经理和主管更好地理解他们的作为个体和工作群体成员的下属，试图使管理人员改善他们与员工之间的人际关系。培训项目通常强调在人事监督中使用参与领导技巧和帮助管理人员更深入地了解下属工作行为产出的原因，以及下属对上司人格的反应。管理人员通过参与敏感性培训来提高自己对他人的反应认知。

2. 激励计划

为了使员工通力合作和发挥最大的效能，帮助提高公司在财务激励计划中的利润水平，与第二次世界大战前的传统激励计划不同，财政激励计划更注重给予员工参与工作决策和获得更多收入的机会。当时的一些激励计划如利润分享使得一些激励性报酬被延迟到退休之后，使筹集基金以及减少所得税得以实现。

3. 退休计划

除了与财务激励系统有关的养老金计划之外，许多计划都与公司退休计划结合在一起。自从1948年美国最高法院裁定私人养老金计划是集体谈判的合法权益后，私人养老金计划在1950年得以迅速推广。绝大多数大型公司为员工提供了养老金机会，一些小公司也由于来自工会的压力和优秀人才的竞争被迫实行养老金计划。

第二节　人事规划的人力资源预测

在人事管理阶段，人事规划是一项新兴的人力资源活动。20世纪60年代中期关于大中型组织的综合调查显示，制定人事规划的组织少之又少。1975年一项类似的调查显示，86%的组织制定了人事规划中的部分内容，超过一半的组织将人事规划当作一项主要的人事管理活动。

一、人事规划的过程

人事规划过程通常包括四个阶段：

（1）通过人事规划存量和预测收集和分析数据。

（2）制定人事规划目标和政策，并得到高层领导的同意。

（3）在招聘、培训、晋升等方面制定和实施业务规划，以帮助组织实现人力资源目标。

（4）控制和评价人事规划，使人力资源计划与组织目标一致。

图8-1所示为四个阶段之间的关系以及每个环节与企业目标、政策、计划和环境因素的关系。

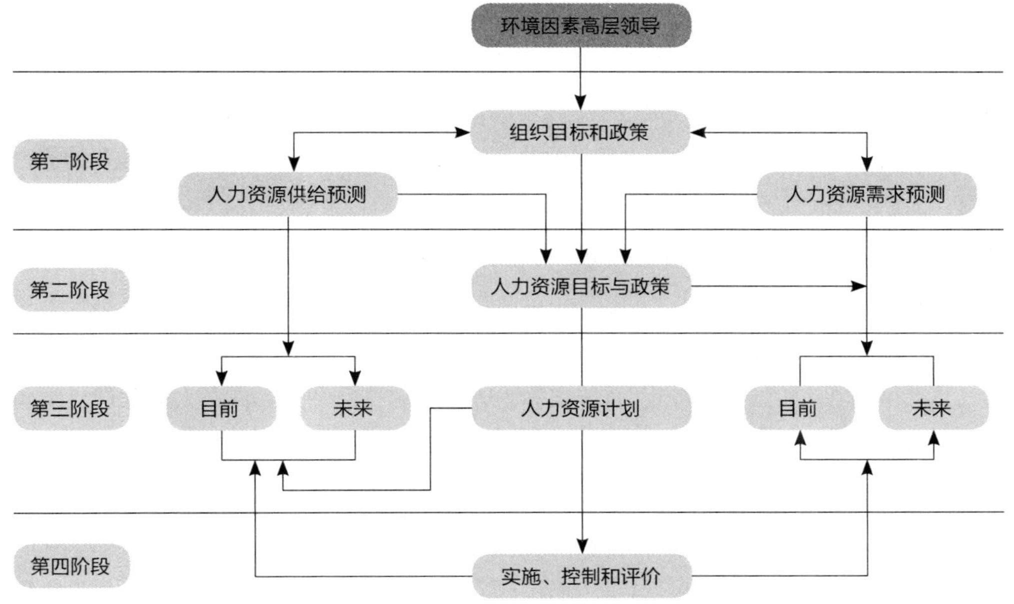

图8-1 人力资源规划过程
资料来源：Vatter E W. Manpower Planning for High Talent Personnel. University of Michigan, Ann Arbor, Michigan, 1967: 29.

二、人力资源供给预测

在人事管理阶段，人力资源供给预测过程相对简单。人力资源供给预测的第一步是根据职能和工作类型对人力资源存量进行盘点（人力资源需求预测也是如此）。第二步是存量减去在预测阶段可能会损失的员工，包括退休、自愿或非自愿离职、死亡、缺勤、调动等，然后加上可能通过外部招聘、调动等方式进入组织的人员（内部调动是指员工晋升、降职），所得的结果便是人力资源供给预测值。与人力资源需求预测相比，人力资源供给预测的过程相对更成熟，人力资源供给涉及更少的不确定因素，人力资源部门容易获取相关数据，人力资源供给预测更容易成功。此外，研究人员还开发了许多用于人力资源供给预测的模型和方法。

人事管理阶段的人力资源供给预测通常有两种形式，一种是组织中员工供给预测，被称为内部供给预测；另一种是外部供给预测，是对某一劳动市场的劳动力供给预测。人事管理阶段早期的人力资源供给预测侧重于内部人力资源供给预测。人力资源供给预测的目的是尽可能准确地评估规划完成后能为组织所用的人力资源数量，这种预测通常假设现有人事政策或程序没有太大的变化。

内部劳动力供给预测的第一步是对组织的人力资源环境进行分析。人力资源环境分析包括四个方面的内容，即人力资源存量、雇佣、生产效率和组织。

1. 人力资源存量

人力资源分析的内容之一就是对公司现有劳动力和组织的现有岗位的存量进行分析，这两个方面的存量分析对于确定组织是否能满足现在和将来人力资源的需要都是重要的。首先，了解员工的技术、能力、兴趣和需求。其次，了解目前工作岗位特征和需要具备的技能。不断更新的工作分析报告有助于了解这方面的内容以及更好地实现人岗匹配。在人事管理阶段，存量分析手册一直成功地用于人岗匹配。后来，计算机的应用使得人力资源存量分析更为有效，也更适用于动态的、全面的人力资源规划。计算机的应用能够使不同部门和地区的员工更容易参与到组织网络中，并且能更好地将员工和工作匹配起来。

人事管理使用的计算机信息系统被称为人力资源信息系统。许多大型公司，比如菲多利（Frito-Lay）公司、国际商业机器公司（IBM）、施乐公司（XEROX）、奥玛仕（AMAX）公司和美国国务院（U.S. State Department）都使用人力资源信息系统。美国国务院的人力资源信息系统的基本数据主要内容包括：职位数据和人员数据。职位数据包括：① 每个职位所在的部门和层级描述；② 充分胜任该职位的最高条件，至少包括教育、经验、培训、语言能力、管理经验和一些特定的职业证书（professional licenses）；③ 每项工作的基本任务、工作时间和工作的相对重要性。美国国务院收集的人员数据包括员工的兴趣、教育与培训、经验与技能。人力资源信息系统中的职位数据和人员数据除了对人力资源规划有用外，也对许多其他人事职能和活动大有裨益。

人力资源信息系统要达到的主要目标包括：确定每个职能领域所需要的人事信息；设计综合的数据库来支持这些需要；为人力资源信息系统开发全面的功能指标；设计必要的事务处理和更新形式；识别要获取的信息和报告；开发相关的支持性文档。只有所有这些目标实现了，人力资源信息系统才适用于人事规划。

2. 雇佣

人力资源分析的第二步是对未来社会劳动力构成进行分析，这种分析通常基于工资、职业群体和行业群体。人力资源构成的历史数据以及现在的人口特征数据和经济数据都用来制定人力资源规划。雇佣预测不是具体针对某一个组织，但是这些预测通常为组织的人事规划尤其是长期的人力资源需求提供有用的信息。

3. 生产效率

人力资源分析的另一个方面是确定现在及未来的劳动生产效率。人事部门利用人力资源信息系统测量绩效，以评估特定方案、部门和岗位的生产效率。相关测量包括预测员工离职和缺勤。离职和缺勤在任何时间都会影响组织员工的生产效率，并影响未来人力资源需求。有必要对员工离职和旷工的员工进行分析，以便制定方案解决这些问题。值得注意的是，在某些情况下员工离职未尝不是一件好事，比如，组织中如果出现员工过剩，那么离职率增加尤其是低绩效员工离职的增加对组织是有益的。

4. 组织

人力资源环境分析的最后一项内容是检查和预测组织结构。组织结构预测能帮助组织确定高、中、低层管理人员和非管理人员的适当规模。此外，人事规划还提供了组织人力资源需求变化以及某些具体活动和领域会出现剧烈增长或减缩情况的信息。

组织类型是决定组织结构和变化频率与程度的关键因素。随着组织面临的技术和环境日益复杂多变，组织需要更多部门和职位组成的复杂结构以应对瞬息多变的外部环境，因此组织类型及其所处的环境不仅决定了组织结构，而且为预测人力资源需求提供了有用的信息。

三、人力资源需求预测

在特定的环境中，以下因素可能影响未来的人力资源需求：组织目标与规划、生产效率变化、组织结构变化或工作设计，这些被称为领先指标。在人事管理阶段，较为简单的人力资源需求预测一般以领先指标来预测人力资源需求数量。以领先指标来进行人力资源需求预测的程序如下：① 挑选当前环境联系最紧密的领先指标；② 建立所选领先指标与劳动需求在历史上的关系；③ 获取领先指标的预测结果；④ 利用②和③获取的数据预测劳动力需求。例如，假设一个组织确定它的销售额和它需要销售人员数量之间有直接的相关关系。从历史上看，这种比例是40 000∶1，下一年的销售预测金额为400 000美元，因此销售人员需求的基本估计是10人。

但是，人事规划通常是十分零散的，规划需求预测只考虑其中一个或几个方面，而忽视其他重要方面。当规划需求预测专注于某一方面时，往往也不能得到全面的结果，如员工的流动或离职分析。整体人力资源需求预测过程如图8-2所示。

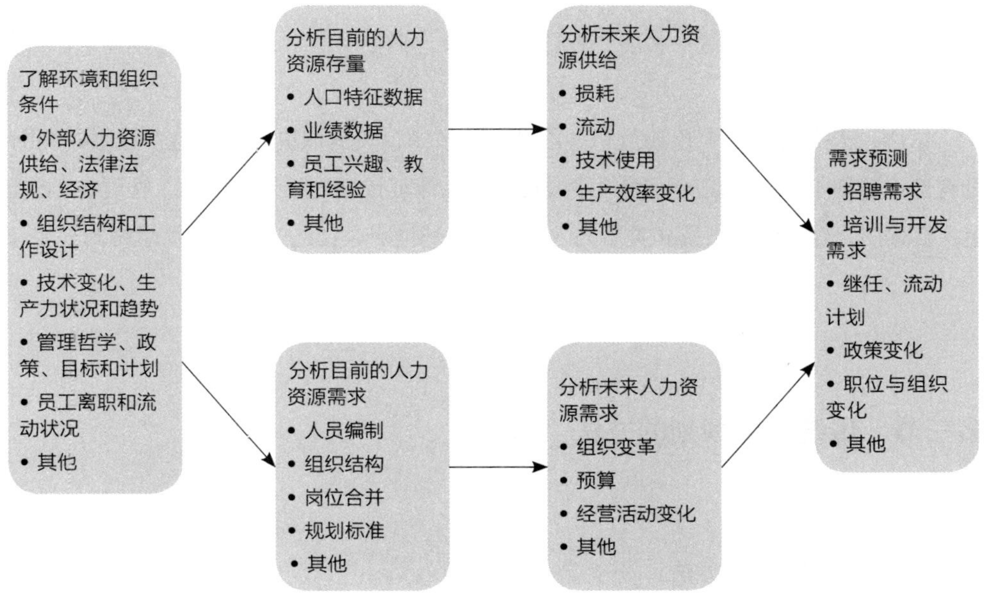

图8-2 人力资源需求预测过程

资料来源：Walker J W. Human Resource Planning. McGraw-Hill, Inc. U.S., 1980:112.

1. 了解外部环境和组织环境

作为规划需求预测的第一步，通常了解影响人力资源需求预测的外部环境和组织环境。外部环境因素包括劳动力供给（包括少数民族和妇女）、法律法规管制、待立法案等。组织环境包括离职原因与方式、组织结构、工作设计变化、管理哲学、政策、目标和计划等。

2. 盘存组织人力资源的数量

对于组织人力资源数量的评估，有些组织是凭直觉的，因此这一步只检验可以获得的有关现有员工的资质、业绩、职业兴趣、目标发展计划（目标任务、培训、发展）的信息。有些组织需要收集员工和管理人员的信息，以及依靠计算机处理的工资系统和更为广泛的人力资源信息系统提供有用的数据，才能评估现有人力资源的数量。

3. 预测组织的人力资源供给

通过对当前人员供给（存量）、过去供给上发生的变化（如流动或损耗），基于未来变化的逻辑假设分析，可以预测未来组织人力资源供给，但对未来晋升、流动、离职、退休、死亡和其他影响人力资源供给因素的准确预测是十分困难的。通过这一步的预测能够获得大量的人力资源预测结果。组织中人力资源供给分析和预测的技术是不同的，而且许多技术是相当复杂的数学方法。

4. 分析组织结构、工作定义和人员编制

通过对组织结构、工作定义和人员编制的分析，预测未来人力资源需求的数量。

5. 确定人力资源需求预测的方法

员工与工作的比例和回归关系是计算未来需求的基础。虽然不存在普遍适用的人力资源需求预测方法，但是主观判断会影响实际需求预测。

6. 平衡未来人力资源供给和需求

未来人力资源供给和需求净平衡的所得结果包括招聘需求、培训与开发需求、继任或工作再分配需求。

总之，人力资源需求预测是一种不精准的技术，关键取决于参与这一过程的判断。没有普遍适用于所有环境的标准程序或技术，并保证预期的结果。但是，管理者必须创建一套程序，保证合适数量和类型的人员在合适的地点、合适的时间满足组织的需要。

第三节　传统人事规划的方法

一、人力资源需求预测方法

在人事管理阶段，人力资源需求通常使用三种预测技术，即专家预测、数据预测和计算机模拟进行人力资源需求预测。这三种方法涉及人力资源规划的四个阶段，如表8–2所示。

表8–2 人事规划阶段与预测方法

专家预测	数据预测		计算机模拟
第一阶段	第二阶段	第三阶段	第四阶段
• 管理人员讨论、计划以及短期人力资源需求的类型和数量。这个阶段是非正式的、主观的	• 年度规划和预算程序，包括人力资源需求 • 人力资源数量和质量需求预测应尽可能地基于最新情况 • 识别用以解决问题的个人或集体的行动方案 • 分析管理权继承事宜和继承人情况	• 通过计算机分析，检验现阶段问题的成因以及未来人力资源供给求变化 • 利用计算机帮助经理们从日常预测工作（如岗位空缺和离职预测）中解脱出来 • 利用计算机数据和文件分析职业生涯发展	• 在线建模和模拟人力资源需求、流动、更新和需求过程中的成本援助、人员计划、职业机会、项目计划 • 提供目前有关管理决策的最有用的信息 • 与其他公司或政府部门交换经济、就业和社会等方面的数据

资料来源：Walker J W. Evaluating The Practical Effectiveness of Human Resource Planning Applications. Human Resource Management, 1974, 13(1): 19–27.

（一）现状规划法

现状规划法是一种简单的预测方法，容易操作。该方法假定组织保持原有的生产规模和生产技术不变，从而使企业人力资源配置处于相对稳定状态，即现有各种人员的配备比例和人员总数完全能适应预测规划期内人力资源的需要。因此，规划人员主要测算在规划期内哪些岗位的人员将得到晋升、降职、退休，或辞职。

（二）经验预测法

经验预测法是由组织各级管理人员根据自己以往的经验将未来一段时间的活动转化为人员需求的方法。经验预测法是以管理者的经验为基础，所以又被称为管理估计法。通过管理者的预测形成总预测的思路主要有自上而下和自下而上两种模式。

其中，自下而上模式认为，鉴于每个部门的管理者最了解本部门情况，最有资格判断本部门未来的人员需求，首先从基层管理人员开始预测。其步骤包括：① 基层管理者根据本单位组织的情况，凭借过去的经验和对未来业务量变动的估计预测本单位组织未来对人员的需求；② 下级部门向上级部门汇报预测结果，自下而上层层汇总；③ 由上一级管理层对其所属部门进行人力的估算和平衡；④ 人事部门从各级部门收集信息，对各部门的需求进行横向和纵向的汇总，最后根据企业的发展战略制定出总的预测方案；⑤ 由最高管理层进行人力资源的规划和决策；⑥ 预测被批准后，将人员配置计划层层分解，下达给各级管理者。

自上而下模式认为，高层管理者最清楚企业的所有信息，可以从宏观上掌控企业，所以首先从高层管理人员开始预测。其步骤包括：① 高层管理者拟订总体人力资源需求计划；② 将总体人力资源需求计划逐级下达到各个部门；③ 各部门负责人根据本部门情况修改计划；④ 人事部门汇总各部门对计划的意见，并将结果反馈给高层管理者；⑤ 高层管理者根据反馈信息修正总体预测；⑥ 预测被批准之后，将人员配置计划层层分解，下达给各级管理者。

经验预测法具有简单、实用、粗放的特点，在现实中被普遍使用。但是，经验预测法具有以下缺点：第一，经验是在特定情形下形成的，受到条件制约；第二，经验是在过去实践中形成的，具有滞后性；第三，经验因人而异，受到个人素质的制约。因此，经验预测法适用于短期人力资源需求预测，尤其是对于规模小、发展稳定的企业，效果更好。

（三）数据预测

最常用的数据分析方法是简单回归分析和多元线性回归分析。简单线性回归方法计算未来需求是基于过去组织雇佣水平与另一个相关变量（如销售额）的关系。销售额与雇佣水平之间的关系确定后，未来销售额的预测就可以推出未来的雇佣水平。尽管销售额与雇佣水平间可能存在关系，但这种关系通常受到组织学习现象的影响，例如销售额增加一倍，雇佣水平一般不会增加一倍。同理，在此基础上销售额再翻番时，雇佣水平还是不会增加一倍。组织学习曲线可以用对数计算来确定，一旦学习曲线确定，未来雇佣水平的预测将会更精准。

多元线性回归方法是简单线性回归方法的扩展，该方法将雇佣水平同多个而非单个变量相联系。例如，除了销售额，生产效率、设备使用率的数据也用于预测雇佣水平。由于该方法包含与雇佣相关的多个变量，因此比简单线性回归更为准确，但在人事管理阶段只有相对大型的组织才采用多元线性回归方法。

（四）计算机模拟

相比前两种回归方法，组织采用计算机模拟和建模的技术更少，但该技术可以基于假设条件或关键因素的变化迅速调整预测结果。例如，通用电气公司开发了一套名为Manplan的计算机模拟系统用来预测劳动效率。这种预测需要使用不同生产线的数据、每条生产线下一年的预计销售额、现有厂房的生产效率、当前员工加班的可能性。影响劳动效率预测的每一个因素与雇佣水平都有联系，通过改变这些影响因素或改变它们与雇佣水平之间的关系，雇佣水平就可以得以调整。与多元线性回归方法一样，只有像通用电气公司（GE）、国际商业机器公司（IBM）和美国国务院（U. S. State Department）这类特大型组织才会采用计算机模拟和建模的方法。

在人事管理阶段，对于稳定发展的企业，假定当前职务设置和人员配置是恰当的，并不存在人员总数扩充的需要。于是，人员的需求预测就取决人员的退休、离职等的预测。其中，人员退休是可以根据年龄情况和退休年龄规定实施准确预测；人员离职则涉及辞职、辞退、重病等，无法准确预测。当然，通过对历史资料的统计和比例分析，采取简单的趋势类推（数据预测或者计算机模拟）可以准确预测离职的人数。

二、人力资源供给预测方法

（一）预测模型法

研究者开发了人力资源供给预测的模型和方法。表8-3所示为人力资源供给预测简化版本，不同岗位层级的四种工作类型的人力资源存量初始值是1 039名员工。在对损失、增加和内部流动调整之后，人事规划期间的人力资源供给预测人数是952名，减少了87名员工。

表8-3　人力资源供给预测方法

工作类别	（1）	减少			增加	内部流动		
		（2）	（3）	（4）	（5）	（6）	（7）	（8）
	人力资源存量初始值	退休	辞职	其他	内部调动	晋升（内部/外部）	降职（内部/外部）	预计内部供给
1	136	4	0	11	3	0/13	0/0	137
2	255	2	18	0	3	13/26	0/0	251
3	291	1	29	0	8	26/39	0/0	282
4	357	0	36	0	0	39/0	0/0	282
合计	1 039	7	83	11	14	78/78	0/0	952

资料来源：Schwab D P, Fossum J A, Dyer L D. Personnel / Human Resource Management. Richard D. Irwin, INC, Homewood, Illinois ,U. S. A,1980: 180.

但是，表8-3中的数据从何而来呢？如前所述，人力资源存量的初始值来自人事数据系统，除了表8-3所给的数据外，人力资源初始存量的信息还包括员工的姓名、当前的职务、年龄、在岗年限、绩效等级（评价）、晋升等级或潜能等级、工资、住址、以前的工作、退休状况、种族和性别。通常人力资源供给预测所需的其他数据依靠数据模型和判断供给得到。

采用严谨的模型进行预测，要根据未来可能发生的变化对结果进行适当的调整，如要把劳动力变化考虑在内。预计劳动力增长就会招录新员工，与过去的预测相比，员工流动的模式就会发生变化。

此外，建模方法不能系统地捕捉各项人事流动的内在联系。例如，假设存在一个严格等级制的晋升制度就可能增加离职率，然后实施更加宽松的晋升标准。由于对人事管理的激励过程的理解有限，要将这些关系链纳入模型中是十分困难的。因此，模型法要根据管理层或专家的判断来调整。

（二）聚合法和分解法

人力资源供给主要强调判断估计，一般在聚合或分解的基础上完成。前者依赖大量的数据分析，后者则不是。与模型法不同，这两种方法都需要分别获取供给预测的数据而非同时获取。

为了说明这一点，可以表8-3中“辞职”一栏为例。在通过聚合法获得这一栏的数据后，离职预测程序如下：① 对过去自愿离职情况进行分析；② 通过了解离职率的影响因素，如劳动力市场状况、员工工龄或工作年限分布情况、员工态度、是否在预测期内发生变化来预测未来的离职率。当这些因素发生变化时，就要对原来估计的离职数据进行调整。

采用分解法分析离职的核心是关注个体。该方法是基于个人的知识，部门经理和人力资源专家在预测期内评估员工去留，将这些估计结合起来能够预测每项岗位的离职率。

表8-3中其他的数据也可以选择同样的方法取得。与离职率相比，其他数据更容易通过分解法进行估计。例如，在预测阶段，部门经理、人事/人力资源专家可能知道谁更适合退休、被辞退、调动等。实际上，分解法也适用于技术专业人员的供给预测。表8-4描述了联合石油公司（Union Oil Company）的人力资源供给的预测情况。需要注意的是，表8-4关注的群体是高层经理，并且是对人力资源总量的供给预测，即高层经理的等级没有区分。这个过程主要采用估计判断法和聚合法。

表8-4　联合石油公司总经理供给预测

目的：

为了预测未来5年联合石油公司18个“学习”单位的总经理的总供给量（包括5个层级的管理人员，共519个职位）。

方法：

从目前的人力资源存量中获取以下数据：

① 预计的正式退休人数（也即达到62岁的经理人数——在未来5年内退休的平均年龄）；

② 预计离职和提前退休人数（人数均值，根据几年来人事记录的分析所得，即总存量－均值×2%）；

③ 预计死亡人数（根据保险公司提供的死亡人数与公司过去经验来预估死亡人数）；

④ 预计部门外部的晋升人数（根据管理层中部门的职位空缺来预估人数）。

结果：

① 预计供给远远低于预计需求，甚至没有增长（也即需求不变）；

② 在某些情况下，直线经理不相信工作组人员预测的数据，于是就采用更具体的部门数据重新分析，但仍没有达到理想的结果（工作人员蓄意保守预测）；

③ 根据分析结果，一个部门的大学生招聘目标增长了10%，另一个部门增长了30%，其他两个部门增加了中低层经理的开发活动。

资料来源：Wikstrom W. Manpower Planning: Evolving Systems. Conference Board, 1971: 51–60.

（三）人员替补图法

尽管内部信息和外部信息都可以用来预测劳动力供给，但内部信息更为关键和有效。人员替补图和马尔科夫模型是两个用来预测内部劳动力供给的基本工具。内部人力资源供给预测可以通过与外部劳动力发展趋势相比较来画出组织整体人力资源供给图，然后将人力资源供给预测与需求预测相比较来确定人力资源供求平衡时的劳动力数量。

技能记录表的数据常用来画组织人员替补图。人员替补图可以被用来预测人力资源供给，尤其在部门需求预测过程中，管理人员可用之进行人力资源供给预测。管理人员通常将本部门的员工与其他部门员工的生产效率进行比较，在生产效率数据和缺勤与离职调整的基础上，就可以对人力资源供给进行预测。但是，员工晋升潜能和潜在的离职更直接地影响人力资源供给预测。通常，替换计划法的结果用图显示，该图包括在职者和他们的替代者的姓名、年龄、绩效等级。尽管传统的组织人员替补图只为管理人员设计（见图8-3），但人员替补图也逐渐被用来预测普通员工的供给。

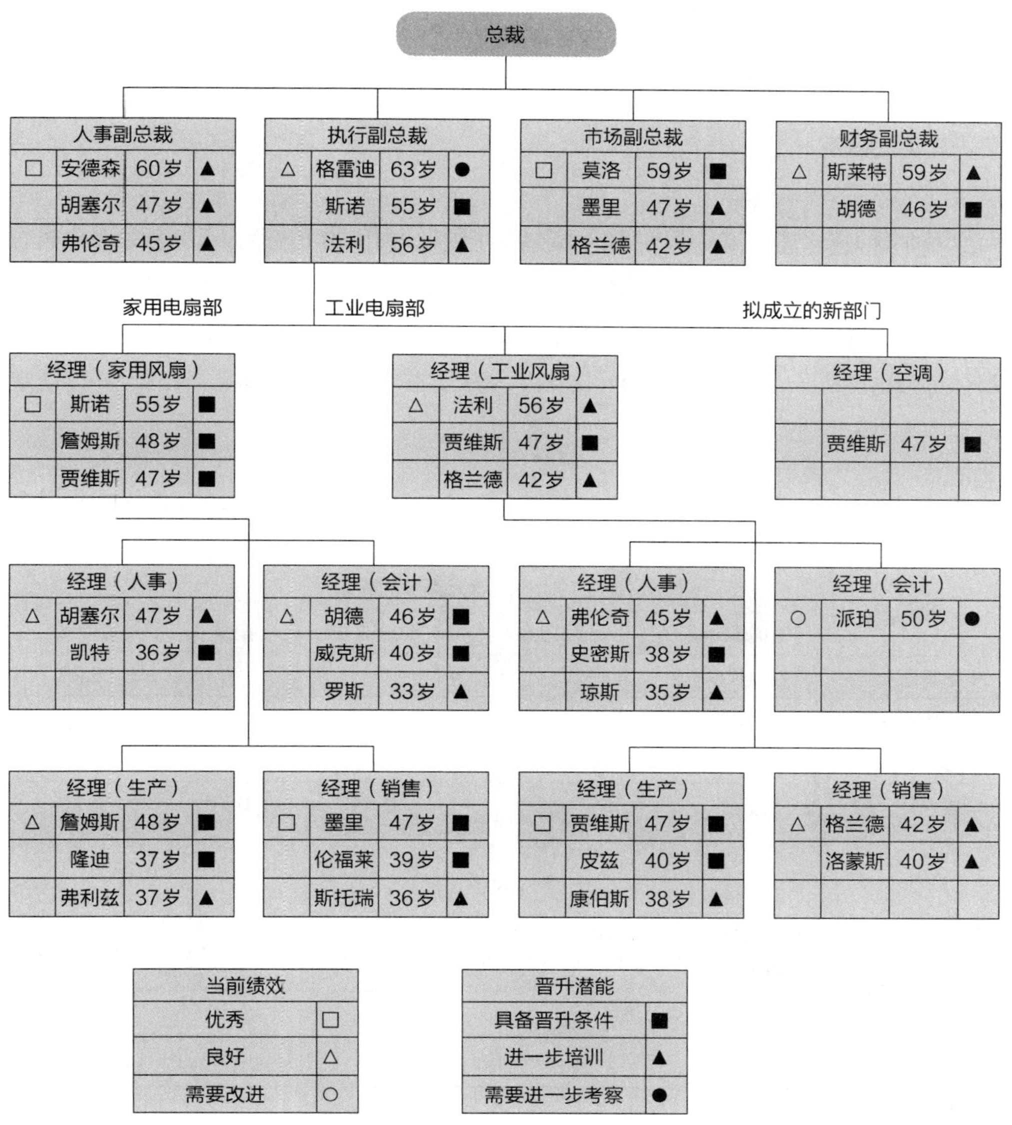

图8-3 组织管理人员替补图

资料来源：National Industrial Conference Board. The Expanded Personnel Function. Studies in Personnel Policy (New York), 1966: 203.

人员替补图的制定步骤如下：

第一步，确定计划范围，即确定管理人员晋升计划涉及的管理职位。

第二步，确定各个管理职位上可能的接替人选。

第三步，评价各位接替人员的当前绩效和提升潜力。根据评价结果，当前绩效可划分为“突出”、“优秀”、“一般”和“较差”四个级别；提升潜力可划分为“可以提拔”、“需要培训”和“当前职位不合适”三个级别。

第四步，确定接替人选。在确定接替人选时，要将个人目标与组织目标结合起来。这就是说，企业从组织目标出发，根据评价结果所做的安排，应尽可能与接替人员的个人目标相吻合，使之能尽快胜任从事的工作。

人员替补图既使企业对其内部的管理人员的情况非常明了，又体现组织对管理人员职业生涯发展的关注。如果人员不能适应现职或缺乏后备管理人员，则企业应尽早进行人力资源的储备。

（四）马尔科夫模型

马尔科夫模型是描绘一段时期内员工调动到另一岗位的可能性。此方法的基本思想是根据过去人员变动的规律，推测未来人员变动的趋势。员工调动的可能性是基于历史数据，马尔科夫模型用于工作群体分析（如所有监督人员或低层管理人员）。每个工作群体都会出现晋升、流失、替换的可能性，基于这些可能性能够预测未来任何一个既定时期的人力资源供给（见表8–5）。

表8–5　某企业人力资源供给的马尔科夫模型

（A）

人员类别	人员调动的概率				
	中层管理人员	基层管理人员	维修人员	销售人员	离职率
中层管理人员	0.80				0.20
基层管理人员	0.05				0.10
维修人员		0.05	0.80	0.05	0.10
销售人员		0.01	0.04	0.75	0.20

（B）

人员类别	初始人员数量	中层管理人员	基层管理人员	维修人员	销售人员	离职人数
中层管理人员	20	16				4
基层管理人员	80	4	68			8
维修人员	40		2	32	2	4
销售人员	200		2	8	150	40
预计的人员供给量		20	72	40	152	56

如表8-5（A）所示，在任何一年里，20%的中层管理人员可能会离职，80%的中层管理人员仍然留在中层管理岗位；5%的基层管理人员被提升为中层管理岗位，10%的基层管理人员可能会离职，85%的基层管理人员仍然留在基层管理岗位；5%的维修人员被提升为基层管理人员，5%的维修人员转岗到销售岗位，10%的维修人员可能会离职，80%的维修人员继续留在维修岗位；1%的销售人员将被提升到基层管理岗位，4%的销售人员将转移到维修岗位，20%的销售人员可能会离职，75%的销售人员继续留在销售岗位。表8-5（B），假设在下一年里该企业将需要同样数量的人员，即20名中层管理人员、80名基层管理人员、维修人员40人，以及200名销售人员。但是，根据马尔科夫模型，基层管理人员预计的人员供给将减少8人，销售人员将减少48人。这些反映人员变动的数据与正常的人员扩大计划、缩减计划、维持计划相结合，可以用来决定怎样使预计的人力资源供给与需求相匹配。

马尔科夫模型和人员替补图有助于预测劳动力供给。其中，马尔科夫模型更多是针对组织的、定量的；人员替补图则是针对部门的、定性的。这两种技术相互补充，但是马尔科夫模型的使用相对稀少。

第四节　传统人事规划编制程序

在编制人事业务规划时，规划目标和招聘与选拔、配置、退休、薪酬、培训与开发、评价与鉴别等活动的组合确定下来后，业务规划中的规划结果将朝着实现人力资源部门目标的方向指导人事/人力资源部门的活动。通常，人事业务规划的编制分为四个阶段：① 设置人事规划目标；② 拟订满足目标的备选活动或项目；③ 评估这些活动或项目可能产生的作用，从中选择最优的一项；④ 制定行动计划。

一、设置规划目标

人事规划目标说明要实现什么和实现时间。设置目标要遵循SMART原则：S——specific，目标要具体，不能太抽象、太笼统；M——measurable，目标要量化，可以量度；A——attainable，目标要具可达性，太高达不到反而会失去意义；R——relevant，目标要有相关性；T——timetable，目标要有时限，即什么时候要达到。设置人事规划目标的目的包括：第一，人事规划目标为其他项目任务提供指导；第二，人事规划目标为其他结果提供可比较的标准。

在人事管理阶段，四类人事规划目标包括提高生产效率与降低劳动成本、平衡人力资源供给与需求、实现人事政策目标和组织的外部目标。这些人事规划目标是有区别的，每类目标都有独特的来源依据。前两类目标是生产效率或消除员工短缺与过剩，在预测调整阶段中被识别。后两类目标来自现有的人事政策和外部环境中预期会发生的事件，尤其是颁布的新法律法规或预期的社会变化。

生产效率目标和消除人力资源短缺或过剩目标之间存在联系。当预测结果显示人力资源短缺时，说明人力资源供不应求，这时就要设计反映增加人力资源供给的目标。另一种方案是通过提高生产效率来降低人力资源需求。当人力资源供给过剩时，则要设立反映降低生产力以适应人力资源需求的目标。但是，这种方法会增加劳动成本，通常只是一个短期的权宜之计。

源于人力资源政策的目标不是简单地重述人力资源政策，而是反映人事规划期间具体重点领域的目标，共同目标一直受到现行的法律法规尤其是雇佣平等机会和职业安全和健康的启发。基于外部环境中预期事件的目标通常采月目标形式进行研究或分析。如果组织早期预警系统失败，就有必要采用更多的行动导向目标。

二、编制备选活动计划或方案

目标设置之后，针对目标要制定一系列的备选活动计划或方案。许多人事活动计划和项目常被当作实现既定目标的方法或补充工具。表8-6（右边一栏）描述了一些为实

表8-6　人事规划目标和方案

目标	可行的方案
截至12月31日，每个员工的产出提高5%	1. 技术改革，相应的选拔、培训、调动或解雇、薪酬计划改革 2. 组织变革，相应的选拔、培训、调动或解雇、薪酬计划改革 3. 实施更好的选拔或培训方案，提高员工的工作能力 4. 通过加强监督、工作丰富化、工资激励或严格纪律，提高员工的工作动机
截至12月31日，第二类工作职位裁减50名员工	1. 与下岗再就业服务中心联系，裁减或解雇50名员工 2. 晋升、调动或解聘50名员工 3. 通过调整养老金计划，制订具体的计划鼓励员工提前退休 4. 尽量让更多的员工离职，并解聘临时员工
截至12月31日，第四类工作职位增加90名员工	1. 招聘90名新员工 2. 招聘50名员工，余下的通过内部晋升、调动来弥补差额 3. 招聘75名新员工，安排加班来弥补差额
截至12月31日，至少完成90%的管理人员替换	1. 启动替代计划 2. 制定正式的培训计划 3. 实行在岗开发计划（辅导、工作轮换、特别工作小组） 4. 解雇不能胜任的员工，招聘高素质员工

资料来源：Heneman H G，Schwab D P，Fossum J A，et al. Personnel/human Resource Management. Richard D. Irwin, INC，Homewood, Illinois, 1980: 188.

现四类人事规划目标的备选活动或方案。

如何产生这些备选方案？决策者挑选特定目标的关键因素，然后运用相关的理论知识、研究和经验来确定影响这些人力资源活动计划或方案的因素。如表8-6所示，员工产出目标是要提高5%，备选方案中的一些关键因素包括技术、组织结构、员工能力和员工动机。相关的活动计划或方案包括技术或组织变革、外部和内部招聘、员工开发（培训）、薪酬计划、监督和工作再设计。

总之，一旦备选方案产生后，就对多种备选方案进行筛选，剔除在当前限制条件下不可行的方案。其中，外部限制条件包括法律法规、劳动合同条款、优质人才的稀缺；内部限制条件则是预算和不能违背的人事政策。

三、评价备选方案

备选活动计划或方案的评价分为两步：① 在所筛选的方案中为每一个目标选择最优的方案；② 整合众多的最优方案，形成一个完整的方案。

（一）选择最优方案

最佳方案是在有限的时间内以最小的代价（或可以容忍的代价）实现理想目标的那个方案。两种计算机建模技术被用来评估最优人事活动计划或方案：模拟分析和目标规划。其中，模拟分析就是首先对各种备选方案的简单效应建模，然后再看它们的累计效应；目标规划是计算在既定的目标和限制条件下备选方案的最大收益或最小成本。

（二）整合各种最优选择

整合是对项目的系统性研究，以消除重复和不一致的方案。例如，通过整合可以发现一些方案能够合并或进行协调改进。

四、制定行动计划

为了实现目标，要制定切实可行的行动计划。行动计划是连接目标和行动的桥梁，也是实现目标的前提。行动计划可能在形式上有所不同，但是其主要内容都包括：① 目标阐述；② 主要的活动计划或方案；③ 时限和期限；④ 负责人；⑤ 可用的资源（经费、人员、设施、数据）。

本章小结

（1）人事管理阶段的人事规划经历了人事萌芽阶段、科学管理阶段、人际关系阶段和组织行为学阶段。人事萌芽阶段的规划主要包括改善待遇计划、娱乐与教育活动计划、工作调动计划、膳食改进计划、照顾未婚女工的道德品质计划。科学管理阶段的规划包括挑选工人计划、安置工作计划、培训计划、娱乐与福利计划。人际关系阶段的规划包括招聘计划、挑选工作人计划、培养计划、人员配置计划、激励计划、安全与健康计划、养老计划、劳资关系改进计划。组织行为学阶段的规划包括招聘计划、甄选计划、开发与培训计划、配置计划、激励计划、安全与健康计划、养老计划、薪酬计划、劳资关系改进计划、福利计划。

（2）以第二次世界大战作为分界线，人力资源规划可划分为第二次世界大战前的人事规划和第二次世界大战后的人事规划。第二次世界大战前的人事规划包括员工选拔、培训与开发、附加福利和评价计划。第二次世界大战后的人事规划包括劳资纠纷、激励计划、退休计划。

（3）内部劳动力供给预测的第一步是对组织的人力资源环境进行分析。人力资源环境分析包括人力资源存量、雇佣、生产效率和组织四个方面。人力资源预测包括了解外部环境和组织环境，盘存组织人力资源的数量，预测组织的人力资源供给，分析组织结构、工作定义和人员编制，确定人力资源需求预测的方法，平衡未来人力资源供给和需求。

（4）传统人力资源需求预测方法包括现状规划法、经验预测法、数据预测、计算机模拟等。传统人力资源供给预测方法包括预测模型法、聚合法和分解法、人员替补图法、马尔科夫模型。

即测即评

请扫描右侧的二维码（内含若干判断题、单选题和多选题），您可在线自测并查看答案。

思考题

1. 传统人事规划内容发生变化的原因是什么？
2. 在传统人事规划中，影响人力资源供给预测的内部因素有哪些？
3. 在传统人事规划中，人力资源需求与供给的方法有哪些？
4. 如何编制传统人事规划？

实例经验与启发

回顾开篇的情境实例，经过理论学习和案例剖析，得到以下启发：

（1）传统人事规划属于基础的人力资源管理，适用于企业早期发展阶段。在企业发展的早期阶段，企业规模较小、结构简单，传统的人力资源供求预测方法以及福利政策等人力资源规划能满足企业对人力资源的初级需求。

（2）随着经济社会的发展，现代企业对人力资源管理和规划提出更高的要求，传统的人事管理已经不能满足现代企业的需要。

（3）亲情化管理在一定阶段能够确保企业成功，但是随着企业规模的扩大，需要引入科学的人力资源管理，而不仅仅依靠经验。

讨论案例

劳动力规划——企业发展的助推器[①]

本溪矿务局是一家国有采矿企业，职工人数每年都在增长，虽然矿务局多次对劳动组织进行改善，非生产人员远远超过生产工人的数量，出现了“吃煤的人比挖煤的人多”的局面。非生产人数过多不仅影响了生产任务的完成和劳动生产效率的提高，还妨碍了生产技术的改进和内部潜力的发挥。1956年，本溪矿务局原煤产量计划比上一年增加20.9%，增加工人1 400名。但是，本溪矿务局在得到上级的相关指示后，1956年全员的生产效率要提高45.7%，在劳动力方面不仅不需要增加工人，相反要调出12人，全局职工人数比1955年减少4.3%，而煤炭产量则要提高40.1%。

① 林春峰. 本溪矿务局作出了劳动力规划. 劳动, 1956, (6): 29. 经过作者整理改编而成。

一、采取有效措施，节省劳动力

为了减少过多的非生产人员，积极响应上级的指示，本溪矿务局制定了四项措施。

（1）推广先进生产经验，在全局大力推广王恒成风镐采煤法、李宝響快速掘进法和平安一坑一米层的先进经验，节省劳动力。劳动工资部门和技术部门组织各矿的工人积极学习先进经验，通过学习提高了工人们的技术和信心。由于先进经验的推广，现有在职工人可以调出1 143名。

（2）采用小型机械化运动，节省劳动力。为了减少劳动力，提高生产效率，本溪矿务局展开小型机械化运动。比如矿石厂原来的人工推车改为小电车头，可以节省30多个劳动力；将井下人工推车改为自动推车，井下人工运坑木……全部使用小型机械，极大地提高了生产效率，可以减少劳动力312名。

（3）精简机构，优化劳动组织，减少辅助工人。本溪矿务局层级多，机构臃肿，效率低下。为了加强员工管理，减少辅助人员，本溪矿务局精简机构，优化劳动组织，重新制定定员标准与管理办法。1956年，辅助工人要比上一年减少5.7%。本溪矿务局将茨沟大斜坑和柳塘斜井两个坑口合井，以减少劳动力。此外，矿务局将安设联动装置，集中管理信号，改善运输，以及实行班长兼放炮员，缩减不需要的放炮员等，这样可以减少236名工人。

（4）扩大计件工资面，节省劳动力。根据1955年的统计资料，矿务局计件工资的人数比例偏低，只占生产工人总数的48.1%，存在“干计件，坐计时”的现象。矿务局规定在1956年计件工资面要扩大到61.1%，比1955年实际提高13%。预计通过扩大计件工资面，可以减少劳动力100多人。

二、平衡富裕劳动力，贴心帮助员工

通过采取一系列措施，本溪矿务局不仅提高了劳动生产效率，还节省劳动力2 331名，并为国家节省工资开支1 940 356元。对于节省下来的劳动力，矿务局采取各种办法使能者有工作、老者有所养。

一是对多余的工人在本系统内实行平衡调配，并不将有特殊疾病（如慢性病或精神病）、生产力低等不符合生产需要的人员调出，调入单位不得对调进的人员任意挑剔。

二是对多余的地面辅助人员和井下人员，以及其他人员，缺乏井下技术，身体和年龄尚可的，由本溪矿务局进行培训，作为后备力量支援新煤矿。

三是如有其他单位需要，可以报请劳动部门协助在全市各企业之间进行适当平衡。

四是针对年老、体弱者，以及半劳动力，具备养老条件的年老工人，一律实行退休养老，可以采取多种养老方式；对于已治愈的伤、病者，根据其身体健康状况，安排其合适的工作；对达不到养老条件的人员，各矿组安排其搞副业生产。

思考题：

1. 什么是计件工资制？在当时本溪矿务局为何要扩大计件工资面？
2. 结合案例为本溪矿务局制定一份员工培训计划。

本章实训

电影《摩登时代》中的传统人事规划

一、实训目的

1. 掌握传统人事规划的内容和流程。
2. 了解传统人事规划的背景和目标。

二、实训内容

1. 要求学生根据电影《摩登时代》，分析20世纪二三十年代传统人事规划的内容。

2. 就《摩登时代》中企业人力资源方面的问题提出改进建议。

三、实训组织

1. 根据教学班级规模，对学生进行分组，每组4 ~ 5人，组员之间协商产生小组组长。

2. 每组各自组织观看电影《摩登时代》。

3. 结合本章所学内容，辨别电影中企业的传统人事规划的内容及其存在的问题，并提出改进建议。

4. 每组推荐一人上讲台展示实训PPT。

5. 教师对各组发言做出点评并给予小组成绩。

四、实训步骤

1. 教师说明实训内容和实训要求。

2. 每组在课后分别观看电影。

3. 每组对电影中企业传统认识规划内容及其问题进行研讨，并提出改进建议。

4. 各组形成PPT形式成果，并派代表展示汇报。

5. 教师根据各小组汇报的成果，依次引导学生思考传统人事规划兴起的背景、目标及其演变背后的深层次原因。

6. 教师总结点评，并向学生介绍传统人事规划演变的重点及实施要点的转移。

延伸阅读

[1] 道格拉斯·麦格雷戈. 企业的人事. 杜建芳，译. 北京：北京理工大学出版社，2015.

[2] 刘锡桓，等. 人事管理学. 广州：广东人民出版社，2010.

[3] 安维洲，刘利军. 工厂人事管理实务. 北京：中国时代经济出版社，2008.

[4] 杨伟国，唐鑛. 人事管理经济学. 上海：复旦大学出版社，2012.

[5] 顾铮铮. 人事规划与实务. 上海：华东理工大学出版社，2010.

[6] 潘文庆. 现代人事管理学. 北京：科学出版社，2015.

第九章 科学人力资源规划

学习目标

1. 理解科学人力资源规划的基本内容
2. 掌握科学人力资源规划的流程
3. 了解科学人力资源规划的需求、供给预测方法
4. 理解科学人力资源规划的实施、评价与控制

关键术语

科学人力资源管理　以岗位为中心　供给预测　需求预测　主观判断法　德尔菲法　趋势预测法　时间序列法　回归预测法　马尔科夫模型　比率预测法　人员核查法　人员替补图　供需平衡　员工－工作匹配

本章概览

请扫描右侧的二维码图标，您可以查看本章的知识结构概览图。

情境实例

S钢铁集团的人力资源规划

在“十一五”期间，S钢铁集团人才强企战略扎实推进，人才队伍建设成效显著，结构得到明显优化，整体素质得到提升。但是，面对S钢铁集团第三次创业，迫切需要在人才队伍高端化和国际化建设上取得重大突破，大幅度地提升人才队伍整体水平。

一、人才资源现状盘点

在“十一五”期间，S钢铁集团继续加大人才培养和引进的工作力度，总量得到有效控制。截至2009年，S钢铁集团（包括6大总厂、5个控股公司、销售中心、质检中心和机关）在岗人数达到28 197人，其中管理人员2 624人，占9.31%；技术人员4 614人，占16.36%；操作人员20 441人，占72.49%；销售人员404人，占1.43%；财务人员114人，占0.40%。

其中，主业部分（炼钢总厂、炼铁总厂、条材总厂、硅钢总厂、热轧总厂、冷轧总厂、质检中心、销售中心和机关）在岗人员17 072人，与2006年的17 763人相比减少了691人。其中，管理人员1 561人（8.9%），技术人员2 555人（14.6%），操作人员13 375人（76.5%）。总体来说，人才队伍结构得到优化，管理人员和技术人员的比例不断上升，操作人员的比例不断下降（见表9-1）。

表9-1 主业部分在岗人员

年份	管理人员		技术人员		操作人员		合计
2006（6月）	1 403	7.9%	2 251	12.7%	14 109	79.4%	17 763
2009（12月）	1 561	8.9%	2 555	14.6%	13 375	76.5%	17 491

（一）学历结构

通过各项措施的持续实施，S钢铁集团在职人员的学历结构得到不同程度的改善，尤其是高学历人员的数量有较大幅度增加。其中，拥有博士学位、研究生学历、本科学历、大专及以下学历的人数分别达到16人、610人、7 071人和20 604人，所占比重分别为0.06%、2.16%、25.08%和73.07%，呈现金字塔形结构（见图9-1和表9-2）。

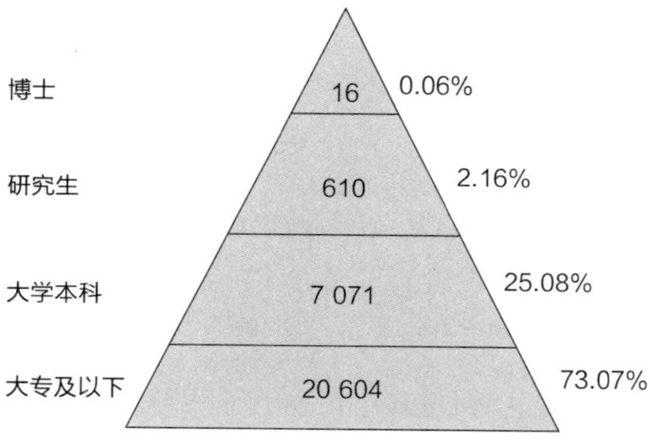

图9-1 学历分布

表9-2 在岗人员的学历结构

学历	管理人员		技术人员		操作技能人员		财务人员		销售人员		合计	
	人数	百分比	人数	百分比	人数	百分比	人数	百分比	人数	百分比	人数	百分比
博士	7	0.27%	8	0.17%					1	0.25%	16	0.06%
研究生	215	8.19%	319	6.91%	22	0.11%	8	7.02%	46	11.39%	610	2.16%
大学本科	1 605	61.17%	3 071	66.56%	1 971	9.64%	102	89.47%	322	79.70%	7 071	25.08%
大学专科	584	22.26%	1 053	22.82%	5 623	27.51%	4	3.51%	26	6.44%	7 290	25.85%
中专	104	3.96%	121	2.62%	2 765	13.53%			4	0.99%	2 994	10.62%
高中及以下	213	8.12%	42	0.91%	10 060	49.21%			5	1.24%	10 320	36.60%
合计	2 624		4 614		20 441		114		404		28 197	

（二）年龄结构

S钢铁集团人才队伍的年龄结构逐步得到优化，其中35岁以下、36—45岁、46—50岁和50岁以上的人员所占比重分别为31.75%、28.98%、13.94%和25.22%，呈现哑铃形结构（见图9-2和表9-3）。

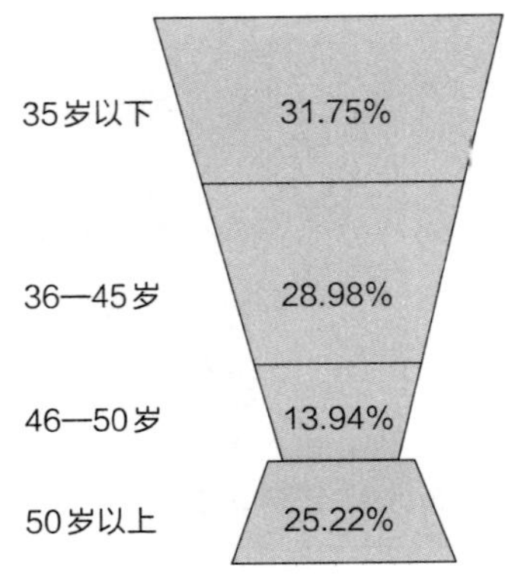

图9-2 年龄分布

表9-3 在岗人员的年龄结构

年龄	管理人员		技术人员		操作人员		财务人员		销售人员		合计	
30岁及以下	191	7.28%	1 224	26.53%	3 026	14.80%	10	8.77%	86	21.29%	8 953	31.75%
31岁至35岁	237	9.03%	402	8.71%	3 792	18.55%	15	13.16%				
36岁至40岁	478	18.22%	615	13.33%	3 136	15.34%	25	21.93%	114	28.22%	4 368	15.49%
41岁至45岁	523	19.93%	626	13.57%	2 537	12.41%	29	25.44%	88	21.78%	3 803	13.49%
46岁至50岁	504	19.21%	687	14.89%	2 636	12.90%	23	20.18%	81	20.05%	3 931	13.94%
51岁至54岁	377	14.37%	516	11.18%	2 659	13.01%	11	9.65%	25	6.19%	3 588	12.72%
55岁及以上	314	11.97%	544	11.79%	2 655	12.99%	1	0.88%	10	2.48%	3 524	12.50%
合计	2 624		4 614		20 441		114		404		28 197	

二、人才队伍建设存在的主要问题

建设高素质人才队伍工作是一项长期性、系统性和基础性的工作。S钢铁集团人才队伍建设取得了较大进展，但是人才队伍整体素质与“四个一流”的目标要求相比，存在较大差距和不足，主要表现如下：

（一）学历结构亟待改善

总体上看，拥有本科及以上学历的人才仅占全部员工比重的27.30%，大专及以下学历的人员依然占多数。尤其是管理人员中拥有研究生学历的仅占8.19%，中专及以下学历的仍有12.08%，今后需要扩充高层次学历的管理人才，同时对低学历的管理人才进行培训和开发。

技术人员的整体文化素质较高，以大学本科为主，然而专科及以下学历的技术人才也占一定比例，亟待提高。操作技能人才的学历层次偏低，并以高中及以下学历为主，接受新技术、新工艺的能力不强。与韩国浦项钢铁公司（简称浦项）对基层领导、班组长和普通操作人员的培训相比，股份公司对基层操作人员的培训尤其需要加强。并且，今后需要加大引进大专和高职毕业生，补充到操作人员队伍中。

（二）劳动生产率亟待加速提高

在“十五”期间，S钢铁集团的劳动生产率平均增长速度是11.41%。S钢铁集团“十一五”期间劳动生产率总体上也是不断上升的，从2006年的584.0吨/人年提高到2009年的730.6吨/人年（不含合并的能源动力总厂、氧气公司等5家），平均增长率为7.75%。但是，与新日铁住金株式会社（简称新日铁）人均2 360吨、浦项人均1 981吨相比，差异依然非常大，劳动生产率依然偏低。主要原因在于S钢铁集团产能（1 372万吨）比新日铁（3 560万吨）、浦项（3 310万吨）小，但员工规模略多，其中新日铁15 503人（2009年）、浦项16 707人（2008年）、S钢铁集团17 072人（2009年）。

（三）主体专业缺口依然突出

目前，虽然专业技术人才和操作技能人才数量充足，但部分特殊专业人才紧缺，如机械工、电气工、钢铁工、机电一体化工、烧结工、炼铁工、轧钢工、热力运行工、变电运行工等；另外，由于近年来人们对环保、质量越来越关注，污水处理工、煤气加压净化工、产品质量检查工、精整工等存在短缺现象。

未来五年，公司一系列改造工程及集团中西南发展战略和国际化战略的推进，使得专业技术岗位和专业技能岗位需增加一定人员数量，作为人才储备。根据新日铁外派人员的变化趋势，虽然从2004年的6 311人减少到2009年的2 143人，但外派人员规模依然比较大。从而，随着集团中西南发展战略和国际化战略的推进，集团必将加大派往国内国外其他公司的技术人员规模，加强重组企业、投资项目的技术投入和管理力度。

同时，还将有大量人员陆续达到法定退休年龄，加上特殊工种提前退休人员，导致人员供需矛盾、结构性矛盾依然突出。

（四）高层次人才明显不足

随着集团国际化战略的深入推进，BX项目的实施，需要相应的高素质的专业技术人才、经营管理人才和技能人才来支持。专业技术人才结构呈金字塔形，高级职称人员依然太少，需要向橄榄形结构转变。

在操作技能人员中，高层次技能人才太少，尤其缺乏高级技师，其还不到总操作技能人员的1%，技师占技能人员总数的比重也仅为4.19%，仍低于人力资源和社会保障部提出的5%的要求。并且，在操作技能人才中，高技能人才尤其是高级技师年龄偏高，高级技师中50岁及以上的占73.17%，技师队伍中

50岁及以上的占41.77%。随着老一代高技能人才的逐渐退休，有的专业（工种）和部门将面临高技能人才断层。原本缺乏的高技能人才将后继无人，生产技术后继乏力，将对企业发展产生非常严重的影响。

尤其是走出去的速度快于人才储备、培养的速度，严重缺乏具有国际化视野、管理能力突出的高层次经营管理人才。例如，国际化战略需要了解国际环境和规则的战略型、经营型财务人员和销售人员。但是，现有财务队伍和销售队伍的数量和素质均尚不能完全适应国际化战略发展的需要。

（五）人才队伍缺少高峰

S钢铁集团作为全国重要的汽车优质板材和高性能结构钢基地、最大的硅钢生产基地，在业内具有较强的竞争力。公司专业技术人才总量不少，也有一定数额的国家、省、市有突出贡献的中青年专家、技术拔尖人才和高级技能人才等，但是核心人才所占比例不够，尤其是与战略产品、核心工序、核心技术相关的产品研发、工艺技术领军型专业人才奇缺。

三、“十二五”期间人才资源需求预测的依据

按照集团发展战略的规划和“四个一流”创建目标，未来五年是S钢铁集团的飞跃发展时期，需要科技创新和经营管理作为强有力的支撑，而数量充足、素质优良、结构合理的人才队伍则是关键。

（一）“十二五”期间集团公司发展思路

（1）钢铁主业做强做大，实现产能1 800万～2 000万吨。

（2）2015年实现销售收入3 000亿元。

（3）集团公司跻身世界同行业第六，中国同行业前三。

（4）职工收入较“十一五”翻一番，培育若干相关产业板块，销售收入大于1 300亿元。

（二）中西南发展战略和国际化战略的全面推进

“十二五”期间是集团公司全面推进第三次创业、大力实施中西南发展战略和国际化战略、全面提升集团公司综合素质和核心竞争力、创建具有较强国际竞争力的特大型钢铁集团、促进S钢铁集团科学发展的关键时期，迫切需要充分发挥人才智力优势，着力培养具有全球视野和战略眼光的国际化经营管理人才，培养极具影响力的行业专家和技术领军型人才。尤其是随着BX项目的投产，S钢铁集团需要为之提前做好人才储备。

（三）“四个一流”目标的实现

为了应对后金融危机时代更高层次、更高水平、更加激烈的市场竞争，S钢铁集团提出创建“四个一流”目标发展规划，扎实开展“技术一流、产品一流、管理一流、节能环保一流”创建工作，成为全球最具竞争力的冷轧硅钢

片、国内高档汽车板和高性能工程结构用钢的生产基地，成为业绩卓越、管理科学、引领行业发展的世界一流钢铁企业。“四个一流”目标的实现离不开一流人才的智力支持。

（四）S钢铁集团未来退休人员情况

根据S钢铁集团现有员工的年龄结构，如表9-4所示，预计5年之后，即2015年，S钢铁集团约有6 449人退休。具体如下：管理人员562人，专业技术人员462人，操作技能人员5 389人，财务人员13人，销售人员23人。

表9-4 S钢铁集团未来5年退休人员情况

年份	管理人员	技术人员	操作技能人员	财务人员	销售人员	合计
2010	79	63	657	4	3	806
2011	93	71	606		5	775
2012	80	68	839	1	3	991
2013	91	73	982	2	2	1 150
2014	99	77	1 383	1	5	1 565
2015	120	110	922	5	5	1 162
合计	562	462	5 389	13	23	6 449

（五）劳动生产率的提高

在“十二五”期间，S钢铁集团产能增幅趋稳，以及用工体制改革引起正式职工数量逐渐减少，从而劳动生产率将继续保持增长，预计到2015年，将达到1 143.43吨/人年（见表9-5）。由此，可以预测到2015年，S钢铁集团主业的在岗人数将达17 500人，控制在18 000人以内。

表9-5 S钢铁集团劳动生产率的变化趋势

年份	2001	2002	2003	2004	2005	2006	2007	2008	2009	2010	2015
劳动生产率（吨/人·年）	385.6	439	458.3	488.9	594	584	658.1	743.8	730.6	787.23	1 143.43
平均增长率	11.41%					7.75%					

注：表中的数据不含新进股份的5家单位。

人力资源规划是各项具体人力资源管理活动的起点和依据。S钢铁集团试图通过制定前瞻性和先导性的人力资源规划，注重事前和过程中的激励开发，以达到人事相宜、1+1＞2的人力资源管理成效。根据集团发展战略、职能变化和队伍状况，按照“总量保持适度规模，素质能力显著提高，专业结构配置合理”的原则，如何规划S钢铁集团在2011—2015年的人力资源？采取哪些措施可以满足集团未来的人才需求？本章主要回答在科学人力资源管理阶段如何编制、如何实施和如何评价人力资源规划三个问题，具体介绍科学人力资源规划的内容、方法、流程，及实施控制和评价。

第一节 科学人力资源规划内容与流程

科学人力资源管理是在传统劳动人事管理的基础发展起来的，但二者却有着天壤之别。所以，科学人力资源管理阶段的人力资源规划（简称科学人力资源规划）不同于人事管理阶段的传统人力资源规划。总的来说，科学人力资源规划是以岗位为中心，为实现其战略而制定的，确保组织各类工作岗位在适当的时机获得适当的人员（包括数量、质量、层次和结构等），从而实现人力资源与其他资源的最佳配置的期限在一年以上的计划。具体来说，科学人力资源规划的目标包括：① 获取和保持一定数量的具备特定技能、知识结构和能力的人员；② 充分发挥现有人力资源的效能；③ 预测组织中潜在的人员过剩或人力不足；④ 增强组织适应不确定环境的能力；⑤ 减少在关键岗位对外部招聘的依赖。

一、科学人力资源规划内容

科学人力资源规划的内容是有关计划期内人力资源开发利用的总目标、总政策、实施步骤及总预算，涉及组织如何评估人力资源的供给与需求，决定组织需要招募或者淘汰员工的类型与数量，提供缩小人力资源供给与需求之间差距的机制。同时，科学人力资源规划也是一组计划的集合体，包括：配备计划、退休解聘计划、补充计划、使用计划、培训与开发计划、职业计划、绩效与薪酬福利计划、劳动关系计划等。因此，人力资源规划处于科学人力资源管理活动的统筹阶段，为人力资源管理其他活动制定目标、原则和方法。

规划之前的准备工作就是收集信息，包括了解组织内部人力资源现状和组织外部因素，如劳动力市场状况，分析人力资源结构。规划编制中的工作内容包括人力资源供给预测、需求预测和供需平衡的实现措施。规划编制完毕后，需要执行计划并对计划的执行情况进行监督。表9-6详细罗列人力资源规划编制的工作内容。

表9–6 人力资源规划编制的工作内容

收集信息	
A. 外部环境信息	
1. 宏观经济形势和行业经济形势	2. 技术
3. 竞争	4. 劳动力市场
5. 人口和社会发展趋势	6. 政府管制情况
B. 企业内部信息	
1. 战略	2. 业务计划
3. 人力资源状况	4. 辞职率和员工的流动性
人力资源需求预测	
A. 短期预测和长期预测	B. 总量预测和各个岗位需求预测
人力资源供给预测	
A. 内部供给预测	B. 外部供给预测
供需平衡所需要的计划与实施	
A. 增加或减少劳动力规模	B. 改变技术组合
C. 开展管理职位的接续计划	D. 实施员工职业生涯计划
人力资源规划过程的反馈	
A. 规划是否精确	B. 实施的项目是否达到要求

资料来源：Fisher C D, Schoenfeldt L F,Shaw J B. Human Resource Management. Boston: Houghton Mifflin Company, 1990.

二、科学人力资源规划流程

科学人力资源规划流程就是人力资源规划的过程，可分为以下几个步骤（见图9–3）：

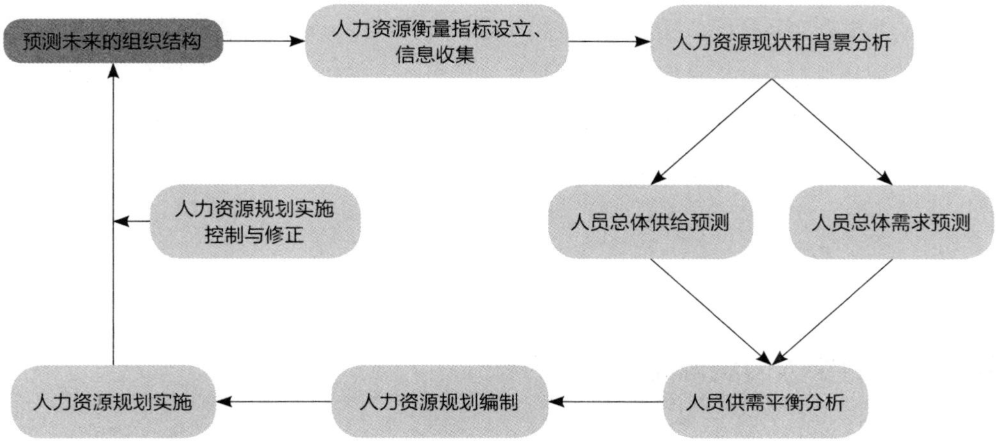

图9–3 科学人力资源规划的流程

（1）预测未来的组织结构。组织经常随着外部环境的变化而变化，如全球市场变化、生产技术突破、生产设备更新、生产工艺改造、新产品上市等。这些变化将影响组织结构，即组织结构必须适应组织经营策略的变化。因为组织结构变化必然带来人力资源的重新配置，所以对未来组织结构的预测评估应列为科学人力资源规划的第一步。

（2）设立人力资源衡量指标，收集、整理人力资源规划所需信息。

（3）盘点现有人力资源。人力资源盘点的主要内容包括员工年龄结构、学历结构、职务结构、技能结构、业务结构等。

（4）预测人力资源需求和供给。利用合适的预测模型估计企业在某一个时间段内所需要的人员数量和供给情况。包括：因业务发展、转变或技术装备更新所需增加的人员数量及其层次；因员工变动所需补充的人员数量及其层次，这种变化包括退休、辞职、伤残、调职、解雇等；因内部成员升迁而发生的人力资源结构变化。人力资源供给预测包含内部供给预测和外部供给预测，内部根据组织结构分析对人力资源要求的预测和人力资源盘点预测分析将来相应时期内，组织内部可以自行供给的人才类型和总量，其中包含稳定供给情况及人员流动带来的结构变化情况，如员工离职、轮岗、晋升与降职等预测；外部主要是分析在当前经济环境、人事政策、各类人才供需状况等条件下组织从外部可能获得的人才。

（5）根据人力资源供需预测，确定两者是否平衡，并分析不平衡的原因。

（6）编制人力资源规划。依据人力资源需求分析、盘点和供给预测结果，分析供给和需求之间的差距，制定人力资源总体发展规划和业务规划。其中，业务规划包括员工晋升规划、员工培训规划、员工补充规划、员工补偿规划、员工配置规划和员工职业生涯规划等。

（7）实施、评价与控制人力资源规划。针对人力资源规划，需要一次规划、分期流动实行，并根据实际状况，经常性调整和动态评估。其中，评估所制定的人力资源规划包括该规划是否与岗位需求相符合，规划实施后可能带来的后果，投入与收益相比是否合适等。根据评价结果选择适当的规划方案，投入具体实施，并在实施过程中控制和修正，以便完善下一轮人力资源规划。

第二节　科学人力资源需求预测方法

人力资源需求预测是根据企业的发展规划和企业的内外条件，选择适当的预测技术，对企业在未来某一特定时间内所需的人力资源的数量、质量和结构进行估计，分为现实人力资源需求、未来人力资源需求预测和未来流失人力资源需求预测三部分。其主要任务是预先确定组织在什么时候需要人，需要多少人，需要什么样的人。

一、人力资源需求的影响因素

规划人员首先要了解哪些因素可能影响组织的人力资源需求，然后根据这些因素的变化对组织人力资源需求状况进行分析和预测。人力资源需求的预测受许多因素的影响，其中外部环境涉及劳动力市场、政府相关政策、行业发展状况等；内部因素涉及企业发展战略和经营规划、人员流动比率、生产技术与管理水平、企业领导层的理念等。具体来说，包括：

（1）企业发展战略和经营规划。组织的发展战略和经营规划直接决定组织内部的职位设置情况及人员需求数量、质量与结构。例如，当组织决定实行扩张战略时，未来的职位数和人员数肯定会有所增加；如果组织对原有经营领域进行调整，未来组织的职位结构和人员构成也会相应地进行调整。

（2）市场需求。在生产技术和管理水平不变的条件下，市场需求与人力资源需求成正比，当市场需求增加时，企业内设置的职位和聘用的人数也会相应增加。

（3）生产技术与管理水平。生产技术和管理方式很大程度上决定企业内部的生产流程和组织方式，进而决定组织内职位设置的数量和结构。因此，组织的生产和管理技术发生重大变化，会引起组织内职位和人员情况的巨大变化。当企业采用效率高的生产技术时，同样数量的市场需求可能只需要很少的人员就可以满足，同时新技术可能还要求企业聘用能够掌握新技能的员工替换原有员工。新技术也可能会有一些新的职位要求，从而在一定程度上增加对某一类员工的需求。

（4）人员流动比率。人员流动比率是指由于辞职、解聘或合同期满后终止合同等原因引起的职位空缺规模。人员流动比率大小及比率的内部结构状况，会直接影响企业的人力资源需求。

二、人力资源需求的预测方法

人力资源需求预测的方法有很多，概括起来有定性和定量预测方法两大类。其中，定性方法是由预测人员运用自身的智慧、经验和直觉进行预测和判断；定量方法是运用数学模型开展预测的方法。这里，选取几种具有代表性的方法进行简单的介绍。需要指出的是，在预测过程中，不可能只用某一种方法，而应当将多种方法结合起来使用，这样预测的结果才会比较准确。

（一）定性预测法

1. 主观判断法

主观判断法是根据管理人员以往的经验、企业的生产经营计划及劳动定额或每个人的生产能力、销售能力、管理能力，以及对人力资源影响因素的未来变化趋势来判断和预测未来所需人员的方法。实际操作过程中，一般先由基层管理者根据自己的经验和对未来业务量的估计，提出本部门各类人员的需求量，再由上一层管理者估算平衡，直至最高层管理者做出决策，然后由人力资源管理部门制定出具体的执行方案。各级管理者在估计时可以根据这样一种经验：例如，车间管理员可以根据企业中一个组长或工头一般管理15个工人判断该车间需要的组长数目。当然，不同的人的经验会有所差别，不同的新员工的能力也有所差别，特别是管理人员、销售人员，在能力和业绩上的差别更大。因此，企业在采用这种方法预测人力资源需求时，一方面要注意经验的积累，包括保留历史档案、采用多人的经验，经验越丰富，预测的准确度越高；另一方面，这种方法应用于不同的对象时，预测结果的准确度会不同。对可准确测度工作量的岗位，预测的准确性较高，对难以准确测度工作量的岗位，预测的准确性较低。总的来说，主观判断法并不复杂，适用较稳定企业的短期人力资源需求预测。

2. 德尔菲法

德尔菲法（Delphi method）也称为专家预测法，是指依据系统的程序，邀请某一领域的一些专家或有经验的管理人员对某一问题进行多轮预测，并最终达成一致意见的结构化方法。1946年，美国最著名的战略研究机构美国兰德公司首次用这种方法来进行预测，后来该方法被迅速广泛使用。总体来说，德尔菲法主要适用于人力资源需求的中长期预测。

如图9–4所示，德尔菲法的具体操作包括：

第一步，整理相关的背景资料，并设计调查问卷，明确列出需要专家们回答的问题。

第二步，将背景资料和问卷发给专家，由专家对这些问题进行判断和预测，并说明自己的理由。

第三步，由中间人回收问卷，统计汇总专家们预测的结果和意见，并将这些结果和意见反馈给专家们，进行第二轮预测。

第四步，由中间人再次回收问卷，对第二轮预测的结果和意见进行统计汇总，接着进行下一轮预测。

第五步，经过多轮预测之后，当专家们的意见基本一致时就可以结束调查，将预测的结果用文字或图形加以表述。

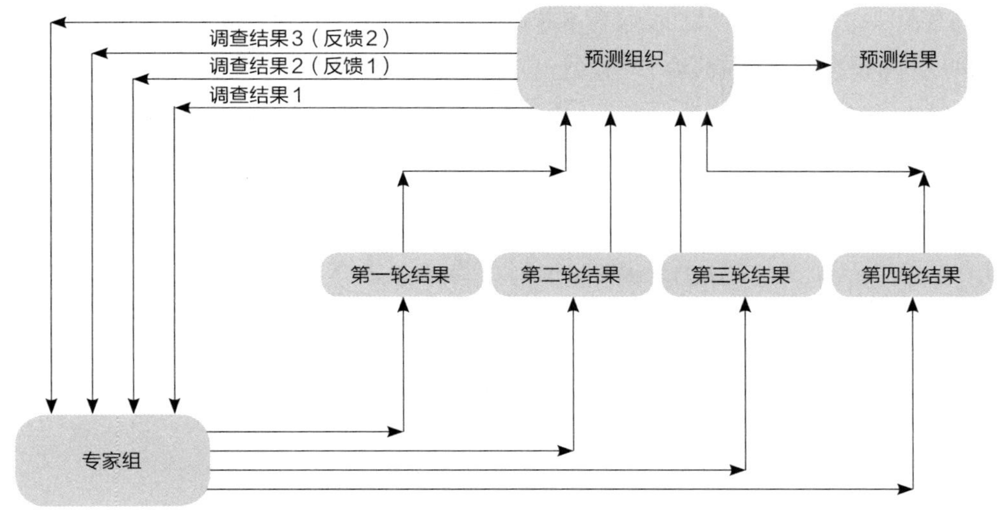

图9-4 德尔菲法示意图

德尔菲法具有以下特征：

（1）集思广益。它吸取和综合众多专家的意见，避免个人预测的片面性。

（2）独立思考。它不采用集体讨论方式，而是采取匿名方式进行，即采取“背靠背”方式，使专家们可以独立做出判断，避免从众的行为。正因为如此，在实施德尔菲法的时候，需要一个中间人或者协调人在专家之间传递、归纳和反馈信息。

（3）准确性高。它采取多轮预测方式，经过几轮的反复预测，专家们的意见趋于一致，具有较高的准确性。

利用德尔菲法时，需要遵循以下原则：① 为专家提供充足的信息，使他们能做出准确的预测；② 所提的问题尽量简单，以确保所有专家对问题有相同的理解，而且是他们能够回答的问题；③ 对专家的预测结果不要求精确，但要求他们说明对预测结果的肯定程度；④ 向专家说明本预测对组织的重要性，以取得他们的支持。

（二）定量预测法

1. 趋势预测法

趋势预测法根据企业过去若干年份的人员数量和变化趋势，预测企业在未来某一时期人力资源的需求量。具体做法是：以时间为自变量，以人力资源需求量为因变量，根据历史数据，在坐标轴上绘出散点图；由图形直观判断应用哪种趋势线拟合，从而建立相应的趋势方程；采用最小二乘法求出方程系数，确定趋势方程；利用趋势方程，对未来某一时间的人力资源需求进行预测。

2. 时间序列预测法

影响人力资源需求时间序列数据变动的因素很多，其中长期趋势、季节变动等是决定性因素。从人力资源需求的时间序列中提炼长期趋势，找出其季节变化的规律，排除偶然的、随机的干扰因素，从而得出较为准确的未来人力资源需求时间序列数据。时间序列预测法的关键是识别人力资源需求数据具有时间序列的特征。这里，简要介绍两种时间序列平滑模型：简单移动平均模型和加权移动平均模型。

（1）简单移动平均模型。假设人力资源需求时间序列 $\{x_1, x_2, \cdots, x_k, \cdots, x_n\}$，按照数据点的顺序逐点推移计算出 n（$1 \leqslant n \leqslant N$）个数的算术平均值，即可得到人力资源需求移动平均值：

$$HRD_{t+1} = \frac{x_t + x_{t-1} + \cdots + x_{t-1+n}}{n} = \frac{1}{n}\sum_{i=t+1-n}^{t} x_i$$

将其进行整理可得：

$$\begin{aligned} HRD_{t+1} &= \frac{x_t + x_{t-1} + \cdots + x_{t-1+n} + x_{t-n} - x_{t-n}}{n} \\ &= \frac{x_t}{n} - \frac{x_{t-n}}{n} + \frac{x_{t-1} + \cdots + x_{t-1+n} + x_{t-n}}{n} \\ &= \frac{x_t}{n} - \frac{x_{t-n}}{n} + HRD_t \end{aligned}$$

式中，x_t 为最新的人力资源需求观察值，HRD_{t+1} 为 t+1 周期的人力资源需求预测值，n 为移动平均采取的周期数。若人力资源需求对干扰因素的敏感性越低，该模型预测的稳定性就越好，但响应性就越差。

（2）加权移动平均模型。人力资源需求加权移动平均值为：

$$\begin{aligned} HRD_{t+1} &= \frac{\alpha_n x_t + \alpha_{n-1} x_{t-1} + \cdots + \alpha_1 x_{t+1-n}}{n} \\ &= \frac{1}{n}\sum_{i=t+1-n}^{t} \alpha_{i-t+n} x_i \end{aligned}$$

式中，HRD_{t+1} 为 t+1 周期的人力资源需求预测值，α_i（i=1，2，⋯，n）为加权系数，满足关系 $\sum_{i=1}^{n}\alpha_i = n$；其余符号与前文符号意义相同。

简单移动平均模型中对历史数据同等对待，但事实上，近期的数据更能反映需求的数据。而且 n 越大，模型预测的稳定性越好，响应性越差；n 越小，模型预测的稳定性越差，而响应性越好；近期数据的权重越小，模型预测的稳定性越好，响应性越差。在实际预测过程中，α_i 和 n 是凭经验选择的。加权移动平均模型相比简单移动平均模型更适合用来预测人力资源需求量。

3. 回归预测法

回归预测法是根据预测的相关性原则，识别影响预测目标的因素，并采用数学方法找出这些因素与预测目标之间函数关系的近似表达，根据因素变化值进行预测。具体来说，由于人力资源的需求总是受到某些因素的影响，回归预测法的基本思路就是要找出那些与人力资源需求关系密切的因素，并依据过去的相关资料确定它们之间的数量关系，建立一个回归方程，然后再根据这些因素的变化以及确定的回归方程来预测未来的人力资源需求。因此，回归预测法的关键是识别那些与人力资源需求高度相关的变量。

回归模型包括一元线性回归模型、多元线性回归模型和非线性回归模型。根据回归方程中变量的数目，可以将回归预测法分为一元回归预测和多元回归预测两种。其中，一元回归法预测是指与人力资源需求高度相关的因素只有一个。由于只涉及一个变量，因此一元回归方程相对简单。多元回归预测是指有两个或两个以上的因素与人力资源需求高度相关。由于涉及的变量较多，所以多元回归方程比较复杂。但是，它考虑的因素比较全面，所以预测的准确度往往要高于前者。如果人力资源需求与其相关因素不存在线性关系，就应该采用非线性回归模型。由于实际操作中往往是多个因素共同决定企业人力资源需求量，且这些因素与人力资源需求量呈线性关系，所以多元线性回归预测法在预测人力资源需求量方面应用比较广，而且比趋势预测法准确。

多元线性回归预测法一般包括以下步骤：

第一步，确定适当的与人力资源需求量有关的组织因素。组织因素应与组织的基本特征直接相关，而且它的变化必须与所需的人力资源需求量变化成比例。

第二步，找出历史上组织因素与员工数量之间的关系。例如，医院中病人与护士数量的比例关系、学校中学生与教师的比例关系等。

第三步，计算劳动生产率。例如，表9–7为某工厂2000—2012年每3名工人平均每天生产产品的数量。这栏，每年产品总数乘以同一年份劳动生产率即可得到所需工人的总数。

表9–7 某工厂2000—2012年产品与工人数量比例数

年份	组织因素	劳动生产率	人员需求
	产品数	工人数 / 产品数	工人人数
2000	6 000	3/60	300
2004	5 600	3/48	350
2008	5 000	3/30	560
2012	4 000	3/30	400

第四步，确立劳动生产率的变化趋势以及对趋势的调整。确定过去一段时间中劳动生产率的变化趋势，必须收集该时期的产量和劳动力数量的数据，依此算出平均每年生产率变化和组织因素的变化，这样就可预测下一年的变化。

第五步，预测未来某一年的人员需求量。表9–8列出了2000—2024年实际和预测的组织因素水平（产品数 / 年）及劳动生产率。其中，2016—2024年的产品数可以运用趋势法和社会需求分析法预测，劳动生产率是经过对历史数据分析调整后的数值，一旦确定了这两个变量，便可以计算对工人的需求。

表9-8 某工厂2016—2024年工人需求量预测

年份	组织因素	劳动生产率	人员需求	
	病人数	护士数/病人数	护士人数	
2000	6 000	3/60	300	实际
2004	5 600	3/48	350	
2008	5 000	3/30	560	
2012	4 000	3/30	400	
2016	3 200	3/12	800	预测
2020	3 600	3/12	900	
2024	3 800	3/12	950	

4. 马尔科夫模型

马尔科夫模型（Markov Chain Model）因安德烈·马尔科夫（Andrey Markov）得名，是通过建立一个矩阵，表达员工从一个岗位转移到另一个岗位，或者从一个组织转移到另一个组织的概率。马尔科夫模型是以研究不同时期雇佣人数的规模为开端的，假定在给定时期内从第一层次向高一层次转移的人数，或从某一类型向另一类型转移的人数是起始时刻低层次总人数或某一类型总人数的一个比例，这个比例就称为人员转移率。一旦各个层次的人数或某种类型的人数及其相应的转移率已经确定，那企业未来的人员层次分布或类型分布的情况也就确定了。如果已经获取对企业未来人员所需要的总数及结构状况的预测，则企业未来的人员短缺情况也就可以确定。如果企业缺乏某些人员的历史转移数据，可以利用其他类似企业的同类型人员的数据替代，或参考本企业类似人员的数据计算。例如，可以利用企业中工程师的转移概率来估计高级工程师的转移概率。此方法在第八章已有详细描述，在此不具体展开。

5. 比率预测法

比率预测法是基于对员工生产效率的分析进行预测的方法，包括：

（1）人员比例法。例如，基层主管的管理幅度是10，表明1名主管管理10名行政人员。如果由于战略调整，该部门明年将行政人员增加到40人，那么根据比率可以确定需要4名主管，也就是说，需要增加2名主管。

（2）劳动定额法。例如，某工厂有工人300名，每天可以生产3 000件产品，即一名工人每天可生产10件产品。如果该工厂希望提高产量，每天生产30 000件产品，根据比率可以确定需要3 000名工人，也就是说，需要再雇佣2 700名工人。

比率预测法假定企业的劳动生产率是不变的，如果考虑劳动生产率的变化对员工需求量的影响，计算公式则变化如下：

$$N=\frac{\omega}{q(1+R)}$$

其中，N表示人力资源的需求量；ω 表示计划期内任务总量；q表示目前劳动生产率；R表示计划期内生产率波动系数，$R=R_1+R_2-R_3$，R_1为技术进步引起的劳动生产率提高系数，R_2为经验积累引起的生产率提高系数，R_3为年龄增大及某些社会因素引起的生产率降低系数。

第三节　科学人力资源供给预测方法

人力资源供给预测是指对在未来某一特定时间内能够供给企业的人力资源的数量、质量以及结构进行估计。人力资源供给预测主要包括对内部人员供给量预测和对外部人员供给量预测。人力资源的内部供给是企业未来人力资源供给的主要渠道，因此，本节重点关注对内部人员供给的预测。

一、人力资源内部供给的预测

（一）内部供给的影响因素

1. 员工年龄结构

员工年龄结构不但关系着企业发展过程中新老员工的交替，而且不同年龄的员工对不同职位有着不同的优势，根据年龄结构是否合理，可以做出科学的补充计划。年龄结构分析主要有两种方法：一是计算平均年龄，若平均年龄大于40岁，表明人力资源供给不足、青黄不接，应该采取更新措施；二是将年龄组的统计资料以表格形式或在坐标轴上以曲线图形式描述，从而使企业的员工年龄结构与分布情况一目了然，并以此作为内部人员供给的基本依据之一。

2. 员工队伍稳定情况

通常采用人力资源流动率来考察员工队伍的稳定情况，适度的人力资源流动率是保证企业不断注入新鲜血液的条件。人力资源流动率是指一定时期内某种人力资源变动（离职与新进）与员工总数的比率，通常分为人力资源流出率与人力资源新进率。如果人力资源流出率较高，企业的未来人力资源供给就会减少；反之，如果人力资源新进率较高，企业的未来人力资源供给就会增加。

3. 员工素质状况

员工素质包括员工的知识技能水平、思想素质和文化价值观、员工群体的知识技能层次结构等主要维度。一般情况下，员工素质越高，劳动生产率就越高，内部人力资源供给就会增加；反之，内部人力资源供给就会减少。员工素质状况的改善可能与工资水平、教育培训机会以及各种激励措施的实施有关，因此企业内部员工素质状况分析，必须高度关注这些影响因素的变化。

（二）内部供给的预测方法

1. 人员核查法

人员核查法采用技能清单或技能矩阵的形式，对组织现有的人力资源的数量、质量和结构，以及人力资源在各职位上的分布状况进行核查。技能清单和技能矩阵的优缺点如表9–9所示。

表9–9 技能清单和技能矩阵的优缺点

评估工具	优点	缺点
技能清单	1. 内容清晰，简单易懂 2. 个人信息详细、全面 3. 便于发现员工的潜在技能 4. 便于识别能力缺陷 5. 为组织内的晋升和调动提供依据 6. 快速准确估计组织内的能力	1. 工作量大、内容烦琐、工作周期长 2. 只列示技能，缺乏技能成熟度描述 3. 缺乏对员工心理要素如心理成熟度的评估 4. 考察员工和岗位匹配，不具系统性和全局性 5. 评估内容时间滞后，不具前瞻性
技能矩阵	1. 员工能力成熟度详细全面 2. 便于识别员工能力缺陷，便于快速准确估计员工胜任能力 3. 为组织内的晋升、调动和培训提供依据	1. 评估时间滞后，不具前瞻性 2. 只考察技能，缺乏对员工心理成熟度的考察 3. 考察员工和岗位匹配，不具系统性和全局性

资料来源：陈建安，龚圆圆. 以工作成熟图提升科技型小微企业培训实效. 中国人力资源开发，2012(5): 31–35.

其中，技能清单是一张员工表格，列出与员工从事职业的能力相关特征，包括所接受的培训课程、工作经验、持有证书、监督判断能力、耐心的测试情况等，如表9–10所示。技能清单提供了一种迅速和准确地估计组织内可用技能的工具，能够检验员工的个人能力和组织目标的匹配程度，识别员工的技能缺陷，以便用于人力资源内部供给。尤其是随着计算机和网络技术的广泛使用，技能清单的制作和应用越来越便利。

表9–10 技能清单示例

<table>
<tr><td colspan="2">姓名：</td><td colspan="2">职位：</td><td>部门：</td></tr>
<tr><td colspan="2">出生年月：</td><td colspan="2">婚姻状况：</td><td>到职日期：</td></tr>
<tr><td rowspan="3">教育背景</td><td>类别</td><td>学校</td><td>毕业日期</td><td>主修科目</td></tr>
<tr><td>大学</td><td></td><td></td><td></td></tr>
<tr><td>研究生</td><td></td><td></td><td></td></tr>
<tr><td rowspan="2">技能</td><td colspan="2">技能种类</td><td colspan="2">所获证书</td></tr>
<tr><td colspan="2"></td><td colspan="2"></td></tr>
</table>

续表

训练背景	训练主题	训练机构	训练时间
志向	是否愿意从事其他类型的工作?	是	否
	是否愿意到其他部门工作?	是	否
	是否愿意接受工作轮换以丰富工作经验?	是	否
	最喜欢从事哪种工作?		
你认为自己需要接受何种训练	改善目前技能和绩效的训练		
	晋升所需的经验和技能训练		
你认为自己可以接受何种工作			

资料来源：董克用，叶向峰. 人力资源管理概论. 北京：中国人民大学出版社，2003.

技能矩阵（skill matrix），又称技能图（skill charting），是针对某一特定职位的需求评估员工的工具[①]。在矩阵中列示不同工作岗位的能力需求以及在岗员工的能力特征，利用技能矩阵能够快速识别组织内的能力结构、能力优势和劣势，便于评估在岗员工能力以及与岗位能力需求的差异，为人力资源供给预测提供指导依据。

但是，无论是技能清单还是技能矩阵，二者均是对员工某一时点所具备能力的评估，并没有从企业发展的长远角度去考虑；而且技能清单和技能矩阵着重强调员工的技能以及与岗位的匹配，缺乏对员工的心理特性的把握和评价。因此，对技能清单和技能矩阵加以改进可以形成工作成熟图，如表9–11所示。工作成熟图主要列举任务、工作角色的关键技能、知识要素和意愿。

① Lyons P. Enhancing Human Resources Competitiveness Using Skill Charting Methods. Advances in Competitiveness Research，2005，13(1)：88–94.

表9–11　工作成熟图工具

姓名＼技能和意愿	技能1	技能2	技能……	知识1	知识2	知识……	主动性	忠诚度	团队协作……
员工1	▛					▘		▘	
员工2			▘		▘				
员工3				▘	▛				
员工……							▛		▘

等级：▛ 表示熟练掌握/非常高；◧ 表示基本掌握/较高；▘ 表示了解/一般；⊞ 表示不具备/较低

资料来源：陈建安，龚圆圆. 以工作成熟图提升科技型小微企业培训实效. 中国人力资源开发，2012(5)：31–35.

2. 人员替补图法

人员替补图法是记录员工的工作绩效、晋升的可能性和所需要的训练等内容，由此来决定哪些人员可以补充组织的重要职位空缺。这种方法是对现有的员工状况做出评价，然后对他们晋升或调动的可能性做出判断，以预测企业潜在的内部供给，同时也可以通过及时发现可能出现空缺的职位，预测企业员工需求。人员替补图法是预测企业内部管理人员供给的一种简单有效的方法，具体内容在第八章已经介绍，此处不再赘述。

3. 马尔科夫模型

马尔科夫模型又称转换矩阵方法（具体操作介绍见第八章），是用来预测具有时间间隔（如一年）的时间点上，各类人员的分布状况。该方法的基本思想是：找出企业过去的人事变动的规律，以此推测未来企业的人员状况。模型假定在某一特定的时间段内，从一种状态转移到另一种状态的人数比例与以前的比例相同。转移率以该时间段的起始时刻状态总人数的百分值来表示。马尔科夫模型可以与预测人力资源需求的其他方法共同运用。值得注意的是，尽管马尔科夫模型在一些大公司（如IBM）得到广泛应用，但是这种方法的精确性与可行性尚待验证。由于转换矩阵中的概率与实际情况可能存在误差，因此使用这种方法得到的内部人力资源预测的结果可能并不准确。

二、人力资源外部供给的预测

当内部供给不能满足需求时，企业有必要寻找外部供给的人力资源，因此对人力资源外部供给的预测是非常必要的。影响企业人力资源外部供给的因素是多种多样的，主要包括：

（1）宏观经济形势。一般来说，宏观经济形势越好，失业率越低，劳动力供给越紧张，招聘就越困难；反之，宏观经济形势越差，失业率越高，劳动力供给越充足，招聘就越容易。

（2）地域性因素。地域性因素一般包括三类因素：一是地区人力资源现状，包括人力资源的整体情况。例如，企业需要哪一类型的人力资源？这类人力资源的市场供给情况如何？其他企业对这类人力资源的需求如何？本企业所需的人力资源是否能够从外部获取？从外部获取的难易程度如何？二是地区对人力资源的吸引力。对人力资源具有强大吸引力的地区才能为企业提供充沛的外部人力资源。例如，企业所在地区的居住环境怎么样？企业所在地区的地域文化怎么样？在企业所在地区工作是否有安全感？企业所在地区对各类人力资源是否具有包容性？三是企业对人力资源的吸引力。例如，企业薪酬对人力资源的吸引力怎么样？企业提供的福利对人力资源的吸引力如何？员工在企业内的发展前景如何？企业发展目标是否与员工个人发展目标统一？

（3）政府的政策法规。政府的政策法规是影响企业外部人力资源供给的重要因素之一。各地政府为了各自经济的发展，保护本地劳动力的就业机会，都会颁布一些相关的政策法规、从事危险工种保护条例等，从而影响外部人力资源供给。

（4）劳动力市场状况。劳动力市场发育良好将有利于劳动力自由进入市场，由市场工资率引导劳动力的合理流动，有利于组织预测外部人员供给。

（5）人口状况。人口状况也是影响企业人力资源外部供给的重要因素之一。它包括：一是人口总量，决定人力资源供给总量。人口总量越大，人力资源供给越充足。二是人力资源总体构成，包括人力资源的年龄、性别、受教育程度、技能、经验等。

（6）社会就业意识和择业心理偏好。就业意识和心理偏好是影响人力资源外部供给的重要因素。比如，一些城市失业人员宁愿失业也不愿意从事苦、脏、累、险的工作；应届大学毕业生普遍对职业期望过高，希望到经济发达地区或进入国家机关、大公司或国有企业工作。

（7）企业的发展前景、薪酬和福利等状况。一般来说，企业的发展前景越好，薪酬和福利等政策越能满足劳动力的需求，往往这个企业的外部劳动力供给量更为充足。

国家或地方政府以及其他机构发布的信息及其编制的正式文件中可以找到诸如失业率、人口特征、行业从业人数等指标，这对于外部供给的劳动力数量具有一定的可参考性。例如，表9–12列示了HB省历年的从业情况及三次产业从业率。当然，企业也要预测特定职位的潜在劳动力的可获得性，比如高科技领域的职位往往是供不应求的，这就需要企业关注高校、科研机构等的发展情况。

表9–12　HB省历年从业人员的分布格局

单位：万人

年份	人口总量	从业人数	总从业率	第一产业从业人数	所占百分率	第二产业从业人数	所占百分率	第三产业从业人数	所占百分率
1978	4 574.91	1 910.40	42%	1 470.60	77%	269.00	14%	170.80	9%
1980	4 684.45	1 986.90	42%	1 453.70	73%	286.30	14%	247.00	12%
1985	4 930.97	2 238.10	45%	1 383.30	62%	485.40	22%	369.50	17%
1990	5 439.29	3 040.40	56%	1 859.80	61%	628.50	21%	552.10	18%
1991	5 512.33	3 082.70	56%	1 897.40	62%	623.00	20%	562.30	18%
1992	5 579.85	3 118.60	56%	1 869.00	60%	650.90	21%	598.70	19%
1993	5 653.48	3 157.60	56%	1 818.80	58%	684.60	22%	654.20	21%
1994	5 718.81	3 196.90	56%	1 760.50	55%	717.10	22%	719.30	22%
1995	5 772.07	3 232.50	56%	1 697.00	52%	743.50	23%	792.00	25%
1996	5 825.13	3 275.50	56%	1 677.10	51%	746.80	23%	851.60	26%
1997	5 872.60	3 311.20	56%	1 663.20	50%	752.00	23%	896.00	27%
1998	5 907.23	3 328.20	56%	1 612.50	48%	705.60	21%	1 010.10	30%

续表

年份	人口总量	从业人数	总从业率	第一产业从业人数	所占百分率	第二产业从业人数	所占百分率	第三产业从业人数	所占百分率
1999	5 938.03	3 358.10	57%	1 612.60	48%	697.80	21%	1 047.70	31%
2000	5 646.00	3 384.90	60%	1 625.10	48%	702.40	21%	1 057.40	31%
2001	5 658.00	3 414.50	60%	1 639.00	48%	706.80	21%	1 068.70	31%
2002	5 672.00	3 443.00	61%	1 652.60	48%	704.10	20%	1 086.30	32%
2003	5 685.00	3 476.00	61%	1 661.50	48%	712.60	21%	1 101.90	32%
2004	5 698.00	3 507.00	62%	1 672.90	48%	720.30	21%	1 113.80	32%
2005	5 710.00	3 537.00	62%	1 687.30	48%	725.00	20%	1 124.70	32%
2006	5 693.00	3 564.00	63%	1 694.70	48%	732.40	21%	1 136.90	32%
2007	5 699.00	3 584.00	63%	1 697.00	47%	740.10	21%	1 146.90	32%
2008	5 711.00	3 607.00	63%	1 707.91	47%	730.42	20%	1 168.67	32%
2009	5 720.00	3 622.00	63%	1 702.30	47%	736.60	20%	1 183.1	33%
2010	5 723.77	3 645.00	64%	1 691.10	46%	754.70	21%	1 199.20	33%
2011	5 758.00	3 672.00	64%	1 678.10	46%	771.12	21%	1 222.78	33%
2012	5 779.00	3 687.00	64%	1 638.90	44.5%	781.60	21.2%	1 266.50	34.4%
2013	5 799.00	3 692	63.67	1 582	42.8%	793.8	21.5%	1 316.2	35.7%

第四节 科学人力资源综合平衡

在人力资源供需预测的基础上，组织还需关注人力资源的综合平衡，包括人力资源供需平衡、员工与工作匹配，这是科学人力资源规划的核心和目的所在。

一、人力资源供需平衡

人力资源的供给与需求预测比较，存在三种结果：一是供给和需求在数量、质量以及结构等方面都平衡；二是供给与需求在数量上平衡，但结构上不匹配；三是供给与需求在数量上不平衡，包括供大于求和供小于求两种情况。现实中，供求完全平衡的情况比较少见。当供给与需求数量平衡而结构不匹配时，需要调整现有人力资源的结构；当供给和需求数量不平衡时，则需要制定相应的政策措施，以确保组织发展的各时间点上供给与需求平衡。

（一）人力资源结构不平衡的调整措施

人力资源结构不平衡是指组织内某些职位的人员过剩，而另一些职位的人员短缺。对于人力资源结构不平衡的调整，可以采取以下措施：

（1）实施企业内部人员的晋升和调任等，满足空缺职位对人力资源的需求。

（2）对于供过于求的人力资源，开展针对性培训，提高他们的知识和技能，并补充到空缺的职位。

（3）招聘与裁员并举，即不但从外部招聘急需的人员，而且裁减企业内部的冗员。

（二）人力资源供大于求的调整措施

当预测的人力资源供给大于需求时，组织可以采用以下措施：

（1）扩大经营规模或者开拓新增长点，以增加对人力资源的需求。

（2）永久性裁员。这种方法虽然比较直接有效，但是会受到政府的限制，甚至组织内部的士气可能受到打击。

（3）鼓励提前退休。给接近退休年龄的员工以优惠的政策，鼓励提前离开企业。这种方法存在以下弊端：一是那些年龄超过50岁的员工可能更健康、更不容易有工伤，而且更加不愿意改变工作；二是大量员工退休可能导致熟练工人的不足；三是加重员工的不公平感。

（4）暂停招聘。暂停招聘就是停止从外部招聘人员，通过自然减员来减少供给。

（5）工作分享。工作分享就是为了减少大范围的非自愿失业而在员工之间进行的工作重新分配，包括工作岗位分享制、时间购买计划、缩短法定工作时间、过度性退休和弹性工作制等。

（6）对富余员工实施培训。这相当于进行人员的储备，为将来的发展做好准备。

（三）人力资源供不应求的调整措施

当预测的人力资源供给小于需求时，组织可以采用以下措施：

（1）外部招聘，包括返聘退休人员。这是最为直接的一种方法，既包括雇用全职的员工，也包括雇用兼职的员工。如果人力资源需求是长期的，就要雇用全职的员工；如果人力资源需求是短期的，则可以雇用兼职或临时员工。

（2）提高工作效率。员工的工作效能是指员工在单位时间完成的劳动成果量，如人均产量、不良品数、缺勤率、人为错误等。提高工作效率的具体措施包括改进生产技术、增加工资、开展技能培训、调整工作方式等。

（3）延长工作时间。延长工作时间就是在执行的工作时间制度基础上延长工作的时间。中国《劳动法》规定：延长工作时间包括加班、加点两种形式。其中，加班是指员工在休息日和法定休假节日工作，加点则指员工在符合法定标准工作时间的制度工时以外延长工作的时间。

（4）降低员工离职率，减少员工的流失，同时进行内部调整，提高内部的流动率，以增加某些职位的供给。

（5）业务外包。业务外包是指企业基于契约将一些非核心的辅助功能或业务外包给外部的专业化厂商。这实际上等于减少对人力资源的需求。

上述人力资源供需平衡的措施在实施过程中具有不同的效果（见表9–13）。例如，利用自然减员来减少供给的过程比较长，见效慢；裁员则见效比较快。

表9–13 人力资源供需平衡的措施比较

措施		速度	员工受伤害的程度
供给大于需求	裁员	快	高
	减薪	快	高
	降级	快	高
	工作分享或工作轮换	快	中等
	退休	慢	低
	自然减员	慢	低
	再培训	慢	低
供给小于需求	加班	快	高
	临时雇用	快	高
	外包	快	高
	培训后换岗	慢	高
	减少流动数量	慢	中等
	外部雇用新人	慢	低
	技术创新	慢	低

资料来源：雷蒙德·A.诺伊，等.人力资源管理：赢得竞争优势.刘昕，译.7版.北京：中国人民大学出版社，2013.

由于人力资源供给与需求不平衡不可能是单一的供给大于需求或者供给小于需求，往往二者相互交织，即某些部门或职位的人力资源供给大于需求，而其他部门或职位的人力资源供给小于需求。例如，关键职位的人力资源供给小于需求，但是普通职位的人力资源供给大于需求。因此，企业在制定平衡供需的措施时，需要综合运用这些措施，努力实现人力资源的供给和需求在数量、质量以及结构上达到平衡匹配。

二、员工与工作的匹配

科学人力资源管理的精髓在于人岗匹配，所以员工与工作任务的合理匹配是实现工作效率最优化的关键途径。实现组织人力资源供给与需求的基本平衡是远远不够的，还要特别关注员工与工作任务之间的匹配问题。员工与工作匹配实质上就是工作指派问题，即在给定一系列的员工和工作任务的前提下，确定哪些工作任务由哪个员工完成。

假设x_{ij}为第i个员工完成第j项工作任务，目标函数c_{ij}为第i个员工完成第j项工作任务所需的成本（或效益），则可以得到匹配问题的基础数学模型如下[①]：

① 张建林. MATLAB & Excel定量预测与决策. 北京：机械工业出版社，2012.

$$\min z=\sum_{i=1}^{n}\sum_{j=1}^{n}c_{ij}x_{ij}$$

s.t.

$$\sum_{j=1}^{n}x_{ij}=1\left(i=1,2\cdots,n\right)$$（第i个员工只能完成一项工作任务）

$$\sum_{i=1}^{n}x_{ij}=1\left(j=1,2\cdots,n\right)$$（第j项工作任务只能由第i个员工完成）

$$x_{ij}\geqslant 0\left(i,j=1,2\cdots,n\right)$$

上述模型的结果可以利用软件MATLAB或Excel求解得出。匹配问题不仅可以应用于基本的一个员工匹配一项工作任务的情况，而且可以根据实际情况采取相应的转化方法，得出下列情境下的员工和工作匹配规划：① 工作任务多于员工数量，在一个员工只能完成一项工作任务的前提下，工作任务不能完全被完成；② 员工数量多于工作任务，在一个员工只能完成一项工作任务的前提下，员工得不到充分利用；③ 某个员工可能同时被分配完成多项工作；④ 某项工作可由多个员工共同完成；⑤ 实际需要完成的工作任务不超过员工数量，也不超过总工作任务；⑥ 有些员工无法完成特定的工作任务；⑦ 匹配目标非成本最小化，而是利润最大化。

第五节　科学人力资源规划实施

人力资源规划的实施需要利用科学的技术、方法和措施来完成，以使人力资源规划的目标、战略和措施在规划期内贯彻落实。人力资源管理系统就是在人力资源规划的“制定—实施（并控制）—评价（成功）—再制定—再实施”不断循环过程中构建的，因此人力资源规划的成功实施不但标志着人力资源规划过程的结束，而且代表着新一轮人力资源规划的开始。人力资源规划的实现需要从实施方式、实施方案和实施条件等方面加以保障。

一、科学人力资源规划的实施方式

（一）自下而上的实施

自下而上的规划实施方式意味着规划制定和实施的决策由下级到上级逐步完成。最高领导者的主要任务在于激励企业全体成员参与制定规划和实施规划的积极性和创造性，发动全体员工积极参与，认真实施。这种规划实施方式促使广大员工自下而上地积极参与决策，一旦决策做出，全体员工都会认真负责地执行。但是，这种规划的实施需要一个相当长的过程，尤其需要精心培育员工能力和组织氛围。而且，规划从下而上制定的思路可能使人力资源发展规划缺乏战略眼光，无法对企业的经营战略提供有效支持。

（二）自上而下的实施

1. 指令型

指令型实施主要依赖企业最高领导层对规划的制定和具体决策方案的确认。在这种执行方式中，规划和方案的最后决定权集中在少数人手中，决策者决定规划和实施方案后，交由执行人员执行。执行者不能对规划和执行方案提出具体建议，缺乏实施的积极性和创造性。

2. 指导型

指导型实施强调，高层领导虽然对规划和实施方案具有最终的决策权，但是高层领导主要是规划及实施方案的设计者和实施的指导者，规划和方案的具体实施主要依赖于组织机构、组织激励和系统控制。按照这种规划的实施方式，规划制定和方案实施必须依靠组织结构的整体运行。指导型实施的缺点是人力资源规划和方案对外界环境变化的反应较为迟缓，可能导致人力资源规划在迅速变化的环境中失去其应有的作用。

3. 合作型

合作型实施强调，规划和方案的最终决策权掌握在最高领导层手中，但是规划和实施方案的产生需要由大多数管理人员和员工共同参与制定。因此，规划的实施往往会得到大多数员工的支持，能够调动多数员工的积极性和创造性。这种实施方式带来的负面影响主要是：对外界环境反应迟缓，不能及时调整发生偏差的规划；由于规划在制定过程中需要得到大多数员工的一致支持，可能使规划成为各方妥协的产物，难以有力支撑企业战略目标的达成。

二、科学人力资源规划的实施方案

确定人力资源规划实施方式之后，需要确定人力资源规划的具体实施方案，将规划中的战略目标和方案分解并细化到部门和个人，每一个部门和员工在每个时间段都有实施规划的目标、方向和责任，从而使各个部门和员工清楚自己在规划实施过程中的地位、任务和责任。

（一）规划目标的时间分解

规划的制定往往从战略发展或经营目标需要出发，确定人力资源管理在未来10年甚至15年的发展目标。这些目标必须分解成阶段性目标，也就是说，将这些长期目标分解为3年或5年的中期目标，再将这些中期目标分解为每年的短期目标。通过对目标的分解，使规划变得清晰、具体而容易实现，并且有利于规划在实施过程中的监督、控制和检查。

（二）规划目标的空间分解

人力资源规划的目标常常是依据企业整体发展对人力资源的需求而制定的发展目标。要调动企业全体员工和所有部门实施规划的积极性，就必须将规划的整体目标分解到每一个部门、每一个员工，使每一个部门都能够了解本部门在人力资源规划中所处的地位，所承担的角色，所需要培养的人力资源数量和质量，这样才能使每一个部门积极采取各种有效措施配合人力资源管理部门。每一个员工了解本部门今后人力资源发展的目标，也有助于其制定和调整自身的职业生涯规划，在实现本部门人力资源规划目标的同时完成自己的职业生涯目标。

（三）规划目标的实现过程分解

人力资源规划的实现过程可以分成培养、配置和使用三个环节。通常需要先对所需人力资源进行培养，当然这种培养有的由企业外部的社会教育部门或其他企业完成，有的则由企业自身完成。利用企业外部资源培养的人员，可以使企业节省一笔培养费用。但是，这些人员进入企业后，往往需要熟悉企业环境和企业文化，才能真正投入使用、发挥效能。而且这些外来人员的实际工作技能往往需要通过一段时间以后才能有所了解，如果不能满足企业需要，企业则需要再次从外部招聘，这会延误企业的战略发展。企业内部培养，虽然需要花费培养资金和时间，但是一旦培养结束，就可以投入使用，风险较小。因此，企业在对人力资源培养方式的选择中必须从培养费用、培养时间和使用风险等各方面统筹考虑。人力资源在使用以前还应该进行合理的配置，使其按照资源最佳配置原则进行组合使用。人力资源规划的最后实施过程就是人力资源使用的过程。人力资源的使用效果是评价人力资源规划是否成功的关键。如果人力资源的使用效果没有达到预定目标，未能满足企业经营战略的需要，就需要及时进行人力资源的重新配置，甚至人力资源的再培养。因此人力资源的培养、配置和使用并非严格按照时间顺序分开执行，而是相互交织、相互影响、相互作用的。

（四）规划目标的计划分解

对于已经制定好的人力资源规划，必须拟订具体的实施计划。实施计划的目的是为了使规划的实施阶段具有连贯性和协调性，并且使规划的实施具体化，人力资源部门还能利用计划控制规划实施的进度并评价规划实施的绩效。人力资源发展规划可分解为综合计划、详细计划。综合计划包含人力资源需求计划等，详细计划包含人力资源培训计划和人力资源招聘计划等各类业务实施计划。

三、科学人力资源规划的实施条件

为了保证人力资源规划的最终实现，不仅需要决定人力资源规划的实施方式和实施方案，还应该取得企业各类资源的支持，因此优化配置企业的人、财、物等各类资源是十分必要的。

调整组织结构是支撑人力资源规划实施的基础，人力资源规划的实施离不开组织机构的支持。在实施人力资源规划时，要对企业的组织结构进行必要的调整，使其适应人力资源规划的目标和战略。组织结构的调整应该遵循适应性原则和高效精简原则。适应性原则是指人力资源所依存的组织机构应该主动适应企业内外部环境的变化；高效精简原则是指组织在运行中能够十分有效地处理各种业务和事务，而且组织的结构简练、层次少，易于传达信息、传递控制信号。

人力资源是人力资源规划实施的前提。人力资源的培养需要资源的投入，即人员（培训人员与被培训人员）、财力（培训费用、脱岗培训对企业生产经营的影响）、物力（培训设备、培训场地等）。这些资源的配置就是为实现人力资源规划而进行的资源重新配置活动。如图9-5所示，资源配置活动与人力资源规划构成一个促进资源积累、开发和增值的不断循环的过程。其中，企业资源是人力资源规划的基础，也是规划实施的保证；人力资源规划实施的目的在于促进资源的开发和利用，并通过规划的实施促进资源优化配置，从而提高资源使用效率。

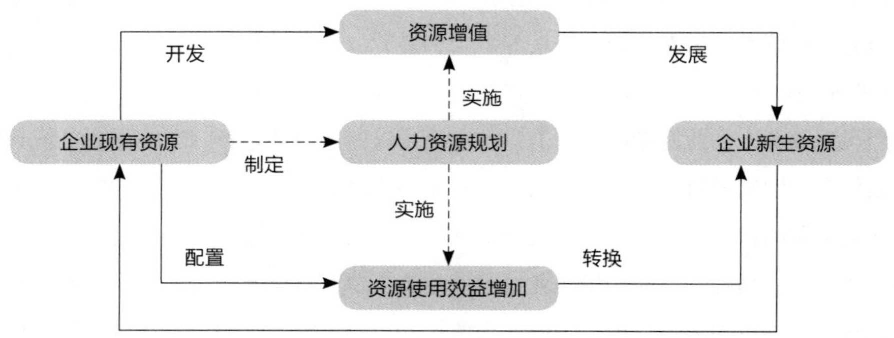

图9-5　企业资源与人力资源规划关系

本章小结

（1）科学人力资源规划流程包括：预测未来的组织结构；设立人力资源衡量指标，收集、整理人力资源规划所需信息；盘点现有人力资源；预测人力资源需求和供给；确定人力资源供需预测是否平衡；编制人力资源规划；实施、评价与控制人力资源规划。

（2）人力资源需求主要受到企业发展战略和经营规划、市场需求、生产技术与管理水平、人员流动比率等因素影响。其预测方法包括主观判断法、德尔菲法、趋势预测法、时间序列预测法、回归预测法、马尔科夫模型、比率预测法。人力资源外部供给主要受到宏观经济形势、地域性因素、政府政策法规、劳动力市场状况、人口状况、社会就业意识和择业心理偏好、企业发展前景等影响。人力资源内部供给主要受到员工年龄结构、员工队伍稳定情况、员工素质状况等因素影响，其预测方法包括人员核查法、人员替补图法、马尔科夫模型。

（3）组织在预测人力资源供需状况后，还需关注人力资源的综合平衡，即人力资源供需平衡、员工与工作匹配。

（4）科学人力资源规划完成后，可采用自下而上、自上而下的实施方式，将人力资源规划按照时间、空间、实现过程或具体计划进行分解，确保人力资源规划有序、有效实施。

即测即评

请扫描右侧的二维码（内含若干判断题、单选题和多选题），您可在线自测并查看答案。

思考题

1. 科学人力资源规划的内容是什么？
2. 请梳理人力资源规划的具体步骤。
3. 影响人力资源供给和需求的因素分别有哪些？
4. 人力资源供给的主要渠道是什么？并简述其主要预测方法。
5. 如何平衡人力资源的结构失衡？
6. 如何实施人力资源规划？

实例经验与启发

回顾开篇的情境实例，经过理论学习和案例剖析，得到以下启发：

（1）科学人力资源规划是在传统人事规划的基础上发展而来的，其内容随着人力资源管理需求的变化而进一步发展，从而适应新情境下的人力资源管理。

（2）科学人力资源规划能确保组织各类工作岗位在适当的时机获得适当的人员，确保组织的人力资源在数量、质量、层次和结构等方面保持最佳水平，为实现企业战略服务。

讨论案例

SH集团冷轧硅钢总厂“十二五”人力资源规划

2011—2015年是我国钢铁行业的调整期，也是SH集团加快发展的重要战略机遇期，硅钢总厂也将率先达到“四个一流”的目标，建成为全球最具竞争力的冷轧硅钢片生产基地。但是，截至2009年，硅钢总厂职工队伍整体素质还不能适应SH集团快速发展的需要，硅钢总厂专家级人才、管理人才、技术操作人才缺乏；现主要生产骨干仍为20世纪80年代进厂的职工，职工中知识结构、年龄结构不合理。在“十二五”期间，总厂要努力提高职工队伍的文化和技术素质，加强其学习力，培养其开拓力，激发其创新力，强化其执行力，增强其竞争力，建立一支宏大的高素质、高境界和高度团结的队伍，以及创造一种自我激励、自我约束和促进优秀人才脱颖而出的机制，为硅钢的快速成长和高效运作提供保障，为早日实现全球最具竞争力的冷轧硅钢片生产基地人才队伍奠定基础。

一、硅钢总厂人力资源现状

截至2009年年底，硅钢总厂现有在册职工2 563人，干部373人，占全员的14.5%；工人2 190人，占全员的85.5%。

（一）年龄结构

硅钢总厂现有30岁以下职工903人，31—34岁职工735人，36—40岁职工210人，41—45岁职工123人，46—50岁职工177人，51—54岁职工175人，55岁及以上职工240人（见表9-14）。

表9-14　硅钢总厂员工年龄结构分析

类别＼年龄	≤30	31—35	36—40	41—45	46—50	51—54	≥55	合计
高层管理人员			2	2	5	1		10
中层管理人员	10	10	16	9	5	10		60
一般管理人员	187	14	9	9	17	24	43	303
操作人员	706	711	183	103	150	140	197	2 190
合计	903	735	210	123	177	175	240	2 563
比例（%）	44.5	11.3	7.5	9.6	10.2	13.5	3.4	100

高层经营管理人员创造高峰年龄段为36—50岁，硅钢总厂高层管理人员在36—50岁的比例为90%，年龄结构良好。中层管理人员的年龄段呈正态分布，结构良好。一般管理、技术人员在36—50岁的比例只有11.55%，50岁以上人员比例为22.11%。由于近几年大量招收了应届

大学毕业生，导致中坚年龄断层，对年轻管理技术人员的成长压力更大。

（二）岗位结构

硅钢总厂生产经营管理、专业技术和操作技能三支队伍的人数分别为99人、281人和2 183人，比例为3.86%、10.96%和85.17%（见表9-15）。操作技能队伍相对比例较大，符合硅钢总厂作为生产企业的实际需要，但专业技术人员比例太低，还有提升空间。

表9-15　硅钢总厂员工岗位结构分析

年龄	管理人员		技术人员		操作技能人员	
	男	女	男	女	男	女
35岁及以下	25	6	161	34	1 258	158
36—40岁	18	1	18	1	147	36
41—45岁	11	2	10	3	81	21
46—50岁	10	1	9	5	112	38
51—54岁	12	2	16	5	137	3
55岁及以上	11	0	19	0	192	0
合计	87	12	233	48	1 927	256

（三）学历结构

如表9-16所示，总厂大专以下学历1 907人，占全员的74.40%；本科及以上学历656人，占全员的25.60%。操作技能人员的学历水平仍然偏低，大专及以下人员为1 855人，占操作技能人员总数的85%。

表9-16　硅钢总厂员工学历结构

类别	人数	学历分组			
		博士	研究生	大学本科	大专及以下
管理人才	99	1	8	73	17
专业技术人才	281	0	28	218	35
操作技能人才	2 183	0	3	325	1 855
总计	2 563	1	39	616	1 907
比例（%）	100.00	0.04	1.52	24.03	74.40

（四）专业技能结构

1. 技术职称分析

硅钢总厂的员工技术职称分析如表9-17所示。

表9-17 员工技术职称分析

类别	合计	女	学历							年龄						
			博士	硕士	研究生	大学本科	大学专科	中专	高中及以下	30岁及以下	31—35岁	36—40岁	41—45岁	46—50岁	51—54岁	55岁及以上
高级职称	40	5	0		6	30	4	0	0	0	0	5	10	8	6	11
其中：正高级职称	3	0	0		1	2	0	0	0	0	0	0	1	2	0	0
中级职称	70	10	0			39	31	0	0	3	7	13	3	8	18	18
初级职称	188	35	1		20	159	5	2	1	164	6	4	5	5	1	3

以干部人数为基数，取得高级职称的有40人，占10.7%；中级职称70人，占18.7%；初级职称188人，占50.4%，其中在管理岗位上的人员取得的技术职称比例为85.9%。

技术职称比例中工程系列占86.58%，政工类占7.31%，经济、管理类只有1.68%，由此看出，要提高该总厂企业经营管理水平，还缺少相应专业的高级人才支撑。

2. 技能取证分析

硅钢总厂的技能取证分析如表9-18所示；技师与高级技师的年龄分布如表9-19所示。

表9-18 硅钢总厂工人技能取证人数分布

高级技师（%）	技师（%）	高级工（%）	中级工（%）	初级工（%）	未取证（%）
35（1.5%）	104（4.7%）	1 104（50.3%）	636（29%）	87（3.9%）	224（10.6%）

表9-19 硅钢总厂技师与高级技师的年龄分布

年龄分布	技师	高级技师
35岁以下	11	1
35—45岁	43	1
45—55岁	41	26
55岁以上	9	7
总计（人）	104	35

由以上分析可看出：

（1）即使排除技术职称评定有工作年限要求限制的因素，管理技术人员中工程师与高级工程师比例仍较低，分别仅占18.7%和10.7%，且高级职称多集中在45岁左右。要从薪酬、晋升等多方面进一步激励总厂技术管理人员，尤其是青年员工的学习热情，内部挖潜，提升总厂技术人员的技术水平。

（2）高级工所占比例逐渐加大，但操作人员中未取证工情况仍占到了10.6%，同时技师与高级技师比例偏低，仅占操作人员的4.7%与1.5%，且多集中在45岁左右年龄段，易导致操作技能人才的断层。

（五）近五年劳动生产率分析

由表9-20可以看出，随着二硅钢与三硅钢的相继投产，生产流程与设备性能的优化，以及员工综合素质的不断提升，总厂劳动生产率逐年提高，但与国内外先进企业，如宝钢、浦项、新日铁等还有较大差距，还有进一步提升的空间。

表9-20　2005—2009年硅钢总厂劳动生产率分析

单位：吨/人年

2005（实配1 797人）		2006（实配1 939人）		2007（实配2 473人）		2008（实配2 557人）		2009（实配2 563人）	
全员	工人	全员	工人	全员	工人	全员	工人	全员	工人
264.407	349.251	360.72	479.51	449.312	542.802	460.214	584.78	473.782	605.694

二、规划目标与措施

（一）劳动生产率增长目标规划

表9-21所示为2010—2015年硅钢总厂全员劳动生产率目标规划。

表9-21　2010—2015年硅钢总厂全员劳动生产率目标规划

单位：吨/人年

年份	2010	2011	2012	2013	2014	2015
劳动生产率	483.25	492.92	502.78	512.83	523.15	533.55

主要措施：

（1）合理进行劳务分工和流程优化，控制总厂人员数量。

（2）科学进行劳动定额管理，合理组织配备各单位人员，完善人员退出机制，合理减员增效。

（3）加大教育培训力度，采用针对性教学，充分利用“导师带培”形式，挖掘本厂优秀技术、技能人员充实到“导师”队伍中，为每位新进员工安排一名导师，同时做好导师动态考评工作，对年度考评优秀的导师和带培人给予奖励。开展全员轮训计划，在2010—2015年内将所有操作人员轮训两遍，保证人均年受培时间不低于20小时，提升操作人员的操作水平与技术管理人员的生产管理水平。

（4）加大激励力度，激发广大职工的创新能力与工作热情。建立长效激励机制，即“目标激励、评价激励、知识激励、岗位激励、关爱激励”和“薪酬晋升”相结合，有效激活组织核心竞争力。对年度生产任务的完成进度、完成时限、责任单位、责任人予以明确，形成考核与薪酬、晋升的标准依据。进一步完善绩效考评体系，尝试激励形式多样化，同时加大组织监督推进力度，通过领导巡查、现场观摩推进、工作绩效评估、行政效能考核、督查点评、整改落实等手段，提高人机匹配度，保证劳动生产率的稳定增长。

（二）员工平均受教育年限增长目标规划

目前硅钢总厂员工平均受教育年限为13.76年，与宝钢等国内先进钢铁企业还有一定差距。2010—2015年员工平均受教育年限目标规划如表9-22所示。

表9-22　2010—2015年员工平均受教育年限目标规划

单位：年/人

年份	2010	2011	2012	2013	2014	2015
目标值	13.77	13.78	13.79	13.80	13.81	13.82

主要措施：

（1）鼓励职工利用业余时间到大学学习新知识、新信息，不断充实自身知识素养。硅钢总厂在资金、舆论导向等方面予以积极鼓励和支持。设立自学成才基金，对利用业余时间取得学历证书的职工，依据其所学专业与所处岗位的关联度与毕业成绩综合评定奖励等级。

（2）采取与高等院校联合办学的方式，每年选送5 ~ 10名与紧缺专业相近的拔尖人才，到国内知名院校定向委托培养，攻读紧缺专业硕士、博士学位，并保证在学习期间，不降低其在企业的工资和福利待遇。

（3）提高招录新员工的学历门槛要求，不断改善职工学历结构。

（三）三类人才队伍建设及核心人才队伍建设目标规划

确立和实施精英主导战略：结合《公司“四个一流”工作实施纲要》，在职工管理上重点抓好管理人员、高技能人员、高技术人员的培养。力争在2015年使总厂操作人员达到全员持证上岗，其中高级工比例达到70%，每年以4%的比例递增。技师与高级技师的比例达到20%。

加强领军型技术人才培养：制定硅钢总厂“双十、双百、千的人才工程计划”，以高素质人才队伍推进“四个一流”工作。力争在2010—2015年，每年培养选拔出十名或以上总厂级（专业上公司级）技术专家（如首席师、公司行业专家等）、十名见习科干；培养选拔出一百名机长或班长以上技术、管理骨干、操作精英、标兵和能手，一百名技师或高级技师；一千名高级取证的技能工。通过实施该计划，实现人才结构的明显改善和专业配套、年龄呈梯次结构的优化目标。优化人力资源管理，建立《双十、双百、千的人才工程库》。

重点培养和选拔高级专家，结合“双十、双百、千人工程计划”实施“168高级人才开发战略”。到2015年，硅钢厂将形成一个由10名高级经营管理专家、60名高级工程技术专家、80名高级技师组成的高级专家智囊团，使每个专业都必须有一定数量的专家级人才。专家要能把握该专业的最新技术动态，及时解决生产技术工作中所涉及的专业技术难题，形成合力，进而增强硅钢的核心竞争力，使硅钢在激烈的市场竞争中立于不败之地。

主要措施：

（1）实施针对性培训管理。管理人员采取“3+1”培训模式，即管理新概念、技术创新思维、思想政治工作方法3个单元的研修加1篇管理技术论文。高技能人员“3+1”培训模式中的1为现场应用成果。高技术人员采取“1+X”培训模式，即：硅钢全流程工艺技术+所管理专业的同行业新发展趋势研究。启动全流程工程师培养计划。建立和完善人才信息库。通过建立人才信息库，全面掌握各类专业技术人才现状，从中选拔一批业绩优秀且具有发展潜质的工艺、设备方面的技术骨干，通过系统培养后成为全流程工程师，成为硅钢专业方面的核心人才。

（2）厂内“小全流程”培训。按照硅钢生产工艺，将前后工序的技术骨干进行有计划的轮岗，使之通晓硅钢总厂的全部工艺。对新分来的大学生进行试点。与炼钢、热轧、研究院、硅钢销售等产销研单位联系，有计划地将技术骨干输送到上述单位，进行轮岗培训，从而拓展技术人员的知识结构和工作视野，贯通硅钢产品制造过程的各个环节，在攻克困扰产品质量的瓶颈问题、提升硅钢产品的市场竞争力方面起到关键作用。

（3）根据《硅钢总厂技师考评管理办法》，加强技师动态评价管理考核。加快高技术人才培养、储备管理和使用。要积极鼓励符合条件职工申报技师和高级技师；加大实际操作能力和解决生产难题的考核分数比例；将日常技能业绩考核纳入到技能鉴定中去。开展技能竞赛、技术练兵比武、“五小”科技攻关和技术创新等活动，促进操作技能提高。

（四）人员平衡目标规划

硅钢总厂人力资源总量调整的方向是在保证产量的基础上减员分流。考虑到总厂“十二五”期间新上项目，集团中西南发展战略及国际化发展战略，预计根据2015年硅钢总厂的生产规模与劳动生产率分析，硅钢人员应控制在3 300人左右。

根据年龄结构统计分析，硅钢总厂员工到2015年到龄退休人员将达到352人，由此可见，自然减员分流与人员引进的任务相当繁重。表9-23所示为2010—2015年自然减员规划。

表9-23　2010—2015年自然减员规划

年度	自然减员人数小计	操作人员	管理人员	技术人员
2010	27	15	6	6
2011	34	25	5	4
2012	45	39	2	4
2013	76	66	2	8
2014	91	79	2	10
2015	79	65	4	10
总计	352	289	21	42

为了不引起新项目投产后的"用工荒"，确保新项目上马后能有充足数量的熟练操作人员保质保量生产，应该从2010年起逐年储备操作人员。同时，加大这批新员工的岗前培训力度，要利用新项目筹建时期，以实习或试用的形式，在已稳定生产的三个分厂的现场进行操作人员培训，保证新项目投产后，这批操作储备人员能马上充分发挥效用。由上述自然减员专业类别分析，2010—2015年的人员引进规划方案如表9-24所示。

做好人员平衡引进与控制人才流失的措施：

表9-24　2010—2015年引进人员规划

年度	引进人数小计	操作人员	管理、技术人员
2010	330	315	15
2011	362	340	22
2012	112	100	12
2013	97	85	12
2014	82	70	12
2015	42	30	12
总计	1 025	940	85

（1）为了防止人员断层，提前有计划地做好人力资源招录工作。为了抓紧引进和培养紧缺专业人才，尽快改善人才队伍的专业结构。在人员引进中提升招聘门槛，操作人员的引进以大专学历人员为主，加大管理、技术人员中的研究生比例，注重从国内重点高校引进金属材料、机械设计制造、自动化等专业人员，及时根据现场生产实际做好调整。

（2）强化新员工入职及转岗培训。通过培训使新员工在入职前对硅钢有一个全方位的了解，合理定位自己，认识并认同硅钢的企业文化，坚定自己的职业选择，理解并接受硅钢的愿景和行为规范。

（3）研究不同人才的类型、特点，掌握各自不同的成长方式和运行方式。对管理人才、技术人才、技能类人才进行分类管理，优化组合，充分发挥潜能。实现人才结构的明显改善和专业配套、年龄呈梯次结构的优化目标。

（4）由于青年操作人员、技术人员与管理人员的比例逐年加大，提升对该群体的重视度。对于其中表现优异、有潜质的青年人员给予职业生涯规划设计，并为其指定适应其更好成长的培养计划，防止人才流失。

思考题：

1. 请对SH集团硅钢总厂的人力资源规划方案进行评价。

2. 该厂进行人力资源供需预测时，采取了哪些方法？你认为如何改进该厂人力资源供需预测？

3. 你认为该规划方案中提出的措施是否可行？应该如何加以改进？

4. 如果你是该总厂的人力资源部负责人，请就如何实施该规划方案提出设想。

本章实训

制定小米公司未来5年的人力资源规划

一、实训目的

1. 掌握人力资源规划的制定方法和流程。

2. 结合第四章已经完成的小米公司未来5年的人力资源战略，借助本章中介绍的人力资源供需预测工具，描述小米公司未来5年配套的完整人力资源规划。

二、实训内容

小米公司成立于2010年4月，是一家专注于智能产品自主研发的移动互联网公司。“为发烧而生”是小米的产品概念。小米公司首创了用互联网模式开发手机操作系统、发烧友参与开发改进的模式，采用饥饿营销方式，打造粉丝经济，这使得小米公司很快在智能手机市场获得了大量市场份额。小米一直致力于扩大团队，涉足新领域，扩展产业链。2016年，小米的企业战略方向是云服务和大数据，即小米将通过“生态链”系统连接一切可以连接的智能设备，大量终端数据汇聚小米，最终建成一个数据采集、服务中心。小米未来将成为一家数据公司。但是，目前的市场竞争激烈，由于缺乏核心专利、核心配件、核心软件设计能力导致的核心竞争力不足、供应链控制力不足等问题愈演愈烈。如何根据内外部环境的挑战和机遇，制定小米公司未来5年的人力资源战略，是小米公司人力资源部的一项重大任务。

假设你们是小米公司人力资源部的员工，公司领导通过了人力资源部制定的小米公司未来5年的人力资源战略报告，现安排人力资源部门继续制定未来5年的人力资源规划。作为人力资源部的成员，你们将如何根据人力资源战略制定未来5年的人力资源规划。

三、实训步骤

1. 教师讲授科学人力资源规划流程，并演示人力资源供需预测重点方法。

2. 根据教学班级规模，对学生进行分组，每组4 ~ 5人，组员协商产生小组组长。

3. 每组根据各自已完成的小米公司未来5年的人力资源战略，以及人力资源规划流程，进行分工、讨论与合作。

4. 将组员各自负责的人力资源规划工作内容汇总为人力资源规划初稿，注意规划的连贯性、一致性。

5. 小组研讨：假设这份5年人力资源规划实施，结合教材与实际，归纳并总结小米公司可能出现的问题及其应对方案。

6. 每组派代表展示最终形成的人力资源规划报告。

7. 教师在每组展示过程中引导大家思考在实际操作过程中科学人力资源规划的实施要点。

8. 教师在每组展示后，对展示内容进行点评并给予小组成绩。

延伸阅读

[1] 周占文. 新编劳动定额定员学. 2版. 北京：电子工业出版社，2009.

[2] 赵永乐，康丽. 岗位管理与人岗匹配. 北京：中国电力出版社，2013.

[3] 陈谏. 理才布局——人力资源规划. 北京：电子工业出版社，2014.

[4] 赵曙明，戴万稳. 人力资源战略规划. 北京：北京师范大学出版社，2009

[5] 张建林. MATLAB & Excel定量预测与决策：运作案例精编. 北京：电子工业出版社，2012.

第十章
战略人力资源规划

学习目标

1. 阐述战略人力资源规划内容与作用
2. 掌握战略人力资源规划流程与规划操作要点
3. 熟悉战略人力资源需求与供给预测方法
4. 了解承接不同组织战略的人力资源规划特征
5. 掌握基于战略发展的继任规划的内涵、作用与规划流程

关键术语

战略人力资源规划　胜任力导向　企业战略　组织能力　专家预测法　情境分析法　360度评价　公司成长战略　竞争战略　可持续发展　战略导向　继任规划

本章概览

请扫描右侧的二维码图标，您可以查看本章的知识结构概览图。

情境实例

大连东港集团DG系统总部的人力资源规划困境[①]

东港集团是中国主要的油品码头营运商之一，集团的业务主要分为三大类：提供油品和液体化工品码头及其相关的物流业务；提供集装箱码头及其相关的物流业务；提供港口增值服务，包括拖运、引航、理货和信息科技服务。DG系统作为东港集团的事业部成立于2002年，下属20多家投资企业，按其业务的性质可以分为四大类，即IT、货运、场站和码头企业。2007年DG系统产业作为东港集团的优良资产之一在香港上市，之后走上了迅速发展的道路。自从成立以来，DG系统的员工队伍不断壮大，核心团队日趋成熟，初步建立了完整的管理框架，人力资源也正逐步成为公司产业发展的关键资源。

① 乔坤，贺艳荣，刘文婷. 大连DG系统人力资源总部的难题. 管理案例研究与评论，2010，3（5）：415–419.

然而，在东港集团2009年中期的一次述职会议上，董事长不留情面地一顿批评："现在公司的人员状况已经严重影响了各企业的业务发展，你们总部是怎么推进工作的？"这让刚上任不久的人力资源部秦总监脑子顿时陷入一片混乱中。事实上，上半年来，DG系统人力资源部门完成了为其下属的IT类企业和货运类企业建设培训体系以及为场站类和码头类企业进行招聘等工作，人力资源部门一直满负荷甚至超负荷工作，繁重的工作任务让HR们苦不堪言。

中期述职会结束回来后，秦总监立马让人力资源主管小王做了份离职分析报告，并且询问了小王前段时间要求下属投资企业人力资源部门制定未来三年人力资源规划报告的上报情况。小王说报上来的规划做得比较粗糙，很多都只是沿用之前的计划，还有一些企业则表示因为之前没有做过这么正式的计划，这次不知道该怎么做。人力资源部门从业人员的专业背景很庞杂，习惯按部就班处理日常事务性工作的员工对此倍感迷茫。一直以来，各投资企业人员的招聘和培训等项目都是当业务部门需要时提出申请，人力资源部门才给予满足，虽然也有计划，但大多都只是走走形式。以前人员数量不多时还管得过来，可现在随着集团业务和人员的扩张，传统的人事管理方式已经开始不适用，各部门之间的矛盾也多了起来。虽说不是科班出身，不过秦总监坚定认为制定并执行合理的人力资源规划十分必要。

秦总监翻开离职分析报告发现，以前系统内部的总体离职率很低，但现在离职潮开始在系统内蔓延，特别是IT和代理类企业，离职率上升的趋势很明显。尤其值得注意的是，自愿离职率高达9.96%左右，且比例呈上升状态。看到这些数据，秦总监心里顿觉冰凉。她又想起董事长的话："要建构以投资企业业务导向为支撑的人力资源战略构架，可到目前为止你们对公司的业务战略又了解多少？其他的公司都在不断地推新人才策略，可你们还是传统人事管理那一套，如何真正成为业务部门的战略伙伴？”所以，秦总监决定两周后召开一次人力资源规划讨论会议，参会人员包括DG系统所有人力资源部门工作人员和业务部门代表。她希望借此机会，让各下属人力资源部门和业务部门以及总部之间积极地进行沟通，把大家平时工作中的疑虑都提到桌面上来讨论，最好能对以后工作的开展达成一定的共识。

两周后会议如期举行。谈到人力资源规划问题，HR们和各业务代表七嘴八舌地讨论，一下炸开了锅。来自货运企业人力资源部的小宋率先站起来抱怨说：“不是我们不认真，是根本就没有必要做这个规划。传统人事管理不都是这样的吗？再说人工成本测算难，而且各单位的业务量也不稳定，规划半天也只是纸上谈兵。”“反正你们喜欢等待问题，拿着工资不干事呗！”一位业务代表不屑地说。IT企业的小吴生气地说：“你们根本就不重视我们，只知道三天两头地来找茬，我们简直就是受气包。嫌我们招人效率低，嫌填补空缺的人和岗位不匹配，可那不都是按你们的要求招聘的人么！”“我们不催你们就不动。空缺岗位长期填补不上来，招来的人在短期内又对我们现行的技术操作一窍不通，对人员短缺和过剩的状况你们都缺乏有效的措施。”“可你们该提前通知我们吧？不能总是事到临头才找上门吧！培训谁，培训什么，你们有明确的要求么？再说我们也是按照总部的指示工作，该完成的任务一件也没有少！”小吴红着脸说。

“你们提供的报告里数据多、图表多，有的还用了一些时髦的工具，但是有数据没分析或有问题却没结论，更没有解决问题的措施，本来能够简单处理的问题却被复杂化，很多时候我们看不懂，没法配合。”码头企业的业务代表小李不悦地说，“人力资源部门跟我们的沟通太少，对我们的支持也总是滞后，人力资源总部能否协调一下呢？”“总部现在的工作太多了，我们整天都奔波于帮助下属部门完成工作量，因为人力有限，不可能对这样的问题一一协调，甚至连我都常常忘记自己是总部人员，我们更像是各下属部门的临时用工。”一向性情温和的小王给出这样的回答实在出乎秦总监的意料，“我觉得各下属部门很有必要做这个规划，不要总是等待总部的安排和帮助。”

秦总监琢磨着，总部过多地参与下属部门的工作细节，使得这些部门一直以来都忽略了熟知业务部门战略和业务规划的重要性，缺乏与业务部门沟通，不了解业务部门的需求。

“现在企业的规模变大了，一个环节有问题可能导致其他环节也受影响，没有整体上的规划很难理顺工作。这星期我们单位又走了两个年轻的工程师，因为我们缺少对员工未来职业发展的规划，我连挽留的理由都没有。”小赵难过地说，“外面的企业来挖人，老员工虽然不想走，可一边晋升无望，另一边薪酬福利也没随着经验和资历的增长发生变化，怎么留？”小李则补充道：

"哼，老员工？我们刚招来的大学生没几天都辞职了！现在很多公司都创新人力资源管理模式想尽办法留住人才，我们还是老一套就很难留住员工。"

战略性人力资源规划是实现组织战略的重要基础。沿用传统的人力资源规划方法难以满足企业战略发展对人力资源的需求，这直接导致了大连DG系统总部陷入人力资源规划的困境。那么，企业如何站在战略的高度对人力资源做出系统性的规划，为支撑企业战略目标实现提供一支数量、结构和素质合理优化的人力资源队伍？高层管理者、人力资源部门、业务部门和其他利益相关者在其中扮演何种角色？承接组织不同战略目标的人力资源规划有何不同？企业又如何基于战略发展做出继任规划搭建人才梯队？这些都是本章解答的问题。本章主要介绍战略人力资源管理阶段的人力资源规划（即战略人力资源规划）的内容、流程、预测方法等。

第一节 战略人力资源规划的内容与作用

一、战略人力资源规划内容

传统的人力资源规划方法在20世纪60年代以前成效显著，并且取得了丰富的实践经验。但是，从60年代开始，尤其是进入80年代以来，组织内外部环境的动态变化和复杂难测，影响了传统人力资源规划的成功。传统人力资源规划注重工作的组成要素，是一种以岗位为导向的方法。基于岗位的人力资源规划的普遍做法是，岗位空缺一旦出现或者工作量一旦加大，随即补充这些岗位或人员空缺。从而，组织所拥有的通常都是适合传统岗位的员工，并不一定能满足组织战略目标的要求。显然，随着组织内外部环境的快速变革，传统人力资源规划静止的、单向流动的规划方法已经不能满足动态的人力资源开发与管理工作的要求。并且，企业没有必要为技术含量低的岗位制定前瞻性的规划，因为劳动力市场上往往充斥着适合此类工作的劳动力。但是，对于那些特殊、技术含量高的岗位，需要提前一两年做好人力资源规划。尤其是如果组织准备替换高层管理者（比如新的CEO上任），那么人力资源规划可能需要不少于5年的准备期。例如，1994年通用电气公司（GE）就开始着手启动选拔杰克·韦尔奇接班人的工作，此时距离杰克·韦尔奇正式退休还有7年的时间（即2001年正式退休）。

进入战略人力资源管理阶段，战略人力资源规划应以能力为导向，采取一种动态的、供求双向调节的方法，才能切实在企业战略性的人力资源管理工作中起到龙头作用，支撑企业战略目标的实现。战略具有的总体性、系统性、长远性、指导性、竞争性、现实性，导致战略人力资源规划比传统人力资源规划更全面、更系统、更长远。战略人力资源规划不同于以往的人力资源规划，如表10−1所示。战略人力资源规划基于能力，更关注从事工作的人，而不是人所从事的工作。除了同传统人力资源规划一样关注人力资源的数量，战略人力资源规划更关注人力资源的素质和结构，以及强调人力资源作为企业核心竞争力的关键。

表10−1 岗位导向和胜任力导向人力资源规划的比较

时间差	长	短
规划基础	数量	胜任力
人力资源假设	同质	异质
战略契合度	低	高
冗余度属性	显性	隐性
长期效果	不明显	非常明显
技术要求	低	高

战略人力资源规划的主要内容包括两个部分：一是分析与确认企业在人力资源数量、人力资源结构和人力资源素质等方面所存在的缺口；二是制订行动计划来填补这些缺口。具体而言，战略人力资源规划包括三个方面：人力资源数量规划、人力资源结构规划、人力资源素质规划。具体如图10−1所示。这三个方面的内容为企业人力资源管理提供了指导方针和政策。

（一）人力资源数量规划

人力资源数量规划是依据企业战略对未来企业业务规模、地域分布、商业模式、业务流程和组织结构等因素，确定企业在未来发展中各级组织人力资源编制及各职类职种人员配比关系或比例，并在此基础上制定企业未来人力资源需求计划和供给计划。人力资源需求计划和供给计划需要细化到企业各职类职种人员的需求与供给上。人力资源数量规划实质在于确定企业目前有多少人，以及企业未来需要多少人，最终要落实到设计企业编制。人力资源数量规划主要解决企业人力资源配置标准的问题，为企业未来的人力资源配置乃至整个人力资源的发展提供依据和指明方向。

（二）人力资源结构规划

人力资源结构规划是依据行业特质、企业规模、未来战略重点发育的业务及业务模式，对企业人力资源进行分层分类，同时设计和定义企业的职类职种职层功能、职责及权限等，从而理顺各职类职种职层人员在企业发展中的地位、作用和相互关系。人力资源结构规划的目的是要打破组织壁垒（如部门）对人力资源管理造成的障碍，为按业

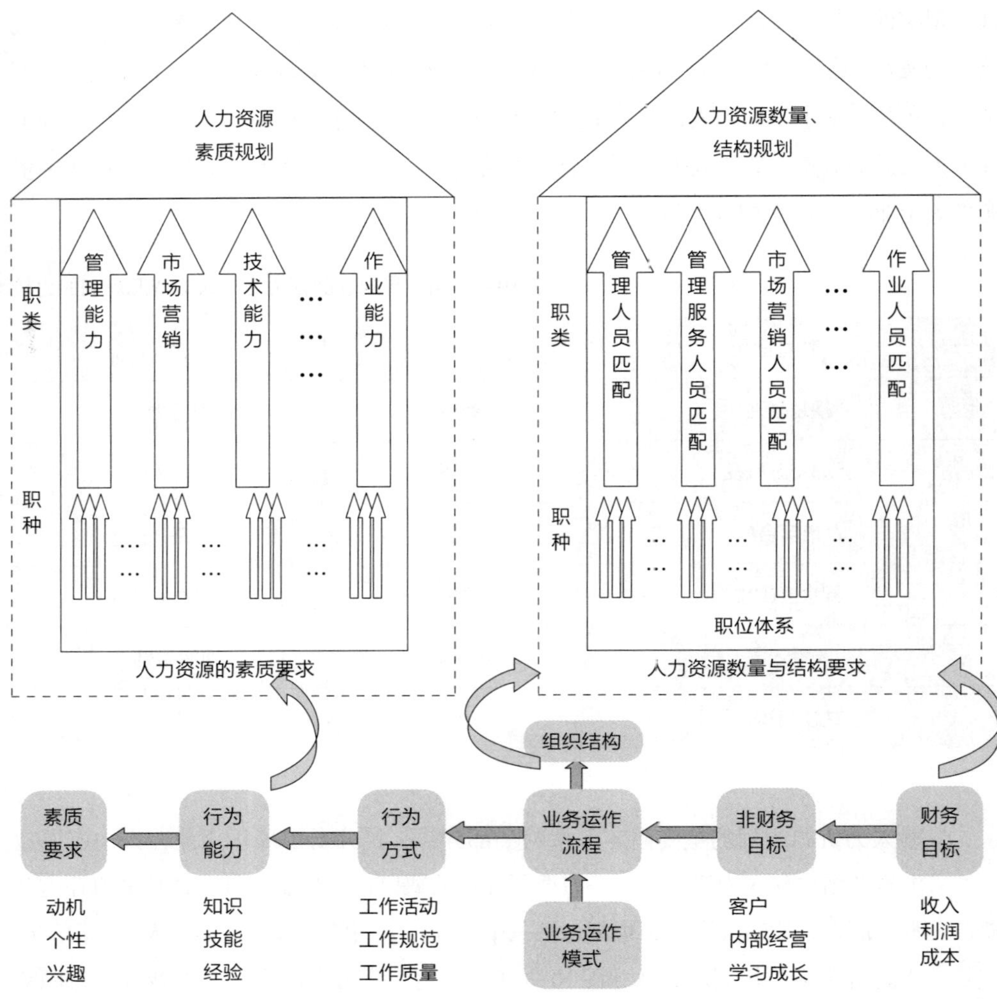

图10-1 人力资源数量、结构与素质

资料来源：彭剑锋. 人力资源管理概论. 上海：复旦大学出版社，2011.

务系统要求对相关人员进行人力资源开发与管理提供条件，同时人力资源结构规划也为建立或修订企业人力资源管理系统（如任职资格体系、素质模型、薪酬体系和培训体系等）打下基础。人力资源数量与人力资源结构规划以及素质规划是同时进行的，数量规划和素质规划是依据结构规划所确定的结构进行的，因此人力资源结构规划是战略人力资源规划的关键所在。

（三）人力资源素质规划

人力资源素质规划是依据企业战略、业务模式、业务流程和组织对员工行为要求，设计各职类职种职层人员的素质模型、行为能力及行为标准等。人力资源素质规划有两种表现形式：任职资格标准和素质模型。任职资格标准要反映企业战略及组织运行方式对各职类职种职层人员的任职行为能力要求；素质模型则反映各职类职种职层需要何种行为特质的人才能满足任职所需的行为能力要求。人力素质规划是企业开展选人、用人、育人和留人活动的基础与前提条件。

二、战略人力资源规划的作用

（一）促进企业战略目标的制定和实现

企业在制定战略时，不仅需要对外部环境进行分析（识别机会和威胁），而且需要分析组织内部的资源和能力（明确公司的优势和劣势），从而才能为企业未来发展规划长远目标。当前企业之间的竞争归根结底是人才的竞争，企业制定战略目标时尤其要考虑组织所拥有的人力资源以及待开发的潜力。实际上，一套切实可行的人力资源规划体系，完全有助于管理层全面深入地了解内部人力资源的配置状况，进而成功地做出最终的战略决策。同时，人力资源规划需要围绕企业的战略目标展开，上承战略下接人才，为实现企业战略目标提供必要的人力资源支撑。所以，人力资源规划与企业战略息息相关，一方面有助于企业战略目标的制定，另一方面最终促进企业战略目标的顺利实现。

（二）有效满足组织发展对人力资源的需求

战略人力资源规划以能力为导向，通过比较组织内外部人力资源供给状况与当前和未来对人力资源的需求，找出供需之间的缺口，制定行动计划并实施以达到供需平衡，致力于为企业战略实现提供一支数量、结构和素质合理优化的人力资源队伍。面对企业内外部环境的变化以及战略的不断调整，战略人力资源规划基于环境动态性和复杂性的假设之上，并且意识到环境变化更多是非线性和难以预见的，保持动态思维适时调整人力资源规划，有效满足了企业对人力资源的动态需求。另外，战略人力资源规划在尽量把握组织内外环境可预测趋势的基础上，预估和判断企业未来的人力资源供求问题，未雨绸缪提前规划以响应企业未来发展对人力资源的需求。这种战略性、前瞻性、预备性的规划活动大大缓解了环境变化对企业的冲击，有利于保障企业战略实施的有序进行。此外，在竞争日益激烈的市场环境中，企业对人力资源的需求特别重视员工的能力素质。战略人力资源规划以能力为导向，在关注人力资源数量和结构的同时，更聚焦人力资源的素质以及为企业带来的价值，更能有效符合企业未来发展对人力资源的需求。

（三）调动员工的积极性和创造性

战略人力资源规划指明企业未来发展对人力资源的需求，向员工充分展现企业内部未来的发展机会，使员工清楚地知道自己的哪些需求可以得到满足以及满足的程度。这样，员工在结合组织目标的基础上可以明晰自己的个人目标，一旦目标明确，员工就会有方向地去努力，在工作中表现出积极性、主动性、创造性。否则，在组织预期不明和个人前途未卜的情况下，员工的积极性和创造性会大大受挫，往往表现出思想消极、干劲不足、效率低下等。长此以往，会造成优秀人才的大量流失，组织士气一蹶不振，企业实力严重削弱。战略人力资源规划是以企业和个人为依据制定的，有利于将员工发展和组织发展有效结合起来，激励员工在完成企业战略目标的过程中实现个人的发展，从而实现员工和企业的双赢。

（四）有效控制人力资源成本

战略人力资源管理不再只是把员工视为企业的成本，更加强调人力资源作为企业价值创造的源泉。但是，这并不意味着企业不重视企业人力资源成本的控制，实际上企业更关注花在员工身上的成本与其创造的财富价值是否对等。通过战略人力资源规划，可以预测企业人力资源供需状况的变化，有计划地调整企业的人员分布状况，提高人力资源的效能，把人工成本控制在合理范围内，从而降低企业的人力资源成本，提升企业的盈利能力。否则，在未进行人力资源规划的前提下，企业对未来的人力资源成本缺乏预算和规划，难免会导致成本压低无法满足企业的人力资源需求，或者成本上升致使企业不堪重负、效益低下的现象。

（五）促使人力资源管理朝战略目标有序开展

战略人力资源规划是与企业战略目标相匹配的人力资源整体规划，为组织未来人力资源管理方面需要开展的具体工作指明了方向。它是企业战略人力资源管理工作的基础，企业的人力资源管理体系能否建立以及作用发挥的大小，很大程度上取决于企业的战略性人力资源规划是否科学合理、全面完善。同时，人力资源规划为员工招聘与配置、培训与开发、绩效管理、薪酬管理、职业生涯管理等人力资源管理活动提供可靠的相关信息依据，保障人力资源管理活动按照既定战略方向有序展开。所以，战略人力资源规划承接企业战略为组织的人力资源管理活动指明方向，并且通过对组织人力资源状况的系统分析为各项人力资源管理工作奠定基础，确保人力资源管理系统的正常运转。

第二节　战略人力资源规划流程

尽管对组织制定战略人力资源规划的流程有不同的介绍，但是下面五个步骤是核心过程，即首先将企业战略转化为组织能力，在此基础上设计人力资源需求和评估人力资源供给，其中设计人力资源需求从组织发展和员工发展两个方面考虑，评估人力资源供给主要从外部供给和内部供给两个方面分析，一旦供需状况明确和供需差距确认，接着企业开始制定行动计划以消除人力资源供需差距，最后是人力资源规划实施、评估与控制。具体如图10−2所示。

一、将企业战略转化为组织能力

战略人力资源规划要求规划主体在组织愿景、组织目标和战略规划的指引下针对人

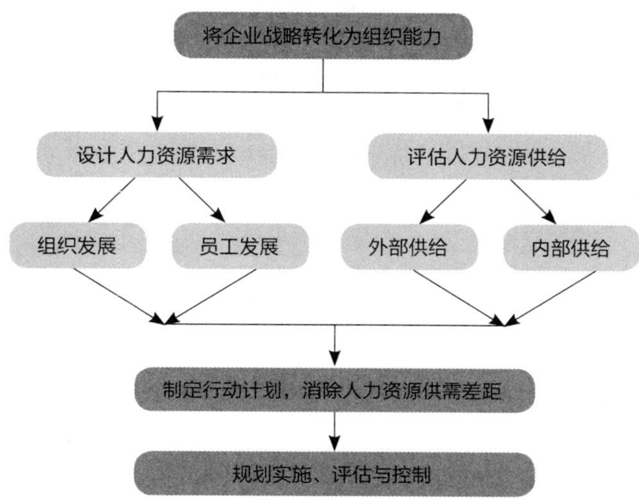

图10-2 战略人力资源规划流程

力资源活动的特点，从战略高度动态地对人力资源进行统筹规划。因此，战略人力资源规划流程至关重要的第一步就是将企业战略目标转化为组织能力，即确认组织为实现企业战略目标需要具备哪些组织能力。组织能力（organizational capability）可以视作组织为了获得一种最终结果的目的，利用组织资源完成一组协调性的任务的能力。[①]在资源基础理论中，组织能力被确定为企业获得和发展竞争优势的一个主要源泉。通过分析实现组织战略目标所需类型的组织能力，能够有效了解战略实现的驱动力所在，进而有利于组织竞争优势的获取和实现。值得注意的是，随着战略的变化，组织能力的需求也需要发生变化，这样才能确保企业在复杂多变的市场环境中持续获得竞争优势。然而，实际上，企业战略转型中最大的瓶颈就是关键组织能力的突破。因为当企业战略转型成功后，有时候上次成功的关键能力，有可能是这次转型的绊脚石。也就是我们常说的自我否定，然后才能自我超越。

① Helfat C E, Peteraf M A. The Dynamic Resourcebased View: Capability Lifecycles. Strategic Management Journal, 2003, 24(10): 997-1010.

分析企业战略目标到组织能力的转化过程，首要的一步是研究组织的企业战略，弄清楚企业战略所期望的主要组织产出。随后，分析组织需要开展哪些战略性业务和活动来完成预期的组织产出。接下来，就可以确定为完成具体的业务和活动组织所必备的能力。值得注意的是，开展人力资源规划过程中，必须考虑组织当前的地位、需要和将来能达到的地位。因而，组织能力的确认不只反映企业当前的组织能力状况，更是对未来企业组织能力状态的合理预期。如图10-3所示。

在企业战略目标转化为组织能力的过程中，组织高层管理者的战略性思维和敏锐的洞察力是不可或缺的。只有高层管理者的专注和投入，才能切实了解什么可以驱动组织的战略性业务开展，并且能够清楚识别哪些竞争手段是可以利用的。如果高层决策者缺位，

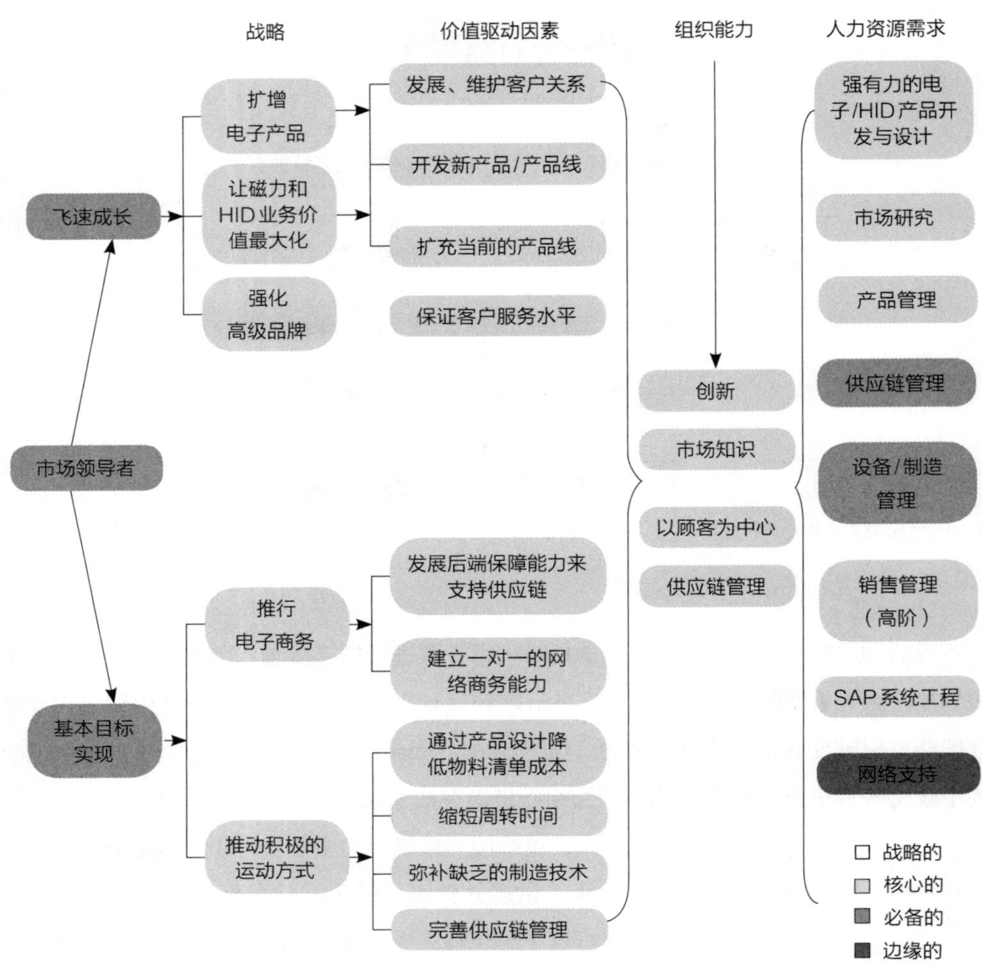

图10-3　将组织战略转化成组织能力的示例

资料来源：兰斯·A.伯杰，多萝西·R.伯杰. 人才管理：甄选、开发、提升最优秀的员工，让人才成为组织的持续竞争优势. 2版. 北京：中国经济出版社，2012.

容易造成组织能力与企业战略脱节，相继的人力资源规划沦为没有战略指导的程序性工作。

二、设计人力资源需求

战略人力资源规划的第二步是设计企业的人力资源需求，即确定：为提升组织能力，企业在未来某一特定时期内需要聚集的人力资源数量、结构和素质。正如俗话所言，巧妇难为无米之炊。资源是能力之源，是构成组织能力系统的基本要素。尤其是企业有价值的、稀有的、难以模仿和难以替代的异质性资源成为企业获取竞争优势的来源。在组织众多的物力、人力、财力等资源中，人力资源无疑对构建组织能力具有至关重要的作用。实际上，能力可以视作由目标、任务或活动以及资源三个基本要素构成的统一体。目标使得任务或活动确立，并使得资源聚集，资源聚集体完成任务或活动，并最终实现目标。[①]从企业战略转化为组织能力再到设计人力资源需求的过程，其内在演绎逻辑即为如此。组织能力为企业战略与人力资源的有机结合架起一座桥梁，有助于企业在日益复杂和不断动荡的环境中匹配合理的人力资源数量、结构和素质。

① 邓修权，彭金梅. 组织能力的系统剖析：从具体到抽象. 管理学报，2006（5）：549-555.

在企业战略和组织能力明晰的前提下，展开具体的人力资源需求设计。在进行人力资源需求设计时，应综合考虑企业战略、价值观、战略性业务以及组织能力需求等因素，同时还要基于员工职业生涯规划进行预测，这样才能真正做到使组织与员工都能长期受益。从组织发展的角度考虑，首先需要明确企业为了达到所应具备的组织能力，组织需要设置什么性质的工作，相应什么样的人力资源才能胜任这些工作。换言之，企业需要什么角色的人力资源才能构建所需的组织能力。在战略性人力资源规划中，我们常用"角色"一词展开阐述，而较少使用"岗位"。实际上，角色就是一组预期的行为模式，在组织内通常与岗位相关。然而，尽管大多数企业都会在岗位说明中描述岗位职责，但却很少能够详细阐明该如何实现这些职责以及如何与他人互动。不过，岗位角色却隐含着这些内容。角色可以包含态度、价值观以及特定的行为方式，代表着某人为了证明能够胜任所在岗位必须做的事情。例如，某企业通过差异化战略赢得竞争优势，预期的关键组织产出是通过中草药养护的理念打造高端品牌的东方元素，需要开展的战略性业务之一是组建研发团队通过现代中草药提纯技术提高产品的功效。相应地，可以确定企业必需的组织能力，具体包括创新能力、市场知识、学习能力等。因而，需要搭建一套中西结合的研发班底，关键需要的人力资源角色类型包括：结合现代生化技术和传统中医药理论的产品研发和设计、市场研究、产品管理等。在此基础上，通过思考不同角色类型人力资源对构建组织能力影响的大小、在企业价值创造中的贡献力度、在企业战略实施中的战略重要性等问题，可以将组织成功所需人力资源依据对组织战略能力影响的程度加以细分（见表10-2）。大体上可以将人力资源划分为四种类型：战略的、核心的、必备的和边缘的。接着，企业需要综合考虑其他影响人力资源需求的因素，如业务发展规划、市场需求、组织规模结构及地域分布、劳动生产率水平、生产技术与管理水平、内部人才流动状况等，对人力资源需求总量进行预测。尤其需要首先确保诸如战略性的和核心性的角色类型的人力资源数量。对必备的和边缘的这类辅助性质的人力资源，可以采取弹性设计方法，如确定各职类职种的比例关系、控制总人数、控制工资总额等，由组织内部调整确定。[②]

② 彭剑锋，饶征. 基于能力的人力资源管理. 北京：中国人民大学出版社，2003.

人力资源总量确定之后，人力资源结构和素质的需求设计是关键。人力资源结构的需求设计可以按照"价值创造大小决定重要性"的原则，依据对构建组织能力和实现企业战略贡献价值的大小确定不同类型人力资源数量的比例关系。比如，战略的、核心的、必备的、边缘的四种类型人力资源合理比例结

表10-2 人力资源细分

影响	类别	描述	人力资源策略
战略能力的驱动角色	战略的	构建组织能力和推行企业战略的关键，为公司创造长期的竞争优势	加强
支持战略能力的关键角色	核心的	对传递产品或服务来说非常关键的职位	保护
支持战略能力的非关键角色	必备的	必要，但并非独一无二；通过临时工或外包等方式实现	简单化/外部供应
战略能力的改变角色	边缘的	与公司的发展方向不一致的或可以被取消的职位	重新调配

资料来源：兰斯·A.伯杰，多萝西·R.伯杰.人才管理：甄选、开发、提升最优秀的员工，让人才成为组织的持续竞争优势.2版.北京：中国经济出版社，2012.

构设计为3∶4∶2∶1。当然，这种人力资源结构需要随组织规模、行业特点、业务规划和业务模式等，合理优化不同类型人力资源的配比关系。通过合理配置人力资源结构，各类型人力资源的能力得到均衡发展，才能进一步提升企业的组织能力。

最后，能力导向的人力资源规划，需要重点思考人力资源的素质需求。员工的个体能力是影响组织能力聚合的基本要素。哈默（Hamer）的研究也证明，组织能力的因素（技术、专长、知识、动机、努力以及合作方式）与员工的个体能力有关。卓越的个体能力是组织能力形成最大合力的基础来源，有助于组织指导人力资源需求朝向实现卓越绩效的方向前进。其中，尤其是识别和确认关键和重点类型人力资源的胜任力特征。这些胜任力是员工使用并带来一流绩效的决定性特征，包括动机、特质、自我形象、社会角色、知识体系等。譬如，为提高企业以顾客为中心的组织能力，企业识别区分专柜零售人员绩效达标者和绩效卓越者的胜任力特征，包括理解客户发出的信息、识别问题、解决问题、尊敬客户，以此可以设计这一角色类型人力资源的素质需求。

例如，美国电话电报公司（American Telephone & Telegraph，AT&T）是一家具有战略前瞻性的企业，通过不断进行收购、重组、解体、出售，在泰国、德国、新加坡等设有工厂，在意大利、韩国、日本等设有子公司或者合资公司。美国电话电报公司非常重视对高管人员的能力要求，需要这些人有对收购与合并进行管理的能力，并在不确定环境中有效行使职能。为此，美国电话电报公司重点对高层管理者的素质和技能进行描述，开发和实行一套针对高层管理者配备的职业生涯管理系统。系统中储存公司人员和职位的大量信息，描述定义对于不同高级职位所需的领导技能，了解有资格升至某个确定职位的雇员，并便于充分培训、开发候选人。美国电话电报公司借助人力资源规划，保持了高层领导的连续性。

三、评估人力资源供给

评估人力资源供给是对在未来某一特定时期内能够供给企业的人力资源的数量、结构和素质进行估计。评估人力资源供给主要从两个方面入手：一方面是分析企业内部的人力资源供给情况；另一方面是对企业外部劳动力市场的情况进行分析，预测外部人力资源供给。通常来说，内部人力资源供给是满足企业未来某一段时间内人力资源需求的主要来源。因此，内部人力资源供给的评估是重点，尤其侧重于对战略的和核心的人力资源的供给预测。

（一）内部人力资源供给评估

传统的人力资源供给预测技术仍然适用于对内部人力资源供给进行评估。例如，在深入分析内部供给影响因素（包括员工年龄结构、员工队伍稳定状况、现有员工知识技能等）的基础上，采用诸如技能清单法、人员替补图法、马尔科夫模型等方法对人力资源供给进行预测。一般来说，内部人力资源供给评估包括：① 分析企业目前的员工状况，如年龄结构、性别比例、地域分布、级别层次、工作年限、能力素质等，了解企业当前人力资源的现状；② 分析企业目前员工流失率，包括死亡、退休、健康问题、裁员以及其他企业活动或者辞职等原因引起的员工流失，合理预测未来一段时间内员工流动趋势；③ 分析企业员工晋升和调遣情况，保证工作和任务的连续性；④ 分析企业员工加班和出勤率等对人力资源供给的影响；⑤ 分析企业员工的供给来源和渠道。[①]

在以能力为导向的人力资源规划中，对企业内部人力资源供给的评估，重点需要加强对现有人力资源尤其是关键角色人力资源胜任力的评估。尽管传统的内部人力资源供给中也对员工的知识技能水平进行分析，但只停留在对员工外显的学历文凭、技能资格证书、培训经历等的分析，尚不能合理预测为提升组织能力和实施企业战略组织切实可用的人力资源素质。评估企业内部人力资源特别是关键角色人力资源的胜任力，可以明确与组织能力构建和企业战略实施紧密相关的员工胜任力特征的可用性，尤其是清楚掌握在现有的员工胜任力库中，哪些是可以利用的战略性胜任力特征。确定企业内部人力资源胜任力的可用性，可以通过胜任力评估程序来完成。胜任力评估程序决定什么样的员工，在什么样的绩效情境中，拥有什么样的具有战略重要性的胜任力特征，他们有哪些绩效经历，这些绩效达到什么水平。常用的胜任力评估方法主要有：自我评估、上级评估、同事评估、客户评估、认证或许可评估、360度评估以及评估中心方法。

（二）外部人力资源供给评估

在对人力资源供给情况进行评估的过程中，外部劳动力市场人力资源供给情况有必要纳入其中。事实上，企业并不是生存在真空中的，企业获取所需人力资源的能力部分取决于企业本身采取的措施，但也与外部劳动力市场息息相关。外部人力资源动态影

① 朱瑜，王雁飞. 企业胜任力模型设计与应用研究. 北京：科学出版社，2011.

响企业获取所需人力资源的时间和成本，如果企业忽略外部因素的影响，会导致企业难以适时、适地、适量地获取所需人力资源。所以，虽然没有哪家企业会认为有必要根据经济统计数据来做出自己对外部劳动力市场的预测报告，但是在进行人力资源供给评估时绝不能忽略外部劳动力市场的动态。外部劳动力市场的组成与所有市场一样，包括供应、需求和价格。并且，与所有市场类似，既要关注劳动力市场当前的状况，也要考虑宏观经济形势、政府的政策法规、人口状况、社会就业意识、择业心理偏好等因素，关注未来趋势的发展。通过对外部劳动力市场的供应、需求、价格情况进行分析和预测，企业可以掌握可能为企业提供人力资源的数量、质量、渠道、价格，以及竞争相同人力资源的竞争性组织的情况等。尤其需要注意的是，企业要有针对性地分析那些对构建组织能力和实现战略具有重要价值的人力资源的供给情况，了解这些类型人力资源的供给渠道、能力素质、薪酬水平等。

四、制定行动计划

完成人力资源需求和供给分析之后，企业确定人力资源供给与需求在数量、结构、素质上的差距，就可以有针对性地制定行动计划消除差距，保证企业战略目标的充分实现。这时，只关注人力资源供需在数量和结构上的差距，无论是供求平衡还是供大于求抑或供不应求，都不足以制定完全弥补人力资源供需差距的行动方案。在传统人力资源规划侧重于供需数量和结构差距的基础上，战略人力资源规划最终形成的行动方案需要重点强化对员工胜任力素质的提升，尤其是聚焦关键角色人力资源的胜任力。这样，才能为消除人力资源供需在数量、结构和素质上的差距，全面拟订涉及工作分析、招聘选拔、绩效管理、薪酬管理、培训开发以及职业生涯管理等各个方面的行动计划。

在人力资源供需平衡的过程中，企业需要优先考虑重点的和关键的人力资源角色。一方面，他们对构成组织能力和实现企业战略起到决定性作用；另一方面，由于时间、成本和能力有限，获取关键性的人力资源角色必是企业当务之急。关键性人力资源是通过内部培养发展，还是外部招聘获取，抑或短期外借，这些都是企业需要审慎选择的。不过，一般而言，对于战略性角色的人力资源不提倡以短期或临时员工形式通过租用来满足需求。企业在斟酌是由内部培养发展还是外部招聘获取关键性人力资源时，需要综合考虑不同人力资源获取方式的时间、成本以及成功安置率等因素。比如，从内部招聘途径获取人才，培养时间可能更短、成功安置率较高、成本显著低于外部招聘。但是，在内部招聘，有些企业可能会形成一种待得越久的人越有资格晋升的理所当然心态，或者没有足够潜力的员工能够培养以胜任所需的人力资源角色，抑或企业根本没有充足的时间去培养发展。在这些情况下，企业需要通过从外部劳动力市场上进行招聘获取所需的人力资源。不过，企业从外部招聘，可能在短时间内难以招聘到价值观匹配、能力素质符合、薪酬水平合理的人才。总的来说，内部发展和外部招聘各有利弊，每一个组织需要结合自身情况针对具体的人力资源角色制定个性化的策略。

五、规划实施、评估和控制

人力资源规划的最后步骤是规划的实施、评估和控制。人力资源规划工作只是人力资源管理的起点，随后需要全面人力资源管理活动的配合实施，才能切实发挥人力资源规划的作用。这样，才能将人力资源规划用于指导人力资源管理实践，而不是束之高阁、无用武之地。当企业人力资源规划完成并实施后，应该有以下益处：① 高层管理者在商业决策中对人力资源维度有清晰的认识；② 人力资源成本可以控制和降低；③ 企业有更多的时间用来获取所需的人力资源；④ 关键性人力资源角色的发展能更好被规划；⑤ 在企业未来发展中对员工一视同仁的同时做好差异化管理。当然，在企业预测有限理性以及内外部环境不断变化的情况下，企业最初制定的人力资源规划可能与组织预期的目标和要求有所偏离。因此，企业有必要在人力资源规划实施过程中持续跟进控制，及时采取相应的纠偏措施调整人力资源规划，以保证人力资源规划的有效性。很多企业往往将人力资源规划当作一蹴而就的事情，不再注重行动方案实施中的评估和控制，这是极其有害的。在战略人力资源管理阶段，变化已经在所难免。制定人力资源规划的目的并不是简单地确保任何时候都不出问题，而是让企业掌握人力资源状况，以便在出现状况的时候能够及时采取合适的行动。持续跟进人力资源规划实施情况，做出评估和动态调整，能让企业跟上变化的节奏，更好为实施企业战略提供适合的人力资源。

第三节 战略人力资源规划方法

在战略人力资源管理阶段，人力资源需求和供给预测的方法从一种严格的定量分析方法转化为一种结合人才定性分析的新方法。传统的人力资源需求和供给预测方法仍然行之有效，不过更多定性的人力资源需求和供给预测方法得到重视和运用。

一、战略人力资源需求预测方法

预测人力资源需求是很有挑战性的，因为这涉及众多组织内外因素的考虑，并且需要对未来进行预测。因此，在进行人力资源需求设计时需要定量和定性方法相结合使用，以提高规划的效率和有效性。传统使用的定量方法，如趋势预测法、回归预测法、比率预测法等仍然大有用途。同时，主观判断法、德尔菲法等定性方法愈加流行，越来越多企业偏好定性的预测方法。

（一）专家预测法

专家预测最常用的方法是德尔菲法（Delphi method）。德尔菲法是根据有专门知识的人的直接经验，对研究问题进行判断、预测的一种方法。这一方法在20世纪40年代由赫尔默（Helmer）和戈登（Gordon）首创，美国非营利性的研究和咨询服务机构兰德公司（Research and Development，RAND）在1964年首先用于预测领域。与其他的方法相比，德尔菲法定量分析较少，主要采用主观判断。在德尔菲会议上，专家们轮流陈述其预测和猜想，然后每位专家对他人的陈述做出评价和修改。这一过程一直持续到有一个有效的综合预测结果出现，综合预测结果可能代表某一具体的计划，也可能是一系列计划，主要取决于专家的职位。由于德尔菲法具有反馈性、匿名性和统计性等特点，所以选择合适的专家是提高德尔菲预测质量的关键环节。

德尔菲法更适用于做宏观层面的长期人力资源预测或微观层面的短期人力资源预测，但该方法也有局限性，使用起来存在一些困难。例如，将专家们的意见综合起来就是困难之一。不过德尔菲法直到思想碰撞产生新想法为止，解决如人力资源规划这种高度宽泛的、未得到进展的问题还是十分有效的。

另一种方法是名义小组技术（nominal grouping technique）。管理者先挑选一些对要解决问题的有研究或经验的人员作为小组成员，然后向小组成员提供与决策问题相关的信息。小组成员围绕会议桌而坐，小组成员互不通气，首先独立地将自己的想法写在纸上。10~20分钟后，他们轮流向小组陈述自己的方案和意见。这些方案和意见提出来后会记录在更大的纸张上，以便每个人能够看见所有方案和意见，并在稍后的会议中提供给他们。最后由小组成员对提出的全部备选方案进行投票，根据投票结果，赞成人数最多的备选方案即为所要的方案。当然，管理者最后仍有权决定是接受还是拒绝这一方案。

尽管这两种方法在过程上相似，但预测中德尔菲法使用得更为频繁，而名义小组技术则通常用于识别组织目前存在的问题及解决的方法。

（二）情境分析法

在动荡多变和错综复杂的环境下，人力资源规划面临的不确定性与日俱增，将广泛用于未来学预测和战略规划中的情境分析法（scenario analysis）运用到人力资源规划中，是战略人力资源规划在预测方法上的一大突破。

情境分析法是一种新兴的预测法，在对经济、产业或技术的重大演变提出各种关键假设的基础上，通过对未来详细的、严密的推理和描述来构想未来各种可能的方案。[①]情境分析法由于不受任何条件限制，应用灵活，能够充分调动预测人员的

① 曾忠禄，张冬梅. 不确定环境下解读未来的方法：情景分析法. 情报杂志，2005（5）：14-16.

想象力，有利于决策者客观地进行决策。情境分析法的最大优势在于使管理者能发现未来变化的某些趋势和避免两个最常见的决策错误，即过高或过低估计未来的变化及其影响。将情境分析法运用于人力资源需求预测的基本操作步骤为：① 确认需要决定的关键决策；② 决策需考察的时间框架；③ 列出涉及的关键因素；④ 研究影响关键因素的驱动要素（如STEEP①），对驱动要素的重要性和不确定性打分，最重要、最不确定的因素应是情境构想的主要目标；⑤ 构想驱动要素可能的情境；⑥ 详细阐述情境；⑦ 根据每一情境审核问题的含义；⑧ 监测主要的指标和先兆事件；⑨ 预期哪一情境正在出现。

例如，在战略人力资源规划中，采用情境分析法来明确组织未来1 ~ 5年内的关键类岗位及人才需求。首先，通过环境扫描，系统性地检测对组织外在环境具有较大影响的经济、政治、法律、技术、社会、地理以及其他方面的趋势，并且在有决策高层的参与下分析这些趋势如何影响组织。在环境扫描之后，接着通过组织分析明确组织在面临未来挑战时如何自我定位。也就是说，规划者考虑组织在多大程度上准备好面对未来的趋势？在面对未来的机会和威胁时，组织能够采取什么行动？组织能够如何将自身优势最大化，劣势最小化？另外，规划者要格外注意组织结构和工作流程的潜在改变，因为关键岗位原本就是组织结构和工作流程决策之下的产物。最后，通过预设合理的未来情境加以明确未来关键的岗位及人才需求。将环境扫描和组织分析的结果加以比较，根据决策者们的分析和预测画出未来可能的组织架构图，为架构图上的每一个组织职能撰写未来潜在的使命，然后描述每一个部门关键岗位上的人员需要具备的胜任力。可以采用表10-3、表10-4和表10-5辅助完成环境扫描、组织分析和预设合理的未来情境三个步骤。

① STEEP：企业所处的社会环境（social）、技术环境（technological）、经济环境（economic）、生态环境（ecological）和政治法律环境（political-legal）五个方面。

表10-3 环境扫描工作表

说明：外部环境中哪些趋势会对组织造成影响？这个问题对组织战略规划、人力资源规划乃至于继任规划都有意义。环境监测的目的就是明确这些重要趋势，以及预测趋势的影响。 利用这张简单的工作表，帮助你理清哪些趋势会在未来影响你的组织？可能产生的作用又会如何？回答下面每一个问题，然后把你的答案和其他决策者们的答案进行比较。
1. 未来1~5年内，你认为哪些外在趋势最有可能影响你的组织？考虑经济状况、市场状况、财务状况、法律、法规状况、科技状况、社会状况以及其他你认为会有影响的因素。列出你认为会影响组织的趋势：
2. 对于上题你列出的每一项趋势，分析你认为它会如何影响你的组织。描述这些趋势的可能后果、产出或者影响（也许你无法做出百分之百确定的预测，但正如水晶球占卜一样，根据你的直觉和了解做出大胆的预测）。 列出影响、后果：

资料来源：罗斯维尔. 高效继任规划：如何建设卓越人才梯队. 南京：江苏人民出版社，2014.

表10-4 组织分析活动

说明：你的组织在多大程度上能够为即将发生的环境变化做好准备？利用本工作表来协助你分析组织内部状况，以明确外部环境对组织结构和工作方式产生的影响。
你需要先完成表10-3，然后利用表10-3的答案来帮助你接着回答以下问题。最后，把你的回答和其他决策者的答案加以比较；汇总你们的答案，作为考虑未来工作需求的依据。

1. 基于表10-3第2题所列出的每项后果、产出或者影响，指出组织的哪些职能、岗位最有可能受到这些趋势的影响，以及你认为它们会（或者应该）被如何影响。

列出环境造成的后果/产出/影响	描述你认为哪些职能/岗位最可能受到影响，以及会被怎样影响

2. 组织该如何应对未来趋势？工作流程是否应改变？工作方法是否应改变？组织结构是否应改变？外部竞争压力的加剧会带来哪些变革？组织的战略规划是如何应对未来挑战的？组织战略的改变是否会催生出新的关键岗位？随着新关键岗位的出现，旧的关键岗位是否会逐渐失去重要性？是否需要新的胜任力？如果是的话，新的胜任力有哪些？又是哪些职能/岗位需要新的胜任力？
写下你的想法：

资料来源：罗斯维尔. 高效继任规划：如何建设卓越人才梯队. 南京：江苏人民出版社，2014.

表10-5 预设合理的未来情境以明确未来的关键岗位

说明：对于未来的预测如果太过模糊，就显得作用不大。利用本表来帮助你具象化你的预测。根据表10-3和表10-4的答案，来帮助你对组织五年后的可能情况做出详细的描述。通过回答以下问题来做到这一目的。完成后，把你的答案和其他决策者、战略规划者们的答案加以比较。根据你的分析和预测，预设出一个最有可能发生的未来情境。

1. 根据环境扫描和组织诊断的结果，你认为组织在未来1~5年内“最可能”是什么样子？试预测组织到时候的情况、竞争、获利以及组织结构：

2. 你认为在未来1~5年内，哪些将会是“关键的”（也就是特别重要的）岗位？列出职位名称。你认为这些关键岗位上的人员需要具备哪些胜任力？

资料来源：罗斯维尔. 高效继任规划：如何建设卓越人才梯队. 南京：江苏人民出版社，2014.

二、战略人力资源供给预测方法

战略人力资源规划的供给预测关键在于人力资源盘点。人力资源盘点是指对人力资源状况摸底调查，利用绩效管理及能力评估，剖析员工的总体绩效状况、优势及待提高的方面。人力资源盘点既是系统化识别高潜人才的重要手段之一，也是对人才进行系统管理的一种流程。

一般来说，人力资源盘点主要分析三个方面：一是数量，即人员的数量；二是结构，即有怎样的岗位；三是能力。围绕这三个方面，开展现状盘点和未来盘点。其中，现状盘点涉及目前人岗匹配情况如何，现有人员稳定性如何，哪些因素影响员工稳定性，员工岗位绩效如何，绩效高低的原因是什么，如何改善；未来盘点涉及员工未来发展方向在哪里，核心骨干是谁，谁能够进入人才梯队，人才培养方式是什么。

在战略人力资源管理阶段，分析组织人力资源供给的重点之一在于人力资源素质和能力的评估。360度评估反馈法可以用来分析个人当前的工作绩效或者未来潜力，在战略人力资源规划中广泛应用于分析企业内部人力资源供给，尤其是关键人才的人力资源素质情况。

360度评估反馈法，也叫多源反馈法、多渠道反馈法，是从工作相关者就工作表现或者未来潜力收集反馈信息的一种方法。工作相关者包括上级、同事、内部客户、下属等组织内的人，有时客户、供应商甚至家庭成员等组织外的人也会被纳入进来。而且，为了比较自我认知与他人评价的偏差，同时增强个人参与感，自我评价也是360度评估反馈中不可或缺的一部分。[①]360度评估反馈法有诸多优点，比如它收集了多方面的意见，包括上级、同事、下级、客户等与被评估员工有关联的人，因此获得的信息颇具说服力；通过综合考量多方面的观点，评估的质量一般也更高。

但是，这种方法也有缺点，这是决策者在使用之前必须考虑的。具体表现在：① 360度评估法的代价相当昂贵，因此唯有在决策者清楚知道自己想要什么以及为什么想要的前提下，才值得去做。② 如果评估工具或量表并不能切合本公司的文化与生态，那么评估的结果就可能没有太大意义，甚至这种结果可能还有误导性。因为无论如何“绩效”和“潜力”都是深刻受到组织文化和工作氛围影响的。③ 如果接受评估的人数很多，那么数据分析的工作量可能会大到令人崩溃的地步。[②]

所以，在决定采用360度评估反馈法之前，决策者务必须考虑下述问题：① 谁要接受评估？由谁来评估？② 评估什么？是评估当前的绩效？未来的潜力？还是二者兼顾？③ 评估何时进行？④ 为什么要进行评估？由于360度评估的成本相当昂贵，评估所能够获得的收益是否大于成本？⑤ 如何进行评估？是在网络上进行、书面进行，还是结合多种方式？⑥ 数据将如何处理、解读并反馈给个人？结果又将如何运用？

清楚认识到360度评估反馈法的优缺点，并且具体思考过实施360度评估反馈法中的一些关键问题以后，规划者可以采用图10-4所示的360度评估反馈实施流程来评估组织人力资源供给情况。

① 北森人才管理研究院. 360度评估反馈法：人才管理的关键技术. 北京：中国经济出版社，2013.

② 罗斯维尔. 高效继任规划：如何建设卓越人才梯队. 李家强，陈致中，译. 南京：江苏人民出版社，2014.

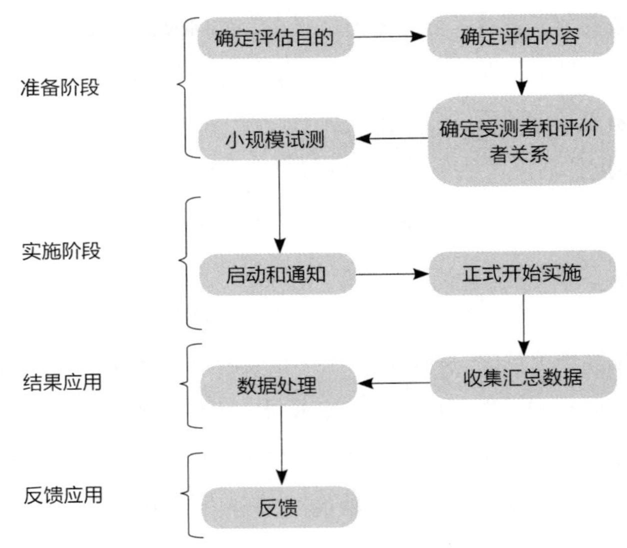

图10-4 360度评估反馈实施流程

第四节 承接组织战略的人力资源规划措施

人力资源规划必须以企业战略为基础，围绕企业战略展开，以确保在合适的时间有合适的人员执行合适的任务，保障战略目标的实现和组织持续性的发展。企业制定的组织战略不同，与之相匹配的人力资源规划自然不同。组织战略按照组织层次，可以分为公司层总体战略、事业层战略、职能层战略。其中，公司层总体战略是企业最高管理层指导和控制企业经营活动的最高纲领，按照组织成长方向的不同可以分为增长战略、稳定战略和收缩战略；事业层战略主要通过产业分析选择适当的战略获取竞争优势，波特提出了成本领先战略、差别化战略、集中战略三种基本战略；职能层战略是在企业特定的职能管理领域制定的战略。人力资源规划就是一种职能层战略规划，必须支持公司层总体战略和事业层竞争战略，承接组织战略制定具体的行动计划。

一、基于公司成长战略的人力资源规划措施

公司战略主要回答决定企业生存与发展的两个关联问题，即企业应该到哪个行业去竞争以及应该如何管理这些业务获得协同效应。公司战略是企业战略体系的总纲，统筹公司各个层次组织战略的规划。一般情况下，公司战略按照成长方向的不同可以分为增长战略、稳定战略、收缩战略三种类型。

（一）基于增长战略的人力资源规划措施

增长战略是指扩展公司的业务活动和范围，寻求扩大组织的经营规模。企业经营规模的扩大可用一些通行的标准衡量，包括更高的销售额、更多的员工人数和更大的市场份额。企业的增长可以通过内部增长和外部增长两种形式实现。内部增长是企业自身直接的增长，包括企业用一个产品打开多个市场的市场开发策略，以及企业针对一个市场提供多个产品的产品开发策略。当企业实施市场开发战略时，公司扩张非常迅速，急需大量销售人员分派各大市场打开销路。此时，人力资源部门需要特别注重员工的甄选和培训，帮助员工迅速掌握产品情况和增强对企业的认同，以保障员工在外扩张市场时能贯彻公司理念和执行市场战略。当企业实施产品开发战略时，对产品的技术创新和产品多元化提出更高的要求。这就需要人力资源部门加强对技术人员的培训，以促使员工深化产品技术创新为顾客提供多样化的产品服务，同时做好企业的知识管理工作，以积累形成企业特有的知识体系，为产品开发提供基础平台。外部增长是指企业通过收购、兼并、重组的方式进行扩张。此时，人力资源部门必须加强企业文化的塑造和整合、员工核心价值观的引导和培育，保障企业平稳过渡走上壮大发展之路。

（二）基于稳定战略的人力资源规划措施

实施稳定战略的企业经营活动很少有重大改变，一般继续向同类型的顾客提供同样的产品和服务，保持现有的企业规模和市场占有率，重在稳定和巩固现有的竞争地位。在稳定战略的指导下，企业的组织架构和岗位设置一般保持现状，不会有新的分支机构，也不会有新的岗位。此时，那些处于中层岗位希望通过自身努力得到晋升的年轻人，可能会感到职业发展受阻、工作动力不足，从而导致大批优秀的中青年骨干员工流失。因此，在这种情况下，人力资源部门必须加强员工的激励和职业生涯管理。此时，对员工激励的重点不在于物质激励，更多要通过企业文化的塑造和融入，向员工传递企业的愿景，让员工看得见企业发展的前景，留住员工并激励员工在现有岗位上锻炼能力和积累经验，为胜任更有挑战性的岗位做准备。同时，人力资源部门必须重视员工的职业生涯管理工作，为员二提供多条清晰的职业发展路径，辅助员工做好自我的职业生涯规划和管理，让员工清楚知道自己在企业中的发展方向以及如何发展。这样，员工才能安心留在企业中，用心做好自己的工作，全心为实现企业愿景努力奋斗。

（三）基于收缩战略的人力资源规划措施

收缩战略是指企业从目前的经营领域和基础水平收缩或撤退的一种经营战略。在收缩战略的指导下，企业会适当退出某个经营领域或地区，利用裁员来降低人员费用。在收缩战略的指导下，人力资源部门的工作重点就是有序地做好裁员工作。裁员工作至关重要的第一步是确定裁员的对象，在这个阶段需要公平地对待每位员工，公开透明地告诉员工组织的现状以及做出裁员决策的程序。对于战略性裁员来说，企业要清楚哪些人才构成组织的关键能力和支撑企业战略的实施，哪些人员已不再匹配企业的战略方向，以企业战略目标为准绳来评判裁员的对象。企业裁员之后，人力资源部门要密切关注留任者的动态，增强员工对组织的信任和忠诚，提高工作团队的士气和效率，确保组织快速步入正轨，高效开展业务。

二、基于竞争战略的人力资源规划措施

事业层战略通常发生在事业部或产品层次上，主要回答如何进行竞争的问题。即企业在已经选定的行业或领域中，应该采取什么样的行动和策略展开竞争，获取并强化在市场上的竞争优势。它的核心在于解决竞争手段的问题，应该开发哪些产品或服务，将这些产品提供给哪些市场，以及如何提供产品或服务。美国哈佛商学院著名的战略管理学家迈克尔·波特在其1980年出版的《竞争战略》一书中提出了三种竞争战略，即成本领先战略、差别化战略和集中战略。

（一）基于成本领先战略的人力资源规划措施

成本领先战略是指企业通过在内部加强成本控制，在研究、开发、生产、销售、服务和广告等领域内把成本降到最低水平，成为行业中的成本领先者的战略。成本领先战略的聚焦点在于效率、稳定性和成本控制。那些处于相对稳定商业环境中的企业较适合采用成本领先战略，基于低价格和高市场占有率与竞争对手在市场上展开角逐。为了配合企业低成本的企业战略，人力资源规划的方向是显而易见的，控制和降低与人力资源有关的成本，改善员工技能不断提升人力资源的有效性，通过合理的高结构化程序减少不确定性。此时，人力资源规划往往从一个长远的视角出发展开稳定的规划。因为实施成本领先战略的企业要求建设开发自己员工的能力符合组织的独特需求，当企业发现在某个新市场或新产品上需要特定专业技能时，短时间内很难从内部开发获得。在成本领先战略的指导下，企业人力资源规划注重精简机构和人员，做好人员的选拔和配置工作，采用结果导向的绩效评价方法，实施基于绩效的薪酬体系，通过内部招聘和周密、完善的培训来建设开发组织内部员工的能力。

（二）基于差别化战略的人力资源规划措施

差别化战略是指提供与众不同的产品和服务，满足顾客特殊的需求，形成竞争优势的战略。与成本领先战略不同，差别化战略的聚焦点在于成长、创新和分权化。在动荡不断和变化快速的商业环境中，实施差别化战略的企业可以保持灵敏性和响应性，持续发现新的产品和市场，获取企业的竞争优势。这种战略的一般特点是具有较强的营销能力，强调产品的设计和研究开发，企业以产品质量著称。在差别化战略的指导下，企业的人力资源规划更多着眼于一个短期的时间框架，进行灵活的人力资源规划，为企业快速配置创新性高的人力资源队伍。因此，差别化战略下的人力资源规划强调通过外部雇佣获取组织所需员工能力，开展以团队为基础的培训，宽泛和弹性化的人员配置，多采用行为导向的绩效评价方法，以多样化为导向的薪酬规划。

（三）基于集中战略的人力资源规划措施

集中战略是指把经营战略的重点放在一个特定的细分市场上，为特定的顾客提供特殊的产品或服务的战略。不同于成本领先战略和差异化战略在整个行业的范围内寻求竞争优势，集中战略只围绕一个特定的细分市场进行密集型的生产经营活动。企业一旦选定了细分市场，便可以通过成本领先或者产品差异化的方法获取竞争地位。实施集中战略的企业不急于寻求多元化扩张，而是专注于某个特定的领域，通过日积月累形成的对市场和顾客的了解和掌握，提供更好的产品与服务。在集中战略的指导下，企业的人力资源规划强调规划的适应性，重视员工知识的培训和知识的积累。因此，集中战略下的人力资源规划在补充、培训和配置员工时首要考虑员工的专业技术和能力，重视员工的职业发展规划，薪酬规划注重股权和期权等长期激励因素的作用。

三、基于可持续发展战略的人力资源规划措施

20世纪80年代尤其是进入21世纪以来，公司不可避免地需要应对可持续性发展的挑战，如何实现公司的经济责任、社会责任和环境责任的动态平衡成为每个公司必须思考的问题。为了实现公司长期性的成功，越来越多的企业将可持续发展战略纳入战略体系，致力于建设一个可持续性发展的公司。可持续性发展的公司，是指一个可以为股东创造利润，同时保护环境，改善相关人员生活的公司。[①]目前，许多公司正在通过多种途径实现可持续性发展，人力资源部门必须积极参与其中发挥重要作用，促使公司成功转型迈向可持续性发展的目标。在实现可持续性发展的道路上，公司人力资源的首要目标是在人力资源战略和可持续性发展目标之间建立一个坚定的联系。这样，承接组织可持续发展战略的人力资源规划必然不完全等同于传统的人力资源规划。

传统的人力资源规划在战略、市场、技术和其他环境下的可预测趋势的基础上进行人力资源规划，旨在为组织提供所需人力资源以实现企业战略目标，尽量减少商业环境中可能出现的变动带来的负面影响，如劳动力供给和需求出现中断。不过，除了上述考虑外，可持续发展战略下的人力资源规划还需要考虑新兴的环境和社会风险与机遇将需要何种新知识、技能和心态，以及组织将以何种方式为公司带来可持续性发展价值观。近些年来，随着新的、复杂的、相关环境风险的出现，随着解决环境问题的内在机遇的增长，越来越多的公司在现有职位上增加了新的环境职责甚或创造了新型的绿色工作职位。比如，会计部门人员需要学会碳核算，采购部门需要加强与绿色供应链的合作，营销部门需要关注如何响应大众对绿色产品的需求。同时，可持续性发展同样在社会和经济领域创建了新型工作的需求。因为，可持续性发展的公司要求确定广泛的利益相关者

① 安德鲁·W. 萨维茨，卡尔·韦伯. 人才，变革和三重底线——公司可持续性发展与人力资源运筹. 北京：中国电力出版社，2015.

并对其负责，与这些利益相关者建立开放透明的关系，并想方设法为了共同的利益达成合作。如此，企业可能需要公共关系专家、非政府组织和社区活动家、劳动和法律专家等。总之，为了实现可持续性发展战略，公司需要越来越多秉承可持续发展理念和价值观、具备环保和社会知识的员工。尤为重要的是，公司需要寻找可持续性发展领导，对于这样的领导来说，可持续性发展能力已经成为其领导力和战略决策能力的重要组成部分。这样，公司才能领导员工拓展必要的可持续性发展认识和技能，促使公司由创造财富的组织转变为创造共同财富的组织，领导公司走上环境、社会与经济平衡发展之路。可以看出，可持续性发展已经从上至下地改造了公司对于人力资源的需求，在人力资源规划中关注这种转变，才能有效分析组织需求为实现企业战略目标提供适配的人力资源队伍。

另外，可持续性发展战略下的人力资源供给分析，还需要考虑可持续发展意识，以及教育和能力对人力资源供给的影响。可喜的是，当前越来越多的年轻人异常关注环境、社会和经济问题对他们工作的影响，更积极寻找那些同样关注这些问题的公司并为之出力。同时，在人口老龄化快速推进的当下，有越来越多的年老员工选择延长职业生涯和重返职场，他们在生命周期的最后阶段，也更关注能为社会、经济和环境的可持续发展尽一份力，希望能帮助公司解决可持续性发展议题。

第五节 战略人力资源规划实施

战略人力资源规划是一项上承企业战略、下接人力资源的战略性活动。落实好这项工作，企业需要做到仰望星空与脚踏实地二者并重。一方面，企业需要有宏观思维视野和战略性判断力；另一方面，企业要注重细节，严格把控流程的每个环节。人力资源规划是一项艰巨、复杂的工作，很可能从一开始就让很多人望而却步，或者遇到某个问题就止步不前。下面将为开展战略人力资源规划提出一些实施要点，以对人力资源规划实践有所指导。

一、规划参与主体的角色明确

开展人力资源规划活动的一大挑战在于：对人力资源规划的需求往往来自于高层在企业战略竞争中的迫切期待，规划者通常需要快速、高效应对以满足自上而下的人力资源需求。但是，实施持续的成功人力资源规划是一项自下而上的活动。因此，明确人力资源规划活动中各参与主体的角色，包括高层管理者、人力资源部门、员工以及其他利益相关者等，每个主体知道自己被期望做些什么以及怎么做。这样，通过统筹协调各主体角色，才可以有效结合自上而下的需求与自下而上的参与，为成功开展战略性人力资源规划提供有力保障。

高层管理者尤其是总经理，在战略人力资源规划中的角色是举足轻重的。如果高层管理者愿意全力支持，人力资源规划工作就有一个很好的起点；反之，这项工作则会陷入窘迫的境地。高层管理者对战略人力资源规划的参与，不能只是所谓的动员讲话，然后授权人力资源部门完成剩下的事情。事实上，高管需要躬体力行参与整个人力资源规划，包括推动人力资源规划工作的开展、确定驱动企业战略的组织能力、设计人力资源需求等。

很多企业在开展人力资源规划时，认为这是由人力资源管理部门全权负责的工作。然而，事实上，对于为企业实现战略目标和构建组织能力聚集所需人力资源的责任，只靠人力资源部门难以承担，需要高层管理者、其他部门、员工个体以及其他利益相关者的全面参与。不过，人力资源部门的确是最适合促进人力资源规划过程运作的部门。在大多数组织中，人力资源部门在这一过程中的角色都表现出明显的协调性。这意味着：① 人力资源部门具备一定能获取其他参与主体承诺的能力；② 人力资源部门的某人或某些人要负责收集、跟进人力资源规划的相关信息；③ 人力资源部门必须具备足够的技术能力，协助组织收集个人和组织需求、当下和未来的胜任力、现有人力资源盘点、外部人力资源动态等方面的数据；④ 人力资源管理部门能协调数据处理和分析技能娴熟的专家予以技术支持。

人力资源规划涉及组织所有员工的切身利益，员工能从中了解组织未来人力资源的需求与行动策略，将个人职业生涯规划与组织人力资源需求紧密结合起来。员工个体积极参与到人力资源规划中，不仅能保障规划的顺利开展，而且能大大提高人力资源规划实施的效果。尤其对于关键角色的员工来说，让他们明确自己在职业生涯中扮演的角色，组织掌握员工为自己设定的职业生涯目标，有助于组织在关键角色人力资源的安排上做出合理决定。

二、人力资源信息系统的数据支撑

任何人力资源规划实践的基础在于数据获取和数据分析的能力。人力资源规划流程涉及大量内外部环境的信息需要收集、存储和分析。人力资源信息系统（human resource information system，HRIS）通过对组织中的信息流进行整体性的获取、储存、分析和控制，可以满足企业的信息需求，从而为企业在人力资源决策的制定上提供数据支撑。高度集成的人力资源信息系统从人力资源管理的角度出发，通过集中的数据库将几乎所有与人力资源相关的数据（如薪资福利、招聘、个人职业生涯的设计、培训、职位管理、绩效管理、岗位描述、个人信息和历史资料）统一管理起来，形成集成的信息源。基于人力资源信息系统，规划者可以从日常烦琐的事务中摆脱出来，得以从战略的角度考虑企业的人力资源规划和政策。同时，规划者所做出的人力资源规划和管理决策是基于一定可靠数据分析之上制定的，而不单凭管理者的感知和直觉。

当然，合理利用人力资源信息系统，才能助力人力资源规划提高效率和有效性。企业在利用人力资源信息系统时可能存在以下问题：① 多个软件系统分割存储不同模块的数据，从而使汇总的数据可能不连续和不完整，无法满足企业在人力资源规划中的数据需求。② 数据陈旧，更新滞后于组织的发展。在环境多变的市场中，人力资源信息系统中的数据常常不能反映真实的组织状况，关于员工能力、经验及发展需要的信息可能是过时的。③ 过于依赖人力资源信息系统做出人力资源规划决策。实际上，在环境日益动荡和复杂的情况下，企业完全凭借过去的数据信息做出定量的预测可能会偏差较大，需要规划者发挥自己的商业敏感性解读数据。

三、企业文化的渗透与整合

企业文化是组织内成员共同拥有的、用来指导成员行为的一套价值观系统。良好的企业文化可以提高组织成员的凝聚力，对员工产生持久而深刻的激励作用，以为实现组织战略目标共同奋斗。在战略人力资源规划中，注重企业文化的渗透和融合，有利于保持企业的经营特色，维持人力资源的延续性，从而为实现企业战略提供一支核心价值观匹配的人力资源队伍。只有核心价值观与企业文化一致的员工，才能从内心认同企业的理想、愿景和目标，真正伴随企业成长和发展，为实现企业战略不断努力。在管理实践中，优秀的公司对企业文化越来越重视。比如，世界最大航运企业马士基集团，经历110多年的风雨而成为行业翘楚。随着集团规模扩大，航运轮船也远非当初的小帆船，甚至公司人员换了一批又一批，但是老马士基传承下的那种迎难而上和不惧风浪的核心价值观，却经受住了洗礼，日久弥新，成为马士基稳步发展的重要基石。阿里巴巴集团非常重视企业文化的建设，核心价值观在员工平时绩效考核中的权重占到50%。

四、员工发展与组织发展的高度融合

战略人力资源规划不仅是面向企业的规划，也是面向员工的规划。企业和员工共同发展、互利共赢，才能促使企业走得更远、更好。如果企业以损害员工的利益为前提获得组织的利益，那么最终企业也要为自己的短视埋单。因此，为了制定有效的战略人力资源规划，企业必须将员工的利益纳入考虑，帮助员工在组织内获得更好的发展。这

就要求：一方面组织要在培训、晋升、薪酬、劳动关系等具体规划中打出激励方式组合拳，个性化、创造性地满足员工多层次的需求，以此充分调动员工的主动性和创造性，最大限度地发挥员工的潜力；另一方面，组织需要将员工的职业生涯规划与企业战略目标的实现相结合，让员工和组织的长远利益达成一致，实现员工和组织的互利共赢。

五、规划流程的系统化

人力资源规划是一项长期性、持续性、滚动性开展的工作，企业需要建立一套系统化的流程保障规划的成功开展和实施。仅靠短期性突击制定的人力资源规划，往往流于形式，不能满足企业对于人力资源的需求。传统人力资源规划和战略人力资源规划的核心思路和价值侧重点完全不一样，企业有必要重新建立一套考虑周全的规划流程。在这套规划流程中，关键在于决定谁应该参与其中，他们会扮演什么角色，以及需要搜集和分析哪些信息以便做出商业决策。在最近一项关于人力资源规划实践的研究中发现，如果将人力资源规划只看作一个简单的人力资源项目，那它基本上就会以失败告终。[①]战略人力资源规划通常一次规划、分期滚动实施，并根据实施情况进行动态调整和评估。因此，系统的规划流程才能有效保障人力资源规划的持续性和动态性。

① 兰斯·A. 伯杰，多萝西·R. 伯杰. 人才管理：甄选、开发、提升最优秀的员工，让人才成为组织的持续竞争优势. 2版. 北京：中国经济出版社，2012.

第六节 战略导向的继任规划

一、继任规划的内涵、特征和作用

进入战略人力资源管理阶段，面对日益动荡复杂的经营环境，企业之间的竞争归根结底是人才的竞争。一个企业要想获得长期而稳定的发展，没有什么比选拔和培养人才尤其是关键人才更重要。为了能获取支持企业长久发展的人才，越来越多的公司意识到，通过继任规划（succession planning）为企业输送源源不断的人才，保障持续和稳定的人才供给意义重大。纵观中外基业长青的企业，无不对接班问题和人才储备具有高度的紧迫感和危机意识。比如，国际商务机器（IBM）公司的“长板凳计划”[②]（Long bench plan）成功实现领导人才的数量富裕，使这

② 长板凳计划：现有管理者必须确定自己的岗位在未来1 ~ 2年内由谁来接任，在3 ~ 5年内又由谁来接任，以保证每个重要的管理岗位都有2个以上的替补人员。

个蓝色巨人一直为业界所称道；通用电气的杰克·韦尔奇就是通过继任规划走上了首席执行官的位置；雀巢公司前首席执行官彼得·包必达（Peter Brabeck）就曾表示，他从上任第一天开始就着手培养接班人；联想集团创始人柳传志曾说过："以我办联想的体会，最重要的一个启示是，除了需要敏锐的洞察力和战略判断力外，培养人才，选好接替自己的人，恐怕是企业领导最重要的任务。"

（一）继任规划的内涵

继任规划是指为有序地接替关键岗位员工的工作而制定长期计划的过程。它的主要内容是发现、追踪并培养高潜质的人才。其中，高潜质人才是指那些企业相信他们具有胜任关键岗位潜力的人。一般而言，关键岗位主要指高层管理人员，比如CEO接班人计划，然而不应该仅局限于此。实际上有效的继任规划应该涉及所有工种的关键岗位和个人发展，包括专业、技术、销售、文秘和生产人员等。例如，对将中草药护理用品打进国际市场的企业来说，为研发人员、营销主管、招聘主管、财务经理、供应链经理、产品经理等其他重要岗位做继任规划与高层管理人员同样重要。有调查研究发现，继任规划中包括的员工主要是高级管理人员（75%）、经理层（67%）、中级管理人员（56%）、非管理人员（17%）。[①]通过开展继任规划，组织使用多种方式，系统、深入地分析组织未来所需要的能力，并据此甄别组织关键岗位上的高潜力候选人，通过对这些候选人进行有效的培训，达到开发其领导力的目的。然后，从潜在的候选人群体中选择关键岗位的任职者，为企业持续发展形成一条稳定的人才补给线。

① Fegley S. Succession Planning: A Survey Report.Alexandria, VA: Society for Human Resources Management, 2006.

（二）继任规划的特征

继任规划通过正向介入手段来有效地获取组织持续发展所需的人才，是一项长期的系统性工程，具有战略性、长期性、事先性、主动性和发展性的特点。具体表现如下：

1. 战略性

继任规划站在战略的高度，旨在为企业未来发展和战略实现储备一支优秀的后备人才队伍。其本身服从并服务于公司的企业战略和长远目标，应该匹配并支持企业战略规划、人力资源规划、人力资源发展规划。继任规划与管理可以视作战略管理和人力资源管理各自延伸、相互交融而形成的一个新领域，它通过预测组织未来发展的需求，识别、评价、开发、管理、储备组织核心人才，将一系列人力资源开发与员工职业生涯管理活动同企业战略与发展未来紧密联系。

2. 长期性

为了满足企业长远目标发展而开展的继任规划是一个长期持续的过程。比如，通用电气前CEO雷吉·琼斯很早开始就挑选接班人，先花3年时间观察，最后才从3个候选人中挑中了杰克·韦尔奇，又用2年时间创造条件"定向培养"。虽然韦尔奇本人2001年才退休，但斟酌挑选下一任CEO的工作也足足用了7年的时间。十年树木，百年树人。

为了成功开展继任规划与管理工作，企业为满足未来人才需求需要留出充足的储备时间。在长期内，继任规划一环紧扣一环连续展开，企业必须保持各环节有效联动，闭环控制，对继任规划进行定期回顾。

3. 事先性

凡事预则立，不预则废。继任规划之于公司未来战略具有重要的价值，其中每个环节的未雨绸缪都事关未来成功与否。所以，企业对于未来的人才储备应提前规划，尽早行事，而不是临时找替补人员亡羊补牢。继任规划是事前工作，与作为风险管理形式的替代规划是不同的。替代规划主要目的是减少由于突然失去关键岗位上的人员而造成的灾难性损失，更多是一种事后妥善处理。

4. 主动性

继任规划与替代规划的另一区别在于主动性。继任规划是组织有意识、有目的、有计划地建设卓越的人才梯队，为企业未来发展修建人才蓄水池。在继任规划中，需要高层管理者、人力资源部门、员工、主管等利益相关者的积极主动参与。高层是继任规划与管理的决策者，他们的高度支持和参与对于催化和推进继任规划价值重大，为继任规划提供了重要的资源支持；人力资源部门是继任规划的专业推动者，积极主动规划和推动是继任规划持续有效开展的重点所在；员工是发展的主体，需要对于发展有较高的意愿度和主动性；主管是发现、培养高潜力人才的直接负责人，他们愿意在继任规划上投入时间和精力；亲自发掘、培养人才是继任规划成功实施的关键。

5. 发展性

继任规划关注于提升，而不仅仅是替代。继任规划是组织通过有序的员工发展项目，从内识别、培养高潜力人才，以确保领导力延续的过程。在这一过程中，组织通过系统性、针对性、灵活性地开展培训、员工教育和员工发展项目，旨在强化员工发展和提升组织领导力。其中，培训帮助员工胜任目前的岗位，教育帮助他们准备好承担未来的责任。员工发展可以是个人成长、组织学习或能力获取的手段。继任规划对人才发展形成拉力，有助于员工实现在组织内的职业发展规划。

（三）继任规划的作用

正是由于继任规划的这些特点，它在企业战略竞争和持续发展中发挥着独特的作用。

（1）继任规划为企业应对组织战略和业务的挑战提供充足的人才储备，确保企业在持续发展甚至陷入危机时获得所需人才资源，有助于企业战略目标的实现和竞争优势的获取。

（2）继任规划充分挖掘员工潜力，为组织中高潜力员工提供更多的职业发展机会，有助于优秀人才的成长和发展。

（3）继任规划能够激励现岗员工，提高他们对未来挑战的准备度，有助于改善各个业务部门的工作效率和质量。

（4）继任规划可以有效避免“玻璃天花板”、“官僚裙带关系”、“彼得现象”（在一个实施等级制度的组织中，每个员工都趋向于上升到他所不能胜任的地位）等，有助于为组织发展创造一个多元、开放、公平、透明、追求卓越的工作氛围。

二、继任规划与人力资源规划的关系

继任规划与战略人力资源规划紧密相关。其中，继任规划应该匹配并支持企业战略规划、人力资源规划，继任规划有利于建立更全面的人力资源规划体系，同时潜在继任者的素质和能力应符合企业战略和人力资源规划的要求。

继任规划与人力资源规划之间存在明显的区别：

（1）关注内容不同。继任规划通常关注个人，人力资源规划关注角色，而不是聚焦角色所对应的员工个体。同样地，人力资源规划可以看作关键的宏观人力资源管理过程，而继任规划是关键的微观人力资源管理过程之一。

（2）涵盖范围不同。人力资源规划很大程度上关注未来关键人力资源的类型和数量，而继任规划通常涵盖组织内关键职位的置换计划。

（3）关注层级不同。继任规划和管理实施是分层级进行的，通常限于组织高层。人力资源规划很大程度上不受层级的影响。如果一个关键角色存在于一线的管理阶层中，他就应该与那些对组织成功非常关键的最重要的高层角色等同视之。①

然而，对人力资源规划和继任规划两个过程进行整合也有很大的可能性。具体来说，发展的观点认为，继任规划与管理不需要进行严格的等级区分。尤其当组织内最高几个层级的继任规划已经确定时更是如此。在这些最高层级之下，继任规划与管理最好应该关注并将资源给予那些通过人力资源分析得到的战略性关键角色。②新兴的观点指出，继任规划与管理范围广泛，为满足组织今后的人才需求，继任规划应该对合适的员工数量和合适的人员类型进行规划。③

① 兰斯·A. 伯杰，多萝西·R. 伯杰：人才管理：甄选、开发、提升最优秀的员工，让人才成为组织的持续竞争优势. 2版. 北京：中国经济出版社，2012.

② 同①。

③ 罗斯维尔. 高效继任规划：如何建设卓越人才梯队. 李家强，陈致中，译. 南京：江苏人民出版社，2014.

三、继任规划流程

系统化的继任规划流程对于公司开展继任规划与管理实践具有重要的指导作用。表10-6提供了一种较为常见的普遍做法。只有具体结合公司实际情况按照规划流程步骤实施，才能赋予继任规划与管理独有的活力和生命力。不过，成功的继任规划与管理实践在一些关键环节把握上呈现一些相似之处。

表10-6 继任规划与管理流程表

<table>
<tr><th>阶段</th><th>7要点模型</th><th>人才加速储备库</th><th>领导梯队</th></tr>
<tr><td rowspan="4">启动阶段：
制定政策和程序</td><td>第1步：获得高层管理者的承诺和支持以及系统性继任规划与管理机制的建设启动</td><td rowspan="4">建立人才库模型</td><td>第1步：使领导梯队模型符合组织需要</td></tr>
<tr><td>第2步：评估工作要求</td><td>第2步：把绩效和潜能指标具体化</td></tr>
<tr><td>第3步：鉴定员工业绩</td><td rowspan="2">第3步：记录下最终标准并与员工进行充分沟通</td></tr>
<tr><td>第4步：评估未来的工作要求</td></tr>
<tr><td rowspan="2">评估阶段：
评估候选人</td><td rowspan="2">第5步：评估个人发展潜力</td><td>阶段1：对高潜力候选人的提名和评估</td><td rowspan="2">第4步：通过业绩–发展潜力矩阵对继任候选人进行评价</td></tr>
<tr><td>阶段2：分析发展潜力</td></tr>
<tr><td rowspan="2">发展阶段：
发展候选人</td><td rowspan="2">第6步：弥补候选人的缺陷</td><td>阶段3：提供发展机会</td><td rowspan="2"></td></tr>
<tr><td>阶段4：实施和记录发展进程</td></tr>
<tr><td>评估阶段：
评估与控制</td><td>第7步：评估继任规划与管理实施的实际情况</td><td>阶段5：对发展进程的检查和修正</td><td>第5步：反复检查整个领导梯队建设的计划和进度</td></tr>
</table>

资料来源：何莹，王德才．中国企业继任计划研究．华东经济管理，2014，28（1）：132.

（一）获得利益相关者的支持和参与

继任规划涉及企业各个业务单元和不同层级人员的评价与发展。与战略人力资源规划一样，继任规划并不是人力资源部门独立承担和完成的任务，需要高层管理者、业务经理、人力资源部门、员工及其他关键利益相关者的高度支持和参与。很多企业继任规划进展不顺或是以失败告终的主要原因，在于缺乏高层管理者的支持。然而，所幸的是，越来越多企业的总经理意识到，关键岗位继任尤其是总经理接班人问题对组织战略的成败和企业发展的兴衰影响重大。

为了赢得高层管理者的全力支持，规划者必须向高管层证明开展继任规划的必要性、紧迫性和价值性，提出明确的企业继任规划的需求。只有高层管理者大力支持和推动，业务经理才会负起责任识别、培养和留住高潜力的下属。实际上，在继任规划的操作层面上，中、基层管理人员对继任规划实施成败的影响更大，因为他们直接影响员工的去留和发展。规划者最好将识别与培养人才的工作纳入业务部门经理人员的日常工作中，把业务经理发掘、培养和留住高潜力下属的表现与其薪酬挂钩。人力资源部门是当仁不让的继任规划工作专业推动者，需要不断提升自身的协调能力、规划能力、沟通能力，为有效推行系统化的继任规划提供强有力的后盾。

继任规划最终的落脚点在于员工，规划者可以通过向员工阐述继任规划对于个人发展和组织发展的价值和意义，签订参与承诺书，提高员工参与继任规划的意愿度和主动性。董事会也越来越多地参与到企业的继任规划与管理活动中，因为他们会看到高层管理者突然离职对公司股价带来的严重打击。董事会重视和监督企业继任规划开展情况，对提高总经理和其他高管的积极性和责任性大有帮助。此外，部分企业成立了由高层管理者、一般管理人员、人力资源人员等相关利益群体共同组建的继任规划实施机构，专门负责继任规划与管理工作的推进与实施。

（二）确定关键岗位清单

要想从系统性继任规划中收益最大，必须首先从确定企业关键岗位着手。这些岗位是组织业务推进的核心环节，一旦空缺将导致企业无法满足顾客需要，丧失竞争优势。与战略性人力资源规划类似，继任规划确定关键岗位可以依据企业发展战略、业务流程、组织架构图和人力资源策略明确企业关键的组织能力，然后分析这些能力由哪些关键岗位所承担，筛选和确定关键岗位清单。更重要的是，随着企业战略的变化，关键组织能力的需求不断改变，需要注重关键岗位的动态适应性，对构成组织能力的关键岗位做出相应调整。

从定性角度来说，关键岗位通常有如下几个参考标准：

（1）岗位与组织的关键能力紧密相关，对组织未来发展起着至关重要的作用。

（2）根据公司业务发展、组织架构和目前的继任者变化情况确定需要新建继任计划或者补充继任者的职位。

（3）具备特殊技能，培养周期长，在组织发展中替代性差，且需求量比较大。

（4）较为适合从内部培养和选拔，而非外部招聘。

一般而言，这些职位在企业内部均属于中高管理层或专业技术岗位。这些群体的继任问题是企业的人才供应链断裂影响最严重和最明显的地方。推行继任规划的时候，可以采用一种阶梯式的策略。先从组织最高层着手，针对总经理以及其他高管挑选和重点培养接班人，然后将中层管理者囊括进来，接着再陆续加入其他关键岗位。①

（三）分析当前工作要求与个人工作绩效

明确关键岗位后，下一步需要分析这些岗位当前的工作要求。澄清关键岗位的工作要求，可以通过岗位和任务分析明确岗位职责，以及建立胜任力模型明确岗位胜任力。同时，阐明企业期望的价值观也是分析关键岗位工作要求的一大关注点。一般来说，职位越高，对专业能力要求相对较低一些，但对管理能力要求更高，尤其更加注重核心价值观。建立有效的继任规划有两类最基础的信息：关键岗位的工作要求；目前现任人员及其潜在继任人选的绩效表现。所以，建立有效的绩效评估体系是至关重

① 威廉·罗斯维尔. 高效继任规划：如何建设卓越人才梯队. 李家强，陈致中，译. 南京：江苏人民出版社，2014：135.

要的。对员工绩效评估的常见方式主要有：对员工的整体绩效表现做全面评估，对员工与绩效有关的个人特质做特质评估，基于岗位说明对员工的各项行为、职责、责任等进行维度评估，行为锚定等级评价法，目标管理等。

（四）评估未来工作要求与个人潜力

在日益动荡、复杂的环境中，组织为了获取竞争优势所需组织能力不断发生变化，由此构成组织能力的关键岗位及其工作要求可能也会有所不同。为了提高个体对未来晋升岗位的准备度，继任规划者必须设法明确未来关键的岗位以及它们的工作要求。明确未来关键岗位并且评估工作要求的具体步骤与确定当前关键岗位及其工作要求的做法类似，不过要求规划者更关注组织内外部环境的变化，更具战略性判断力和前瞻性思维。采用情境分析法，通过预设合理的未来情境，可有助于规划者明确未来关键岗位并且评估工作要求。在未来的时间维度上，对员工个体的评估更看重员工的潜力。不同于绩效评估只考察了个体当前的工作表现，潜力评估更多关注了个体未来胜任更高职位的潜质。可以用于评估个人潜力的方法有很多种，包括上级自主评定、上级依据更高职位上的行为和素质要求来评估个体、360度评估、评价中心、心理测验、实际工作预演等。

在继任规划中，对员工个体绩效和潜力的评估是基石，既决定了继任候选人的进出，也是人才培养的前提和依据。正所谓“玉尺量才”，在员工个体绩效和潜力的评估上，企业需要确立适当的选才标准，并且搭建一套规范化的人才评估体系以及选择合适的评估工具。随后，通过观察员工在一段时间内的绩效水平以及改进程度，在工作中表现出来的能力和潜质等，绩效、潜力俱佳者将作为继任候选人纳入企业的人才库。人才库是一群正被组织准备纵向或横向发展的员工的集合。纵向发展通常指提升到组织指挥链更上层的位置，横向发展则通常指员工的知识、技能和能力得到更广泛拓展，能够满足组织的发展方向或员工个人的职业规划。人才库体现了继任规划和替代计划之间的差异。在替代计划中，单个员工通常被作为某个具体岗位的后备人员进行培养，也只鼓励那种垂直通道的晋升；相反，在继任规划中，所有层级的主管都可以在整个组织中为更高一层级的岗位搜索人才。因此，可以应用人才库为某个层次储备人才，而不像替代计划那样为特定的更高层级的具体岗位储备人才。在成功地实施继任计划之后，如果出现空缺，组织内部会有多个候选人可供选择，竞聘上岗。

（五）制定继任候选人的发展计划

将对未来的评估和对当前的工作要求及员工绩效的分析结合起来，就能够明确继任候选人现有能力和晋升所需能力之间的差距，从而为规划个人的发展计划奠定基础。在为继任候选人制定发展计划时，首先要为员工选出他可能晋升的一组目标岗位，基于此对员工个人的发展需求做出诊断。通过发展需求诊断，将员工当下具备的知识、技能和能力与目标关键岗位的需求加以比较，可以明确员工的发展差距。接下来需要制定具体的个人发展计划，以缩小个人现有能力和晋升所需能力之间的差距。对继任候选人的培养是一个持续的过程，而不是一蹴而就的事情，需要企业和员工双方的承诺和共同投入。对于企业而言，个人发展计划要个性化设计以弥补继任候选人的缺陷，灵活地采用培养性任务、短期体验、培训、专业辅导等作为培养手段以满足培养需要，有创造性地安排培养任务以兼顾个人培养的需求和企业业务发展的需要，追踪评估个体学习和发展的效果以考察继任候选人的业绩和能力的发展情况。对于继任候选人来说，个体需要愿意在当前岗位上好好表现的同时，承诺接受更高层级的挑战。

本章小结

（1）战略人力资源规划内容包括人力资源数量规划、人力资源结构规划和人力资源素质规划。

（2）战略人力资源规划流程包括：将企业战略转化为组织能力，设计人力资源需求，评估人力资源供给，制定行动计划，规划实施、评估和控制。

（3）战略人力资源需求预测方法主要有专家预测法、情境分析法。战略人力资源供给预测的关键在于人力资源盘点，即人力资源数量、结构、能力的盘点和评估，主要采用360度评估反馈法。

（4）战略人力资源规划实施过程需要注意：规划参与主体的角色明确，人力资源信息系统的数据支撑，企业文化的渗透与整合，员工发展与组织发展的高度融合，规划流程的系统化。

（5）战略导向的继任规划是保障企业人才供给持续、稳定的重要举措，包括：启动阶段，制定政策和程序；评估阶段，评估候选人的发展潜力；发展阶段，培育候选人；评估阶段，评估继任规划与管理实施的实际情况。

即测即评

请扫描右侧的二维码（内含若干判断题、单选题和多选题），您可在线自测并查看答案。

思考题

1. 战略人力资源规划的内容是什么？与传统人力资源规划的区别何在？
2. 战略人力资源规划流程与传统人力资源规划相比，关注点有何不同？
3. 战略人力资源规划为什么更多使用定性方法预测人力资源需求与供给？
4. 结合不同组织战略具体开展的人力资源规划有何差异之处？

5. 继任规划与人力资源规划的联系与区别是什么？

实例经验与启发

回顾开篇的情境实例，经过理论学习和案例剖析，得到以下启发：

（1）传统人事规划和科学人力资源规划在企业发展的过程中越来越不能适应组织对人力资源的多元化需求而逐渐被淘汰。组织应当对其传统人事规划、科学人力资源规划进行扬弃，引入能适应组织内外部环境动态变化和复杂变化的战略人力资源规划，为组织提供能满足组织目标和战略的人力资源规划。

（2）战略人力资源规划要求人力资源管理部门在组织愿景、组织目标和战略规划的指引下，从战略高度对人力资源进行统筹规划，即以企业战略目标确定组织需要具备的能力，从而对人力资源数量、质量、结构提出要求，使之与组织能力相匹配。

讨论案例

浦发硅谷银行：培养未来银行家①

浦发硅谷银行由上海浦东发展银行（浦发银行）和美国硅谷银行（硅谷银行）各出资50%在2011年建立，专注服务于科技型中小企业。这家年轻而有活力的公司在成立之初便重点关注继任规划，将其与员工发展计划紧密结合，建立了有序的人才梯队，并且围绕着公司定制的领导力胜任模型，多元化培养每个岗位的接班人。

① 杨鲜红. 高效继任计划铸造卓越人才梯队——浦发硅谷银行培养未来银行家. 培训。2014（11）: 44-51.

一、继任规划和员工发展有效结合

得益于公司合资的背景和银行成立之初对管理人才的需求，在浦发硅谷银行初建时的高管团队当中，除了个别成员是通过市场招聘的，其他成员都是双方股东派遣的业内资深人士。并且可以预见的是，银行在未来3～5年的时间内面临扩张，需要在北京或其他有创新型企业聚集的地区开设分行，并于之后不断增加分行的数量。因此，当务之急在于创建银行内部优秀的人才梯队，培养更多合资银行“自己的”高级管理人才及专才型人才，以促进公司强劲发展。

为了实现该战略目标，浦发硅谷银行的继任规划和员工发展计划紧密结合、相互辅助。一方面，员工发展计划可以为继任规划提供人力资源支持，避免人才更替中出现断层的现象；另一方面，继任规划也为员工发展提供了相应的职位空缺。只有两者配合到位，才能形成一个有序的人才梯队，让员工得到持续发展。这对初创期的企业来说是至关重要的。

二、员工发展的基础：职业对话

浦发硅谷银行每个部门的岗位职级都是公开的。全行所有员工都会和HR进行一次“职业对话”，了解自己的岗位在部门和公司所处职级，以及本部门或不同部门其他同事的岗位职级。他们也可以从对话中了解到上级的岗位职责，如果自己想要晋升或转岗，需要的专业技能和管理能力是怎样的。

在银行成立初期，由于大家都是新员工，对职业发展方向并不是很清楚。职业对话向所有的员工传递三个非常强的信息：第一，越高级别的管理岗位需要越强的管理能力，仅有出色的专业能力无法成为一名优秀的管理者；第二，不是每个人都适合担任管理岗位，但是他们完全可以成为出色的资深业务专才；第三，浦发硅谷银行是一家快速成长企业，会有非常多的职业发展机会，需要你自己去把握。

通过职业对话，浦发硅谷银行明确了管理层对员工的期望和要求，令年轻的员工们感受到其肩负的使命，看到了自己在组织内的发展方向，使全体员工凝聚成一支很有抱负和向心力的团队。在此基础之上，继任者的培养会更有成效。

三、领导力胜任核心：正确的影响

浦发硅谷银行一直坚信，优秀的领导力必须在适合的企业文化中才能得到培养和发掘。为此，浦发硅谷银行构建了一个以“正确的影响”为核心的领导力胜任模型（见图10-5），对领导者提出诸多方面的要求。

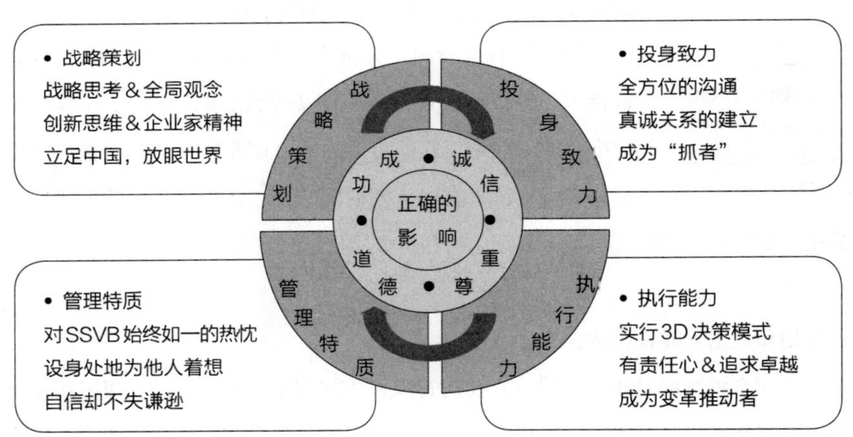

图10-5　不同层级职位的不同能力要求

（一）战略策划

有着50%美国基因的浦发硅谷银行一直将自己视为一家本土银行，但由于要和世界各地的风投、创新企业合作，也需要全球化的战略眼光。因此，浦发硅谷银行需要领导者拥有创新精神和企业家精神。这也是浦发硅谷银行的独特之处，它是一家真正的创新科技银行。

（二）投身致力

浦发硅谷银行鼓励跨部门的全方位沟通，为此设计了很多跨部门的团队活动。领导者不仅要有驾驭纵向沟通的能力，更要有横向沟通跨部门合作的精神。只有在有效畅通的工作沟通中，才能建立真诚的员工关系。“grabber”的中文意思是“抓者”，是浦发硅谷银行里一个颇具趣味的单词，突出了员工的积极能动性，代表浦发硅谷银行的员工在本职工作之外敢于承担更多的责任来锻炼自身，积极主动去“抓事情”来做。

（三）执行能力

浦发硅谷银行大力提倡3D决策模式——讨论（discussion）、决策（decision）和执行（delivery）。优秀的未来领导者在日常应当积极参与讨论，踊跃发表意见，而非“沉默是金”。然而，一旦做出决定，每位参与者都要服从，包括那些持有不同意见的同事。在执行过程中，为了保证公司的信誉和产品质量，所有人要齐心协力，尽心尽责做到完美地交付。此外，在追求卓越和完美的同时，浦发硅谷银行还要求员工了解公司的前景与未来发展状况。任何一个组织都会发生很多变化，特别是新机构、新组织，所以浦发硅谷银行希望每一位同事都用发展的眼光看待公司的成长，而不会对改变感到不适应。

（四）管理特质

作为“创业者”，没有热情就成不了事。浦发硅谷银行非常重视员工对公司始终如一的热忱，希望每一位同事都有非凡的使命感，知道自己正在做什么；其次，希望员工学会换位思考，为他人着想，这样双方的矛盾才会化解；同时，还希望员工谦虚但又不乏自信。银行的性质决定组织需要非常重视诚信正直的本质，具备高尚的职业道德，懂得尊重他人，还应追求“成功”这一企业核心价值。

所有的这些特质，紧紧围绕“正确的影响”。浦发硅谷银行的每一位领导者或将来的领导者，都必须在各个方面以身作则，树立榜样的作用。

四、全面培养方法：多维度学习

基于领导力胜任模型，浦发硅谷银行为未来的领导者们提供了多元化多维度的培养。

（一）接受培训

浦发硅谷银行是一个典型的学习型组织。成立初期，银行为所有的员工提供了全面的培训。据不完全统计，2012年和2013年分别提供了41堂和44堂不同的培训课程。除了和业务相关的培训之外，这些课程中很大部分是管理技能、综合能力、合规管理及企业文化核心价值的学习。培训方式丰富多彩、寓教于乐，避免了单一的课堂面授。

（二）自学成长

在最早一批颁布的员工福利制度中，有一项就是浦发硅谷银行的奖学金制度。该制度的特色在于，员工不仅可以申请目前岗位所需课程，也可以申请自己将来想去部门或岗位的课程。奖学金的额度可以累积，而且享受了奖学金的同事无需和公司签署服务期，这在最大程度上激发了员工学习的积极性。公司至今已经资助了近1/3的员工在外接受继续学习。

（三）观察导师

在浦发硅谷银行，“导师－学员”组合不仅是跨部门，更是“跨文化背景”。受到外资企业文化影响较多的学员和中方股东派遣的高管结对子，以前在国资背景下工作较多的学员就和美国派遣的高管或与外资背景更多的高管一起学习。这样的搭配，既加强了学员对陌生领域的学习，更促进了双方对不同文化的交流和沟通。

（四）参与实干

公司内很多优秀的员工都是“85后”、“90后”，仅采用授课的方式已无法吸引他们。因此，浦发硅谷银行采取了更有乐趣的学习方式，如拍微电影。拍摄过程中，学员们有自己的导演组、剪辑设计组和演员。微电影的主题涉及各个方面，包括职业道德的灰色地带、3D决策模式、企业核心价值等。无论是普通员工还是银行高管，都分批分时参与微电影的表演、制作，在整个过程中学习、感受，并最终传递正确的企业文化和价值观。

经过多年引导性的影响和培养，浦发硅谷银行中一批非常优秀的、高潜质的员工飞快地成长。在他们身上，银行所要求的领导力胜任特质，以及深入融合的企业文化和核心价值观——合作共赢、以人为本、责己勇进、抱诚守真、尊重多元等，一一得到呈现。虽然将来还需要不断引进外部的优秀人才，以满足银行在国内业务的快速增长，但令人期待的是，浦发硅谷银行未来的高层管理人员，包括银行行长，会在本地的高潜质人才中成长涌现，脱颖而出。

思考题：

1. 浦发硅谷银行的继任规划与管理工作为什么能取得可喜成效？

2. 如何进一步拓展浦发硅谷银行的继任规划与管理工作？

本章实训

承接不同组织战略的人力资源规划

一、实训目的

1. 辨别不同战略的组织人力资源规划的特征。

2. 掌握不同组织战略下的人力资源规划编制、实施的流程及要点。

二、实训内容

1. 要求学生选择不同组织战略的典型企业。

2. 要求学生纵向分析采纳某种战略的企业的人力资源规划。

3. 就该企业目前的人力资源规划提出改进建议。

三、实训组织

1. 根据教学班级规模，对学生进行分组，每组4～5人，组员之间协商产生小组组长。

2. 每组选择不同的组织战略，寻找并联系采纳该战略的企业，对其人力资源部门和高层管理者进行访谈。

3. 结合本章所学内容，依据访谈内容，辨别该战略下的企业人力资源规划的特征。

4. 每组推荐一人上讲台展示访谈视频和分析报告的PPT。

5. 教师对各组发言做出点评并给予小组成绩。

四、实训步骤

1. 教师说明实训内容和实训要求。

2. 每组分别联系某特定战略的企业的人力资源部门和高层管理者，协商访谈事宜，拟订访谈计划。

3. 每组在课后分别实施访谈，并拍摄访谈过程，制成视频。

4. 每组对访谈企业所处战略之下的人力资源规划进行研讨，并对目前的人力资源规划提出改进建议。

5. 各组代表展示访谈视频，并汇报小组讨论的成果。

6. 教师根据各小组汇报的成果，依次引导学生思考承接不同战略的企业的人力资源规划的特征，以及这些企业在人力资源规划编制、实施过程中的重点、要点，以及如何在人力资源规划中解决这些问题。

7. 教师总结点评，并向学生总结战略人力资源规划的内容、重要意义。

延伸阅读

[1] 罗思韦尔，杰克逊. 职业规划和接班人管理：为了今天和明天的需要开发组织中的人. 王志刚，高琳，译. 北京：北京大学出版社，2008.

[2] 刘伟师，睿奇・威林思. 人才管理圣经. 上海：上海远东出版社，2013.

[3] 拉姆・查兰，斯蒂芬・德罗特尔，詹姆斯・诺埃尔. 领导梯队：全面打造领导力驱动型公司. 徐中，林嵩，雷静，译. 2版. 北京：机械工业出版社，2011.

[4] 王吉鹏. 如何制定战略规划. 北京：企业管理出版社，2011.

[5] 王雪莉. 战略人力资源管理——用人模型与关键决策. 北京：中国发展出版社，2010.

[6] 沙因. 新职业锚——职位和工作角色的战略新规划. 北京：中国人民大学出版社，2015.

[7] 威廉・罗斯维尔. 高效继任规划. 南京：江苏人民出版社，2014.

[8] 大卫・克拉特巴克. 高效继任规划：如何正确识别和培养领导者. 北京：中国电力出版社，2014.

第十一章 互联网时代的人力资本规划

学习目标

1. 掌握互联网时代人力资本规划的内容
2. 了解互联网时代人力资本规划的流程
3. 了解互联网时代人力资本需求与供给预测的主要方法
4. 了解互联网时代人力资本规划实施的步骤

关键术语

人力资本规划　人力资本业务计划　人力资本需求预测　人力资本供给预测　自反馈系统　内部人力资本状况　外部人力资本状况　工作设计　工作重塑　云计算平台　大数据分析

本章概览

请扫描右侧的二维码图标，您可以查看本章的知识结构概览图。

情境实例

人单合一：海尔集团开启“自主经营体”模式[①]

今天，“互联网+”已然成为社会和业界追捧的热词。海尔集团作为中国管理创新的先行者，继“激活休克鱼”、“日事日毕，日清日高”等创新的管理模式为其蓬勃发展提供助力之后，在互联网时代背景之下，海尔集团又开拓性地创造了“人单合一双赢管理模式”作为其实现进一步跃升的“新引擎”。其中，“自主经营体”是“人单合一双赢管理模式”中最为核心的要素。

海尔集团发现，在互联网时代，顾客的需求变化越来越快，越来越难以捉摸，单靠其自身的资源、能力和人才已经很难快速满足顾客的个性化需求。在这样的时代背景和商业环境中，海尔集团认为需要打开企业的边界，建立一个更大的商业生态网络来满足顾客的需求和价值。“自主经营体”正是海尔商业生态网络中的最基本单位，是以创造并满足顾客需求为目标，以相互承诺的契约关系为纽带，以共创价值并共享价值为导向的自组织。

海尔集团基于“自主经营体”的人力资本规划，与以往任何时期的人力资源规划不同，其本质是一种基于动态能力调整的人力资本规划。在互联网时代，顾客价值的增值是企业和员工追求的终极目标，同时也是企业和员工获得成功的不二法门。由于互联网化带来的信息大爆炸，以往企业、员工和顾客信息不对称的局面已然立足不稳。相反，顾客可以快速掌握企业产品和服务的信息，并根据自己的需求进行快速的选择调整。因此，唯有在速度上占据绝对优势，快速响应顾客的需求，才能够在动态竞争中取得先机，获得一定的竞争优势。海尔以“自主经营体”为着力点，围绕如何快速响应顾客的价值诉求，进行了颠覆性的人力资源规划变革。

在人力资源的需求预测方面，以往人力资源规划根本的着眼点和落脚点是组织。而基于“自主经营体”的人力资本需求预测着眼于顾客价值的提升。组织具有一定的刚性和边界，因此着眼于组织的人力资源规划无法快速地进行变化以适应市场的需求。而着眼于顾客价值提升的人力资本规划可以快速响应顾客的价值诉求，迅速改变人力资本数量、结构和体系，从而满足市场的需求。海尔集团基于“自主经营体”的人力资本规划的着眼点正是顾客的价值：能够提升顾客价值的模块，就会大力排兵布阵；无利于提升顾客价值的模块，就会减少人员的安排，甚至取消相应的“自主经营体”。海尔集团将8万余名员工分布在2 233个“自主经营体”中，每一个“自主经营体”的终极目标都是满足一项或数项顾客的价值诉求。

在人力资源的供给预测方面，以往的人力资源规划本质上仅考虑了未来可能进入本组织的人员数量和质量。然而，基于“自主经营体”的人力资本规

① 本案例由作者根据相关报告资料整理而成。

划，吸收了互联网时代的核心要素——众创平台。互联网时代是一个“大众创新，万众创业”的时代，能够帮助组织满足顾客价值需求的人力资源绝对不仅仅来自于组织内部。海尔集团基于“自主经营体”的人力资本规划，不仅考虑了未来能够进入海尔集团，与海尔集团签订劳动合同的员工，同时还考虑了体量更大的外部合作者。虽然外部合作者并没有与海尔集团签订劳动合同，成为海尔集团的正式员工，但是其通过海尔集团“自经体并联平台生态圈”，实质上也是“海尔人”，能够迅速、广泛地帮助海尔跃升自身的能力，快速地满足和响应顾客的价值需求。比如，在海尔的国际商社，一共只有80多人，然而一年的销售收入能够达到120亿元，人均1.5亿元。为什么有限的内部人员，能够做出“无限的事业”呢？其原因就是海尔整合和获取了广大平台中其他公司的资源，其中一项重要的资源就是人力资本。

海尔集团是互联网时代进行人力资源战略变革的重要先行者，基于“自主经营体”进行的人力资本规划成为互联网时代人力资本规划的重要范例，为新时代各类大中型企业进行人力资本规划提供了一定的借鉴和指导。互联网时代是一个快速变化的时代，这一时代的政治、经济、技术和环境都在发生剧烈的变化，并深刻地影响着企业的竞争战略和商业模式。为了在快速变化的外部环境中获得可持续竞争优势，企业必须培育动态能力。[①]通过培育自身的动态能力，企业可以对现有的技术、能力和资源进行重新构建、调整和整合，以应对互联网时代的挑战。由于互联网时代商业竞争的核心是“顾客价值”的竞争，因此互联网时代企业动态能力的核心内容是通过调整企业的资源、能力和技能以快速响应和满足顾客的价值诉求。企业的雇员是顾客价值诉求的第一接受者和应对者，企业赢得“顾客价值”竞争的希望寄托于企业的人力资本。因此，在互联网时代，企业培育自身动态能力的关键正是对人力资本的系统规划和实施。那么，互联网时代人力资本规划的内容是什么？如何编制人力资本规划？如何实施人力资本规划？本章主要回答这些探索性的问题。

① 冯军政。魏江．国外动态能力维度划分及测量研究综述与展望．外国经济与管理，2011，33（7）：26-33，57.

第一节 互联网时代人力资本规划的内容

从影响的范围来看，互联网时代的人力资本规划内容可以分为两个层次：互联网时代的人力资本总体规划和具体的业务计划。

一、互联网时代的人力资本总体规划

人力资本总体规划主要是指在计划期内人力资本管理的总目标、总政策等安排，它是连接人力资源战略和人力资源具体行动的桥梁[①]。互联网时代的人力资本总体规划也包含上述核心内容，它是连接互联网时代人力资本战略和人力资本管理具体行动的桥梁。

① 赵曙明. 人力资源战略与规划. 3版. 北京：中国人民大学出版社，2012.

（一）互联网时代人力资本管理的总目标

互联网时代的人力资本管理的总目标可以分为以下五块内容：企业绩效、员工绩效、人力资源数量、人力资本质量、员工敬业度（见图11-1）。

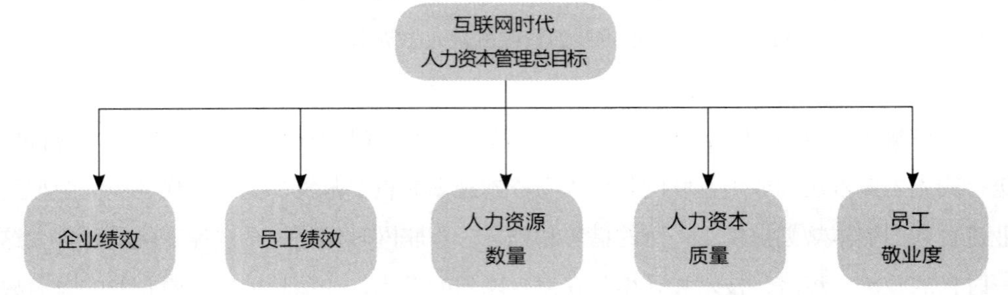

图11-1　互联网时代人力资本管理的总目标

1. 互联网时代的企业绩效

传统的人力资源管理主要是为企业绩效服务的，企业希望通过合理而高效的人力资源管理来提升绩效。这一基本目标在互联网时代并没有发生根本性的变化。企业绩效是企业获得收益的来源，是企业能够长期存续的根本动力。如果企业绩效不好，企业存续尚且存在问题，那么所谓帮员工实现价值、为社会创造财富等愿景或使命皆是空谈。然而，由于互联网时代对企业绩效的认定与以往时代存在一定的差异，所以互联网时代的企业绩效总体目标也略有不同。互联网时代的企业绩效目标不仅要包括企业收入、利润、规模增长等财务性指标，同时还要包括顾客价值增长等指标。互联网时代是“顾客时代”、“用户时代”，真正满足了顾客价值诉求的企业才能够获得长远的发展。在产品和服务标准化时代，只要企业能够生产出优质优价的产品，就可以获得可观的经济效益。然而，互联网时代是一个人性化和个性化的时代，顾客追求更高的用户价值。比如，顾客在购买冰箱时，不仅要考虑冰箱的具体使用价值，同时还要考虑冰箱的美学体验是否符合个人的喜好，能否实现完美的人际互动等。海尔冰箱高端品牌卡萨帝系列不仅能够和顾客实现近乎完美的人际互动，同时还能够给顾客带来美学享受，因此在国际市场占据了重要份额。[②]在互联网时代，企业必须紧盯顾客价值诉求，所有人力资本的规划和配置都要围绕“如何更好地满足顾客价值诉求”这一根本命题来展开。

② 曹仰锋. 海尔转型：人人都是CEO. 北京：中信出版社，2014.

2. 互联网时代的员工绩效

传统人力资源管理的绩效目标主要指企业绩效，员工绩效是企业绩效的构成，员工绩效与企业绩效紧密联系，不可分割。在互联网时代，员工绩效仍然是企业绩效的来源。但是，互联网时代的员工绩效还包括员工的自我增值。互联网时代的雇佣关系是一种联盟型的雇佣关系。在联盟型的雇佣关系中，员工本身的价值增长和雇主的价值增长被放到了同等重要的位置上。雇主的价值增长不能代表员工本身的价值增长，所以在互联网时代应该对员工绩效给予高度的关注。鉴于此，在互联网时代的员工绩效总目标中，应该考虑所规划的人力资本管理政策和措施是否有助于提升员工的自我价值，比如是否能够提升员工的专业技能、业务知识、理念和思维，是否有助于员工攀升到更高的职业平台、获得职业成功。在全球最大的职业社交网站领英（Linked in）公司中，人力资源管理的总体战略和目标充分考虑了员工的价值增值，因此雇主和员工形成了良好的联盟关系，不仅帮助领英快速成长为世界一流的互联网平台，同时也帮助领英的员工在各自的职业生涯中取得了不断的成功。[①]

3. 互联网时代的人力资源数量

互联网时代的人力资源数量目标与以往人力资源规划的数量目标不存在显著的差异。在企业人力资源规划中，数量并非越多越好，也不是越少越好，而是要结合企业的外部环境和企业的发展速度，对满足企业持续发展的人力资源数量做一个预估和评判。互联网时代的人力资源数量总目标要紧密围绕“用户思维”这一核心理念，要在对用户和顾客需求进行长期跟踪观察的基础上，估计能够满足用户和顾客价值诉求所需要的人力资源数量。在互联网时代对人力资源数量估计需要注意两个方面的问题。首先，互联网时代唯一不变的是变化，用户价值诉求更新非常快。要较为准确地预测顾客价值诉求的变化，并基于预测来准确估计所需人力资源数量存在较大的难度。因此，需要在人力资源规划中，对人力资源数量设置一定的冗余度，以保证能够有足够的人力资源来快速响应突发的用户价值诉求。其次，互联网时代是一个共享时代，“众包”、“众筹”等模式正逐渐兴起，并将在未来的商业环境中兴盛。仅依靠企业自身拥有的人力资源可能较难快速响应用户的价值诉求，需要在更为广阔的平台中搭建满足用户价值诉求的“众创”平台。在上述平台中，与本企业的人力资源协作的人员虽然本身并没有与本企业签订劳动合同，成为企业正式的员工，但是也应该纳入企业人力资本规划的总数量目标中。

4. 互联网时代的人力资本质量

人力资本是指有助于提高企业生产效率和服务质量的附着于人力资源之上的特殊资本。[②]与以往任何时代相比，互联网时代对人力资本的要求达到了空前的高度。互联网时代是一个创新驱动的时代，对智力资本的要求非常高，而智力资本附着于人力资本之上。因此，只有拥有具有较高智力资本的人力资

① Hoffman R，Casnocha B，Yeh C. The Alliance：Managing Talent in The Networked Age. Harvard Business Review Press，2014.

② Zula K J，Chermack T J. Human Capital Planning：A Review of Literature and Implications for Human Resource Development. Human Resource Management Review，2007，6(3)：245-262.

本，才能够帮助企业在"大众创新，万众创业"的互联网时代获得一定的竞争优势。在农业时代和工业时代，人力资源的数量优势在一定程度上能够弥补人力资本的质量劣势。然而，在互联网时代，人力资源的数量优势无法弥补人力资本的质量劣势。因此，在互联网时代，对顾客价值诉求的变化要进行详细、系统、长期的分析，要有针对性地获取、保留、培养能够较好实现用户价值增长、具备较高智力资本的人力资源。

5. 互联网时代的员工敬业度

以往，员工的满意度曾经被作为人力资源规划的重要目标之一，为员工服务、从而提高员工的满意度也被许多企业作为考核人力资源部的重要指标之一。然而，在互联网时代需要制定更为务实的人力资源管理目标，毕竟员工满意度并不一定能够转化为企业或个体的绩效和价值，也不一定能够满足用户的价值诉求。比如，一名员工对工作和企业都非常满意，在这样的情境中，他可能安于现状，不求变化。不求变化正是互联网时代企业走向衰败的死穴。不能够让员工安于现状，生活在企业营造的安乐窝里，不为自身和企业增值，不为用户服务，应该让员工在工作中投入更多的精力。员工敬业度（work engagement）正是一个能够较好反映员工工作投入状况的可塑目标。[①]如果员工具有更高的敬业度，在工作中投入更多精力，就能够为满足顾客的价值诉求思考更多、实践更多，也更有可能真正实现顾客的价值增长。因此，在互联网时代，应该将员工敬业度纳入人力资本规划的总体目标中，并制定相应的实现计划。

（二）互联网时代人力资本管理的总政策

互联网时代是一个快速变化的时代，其变化速度远远超过了农业时代和工业时代。因此相较于过去的人力资源管理政策，互联网时代的人力资本政策一定要具备较强的动态性。那么，互联网时代的人力资本政策要根据什么而变化呢？互联网时代的第一思维是"用户思维"，用户或顾客的价值诉求就是人力资本管理政策变化的依据和抓手。企业的战略会随着用户价值诉求的变化而调整，同样的，人力资本管理政策也会做出相应的调整。根据用户价值诉求的变化，对于不能够满足用户价值诉求的业务部门，可以减少人力资源数量的配比；根据用户价值诉求的变化，应该适时梳理人力资源的智力构成，调整人力资源的专业和能力结构。与此同时，在互联网时代，人力资本管理政策的动态性还表现在更新和改进的频率。以往企业制定的人力资源管理政策可能保持5年、10年不变化。但是，在互联网时代，需要结合特定行业的变化速度，提高人力资源管理政策调整的频率。

二、互联网时代的人力资本业务计划

互联网时代的人力资本业务计划主要包括：人员补充计划、人员使用计划、教育培

① Christian M S, Garza A S, Slaughter J E. Work Engagement: A Qntitative Rview and Test of Its Relations with Task and Contextual Performance. Personnel Psychology, 2011, 64(1): 89–136.

训计划和薪资激励计划（见表11-1）。

表11-1 互联网时代的人力资本业务计划

计划类型	计划特点	主要内容或环节
人员补充计划	高度动态性、结构复杂性、前瞻性	拟订标准、招聘宣传、测试和录用
人员使用计划	动态性、前瞻性	组织结构调整、任职条件分析、人员配给
教育培训计划	广度、深度、实效性	教育培训需求评估、计划拟订、师资聘请、计划实施、培训效果评估
薪资激励计划	人性化、个性化	绩效考核计划、薪酬福利计划

（一）互联网时代的人员补充计划

互联网时代的人员补充计划相较于以往的人员补充计划，具有高度动态性、结构复杂性和前瞻性等特点。

1. 高度动态性

由于互联网时代的人员流动性非常高，因此企业对人员的补充具有快速响应的要求。此外，由于互联网时代企业的发展基础是满足顾客的价值诉求，而顾客的价值诉求是快速变化的。为了适应顾客价值诉求的变化，企业必须快速吸收相应的人员来满足顾客的价值诉求。因此，互联网时代的人员补充计划必须具备高度的动态性。

2. 结构复杂性

由于互联网时代企业的生存之道是满足用户的价值诉求，而这个时代的用户价值诉求具有很强的多样性和差异化。为了更好地满足用户的价值诉求，企业必须具备更为多样的人员储备，覆盖较为广泛的专业领域和技术特长。因此，互联网时代的人员补充计划要结合企业战略，广泛吸纳能够满足用户价值诉求的各类人员，从而增加企业相应的人力资本存量。

3. 前瞻性

由于互联网时代的高度动态性，用户的价值诉求也具备很强的动态性。为了能够满足用户未来的价值诉求，人员补充计划应该具备较强的前瞻性。

互联网时代的人员补充计划步骤较之以往的人员补充计划，并不存在本质的差异，但是在途径上更为广泛和新颖。互联网时代的人员补充计划的步骤主要涵盖拟订标准、招聘宣传、测试和录用等几个环节。其中，招聘宣传具有比较鲜明的互联网时代的特征。在互联网时代，纸质媒体宣传（如报纸、杂志）、电视媒体宣传、网络媒体宣传等招聘宣传途径都已经属于常规武器，而正慢慢崛起并逐渐盛行的招聘宣传渠道是口碑宣传。口碑不仅包括雇主的口碑，同时也包括员工的口碑。如果雇主具备较好的口碑，会通过网络媒体、同事、同行传播到目标择业人员群体，并吸引相应的人员来本企业应聘。同时，如果员工具备较好的口碑，则员工能够通过类似于“领英”这样的社交网络、同事、同行传播到目标雇主，并会受到目标雇主的青睐和接纳。

（二）互联网时代的人员使用计划

相较于以往的人员使用计划，互联网时代的人员使用计划具备较强的动态性和前瞻性。首先，以往的人员使用计划往往建立在工作分析和定岗定编定员的基础上，具备较强的稳定性，不易改变。但是在“互联网+”时代，商业环境具备很强的动态性，因此较为静态的人员使用计划可能无法快速响应顾客的价值诉求。基于此，互联网时代的人员使用计划应具备较强的动态性。互联网时代的人员使用计划需要随顾客价值诉求的变化而变化，对于顾客较为强烈的价值诉求，应该优先集中配给人员予以解决和满足。其次，互联网时代的商业环境的变化速度远远超过了以往任何一个时代。因此，如果一家企业不能够评估未来、预备未来并拥抱未来，那么这家企业只能止步于今天，成为明天的历史。基于此，互联网时代的人员使用计划应具备较强的前瞻性。互联网时代的人员使用计划不仅要满足现阶段人员安排与顾客价值诉求的适配性，同时还要紧密关注未来顾客价值诉求的发展方向和趋势，在此基础上着眼于未来排兵布阵。对于有助于满足顾客价值诉求未来发展趋势的产品和服务，应该优先配给人员。

结合互联网时代的人员使用计划动态性和前瞻性的特点，需要进行组织结构调整、任职条件分析、人员配给等步骤。其中，相较以往的人员使用计划差异较大的步骤是组织结构调整。以往人员使用计划往往只是基于现有的组织结构进行定岗定编定员，但是由于互联网时代具备高度的动态性，唯一不变的是变化。为了满足顾客快速变化的价值诉求，以往金字塔形状的组织结构已经无法快速响应顾客的价值诉求变化。以往的组织结构，命令都来自于上级领导和管理者，然而上级领导和管理者并非直接接触顾客的人员。真正直接接触顾客，并且能够掌握顾客价值诉求变化的是一线的人员，因此应该将原有的金字塔组织结构进行变革，尽量扁平化，以保证信息在企业内部快速地上传下达。与此同时，为了满足种类繁复的顾客价值诉求，以往科层制的组织结构也受到了严峻挑战，而项目制是比较能够快速满足顾客价值诉求的结构。正如本章开篇的导入案例，海尔集团就将组织结构进行了彻底的变革，将原有的科层制结构完全转变为自主经营体结构，每个自主经营体都面向一到数项顾客价值诉求。同时，海尔集团的组织结构是倒三角形态的，即真正指令和信息的来源是一线人员，高层管理者和职能部门只是一线人员的资源提供者。

（三）互联网时代的教育培训计划

互联网时代的教育培训计划强调教育培训的广度、深度和时效性。首先，以往在产品和服务标准化时代，人员的分工比较明确，因此对于人员的专业知识及技能要求比较明确。但是进入互联网时代，商业环境变化速度加快，顾客的价值诉求呈现更新换代快、复杂多样等趋势。员工较窄的专业知识和技能已经无法快速响应顾客的价值需求变化。鉴于此，互联网时代的教育培训计划需要强调教育培训的广度，要立足于员工的某一项技能或专业知识，向周边专业或技能辐射，提高员工专业知识和技能的丰富性和多样化，从而提升企业的人力资本存量。其次，互联网时代是一个精益求精的时代，产品和服务已经告别过去满足基本价值就可以获得基本收益的商业定律，这个时代“赢者通吃”，只有在同行业中能够最好地满足顾客价值诉求的几个品牌可以获得一定的竞争优势。鉴于此，互联网时代的教育培训计划需要加强深度，在原有基础上，要进一步深化员工的专业知识和技能。最后，互联网时代是一个快速变化的时代，“唯快不破”，只有能够快速满足顾客价值诉求的产品和服务才能够获得一定的竞争优势。而顾客价值诉求的变化速度也是超过以往任何一个时代的。因此，在教育培训计划中要强调时效性。要预见到顾客价值诉求的变化趋势，并在此之前对相应的员工进行专业知识和技能的教育和培训，而不是在顾客价值诉求转变之后。

互联网时代的教育培训计划主要涵盖教育培训需求评估、计划拟订、师资聘请、计划实施和培训效果评估等几个步骤。其中，教育培训需求评估不仅要结合员工目前的专业技能、知识水平，同时要深度考虑顾客价值诉求对员工专业知识和技能的要求，在此基础上所评估的培训需求才能在深度、广度和时效性上提高培训的质量。而在师资聘请环节，互联网时代的教育培训具备更多的选择，通过互联网可以聘请到更多优秀的师资。而在培训的实施中，互联网时代强调终身培训和碎片化培训。不同于以往培训只在每年的某几个时间段开展，为了满足顾客不断变化的价值诉求，培训要长期进行。同时，培训也不限于在工作场所和固定时间，可以依托网络媒介，将专业技能和知识点充分分解，减少单位培训时间，由员工自主选择地点和时间进行碎片化培训。

（四）互联网时代的薪资激励计划

互联网时代的薪资激励计划要具备人性化、个性化等特征。互联网时代是一个人性化的时代，只有符合员工人性需求的薪资激励，才能够真正具备激励性。组织行为学的研究发现，员工存在心理契约，大体上可以分为交易契约、关系契约和发展契约。[①]在互联网时代发展契约的重要性得到了空前的提升，员工追求自我实现的人性需求被“大众创新，万众创业”的大环境所激发。因此，物质激励只是薪资激励计划的很小一部分，雇主应该通过设置完善的职业发展通道来满足员工追求卓越的人性需求。比如，在企业中可以全面实现双通道发展模式。具备较高绩效和优秀管理技能的员工可以进入管理通道，而具备较高绩效但是并不具备管理潜质的员工可以进入技术通道。依托双通道发展模式，所有员工都可以在职业发展中获得成功。同时，“互联网+”是一个个性化的时代，不能够将千篇一律的薪资激励模式嵌套在不同的企业中，或是嵌套于同一企业的不同员工中。在互联网时代涌现出了许多优秀的薪资激励模式。比如有些企业将“好玩”纳入了其个性化薪资激励计划中，完成绩效要求、实现顾客价值诉求被设置成了一项项闯关夺宝的任务，员工在工作中体验了新奇和刺激，具备较强的工作投入度。

互联网时代的薪资激励计划包含薪酬福利计划和绩效考核计划等。在薪酬福利计划

① 李原，郭德俊. 员工心理契约的结构及其内部关系研究. 社会学研究，2006（5）：151-168.

和绩效考核计划中要体现人性化和个性化的特点。比如在福利中可以更具备弹性，逢年过节统一发粮油面已经不符合互联网时代的员工需求。而应该将福利内容丰富化、可选择化，由员工根据自身的需求选择相应的福利，以提高福利的激励价值。在绩效考核中应该强化绩效反馈。在互联网时代，学习已经成为员工的重要需求。绩效考核中的反馈是一个很好的学习机会，能够帮助员工进行绩效改进和提升。

第二节　互联网时代的人力资本规划流程

在互联网时代，人力资本规划的最终目的是通过动态和前瞻性的人力资本管理，为员工和企业持续增值，快速响应和满足顾客迅速变化的价值诉求。总体上可以分为调查分析准备、需求和供给预测、规划制定和实施、规划评估和反馈四个阶段。

一、调查分析准备阶段

与以往的人力资源规划流程一致，人力资本规划流程的第一步是为供给和需求预测提供原始信息、数据等材料的准备阶段。在该阶段，首先要估计外部环境，其次要估计企业内部的人力资本状况，最后要估计外部的人力资本环境状况（见表11–2）。

表11–2　人力资本规划中的调查分析内容

调查分析类型	调查分析内容	需重点关注的变化内容
外部环境估计	外部宏观环境包括政治、经济、社会文化和技术等几个方面；外部微观环境主要包括企业所在产业的竞争环境以及股东、顾客和供应商等	社会文化多样化、技术更新换代频繁
内部人力资源状况评估	人力资源的技术、能力、敬业度和潜力	员工敬业度的评估、信息技术的使用
外部人力资源环境状况评估	劳动力市场结构、市场供给和需求状况、人口教育状况、择业心理	市场供给和需求状况

（一）外部环境估计

在互联网时代，外部环境较以往任何一个时代更为复杂。外部环境又可以分为外部宏观环境和外部微观环境。外部宏观环境包括政治、经济、社会文化和技术等几个方面；外部微观环境主要包括企业所在产业的竞争环境以及股东、顾客和供应商等。[①]在互联网时代，外部宏观环境中比较复杂的是社会文化和技术两个方面的因素。在社会文化方面，互联网时代呈现多元文化纷呈和融合的局面。随着全球化的加剧，中西方文化相互碰撞和融合，呈现出越来越多的亚文化。与此同时，在相同文化内部，由年龄、教育背景造成的不同阶层和年代的文化相互碰撞和吸收，也丰富了社会文化的内容。因此，在人力资本规划的准备阶段，要系统收集和整理社会文化方面的信息和数据。而在技术方面，互联网时代是一个技术更新换代非常快的时代，其中发展最快的领域是信息科学和生物科学。比如在信息科学方面，云计算、大数据等理念和手段得到了现实的利用和发展，人工智能设备已经从实验室走向了普通个人，因而必须详细而系统地评估技术方面的信息和数据。在外部微观环境方面，需要重点考察的是顾客因素。互联网时代的第一思维是“用户思维”，企业获取成功的关键是能否满足顾客的价值诉求。因此，在调查分析准备阶段一定要全面评估顾客现阶段的价值诉求和未来一定阶段的变化趋势。

① 赵曙明. 人力资源战略与规划. 3版. 北京：中国人民大学出版社，2012.

（二）内部人力资本状况评估

在企业内部人力资本状况评估中，需要充分利用人员的档案资料来评估现有人力资源的技术、能力、敬业度和潜力。互联网时代，企业内部人力资本状况评估相较于以往的企业内部人力资源状况评估而言，主要存在两个方面的差异。首先，在互联网时代的企业内部人力资本状况评估不仅要分析员工的能力、技术和潜力，同时还要评估员工的敬业度。互联网时代是一个创新驱动的时代，员工敬业与否会直接影响企业的创新水平，影响企业快速响应顾客价值诉求的能力。因此，应该将员工敬业度的信息和数据进行详细收集、整理和分析。其次，互联网时代的企业内部人力资本状况评估要充分利用信息技术。以往的信息储存往往是利用纸质档案等方式，存在着储藏不便、易损毁和难于分析等问题。但是，在互联网时代可以将人员信息储存在云端建立的数据库中，拥有传输便捷、存储海量、易于分析整理等优势。

（三）外部人力资本状况评估

在该阶段，要重点分析劳动力市场结构、市场供给和需求状况、人口教育状况和择业心理等因素。相较于以往的外部人力资源环境状况评估，互联网时代需要密切关注市场供给和需求状况。互联网时代是一个快速变化的时代，在外部人力资本市场中也是如此，人员的流动非常频繁。当然，互联网时代的人员流动情况并非无规律可循，其遵从的规律就是“顾客规律”，人员必然是从非顾客价值诉求的产品或服务流向顾客高度需求的产品和服务。因此，在互联网时代进行市场供给和需求状况评估，应该结合顾客价值诉求变化的趋势。

二、需求和供给预测阶段

在调查分析准备阶段，已经收集和整理了大量关于外部环境、企业内部人力资本状况和企业外部人力资本环境的信息和数据。在供给和需求预测阶段就要充分利用和分析准备阶段收集的信息和数据，进行较为准确的人力资本供给和需求预测。这一阶段，主要包括人力资本需求预测和人力资本供给预测。

（一）人力资本需求预测

人力资本需求预测主要依托对企业战略的全面、系统分析。每个企业的战略虽然都各有不同，但是并非无规律可循。在互联网时代，如果要赢得竞争优势，则必须满足顾客的价值诉求，所以互联网时代的企业战略应该围绕如何快速响应和满足顾客的价值诉求来制定。在明确了一定阶段企业所关注的顾客群体的价值需求之后，企业可以制定相应的战略，并在相应企业战略的基础上进行人力资本的需求分析。根据需要满足顾客价值诉求的数量以及繁复程度，可以确定满足每一项顾客价值诉求所需人力资本的数量，并在此基础上预测人力资本的总体数量需求。同时，根据满足顾客价值诉求的难度和复杂性，可以确定保证每一项顾客价值增值所需专业、技能类型和人员结构，并在此基础上预测人力资本的总体结构。此外，鉴于互联网时代的高度动态性，对于人力资本需求预测要保证一定的前瞻性和冗余度。互联网时代，顾客价值诉求的变化是非常快的。如果企业对人力资本数量和结构的预测不能够基于动态的顾客价值诉求趋势分析，不具备前瞻性，则很可能企业的人力资本需求预测是失败的，无法应对未来快速变化的顾客价值诉求，无法参与未来的产品或服务竞争。同时，互联网时代的人力资本需求要保证一定的冗余度，以应对突发的顾客价值诉求。

（二）人力资本供给预测

互联网时代的人力资本供给预测主要基于对内部人力资本的供给预测、外部人力资本的供给预测和共享平台人力资本的供给预测。

首先，内部人力资本的供给预测就是对未来一段时间内从企业原有的内部人员中雇用所需要的人力资源的数量和结构的预测。企业在发展过程中，与企业共同成长的员工是非常宝贵的资源。这些员工具备较强的忠诚度，和企业文化高度契合，且具备适应企业发展的能力和专业知识。在企业内部人力资本供给进行预测的过程中，首先分析现有员工的年龄结构、择业心理、敬业度和忠诚度、外部市场的人力资源供给状况，判断在未来一段时间内的人力资源离职数量和结构。并结合企业的人力资本需求预测，在剔除可能离职的人力资源之后，分析未来可以保留在原岗位以及晋升到更高岗位的人力资源的数量和结构。

其次，外部人力资本的供给预测不仅要关注外部适龄人口的增长情况、地区人力资源的流动情况，更要紧密关注相应对口专业人才的市场供给情况。其中，比较重要的是关注相应专业人才的求职网络平台，比以及关注相应专业人才培养机构的毕业生数量和结构。

最后，人力资本供给预测还要全面考虑共享平台的人力资本供给状况。互联网时代处于一个共享经济时代，人力资本供给不仅仅要依靠内部保留的人力资源和外部可能进入内部的人力资源，同时要考虑与本企业共享专业平台上的人力资本。共享平台可能是本企业搭建的专业平台，也可能是其他企业或机构搭建的专业平台，但是目的都是服务于满足顾客的价值诉求。在共享平台上，本企业的员工和其他人员协同创新，共同服务于某一项或某几项顾客的价值诉求，都能够增强企业的竞争力。因此，在人力资本需求预测和供给预测对接的过程中，也要考虑共享平台人力资本的供给状况。

三、规划制定和实施阶段

在第一阶段进行较为系统和详细的资料分析和准备，并在第二阶段对人力资本需求和供给进行预测之后，在第三阶段，互联网时代的人力资本规划就需要制定总体规划和相应的业务计划，并将总体规划和相应的业务计划予以实施。

（一）规划的制定

互联网时代，人力资本总体规划和业务计划的内容在本章第二节中已经进行了较为系统和全面的阐述，在此不再赘述。需要注意的是，人力资本规划的制定一定要与企业战略保持一致。互联网时代，企业战略需要紧密结合顾客的价值诉求，围绕如何满足顾客价值增值制定。因此，归根结底，互联网时代的人力资本规划制定一定要保证企业在未来一段时间内，其人力资本的数量和结构能够满足顾客的价值诉求。

（二）规划的实施

在人力资本总体规划和具体的业务计划制定好之后，需要予以实施。再好的规划，如果不能够落地，也无法发挥其实际效用。互联网时代，人力资本规划实施的难点和关键在于组织的保证。相对于以往任何一个时代，互联网时代的人力资本规划具有更高的动态性，处于不断变化的过程中。鉴于顾客价值诉求的快速变化，人力资本的数量和质量必须能够快速响应。据此，人力资本规划的周期较以往要短。每一次人力资本规划的实施带来的都是一次人力资源体系的变革，而并非人人都会欢迎和拥抱变革。[①]因此，互联网时代人力资本规划的实施阶段必须建立强有力的领导团队和支撑团队。企业的首席执行官应该是人力资本规划实施的第一负责人，由首席执行官来负责人力资本规划的实施能够引起全体员工对人力资本规划的高度重视，并能够快速调配各种所需的资源。人力资源部是人力资本规划的支撑团队，为各项人力资本规划实施提供辅助。由于互联网时代人力资本规划的频率较高，因此，在每次人力资本规划实施的过程中，人力资源部都应该配合直线管理者对全体员工进行详细而系统的讲

① Reger R K, Gustafson L T, Demarie S M , et al. Reframing The Organization: Why Implementing Total Quality is Easier Said than Done.Academy of Management Review, 1994, 19(3): 565-584.

解，包括规划的目标、实施的步骤等，从而赢得全体员工的支持，减少对规划实施的阻碍。在互联网时代，人力资本规划的实施应该充分利用数字媒体和网络。比如人力资源规划的目标要生动具体，可以采用动画等形式，以满足新时代员工的接受心理。同时人力资源规划的步骤要可视化，在数字媒介中应该能实时关注当前人力资源规划的实施状况，从而加强员工对人力资源规划成功实施的信心。

四、规划评估和反馈阶段

人力资本规划是一个长期持续往复的动态过程，所以人力资本规划的实施并不是人力资本规划的终结。有些企业只重视人力资本规划的制定和实施，但是在实施完成后，就忽视了对规划实施情况的评估和反馈，最终导致规划情况与实施情况南辕北辙，无法实现组织的战略目标。由于互联网时代是一个快速变化的时代，外部环境变化非常快，而且影响因素非常多样和复杂。因此，如果不重视人力资本规划的评估和反馈，则将无法快速响应迅速变化的顾客价值诉求，无法为企业和员工增值。

（一）规划实施的评估

互联网时代的规划评估主要围绕规划实际的执行情况与预测情况是否一致来展开。在互联网时代，应该充分利用信息技术，建立人力资本规划实施情况的跟踪系统，在每一个时间节点输入人力资本规划实施情况的报告。同时，将人力资本规划的实施情况报告与现实环境进行系统、全面比对，找出其中的缺陷与不足，并进行修正。

（二）规划实施的反馈

反馈是人力资本规划实施的重要环节。在互联网时代，人力资本规划实施的反馈，需要建立和依托两个系统。首先，互联网时代的人力资本规划实施需要建立和依托员工反馈系统。这里的员工包括企业的中高层管理者，同时更需要普通员工的参与。人力资源部门是这一系统的主导者，要通过互联网和企业内部数据库，建立方便、快捷的反馈渠道，便于员工对人力资本规划的实施情况进行反馈。尤其是人力资本规划与现实情况出现不一致时，普通员工长期处于第一线，能够提供较为准确的信息，为改进人力资本规划提供可靠的资讯。其次，除了上述员工反馈系统之外，还要建立基于云计算和大数据的“自反馈系统”。人脑对信息的加工和处理能力是有限的，计算机具备更强的信息加工和处理能力。在互联网时代，必须充分利用信息技术建构依托计算机的自反馈系统。在人力资本规划实施之前和实施的过程中，应该在系统中不间断地录入相关信息，包括顾客价值诉求信息、人力资本供给信息等。计算机会根据大量的数据进行比对分析，一旦人力资本规划实施情况出现偏离，且这个偏离情况超过一定的阈值，则会迅速提供自反馈信息，以帮助规划实施小组改进相应的人力资本规划内容（见图11-2）。

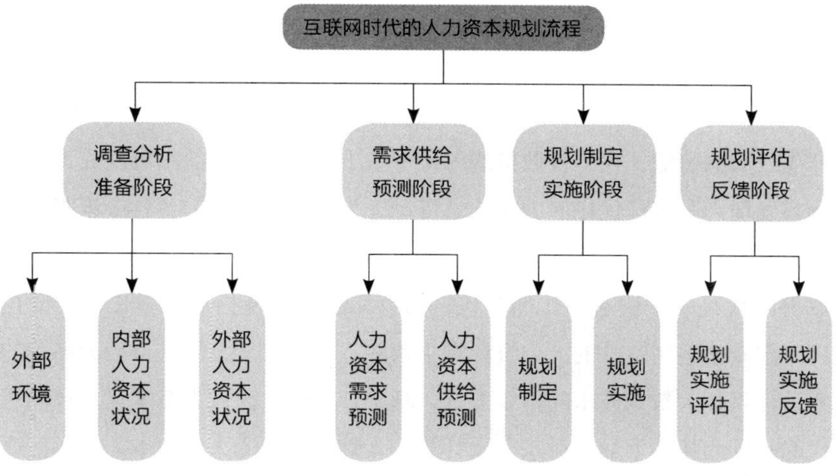

图11-2 互联网时代人力资本规划的流程示意图

第三节 互联网时代人力资本规划的方法

人力资本规划中的难点和重点之一是运用合理、有效的方法进行人力资本需求和供给的预测。在本节中，将要介绍几种互联网时代比较重要的人力资本需求和供给的预测方法。

一、互联网时代人力资本需求的预测方法

在传统的人力资源规划中，专家和学者已经开发出了多种较为有效的人力资源需求预测方法，大体上可以分为定性预测法和定量预测法两大类。定性预测法主要包括零基预测法、自上而下预测法、德尔菲法和驱动因素预测法。定量预测法主要包括回归分析法、趋势外推法、比率分析法和计算机模拟预测法等。[①]除了上述传统的人力资源需求预测方法之外，互联网时代的人力资本需求预测需要基于大数据和云计算，形成更为准确的预测技术。

① 赵曙明. 人力资源战略与规划. 3版. 北京：中国人民大学出版社，2012.

（一）大数据和云计算简介

云计算是互联网时代的催化剂。信息通信技术为互联网时代提供了数据传输的硬件基础，类似于互联网时代的血管。而云计算则类似于互联网时代的大脑，其基于大量计算机（类似于大脑神经元细胞）构建的资源池中，可以为用户提供快速、廉价的存储和计算服务。互联网时代提供了体量巨大的信息，由于信息大爆炸带来的信息指数级增长

已经远远超过了人脑，以及单台服务器的处理能力。而云计算为廉价且迅捷地存储和处理海量信息提供了可能。

大数据与云计算共生，共同构筑了互联网时代的信息基础。互联网时代之所以能够让信息产生巨大的价值，在于其数据的海量。基于云计算的大数据可以成为具有更强决策力、洞察发现力和流程优化能力的信息资产，为互联网时代的各种决策服务。而脱离了云计算，大数据会由于计算能力的不足而失去其本身的价值。

互联网时代是一个快速变化的时代，信息和数据呈现指数级增长，仅凭企业的管理者或者外部专家运用定性的人力资源需求预测方法，可能无法获得较为准确的预测结果。随着云计算和大数据技术的持续发展，基于计算机实现人力资本需求预测可能是互联网时代的一种趋势。下面将对基于云计算和大数据技术的人力资本需求预测进行较为详细的介绍。

（二）人力资本需求预测数据平台的搭建

为了利用云计算和大数据进行人力资源需求预测，首先需要搭建人力资本需求预测数据平台，其中包括云计算平台的搭建和数据结构的规划两个方面。

1. 云计算平台的搭建

云计算具有超强的运算能力，在现有技术条件下，可以达到每秒10万亿次的计算能力，未来在运算速度上还有巨大的提升空间。云计算平台的搭建需要利用先进的网络连接基础设施和网络互联系统将一群松散耦合的计算机组成一个超级虚拟计算机。因此，云计算平台的搭建是一个非常耗时、耗力的过程。对于大型企业来说，本身具备超强的财力、物力，且云计算对大型企业的帮助非常大，比如可以进行产品或服务的需求预测、供应链规划、人力资本需求预测等。鉴于此，有条件的大型企业可以自己搭建相应规模的云计算平台。该云计算平台可以专门为该企业服务，具备很强的专用性和保密性。但是对于广大中小企业来说，可能无法独立搭建自身的云计算平台。不过，目前已经有不少互联网企业开始尝试提供云计算平台服务，如思科、IBM。中小企业可以以付费的方式利用云计算服务提供商的云计算服务。

2. 数据结构的规划

并不是具有强大的云计算平台，就可以开始进行人力资本的需求预测。巧妇难为无米之炊，云计算平台发挥作用的前提是有相应的海量数据。因此，利用云计算平台进行人力资本需求预测，需要输入大量结构化的数据。数据结构怎样进行规划将影响到预测的结果，为此，需要进行周密的人力资本需求预测的数据结构规划。每一个行业，甚至每一个企业的人力资本需求预测的数据结构可能都是不一样的。数据结构规划的重点和难点是分析出影响人力资本需求的关键变量，企业在数据结构规划时可以利用内部人评估和德尔菲法两种方式相结合来剖析影响人力资本需求的关键变量。

内部人评估是总结影响人力资本需求的内部因素的重要方法。由于企业内部人对企业的岗位设置、内部运作情况等最为了解，可以评估这些方面中哪些因素会影响人力资本的需求。此外，内部人评估也能够提供影响人力资本需求的部分外部因素。比如，在互联网时代，企业只有能够快速响应和满足顾客的基本价值诉求，方能够获得一定的竞争优势。顾客的基本价值诉求是影响人力资本需求的重要内容。企业的一线员工直接接触顾客，对顾客的价值诉求了解得最为详细和迅速，因此一线员工可以从顾客价值诉求等内容剖析影响人力资本需求的重要因素。

德尔菲法是美国兰德公司开发的一种预测方法，对于那些缺乏资料的预测尤为适用。在人力资本需求预测的数据结构规划中，也要充分利用德尔菲法。传统的德尔菲法是利用邮寄的方式进行，而在互联网时代，通过网络平台进行德尔菲法效率更高。基于德尔菲法的人力资本需求数据结构规划，主要是要剖析外部环境中可能影响人力资本需求的因素。由于德尔菲法的专家多为同行业的专家或者相关领域的学者，对行业发展脉络的把控，以及对人力资本需求信息的了解更为全面和系统。因此，基于德尔菲法可以得出较为全面的影响人力资本需求的外部关键因素。

将内部人评估法和德尔菲法的结果进行分析和汇总之后，可以得出较为全面的影响人力资本需求的关键因素。但这并不是数据结构规划的终点。还需要在此基础上，成立一个数据结构编制小组。小组的成员主要包括数据结构专家和企业人力资源部成员。由数据结构专家和人力资源部成员反复协商，设计和敲定人力资本需求预测数据结构模型。

（三）人力资本需求预测的数据收集和分析

1. 数据收集

在确定人力资源需求预测的数据结构之后，需要成立一个数据收集和录入团队。为了保证人力资本需求预测的准确性，保证数据收集是完备的、准确的和系统的，所以要建立团队来完成相关的工作。这个团队的构成主要包括以下几个方面的人员：首先，需要一名人力资本需求预测负责人，全面协调数据收集和录入工作。其次，需要分布在各个职能部门和直线经营部门的工作人员，专门负责相应数据的收集和整理。在有条件的企业中，每个职能部门和直线经营部门中都分布有人力资源业务伙伴（HRBP），该部分员工不仅熟悉业务知识，同时也熟练掌握人力资源管理知识，由这部分员工来担任数据收集和整理的工作最为合适。最后，视数据规模的大小，需要数据录入人员若干名。

2. 数据分析

传统的人力资源需求预测采用一元线性回归或者多元线性回归等方式来进行数据的处理和分析，但是实际情况中，一元线性回归模型或者多元回归线性模型并不能反映实际的人力资源需求预测模型，所以预测也很难准确而有效。互联网时代，人力资本需求预测需要建立更为系统、全面和贴近现实的预测模型。首先，该模型肯定不是一元线性模型。影响人力资本需求的因素非常多，不可能只有单一因素对其产生唯一影响。其次，该模型是一个多层次的模型。影响人力资本需求的因素不仅仅包括行业层面的因素，同时还包括企业层面的因素、部门层面的因素等，这些因素属于不同的分析层级。因此，在数据分析的过程中，应该建构一个多层次的人力资本需求预测模型。最后，该模型可能并非线性模型，而是一个非线性模型。某些因素对人力资本需求的影响可能是非线性的。但是，每一家企业的人力资本需求预测模型到底是什么样的结构还要依据相应的具体情况具体分析。鉴于此，在互联网时代，有条件的企业需要聘请专业的数据分析专家来进行人力资本需求预测的数据模型建构，而缺乏相应条件的企业可以采用“众筹”的形式聘请数据分析专家为多家企业进行相应的服务。

在确定了人力资本需求预测的模型之后，就可以通过人机交互语言，指令云计算服务平台基于企业收集的人力资本需求大数据进行分析。基于以往的大规模面板数据，可以通过云计算服务平台得出相应影响因素对人力资本需求的影响系数。并在此基础上，计算未来一定时间内的人力资本需求。上述数据的结构设计、数据收集和数据分析过程是动态循环往复的。根据时间的推进，要重新对数据结构进行设计，剔除不需要的影响因素，增加新的影响因素。数据收集是不间断的，为云计算平台更好地进行分析预测提供全面、系统和客观的大数据。数据分析过程也是动态的，需要依据以往的分析和预测，不断修正人力资本需求预测模型（见图11-3）。

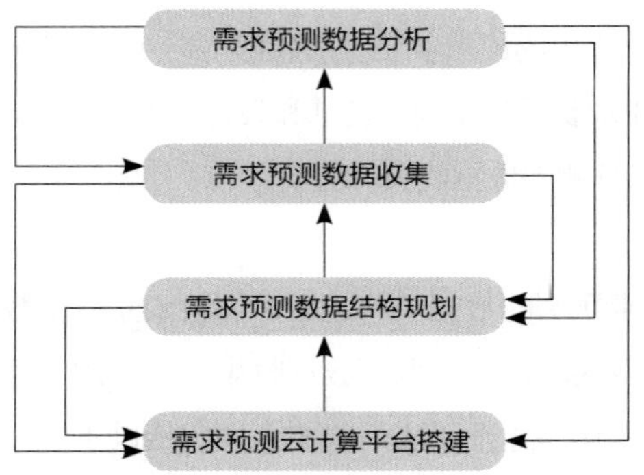

图11-3　互联网时代人力资本需求的动态预测步骤

二、互联网时代人力资本供给的预测方法

在互联网时代，人力资本供给预测与需求预测的思路是一致的，都是基于云计算和大数据，进行较为精确的计算、分析和预测。人力资本供给预测主要包括对内部人力资本的供给预测和对外部人力资本的供给预测。

（一）内部人力资本供给预测

内部人力资本的供给预测实际上是对内部人力资本的流动进行预测，包括员工在岗位之间的流动、部门之间的流动，以及员工离职。关于员工在岗位之间的流动和部门之间的流动，运用传统的马尔可夫模型等方式可以较好地进行预测。在互联网时代，内部人力资本供给预测的重点和难点是员工离职的预测。由于互联网时代的人员流动率较高，因此，如何有效、准确地预测员工离职对于进行合理的人力资本规划至关重要。除了特殊情况的员工离职之外，在较长时间内的员工离职是有规律可循的，这个规律可以利用大数据和云计算来进行解析。员工离职的预测主要包括数据结构规划、数据收集和数据分析。

（1）数据结构规划。利用云计算平台进行员工离职预测，需要输入大量结构化的数据，因此数据结构规划非常重要。其中，数据规划的重点和难点是析出影响员工离职的关键变量，企业在数据结构规划时可以利用内部人评估和德尔菲法两种方式相结合来剖析影响员工离职的关键变量。内部人评估是归纳影响员工离职的内部因素的重要方法。由于企业内部人对企业的岗位设置、内部运作情况等最为了解，可以评估这些方面哪些因素会影响员工的离职。基于德尔菲法的员工离职因素的数据结构规划，主要是要剖析外部环境中可能影响员工离职的因素。具体的操作方法与人力资本需求预测的数据结构规划方法一致。将内部人评估法和德尔菲法的结果进行分析和汇总之后，可以得出较为全面的影响员工离职的关键因素。在此基础上，成立一个数据结构编制小组。由数据结构专家和人力资源部成员反复协商，设计和敲定员工离职预测数据结构模型。

（2）数据收集。在确定员工离职预测的数据结构之后，成立一个数据收集和录入团队。该团队的成员选择和运作过程请参见人力资本需求预测的数据收集。

（3）数据分析。在互联网时代，员工离职预测需要建立更为系统、全面和贴近现实的预测模型，该模型的建构请参见人力资本需求预测模型的建构。在确定员工离职预测的模型之后，就可以通过人机交互语言，指令云计算服务平台基于企业收集的员工离职预测的大数据进行分析。基于以往的大规模面板数据，可以通过云计算服务平台得出相应影响因素对员工离职的影响系数。并在此基础上，计算未来一定时间内的员工离职情况。上述数据的结构设计、数据收集和数据分析过程是动态循环往复的。根据时间的推进，要重新对数据结构进行设计，剔除不需要的影响因素，增加新的影响因素。数据收集是不间断的，为云计算平台更好地进行分析与预测提供全面、系统和客观的大数据。数据分析过程也是动态的，需要依据以往的分析和预测，不断修正员工离职预测模型。

（二）外部人力资本供给预测

外部人力资本供给预测主要是对于外部人力资本供给状况的估计。在互联网时代，外部人力资本供给预测主要是基于云计算平台的大数据分析，具体包括数据结构规划、数据收集和数据分析三个阶段。

（1）数据结构规划。利用云计算平台进行外部人力资本供给预测，首先需要进行数据结构的规划。其中，数据规划的重点和难点是析出影响外部人力资本供给的关键变量，企业在数据结构规划时可以利用德尔菲法来剖析影响外部人力资本供给的关键变量。基于德尔菲法的外部人力资本供给预测的数据结构规划，主要是要剖析外部环境中可能影响人力资本供给的因素。具体的操作方法与人力资本需求预测的数据结构规划方法一致。最后，由数据结构专家和人力资源部成员反复协商，设计和敲定外部人力资本供给预测的数据结构模型。

（2）数据收集。确定外部人力资本供给的数据结构之后，需要成立数据收集和录入团队。该团队的成员选择和运作过程请参见人力资本需求预测的数据收集。

（3）数据分析。在互联网时代，外部人力资本供给预测需要建立更为系统、全面和贴近现实的预测模型，该模型的建构请参见人力资本需求预测模型的建构。在确定外部人力资本供给预测的模型之后，就可以通过人机交互语言，指令云计算服务平台基于企业收集的大数据进行分析。基于以往的大规模面板数据，可以通过云计算服务平台得出相应影响因素对外部人力资本供给的影响系数。并在此基础上，计算未来一定时间内的外部人力资本供给状况。上述数据结构设计、数据收集和数据分析过程是动态循环往复的。根据时间的推进，要对数据结构进行重新设计，剔除不需要的影响因素，增加新的影响因素。数据收集是不间断的，为云计算平台更好地进行分析预测提供全面、系统和客观的大数据。数据分析过程也是动态的，需要依据以往的分析和预测，不断修正外部人力资本供给预测模型。

第四节　互联网时代人力资本规划的实施

在对人力资本规划的内容、流程和方法进行系统介绍之后，本节要系统介绍如何实施互联网时代的人力资本规划。人力资本规划如果不能够落地，那就无法发挥人力资本管理的作用，无法在互联网时代快速响应和满足顾客的价值诉求，无法实现企业和员工个人的价值。本节主要介绍互联网时代人力资本规划的实施原则和具体步骤。

一、人力资本规划的实施原则

互联网时代是一个快速变化的时代，是一个个性化和人性化的时代，更是一个创新驱动的时代。在这样的时代背景下，人力资本规划的实施要遵循动态性、人性化、个性化和系统性的原则。

（一）动态性原则

在互联网时代，企业外部环境和内部环境快速变化，因此人力资本规划的实施必须充分考虑内外部环境的动态变化，才能够适应环境的需要，从而满足顾客不断变化的价值诉求，为员工自身和企业增值。其中，互联网时代企业获取竞争优势的根本是满足顾客和用户的价值需要。因此，人力资本规划实施要符合动态性原则在根本上是要随着顾客和用户价值需求的变化而变化。比如，海尔集团根据顾客价值需求的变化而不断调整自主经营体的构成，及其经营体内的人员数量和人员构成，从而能够不断满足顾客变化的价值诉求，在国际市场竞争中获得较强的竞争优势[①]。

① 曹仰锋. 海尔转型：人人都是CEO. 北京：中信出版社，2014.

（二）人性化原则

互联网时代是一个人性化的时代。人性化不仅表现在企业的产品和服务要不断满足顾客和用户的价值诉求，同时表现在对员工自身价值的重视。如果说顾客是互联网时代企业的一个抓手，那么员工就是互联网时代的另一个抓手。只有充分尊重员工的价值、不断让员工自身增值，员工才能够在工作中贡献更多的智力资本，更好地满足顾客的价值诉求，帮助企业获得成功。互联网时代，人力资本规划实施要充分考虑到员工价值是否能够增值。换言之，如果员工价值能够在人力资本规划实施的过程中获得提升，那么人力资本规划也更能够得到良好的施行。而员工价值得不到尊重和提升，那么人力资本规划也很难落地。海尔集团在互联网时代的竞争中，不仅注重顾客价值诉求的满足，同时也密切关注员工的价值需求，因而能够减少其人力资本规划实施的阻力，获得较好的施行。

（三）个性化原则

互联网时代是一个注重个性的时代，不仅表现在对顾客个性化价值诉求的满足，同时还表现在对员工的个性化关怀。在人力资本规划的实施过程中，要充分关注员工的个体差异和群体差异。以往人力资本规划的实施往往采用齐头并进、全面推进的路径，然而互联网时代人力资本规划的实施一定要遵循个性化、差异化的推进路径。所以，在人力资本规划的实施过程中，需要设立相应的实施过程反馈小组，充分听取员工的意见和建议，尽量满足员工的个性化和差异化的需求，从而减少人力资本规划实施的阻力。

（四）系统性原则

人力资本规划的实施是一个系统工程。互联网时代的人力资本规划实施的系统性原则不仅反映在内部的人力资本补充计划、使用计划、教育培训计划和薪酬激励计划等子模块之间需要相互协同，同时还反映在实施过程中的每一个步骤和环节都相互联系、相互影响，上一个阶段的实施情况势必会影响到下一个阶段实施的效果。以往的人力资源规划往往轻视实施过程的协同性和系统性。因此，在人力资本规划的实施过程中，必须成立专家小组，实行严密的监控和评估。在不同环节的实施过程中，要对环节之间的协同性进行监控和把关，在相应环节的实施结束以后，对实施的情况和效果进行充分评估。

二、人力资本规划的实施步骤

在互联网时代，人力资本规划的具体实施步骤大体上分为：动员和反馈环节、工作设计和重塑环节、系统推进和落地环节（见图11-4）。

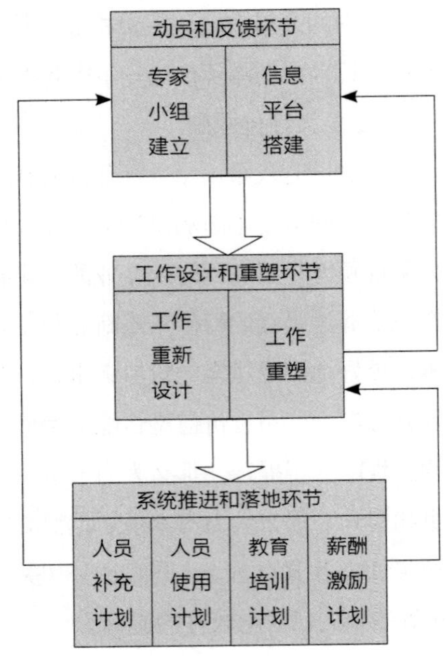

图11-4 互联网时代人力资本规划的动态实施步骤

（一）动员和反馈环节

互联网时代是一个个性化和人性化的时代，人力资本规划的实施必须遵循个性化和人性化的基本原则，从而获得员工的理解和支持，保证人力资本规划的成功实施。为了更好地了解员工在规划实施过程中的疑虑和需求，要在人力资本规划的实施之初便开展针对员工的动员工作。员工是人力资本规划的受众，是最直接的利益相关者，对人力资本规划的情况非常敏感。同时，根据相关变革的研究也已经发现，能否加强变革受众对变革的理解和支持，是变革成败的关键。[①]互联网时代是一个变革和创新驱动的时代，每一次人力资本规划就相当于一次组织内部的人力资源变革，而人力资本规划是否能够成功实施就取决于员工支持与否。在动员和反馈环节分为专家小组的建立、信息平台的搭建等步骤。

① 朱其权，龙立荣. 国外员工变革反应研究综述. 外国经济与管理，2011，33（8）：41-49.

1. 专家小组建立

在动员和反馈阶段，首先需要建立一支具备较强专业素质和沟通协调能力的专家小组。该专家小组的构成主要包括人力资本规划的参与人员、人力资源部的员工关系专员、各职能部门和直线业务部门的主要负责人。在有条件的企业，专家小组还应该包括人力资源业务合作伙伴（HRBP）。上述专家小组成员共同合作，制定人力资本规划实施的动员和反馈方案。

2. 信息平台搭建

为了在人力资本规划的实施之初，更好地开展动员和反馈工作，在互联网时代应该建立动员和反馈信息平台。互联网时代的人力资本规划实施的动员与反馈不应该类似于以往的动员与反馈，仅仅通过一两场动员大会，将相关政策进行宣布，收集一些员工的意见和建议，就算达到动员和反馈的目的。实际上，鉴于动员和反馈的重要性，应该通过多种方式和途径进行较为系统的动员和反馈。以往的动员大会是单向传播的大会，缺乏员工的集体参与，无法适应互联网时代员工具备较强参与意愿的现实。因此，在互联网时代要搭建信息平台，在信息平台中进行人力资本规划实施的动员和反馈。关于人力资本规划的目的、意义、重要内容和主要步骤要制作成易于被员工接受的小动画、小视频等形式，让员工通过计算机或者移动通信设备在任何时间和任何地点利用碎片化的时间学习、理解。同时针对相应的动员视频，要给予员工留言、评论的权限，且留言和评论可以是匿名的，也可以是不匿名的。通过这样的信息平台进行动员和反馈，较好适应了互联网时代的传播特征和规律，能够取得较好的动员和反馈效果。

（二）工作设计和重塑环节

在将人力资本规划的目的、意义、重要内容和主要步骤向员工进行反复地动员、沟通和反馈之后，如果动员和反馈达到预期的效果，则可以开始进行工作设计和重塑环节。为了便于人力资本规划的落地，在全面和系统地推进人力资本规划的实施之前，需要对工作结构进行变革，而工作设计和工作重塑是其中的核心内容。互联网时代的工作设计和工作重塑主要包括：由组织发起的工作重新设计和由员工自身发起的工作重塑。在工作重新设计和工作重塑的基础上，全面、系统地实施互联网时代的人力资本规划将获得事半功倍的效果。

1. 工作重新设计

互联网时代的人力资本规划要能够落地，必须具备能够适应互联网环境的工作结构。互联网时代是一个个性化和人性化的时代，是一个创新驱动的时代。为了充分发挥员工的创意，工作任务的设计一定要具备较强的自主性，给予员工较强的独立工作的空间。同时工作任务设计要具备一定的复杂性，过于简单和重复性的工作不利于发挥员工的创新意识和能力，不利于员工增强工作投入度以更好地满足顾客不断变化的价值诉求。同时，在工作设计中，要减少员工之间的纵向层级关系，而将工作结构设计成扁平化的平等关系，从而有利于员工之间的信息传递，有助于将第一线的市场和顾客信息快速地反映到相应的工作单元。鉴于互联网时代企业获得竞争优势的根本是快速响应和满足顾客的价值需求，因此工作结构的设计应该尽量设置为面向不同顾客价值需求的项目团队结构。

2. 工作重塑

工作重塑与工作设计具有明显的差异，主要表现在主体的不同。工作设计一般是由组织自上而下发起的工作结构的调整，而工作重塑一般是由员工自发进行的工作结构的调整。工作重塑主要包括工作任务、工作中的人际关系和认知任务方面的重塑。互联网时代与以往相比，内部环境和外部环境发生了翻天覆地的变化，其中主要表现在人发挥了至关重要的作用。在互联网时代的企业中，员工是企业提升竞争力的主要力量，智力资本在企业中被提升到了与物质资本同等重要的高度。因此，为了人力资本规划的顺利实施，还要从员工本身发起对自身的工作重塑。首先，员工可以结合市场环境和企业内部流程，合理调整自身工作任务的类型、任务、数量和范围，从而更好地服务于顾客的价值诉求。其次，在互联网时代，信息传播的速度和效率是员工获得成功和企业提升竞争力的决定因素之一。为了保证信息在项目团队内部流畅、高效地传播，员工与员工之间应该建立平等的关系，从而提高员工合作的频率和效率。最后，在互联网时代，企业能否取得一定的竞争优势取决于员工对工作的内在认知。因此，为了保证员工具备较高的工作投入度，必须促使员工自身进行认知任务的调整，提高对工作意义的认可和满足。在互联网时代，员工本身的价值被高度重视。因此，相对于组织对工作结构的调整，员工的工作重塑可能对企业取得竞争优势具有更强的作用。

（三）系统推进和落地环节

在对人力资本规划的实施进行全面的动员和反馈，以及对工作结构进行重新设计和重塑之后，可以进入人力资本规划的系统推进和落地环节。结合人力资本规划的具体内容，可以分为人员补充计划的实施、人员使用计划的实施、教育培训计划的实施和薪酬激励计划的实施四个阶段。

1. 人员补充计划的实施

结合互联网时代人员补充计划的高度动态性、结构复杂性和前瞻性的基本原则，人员补充计划的实施包含拟订标准、招聘宣传、测试和录用等几个环节。首先，结合企业所服务的顾客的基本价值需求，对所需要员工的基本素质进行基本评估，并拟订相应的标准。由于互联网时代顾客价值诉求的变化速度很快且较为多样化，所以在拟订招聘标准的过程中要注意对通才和专才的兼收并蓄，既需要某个领域的专家型人才，也需要涉猎领域广泛的复合型人才。其次，互联网时代的招聘宣传需要立足于雇主品牌的宣传。如果不具备良好的雇主品牌，在招聘宣传中投入海量的资金也是枉然。最后，在人才库中，进行细致的测试和录用。在互联网时代，尽量利用互联网技术，减少招聘测试和分析的误差，提高测试和录用的准确性和效率。同时，基于海量的求职者建立后备人才库，以便于企业进一步发展时快速补充相应的人才。

2. 人员使用计划的实施

互联网时代的人员使用计划的实施包括任职条件分析、人员配给、晋升与调岗等环节。首先，互联网时代的企业要想获取竞争优势，必须要不断响应和满足顾客的价值诉求。基于此，相应的岗位任职条件要基于如何满足顾客价值诉求来拟定。其次，在任职条件分析的基础上，将招募的员工进行合理的岗位分配。在互联网时代，项目团队是比较合适的组织结构，可以根据员工的专业知识、能力和个人兴趣，通过员工自我报名和团队挑选相结合的方式，将员工分配于不同的项目团队中。最后，在人员使用的过程中，结合员工对任务的完成情况，对不太称职的员工实施调岗，对于表现优异的员工实施晋升，促进他们在新的项目团队中更好地满足顾客的其他价值诉求。

3. 教育培训计划的实施

教育培训计划的实施涵盖需求评估、计划拟订、师资聘请和培训效果评估等环节。首先，互联网时代的知识更新速度非常快，为了不断提高员工的知识、技能水平以满足顾客不断变化的价值诉求，需要结合顾客价值诉求的变化趋势，不断对员工的培训需求进行评估。对于培训需求的评估，一方面要考虑一线员工的意见和建议，另一方面要考虑行业专家的意见和建议。其次，在需求评估的基础上，拟订详细的培训计划，并请相应的一线员工和行业专家评估培训计划的价值和可行性。再次，在计划拟订的基础上，邀请相关专业知识的培训讲师。互联网时代的培训讲师的邀请，可以采用多个企业“众包”的方式，相关企业可以聘请相同的讲师进行培训，从而节省培训成本。同时，还可以大力开展“空中课堂”等模式，将培训碎片化，从而减少培训对员工时间和地点的限制，提高培训的现实可行性和效率。最后，在实施了培训计划之后，还要对培训的效果进行进一步的总结和分析。相关的文档要通过“云端”妥善保存，建立庞大而全面的培训资料库，方便未来培训的计划与实施。

4. 薪酬激励计划的实施

薪酬激励计划的实施包含薪酬福利计划的实施和绩效考核计划的实施等环节。首先，完善和实施绩效考核体系。绩效考核是薪酬福利发放的基础，同时也是企业重要的激励机制。互联网时代绩效考核的核心点在于员工是否能够快速地响应和满足顾客的价值诉求。同时，在绩效考核之后，要注重绩效反馈。绩效反馈能够直接影响绩效考核对员工绩效改善的影响效果。在互联网时代，员工具备较强的主观能动性和自我提升意识，非常渴求绩效考核的反馈。其次，完善和实施薪酬福利计划。互联网时代的企业收益来源于顾客，因此薪酬福利的基础要基于对顾客价值需求的满足情况。对于能够使顾客价值需求获得超一流满足，并为企业持续获益提供助力的员工，要提供市场最优的薪酬福利水平。对于能够快速响应和满足顾客价值需求的员工，要提供市场领先的薪酬福利水平。而其他员工，要给予基于市场平均水平的薪酬福利，甚至低于市场平均水平的薪酬福利。同时，互联网时代的福利计划要体现人性化和个性化。要针对员工的差异化需求提供多样化的福利选择，从而提高福利对员工的黏性。

本章小结

（1）互联网时代人力资本规划的内容。互联网时代人力资本规划的内容主要包括总目标、总政策和业务计划。其中互联网时代人力资本规划的总目标包括企业绩效、员工绩效、人力资源数量、人力资本存量和雇员敬业度。互联网时代人力资本规划的总政策的核心内容是围绕顾客价值诉求的变化保持高度动态性。而互联网时代人力资本的具体业务计划包括人员补充计划、人员使用计划、教育培训计划和薪资激励计划。

（2）互联网时代人力资本规划的流程。互联网时代的人力资本规划流程主要包括调查分析准备阶段、需求和供给预测阶段、规划的制定和实施阶段，以及规划的评估和反馈阶段。其中调查分析准备阶段在互联网时代的变化之一是在外部环境估计中关注社会文化多样性和技术的频繁更新换代，在内部人力资本状况的评估中需要重点关注员工敬业度和信息技术使用情况的评估，而在外部人力资本环境的评估中需要重点关注市场供给、需求状况和共享平台的人力资本。在需求预测阶段，要基于顾客价值需求的变化趋势进行需求预测。在供给预测阶段，不仅要关注内外部的人力资本供给的数量和结构，同时还要关注共享平台中的人力资本。规划的制定和实施阶段要紧密围绕顾客的价值诉求，建立强有力的规划实施的领导和支撑团队。最后，在规划的评估和反馈阶段要依托员工的反馈系统，同时建立基于云计算和大数据的自反馈系统。

（3）互联网时代人力资本规划的方法。互联网时代人力资本规划的重点和难点还在于人力资本的需求与供给预测。对于需求和供给预测，要依托云计算和大数据技术，分步骤建立需求和供给预测的数据平台、进行数据的收集和分析。

（4）互联网时代人力资本规划的实施。互联网时代人力资本的实施要遵守动态性、人性化、个性化和系统性的原则。在规划的实施中，要分步骤进行动员和反馈、工作设计和重塑，以及系统推进和落地等环节。

即测即评

请扫描右侧的二维码（内含若干判断题、单选题和多选题），您可在线自测并查看答案。

思考题

1. 互联网时代人力资本规划的总目标相较于以往的人力资源规划，存在哪些不同之处？为什么会产生这些差异？
2. 互联网时代人力资本规划的具体业务计划产生哪些新变化？该如何实施？
3. 以往人力资源规划中的需求与供给预测方法为何不能很好地适用于互联网环境？
4. 如何实施人力资本规划？

实例经验与启发

回顾开篇的情境实例，经过理论学习和案例剖析，得到以下启发：

（1）互联网时代人力资本规划需要密切围绕顾客价值来开展。顾客价值的实现是互联网时代企业获得竞争优势的重要法门，人力资本的排兵布局需要紧密围绕"顾客价值实现"这一核心内容来开展。而鉴于顾客价值的快速变化，人力资本规划必须具备高度的动态性。

（2）互联网时代人力资本规划中的需求预测要紧密围绕"顾客价值提升"这一核心内容来进行。要善于捕捉顾客价值需求较为旺盛的商业内容和业务模块，并在此基础上通过云计算和大数据技术进行科学、合理、动态的人力资本需求预测。

（3）互联网时代人力资本规划中的供给预测要充分考虑和吸纳创新创业平台等时代特点，努力建构满足顾客价值提升的协同创新创业平台。在利用云计算和大数据技术进行基本供给预测的基础之上，密切关注创新创业平台衍生出的人力资本。

讨论案例

DM公司向互联网时代进发之路①

DM公司是一家全球知名的安防软件设计公司，在全球安防软件行业排名第十。在短短的五年之内DM公司能够进入世界十强，固然得益于公司创始人和CEO敏锐的商业意识、广泛的商业社交网络和高超的资本运作技巧，同时也受益于他们对于互联网时代特征的把握以及在此之下的一系列创新实践。特别是在人力资源战略与规划方面，DM公司进行了前沿性的变革。

① 基础资料来源于DM公司内部资料，并经作者整理改编而成。

一、推倒组织内的墙

DM公司认为，"互联网+"时代是一个快速变化的时代，唯一不变的就是变化。为了快速响应外部环境的变化，原有的科层制组织架构可能是一种阻碍，而要实现这一目标就要推倒组织内纵向的墙，使组织扁平化，同时要推倒组织内横向的墙，让组织部门无边界。总体而言，就是要让组织尽量简化。这也是互联网时代一个很重要的理念，即简约、速度、极致。DM公司目前的组织结构完全是扁平化的，初始的6个合伙人各自分管一到数个项目，形成6个自主经济体。DM公司的组织架构基本上就只有三个层级，即合伙人—自主经济体体长—成员。

二、寻找最杰出的人才

DM公司认为互联网时代最珍贵的资源不是资金，更不是土地、设备，而是人力资本。因此，DM公司的CEO和人力资源部认为要把更多的时间花在寻找人才上，寻找最杰出的人才，与最杰出的人才合作。过去管理教科书和实践者一直认为企业不一定要找最优秀的人，而是找最合适的人，因为在一定的岗位上，最优秀的人的生产效率不一定超过最合适的人的生产效率，而吸引和挽留最优秀的人需要耗费更多的资源。但DM公司不这么认为，他们认为互联网时代是一个高速变化的时代，一时的岗位工作评估不能够代表相应岗位的未来工作方向，而一旦相应的岗位仅仅是由基本符合岗位要求的人员承担工作，则无法快速响应外部顾客日益变化的价值诉求。因此，DM公司就颠覆了一般性的人力资源战略与规划的理念。他们非常坚定地寻找相应岗位最杰出的人才，为了找到最杰出的人才不惜花费一切代价。他们坚信只有在相应的岗位安排最杰出的人才，才能够形成最优秀的项目团队，才能够快速响应消费者的极致价值诉求。与此同时，DM公司认为最杰出的人才不一定出于公司，更多情况下出自其他公司，因此，为了将最杰出的人才安排到公司的相应岗位上，他们不惜一切代价到市场上挖人。

三、推倒组织外的墙

DM公司认为公司在过去了解消费者需求的过程中，往往非常缓慢，具有“滞后效应”。当公司的第一代产品上线之后，公司希望了解产品是否能够满足消费者的基本需求，得到的反馈却很慢。DM公司认为应该打破这种“后发”进行的消费者满意调查，因为这种后发的满意度调查只能在一定程度上减少后一代产品失败的可能，却无法纠正上一代产品的失误。因此，DM公司近几年非常关注推倒企业外部的墙、搭建人力资源共享平台。在这一人力资源共享平台上，不仅仅囊括了其他同类型合作企业的优秀人才，同时也涵盖了普通消费者。而今，每天都有众多行业专家和普通消费者在这一平台探讨相应的产品问题，包括产品的基本功能、交互界面等，这些交流都成为DM公司发现产品痛点的关键。

DM公司在满足客户价值的过程中不断推动人力资源战略与规划的创新，推进组织扁平化、吸引最杰出的人才、搭建人力资源共享平台，一切围绕客户价值，向互联网时代进发。

思考题：

1. 请分析DM公司人力资源战略与规划措施中存在哪些可取之处？
2. 请剖析DM公司人力资源战略与规划可能出现哪些问题？应如何应对？

本章实训

制定“滴滴打车”未来5年的人力资本规划

一、实训目的

1. 理解互联网时代人力资本规划的核心内容。
2. 掌握需求预测和供给预测的基本步骤。
3. 能够初步搭建互联网时代人力资本规划的分析框架。

二、实训内容

“滴滴打车”是一家典型的成长于“互联网+”时代的企业，其核心产品“滴滴打车”APP

改变了传统打车方式，建立、培养出大移动互联网时代下引领的用户现代化出行方式。相比传统电话召车与路边扬招来说，滴滴打车的诞生更是改变了传统打车市场格局，颠覆了路边拦车概念，利用移动互联网特点，将线上与线下相融合，从打车初始阶段到下车使用线上支付车费，画出一个乘客与司机紧密相连的O2O完美闭环，最大限度优化乘客打车体验，改变传统出租司机等客方式，让司机师傅根据乘客目的地按意愿“接单”，节约司机与乘客的沟通成本，降低空驶率，最大化节省司乘双方资源与时间。截至2015年3月底，滴滴打车在全国已经突破1亿用户，日均订单量也突破了521.83万，覆盖了包括北、上、广、深等超过178座一、二线城市，使用滴滴打车的司机也超过了90万人。

假设你们是“滴滴打车”人力资源部的员工，公司领导安排人力资源部制定未来5年的人力资本规划。作为人力资源部的成员，你们基于网络信息等现有资料，为“滴滴打车”制定一份为期三年的人力资本规划，其中要涉及人力资本规划的总目标、总规划、具体业务计划、实施计划、控制与评价等内容。

三、实训组织和步骤

1. 教师说明实训内容和实训要求。
2. 将教学班级里的学生分成若干组，每组4 ～ 6人，组员之间协商产生小组组长。
3. 每组独立收集、整理滴滴打车公司的相关资料，并对内外部环境因素进行辨别。
4. 以小组为单位，以“讨论—分工—讨论—汇总”的流程形成人力资本规划报告。
5. 小组将报告初稿提交给一位或者多位本专业老师或者相关从业者进行审阅并提出修改意见，小组继续完善报告。
6. 分组展示报告。
7. 教师在每组展示过程中要引导大家提问和讨论。
8. 教师在每组展示后，对展示内容进行点评和指导。

延伸阅读

[1] 曹仰锋. 海尔转型：人人都是CEO. 北京：中信出版社，2014.

[2] Hoffman R, Casnocha B, Yeh C. The Alliance: Managing Talent in the Networked Age. Harvard Business Review Press, 2014.

[3] 王吉斌，彭盾. 互联网+：传统企业的自我颠覆、组织重构、管理进化与互联网转型. 北京：机械工业出版社，2015.

[4] 杨慧，马旭飞. 互联网时代的新创客. 北京：中信出版社，2015.

[5] 陈一佳. 创客法则：顶级创业公司的创新密码. 北京：中信出版社，2015.

[6] 克里斯·安德森. 创客：新工业革命. 2版. 北京：中信出版社，2015.

[7] 吴霁虹. 众创时代：互联网+、物联网时代企业创新完整解决方案. 北京：中信出版社，2015.

第十二章
人力资源审计

学习目标

1. 理解人力资源审计的定义、目的及类型
2. 了解人力资源审计的发展历程
3. 掌握人力资源审计的程序
4. 熟练运用人力资源审计的方法

关键术语

人力资源审计　管理审计　人事审计　人力资本审计　战略人力资源审计　二维人力资源审计模型　SDW模型　FRAIP模型审计方法　数据收集技术　数据分析技术

本章概览

请扫描右侧的二维码图标，您可以查看本章的知识结构概览图。

情境实例

ZT集团（中国）如何开展人力资源审计？[①]

ZT集团由华侨于1921年创办，是一家以农牧食品、商业零售、电讯三大核心事业为主，同时涉足金融、房地产、生物制药、汽车等10多个行业领域的多元化跨国集团公司，业务遍及近20个国家和地区，员工超过30万人，年销售额超过400亿美元。

① 根据以下资料整理改编而成：ZT集团官方网站报道；王艳辉，陈建安. 以人力资源审计工具提升战略人力资源准备度. 中国人力资源开发，2013，23（1）：22-27.

作为中国改革开放后第一家在华投资的外商企业，1979年，ZT集团在深圳投资1 500万美元，建成当时全国最大的年产8万吨的现代化饲料生产企业——ZTKD有限公司，成为中国第一个外商独资企业。在中国改革开放30多年的历程中，ZT集团不断加大在中国的投资力度，下属企业遍及除西藏、青海以外的所有省份，形成包括ZT饲料、ZT食品、ZT种子、大阳摩托、ZT广场、ZT制药等具有广泛知名度的企业、品牌和产品。

多年来，ZT集团秉承“利国、利民、利企业”的经营宗旨，积极投身中国改革开放事业。截至目前，ZT集团在中国设立企业300多家，员工超8万人，总投资超1 100亿元，年销售额超750亿元，已成为在华投资规模最大、投资项目最多的外商投资成功企业之一。在ZT集团（中国）的300多家企业中，由于各公司的人力资源部门人员素质参差不齐，使得各公司的人力资源管理水平高低不一。鉴于中国新《劳动合同法》在2008年正式实施，ZT集团（中国）北京总部的人力资源中心在2009年设立人力资源审计岗位，由2008年引进的某知名大学MBA小张负责人力资源审计。开展人力资源审计的初衷在于三个方面：① 提供人力资源管理的合规合法，规避劳动纠纷风险；② 挖掘好的做法（即所谓的亮点）在整个集团推广，实现优势互享；③ 提升人力资源管理水平，支撑集团战略发展。

2009年，小张开始着手查阅各种资料，并且发现：① 人力资源审计在中国还是新鲜事物，已经开展了人力资源审计的企业很少；② 人力资源审计的相关论文和著作比较少，并且偏重理论化。于是，小张尝试构建ZT集团（中国）特有的人力资源管理合规性审计体系，导入基于制度体系的人力资源审计，注重人力资源制度符合度，从而主要检查制度计划内容、业务流程、审批权限等，帮助各子公司逐步步入正轨。截至2015年，随着人力资源审计的深入推进，各子分公司人力资源管理水平大有提升，并逐步规范化。今后，集团正着手从基于制度的人力资源审计逐渐向支持战略的人力资源审计和价值导向的人力资源审计转变，持续支撑该集团在中国的投资发展战略。

员工在企业成功中扮演着非常重要的角色，因此企业需要把人力资源规划纳入人力资源管理实践中。人力资源规划是一个持续的过程，企业必须持续监控和预测人员的需求和关注点。人力资源审计有助于连接人力资源职能/计划的长期目的、目标，有助于比较人力资源实践的现状和未来，为企业人力资源管理的改革与发展指出了方向。[①]建立一套人力资源规划框架和审计实践是促使组织确保充分利用人力资源实现产出、结果和战略的重要工具。ZT集团（中国）在管理升级过程中，正是基于人力资源审计在短短几年内构建了更加系统的人力资源体系，确保集团战略能够得到更好的执行。那么，什么是人力资源审计？人力资源审计的目的与意义体现在哪些方面？人力资源审计的发展历程是怎样的？如何进行人力资源审计？这是本章将要回答的问题。

第一节 人力资源审计定义、目的和类型

一、人力资源审计的定义

学术界关于人力资源审计的定义各不相同，但是主要观点大致可以分为三类，即评价工具观、管理工具观[②]和战略工具观，其中评价工具观、管理工具观分别对应稽核视角和职能视角。

（1）评价工具观。从稽核的视角来看，人力资源审计是一种评审工具，是对组织内人力资源管理状态和效度的客观评估与衡量。例如，欧拉拉和卡斯特罗（Olalla & Castillo，2002）认为，人力资源审计是企业的一种基本管理工具，即定量分析管理决策的结果，控制整个管理过程，最终达到人力资源管理水平和企业绩效的提高[③]。亚达夫和大巴哈德（Yadav & Dabhade，2014）将人力资源审计界定为：为了识别人力资源职能改进和强化的需要及确保遵守多变的法律法规，评价目前人力资源政策、程序、文件和系统的一种综合方法（或工具）。[④]

（2）管理工具观。从职能的视角来看，人力资源审计是一种管理工具，不仅指出组织需要弥补和改进的人力资源管理职能有哪些，而且通过内部原因剖析和外部标杆对

① Yadav R K，Dabhade N. Human Resource Planning and Audit - A Case Study of HEG Limited.International Letters of Social and Humanistic Sciences，2014(5)：44-62.

② 杨伟国.战略人力资源审计：历史，结构与功能.经济理论与经济管理，2005(7)：52-57.

③ Olalla M F，Castillo M A S. Human Resources Audit. International Advances in Economic Research，2002，8(1)：58-75.

④ Yadav R K，Dabhade N. Human Resource Planning and Audit：A Case Study of HEG Limited.International Letters of Social and Humanistic Sciences，2014(5)：44-62.

比，告知组织解决上述问题的路径与方法。例如，巴克特拉（Bactra，1996）认为，人力资源审计是企业人力资源的评价工具，可以帮助管理者计划和控制人力资源的使用过程，并向企业的利益相关者提供决策信息。①

（3）战略工具观。近年来，随着人力资源管理战略地位提升，战略人力资源审计逐渐兴起并受到广泛关注，更多学者从组织战略的角度对人力资源审计进行界定。

国内外学术界和企业界对人力资源审计较有代表性的定义如表12-1所示。

表12-1　不同学者对于人力资源审计的定义

定义	角度	学者	阐释
人力资源审计	稽核	米尔科维奇和布德罗（2002）②	人力资源审计类似于财务、税收审计，应该考察：是否实行并遵守了人力资源的政策与业务；是否为每个新员工购买了健康保险；是否对每一个有离职意向的员工进行了面谈；是否能够定期开展员工的绩效考核，并给予反馈；是否严格按照计划和步骤开展部门的每一项活动和程序，并且保证相关人员在场
		李雪和陈茂芬（2004）③	人力资源审计实际上是审计的一种，是针对人力资源而非财务的审计，其审计规则应该符合财务审计的共同属性，本质上是一种确保与人力资源有关的受托经济责任全面而有效地履行的特殊控制机制
		郑玮和李静（2005）④	人力资源管理审计隶属于绩效审计，是审计人员通过审查人力资源管理活动及其有关信息，对人力资源管理方针、政策、制度、执行程序、操作流程、经济性、效率性和效果性做出的评价
	职能	德斯勒（1999）⑤	考察人力资源管理应该如何操作，以及在实践过程中究竟是如何开展的
		欧拉拉和卡斯特罗（2002）⑥	人力资源管理内的审计活动，针对各种人力资源管理进行分析、评估、诊断。需要完成两个基本管理职能：① 充当管理信息系统的角色，收集企业内外部的信息，进行信息的录入、分析，最终得出结论，以提高人力资源管理水平；② 关注企业实施的政策和程序，对其进行评价和监控，发现政策与实践的缺口
		魏顺泽（2002）⑦	人力资源审计是指审计机构运用专门的方法，对被审计单位人力资源的开发、利用、管理以及企业人力资源信息的公允性、真实性进行监督、评价，以促进企业人力资源运营向着低成本、高效率方向发展的一种活动

① Bactra G S. Human Resource Auditing as A Tool of Human Resource Valuation: Interface and Emerging Practices. Managerial Auditing Journal, 1996, 11(8): 23-30.

② 乔治・T. 米尔科维奇，约翰・W. 布德罗. 人力资源管理. 北京：机械工业出版社，2002.

③ 李雪，陈茂芬. 人力资源审计基本问题初探. 西北工业大学学报：社会科学版，2004(1): 16-19.

④ 郑玮，李静. 开展人力资源审计的必要性及制约因素分析. 商业研究，2005(3): 58-70.

⑤ 加里・德斯勒. 人力资源管理.6 版. 北京：中国人民大学出版社，1999.

⑥ Olalla M F . Castillo M A S. Human Resources Audit.International Advances in Economic Research, 2002, 8 (1):58-75.

⑦ 魏顺泽. 试论人力资源的审计. 西南科技大学学报：哲学社会科学版，2002(2): 61-66.

续表

定义	角度	学者	阐释
人力资源审计	战略	刘智勇（2002）①	作为一种经济监督活动，人力资源审计是企业内外部的相关人员，针对企业人力资源管理活动进行会计核算监督的过程，最终达到实现发挥人力资源功能的目的
		多伦和舒尔乐（2000）②	系统、规范地评价企业人力资源相关的所有政策和规划方案即为人力资源审计，考察的对象是人力资源部门的工作记录，如预算、培训、考核等的方案存档，以此开展审计工作
		杨伟国（2004）③	依照特定的标准，通过综合性的研究分析方法，对组织的人力资源管理系统进行综合、全面的检查、分析与评估，为改进人力资源管理的功能与技术问题以及问题产生的机理，提供解决方向和思路，从而为组织战略目标的实现提供科学的支撑
		宋培林（2006）④	审计主体根据审计目的，基于企业不同的成长阶段，依据特定的标准，采用适宜的分析方法，对企业人力资源管理系统进行全面的检查、分析、评估以及鉴证，为改进人力资源管理功能与技术明确问题和机理，并提供解决问题的方向与思路，从而促进企业战略目标的实现

二、人力资源审计的目的与功能

进入21世纪以来，人力资源是一种稀缺的、能动的战略性资源，日益成为企业价值创造的重要源泉。但是，人力资源管理面临重新定位与转型的巨大压力，如市场竞争、法律环境、战略定位、管理结构、利益机制、绩效评价、信息技术、人力资本。⑤为了有效应对这些挑战，企业需要科学审视当前的战略抉择、组织结构以及管理模式，并根据环境变化积极做出调整。人力资源审计作为人力资源管理的重要“诊断手段”和“决策工具”，全面稽核企业的人力资源政策、制度、管理机制、操作流程及其运行效果，通过分析问题、提出思路、制定措施，帮助企业改进和提升人力资源管理水平和绩效，从而支撑企业战略的有效实现。

人力资源审计的终极目标是为企业营造人力资源优势并推动人力资源管理功能最大限度地支撑组织的使命、愿景与战略目标。具体体现在：一是全面审核人力资源管理政策、制度、程序和标准；二是评价人力资源流程和相关控制措施的效率和效果；三是评价支持人力资源管理信息系统的可靠性和运行质量。

① 刘智勇. 人力资源审计初探. 审计理论与实践，2002(2)：36-39.
② 西蒙·多伦，兰多·舒尔乐. 人力资源管理：加拿大发展的动力源. 董克用，译. 北京：中国劳动社会保障出版社，2000.
③ 杨伟国. 战略人力资源审计. 上海：复旦大学出版社，2004.
④ 宋培林. 基于逻辑关系视角对企业战略性人力资源审计内容结构的解析. 南开管理评论，2006，9(2)：78-83.
⑤ 杨伟国. 战略人力资源审计. 上海：复旦大学出版社，2004.

总体来说，人力资源审计的功能归纳为战略功能和管理功能。其中，战略功能是指为寻求更加支持组织战略的人力资源战略提供前提与基础，具体包括：人力资源战略与规划是否和组织战略保持一致？人力资源管理系统是否与人力资源战略/规划保持一致？人力资源规则、行动、基础结构以及人力资本能否支持人力资源功能；管理功能旨在为改进组织人力资源管理提供前提与基础，将人力资源审计形象地描述为显微镜、测量计、分析仪与导航器。其中，人力资源审计的显微镜功能体现为：根据法律基准、目标基准与实践基准发现人力资源管理功能、规则、行动、基础结构与人力资本方面的缺口；测量计功能体现在测定缺口的性质与大小；分析仪功能则是分析缺口产生的机理与解决方案如何发挥作用的机理；导航器功能是指确定解决问题的方向与基本思路。

具体来说，施温德、达斯与瓦格尔（Schwind，Das & Wagar，2001）系统地归纳了人力资源审计的价值，包括[①]：

（1）促进人力资源管理与组织战略目标保持一致。

（2）人力资源审计重视查验数据和指标分析，为人力资源部门的贡献提供特定的可证实数据，能够证明人力资源管理活动在企业中是否有效。

（3）改善人力资源部门的专业形象。

（4）鼓励人力资源部门更加专业化。

（5）澄清人力资源部门与直线部门的职责权限。

（6）确保人力资源激励政策与实践的一致性。

（7）人力资源审计强调以问题为导向，从而能够发现关键的人力资源管理问题。

（8）确保人力资源管理及时遵从法律要求。

（9）帮助评估与改进人力资源信息系统。

在企业战略目标实现过程中，人力资源管理往往是围绕发展战略做出整体性规划，以提高企业应对不确定性环境时的预期性和准备度。为了保证人力资源管理系统能真正发挥效果，人力资源审计通过针对企业内部人力资源管理的政策、制度、执行程序、操作流程和人力资源信息运用方面开展全面稽核，为人力资源规划提出一种崭新的思路和一套切实可行的方法。其中，人力资源审计的出发点是公司使命、愿景和战略目标，审计的结果为改进组织的人力资源管理提供前提与基础；人力资源规划的目标也是推动人力资源功能最大限度地支撑组织的使命与目标。因此，二者作为人力资源管理工具在目标上是一致的。[②]从而，将人力资源规划工作嵌入人力资源审计管理体系中，能更好地实现人力资源规划的目标。例如，正大集团在管理升级过程中，正是基于人力资源审计在短短几年内构建了更加系统的人力资源体系，确保集团人力资源战略与规划在各分子公司能够得到更好的执行。

① Schwind H F，Das H，Wagar T H. Canadian Human Resource Management：A Strategic Approach. 6th ed. Toronto：McGraw-Hill Ryerson，2001.

② 王艳辉，陈建安. 以人力资源审计工具提升战略人力资源准备度. 中国人力资源开发，2013，23（1）：22-27.

三、人力资源审计的类型

人力资源审计的两个关键要素是人力资源审计主体与人力资源审计客体，依据审计主体与客体的不同可以对人力资源审计进行分类。

（一）依据人力资源审计主体分类

审计主体是指由谁来执行审计，可以分为外部审计主体和内部审计主体。由此，依据审计主体的不同将人力资源审计分为内向型审计和外向型审计。其中，内向型审计是指企业内部成立一个独立组织（由内部成立的审计委员会、部门或个人）对企业自身人力资源管理体系进行的审计；外向型审计则是企业外部的独立机构或人员（包括该企业的上级机构或控股机构）对该企业的人力资源管理体系进行的独立审计。内向型审计和外向型审计在审计目的、审计对象、评价标准、审计职能、审计独立性等方面存在一定的差异（见表12–2）。

表12–2 人力资源外向型审计与内向型审计的差别

比较项目	外向型审计	内向型审计
审计目的	发现人力资源问题，改善组织人力资源管理，侧重维护外部决策者的利益	发现人力资源问题，改善组织人力资源管理
审计对象	内、外部审计决策者确定	内、外部审计决策者确定
评价标准	来自内、外部决策者的期望与审计标准	来自内、外部决策者的期望与审计标准
审计职能	咨询性、建设性职能	建设性职能
审计主体	作为独立的第三方人力资源专家、注册会计师、管理咨询师或专业机构	组织内部专家或机构
审计独立性	中、强	弱、中
审计报告	发表咨询性审计意见	提供建设性审计意见

资料来源：杨伟国．战略人力资源审计．上海：复旦大学出版社，2004.

（二）依据人力资源审计客体分类

审计客体是指人力资源审计所涵盖的领域，既可以是人力资源管理整个体系，也可以是某个子体系，如薪酬体系审计、培训开发体系审计。从审计范围来说，常见审计客体是具体的人力资源管理项目，如人力资源年度计划审计、人力资源流程审计或职位结构审计。从审计对象来看，审计客体既包括整个组织（如公司人力资源管理绩效审计），也包括某个部门（如市场营销部的人力资本流动审计）。从审计层次来看，审计客体既包括人力资源管理的宏观层面（如人力资源战略），也包括人力资源管理的具体活动

（如校园招聘）。

依据审计客体的范围，人力资源审计也可以分为内部审计与外部审计。

（1）内部审计。涉及组织内部的人力资源管理状况，主要关注执行结果与执行过程，确保公司政策制度的规定与员工的获得一致。审计侧重点是做得怎么样。内部审计的要素包括：人力资源管理的全部职能。如人力资源政策与环境的适合度、人员任用、薪酬激励、绩效考核、员工培训与发展、管理者继任计划、人力资源信息运用、人力资源部门的专业水平。

（2）外部审计。涉及企业面临的外部环境，关注整个人力资源管理体系对企业发展的支持度，以保证人力资源管理体系能够促进战略目标达成，赢得竞争优势。外部审计的要素包括：考虑外部竞争情况，比较人力资源管理体系在企业竞争中的贡献度；审核企业人力资源政策在行业内或是在同等环境中的竞争力；检查整个人力资源管理体系的有效性和执行情况。

依据审计客体的内容，人力资源审计包括①：

（1）职能审计（function audit）。包括人力资源开发系统和程序，涵盖培训开发、组织发展和职业发展；人力资源开发系统和程序是否与促进胜任力、自信和绩效的人力资源管理系统和程序一致，涵盖工作设计、人力资源规划、绩效管理系统、选拔和任用；薪酬福利、员工关系和人力资源记录的公平性和一致性，尤其是提供及时的管理信息。

（2）服务审计（service audit）。主要关注人力资源职能服务的响应和可靠性，包括响应时机、帮助直线经理/员工的意愿和人力资源专业人员的知识等方面的评估。

（3）合规审计（compliance audit）。评估人力资源遵守相关法律的程度（如劳动法），涉及要求的政策、实践和程序是否存在，在多大程度上培训管理方和劳动方，以制定最佳实践的准则。

（4）财务管理审计（financial management audit）。人力资源系统和程序的综合审计需要超越检验层面。不同人力资源职能效率的审计涵盖适合人员职能的基本财务比率/计分卡测量。

（5）战略审计（strategic audit）。每个组织应该有一个旨在提高员工对企业价值的总体人力资源战略。战略审计检视人力资源战略、政策和过程是否与企业使命和目标实现一致或支持企业使命和目标的实现。

① Yadav R K, Dabhade N. Human Resource Planning and Audit: A Case Study of HEG Limited.International Letters of Social and Humanistic Sciences, 2014(5): 44–62.

第二节 人力资源审计的发展历程

一、人力资源审计溯源

人力资源审计是人力资源管理学和审计学的理论交叉及其在实践中的运用，是审计理论体系适应社会经济发展需要的自我完善和发展。

（一）管理审计

作为管理审计的分支之一，人力资源审计的起源可以追溯到20世纪30年代。1932年，英国的罗斯（Ross T. G.）在《管理审计》（The Management Audit）一书中，倡导以职能部门评价和成绩评价为核心的管理审计，对人事管理审计只是隐含。人事部门作为组织职能部门之一，必然被包含在管理审计范围。美国管理咨询大师詹姆斯·麦金西（J. M ckinsey）在20世纪30年代主张应对企业定期实行管理审计，管理审计的内容包括企业的总体目标和政策，未来或持续进行的规划、人事、管理以及财务状况，明确提出人事管理审计。

（二）人事审计

随着管理审计与咨询的发展，人事管理审计开始呈现相对独立的特征。一方面，人事管理审计已经被列为美国注册会计师管理咨询服务的九大领域之一，即综合管理、财务、生产、销售、行政管理、采购、交通和运输、人事、研究与发展。许多国际性会计公司纷纷设立管理咨询部门，提供人事管理审计服务。另一方面，许多学者开始撰写人事管理审计的专著。例如，杰克逊·马丁德尔（J. Martindell）在1950年出版的《对管理的科学评价》一书中，系统阐述了组织中管理能力的评价问题，并明确提出10项评价的具体标准，其中对公司组织结构、董事会业绩分析、经理人评价等属于人事管理的范畴。尤其是在1955年，托马斯·卢克（T. Luck）在麦格劳－希尔公司（The McGraw-Hill Companies）出版的《人事管理审计与评估》一书是首部人事管理审计著作。

（三）人力资源管理审计

进入20世纪70年代，随着美国加强公用事业领域的管理审计，人力资源审计随之得到强化与发展。20世纪80年代，美国私营企业领域启动专门的人力资源审计，如美国花旗银行。20世纪90年代，人力资源审计开始成为相对独立的管理领域之一。不但管理咨询公司提供人力资源审计咨询服务，而且政府、企业乃至非营利组织内部日益关注人力资源审计。

进入21世纪，人力资源审计进入专业化阶段，明确的人力资源审计概念以及模型纷纷被提出。例如，纳特利（Nutley，2000）的二维人力资源审计模型，施温德、达斯与瓦格尔（Schwind，Das & Wagar，2001）的SDW模型。

二、人力资源审计新发展

（一）从人力资源审计到人力资本审计

人力资源审计最初是从法律视角提出的，后来才逐渐发展成一种独立的审计。早期的人力资源管理审计形式为人事工作审计，着重描述人力资源信息，检查管理过程的合法合规性。随着管理文化的兴起以及企业对绩效目标的重视，人事管理开始向人力资源管理转变，出现了人力资源审计。人力资源管理审计不但关注人力资源管理程序的合法合规性，而且开始着重审查人力资源管理活动的经济、效率、效果及其对实现绩效目标的影响。人力资源管理质量评估关注具体的人事活动和数据，并开始寻求对企业目标的实现程度进行分析。

随着人力资本管理理念日益在管理实践中得到应用，人力资本管理逐渐成为人力资源管理深化发展的新阶段。人力资本管理理论认为，人力资本所有者成为企业的投资者，而不是被雇佣者，因此人力资源所有者与物质资本所有者是合作关系。人力资本管理理论和实践的兴起要求人力资源审计的发展与之相适应，出现了人力资本审计。人力资源审计与人力资本审计的差异如表12-3所示。

表12-3　人力资源审计与人力资本审计比较[①]

比较项目	人力资源审计	人力资本审计
核心理念	雇员被视为被管理的资源进行开发利用	雇员被视为平等的合作者
审计目的	促进管理制度、程序和实践的完善	促进知识、能力的提高
审计假设	最佳管理实践	主动性资产
关注范围	基准绩效	管理制度、程序以及影响员工精神层面的因素
审计标准	合规合法，实现战略目标的贡献	知识能力状态及发挥程序
审计环境	确定性较强，强调因果律	复杂环境，因果律失调

（二）从人力资源审计到战略人力资源审计

企业战略能够确保企业向着发展目标有序优质发展，人力资源管理也在企业战略中占有重要地位。[②]随着人力资源逐渐被作为企业战略的贡献者来看待，战略人力资源管理越来越多地受到关注。[③]伴随着战略人力资源管理的深入人心，战略人力资源审计的重要性也日益凸显。企业需要通过战略人力资源审计寻找企业在管理实践过程中出现的各

---

① 戚振东，孙晓华，段兴民. 人力资本管理审计：人力资源审计发展的新阶段. 中国人力资源开发，2007（5）：14-18.

② 从龙峰，杨斌. 论战略人力资源管理对战略形成的影响. 管理学报，2012（11）：1616-1626.

③ 赵曙明. 人力资源管理研究. 北京：中国人民大学出版社，2001.

种问题根源所在，这就是战略人力资源审计的重要使命。[①]具体来说，战略人力资源审计是按照特定的标准，采用综合研究分析方法，全面检查、分析与评估人力资源管理系统，为改进人力资源管理功能与技术明确问题以及问题产生的机理，提供解决问题的方向与思路，从而为组织战略目标的实现提供支撑。[②]

① 杨伟国. 战略人力资源审计. 上海：复旦大学出版社，2004.

② 杨伟国. 战略人力资源审计. 上海：复旦大学出版社，2004.

与人力资源管理诊断与咨询相比，战略人力资源审计具有以下四个显著特征：

（1）问题导向。人力资源管理乃至管理咨询关注“结果导向”，即提供人力资源解决方案。战略人力资源审计则强调问题导向，重点关注把分析人力资源管理问题放在首位。

（2）关注方法。人力资源管理实践或咨询更多地使用判断方法设计解决方案，战略人力资源审计则更强调以数据、事实、基准分析为基础的研究分析方法，强调方法的科学性、针对性与综合性。

（3）关注基准。战略人力资源审计的关注基准包括：第一，规制基准。战略人力资源审计首先以法律为基准，确定管理实践与法律规定之间的缺口。第二，目标基准。战略人力资源审计关注目标基准，确定目标计划与实际完成状况之间的缺口。第三，市场基准。战略人力资源审计关注行业乃至竞争对手的最佳实践基准，确定现行管理模式与最佳实践之间的缺口。第四，历史基准。衡量人力资源指标的时间序列变化与改进。

（4）关注机理。战略人力资源审计关注对问题机理与方案机理的分析。虽然管理解决方案是以解决问题、消除缺口为目标，但任何解决方案必须在实施之前进行机理分析，以确定方案能否真正解决问题以及发生意外的概率与补救措施选择。

第三节 人力资源审计模型及程序

一、人力资源审计模型

人力资源审计模型是指人力资源审计的内容、结构和流程的系统化，决定该系统的功能、适用性和有效性。下面主要介绍三种典型的人力资源审计模型。

（一）纳特利的二维人力资源审计模型

纳特利（Nutley，2000）概括了系统审计、合规审计、绩效审计、用户满意度审计、增值审计和战略性贡献审计六种类型的审计方法。[①]这六种审计操作方法具体如下：

（1）系统审计：现有控制系统和反映最佳实践指导方针的模板加以对比。

（2）合规审计：组织实践内容对照人力资源政策和流程的评估。

（3）绩效审计：运用一系列指标（如流动率、稳定指标、病假和缺勤率）评述人力资源体系的绩效。

（4）用户满意度审计：直线经理对人力资源部门绩效的满意度评估。

（5）增值审计：运用人力资产会计和成本–收益分析等技术，评估人力资源部门增值。

（6）战略性贡献审计：考核人力资源是否被战略性管理以及人力资源人员是否扮演战略性角色。

纳特利（Nutley，2000）明确区分了这六种不同审计的特征及优缺点（见表12–4），并进一步按照审计范围（即是人力资源部门的行动还是广义的人力资源管理）和审计对象（系统或绩效）两个维度对这六种人力资源审计加以归结和划分（见图12–1）。

① Nutley S. Beyond Sytems: HRM Audits in The Public Sector. Human Resource Management Journal, 2000, 10(2): 21–38.

表12–4　六种审计方法的特征与优缺点

审计方法	关注点	审查范围	潜在假设	优点	缺点
系统审计	现有控制系统的适当性	既有人力资源部门，又涵盖广义人力资源管理	可以界定最佳实践系统；好的系统能够带来高绩效	关注系统设计与系统整合；能帮助提升措施公平性；能影响用户对质量的感知	可能导致就审计而审计，忽视审计的目的；官僚政治化；没有评估系统绩效
合规审计	现有政策和程序的执行	既有人力资源部门，又涵盖广义人力资源管理	合规＝执行	提供一个组织是如何做的证据；促进直线经理执行人力资源政策	通过经理来诠释政策；激励员工与政策的字面意义保持一致
绩效审计	定量的绩效指标	既有人力资源部门，又涵盖广义人力资源管理	重要的是结果，而非意图	收集和分析绩效指标；避免界定最佳实践	公共部门难以建立信度和效度都高的绩效指标；需要为对象界定绩效；不考虑绩效如何取得
用户满意度审计	定性的绩效指标	人力资源部门	效果更多由同事来评判	认可人力资源功能的服务和咨询角色	可能有主观和偏差的评估
增值审计	人事功能增加的价值	人力资源部门	可以分离和测量人事功能增加的价值	严格地评估人力资源功能的贡献	难以汇编和评估实践中的成本和收益

续表

审计方法	关注点	审查范围	潜在假设	优点	缺点
战略性贡献审计	人力资源管理和组织战略之间的关联	人力资源部门与组织关联	人力资源的战略性管理带来更好的绩效	战略导向的评估，关注“大视野”而非操作细节	将战略导向和组织目标关联起来的目标仍有待检验

资料来源：Nutley S. Beyond Systems：HRM Audits in the Public Sector. Human Resource Management Journal, 2000, 10(2): 21-38.

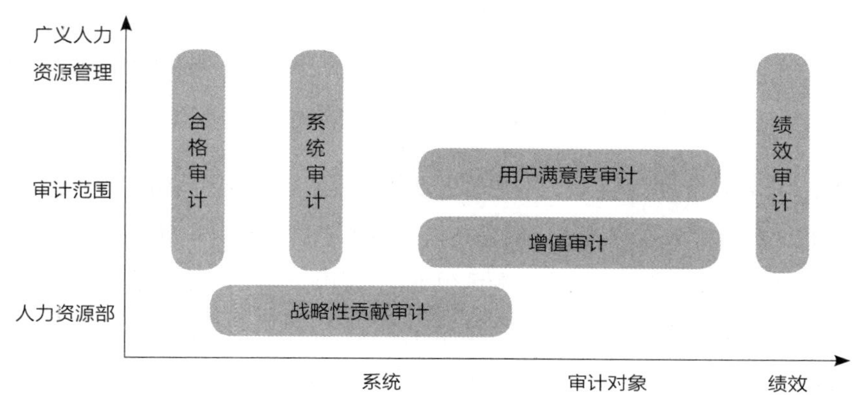

图12-1 Nutley 六种审计二维分类示意图

资料来源：杨伟国，蔡为民，刘晓萌. 国外人力资源审计的新发展. 国家行政学院学报，2009（2）：34-37.

（二）SDW模型

SDW模型是由施温德、达斯和瓦格尔（Schwind，Das & Wagar）在2001年提出的，它将人力资源审计从一般化界定细化为战略人力资源审计结构。该模型将人力资源审计分成：公司战略审计、人力资源系统审计、管理规范审计、员工满意度审计。其中，公司战略审计重点关注人力资源战略、政策、实践与组织战略的契合性，以及组织战略与环境及使命的契合性；人力资源系统审计重点评估人力资源功能、系统、活动及其对组织、社会以及员工目标的贡献；管理规范审计则侧重评估经理人在多大程度上遵循人力资源政策与程序；员工满意度审计是评估员工对工作相关事务的满意度以及人力资源管理实践与系统的影响。当然，SDW模型并不具有结构的完整性和逻辑的严密性。

（三）FRAIP模型

杨伟国（2005）提出FRAIP模型，试图完整地反映战略人力资源审计的逻辑结构。FRAIF模型被称为战略人力资源审计大厦，由以下5个部分构成：大厦的屋顶为战略人力资源功能审计（function audit）；大厦的两个支柱分别为战略人力资源规则审计（rule audit）与战略人力资源行动审计（action audit）；战略人力资源基础结构审计（infrastructure audit）是审计大厦的屋基；战略人力资本审计（strategic people audit）构成大厦的核心部分，因为人是能动的战略性资源（见图12-2）。

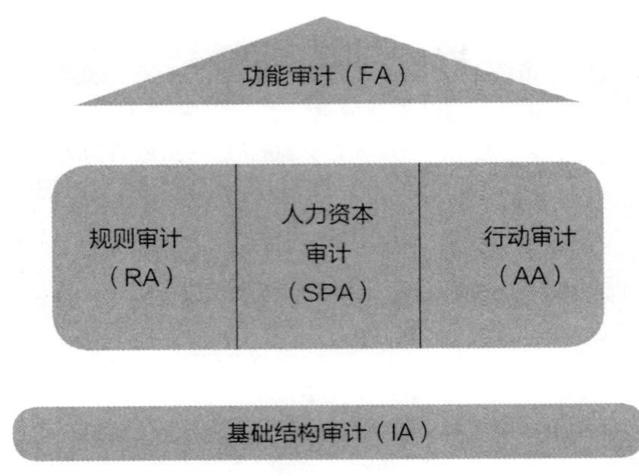

图12-2 战略人力资源审计的FRAIP模型

资料来源：杨伟国. 战略人力资源审计：历史、结构与功能. 经济理论与经济管理，2005（7）：52-57.

其中，功能审计旨在确定人力资源管理功能是否能支撑组织战略，或与行业的“最佳实践”相比，组织人力资源功能的差距，包括人力资源战略审计、人力资源系统审计、人力资源管理技术审计与人力资源绩效审计；规则审计的核心内容是人力资源法律审计、人力资源管理制度审计与人力资源流程审计；行动审计包括人力资源管理计划审计、人力资源项目审计与人力资源事务审计，其中对人力资源项目与事务审计既关心行为也关心结果；基础结构审计包括人力资源治理审计（涉及董事会、人力资源委员会及管理层激励等）、组织结构审计、职位结构审计与人力资源信息系统审计等；人力资本审计包括人力资本结构审计、人力资本流动审计、人力资本价值与收益审计、人力资本倾向审计[①]。

① 杨伟国. 战略人力资源审计：历史、结构与功能. 经济理论与经济管理，2005（7）：52-57.

二、人力资源审计程序

人力资源审计程序是指人力资源管理审计活动的工作步骤和次序。一般来说，人力资源审计程序可以划分为：计划阶段、实施阶段、报告阶段、后续审计阶段。审计实践中，这四个阶段是相互循环的，彼此间并没有实际的界限，并且几个阶段可能同时进行。

（一）计划阶段

计划阶段主要包括审计前的准备工作和制定审计计划。

1. 审计前的准备工作

审计前的准备工作包括确定审计目的和审计范围、审计前资料收集、审计资源配备（含审计工作分配）。

（1）审计目的和范围的确定。审计目标是所有审计活动的基石，指导审计人员实施审计。人力资源审计应该从有效性、合理性、经济性、效率性、效果性、公平性和环境性七个方面出发确定审计目标，并根据不同时期企业对于人力资源审计需求，确定人力资源内控制度、人力资源会计信息、人力资源效益、人力资源管理者的责任审计等审计范畴。

（2）审计前资料的收集。资料收集是审计工作准备阶段的重要工作之一。在正式审计实施之前，需要收集的资料清单包括：人力资源管理系统的运行情况；人力资源流入、分布、流出情况；人力资源激励制度；人力资源效益提高计划；劳动法律的贯彻实施情况；与人力资源有关的材料，包括部门组织结构图和流程图、部门负责人、主要管理人员名单、新雇员工名单、离职员工名单；以前有关人力资源方面的审计报告、现存的人力资源政策和程序。

（3）配备审计资源。人力资源管理部门、法律部门、审计部门等相关人员组成人力资源专门审计小组。其中，审计部门负责审计薪酬、保险福利、培训费用等人事费用；法律部门审计人力资源政策、劳动合同等的合法性，评估法律风险；人力资源管理部门综合评审人力资源管理体系。

2. 制定审计计划

人力资源审计人员在充分调查基础上，拟订审计工作计划。审计工作计划的具体内容包括：被审计单位的业务情况以及相关环境、人力资源审计目标和审计范围、审计重要性水平和风险分析、审计方法、审计标准、审计时间和进度安排、审计人员构成和安排、具体审计项目和准备收集的审计证据、审计报告的基本框架。

（二）实施阶段

根据审计范围不同，人力资源审计实施阶段的具体步骤存在差异。其中，合法性审计实施步骤是：① 将人力资源管理划分为若干方面，如人力资源政策、人力资源档案文件管理、人力资源管理程序和活动；② 采用文件查阅、现场观测、调查访谈等审计方法，对照现行法律法规的要求进行对比分析；③ 针对违反有关法律法规或引起法律诉讼风险的制度，提出改进建议；④ 形成人力资源管理的合法性评价报告。

绩效审计步骤为：① 划分人力资源管理领域，设定适当的绩效指标；② 获取被审计单位的人力资源绩效数据；③ 比较绩效数据与同类企业、历史或行业的平均水平等基准，判断企业人力资源管理的薄弱环节，并提出改进意见和建议。

价值审计步骤为：① 识别并确定企业人力资源管理的现状价值及其期望状态，细化企业人力资源管理各专项内容的期望状态；② 通过一定的技术方法，对比分析企业现状与未来期望的差距；③ 根据差距分析，制定未来行动计划。

（三）报告阶段

审计报告是人力资源审计的产品，既可供高层管理人员了解实际情况，也可供被审计单位管理人员客观了解本身工作，明确未来工作中应加强的地方。一份完善的审计报告应包括：① 审计报告的对象；② 审计目的与范围；③ 管理层的责任和审计人员的责任；④ 主要审计工作情况，明确人力资源审计人员采用的审计程序及审计评价标准和依据，阐述审计人员的主要工作内容、审计程序和方法；⑤ 描述被审计对象人力资源管理活动的基本情况及审计过程中发现的人力资源管理中存在的主要问题；⑥ 审计意见和改善建议。审计意见和改善建议至少应包括：① 人力资源管理中存在的问题及其紧迫性；② 每一问题的长远目标和分期目标；③ 完成各期目标需要的人力资源管理措施和具体方案；④ 监控、报告和评价实施结果的制度。

（四）后续审计阶段

后续审计是对被审计单位解决审计所发现问题的及时性和有效性进行检查。在后续审计中，审计人员重点关注问题能否得以解决，以及对组织的影响，而不在乎审计报告中所提出的具体建议是否得以严格执行。因此，被审计单位所采取的针对人力资源管理的纠正措施及其效果是后续审计的主要内容。

第四节 人力资源审计方法

一、基本审计方法

人力资源审计的方法和技术直接影响到审计结果的准确性。人力资源审计基本方法有：比较分析法、外部借鉴法、统计核算法、法规衡量法、目标审计法。鉴于没有任何审计方法能够在任何情形下对任何组织都普遍适用，在具体应用时，需要根据人力资源审计实践的需要决定取舍或组合使用。

（一）比较分析法

比较本组织与类似企业或部门的人力资源管理有关情况，发现人力资源管理方面的差距。根据比较的参照系不同，比较分析法包括市场对比、行业对比与竞争对手对比。其中，标杆分析法就是将本企业的人力资源绩效指标与最佳实践企业（或部门）的相应指标值进行比较，以寻求改善人力资源管理活动的途径和方法。

（二）外部借鉴法

人力资源管理理论可以充当一种“正确的”基准。因此，外部借鉴法又称理论审计法，即借鉴组织外部人力资源管理专家鉴定或出版的研究成果，评价人力资源管理成效，诊断人力资源管理存在的问题[①]。

① 金钟鸣. 人力资源管理审计若干问题研究. 中国外资，2009（16）：250-251.

（三）统计核算法

统计核算法又称历史审计法，即衡量人力资源指标的时间序列变化与改进。具体来说，运用数学方式，建立数学模型，统计分析企业人力资源管理活动记录，形成衡量企业人力资源管理活动的标准，并以此评价人力资源管理现状。

（四）法规衡量法

法规衡量法又称规制审计法，即关心人力资源管理制度与活动的合法性。具体来说就是，根据颁布的有关法律、政策以及企业内部政策和程序，检查人力资源管理实践是否严格遵守法律政策。

（五）目标审计法

目标审计法又称目标管理法，即依据事先制定的人力资源管理期望目标，衡量人力资源管理实际效果与预期目标之间的差距，以此诊断人力资源管理存在的问题。

二、审计数据收集技术

人力资源审计报告中，无论是综合评价，还是揭示问题，都是以数字为支撑的。审计数据收集技术是指获得人力资源审计所需数据、文献、资料的方法或工具，具体包括以下几种方法：

（一）文献审阅法

阅读与审核组织内外有关人力资源管理的文件、资料、报道等成文数据，获取人力资源审计所需的信息。文献审阅是人力资源管理审计中最常用的信息获取技术，但是实际应用过程中难以做到恰如其分。为了保证文献的完整性，审计人员通常需要事先列出一个资料清单。人力资源审计需要关注全国性、地区性、行业性的统计数据，但组织内部统计和竞争对手统计数据尤为重要。

（二）面谈法

包括与员工、经理面对面地访谈，发现人力资源管理的问题及改进建议；与离职员工面谈，确定公司的优势与劣势。面谈法的操作比较灵活，同时它也是人力资源审计中应用最广泛的技术之一，但是面谈方式的选择会影响面谈的效果。

（三）问卷调查法

通过问卷了解员工对组织与工作的态度，被认为是收集信息的客观并经济的方法。统计数据与问卷调查收集的一手数据之间的区别在于：统计数据反映客观事实，问卷调查结果则反映人们的态度和倾向。

（四）管理实验法

审计人员通过科学设计实验，控制一些人力资源管理变量，引起其他相应变量的变化来收集信息的一种方法。例如，霍桑实验（Hawthorne effect）是人力资源管理领域最著名的实验，该实验发现：人不是经济人，而是社会人，良好的人际关系是调动工作积极性的决定因素。管理实验法在人力资源审计中较少应用，而且难以操作。

三、审计数据分析技术

通过数据收集技术采集完审计所需的数据之后，需要使用复杂技术对数据进行处理，以便能够清晰地揭示人力资源管理中存在的问题与作用机制，使最终的审计结果更具说服力。审计数据分析技术主要是指对所获得的数据进行再加工，为最终的审计结论提供支撑的技术。它包括趋势分析、回归分析以及统计分析。其中，经常使用的分析技术主要是统计分析。运用最多的统计分析技术是描述统计，尤其是居中趋势分析，即描述群体中典型成员或大多数成员具备某一特征的程度。居中趋势分析中常用的测量指标包括：众数、中位数和平均值。其中，众数是指出现最频繁的数值，强调数据的集中性；中位数是指一系列数值中正好居中的那一个数值；平均值是指对于那些未分组数据，把所有数值相加之和除以数据总数目得到的数值。

衡量数据变异程度的分析技术通常有简单频率统计、数值范围、方差、标准差。其中，频率统计可以被表示为百分数形式；数值范围是指两个数值之间的差距（数据最大值和最小值之差）；方差是指数据对于平均值偏离的平均水平；标准差则是采用标准单位表示数据的平均偏离情况。[①]

① 王海霞. 人力资源管理审计中的计量技术. 价值工程，2007（1）：141-142.

如果需要探求确切的相关关系，需要求助于那些确切的数量指标，如相关系数。常用的相关分析技术是回归分析，即对具有相关关系的两个变量进行统计分析。相关系数提供两个或多个特征之间相互关系的数量指标，是对两个变量间线性关系强度的考察。

本章小结

（1）人力资源审计的定义、目的与类型。人力资源审计的定义各不相同，但是主要观点大致可以分为三类，即评价工具观、管理工具观和战略工具观。人力资源审计的目的在于：促进人力资源管理与组织战略目标保持一致，证明人力资源管理活动在企业中是否有效，改善人力资源部门的专业形象，鼓励人力资源部门更加专业化，澄清人力资源部门和直线部门的职责权限，确保人力资源激励政策与实践的一致性，能够发现关键的人力资源管理问题，确保人力资源管理及时遵从法律要求，帮助评估和改进人力资源信息系统。根据审计主体，人力资源审计包括内向型审计和外向型审计；根据审计客体的范围，人力资源审计分为内部审计和外部审计；根据审计客体的内容，人力资源审计分为职能审计、服务审计、合规审计、财务管理审计和战略审计。

（2）人力资源审计的发展。人力资源审计是从管理审计中逐渐分离出来，经历人事审计逐步完善的，正呈现从人力资源审计向人力资本审计、从人力资源审计向战略人力资源审计的发展趋势。其中人力资本审计关注员工的知识能力状态及发挥程度；战略人力资本审计强调问题导向、关注方法、关注基准和关注机理。

（3）人力资源审计模型。经典的人力资源审计有纳特利的二维人力资源设计模型、SDW模型和FRAIP模型。其中纳特利的二维人力资源设计模型从审计对象和审计范围提出系统审计、合规审计、绩效审计、用户满意度审计、增值审计和战略性贡献审计；SDW模型提出人力资源审计包括公司战略审计、人力资源系统审计、管理规范审计和员工满意度审计；FRAIP模型提出战略人力资源审计结构包括基础结构审计、规则审计、人力资本审计、行动审计和功能审计。

（4）人力资源审计程序和方法。人力资源审计程序包括计划阶段、实施阶段、报告阶段和后续审计阶段。基本审计方法包括比较分析法、外部借鉴法、统计核算法、法规衡量法和目标审计法；审计数据收集技术包括文献阅读法、面谈法、问卷调查法、管理实验法；审计数据分析技术包括趋势分析、回归分析和描述性统计分析。

即测即评

请扫描右侧的二维码（内含若干判断题、单选题和多选题），您可在线自测并查看答案。

思考题

1. 人力资源审计是什么？有哪些类型？
2. 人力资源审计的目的是什么？战略人力资源审计具有哪些特征？
3. 简要描述人力资源审计的历史发展脉络及其新发展。
4. 人力资源审计程序是怎样的？
5. 人力资源审计方法有哪些？

实例经验与启发

回顾开篇的情境实例，经过理论学习和案例剖析，得到以下启发：

（1）人力资源审计是提升人力资源管理水平的重要手段。人力资源审计以人力资源管理活动的合法性、合规性审计为出发点，全面审视企业人力资源管理对组织战略的支撑度。实施人力资源管理审计，可以发现企业人力资源管理实践存在的问题，进而提出改进措施，提升企业人力资源管理整体水平。因此，企业高层应对人力资源审计有足够的认识和高度的重视。

（2）人力资源审计存在层次性。人力资源审计分为合法性审计、制度审计、价值导向审计和绩效审计等不同层次类型，不同层次类型审计的目的不同。其中合法性审计关注企业是否遵循相关的劳动法律法规；制度审计主要关注人力资源政策是否完善、执行结果与执行过程，审计侧重点在于政策制度实施如何。

讨论案例

路桥华东公司人力资源管理审计的成效与问题①

中交路桥华东工程有限公司（以下简称“路桥华东公司”）于2003年在上海浦东注册成立，是中交路桥建设有限公司旗下子公司。公司具有国家住房与城乡建设部批准的公路工程施工总承包壹级、市政公用工程施工总承包壹级、桥梁工程专业承包壹级、公路路面工程专业承包壹级和公路路基工程专业承包壹级资质。公司目标定位于：立足上海，面向全国，迈入国际，发展成为“管理智能型、市场多元型、高新技术密集型、卓越经营型”的行业一流企业。目前，公司已经形成以海上桥梁、特大型桥梁施工为主，涵盖公路、铁路、隧道、市政工程、机械租赁于一体的多元业务结构，业务遍及上海、浙江、江苏、湖南、重庆、贵州等10几个省、市、自治区及东南亚、非洲等海外市场。

① 根据以下资料整理改编而成：[1] 姚武同. 路桥公司人力资源管理合法性与制度审计实践. 人才资源开发，2010（6）：93-94；[2] 陈万思，姚武同. 企业人力资源管理制度审计研究——以路桥公司为例. 中国人力资源开发，2010（11）：48-52；[3] 中交路桥华东工程有限公司官方网站报道资料。

路桥华东公司是一家国有建筑公司，旗下的多家所属单位基本上是独立施工、独立管理，其人力资源管理活动有一定的自主性和不规范性，这给路桥公司的人力资源管理和项目管理带来极大的不便，为了更好地监督、评价和指引以及控制各单位的人力资源管理活动，人力资源管理审计刻不容缓。路桥华东公司常年聘请法律顾问，所有人力资源管理制度都经过基于国家及上海各项法律法规的合法性审核，因此人力资源管理制度审计是公司人力资源管理审计的重点。

一、审计流程

2008年，路桥公司为强化监控职能，将以往的项目检查、专项检查、业主投诉、管理调研等纳入管理审计范畴，并与项目及主管部门绩效挂钩。2009年，在2008年开展管理审计的基础上结合公司信息化进程要求，修订各项管理审计指标。其中，人力资源管理制度审计则配合公司总体管理审计工作要求，制定行之有效的考评指标，对各单位的日常人力资源管理工作进行考核审计。

具体流程是：① 计划阶段。审计前先确定参加审计人员名单，做好审计前期准备工作，协调安排好现有手头工作；再与各被审计单位联系，确定审计时间；收集审计过程中需要了解的部分相关资料，做好人力资源管理制度审计所需各类问卷、访谈提纲等的打印准备工作。② 实施阶段。首先，召开首次会议，向被审计单位说明来意，以取得被审计单位的合作和理解，以便能配合审计工作顺利有序开展；其次，按照此前印发的人力资源管理制度评价指标体系，采用现场抽查、翻阅文件资料、问卷、访谈等多种方式，对各单位人力资源管理运行状况进行审计，并进行有效记录、打分；最后，召开末次会议对人力资源管理制度审计结果进行点评，指出审计过程中发现的问题，并由被审计单位签字确认审计结果。③ 报告阶段，全部审计结束一周内，出具人力资源管理制度审计结果报告，并在全公司范围内予以通报，要求各单位在两周之内反馈整改结果。

二、审计指标

通过现场翻阅资料、人员访谈及现场走访询问等多种方式，结合部门职责与人力资源管理责任，从公司实际与项目人力资源发展现状出发，设计了人力资源管理制度审计指标体系。主要包括：员工考勤及假期管理（20分；其中员工出勤信息10分，假期申请5分，考勤报表报送5分）、薪酬福利管理（20分；其中薪酬发放管理8分，薪酬福利报表报送12分）、员工档案管理（5分，主要是员工信息管理）、人员证件管理（10分；其中关键岗位人员台账5分，项目临时证件管理5分）、员工关系管理（30分；其中岗位职务说明书、人员调配、人员聘用管理、临时员工管理、人员离职管理、职工离职率6项各5分）、员工培训及开发管理（15分；其中培训管理5分，后备人才培养10分）。

2008 年对各项目进行两次审计，各单位的得分情况如表12-5所示。A—E5个项目都是持续了1年的项目，F、G两个项目于2008年上半年结束，H、I两个项目于2008年下半年开始。通过2008 年第一次审计，发现存在如下问题：岗位职务说明书无或有但尚未组织签订；证件管理台账、格式不符合要求，临时保管证件无记录；培训登记卡的记录不完善。在员工离职管理及离职率控制、各类报表报送及人员调配方面做得较好。通过第二次人力资源管理审计，之前所暴露的问题得到明显改观，但还存在如下问题：项目岗位职务说明书虽有但大都流于形式，不能结合项目实际制定，项目领导层岗位说明书没有报公司签订；人员信息更新不及时，存有许多空白信息尚未填写；培训登记卡记录不完善；拖欠工资。此外，各项目在检查中存在不便执行的考核指标。

表12-5　2008年人力资源管理制度审计各项目得分情况

	项目	考勤及假期管理	薪酬福利管理	员工档案管理	人员证件管理	员工关系管理	培训及开发管理	总分
2008（1）	A	17	12	4	8	25	11	77
	B	16	15	5	8	29	12	85
	C	18	12	4	9	27	12	82
	D	13	20	5	9	28	12	87

续表

	项目	考勤及假期管理	薪酬福利管理	员工档案管理	人员证件管理	员工关系管理	培训及开发管理	总分
2008（1）	E	19	12	3	6	25	12	77
	F	15	12	5	2	27	10	71
	G	20	12	5	2	27	10	71
2008（2）	A	19	20	4	8	27	13	91
	B	20	20	5	7	22	11	85
	C	20	19	4	9	27	10	89
	D	15	14	5	10	30	15	89
	E	15	4	5	10	30	14	78
	H	13	8	5	10	29	15	80
	I	18	11	4	8	26	13	80

有鉴于此，2009年人力资源管理审计小组对人力资源管理制度审计指标体系进行了改进，新指标体系如表12-6所示，新增“项目人力策划”（含项目组织结构、人员配备策划、项目履约人员要求），整合“报送资料管理”（含花名册、薪酬福利报表报送、其他要求临时上报的资料），删除实际审计中不宜操作的项目，如“后备人才培养”。2009年各单位人力资源管理制度审计的得分情况如表12-7所示，显然较2008年均有所提高。目前，人力资源管理制度审计实施两年，期间对部分考评指标进行优化及增减，取得了积极效果。

表12-6 路桥公司人力资源管理审计指标体系（2009）

1	项目人力策划（15）	（5）项目组织结构及岗位人员配备策划：包含项目拟设置机构、岗位人员配备及对应职责，应细化到各部门。检查过程中发现内容不完善或配置与当前最新情况不一致的，每出现一处，扣1分，总分扣完为止 （5）项目人力成本策划：包含人员工资、五险一金、年金、奖金、福利等各类支出，策划内容应包含自项目组建之初到检查日前一个月的人工成本，有遗漏或不完整的，每出现一项扣1分，总分扣完为止 （5）项目履约人员要求：按业主履约检查要求在策划书中注明要求履约人员及证件，未注明或不完整不得分
2	员工考勤及假期管理（10）	（5）员工出勤信息：出勤情况能在考勤表上予以体现，并与假期申请表、薪酬计算保持一致。视提供的出勤信息而定，每出现一处不一致的，扣1分，总分扣完为止 （5）假期申请：病假、事假、探亲假、年休假、婚丧假、产假等各类特殊假期，需按规程填写《假期申请表》报批并留存报批记录。未经允许私自批假或无申请报批记录，每发现一人次扣1分，本项得分扣完为止
3	薪酬福利管理（15）	（8）薪酬发放管理：有无拖欠、克扣情况。拖欠累计达3个月以上不得分。上月工资拖欠或克扣占在册员工85%以上扣8分；70% ~ 84%扣7分；60% ~ 69%扣6分；59%以下，每出现一人次，扣1分，扣完5分为止 （7）农民工工资：无克扣、拖欠情况，要留存发放记录，保证有据可查。对于农民工工资管理无具体措施，完全失控的，不得分；有具体措施，但没有发放到位的，视拖延发放情况酌情扣2 ~ 7分

续表

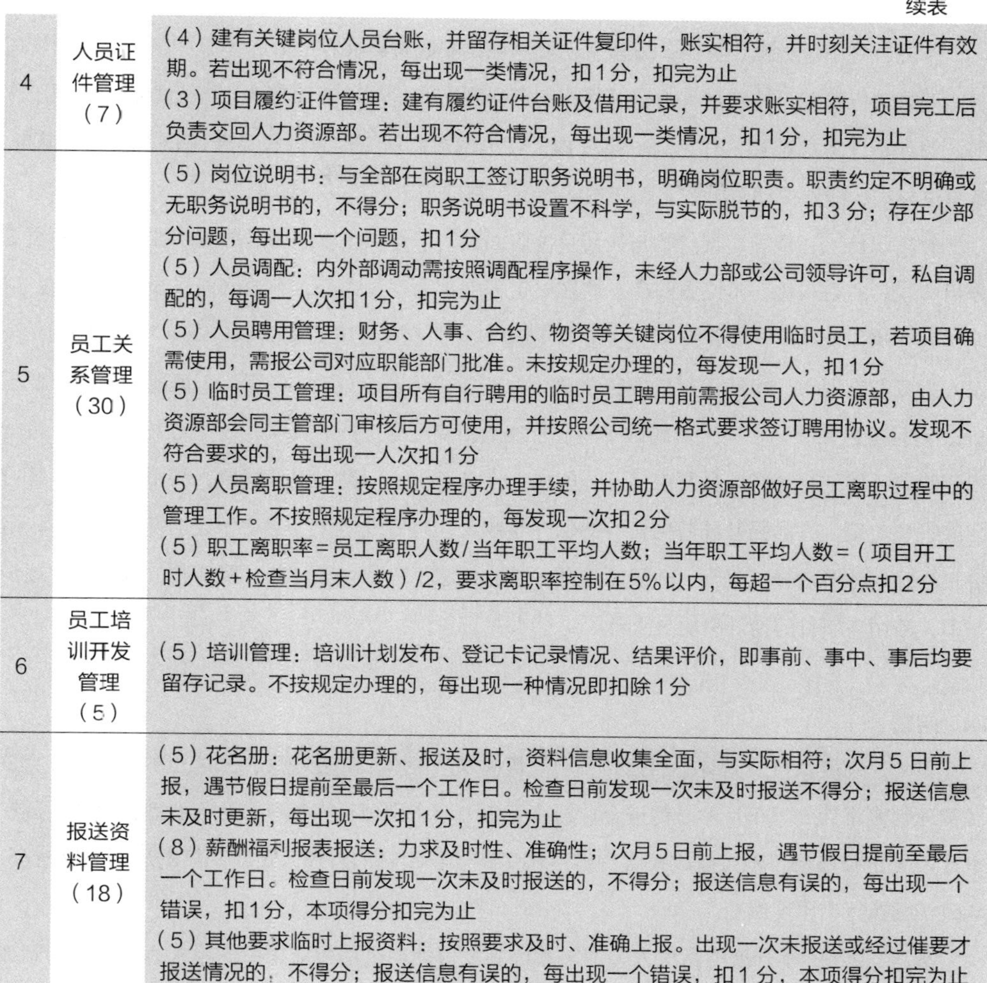

4	人员证件管理（7）	（4）建有关键岗位人员台账，并留存相关证件复印件，账实相符，并时刻关注证件有效期。若出现不符合情况，每出现一类情况，扣1分，扣完为止 （3）项目履约证件管理：建有履约证件台账及借用记录，并要求账实相符，项目完工后负责交回人力资源部。若出现不符合情况，每出现一类情况，扣1分，扣完为止
5	员工关系管理（30）	（5）岗位说明书：与全部在岗职工签订职务说明书，明确岗位职责。职责约定不明确或无职务说明书的，不得分；职务说明书设置不科学，与实际脱节的，扣3分；存在少部分问题，每出现一个问题，扣1分 （5）人员调配：内外部调动需按照调配程序操作，未经人力部或公司领导许可，私自调配的，每调一人次扣1分，扣完为止 （5）人员聘用管理：财务、人事、合约、物资等关键岗位不得使用临时员工，若项目确需使用，需报公司对应职能部门批准。未按规定办理的，每发现一人，扣1分 （5）临时员工管理：项目所有自行聘用的临时员工聘用前需报公司人力资源部，由人力资源部会同主管部门审核后方可使用，并按照公司统一格式要求签订聘用协议。发现不符合要求的，每出现一人次扣1分 （5）人员离职管理：按照规定程序办理手续，并协助人力资源部做好员工离职过程中的管理工作。不按照规定程序办理的，每发现一次扣2分 （5）职工离职率＝员工离职人数/当年职工平均人数；当年职工平均人数＝（项目开工时人数＋检查当月末人数）/2，要求离职率控制在5%以内，每超一个百分点扣2分
6	员工培训开发管理（5）	（5）培训管理：培训计划发布、登记卡记录情况、结果评价，即事前、事中、事后均要留存记录。不按规定办理的，每出现一种情况即扣除1分
7	报送资料管理（18）	（5）花名册：花名册更新、报送及时，资料信息收集全面，与实际相符；次月5日前上报，遇节假日提前至最后一个工作日。检查日前发现一次未及时报送不得分；报送信息未及时更新，每出现一次扣1分，扣完为止 （8）薪酬福利报表报送：力求及时性、准确性；次月5日前上报，遇节假日提前至最后一个工作日。检查日前发现一次未及时报送的，不得分；报送信息有误的，每出现一个错误，扣1分，本项得分扣完为止 （5）其他要求临时上报资料：按照要求及时、准确上报。出现一次未报送或经过催要才报送情况的，不得分；报送信息有误的，每出现一个错误，扣1分，本项得分扣完为止

表12–7　路桥华东公司2009年人力资源管理制度审计各项目得分情况

项目	项目人力策划	考勤及假期管理	薪酬福利管理	人员证件管理	员工关系管理	培训开发管理	报送资料管理	总分
A	13	10	15	6	29	4	16	93
B	14	10	12	7	28	5	18	94
C	12	9	11	4	28	5	17	86
H	11	10	15	6	27	5	17	91
I	8	10	9	6	28	3	16	80
J	9	7	11	5	25	1	16	74
K	9	8	13	5	28	2	16	81
L	12	6	13	4	25	3	17	80
M	12	8	12	5	25	3	17	82

三、成效

首先，各单位数据、材料、报表、台账等原始基础资料保存完好，能够严格按照公司管理制度要求实行管控，特别是人力资源管理制度得到有效贯彻落实。其次，因人力资源管理工作列入管理审计考核范畴，并占有一定权重，各单位对此项工作重视程度普遍较之前大幅提高。各单位领导层能够主动关心职工工作生活情况，帮助员工解决实际困难。

对离职员工，领导层亲自参与挽留及离职面谈，了解员工离职背后的真实原因，帮助员工分析离职后的得与失，不设置障碍。这在一定程度上赢得了人心，有效降低了员工离职率。以项目A 为例，2008年11月开展人力资源管理审计时有3名正式工离职，离职率超过8%，公司人力资源管理审计组给出相应的整改意见。2009年5月，只有1名正式工离职，离职率低于3%，而且项目领导与相关人员均做了离职管理的相应配套工作。再次，公司对各单位用工进行规范管控，特别是外聘人员及农民工，如加大人员进出、考勤、工资发放、聘用协议签订等方面的管理力度，并加强基础数据资料的保存与收集，有效地避免了劳动争议的发生。最后，造价工程师、注册安全工程师、一级建造师、试验检测工程师、会计师、经济师的取证人数逐步增多，公司与项目的持证率明显上升。

四、问题

首先，制度执行力尚有待加强，个别项目尚未从根本上转变观念，未能正确认识到人力资源管理制度审计的真正目的是促进企业提高竞争力；个别项目人员存在敷衍心理，主要表现在审计前突击补资料、不按整改报告内容落实工作等；年轻的管理人员对制度的理解不够透彻，导致实际执行中出现偏差。

其次，2008 年开展的两次人力资源管理制度审计均采用相对集中的模式，即对所选定被审计单位进行连续紧密的审计考核；当审计人员需要根据被审计单位的实际情况拓展审计范围时，受审计工作时间限制，设定的审计目标无法现场完成，导致现阶段开展的人力资源管理制度审计多停留在管理行为的表面，对实际执行效果的评审还不够深入。

此外，人力资源管理制度审计考核指标应当具有可行性、前瞻性，而两次人力资源管理审计发现，部分考核指标不够科学，注重表面，缺少对制度实际执行效果的监控，甚至一些重要的人力资源管理活动未被纳入考核体系。

思考题：

1. 路桥华东公司2008—2009年人力资源管理审计采用的是何种审计方法？
2. 如何改进路桥华东公司人力资源管理审计现存的缺陷？
3. 随着公司人力资源管理水平的提升，今后如何升级路桥华东公司人力资源审计？

本章实训

人力资源审计SDW模型的应用

一、实训目的

1. 理解人力资源审计的SDW模型。

2. 掌握根据SDW模型设计人力资源审计指标体系的思路和方法。

二、实训内容

选择一家企业，利用SDW模型为该企业设计一套全面系统的人力资源审计指标体系，其中SDW模型将人力资源审计的内容划分为公司战略审计、人力资源系统审计、管理规范审计和员工满意度审计。

三、实训组织与步骤

1. 教师说明实训内容和实训要求。

2. 由班委负责将教学班级里的学生分成若干组，每组4 ~ 6人，组员之间协商产生小组组长。

3. 每组分别联系一家企业的人力资源部门，协商访谈事宜，拟订访谈计划。

4. 每组在课后分别实施访谈，并将访谈过程拍摄成视频。

5. 每组以“讨论—分工—讨论—汇总”的流程形成该企业的人力资源审计指标体系初稿。

6. 每组将报告初稿提交给该企业人力资源部门进行审阅并提出修改意见，小组继续完善成果。

7. 各组代表以PPT形式展示和汇报小组设计的成果，并播放所拍摄的视频。

8. 教师在每组展示过程中要引导大家提问和讨论。

9. 教师在每组展示和讨论之后，对每组展示内容进行点评和指导。

10. 在所有小组汇报之后，教师总结点评本次实训，并向学生介绍人力资源审计指标体系设计的思路和注意事项。

延伸阅读

[1] 段磊，荆泽峰，孙超. 人力资源四维审计HRA4：改善人力资源管理的绝佳利器. 北京：中国发展出版社，2014.

[2] 杨伟国. 战略人力资源审计. 3版. 上海：复旦大学出版社，2015.

[3] 杨伟国，代懋. 中国人力资源法律审计报告2014. 北京：中国人民大学出版社，2014.

[4] Peter R. The Human Resource Planning Audit. Cambridge Strategy Publications Ltd., 2011.

[5] Rao T V. Hrd Audit: Evaluating the Human Resource Function for Business Improvement. Sage Publications

Pvt. Ltd., 2014.

[6] Yadav R K, Dabhade N. Human Resource Planning and Audit-A Case Study of HEG Limited.International Letters of Social and Humanistic Sciences, 2014 (5): 44-62.

参考文献

［1］安德鲁 · W. 萨维茨，卡尔 · 韦伯. 人才、变革和三重底线——公司可持续性发展与人力资源运筹. 北京：中国电力出版社，2015.

［2］白静恩，刘兴阳. 中航工业成飞的雇主品牌之路. http://hrm.chinahr.com/pdf/People_201210_07.pdf：21–24.

［3］北森人才管理研究院. 360度评估反馈法：人才管理的关键技术. 北京：中国经济出版社，2013.

［4］彼得 · 莱文. 工会的合法性. 结社：理论与实践. 阿米 · 古特曼，等. 北京：三联书店，2006：320.

［5］曹亚克，矫辉，马卓. 日美企业人力资源管理模式的比较. 统计与决策，2003（4）：24–25.

［6］曹仰锋. 海尔转型：人人都是CEO. 北京：中信出版社，2014.

［7］曾忠禄，张冬梅. 不确定环境下解读未来的方法：情景分析法. 情报杂志，2005（5）：14–16.

［8］常凯. 劳动关系学. 北京：中国劳动社会保障出版社，2005.

［9］陈春花. 企业文化的改造与创新. 北京大学学报：哲学社会科学版，1999（3）：53–57.

［10］陈笃升. 高绩效工作系统研究述评与展望：整合内容和过程范式. 外国经济与管理，2014，36（5）：50–60.

［11］陈佳贵. 关于企业生命周期与企业蜕变的探讨. 中国工业经济，1995（11）：5–13.

［12］陈建安，龚圆圆. 以工作成熟图提升科技型小微企业培训实效. 中国人力资源开发，2012（5）：31–35.

[13] 陈建安. 员工－组织关系修复与管理创新：社会契约理论的视角. 北京：人民出版社，2015.

[14] 陈建煊. 利益相关者管理. 经济管理，2000（4）：58.

[15] 程德俊，蒋春燕，戴万稳. 所有制特征、人力资源战略与企业绩效：战略柔性的视角. 南大商学评论，2006（1）：61－74.

[16] 程德俊，赵曙明，唐翌. 企业信息结构、人力资本专用性与人力资源管理模式的选择. 中国工业经济，2004（1）：63－69.

[17] 迟骏. 平衡计分卡在人力资源管理部门中的应用——以关键绩效指标设置为例. 贵州师范学院学报，2011，27（4）：39－41.

[18] 丛龙峰，杨斌. 论战略人力资源管理对战略形成的影响. 管理学报，2012（11）：1616－1626.

[19] 崔佳颖. 浅议非正式组织. 中国人力资源开发，2007（2）：94－99.

[20] 达娜·盖恩斯·罗宾逊，詹姆斯·C.罗宾逊. 人力资源成为战略性业务伙伴. 孙贺影，姚兰，周宇，译.北京：机械工业出版社，2011.

[21] 丹尼尔·A. 雷恩. 管理思想的演变. 李柱流，赵睿，肖聿，戴暘，等，译.北京：中国社会科学出版社，2002：138－442.

[22] 迪凯. 人才倍出：人力资源战略规划实战、策略、案例. 北京：经济管理出版社，2014.

[23] 丁敏. 企业人力资源战略控制体系初探. 经济问题探索，2008（4）：73－77.

[24] 丁敏. 人力资源战略与企业战略、企业文化的匹配初探. 经济问题探索，2006（3）：129－133.

[25] 丁雪峰，朱勇国. 打造雇主品牌，获取人才溢价. 北大商业评论，2015，20（1）：44－55.

[26] 董克用，叶向峰. 人力资源管理概论. 北京：中国人民大学出版社，2003.

[27] 范秀成，英格玛·比约克曼. 外商投资企业人力资源管理与绩效关系研究. 管理科学学报，2003，6（2）：54－60.

[28] 方振邦，徐东华. 战略性人力资源管理. 北京：中国人民大学出版社，2010.

[29] 冯军政，魏江. 国外动态能力维度划分及测量研究综述与展望. 外国经济与管理，2011，33（7）：26－33，57.

[30] 付维宁. 人力资源管理. 北京：电子工业出版社，2014：87－88.

[31] 葛清俊，肖洪钧. 基于环境的竞争战略理论研究述评. 管理评论，2008（7）：42－49，64.

[32] 龚小军. 作为战略研究一般分析方法的SWOT分析. 西安电子科技大学学报：社会科学版，2003（1）：49-52.

[33] 郭春梅，魏钧. 人力资源战略制定流程及要点. 中国人才，2003（3）：46-48.

[34] 郭玮，李燕萍，杜旌，等. 多层次导向的真实型领导对员工与团队创新的影响机制研究. 南开管理评论，2012（3）：51-60.

[35] 郭文臣，段艳楠. 基于挑战与变革视角的新型职业生涯与人力资源管理实践研究. 管理学报，2013，10（12）：1785-1791.

[36] 海尔集团人力资源平台. 按单聚散——海尔生态平台上的人力资源管理新模式. 企业管理，2015（3）：6-13.

[37] 寒武. 人力资源战略与规划. 北京：中国发展出版社，2009：1-30.

[38] 何辉. 组织战略与人力资源战略的关联性研究——基于战略人力资源管理权变观和资源观的比较分析. 科技管理研究，2010，30（14）：166-171.

[39] 何莹，王德才. 中国企业继任计划研究. 华东经济管理，2014，28（1）：132.

[40] 侯光明. 人力资源战略与规划. 北京：科学出版社，2009：222-239.

[41] 胡宇辰，曹鑫林. 论企业非正式组织的管理协调. 管理世界，2007（7）：166-167.

[42] 黄亨煜. 基于战略的人力资源规划. 中国人力资源开发，2006（7）：49-54.

[43] 加里·德斯勒. 人力资源管理. 6版.北京：中国人民大学出版社，1999.

[44] 贾生华，陈宏辉. 利益相关者的界定方法述评. 外国经济与管理，2012（5）：13-18.

[45] 贾学军，彭纪生. 人力资源管理伦理分析——基于利益相关者理论. 华东经济管理，2013（6）：138-142.

[46] 金钟鸣. 人力资源管理审计若干问题研究. 中国外资，2009（16）：250-251.

[47] 兰斯·A. 伯杰，多萝西·R.伯杰. 人才管理：甄选、开发、提升最优秀的员工，让人才成为组织的持续竞争优势. 2版. 北京：中国经济出版社，2012.

[48] 雷蒙德·A.诺伊，等. 人力资源管理：赢得竞争优势. 刘昕，

译．7版．北京：中国人民大学出版社，2013.

[49] 李键．战略人力资源管理体系构建路径探析．商业时代，2009（24）：57−58.

[50] 黎金荣，毛盼盼．胜任力导向的人力资源准备度研究．中国人力资源开发，2013（1）：17−21，27.

[51] 李隽，李新建，王玉姣．人力资源管理角色研究述评．外国经济与管理，2011，33（4）：43−50.

[52] 李琳．"80后"员工压力管理分析．人才资源开发，2007（4）：55−56.

[53] 李明斐，贝文海．沈阳万科的人才梯队建设．企业管理，2014（9）：80−82.

[54] 李乾文，赵曙明．企业创新战略、人力资源管理与绩效关系探析．外国经济与管理，2008（4）：17−24.

[55] 黎伟．组织发展中的企业文化和人力资源战略配合．经济体制改革，2003（4）：61−64.

[56] 李文明．战略评价的正确解读及其目的与原则研究．甘肃社会科学，2009（5）：205−209.

[57] 李雪，陈茂芬．人力资源审计基本问题初探．西北工业大学学报：社会科学版，2004（1）：16−19.

[58] 李燕萍，李锡元．人力资源管理．2版．武汉：武汉大学出版社，2012：103−104.

[59] 李燕萍，侯烜方．新生代员工工作价值观结构及其对工作行为的影响机理．经济管理，2012（5）：77−86.

[60] 李燕萍，徐嘉．新生代员工心理和行为特征对组织社会化的影响．经济管理，2013（4）：61−70.

[61] 李燕萍，杨婷，潘亚娟，等．包容性领导的构建与实施——基于新生代员工管理视角．中国人力资源开发，2012（2）：31−35.

[62] 李延喜，张悦玫，李宁．基于战略地图的战略性绩效评价体系研究．科研管理，2005，26（1）：145−152.

[63] 李原，郭德俊．员工心理契约的结构及其内部关系研究．社会学研究，2006（5）：151−168.

[64] 林春峰．本溪矿务局作出了劳动力规划．劳动，1956（6）：29.

[65] 琳达·霍尔比契．转型与企业战略匹配的人力资源管理．北京：中国财政经济出版社，2003：11.

[66] 刘磊，张淑芳．人力资源管理创新最佳实践．上海：上海交通

大学出版社，2012：80−92.

[67] 刘善仕，刘辉健，翁赛珠. 西方最佳人力资源管理模式研究. 外国经济与管理，2005（3）：33−39.

[68] 刘昕. 人力资源管理. 北京：中国人民大学出版社，2012：47−48.

[69] 刘智勇. 人力资源审计初探. 审计理论与实践，2002（2）：36−39.

[70] 卢润德，严宗德，等. 管理学. 2版. 北京：机械工业出版社，2013：114−117.

[71] 罗伯特·卡普兰，大卫·诺顿. 战略地图——化无形资产为有形成果. 刘俊勇，孙薇，译. 广州：广东经济出版社，2005.

[72] 罗来武，刘玉平，王勇. 知识经济与企业组织结构扁平化. 经济管理，2004（5）：33−36.

[73] 罗小燕，谭丽. 户外拓展企业利益相关者管理战略探析. 企业经济，2011（2）：43−46.

[74] 马璐，胡江娴. 企业成长各阶段人力资源管理战略研究. 科技进步与对策，2004（2）：66−68.

[75] 马明华. 美国人力资源管理模式及其启示. 当代亚太，1999（8）：59−61.

[76] 迈克尔·波特. 竞争战略. 陈小悦，译. 北京：华夏出版社，1997.

[77] 梅纳德·韦布，卡莉·阿德勒. 用互联网思维工作. 冯艳，译. 北京：中信出版社，135.

[78] 孟跃. 第三种品牌：雇主品牌. 北京：清华大学出版社，2007：2.

[79] 聂军. 企业核心人才和关键岗位的识别与匹配模型. 工程管理学报，2011（1）：115−119.

[80] 裴利芳. 人力资源管理. 北京：清华大学出版社，2013：197−200.

[81] 彭剑锋. 人力资源管理概论. 上海：复旦大学出版社，2011.

[82] 彭剑锋. 战略人力资源管理：理论、实践与前沿. 北京：中国人民大学出版社，2014.

[83] 戚振东，孙晓华，段兴民. 人力资本管理审计：人力资源审计发展的新阶段. 中国人力资源开发，2007（5）：14−18.

[84] 乔坤，贺艳荣，刘文婷. 大连DG系统人力资源总部的难题. 管理案例研究与评论，2010，3（5）：415−419.

[85] 乔治·T. 米尔科维奇，约翰·W. 布德罗. 人力资源管理，北京：机械工业出版社，2002.

[86] 秦杨勇，陈清民. 集团人力资源管控经典案例解析. 北京：中国经济出版社，2013：54-58.

[87] 秦杨勇. 战略规划平衡计分卡：案例·方法·工具. 北京：经济科学出版社，2013：135-137.

[88] 秦远建. 企业战略管理. 北京：清华大学出版社，2013.

[89] R. 爱德华·弗里曼. 战略管理：利益相关者方法. 王彦华，梁豪，译. 上海：上海译文出版社，2006.

[90] 冉斌. 再造人力资源九大系统. 深圳：海天出版社，2012：39-41.

[91] 任浩. 战略管理——现代的观点. 北京：清华大学出版社. 2008.

[92] 施杨，李南. 国外高绩效人力资源实践：理论回顾、分析与展望. 管理评论，2011，23（10）：83-90.

[93] 斯蒂芬·P. 罗宾斯，玛丽·库特. 管理学. 孙健敏，等，译. 9版. 北京：中国人民大学出版社，2008.

[94] 斯科特·斯内尔，乔治·伯兰德. 人力资源管理. 张广宁，译. 15版. 大连：东北财经大学出版社，2011.

[95] 宋培林. 基于逻辑关系视角对企业战略性人力资源审计内容结构的解析. 南开管理评论，2006，9（2）：78-83.

[96] 万希. 人力资源战略规划的发展及编制. 中国人力资源开发，2008（12）：33-35.

[97] 王东强，田书芹，等. 社会转型期中小企业人力资源准备度评价体系与提升方法. 中国人力资源开发，2013（1）：28-31.

[98] 王国颖. 人事管理、人力资源管理、人力资本管理. 商场现代化，2006（7）：242-243.

[99] 王红，张俊玲，蔡元启. 海尔HR大数据增值服务系统构建. 中国人力资源开发，2015（10）：31-34.

[100] 王吉斌，彭盾. 互联网+：传统企业的自我颠覆、组织重构、管理进化与互联网转型. 北京：机械工业出版社，2015.

[101] 王佳，郑立群. 战略准备度——公司战略评价的新视角. 科学技术与工程，2005，5（24）：1984-1988.

[102] 汪静，屈丽丽. 海尔“转基因”“雷神”引发新创客运动. 中国经营报，2014-05-03.

[103] 王维华. 跨区域建厂人力资源环境评估体系的构建及其应用：以某汽车制造企业为例. 武汉理工大学学报：社会科学版，2014，27（5）：

838-843.

[104] 王筱楠，纪婷琪，张俊玲. 海尔按单聚散的新型人力资源管理模式. 中国人力资源开发，2015 (10)：6-10，40.

[105] 王艳辉，陈建安. 以人力资源审计工具提升战略人力资源准备度. 中国人力资源开发，2013，23 (1)：22-27.

[106] 王养成，张俊杰. 企业不同发展阶段的人力资源战略与策略. 中国人力资源开发，2004 (5)：15-19.

[107] 韦恩·F. 卡肖. 人力资源管理. 王重鸣，译. 6版. 北京：机械工业出版社，2006.

[108] 威廉·罗斯维尔. 高效继任规划：如何建设卓越人才梯队. 李家强，陈致中，译. 南京：江苏人民出版社，2014.

[109] 魏顺泽. 试论人力资源的审计. 西南科技大学学报：哲学社会科学版，2002 (2)：61-66.

[110] 吴成云. 照亮中国人力资源管理的十盏明灯. 人力资源，2007 (24)：10-17.

[111] 吴春波，高中华，洪如玲. 民营高科技企业成长过程中人力资源管理角色演化模式研究：基于H公司的案例研究. 管理世界，2010 (2)：127-140.

[112] 吴国锋. 企业人力资源准备度提升的思路与方法. 中外企业家，2014 (16)：205.

[113] 吴晓荣，王少东，贾虎. 基于生命周期视角下的企业战略人力资源管理. 企业经济，2011 (4)：78-82.

[114] 西蒙·多伦，兰多·舒尔乐. 人力资源管理：加拿大发展的动力源. 董克用，译. 北京：中国劳动社会保障出版社，2000.

[115] 肖月强，李大芳. 论“全天候”人力资源战略规划. 电子科技大学学报，2009，11 (5)：24-29.

[116] 谢丹丹. 韩都衣舍：走向“设计师孵化平台”. 中外管理，2015 (4)：90-91.

[117] 谢晋宇. 人力资源管理模式：工作生活管理的革命. 中国社会科学，2001 (2)：27-37.

[118] 谢晋宇. 日本人力资源管理模式：挑战与回应. 南开管理评论，2000 (4)：75-80.

[119] 许亚湖. 企业战略成本管理理论框架研究. 中南财经政法大学学报，2005 (5)：97-101.

[120] 薛献华. 企业人力资源管理信息系统应用研究. 经济经纬，

2005（1）：93-95.

［121］杨伟国，蔡为民，刘晓萌．国外人力资源审计的新发展．国家行政学院学报，2009（2）：34-37.

［122］杨伟国．战略人力资源审计：历史、结构与功能．经济理论与经济管理，2005（7）：52-57.

［123］杨伟国．战略人力资源审计．上海：复旦大学出版社，2004.

［124］杨鲜红．高效继任计划铸造卓越人才梯队——浦发硅谷银行培养未来银行家．培训，2014（11）：44-51.

［125］伊查克·爱迪思．追求鼎盛．北京：华夏出版社，2004.

［126］伊丹敬之．经营战略的内在逻辑．北京：中国审计出版社，1992.

［127］尹德法．基于胜任力模型的人力资源管理研究．山东社会科学，2013（6）：187-189.

［128］殷志平．雇主品牌研究综述．外国经济与管理，2007，29（10）：32-38.

［129］应秋月．老HR手把手教你搞定HR管理：从有证书到会干活．北京：北京大学出版社，2012：3-5.

［130］袁卫家，兰玉杰．人力资源价值链管理研究综述．安徽工业大学学报：社会科学版，2013，30（3）：30-33.

［131］约翰·布里顿，杰弗里．人力资源管理：理论与实践．高德，徐芬丽，等，译.3版．北京：经济管理出版社，2011.

［132］约翰·M．伊万切维奇．人力资源管理．赵曙明，程德俊，译．11版．北京：机械工业出版社，2011.

［133］詹姆斯·E．波切特，安妮·T．劳伦斯，詹姆斯·韦伯．企业与社会：公司战略、公共政策与伦理．10版．北京：中国人民大学出版社，2005.

［134］张斌，陈岩．集团化企业创新的约束条件分析．外国经济与管理，2015（3）：76-86.

［135］张沉珏．人力资源战略的发展及其与战略性人力资源的关系．上海轻工业，2009（4）：58-59.

［136］张德，潘文君．中国企业人力资源管理变革的方向．中国人才，2004（11）：74-76.

［137］张德．组织行为学．北京：高等教育出版社，1999：162.

［138］张海．牛根生如是说：中国教父级CEO的商道智慧．北京：中国经济出版社，2008.

[139] 张惠琴，李璞．人力资源管理案例教程．北京：机械工业出版社，2013：16-18.

[140] 张建林．MATLAB & Excel定量预测与决策．北京：机械工业出版社，2012.

[141] 张瑞敏．创客的海尔．中国企业家，2015-01-23.http://www.iceo.com.cn/renwu2013/2015/0123/298730.shtml.

[142] 张小林．人力资源管理．2版．杭州：浙江大学出版社，2005：71-73.

[143] 张一弛．我国企业人力资源管理模式与所有制类型之间的关系研究．中国工业经济，2004（9）：87-94.

[144] 张永杰，柴博．对企业几种战略分析工具应用的比较研究．新疆职业大学学报，2005（4）：25-28.

[145] 赵曙明，刘洪，李乾文．CEO人力资源管理与开发．北京：北京大学出版社，2011.

[146] 赵曙明．人力资源管理研究．北京：中国人民大学出版社，2001.

[147] 赵曙明．人力资源战略与规划．3版．北京：中国人民大学出版社，2012.

[148] 赵曙明，武博．美、日、德、韩人力资源管理发展与模式比较研究．外国经济与管理，2002，24（11）：31-36.

[149] 赵炜．构建企业人力资源战略地图．人力资源管理，2010（1）：62-64.

[150] 赵锡斌．国有企业要重视发展环境研究．经济日报，2004-06-27.

[151] 赵迎光：韩都衣舍成为全球最有影响力的时尚品牌孵化平台．http://www.chinaz.com/news/2014/0924/368773. shtml.

[152] 郑玮，李静．开展人力资源审计的必要性及制约因素分析．商业研究，2005（3）：68-70.

[153] 中国社会科学院语言研究所词典编辑室．现代汉语词典．5版．北京：商务印书馆，2007：961.

[154] 周青．新生代：管理因你而变．中国人力资源开发，2007（4）：26-29.

[155] 朱传耿．战略、规划与计划的辩证比较．经济师，2002（6）：22-23.

[156] 朱其权，龙立荣．国外员工变革反应研究综述．外国经济与

管理，2011，33（8）：41−49.

[157] 朱勇国. 应对复杂的环境，通过人力资源获取竞争优势：浅谈人力资源战略规划的意义和范围. 人口与经济，2002（10）：33−35.

[158] 朱瑜，王雁飞. 企业胜任力模型设计与应用研究. 北京：科学出版社，2011.

[159] Allen M R, Ericksen J, Collins C J. Human Resource Management, Employee Exchange Relationships, and Performance in Small Businesses. Human Resource Management，2013，52（2）：153–173.

[160] Ambler T, Barrow S. The Employer Brand.Journal of Brand Management，1996（4）：185−206.

[161] Arthur J B. The Link Between Business Strategy and Industrial Relations System in American Steel Minimills. Industrial and Labor Relations Review，1992，45（3）：488−506.

[162] Arthur J B. Effects of Human Resource Systems on Manufacturing Performance and Turnover.Academy of Management Journal，1994，37（3）：670−687.

[163] Arthur M B, Rousseau D M. The Boundaryless Career: A New Employment Principle for A New Organizational Era. New York: Oxford University Press，1996.

[164] Bactra G S. Human Resource Auditing as A Tool of Human Resource Valuation: Interface and Emerging Practices. Managerial Auditing Journal, 1996，11（8）：23−30.

[165] Becker B E, Huselid M A, Ulrich D. The HR Scorecard. McGraw-Hill Professional，2001.

[166] Beer M, Spextor B, Lawrence P, et al. Managing Human Assets. New York: Fress Press，1984.

[167] Bird A, Beechler S. Links between Business Strategy and Human Resource Management Strategy in US-based Japanese Subsidiaries: An Empirical Investigation. Journal of International Business Studies，1995，26（1）：23−46.

[168] Blau G J. The Measurement and Prediction of Career Commitment. Journal of Occupation and Organizational Psychology，1985，58（4）：277−288.

[169] Bondarouk T. Employer Branding and Its Effects on Organizational Attractiveness Via the World Wide Web: Results of Quantitative

and Qualitative Studies Combined. The 4th International e-HRM Conference Innovation, Creativity and E-HRM，2012.

[170] Borges N J, Manuel R S, Elam C L, et al. Differences in Motives between Millennial and Generation X Medical Students.Medical Education，2010，44（6）：570–576.

[171] Boxall P F. Strategic Human Resource Management: Beginnings of A New Theoretical Sophistication? Human Resource Management Journal，1992，2（3）：60–79.

[172] Boxall P F, Steeneveld M. Human Resource Strategy and Competitive Advantage: A Longitudinal Study of Engineering Consultancies. Journal of Management Studies，1999，36（4）：443–463.

[173] Branham L. Keeping the People Who Keep You in Business: 24 Ways to Hang on to Your Most Valuable Talent. New York: American Management Association，2001.

[174] Bratton J, Gold J. Human Resource Management: Theory and Practice. Basingstoke, Palgrave Macmillan，1994.

[175] Briscoe J P, Hall D T, Frautschy D R L. Protean and Boundaryless Careers: An Empirical Exploration. Journal of Vocational Behavior，2006，69（1）：30–47.

[176] Buller P F. Successful Partnerships: HR and Strategic Planning at Eight Top Firms. Organizational Dynamics，1988，17（2）：27–44.

[177] Buller P F, Napier N K. Strategy and Human Resource Management Integration in Fast Growth Versus Other Mid-sized Firms.British Journal of Management，1993，4（2）：77–90.

[178] Cable D M, Turban D B. Establishing the Dimensions, Sources and Value of Jobseekers'Employer Knowledge during Recruitment.Research in Personnel and Human Resources Management，2001：115–163.

[179] Catherine G L. The Three-dimensional People Strategy: Putting Human Resources Policies into Action. Academy of Management Executive, 2003，17（3）：74–86.

[180] Christian M S, Garza A S,Slaughter J E. Work Engagement: A Quantitative Review and Test of Its Relations with Task and Contextual Performance. Personnel Psychology，2011，64（1）：89–136.

[181] Courtney H. Decision-driven Scenarios for Assessing Four Levels of Uncertainty. Strategy & Leadership，2003，31（1）：14–22.

[182] Courtney H, Dan L. Bringing Rigor and Reality to Early-stage R&D Decisions.Research-Technology Management，2004（5）：40–45.

[183] Courtney H, Kirkland J. Strategy Under Uncertainty. Harvard Business Review，1997，75（6）：67–80.

[184] Dale K. The Employee as 'Dish of the Day': The Ethics of The Consuming/consumed Self in Human Resource Management. Journal of Business Ethics，2012，111（1）：13–24.

[185] Delery J E. Issues of Fit in Strategic Human Resource Management: Implications for Research.Human Resource Management Review，1998，8（3）：289–309.

[186] Delery J E, Doty D. Modes of Theorizing in Strategic Human Resource Management：Tests of Universalistic, Contingency, and Configurational Performance Predictions. The Academy of Management Journal，1996，39（4）：802–835.

[187] DeRue D S. Talent Ecosystems：Building Talent through Strategic Partnerships, in Experience-driven Leader Development（eds C. D. McCauley, D. S. DeRue, P. R. Yost and S. Taylor）, San Francisco: John Wiley & Sons, Inc.，2013.

[188] Devanna M, Fombrun A C, Tichy N. Human Resources Management: A Strategic Perspective.Organizational Dynamics，1981，9（3）：51–67.

[189] Drazin R, Glynn M, Kazanjian R. Multilevel Theorizing about Creativity in Organizations: A Sensemaking Perspective. Academy of Management Review，1999，24（2）：286–307.

[190] Duncan R L. Characteristics of Organizational Environments and Perceived Environmental Uncertainty.Administrative Science Quarterly，1972，17（2）：313–327.

[191] Dyer L. Studying Human Resource Strategy: An Approach and An Agenda.Industrial Relations: A Journal of Economy and Society，1984，23(2)：156–169.

[192] Dyer L. A Strategic Perspective Human Resource Management: Evolving Role and Responsibility. ASPA, BNA Series，1988：20–21.

[193] Dyer L, Holder G W. A Strategic Perspective Human Resource Management: Evolving Role and Responsibility. Aspa, BnaSeries，1988（20）：211.

［194］Emerson P M, Cairncross S, Bailey R L, et al. Review of the Evidence Base for The ‘F’ and ‘E’ Components of the SAFE Strategy for Trachoma Control. Tropical Medicine & International Health，2000，5（8）：515–527.

［195］Ewing M T, Pitt L F, Bussy N M, et al. Employment Branding in The Knowledge Economy.International Journal of Advertising，2002，21（1）：3–22.

［196］Fegley S. Succession Planning: A Survey Report. Alexandria，VA：Society for Human Resources Management，2006.

［197］Ferris G R, Russ G S, Albanese R, et al. Personnel/Human Resources Management, Unionization, and Strategy Determinants of Organizational Performance. Human Resource Planning，1990，13（3）：215–227.

［198］Fombrun C J, Tichy N M, Devanna M A. Strategic Human Resource Management. New York: Wiley，1984.

［199］Gomez-Mejia L R, Balkin D B, Cardy R L. Managing Human Resources.Boston: Pearson，2012.

［200］Greer C R, Jackson D L, Fiorito J. Adapting Human Resource Planning in A Changing Business Environment. Human Resource Management，1989，28（1）：105–123.

［201］Guest D. Human Resource Management and Industrial Relations. Journal of Management Studies，1987，25（5）：503–521.

［202］Haire M, Helson H E. Psychological Problems Relevant to Business and Industry. Psychological Bulletin. 1959，56（3）：169–194.

［203］Hall D T. The Protean Career: A Quarter-century Journey. Journal of Vocational Behavior，2004，65（1）：1–13.

［204］Hambrick D C. Specialization of Environmental Scanning Actives among Upper Level Executives. Journal of Management Studies，1981（18）：299–320.

［205］Helfat C E, Peteraf M A.The Dynamic Resource-based View：Capability Lifecycles.Strategic Management Journal，2003，24（10）：997–1010.

［206］Heneman H G, Schwab D P, Fossum J A, et al. Personnel/human Resource Management. Richard D. Irwin, INC, Homewood, Illinois，1980：188.

［207］Hofer C W, Schendel D. Strategy Formulation: Analytical Concept. St. Paul, MN: West，1978.

[208] Hoffman R, Casnocha B, Yeh C. The Alliance：Managing Talent in the Networked Age.Harvard Business Review Press，2014.

[209] Huselid M A. The Impact of Human Resource Management Practices on Turnover, Productivity and Corporate Financial Performance. Academy of Management Journal，1995，38（3）：635–672.

[210] Huselid M A, Becker B E. An Interview with Mike Losey, Tony Rucci, and Dave Ulrich: Three Experts Respond to HRMJ's Special Issue on HR Strategy in Five Leading Firms.Human Resource Management，1999，38（4）：353–365.

[211] Idris A R B, Eldridge D. Reconceptualising Human Resource Planning in Response to Institutional Change. International Journal of Manpower，1998，19（5）：343–357.

[212] Jac Fitz-enz. The Top 10 Measures: Human Capital Management. HR Focus，2001，78（5）.

[213] Jill R, Carilyn C, Lee C F, et al. Human Resource Management and The Permeable Organization: The Case of The Multi-client Call Centre. Journal of Management Studies，2004，41（7）：1199–1222.

[214] Juul A T, Minbaeva D. The Role of Human Resource Management in Strategy Making. Human Resource Management，2013，52（5）：809–827.

[215] Kaplan R S, Norton D P. Measuring The Strategic Readiness of Intangible Assets. Harvard Business Review，2004，82（2）：52–63.

[216] Kaplan R S, Norton D P. Strategy Maps: Converting Intangible Assets into Tangible Outcomes. Boston: Harvard Business School Press，2004：23–30.

[217] Kaplan R S, Norton D P. The Balanced Scorecard: Translating Strategy into Action. Harvard Business Review，1996，30（4）：712–736.

[218] Kim S, Wright P M. Putting Strategic Human Resource Management in Context: A Contextualized Model of High Commitment Work Systems and Its Implications in China.Management and Organization Review，2010，7（1）：153–174.

[219] Kristin B, Surinder T. Conceptualizing and Researching Employer Branding. Career Development International，2004（9）：501–517.

[220] Lam S S K, Schaubroeck J. Integrating HR Planning and Organisational Strategy.Human Resource Management Journal，1998，8（3）：5–19.

[221] Lamond D. Humanizing The Human Resource Planning Process: HRD at Universitas Terbuka. Asia Pacific Journal of Human Resources, 1997, 35 (1): 90-100.

[222] Legge K. Human Resource Management: Rhetorics and Realities. Anniversary Edition. Basingstoke: Palgrave Macmillan, 2005.

[223] Lempinen H. Constructing A Design Framework for Performance Dashboards. Nordic Contributions in IS Research Springer Berlin Heidelberg, 2012: 109-130.

[224] Lengnick-Hall C A , Lengnick-Hall M L. Strategic Human Resources Management: A Review of The Literature and A Proposed Typology. Academy of Management Review, 1988, 13 (3): 454-470.

[225] Lepak D P, Snell S A. The Human Resource Architecture: Toward A Theory of Human Capital Allocation and Development. Academy of Management Review, 1999, 24 (1): 31-48.

[226] Lievens F, Highhouse S. The Relation of Instrumental and Symbolic Attributes to A Company's Attractiveness as An Employer. Personnel Psychology, 2003, 56 (1): 75-102.

[227] Lyons P. Enhancing Human Resources Competitiveness using Skill Charting Methods. Advances in Competitiveness Research, 2005, 13 (1): 88-94.

[228] Meyerson H. The Forty-year Slump: The State of Work in The Age of Anxiety. The American Prospect, November 12, 2013.

[229] Miles R E, Snow, et al. Organizational Strategy, Structure, and Process. Academy of Management Review, 1978, 3 (3): 546-562.

[230] Milkovieh G, Gluck W. Personnel, Human Resource Management: A Dignostic Approach.Business Publications, 1985: 11.

[231] Mirvis P H. Formulating and Implementing Human Resource Strategy: A Model of How To Do It, Two Examples of How it's Done. Human Resource Management, 1985, 24 (4): 385–412.

[232] Mitchell D J B. Human Resource Management: An Economic Approach. Boston: PWS-Kent Publishing Company, 1989.

[233] Morris M H, Kuratko D F. Corporate Entrepreneurship: Entrepreneurial Development within Organization.Orlando, FL: Harcourt College Publishers, 2002.

[234] National Industrial Conference Board. The Expanded Personnel Function. Studies in Personnel Policy (New York), 1966: 203.

[235] Nkomo S M. Human Resource Planning and Organization

Performance: An Exploratory Analysis. Strategy Management Journal，1987，8（3）：387–392.

［236］Nutley S. Beyond Systems: HRM Audits in the Public Sector. Human Resource Management Journal，2000，10（2）：21–38.

［237］Okudera A. Consistency with The Human Resources Strategy of Female Employees and Field.Chiba University of Commerce Review，2015（52）：277–305.

［238］Olalla M F, Castillo M A S. Human Resources Audit. International Advances in Economic Research，2002，8（1）：58–75.

［239］Peng G C, Nunes M. Using PEST Analysis as A Tool for Refining and Focusing Contexts for Information Systems Research.Social Science Electronic Publishing，2009（34）：229–236.

［240］Porter M E. Competitive Strategy: Techniques for Analyzing Industries and Competition. New York: Free Press，1980：300.

［241］Purwadi D. The Role of Japanese Human Resource Planning Practices for Increasing Industrial Competitiveness. Procedia–Social and Behavioral Sciences，2012，65（3）：253–259.

［242］Quinn J B. Strategic Change: Logical Incrementalism.Sloan Management Review，1978，20（1）：7–19.

［243］Quinn R E. Beyond Rational Management: Mastering The Paradoxes and Competing Demands of High Performance.San Francisco: Jossey–Bass，1988.

［244］Rechsteiner M, Rogers S W. PEST Sequences and Regulation by Proteolysis. Trends in Biochemical Sciences，1996，21（7）：267–271.

［245］Reger R K, Gustafson L T, Demarie S M,et al. Reframing the Organization: Why Implementing Total Quality is Easier Said than Done. Academy of Management Review，1994，19（3）：565–584.

［246］Rogers E W, Wright P M. Measuring Organizational Performance in Strategic Human Resource Management: Problems, Prospects, and Performance Information Markets.Human Resource Management Review，1998, 8（3）：311–331.

［247］Ruch W. How to Keep Your Best Talent from Walking out The Door. Dynamic Business Magazine，2001（6）.

［248］Rumelt R P. Evaluation of Strategy: Theory and Models of Strategy Management and Business Policy. McGraw–Hill, 1980.

[249] Rumelt R P. Good Strategy / Bad Strategy: The Difference and Why It Matters. Profile Books Ltd，2012.

[250] Schuler R S. Strategic Human Resource Management and Industrial Relations. Human Relations，1989，42（2）：157–184.

[251] Schuler R S. Repositioning The Human Resource Function: Transformation or Demise? The Executive，1990，4（3）：12.

[252] Schuler R S. Strategic Human Resource Management: Linking People with The Needs of The Business.Organizational Dynamics，1992，21（1）：18–32.

[253] Schuler R S, Jackson S E. Linking Competitive Strategies with Human Resource Management Practices. The Academy of Management Executive，1987，1（3）：207–219.

[254] Schuler R S, Jackson S E. Determinants of Human Resource Management Priorities and Implications for Industrial Relation. Journal of Management，1989，5（1）：89–99.

[255] Schuler R S, Walker J W. Human Resources Strategy: Focusing on Issues and Actions. Organizational Dynamics，1990，19（1）：5–19.

[256] Schwab D P, Fossum J A, Dyer L D. Personnel/Human Resource Management. Richard D. Irwin, INC, Homewood, Illinois, U. S. A，1980：180.

[257] Schwind H F, Das H, Wagar T H. Canadian Human Resource Management: A Strategic Approach. 6th ed. Toronto: McGraw–Hill Ryerson，2001.

[258] Shani D N, Divyapriya P, Logeshwari K. Human Resource Philosophy. International Journal of Management，2011，2（1）：61–68.

[259] Shonhiwa S O, Gilmore H L. Development of Human Resources: A Portfolio Strategy. SAM Advanced Management Journal，1996，61（1）.

[260] Sirigu A, Zalla T, Pillon B, et al. Planning and Script Analysis following Prefrontal Lobe Lesions.Annals of the New York Academy of Sciences，1996，76（9）：277–288.

[261] Slaughter J E, Zickar M J, Highhouse S, et al. Personality Trait Inferences about Organizations: Development of A Measure and Assessment of Construct Validity. Journal of Applied Psychology，2004，89（1）：85–103.

[262] Snell S A, Shadur M A, Wright P M, et al. Human Resources Strategy: The Era of Our Ways. Blackwell Handbook of Strategic Management Blackwell Publishing，2001.

[263] Stace D, Dunphy D C. Beyond The Boundaries: Leading and Re-creating the Successful Enterprise. New York: McGraw-Hill，2001.

[264] Storey J. New Perspective on Human Resource Management. London: Routledge，1989.

[265] Storey J. Development in The Management of Human Resources. Oxford: Basil Blackwell，1992.

[266] Surhone L M, Tennoe M T, Henssonow S F, et al. Web Services Distributed Management. Betascript Publishing，2010，17（4）：43–65.

[267] Sutherland M M, Torricelli D G, Karg R F. Employer–of–choice Branding for Knowledge Workers. South African Journal of Business Management，2002，33(4)：13–20.

[268] Swart J, Kinnie N. Reconsidering Boundaries: Human Resource Management in A Networked World. Human Resource Management，2014，53（2）：291–310.

[269] The Conference Board. Engaging Employees Through Your Brand Preliminary Findings.www.conference-board.org/members only/members/，2001.

[270] Thorne K. One-stop Guide: Employer Branding.UK Surrey: Reed Business Information Ltd.，2004.

[271] Tichy N, Fomburn C, Devanna M A. Human Resource Management: A Strategic Approach. Organizational Dynamics，1981，9（3）：51–68.

[272] Tichy N, Fombrun C, Devanna M A. Strategic Human Resource Management. Sloan Management Review，1982，23（2）：47–61.

[273] Tilles S. Segmentacióny Estrategia. Ideas Sobre Estrategia Ediciones Deusto，1998：163–164.

[274] Tom V R. The Role of Personality and Organizational Images in the Recruiting Process.Organizational Behavior and Human Decision Processes，1971（6）：573–592.

[275] Towers Watson 2012 Global Workforce Study. Engagement at Risk: Driving Strong Performance in A Volatile Global Environment, July 2012.

[276] Truss C, Gratton L, Hope–Hailey V, et al. Soft and Hard Models of Human Resource Management: A Reappraisal. Journal of Management Studies，1997，34（1）：53–73.

[277] Tsui A S. Defining the Activities and Effectiveness of the Human Resource Department: A Multiple Constituency Approach. Human Resource Management，1987，26（1）：35–69.

[278] Tsui A S, Pearce J L, et al. Alternative Approaches to the Employee-organization Relationship: Does investment in Employees pay off ? Academy of Management Journal，1997，40（5）：1089–1121.

[279] Turban D B, Forre M L, Hendrickson C L. Applicant Attraction to Firms: Influences of Organization Reputation, Job and Organizational Attributes and Recruiter Behaviors. Journal of Vocational Behavior，1998，52（1）：24–44.

[280] Tyson S. Human Resource Strategy: Towards a General Theory of Human Resource Management. London: Pitman, 1995.

[281] Ulrich D. Strategic and Human Resource Planning: Linking Customers and Employees. Human Resource Planning, 1992, 15（2）：47.

[282] Ulrich D. Human Resource Champion. Boston. MA: Harvard Business School Press, 1997.

[283] Ulrich D, Beatty D. From Partners to Players: Extending the HR Playing Field. Human Resource Management，2001，40（4）：293–307.

[284] Vatter E W. Manpower Planning for High Talent Personnel. University of Michigan, Ann Arbor, Michigan，1967.

[285] Walker J W. Evaluating The Practical Effectiveness of Human Resource Planning Applications.Human Resource Management，1974，13（1）：19–27.

[286] Walker J W. Human Resource Planning. McGraw-Hill, Inc. U.S, 1980.

[287] Walton R E. From Control to Commitment in The Workplace. Harvard Business Review，1985，63（2）：77–84.

[288] Wikstrom W. Manpower Planning: Evolving Systems.Conference Board，1971：51–60.

[289] Wright P M, McMahan G C. Theoretical Perspectives for Strategic Human Resource Management. Journal of management，1992，18（2）：295–320.

[290] Wright P M, McMahan G C. Exploring Human Capital: Putting 'Human' Back into Strategic Human Resource Management.Human Resource Management Journal，2011，21（2）：93–104.

[291] Wright P M, Mcmahan G C, Mccormick B, et al. Strategy, Core Competence and HR Involvement as Determinants of HR Effectiveness and Refinery Performance. Human Resource Management，1998，37（1）：17–29.

[292] Wright P M, McMahan G C, Snell S A, et al. Strategic Human Resource Management: Building Human Capital and Organizational Capability. Technical report. Ithaca, NY: Cornell University，1997.

[293] Wright P M, Snell S A, Jacobsen P H H. Current Approaches to HR Strategies: Inside-out Versus Outside-in. Human Resource Planning，2004，27（4）：36.

[294] Yadav R K, Dabhade N. Human Resource Planning and Audit – A Case Study of HEG Limited.International Letters of Social and Humanistic Sciences，2014（5）：44–62.

[295] Yigitbasioglu O M, Velcu O. A Review of Dashboards in Performance Management: Implications for Design and Research.International Journal of Accounting Information Systems，2012，13（1）：41–59.

[296] Zhou Y, Hong Y, Liu J. Internal Commitment or External Collaboration? The Impact of Human Resource Management Systems on Firm Innovation and Performance.Human Resource Management，2013，52（2）：263–288.

[297] Zula K J, Chermack T J. Human Capital Planning: A Review of Literature and Implications for Human Resource Development.Human Resource Management Review，2007，6（3）：245–262.

教学支持说明

建设立体化精品教材，向高校师生提供整体教学解决方案和教学资源，是高等教育出版社“服务教育”的重要方式。为支持相应课程教学，我们专门为本书研发了配套教学课件及相关教学资源，并向采用本书作为教材的教师免费提供。

为保证该课件及相关教学资源仅为教师获得，烦请授课教师清晰填写如下开课证明并拍照后，发送至邮箱：jingguan@pub.hep.cn或xiwei@hep.com.cn，也可通过QQ：525472494或22706980，进行索取。

咨询电话：010-58581020，编辑电话：010-58581862。

证　　明

兹证明________________大学______________学院/系第___________学年开设的____________课程，采用高等教育出版社出版的《____________》(_______主编)作为本课程教材，授课教师为___________，学生_____个班，共_____人。授课教师需要与本书配套的课件及相关资源用于教学使用。

授课教师联系电话：________________　　E-mail：________________

学院/系主任：________________(签字)

(学院/系办公室盖章)

20____年____月____日

郑重声明

图书在版编目（CIP）数据

人力资源战略与规划 / 李燕萍，陈建安主编. -- 北京：高等教育出版社，2016.12（2021.8重印）
ISBN 978-7-04-046010-0

Ⅰ. ①人… Ⅱ. ①李… ②陈… Ⅲ. ①人力资源管理-高等学校-教材 Ⅳ. ①F241

中国版本图书馆CIP数据核字(2016)第173295号

人力资源战略与规划

RENLI ZIYUAN ZHANLÜE YU GUIHUA

策划编辑 奚 玮
责任编辑 奚 玮
封面设计 张 志
版式设计 张 志
责任校对 窦丽娜
责任印制 刁 毅

出版发行 高等教育出版社
社 址 北京市西城区德外大街4号
邮政编码 100120
印 刷 河北鹏盛贤印刷有限公司
开 本 787mm × 1092mm 1/16
印 张 27.75
字 数 560千字
购书热线 010-58581118
咨询电话 400-810-0598
网 址 http://www.hep.edu.cn
http://www.hep.com.cn
网上订购 http://www.hepmall.com.cn
http://www.hepmall.com
http://www.hepmall.cn
版 次 2016年12月第1版
印 次 2021年8月第3次印刷
定 价 42.80元

物 料 号 46010-00